英国文化发展与国家崛起

石 强 著

中国社会科学出版社

图书在版编目（CIP）数据

英国文化发展与国家崛起／石强著 . —北京：中国社会科学出版社，2020.10
ISBN 978-7-5203-6653-3

Ⅰ.①英… Ⅱ.①石… Ⅲ.①文化发展—研究—英国—近代 Ⅳ.①G156.1

中国版本图书馆 CIP 数据核字（2020）第 100162 号

出 版 人	赵剑英
责任编辑	张 浛
责任校对	姜志菊
责任印制	李寡寡

出　　版	中国社会科学出版社
社　　址	北京鼓楼西大街甲 158 号
邮　　编	100720
网　　址	http://www.csspw.cn
发 行 部	010-84083685
门 市 部	010-84029450
经　　销	新华书店及其他书店

印　　刷	北京明恒达印务有限公司
装　　订	廊坊市广阳区广增装订厂
版　　次	2020 年 10 月第 1 版
印　　次	2020 年 10 月第 1 次印刷

开　　本	710×1000　1/16
印　　张	31
字　　数	476 千字
定　　价	168.00 元

凡购买中国社会科学出版社图书，如有质量问题请与本社营销中心联系调换
电话：010-84083683
版权所有　侵权必究

前　　言

中世纪晚期，欧洲先后兴起的文艺复兴、宗教改革、地理大发现等三大运动犹如黎明前夜空中缓缓升起的启明星，宣告了中世纪静谧而漫长的夜晚即将迎来近代的曙光。文艺复兴在复兴古代希腊罗马文化的旗帜下"旧瓶装新酒"，与其说是复兴，不如说是创新；与其说是古典文化的再生，不如说是近代文化的开端。文艺复兴的重要贡献在于在复兴古典文化的旗帜下使朴素的人本主义发展到人文主义。人文主义极力肯定人类自身的价值、崇尚人的主观能动精神和创造精神、鼓励个人冒险进取、大胆追求财富与个人幸福，强调以人类自身的力量征服自然、改造自然。从而动摇了中世纪意识形态领域里宗教神学的统治地位，以人本主义世界观取代了神本主义世界观，极大地解放了人们的思想，进而唤醒了人们长期被压抑的进取精神和创造精神，促使人们重新思考人与上帝、人与信仰、人与自然、人与现世的哲学关系，由此引发了旨在撼动以上帝为最高主宰和目的、以罗马天主教皇为人间最高宗教领袖、以各级天主教会为信仰机构、以经院哲学和神学家的经典著作为信仰源泉的天主教信仰体系的宗教改革。看似彼此独立的三大运动却有着内在的、本质的联系，相辅相成且相互推进，从意识形态到社会生活全面颠覆着传统的文化体系，而且同当时西欧正在上升的民族主义相结合。文艺复兴不仅唤醒了被宗教神学压抑的人，也唤醒了被天主教会压制的民族意识；宗教改革则成为西欧日益觉醒的民族国家反对罗马天主教会统治而追求独立自主发展之路的必由之路。地理大发现则是新文化精神和人文主义新宗教观的伟大实践，以实际行动肯定并巩固了文艺复兴和宗教改革的成果，而且引发了欧洲的"商业革命"和"价格革命"，也从经济基础上进一步动摇了封建的统治秩序，推动了文艺复兴和宗教改革的深入发展。

在三大运动的推动之下，到1500年前后，欧洲社会已进入全面转型时期。英国在都铎王朝的统治下，经济社会也开始转型发展，然而较之西欧其他国家，英国则是以较低的起点跨入了近代的门槛。长期持续的内外战争严重削弱了国家的实力，也阻碍了文化的发展。英国"百年战争"的失利虽有地理位置方面的原因，但也表明其军事实力依然逊于法国。"玫瑰战争"的内乱也表明英国在中央集权的进程及政治稳定方面也不如法国。在民族国家的进程方面也只有威尔士被并入了英格兰的版图。苏格兰和爱尔兰依然是独立于英格立之外政治实体，民族国家统一的进程依然任重而道远；在资本主义萌芽方面，落后于意大利的城市国家，也落后于法国南部及尼德兰的某些地区；在工业方面，英国工业发展水平和整体实力不仅仅无法与其近邻荷兰和法国相比，而且也远远落后于西欧的德意志、意大利一些地区甚至西班牙。然而就是这样一个近代化起点较低的国家，历经四个世纪的发展，到1900年前后时却成为继西班牙之后更为辽阔的"日不落帝国"，其殖民地面积达到了3000多万平方公里，约占世界陆地总面积的20%，大不列颠帝国直接或间接控制的殖民地的面积大约是本土面积的111倍。大英帝国已戴上了四顶桂冠："日不落帝国""海上霸主""世界工厂""国际金融中心"。在17世纪之后的世界近代化及一体化进程中，英国后来者居上，是当之无愧的先行者、领跑者及推动者。英国"凭借相对合理的产业结构、有效的制度体系、雄厚的综合国力和强大的军事武装以及独具品格的文化科学体系在国际舞台扮演着极为重要的角色，发挥着举足轻重的作用。"站在20世纪的起点上来看，无论是从经济基础、上层建筑，还是从思想文化、科学技术等各个方面而言，英国对世界的贡献和影响是空前的。近代英国的崛起是政治、经济、文化、科技、军事乃至地缘环境等各方面因素综合作用的结果，很难将近代英国的崛起仅归结于一两个方面的因素，但限于主旨和篇幅，本书仅探讨近代英国文化发展与国家崛起的关系，但决不意味着宣扬"文化决定论"。

"文化"一词是当今社会"热度"较高的高频词汇，广泛地被学术界及社会其他各界所运用，甚至人们日常言谈交流中也广泛地使用"文化"一词。其概念的内涵和外延不仅非常丰富，而且也非常模糊和不确定，在不同的语境中可指代不同的事物，在同一语境中其指向也可发生迁转，由此造成这一词语的特殊性。古今中外的诸多学者对"文化"一词的定义，也并不完全一致，在概念的内涵和外延上有着重合之处，但也存在一定的差异和分歧。美国学者克虏伯和克勒克洪在《文化——关于概念和定义的评论》一书中列举了关于"文化"一词的161种定义，这些定义包括：文化是一套价值观念；文化是习得的行为规范；文化是一种结构符号；文化是人类的社会本性；文化是一种社会机体论；文化是人类在社会历史过程中创造的物质财富和精神财富的总和，以及其他各种纷纭不一的说法。德意志文化形态史观派的代表人物奥斯瓦尔德·斯宾格勒（Oswald Spengler，1880—1936）认为："世界历史是伟大文化的历史，人类的历史没有任何意义，深奥的意义仅寓于个别文化的生活历程中。"他在西方世界正处于蓬勃向上的时期就断言西方将要走向没落，没落的原因在于西方文化已经走过了创造阶段，正在走向无可挽回的没落，文化发展与国家兴衰密切相关。斯宾格勒并没有对"文化"一词给出确切的定义，但是他指出，"文化是贯通过去与未来的世界历史的基本现象"，所谓世界历史局势是各个文化的"集体传记"。换言之，历史就是文化，世界历史就是人类各种文化的"集体传记"。在他看来，研究人类历史的发展过程，就是研究世界上各个地区各种文化的历史。为了使人们更加明确"文化"的含义，他还进一步引入了文明一词加以联系并区别，他认为文化和文明这两个概念是独立的主体，文化和文明之间是有差异和对立的。他认为每一种文化都有其自身的"生命规律"，有形成时期、前文化时期、成熟时期和衰落时期，文化的最终归宿就是文明，文明是文化的终结和坟墓。当文化发展成为文明，如此文化和文明又是同一个概念了，又回归到我们的常识，只是我们（大众）不知道文化和文明之间的过程而已。英国著名历史哲学家汤因比（Arnold Joseph Toynbee，1889—1975）倾27年时光和精力研究世界主要文明以回答西方的前途命运问题。汤因比认为历史研究就是文明的研究，而文明是具有一定时间和空间联系的某一群人，可以同时包括几个同样类型的国家。文明自身又包含政治、经济、文化三个方面，其中文化构成一个文明社会的精髓。英国当代著名文化学者雷蒙德·威廉斯（Raymond Williams，1921—1988）在其著作《文化与社会》（Culture and Society，1780—1950）中提出"文化即全部的生活方式，包括物质的、知识的和精神的。"对文化的定义作了进一步的拓展，超出了知识和精神等意识形态的范畴。这种理论与方法的转变必然带来研究对象的扩大，文化对于国家和民族的发展不再是外在的纯意识形态因素，而是内在的所有因素。他在其著作《漫长的革命》（The Long Revolution）中进一步发展了他的文化理论，把文化观念和整个社会的生活方式联系在一起。理查德·霍加特（Richard Hoggart，1918—2014）在伯明翰大学创立了当代文化研究中心，对文化的内涵和外延有了进一步的拓展，指出："文化在这里意味着一个社会的整个生活方式，它体现在各种结构中的信仰，态度和脾气之中，就像它在艺术的传统定义形式中一样。"强调文化研究要超越学科范畴，要使用多种理论，其他相关的学科对这个领域的研究有着一定的影响。英国文化人类学的奠基人、古典进化论的主要代表人物爱德华·伯纳特·泰勒（Edward Burnett Tylor，1832—1917）对"文化"就下过两个定义。他在1865年出版的《人类早期历史与文化发展之研究》中，认为"文化是一个复杂的总体，包括知识、艺术、宗教、神话、法律、风俗以及其他社会现象。"他在1871年出版的《原始文化》中对"文化"又做出新的定义："文化或文明，就其广泛的民族学意义来说，乃是包括知识、信仰、艺术、道德、法律、习俗和任何人作为一名社会成员而获得的能力和习惯在内的复杂整体。"对于两个定义的关系，尚不知后者是否是对前者的修订补充，但后者的外延显然比前者有所扩大。对两个定义进行比较可以看出，其相同之处都在于承认文化是一个复杂的整体。同一位学者对"文化"也有不同的定义，不同学者对文化做出并不完全相同的定义就完全在情理之中，既反映了关于"文化"定义的多样性，同时也反映出了文化的重要性。任何一个学者关于文化的定义都有其合理性，同时也存在着或多或少的片面性，这才促使众多的学者不断地对"文化"一词重新进行定义。"文化"定义的多样性是文化问题复杂性的充分体现，也是"文化"一词被人们广泛使用的重要原因，也表明"文化"是人们日常生活或学术研究中都不能避而不谈的重要问题。文化恰似人类社会发展进步征途中不可绕行的山川河流，其本身就是征途的组成部分。列举如此之多的关于"文化"一词的定义，并不想使简单问题复杂化或复杂问题简单化，也不想陷入关于"文化"定义问题的思辨之海，同时还不能对"文化"进行重新定义，只是想说明"文化"定义的复杂性及文化层次的多样性。

文化是民族的血脉，是人民的精神家园。文化强国战略是我们党和国家总结我国历史发展经验并借鉴许多发达国家成功经验而确定的重要战略方针之一，大力增强文化软实力是增强综合国力的必由之路，已成为人们的共识。为此我们有必要学习探索发达国家文化发展与国家崛起的内在联系和基本规律，但要从文化的整体观念出发来探讨近代英国文化发展与国家崛起的互动关系是无从着手的，只能从构成文化系统的许多层次入手来做具体的探究。本书选择的重要文化层次主要包括政治文化、宗教文化、思想文化、商业文化、科技文化、工业文化、贵族文化等。这样的选择与切割对于构成文化整体的诸多层次而言，难免挂一漏万，甚至不够科学，但把握矛盾的主要方面也可以使我们避免陷入繁多的枝节之中。一个国家在文化方面的成就和其他方面成功之间关系通常是复杂而模糊的：一个国家可能有强大的力量，却不一定有较先进的文化力量，但有先进的文化，一般都具有较强大的力量。这就使得对于文化发展与国家崛起的互动关系问题的研究具有一定的模糊性和笼统性，诸多问题难以进行计量和实例论证，这也是文化研究中似乎难以逾越的障碍。

目　　录

第一章　英国民主及宪政思想与国家政治制度的变革 …………（1）

　第一节　中世纪英国政治文化的发展 …………………………（1）

　　一　古代希腊罗马的民主制是英国民主及宪政思想的源头 ……（2）

　　二　自由民主及宪政思想的里程碑——《大宪章》 …………（4）

　第二节　英国政治制度的变革 …………………………………（12）

　　一　议会成为政治制度变革的主阵地 …………………………（12）

　　二　英国社会转型及政治道路的选择 …………………………（18）

　　三　英国资产阶级革命及近代政治制度的建立 ………………（22）

　　四　《权利法案》及其影响 ……………………………………（36）

第二章　英国宗教文化的变革及其对民族精神的培育 …………（44）

　第一节　宗教变革思想的萌芽 …………………………………（44）

　　　　宗教改革思想的萌芽 ……………………………………（44）

　　二　威克利夫的宗教改革 ………………………………………（48）

　　三　亨利八世的宗教改革 ………………………………………（53）

　第二节　宗教斗争与宗教文化的多元化 ………………………（65）

　　一　爱德华六世在位时期的宗教变革 …………………………（66）

　　二　玛丽女王的宗教复辟 ………………………………………（69）

　　三　伊丽莎白女王时期的宗教变迁 ……………………………（70）

第三章 文艺复兴时期英国的文化思想 (86)
第一节 英国文艺复兴运动 (86)
  一 文艺复兴运动的兴起 (87)
  二 英国戏剧的起源 (94)
  三 英国戏剧的发展和繁荣 (96)
第二节 人文主义在英国的兴起和发展 (104)
  一 人文主义思想的兴起 (105)
  二 新文化运动阵营的形成及发展 (108)
  三 人文主义的现实力量 (113)

第四章 重商主义文化与经济的发展 (127)
第一节 英国重商主义文化的起源与发展 (127)
  一 中世纪以来英国商业的发展 (127)
  二 贸易的发展与贸易机构的建立 (134)
  三 英国早期的海上活动 (142)
第二节 商业争霸战争 (149)
  一 英国与西班牙的战争 (149)
  二 英国与荷兰的战争 (153)
  三 英国商业霸权的确立及对外贸易的扩大 (165)

第五章 英国多元开放文化与殖民帝国的建立 (173)
第一节 新型贸易与殖民公司的建立 (173)
  一 新型贸易与殖民公司的性质 (173)
  二 莫斯科公司 (178)
  三 利凡特公司 (186)
第二节 殖民帝国的初步建立 (196)
  一 东印度公司的建立及殖民扩张 (196)
  二 英国在北美的殖民与扩张 (231)
  三 英国在东半球的探险及殖民扩张 (253)
  四 不列颠文化帝国的形成 (270)

第六章　英国理性主义与科技的发展 (277)
第一节　理性主义的勃兴 (277)
  一　文艺复兴时期理性主义的回归 (278)
  二　培根对理性主义的贡献 (283)
  三　启蒙运动时期理性主义的发展 (291)
第二节　近代早期英国科学技术的发展 (306)
  一　近代早期英国科学家及其主要成就 (307)
  二　近代早期英国科学技术的发展 (315)
  三　科学技术发展与社会进步 (323)
第三节　近代英国阅读文化的发展 (330)
  一　中世纪晚期对阅读文化的解放 (331)
  二　图书出版制度的变革及出版印刷业的发展 (337)
  三　阅读文化的发展及文化传播 (343)

第七章　英国工业文化与工业革命 (360)
第一节　英国工业文化的起源与发展 (360)
  一　中世纪工业文化的萌芽 (361)
  二　社会转型时期工业文化的成长 (370)
  三　近代早期英国工业文化的发展 (376)
第二节　工业革命期间工业文化的发展 (391)
  一　工业革命的兴起 (391)
  二　工业文化发展的主要成果 (395)
  三　工业文化发展的社会影响 (406)

第八章　英国贵族文化与社会风尚 (417)
第一节　英国贵族文化的起源 (417)
  一　中世纪贵族阶层的兴起 (418)
  二　贵族阶层的发展与贵族文化的形成 (424)
  三　贵族文化的主要表现形式 (436)

第二节　贵族文化与社会风尚 …………………………………… (447)
　　一　贵族阶层与文化教育 ………………………………………… (447)
　　二　贵族精神与社会风尚 ………………………………………… (459)
　　三　贵族精神与绅士风度 ………………………………………… (470)

后　记 ………………………………………………………………… (481)

第一章

英国民主及宪政思想与国家政治制度的变革

第一节 中世纪英国政治文化的发展

中世纪英国政治文化上承古代希腊罗马的民主制度，下启近代资产阶级民主制度。民主思想及其在政治上的实践在中世纪从未间断，而且建立了具有广泛代表基础的民主保障机构——议会。议会代表不仅有贵族阶层，还有日益发展壮大的市民阶层。议会一直作为专制主义的制衡力量而不断发展，在组织机构上也日益完善，逐步形成了两院制议会，并且掌握了国家的财政监督权和立法权，从经济基础和上层建筑方面都成为专制主义向前发展的制约力量，也成为宪政思想萌芽及不断发展的保障力量，从而在中世纪英国政治文化的构成要素上并没有形成绝对的专制主义。"王在议会"及"王在法下"的政治文化是民主及宪政思想在政治实践中的创举，也是维护国家稳定、平衡国家各种政治力量的砝码。当这种平衡被打破时，英国就爆发了内战。内战在实质上是以王权为代表专制力量与议会为代表的民主力量矛盾不断积累与斗争的结果，也使这两种对立统一的力量在新的起点上重新达到平衡，促使英国近代君主立宪制度的建立。在社会转型时期，政治文化的传承性对于政治制度的变革发挥了重要作用，并对世界范围内近代民主制度的建立和发展产生了广泛而深远的影响。

一　古代希腊罗马的民主制是英国民主及宪政思想的源头

古代希腊罗马文化是西方文化的源头。雅典的梭伦改革从经济基础到上层建筑等方面确立了自由民主及宪政思想的框架，后经克里斯提尼的改革逐步走向成熟，使雅典的民主政治成为希腊地区奴隶制民主制度的典范。其在当时的影响在于它促使了雅典奴隶制经济的繁荣并创造了光辉灿烂的希腊文化，使希腊诸多的城邦成为密缀于蛮邦原野上的"花边"；其对后世的影响在于它为人们提供了一个值得参照的政体，为人类文明发展进程中政权组织形式的发展指引了一条光明大道。历史长河波涛起伏，但优秀的文化成果是历史长河中川流不息的永恒之水。古代希腊国家和政权在湮灭之后，罗马人从希腊文化成果中汲取了智慧之水加以继承发展，创造了地跨亚、非、欧三大洲的罗马帝国和更为灿烂辉煌的罗马文化。罗马帝国和罗马文化交相辉映，成为古代世界璀璨耀眼的文明中心之一。罗马文化对后世的影响主要在于两个方面：基督教和罗马法。罗马帝国繁盛时期出现并被统治者推崇的基督教后来成为中世纪欧洲的正统思想而且传遍世界，至今依然影响着很多人的精神世界；罗马法法理先进，体系完备，历经了一个不断补充和完善的过程，至534年在东罗马帝国国王查士丁尼的主持下编撰完成并颁布施行，后人称之为《民法大全》。该法典对西方文明的影响被认为仅次于《圣经》，其基本思想和原则已融入西方乃至世界各国的法律之中。

不列颠处在罗马帝国的统治下近四个世纪之久，其罗马化的程度虽然不及与罗马帝国腹地相接壤的地区，但也不能不受罗马文化的浸渍。"在接下来的四个世纪中，不列颠行省处于罗马的统治之下，这一过程几乎持续到后来英格兰王国的建立……苏格兰和爱尔兰的居民不仅和罗马人进行贸易往来，而且也深受罗马文化的影响，特别是受到罗马基督教的影响。在英格兰，两种文化得到融合，至少在社会上层中是这样。在那时，基于商业、城市、大道和整齐划一的帝国管理体制，不列颠行省已经融入了横跨欧洲的罗马世界。尽管后来罗马世界分崩离析，但其遗产却在后来的不列颠居民中得以复兴。"①"罗马大道""哈德良长城"及众多城市的修建即是不列颠罗马化的明证。罗马的建筑文化在不列颠的城市建设中得到了充分展现。"许多城市认真规划,有庙宇、讲坛、市场、公共剧场、园圃、浴场、公共厕所、给水系统和寒季供热中心。其水准之高一直到18世纪都未能超出。"②罗马还在不列颠建置行省,按罗马政制设置行政机构,派遣官吏,征收贡赋,并利用不列颠各地的上层人物管理行政及社会事务,同时逐渐招募不列颠人参加罗马军队,维护其在不列颠的统治。伦敦城是罗马在不列颠统治的政治和经济中心,与欧洲的商业联系也最为广泛,一些奢侈品如亚麻纺织品、香料、首饰、玻璃等从罗马腹地输入,货币的流通量大大增加。很多城市的居民已开始使用拉丁语。2世纪,基督教传入英格兰。314年,来自伦敦、林肯和约克的3名主教出席了阿尔的宗教会议,30多年后英格兰共有4个主教区,不列颠已有不少人皈依了基督教。罗马帝国的衰落及北方民族的入侵虽然导致了罗马在不列颠统治的终结,但罗马文化对不列颠的影响并未因此而结束。罗马文化在不列颠虽历经北方民族的入侵而一度衰落,但其诸多成果被随后而来的盎格鲁-撒克逊人、丹麦人、诺曼人等北方民族继承并发展。

关于英国自由民主及宪政思想的源流,国内外诸多学者莫衷一是。有些学者认为是盎格鲁-撒克逊人时期日耳曼人原始的民众大会所形成的早期民主遗风,也就是日耳曼人的军事民主制是其源头。有些学者认为这个源头来自诺曼征服后不列颠在封建化过程中世俗王权、贵族特权、教会权力的分权制衡。这两种说法均有一定的合理性,但不可否认的一个事实是,不列颠岛国地理文化虽有独特之处,但其基本的历史进程和西欧大陆的诸多地区殊途同归,在进入罗马文化圈之后都不同程度地被罗马化,历经北方民族的入侵后罗马文化在不同程度上虽有所衰落,但并未中断,而是被北方民族在或前或后的时间段上加以扬弃和发展。历

---

① Monod Paul Kleber, *Imperial Island: A History of Britain and Its Empire*, 1660–1837, A John Wiley & Sons Ltd., Publication, 2009, p. 4.
② 阎照祥:《英国史》,人民出版社2003年版,第11页。

经诺曼征服，不列颠文化与西欧大陆文化更是同宗同源，至于以后独特的发展之路，则另当别论，同宗同源并不一定有着同样的发展模式与发展结果。因而我们可以看出，英国自由民主及宪政思想的源头并不独特，古代希腊罗马文化中的自由民主及宪政思想正是其最早的源头，发源后何时何地汇入其他的自由民主及宪政思想的支流乃取决于不列颠政治经济和社会发展的实际情况。

关于英国法治传统形成的因素应该说是多方面的，比如说这种传统来源于盎格鲁-撒克逊时期日耳曼人建立在团体本位基础上民众大会所形成的早期民主遗风。或者来源于英国早期社会结构中所形成的与世俗王权相制衡的贵族阶层与教会阶层等。也就是说英国今天优良法治传统的形成并不是某一特定因素单线促成的结果，人们不能人为地将这种传统的形成单一化。①

二 自由民主及宪政思想的里程碑——《大宪章》

自13世纪初开始，英国处在约翰王统治之下，这一时期英国经常与法国交战，但几无胜绩，基本都以失败而告终，并丧失了英国在欧洲大陆的许多领地。1206年，约翰国王拒绝承认教皇英诺森三世所任命的坎特伯雷大主教兰顿而被革出教门，他又因为害怕教皇帮助法王夺取英国王位，不得不向教皇称臣纳贡，反对教皇的斗争不但没有成功，反而每年需向教皇交纳一千英镑的贡赋。由于连年的对外战争并向教皇缴纳贡赋，国家财政更加捉襟见肘，国库日益空虚，约翰王为了增加国家的财政收入，不得不向大贵族征收额外的赋税和地租，曾多次违反封建惯例，甚至肆意没收贵族地主的土地。1213年，约翰王为了防范来自法国的危险，一方面加强了在海岸地区的防御，一方面又企图与法王菲力浦二世再度决战，夺回大陆的诺曼底和安茹，但遭到骑士和男爵的反对，转而向大陆的低地国家寻求支持，最终也无结果。1214年1月，国王在坎特伯雷再次召集骑士和男爵参加的会议，决定进攻法国，但战争一直没有

---

① 李栋：《英国早期职业法官阶层对于普通法的影响》，《中南财经政法大学研究生学报》2006年第6期，第107页。

得到骑士阶层的支持，7月战争即见分晓，约翰王又遭败绩，被嘲讽为"失地王"。自"诺曼征服"以来英王跨海而治的局面至此终结。

约翰王返回英格兰后对于丧师失地并不甘心，试图征收更多的捐税夺回失地以雪前耻，颁令所有骑士，无论是否同国王一起出征，一律加征兵役免除税，导致王室与贵族骑士的矛盾进一步激化，也激起了普通民众的不满，爆发了反对国王的起义。起义的领导人是阿恩威克（Auwick）、罗伯特·菲茨·华尔特（Robert Fitz Walter）等人。1215年4—5月，起义规模迅速扩大，从斯坦福郡迅速蔓延到北安普顿郡，在坎特伯雷大主教兰顿的支持下，瓦尔特、阿恩威克、丹诺等大贵族联合其他社会力量，发动大规模叛乱，并在伯拉克利（Brackley）公开反对国王，拒绝向国王行效忠礼。他们很快占领伦敦，与国王对抗，并和法王菲力浦密切接触，得到了法王的支持。约翰王在对法作战中刚刚失败且久失民心，仅有七个骑士站在他这一边，亦无足够的力量同起义者相对抗，只能雇佣佛兰德尔和波瓦图的军队来守卫王宫。外国军队来到英国，更加激起了英国民众的不满。形势的发展对国王更加不利，僧俗两界贵族趁机同国王展开斗争并谈判。1215年6月15日，在离温莎城堡不远的泰晤士河畔的兰尼米德（Runnymead），他们将事先拟定好的一份文件面呈国王并要求国王签字同意，双方经过谈判和修订，6月19日，约翰王被迫在文件上签字并加盖印玺以示接受和同意。在国王签字的同时，25名男爵作为文件的执行人也在这份文件上签了字，这就是著名的《大宪章》（Magna Carta）。英国政治史上一份重要的文件产生了，它立即被快骑传送各地，昭示全国。

《大宪章》不是议会政治的产物，但却为议会政治的发展成熟提供了思想源泉。尤为重要的是它规定了国家"大会议"所具有的特殊权力，强调国王只有经过"大会议"的同意才能向封建主征收额外的临时税或附加税。这说明了"大会议"拥有否决国王征税的权力，从而限制了王权，置王权于"大会议"所制定的封建习惯法的约束之下。这就意味着"王在法下"，也就是国王必须遵守法律，国王的权力也要受到法律的限制。这一法理思想为后来大多数西方国家所接受并发展，成为"法律高于一切，法律面前人人平等"这一基本法律原则的思想来源。《大宪章》

的签订在实践上也意味国王如果恣意违法，臣民就有权起来采取反抗措施强迫他遵从。此外，封建贵族在《大宪章》中提出了某些保障城市市民的若干权利，首次把市民阶层视为一种政治力量，也给予了自由农民某些法律保障，这就为后来英国议会力量的发展壮大及议会限制王权提供了基本的理论依据。

1216 年 10 月，约翰王在内外交困的情况下病逝，其年仅 9 岁的儿子亨利被起义领袖罗伯特·菲茨·华尔特和威廉·马歇尔拥立为新国王，是为亨利三世，但实权掌握在前两个人手中，因而在亨利年幼时期，《大宪章》成为英国法律基础而渐生宪政之果。最初的《大宪章》有 63 个条款，其中大部分是针对 13 世纪英国的现状而制订，例如限制皇室狩猎范围等等。而当中影响最为深远的是第 39 条，由它衍生出了人权的基本内涵：除非经由普通法官进行审判，或是根据法律行事，任何自由的人，不应当被拘留或囚禁，或被夺去财产、放逐或被杀害。根据这个条文的规定，国王若要审判任何一个人，只能依据法律；而不能以他个人意志或好恶来进行，王权因之受到了限制，开始了迈向君主立宪的第一步。恩格斯曾经指出，英国法律制度不同于欧洲大陆各国的独特之处就在于"对个人自由的保障"，也就是"个人自由、地方自治以及除法庭干涉以外不受任何干涉的独立性。"[①]

《大宪章》不是代表个人的文本，其政治思想内容、历史价值、作用和影响却不亚于任何鸿篇巨制。它不仅是一份协议，一份政治合同书，还是英国自由的宣言书，是西方现代宪政主义的源头，是引发立宪政府发展的重要里程碑。[②]《大宪章》包括序言和 63 个条款，涉及问题较多。主要是重申王国贵族的封建权利和防止国王侵夺这些权利，其内容大致可分为八类。

（一）承认教会享有自由权利（liberty），不得随意剥夺，"永远保障

[①] ［英］恩格斯：《家庭、私有制和国家的起源》，张仲实译，人民出版社 1954 年版，第 148 页。

[②] 阎照祥：《英国政治思想史》，人民出版社 2010 年版，第 2 页。

英格兰教会的自由，使教会享有充分的权利及自由，不受任何干涉。"[1]

（二）保障贵族和骑士的封地继承权和租用权，认可两界贵族传统权利和特权，如规定"犯小罪的自由人不受罚，若犯了大罪应按照罪之严重性受罚，不过不应剥夺他生存所需要的基本条件；伯爵与男爵只应由其同级之人，按其犯罪程度罚之。"[2]

（三）关于城镇、贸易和商人的条款。如规定："全王国应有共同的葡萄酒计量单位、大麦计量单位。"[3]伦敦和其他自由市应"保有其原有的一切自由和自由的风俗习惯"；"除战争时期敌对国之商人外，其他各商人应享有安全出入英格兰之权利，有权利居留或在路上、水上自由通行。"这些规定，有助于当时城镇自治权的巩固及商品经济的发展。

（四）有关法律和司法实践的规定在很多条款中都有体现，如关于地方法庭、巡回法庭的设置办法，处罚犯罪行为的基本原则，充分体现了封建贵族对法律的重视及运用法律解决社会问题。

（五）关于征收贡赋等问题的规定。国王征收贡赋必须召集教俗贵族"总主教、主教、院长、伯爵和具有重要地位之男爵的会议"进行商议，得到以贵族为核心的大会议的同意。此外还限定贵族的权利，不得随意提高在各地所征收贡赋的数量，应按以前的规定来征收，也不得私设法庭，因为自己的利害冲突审判任何人；贵族或地方官吏不得夺占自由人的马匹和车辆，也不能肆意采伐他人的木材建造城堡或其他工程。这种规定不仅限定国王的权利，同时对贵族的权利也做出了限制，显然有利于保障贵族和其他自由人的权利不受随意侵犯，体现出自由民主及宪政思想的萌芽。

（六）保障基本的人身自由和安全。在婚姻方面"继承者应不受强迫结婚""不得强迫寡妇再嫁"；在民事方面，在欠债人有能力还债时，债主不得侵占其土地或财产，也不得向担保人施加压力；在欠债人死亡后，其妻子可以继承土地而不必偿还丈夫所欠下的债务；任何村庄或个人不

---

[1] 雷敦龢：《英国大宪章今译》，《和平丛书》（第26卷），台湾辅仁大学若望保禄二世和平研究中心2002年版，第6页。
[2] 同上书，第11页。
[3] 同上书，第14页。

得被强迫在河边建桥;在司法方面,犯罪的自由人基本生存所需之物不受剥夺;任何贵族或地方官吏不得以王室法庭的名义开庭审理案件;任何自由人基本的人身自由不受侵犯,"不得被捉拿、拘囚、剥夺产业、放逐或受任何损害。"在战争期间,对敌对国的商人,"应拘留他们,但不得对他们的身体或商品有任何损害,直到我们或我们的大法官得知当地与我们打仗之国如何对待我们的商人为止。"[①] 保障王国自由民和他国商人出入境的自由;

(七)限制国王与贵族的权利,成立由25名男爵组成的保证《大宪章》实施的监督委员会,负责监督贵族与国王的行为,以保障国内自由和平的局面。规定国王必须遵守《大宪章》,如有违犯,贵族会议有权采取各项措施包括对其宣布战争来迫使国王纠正。

(八)规定如何处理与威尔士及苏格兰的关系,如何解决边界地区的土地与财产纠纷;在战争结束后要放逐外国雇佣军,以免其武装威胁王国的和平与安全。

《大宪章》的历史意义不在于它具体的内容,而在于它所体现的自由民主及宪政思想。因为其内容大多具有时代性,之后不断被修改甚至被废止,而其所体现的自由民主及宪政思想则成为一种政治文化传统却得以世代传承。

第一,体现了自由民主的思想。《大宪章》维护国民至少是封建贵族的人身自由。它规定任何自由人的人身自由及财产不受侵犯。贵族地主阶级在人身、婚姻、居住、通行、通商、财产、出入国境等方面享有自由,即使他们犯罪,也要保障其基本的生存权利并不得施加人身伤害。对于国王,贵族地主阶级可以采取一切必要的手段来迫使国王纠正错误,但不得进行人身伤害,要保证王室成员的人身自由和安全,体现出了法律人性化的色彩。它不仅维护以国王为代表的贵族地主阶级的自由,同时也在一定程度上维护农民和市民阶层的自由和权利,如规定贵族地主不得随意夺取他人的粮食和木材、不得向其佃户征收超出习惯的苛捐杂

[①] 雷敦龢:《英国大宪章今译》,《和平丛书》(第26卷),台湾辅仁大学若望保禄二世和平研究中心2002年版,第15—16页。

税，不得强迫任何村庄和个人在河边修桥、不得因个人的利害冲突而私设法庭、在不了解情况的条件下不得限制敌对国商人的人身自由，也不得侵犯他们的财产。它不仅维护个人的自由，也维护以伦敦为代表的自由城市的地位，而且要争取使更多的城市享有自由权并不得征收额外的赋税。可见，自由是《大宪章》的灵魂，也是其光辉。后世美国的《独立宣言》、法国的《人权宣言》《世界人权宣言》，都可从《大宪章》中探寻到其自由民主思想的根源。只不过随着政治文明的进步，封建贵族所享有的自由和人权，不断被赋予新的内容并逐步扩大为全体国民所享有，民主权力的主体也呈不断扩展的趋势。正是这种政治文化的进步，不断引领人们去创新政治，探寻能充分保障更多数人的自由和人权、发挥更多数人的进取和创造精神、唤起更多数人参与国家事务决策和管理的主人翁责任意识、建设更科学更美好的政治制度为人类服务。

《大宪章》规定国王并不能独断专行，在征税和重大国是的决断上必须召集贵族会议以征得他们的同意。这在当时固然是为了维护封建贵族的利益，但其中也反映出了民主思想的萌芽。更主要的是，它不仅制约国王的权利，同时在很多方面也限制贵族的权利，以往人们只强调其对国王权利的限制而忽视了其对贵族权利的制约，其实质是一种双重的制约，也是一种公之于众、有法必依、人人平等的法理在封建统治阶级内部的实践。尽管它维护的是封建的等级制度，但在一定程度和一定范围内体现出了某种程度的民主与平等。

第二，体现了"王在法下"的宪政原则。国王并不能完全按自己的意志统治国家，而是必须要遵守贵族所制定的法律准则，在权利上受到了法律的明文限制，实则是受到了贵族臣下的限制。反映了当时王权的相对衰微和贵族势力的强大，虽与当时约翰王统治时期特殊的时代背景有关，但是这与古代东方国家的君主专制制度有着很大的不同。英格兰的国王只是封建贵族的"共主"，虽有"君权神授"的光环，但并非"万民之上""金口玉言"、对任何臣民都拥有生杀予夺大权的"天子"，也不会对臣民实施"一人犯罪，诛灭九族"的严酷惩处。这也反映了东西方政治文化发展模式的不同。因而《大宪章》被称为："英国第一个宪法性文件""第一个伟人的议会文献""英国宪政大厦的基石""西方宪政主义源头"。这些说法均有一定的合理性。但是中世纪英国议会的权力及宪政原则也是有限的,国王依然拥有较大的权力并且随着民族国家的形成还在日益加强,君主权力同近代的比较成熟的君主立宪制及责任内阁制依旧有着本质的区别。孟广林先生也指出,"在特定的历史背景中,体现了'王在法下'或'法大于王'的所谓'法制传统'也就流行于世,对封建君权的发展与运作形成了某些限制。不过这一'法制传统'能否真正地限制君权,最终取决于君主与王国内主要政治势力的现实博弈。"① 也就是"王在法下""法大于王"的宪政原则在中世纪时既是历史发展的必然性产物,也与国王及贵族在复杂的国际及国内环境中的际遇密切相关。

《大宪章》的确开启了英国乃至于西方宪政主义的源头。之后,限制王权的文件层出不穷,使英国专制主义中央集权的强化之路充满了坎坷,最终在社会转型时确立起了君主立宪制。而古代东方国家的君主专制主义所走的基本是一帆风顺的平坦大道。究其深层的原因,在于不同的经济基础所决定的思想文化不同,英国的王权不仅受到臣下贵族的限制,而且还受到教权的限制,王权在中世纪以来一直在夹缝中狭路突破,寻机发展,因而始终无法到达专制主义的顶峰。这也是英国国王在社会转型后依然能够长期存在的原因之一。王权没有到达顶峰也就没有与其他对立阶层达到水火不容的地步,同时贵族阶层的长期存在并与时俱进也是国王长期存在的政治力量,没有国王就没有贵族,反之亦然。

亨利三世在位时期,国王与贵族的矛盾再度激化,一度爆发贵族叛乱,虽然很快平息,但在1235年,由大贵族建议并由亨利三世颁定了《默顿规约》(Statutes of Merton),国王加强王权的努力最终还是以向贵族妥协而告终。该规约的本质和《大宪章》相类似,即对王权做出一定的限制。1258年,亨利三世再度接受一些大贵族制定的更为激进的《牛津条例》,对王权做出了更为严格的限制。该文件不仅重申《大宪章》的基本原则,而且作了如下规定:

---

① 孟广林:《"王在法下"的浪漫想象:中世纪英国"法制传统"再认识》,《中国社会科学》2014年第4期,第187页。

第一，成立以大贵族为主体的15人委员会参与国事管理，国王必须依照委员会意见治理国家，政府高级官员和地方官员每年应向委员会述职以决定去留。

第二，议会每年召开三次。分别定于米迦勒节后第8天、圣诞节次日和6月1日开幕。届时国家所有重大事宜由其解决。

第三，每郡选出4名骑士，监督地方官工作，调查民情及时上报。①

《牛津条例》是继《大宪章》之后的又一重要的政治和法律文献。其重要意义是在英国历史上首次提出了政府主要大臣要对国事委员会而非对国王一个人负责并定期召开议会的原则，也表明由贵族组成的御前会议可以决定国家的任何事务。这等于公开宣布"王在法下"和议会是全国最高立法机构。其中关于骑士监督地方政府的规定有助于乡村骑士发挥政治作用，其后他们就有更多的机会成为议会代表。这样就使贵族与国王的矛盾斗争已呈公开与白热化趋势，亨利三世不甘于受贵族的摆布，不久即宣布废除《牛津条例》，结果又引发了更大规模的贵族叛乱。1265年5月，以西门·德孟福尔为首的贵族集团击败国王，俘虏爱德华王子，控制了国家政权。但是以西门贵族为首的叛乱并不得人心，企图建立少数贵族寡头统治的行为引起了其他贵族的反对，也引起了参与叛乱的其他贵族的不满。法国国王也支持亨利三世，扬言要入侵英国。萧墙之祸有可能引起外敌干涉。在这种情况下，西门转而寻求更广泛的支持，他于1265年1月20日召开了著名的"西门议会"，参加者除了有大贵族之外，还遵循了1254年的先例，在每个郡还邀请了两名骑士代表，同时，首次从各城市分别邀请了两名"贤良、守法、正直"的市民代表，这就使社会地位比骑士更低、成分更加复杂、经济力量不断增长的市民阶层开始进入议会。西门议会是英国议会形成史上一个重要的里程碑，被认为是英国下院乃至议会制度的开始，它确立了英国议会以后的构成结构，即由贵族组成的上院和市民等阶层组成的下院，因而西门获得了"下院之父"的称号。

英国的民主及宪政思想源远流长而一脉相承。时光变迁，岁月更替，

---

① 阎照祥：《英国政治制度史》，人民出版社1999年版，第50页。

历史虽在不断发展变化,但自由民主及宪政主义思想代表了人类政治文化前进的方向,成为世代传承并不断发展的弥足珍贵的文化成果,是英国政体走向较为成熟完善的君主立宪制的思想基础和理论先导,对世界民主制度的建立和发展产生了广泛而深远的影响。

第二节 英国政治制度的变革

自由民主和宪政思想属于政治文化的范畴,政治文化的发展是政治制度变革的思想先导及理论基础,政治制度变革是政治文化被有选择性地实践,也是政治文化发展成熟和被人们所接纳的结果。戴尔·霍克曾经这样来定义政治文化:"政治和政治文化的基本区别在于政治行为和行为准则的区别,正式和非正式的区别,从而来支配那些行为。政治的历史可以视为游戏者的历史,而政治文化的历史,就是游戏者所认定的游戏的本质及游戏的准则,从理想的角度而言,两者的历史应当合二为一。"①

一 议会成为政治制度变革的主阵地

英国政治文化的发展实践首先表现在议会的形成和发展。英国议会从一开始即具有广泛的代表性,成为聚集社会精英力量的阵营,具有加强王权和制约王权的对立统一性,这也是从中世纪到近代以来,英国不能形成绝对的专制主义中央集权制度的原因之一。"英国一向有反对专制权力的强大的思想传统。布里安·蒂尔尼令人信服地证明塞缪尔·帕克等议会发言人所提出的宪政原则根植于中世纪的土壤。"②

亨利三世的儿子爱德华一世(1272—1307年在位)聪明勇武,擅长骑射角逐,颇具军事指挥才能,而且能够选贤用能,知人善任,从政治经济等各方面注重立法创制,被称为"英国的查士丁尼"。在他统治时

---

① Linda Clark and Christine Carpenter, *Political Culture in Late Medieval Britain*, Woodbridge: Published by the Boydell Press, 2004, p.1.
② [英]约翰·邓恩:《民主的历程(公元前508—1999年)》,林猛等译,吉林人民出版社1999年版,第98页。

期，以军事行动征服了威尔士，并以各种手段谋求统一苏格兰，其中包括亲自率军远征。1307年，爱德华一世就在率军远征苏格兰的路上意外去世。

爱德华一世在位时期，频繁的对外战争使政府的财政开支不断增加，为保证军费供应，增加赋税收入以保证战争之需，迫使国王不得不经常召开议会。爱德华一世也认识到议会是一种有用的统治工具，通过议会可以与国内有实力有影响的各阶层加强联系，弥合分歧，形成一定范围内的政治同盟，扩大国王统治的基础，因此在爱德华一世当政期间，英国议会的召开趋于经常化、制度化。召开的时间与地点也基本固定。"在爱德华一世统治的35年内，共召开议会52次，除因对外战争偶尔中断外，通常每年召开两次，一次在春季的复活节。另一次在秋季的末迦勒节，会址基本固定在威斯敏斯特。"[①]

爱德华一世统治时期定期召开议会已成惯例，之后的时间里议会不但经常召开，而且权力逐步扩大。1341年，议会要求国王要通过议会的同意方能任免大臣和法官；1371年，议会强迫国王罢免了出身高级教士的大法官和司库，分别由议会信任的2名世俗贵族取而代之；议会权力的扩大还体现在有权对国王任用的大臣进行质询。1368年，王室总管约翰·德拉利因滥用职权，被传讯到白厅，接受议会质询，因他的回答未能令议员们满意，被处以罚款和短期监禁。1381年，下院批评政府管理不善，弊端丛生，大法官康特尼被迫交出国玺，引咎辞职。三是对违抗议会意志的"不法大臣"进行弹劾。弹劾是14世纪由议会发明的一种特殊诉讼方法，它由下院充当原告，对政府大臣提起公诉，然后由上院贵族担任法官，对被告进行审判，给予惩罚。在70—80年代，相继发生3次弹劾大臣事件，第一次是1376年"贤明国会"对咨议大臣拉蒂默和王室总管尼维尔的弹劾，二人均被革职，锒铛入狱。10年后，大法官德拉波尔和司库福德姆又遭到议会弹劾。最后是1388年"无情国会"对理查德二世的五个宠臣的弹劾。这些弹劾事件体现了议会要求国家行政官员

---

① 程汉大：《文化传统与政治变革——英国议会制度》，辽宁大学出版社1996年版，第30页。

不仅向国王负责，而且应向议会负责的企图，朦胧地显露出近代责任政府制的思想端倪。①

14世纪时，议会权力一度扩大到可以影响或废立国王的地步，1327年，议会指责爱德华二世顽固无能，忠奸不分，偏听奸佞，造成对外战争失利，国内纲纪废弛，一致通过决议废黜国王，立王太子为新国王，是为爱德华三世。1399年，议会又以违背加冕誓言、破坏自由和法律、践踏议会权利、专制独裁等33条罪状，宣布废黜理查德二世，拥戴兰开斯特家族的亨利（即亨利四世）为新国王。这两个事件充分反映了议会权力的扩大和王权的式微，是对君主专制的断然否定，也决定着英国政治文化及政治制度的发展方向。从中世纪到近代，在西欧民族国家形成和发展的过程中，总体趋势是王权在逐步加强，英国也不例外，但是英国王权加强的限度一直是有限的，并没有走上君主专制的政治道路。王权不仅受到议会的限制，而且早在议会形成之前，也受到教权的限制，王权一直在夹缝中成长。"诺曼征服"以后，威廉一世对英国的教会进行了改革，王权与教权联袂确立了封建统治。教权给王权戴上神圣的光环，是维护王权的精神支柱；王权给予教会以庇护和财产，是维护教权的世俗力量。王权与教权虽互相支撑与依赖，但其矛盾斗争也几乎贯穿了以后的历史。

从12世纪以来，在反对教权的斗争中，加强王权符合集中于议会的贵族及市民阶层的利益，从而得到了他们的支持，然而国王权力的扩大又会损害他们的利益，总体趋势虽是王权在不断加强，但王权的加强又受到议会的限制，所以王权的强化是有限的，并不是像一些东方国家那样走上了君主专制的道路，基本是在一定程度上满足议会要求的范围内在加强。而到了社会转型时期，新兴资产阶级的精英力量基本集中在议会，很多封建贵族从其自身的经济利益出发，因势而动，抢抓机遇，顺应历史发展的潮流，变压力为动力，变革其土地占有及经营的方式，亦农亦工或亦农亦商，使土地由以前封建的经济基础转变成为资本，自身

---

① 程汉大：《文化传统与政治变革——英国议会制度》，辽宁大学出版社1996年版，第51—52页。

也成为资产阶级化的新贵族,同新兴的资本主义经济已有着千丝万缕的联系,所以在17世纪资产阶级革命时期,形成了以议会为核心的同国王既对立又统一的革命阵营,但最终又保留了国王,形成了君主立宪制和议会内阁制,与英国议会有着悠久的发展史有着密切的关系。同时,革命力量与以国王为代表的守旧力量并没有完全达到水火不容、非此即彼、"一山两虎"的地步,保留国王却符合英国几百年来政治文化传统和民众的心理习惯,提供一个宗教信仰和效忠国家的象征力量,也有利于缓和社会矛盾,避免大规模的社会动荡,推动社会转型的平稳过渡。"英国革命并非自由和权威的斗争,而是斗争者要求理解权威的本质并要最大限度地将自由与权威相结合。"[①] 英国的革命力量本身就有很多的贵族参与,而没有国王就没有贵族,国王是贵族在政治上的总代表,保留国王也符合贵族阶层的利益,这也是英国贵族阶层在资产阶级革命后依然能够长期在政治生活中发挥重要作用的原因之一。"国王的权力愈是削弱,大家对国王就愈是崇拜,同样,上院的政治影响愈是降低,人们对贵族就愈加恭敬。"[②]

从1265年"西门议会"的召开到1640年在英国资产阶级革命爆发之时,英国议会已历经近四个世纪的发展,逐渐成为一个规制健全的两院制政治机构,它已具备稳定的组织形式、工作程序和多种职能,在国家的政治生活中日益发挥着非常重要的作用。议会成员不仅包括了在国家政治经济生活中发挥主导力量的爵位贵族,也有社会转型时期所出现的新兴以及精英力量,这种新兴和精英力量虽与旧的社会制度存在着矛盾,但是议会为化解这种矛盾提供了一条现实的途径。他们的政治与经济诉求总是通过议会而不断地得到一定程度的满足,自身的政治和经济地位也通过议会的各项规定和立法得以不断提升。在一个政治阶梯相对开放的国家里,社会精英在各方面上升的渠道相对是畅通的,这就为缓和社会矛盾、消除现存制度的异己力量提供了一条平静的泄洪渠。更何

[①] John Morrow and Jonathan Scott, *Liberty, Authority, Formality Political Ideas and Culture, 1600–1900*, Published in the UK by Imprint Academic, 2008, p.10.

[②] [英]恩格斯:《英国状况十八世纪》,《马克思恩格斯全集》(第1卷),人民出版社1956年版,第662页。

况英国从都铎王朝开始，社会转型时期新兴的社会精英力量，从海盗到商人、从商人到工场主、从工场主到富有的市民，无论其出身如何，只要在现实社会中的某个方面取得成功，通过各种途径都会被国王封授予爵位贵族。新兴的社会精英力量不完全是主流社会的异己力量，而是作为主流社会的补充或强化力量而存在和发展。英国政治文化的主流是民主与和平、是渐进和变革、是分权和制衡，从而在政治制度的变革实践过程中，更多的是采取了相对和缓平静的改革方式，而不是疾风暴雨般暴力革命的方式，这和大多数实行君主专制国家的政治发展道路是截然不同的。

英国从中世纪以来，议会就为这种政治改革提供了一个理想的场所，也是推行改革的前沿阵地和依靠力量，具体表现为通过立法形式来规范人们的行为，使整个社会沿着理想的方向前进。而在一个法制社会，稳定的社会环境和强有力的政治机构是立法和推行法制的前提，推行法制则要依靠民主的力量，只有健全的民主制度和相对强大的民主力量才能顺利地将各项改革或立法措施付诸实施，不至于引起激烈的社会对抗，换言之，也就是需要推行民主和法制的文化力量，而文化的力量或来自个人，但却以民主的形式而发挥作用。民主制度不健全，民主力量相对薄弱的国家里，往往缺乏推行法制的社会因素而容易引起社会对抗，这类国家的社会变革往往采取了暴力革命的方式。激烈的暴力革命会令革命者热血澎湃，斗志昂扬，但往往伴随着较长时间社会动荡或战争，伴随着相互暴力残杀的腥风血雨和你死我活的倾轧与斗争，是以人类的鲜血为代价来换取社会的进步和文明的发展。因而并不是所有暴力形式的革命就是最理想的发展进步的途径。

从中世纪以来，英国政治文化的发展推动着政治制度的变革，也引领着政治制度变革的方向。而政治文化的发展和政治制度变革的主阵地，都是在议会展开。这在资产阶级革命过程中和革命之后，都不曾有过例外。在英国资产阶级革命之前，随着民主及宪政思想的发展，议会作为一种成熟的政治机构，其主要的政治作用和功能是成为平衡国家各种政治力量的砝码，也是缓解或化解各类社会矛盾的机构，也是民主力量不断发展壮大的阵营。

第一章 英国民主及宪政思想与国家政治制度的变革 ❖ 17

议会首要的职能是有权决定国王是否能够征税，干预国家财政。这是议会能够长期存在并且权力日益扩大的最重要的因素。因为拥有决定征税的权力，也就是掌握了国王的钱袋和财政命脉，国王必须要依赖议会才能完全行使自己的行政权力。特别是13世纪以来频繁且连绵的国内外战争耗资不计其数，导致国库连年空虚，国家经常性地出现财政困难，这更加剧了国王对议会的依赖，也迫使国王进一步向议会做出权力让渡。"与法国持续的战争削弱了英格兰的王权，因为战争增强了国王对贵族的依赖，也诱发了内战和对王位的觊觎。"[1] 每当国王要求征税时，议会总会趁机提出一定的政治要求，国王迫于财政压力只得答应。1309年，平民代表在讨论征税案的同时，提出一份表示不满的请愿书，国王被迫接受，将请愿书中的要求制定为法规，平民由此取得立法动议权。1340年，议会以拒绝拨款相威胁，迫使国王颁布法规，明确承认议会有决定任何赋税的权力。1341年，议会又要求选举财政稽查员，监督并审查王室与政府财政账目，急需用钱的国王不得不慨然应允，又使议会取得了财政监督权。通俗地来讲，这就是议会不仅有权决定国王的钱怎么来，应当有多少钱，而且还有权监督国王的钱怎么花。英国早期宪政史专家斯塔布斯的下述结论堪称一针见血：对议会的立法权、政府弊政的质询权和国家政策指导权的承认，实际上都是通过给予国王拨款换来的。……可以说，对王权的大多数成功地限制历来都是用金钱买来的。[2] 英国议会所拥有的这项税收和财政监督权深刻地影响了以后西方国家政治权力的组织形式。

议会的另一项重要职能就是拥有立法权，成为国家的立法机关，后来被各国政体所普遍接受的"三权分立"的体制，也发端于英国的政治文化。而且英国从很早就有"王在法下"、"法律高于一切"、"法律面前人人平等"的法制思想的萌芽，体现出了议会权力和意志超越国王的特点，当然议会的权力和意志来源于广泛的代表性，也就是民众和民主的

---

[1] Monod Paul Kleber, *Imperial Island: A History of Britain and Its Empire*, 1660–1837, A John Wiley & Sons Ltd., Publication, 2009, p. 8.

[2] 程汉大：《文化传统与政治变革——英国议会制度》，辽宁大学出版社1996年版，第54—55页。

力量。1332年，议会通过一项重要法令，规定：凡关乎国王财产和人民财产的重大议案，均需在议会中讨论制定；凡属重大立法事宜，均需得到国王和议会中教士、贵族和平民的赞同。从此以后议会开幕时总是郑重宣布：立法是议会召开的主要目的。尽管如此，直到14世纪末，下院议员仍被视为各地派往议会的请愿者，他们只能偶尔作为次要角色参与上院贵族所把持的立法活动。在英国，议会真正成为现代意义上国家最高的立法机关，乃是以后很久的事情。①

议会不仅拥有立法权，而且还拥有一定的司法权，"三权分立"中立法权和司法权在中世纪时并没有彻底分开。议会可以代表民众向国王呈递请愿书，审理上诉案件，仲裁各类法庭在司法审判中遇到的疑难问题，包括裁决贵族之间的财产纠纷事宜。有的学者认为，这是中古时期下院最重要的职权，其中司法特权乃是从大议会那里继承而来。②

议会还拥有监督、弹劾行政官员的权力。这一权力是在议会的政治实践中逐步萌发的，然后作为一种司法惯例而得到认可。英国近代所建立的责任内阁制，即内阁及其成员不是向国王负责而是向议会负责的政治原则并非偶然，而是从中世纪起，就有其政治文化发展的渊源。1341年召开的议会制定了一项限制国王关于"大臣任免权"的法规，其内容为：政府大臣的任免必须在议会中进行；大臣应定期向议会述职；如有渎职行为应接受议会上院审判。其具体做法是：由下院作为原告对渎职官员提出控告，再由上院做出判决。如前文所述，14世纪时，议会不只是监督和弹劾大臣，还把这种权力加以扩充，两次废立国君，其权力之大，可见一斑。

二 英国社会转型及政治道路的选择

从英国政治文化发展的角度来审视17世纪资产阶级革命爆发的原因，是因为随着近代民族国家的诞生和发展，王权和行政权力的加强同中世纪以来的民主宪政思想与议会在特定的时间内产生了尖锐的矛盾。

---

① 阎照祥：《英国政治制度史》，人民出版社1999年版，第60页。
② 同上书，第57页。

第一章 英国民主及宪政思想与国家政治制度的变革 ❖ 19

在英国的社会转型时期，资产阶级革命是两条道路，即君主立宪制道路和君主专制道路相互斗争的产物。

亨利七世建立都铎王朝时，英格兰的人口大约230万，和法国1600万人口相比较就少得可怜。举例来说，当时人口不及1348年黑死病来袭时人口的一半。以欧洲大陆的标准来看，英格兰人的生活条件毫无起色，绝大部分人口生活在农村，居住在狭小的、无烟囱的农舍中。只有约5%的人口居住在城镇，城镇人口密度也少于低地国家和意大利北部的国家。到1500年时，伦敦有约有5万多的城市居民，比英格兰任何一个城市人口的两倍还要多，但也只有巴黎人口的四分之一。[①]

15世纪晚期的英格兰与欧洲大陆的对手相比是贫穷和弱小的，然而从政治文化的角度而言却是领先的。英格兰低地部分和米德兰在其行政管理和文化上有着高度的同一性，地形和缓优越，通往伦敦的交通便利。到1250年时，诺曼－盎格鲁王权已建立起复杂而完整的中央集权的政治制度、同时创建了国家的法律和财政机构，各方政令畅通，运转协调。历经几个世纪的发展，到1485年时，英格兰低地地区已经成为国家的重心，且服从国王的统治。"议会及英格兰传统的习惯法，构成了英国法制极为稳固的基石。此外，绝大部分人虽然有各地的口音，但是语言是共同的。在都铎王朝建立之前，法兰西贵族已经转变成英格兰贵族，语言同化的过程在15世纪晚期时加速进行。英语取代了官方的法语和拉丁语而在政治、管理和宗教等领域得以广泛地运用。词汇也扩大了，词意也进一步细化。英语的实用化及精细化使更多的人参与到公众事务中来，也使更多的人能学习知识和担任公职。同时，在政治文化中，中央集权的趋势及参与者的向心力都明显增强。"[②]

在都铎王朝统治时期（1485—1603年），英国社会从各方面都已呈现出转型的趋势，发端于欧洲大陆的文艺复兴和宗教改革运动在英国向纵深方向扩展，地理大发现及其所带来的"商业革命"和"价格革命"也深刻地改变着英国的政治和经济面貌。"英国社会处于变迁的发萌和启动

[①] David Scott, *The Rise of Britain as a World Power*, Published by Harper Press, 2013, p. 11.
[②] Ibid., p. 12.

时期,中世纪社会的各种特质处于蜕变的状态,现代社会的各种因素开始逐步形成显现。"① 政治上,都铎王朝的各个君主大力加强王权,以专制君主制取代了等级君主制,都铎君主们不仅挽救了濒于毁灭的英格兰王国,而且已经走上了复兴之路。英格兰在历经一个世纪的灾难之后开始重建权威,都铎王权的扩张使英国的民族身份更加凸显。

亨利八世不畏强大的罗马教廷的力量而勇敢地挥动了王权之剑,在英国也开创了宗教改革的浪潮,使神圣不可侵犯的教权开始从属于王权,民族国家日益形成并发展。"英国国教教会的建立是英国民族意识觉醒的一个转折点,从那时起,英国国教教徒视他们自己为上帝的选民,迥异于其他人们。"② 唤起民族意识的另一个因素是议会。"为了寻求财力支持以发动对威尔士、苏格兰及法国的战争,英格兰国王发现召集贵族、高级僧侣、城乡居民的代表会议是非常有作用的。代表的推举由拥有土地的、城镇的地方法官所把持,有些情况下被地方享有特权的选举集团所操纵。后来,贵族和僧侣组成了贵族院,城乡居民代表组成了众议院。议会不仅是表达言论的民主机构,而且很快成为英国民族国家的代言人,显然也昭示了这个民族国家的存在。"③

亨利八世的宗教改革使英国开始摆脱罗马教廷的统治,同时对修道院地产的剥夺也打击了国内天主教的势力,"很大一部分教会地产送给了贪得无厌的国王宠臣,或者非常便宜地卖给了投机的租地农场主和市民,这些人把旧的世袭佃户大批地赶走,把他们耕种的土地合并过来……宗教改革的这些直接的影响并不是它的最持久的影响。教会所有权是古老的土地所有权关系的宗教堡垒。随着这一堡垒的倾覆,这些关系就不能维持了。"④

接下来的"伊丽莎白一世作为真正宗教的庇护者而受到许多国教徒

---

① 王晋新、姜德福:《现代早期英国社会变迁》,上海三联书店 2008 年版,第 7 页。
② Monod Paul Kleber, *Imperial Island: A History of Britain and Its Empire*, 1660–1837, A John Wiley & Sons Ltd., Publication, 2009, p. 10.
③ Ibid., p. 7–8.
④ [德]马克思:《对农村居民土地的剥夺》,《马克思恩格斯选集》(第 2 卷),人民出版社 1972 年版,第 227—228 页。

的尊崇,直到今天,还有很多人认为她是英国最伟大的君主。显而易见的是,在她统治时期,展现英国民族意识的文学得以蓬勃发展,出现了诸如莎士比亚这样著名的诗人和剧作家。"[1] 在经济上,英国实行重商主义的经济政策,资本主义的生产关系在城乡迅速发展,为其以后的发展积累了"第一桶金";在对外贸易和争夺世界市场方面,英国在与西欧列强的角逐中崭露头角。封建的都铎王朝,已从诸多方面呈现出新时代即将到来的曙光。其"生产关系由封建的依附制向资本主义雇佣劳动制发展,思想观念由宗教神学的贫困光荣向资产阶级发财进取转变。"[2] 正如马克思所言:"为资本主义生产方式创立基础的革命的前奏曲,是开始于十五世纪最后三十余年及十六世纪最初十数年间。"[3]

到斯图亚特王朝统治时期,英国社会转型的进程在加速进行,社会转型时期的各种矛盾冲突也在不断加剧。正在成长的资产阶级、新贵族、市民阶层渴望获得更多的权力而为资本主义的发展开辟道路,但也希望增强民族国家的力量来发展统一的国内市场,更为主要的是同其他列强来争夺国际市场,而要增强民族国家的力量,在现实的政治体制内就必然要加强国王所掌握的行政权。在资本主义早期发展阶段,资本主义的发展还没有达到彻底推翻封建势力的地步,新兴资产阶级的力量依然比较弱小,工人和农民阶层在这一时期也没有成长为资产阶级革命的主力军,与资产阶级还没有形成一个坚强的同盟。此外,英国一直存在着与国王有千丝万缕联系的贵族阶层,特别是资产阶级化的新贵族,尽管也涉足工商业,与资本主义经济有了联系,但其经济力量的基石依然是土地,"社会上层和有影响的人普遍持有非常简单明了的思想,那就是,最高的社会地位来源于土地所有权。"[4] 他们与传统经济的联系更加牢固,

---

[1] Monod Paul Kleber, *Imperial Island: A History of Britain and Its Empire*, 1660–1837, A John Wiley & Sons Ltd., Publication, 2009, p.10.

[2] 尹虹:《十六、十七世纪前期英国流民问题研究》,中国社会科学出版社2003年版,第63页。

[3] [德] 马克思:《资本论》(第一卷),人民出版社1963年版,第907页。

[4] Monod Paul Kleber, *Imperial Island: A History of Britain and Its Empire*, 1660–1837, A John Wiley & Sons Ltd., Publication, 2009, p.34.

这就注定了他们并不能走上与国王截然对立的道路,而是希望加强王权以维护自己的利益,在国内政治权力的分配和博弈方面就体现出了复杂性和矛盾性,也就是既要加强王权,也要限制王权,这就决定了英国社会转型时期在政治制度的选择上,必然要在君主立宪和君主专制的道路上进行艰难地斗争和抉择,而君主立宪的道路,显然更符合英国的国情,也符合世界近代早期民主化的基本潮流,也是各派政治力量在长期斗争和博弈过程中更为理性的选择,英国资产阶级革命,既是英国社会转型时期新旧两种力量的矛盾激化的产物,也是两条道路相互斗争的结果。

三 英国资产阶级革命及近代政治制度的建立

英国的民主及宪政思想源远流长,从签署《大宪章》就开始萌芽的宪政实践也有着悠久的历史,但是在 17 世纪资产阶级革命之前,英国政治制度并没有根本性的变革,政治体制的基本框架依然是君主制。王权虽然受到了限制,但总的趋势依然是在加强。社会转型时期新兴阶层的精英力量的代表主要聚集在议会,他们在政治经济等各方面的呼声在议会都会自由地得到表达,其各方面要求通过议会都会得到一定程度的满足,社会地位上升的渠道基本上也是畅通的。随着民族国家的形成和发展,加强以王权为代表的国家的行政权以增强国家的力量,推行国家的意志而有效地开拓国内外发展空间,符合他们的根本利益,然而中世纪以来英国政治文化的基本原则就是民主和宪政,王权不断加强的必然结果就是在政治体制上走向君主专制之路,这显然又是矛盾对立的,也必然引起新兴阶层的反对,这一矛盾在中世纪君主制的政治体制内只能亦步亦趋,虽可缓和但无法从根本上得以彻底解决。随着社会转型和资本主义的发展,特别是在新航路开辟之后,欧洲的商贸中心从地中海沿岸转移到大西洋沿岸,英国所处的在大西洋桥头堡的地理位置为其向海外殖民扩张带来了机遇和挑战,新兴阶层迫切要求建立统一的国内市场,更为重要的是去争夺海外资源和发展空间,这样不可避免地就要和西班牙、葡萄牙、荷兰、法国等国发生冲突乃至战争,这就要求增强民族国家的力量,加强国家的行政权力,有效地贯彻落实国家的意志,而这一切，在君主制的政治体制内只能通过扩大并加强君主的权力来实现，诸如上述的同一时期的西班牙、葡萄牙、法国等都是通过建立君主专制而实现的。例如法国的"路易十四比他之前的任何一位国王都要更成功地建立起一整套的政治制度。国王可以征税、宣布法律、不受贵族羁绊地发动战争，也不必经过立法者和教会。利用法国众多的人口，路易十四可以维持欧洲自罗马时代以来最庞大的军队。"① 但在英国，君主权力的不断扩大和加强甚至建立君主专制则必然削弱议会固有的权力，这又是新兴阶层所无法接受的政治途径。因此，历史的发展要求从根本上变革中世纪以来的政治体制，建立一个既能加强国家行政权力、又能维护传统的民主和宪政原则的政治体制，社会转型时期所出现的新问题和固有传统之间的矛盾只有通过一次彻底的变革才能解决，这也是英国较早地爆发资产阶级革命的原因之一。

从革命爆发的直接原因和导火线来看，依然是国王和议会的矛盾不断激化的结果。1628年，查理一世即位不久，议会又通过了限制王权的《权利请愿书》，其宗旨与历史上出现的《大宪章》《牛津条例》等文献一脉相承，也是为了限制王权而保障议会的权利。其主要内容为：非经议会同意，不能强迫任何人交纳赋税；在证据不足、罪状不清的情况下不得拘捕任何人；不经法庭判决，不得剥夺或侵占任何人的财产；军队及士兵不得强占民房；在和平时期不能用军事法来审判普通民众。查理一世为获得议会授权进行征税，勉强接受并批准了《权利请愿书》，但是又随意曲解其内容和条款，并且试图不经议会同意就征收赋税。若开此例，议会长期以来一直拥有的赋税决定权及其附带的财政监督权等大权就将旁落于国王之手，此传统权力一旦旁落，议会的其他权力和职能亦将严重削弱，传统的民主和宪政原则必将会受到威胁，国王的权力将大为加强甚至走上君主专制之路。为此议会坚决反对并号召人们拒绝向国王交税。1629年，查理一世一怒之下将议会解散，实行无议会统治。国王与议会的矛盾斗争已发展到水火不容的地步，英国传统的政治文化及

---

① David Scott, *The Rise of Britain as a World Power*, Published by Harper Press, 2013, p. 231.

实践受到了前所未有的挑战。

1629—1640年,查理一世在无议会统治的时期内大大加强了国王的权力,英国的政治体制实质上已朝着君主专制的方向在前进。查理一世厉行高压统治,肆意征收赋税,对政敌或反对者严加镇压,将多名反对派的领导人囚禁于伦敦塔,还推行严格的书报审查制度,严格控制出版和言论,对有不满言论者实施残酷惩处。国王在宗教上极力维护英国国教的统治地位,严厉打击宗教异端,六七万清教徒和其他受到政治和宗教迫害者移往海外,寻求自由乐土和更加美好的生活。这一时期,英国虽没有立即爆发革命,但在看似平静的形势之下却潜滋蔓延着革命的火种。议会和国王的矛盾也日益加剧,就在革命的暴风雨即将来临之际,苏格兰人的起义加速了革命的到来,成为英国革命爆发的导火线。

1603年,詹姆士把其王宫从爱丁堡迁至伦敦,成为斯图亚特王朝的首任国王詹姆士一世,英格兰与苏格兰出现了"两国一王"的政治格局。一个国王来统治两个分立的王国这在近代早期的欧洲并非没有先例,也可谓是司空见惯的事情。尽管英格兰和苏格兰有很多的分歧和差异。詹姆士也极力想使两国有一个统一的法律、议会和教堂。詹姆士为英格兰带来了新的君主风格。他比都铎先王们更强调神秘的皇室血统是政治权力的来源。他宣称不仅承继了亨利七世的血脉,也继承了爱尔兰和苏格兰以前君主的血统。他力图在都铎诸王加强王权的基础上进一步走向君主专制。他曾经说过,"世袭国王是上帝意志的体现并以自然和《圣经》的启示展现给人们,因为君权神授,所以除上帝外国王并不对任何人负责。他还曾说道,国王就像上帝一样,或者也是神圣所赋予的大家庭的家长。"①

詹姆士在苏格兰留下了一个有75万多人口的王国,从种族上可以划分为说盎格鲁-苏格兰语的人和说盖尔语的人,前者居住在苏格兰低地,而后者居住在苏格兰高地。在17世纪里,两个地区的文化差异在逐步拉大,低地地区的居民大多接受了新教文化,嘲笑其在高地的邻居为没有

---

① David Scott, *The Rise of Britain as a World Power*, Published by Harper Press, 2013, p. 107.

法律的野蛮人并经常发生冲突和劫掠。低地地区的一首诗歌甚至描写到，上帝是怎样用一团马粪创造了苏格兰高地的第一个人。与此相对应，高地地区的人认为低地地区的人是一个不同的民族，是说非盖尔语的外来者，憎恶他们把盖尔人赶出了肥沃的低地地区。两个地区的另一重大不同体现在与国王的关系不同，低地地区的人参与并试图操纵中央政府，而高地地区的人则相反，尽管他们也承认归属于苏格兰国王的管辖，但却消极对待甚至无视王室的权威。

尽管詹姆士极力加强中央政府对苏格兰高地的管辖，但苏格兰依然是一个非中央集权的王国。即使王室最强有力的机构——苏格兰枢密院，仍然更多地要依靠当地的土地贵族而不是王室任命的官员来推行政令。苏格兰两千多户地主家庭的家族首领统治着社会及公众生活的方方面面，离开他们的支持，国王将不能有效地进行统治。詹姆士加强了对苏格兰国家教会的控制，也就是众所周知的科克（Kirk），16世纪晚期还重新任命了主教，但教会在结构上或多或少地还保留了长老会的残余，因而很难让教会完全屈服于他的意志。

查理一世统治时期，试图以强制手段加快统一苏格兰的步伐，而要想使苏格兰统一到不列颠的国家之内，其平静而便捷的途径就是首先要完成宗教上的统一。1637年，查理一世根据大主教劳德的建议，命令苏格兰国家教会要采用英国国教祈祷仪式和稍加修改过的祈祷书。这一石激起千层浪，引起了苏格兰人普遍的反对。次年，苏格兰人成立了具有全国性质的"神圣同盟和公约"，目的就是要维护苏格兰在政治和宗教上的独立，并组建军队进行武力对抗。1639年，苏格兰军队攻入英格兰境内。1640年4月，面对内外交困的局面，查理一世为扩建军队和筹集军费以镇压苏格兰的人起义，被迫召开已解散长达11年之久的议会，要求议会全面增加赋税以解决所需的军费问题，而议会则要求恢复固有的权力。查理一世在5月初随即将议会解散，这次议会存在的时间不到一月，历史上称之为"短期议会"。议会在国家政治生活中这种具有象征意义的观念，却被詹姆士一世及其继承者查理一世废弃了。他们顽固地认为议会的主要作用就是为他们征税。钱——谁应当拿钱，怎么花钱，就是斯图亚特王朝早期国王与议会关系的核心。①

议会虽解散了，但是苏格兰人的起义之火并没有扑灭而是呈愈演愈烈之势，原有的问题并没有解决反而更为紧迫。苏格兰军队攻占了英格兰北部包括纽卡斯尔在内的许多重要城镇，国内各阶层反对国王要求召开议会的呼声更加高涨，有些地方甚至发生了暴动。1640 年 9 月，查理一世为解决这些问题，在约克召开了只有贵族参加的"大委员会"，但是参加会议的贵族也要求召开各阶层都参加的议会，查理一世在政治上更加孤立，无奈在 1640 年 11 月只得再次召开议会。议会召开之后，成为各反对派政治活动的中心，也标志着英国资产阶级革命的开始。

到 17 世纪时，英国政治学依然信奉原来的宇宙天体理论。斯图亚特王室早期的政治家们实际上都认可古老的宪法原则——一种具有英国特色的政治有机体论。这种理论认为国王、议会、习惯法和教会应以自然的方式和谐地运行。他们的分歧在于这个系统在实践上应该怎样进行运作。我们也看到，当时有一批共和派的贵族和士绅主张在这一古老的宪法原则内重构权力配置，特别是废除国王的自由权力。他们理想的政治蓝图是，没有枢密院以及议会的最终同意，国王将不得行使他个人的特权。任何必须的事情，或假定必须的事情，通过朝廷大臣以进行理性辩论，使国家利益得到优先考虑，而不是接受什么道德准则……而且，这种维护国家健康发展的政治共识依赖于国王和各政治阶层按照自己预先设定的功能来自然地运行，并且能使个人利益服从让位于公共利益。在英国，的确正是这种政治实体有机论的学说加速了内战的爆发，无论是保王党还是议会，他们彼此都视对方为政治有机体上受感染的毒瘤，在感染有机体之前应当将其切掉。②

议会召开之后，首先采取和平手段同国王展开了斗争，其主要的斗争成果是查理一世被迫签署议会通过的《三年法案》，规定议会必须定期召开，每两届议会之间间隔的时间不得超过三年，如到期国王不召集议

---

① David Scott, *The Rise of Britain as a World Power*, Published by Harper Press, 2013, p. 119.

② Ibid., p. 180.

会，议会有权自行召开。这一法案看似简单，但是却有着非常重要的政治意义，它意味着查理一世再不能像过去那样随意解散议会，是对君主权力的限制和议会权利的保障，也是对君主专制道路的又一次否定，也为此后英国政治体制的变革定下了基调，也是后来国王与议会爆发内战的根本矛盾之所在。

英国内战的爆发并非议会率先走上了武力反叛讨伐国王之路，相反，两度挑起内战的都是国王。在内战爆发之初，很多议会成员是坚定的保王党人，就是资产阶级反对派的领导人，大多也不愿同国王剑拔弩张，只是希望在维护君主制的前提下保障议会的权利，以渐进的改革方式为资本主义的发展开辟道路。保王党人并没有形成完整和一贯的思想，"然而他们却旨在捍卫并调和两个主要的原则：至高无上的国王并不对什么负责；国王必须遵守法律的基本原则。"[①] 英国民众一直有着"尊王敬君"的政治文化心理，这种文化心理到今天依然如此，英国人对国王乃至王室成员总是有着他国人无法理解的特别尊崇的心理。在英国资产阶级革命时期，长期以来在国家政治和经济生活中占据主导地位的爵位贵族，与国王更是有着紧密的政治联系和独特的感情，贵族的爵位来自国王的敕封，国王是高踞金字塔尖的最大的贵族，是贵族社会的象征，也是维护贵族体系的政治力量和精神支柱。"到 1641 年冬内战爆发前夕，公开拥护国王的议员已达 255 人。"[②] 还有许多议员虽然反对国王的政策，但并不反对国王本人，特别是新贵族和大资产阶级和以国王为代表的封建势力有着千丝万缕的联系，缺乏反封建的决心和坚定不移的斗争精神。查理一世挑起内战之后，许多议会军的重要领导人，诸如皮姆、汉普顿、埃塞克斯伯爵和曼彻斯特伯爵，都采取被动应战的态度，更多地还想与国王议和，在军事指挥上优柔寡断、举棋不定、多次贻误战机而屡屡失败。曼彻斯特伯爵曾说过："如果我们把国王打败 99 次，他仍然是国王，在他之后，他的子孙也仍然是国王。但是如果国王哪怕只打败我们一次，

---

① John Morrow, Jonathan Scott. *Liberty, Authority, Formality Political Ideas and Culture*, 1600－1900, Published in the UK by Imprint Academic, 2008, p. 11.

② 蒋孟引：《英国史》，中国社会科学出版社 1988 年版，第 343 页。

我们就将统统被绞死，我们的子孙将变为奴隶。"① 这句话深刻地反映出了英国王权在传统的政治文化中所具备的强大的力量，也反映出这些议会军领导人在与国王作战时犹豫而矛盾的心理。通过这句话，也能理解为什么在之后的革命中，国王和议会军为什么会走上殊死斗争的道路及为什么会将查理一世送上断头台。内战的持续和蔓延加剧了议会与国王的矛盾，一旦向国王举起了剑，这剑就不能再放下，同时也加剧了议会内部不同政治派别之间的矛盾。形势的发展迫使议会采取强有力的措施在军事上取得胜利，这种胜利不光是为了革命的胜利，实质上在内战的特殊时期，丛林法则占据了上风。久居要职的一少部分贵族和议员迫切地需要权力和资源来击败国王查理一世，而且想做到斯图亚特王朝前两任国王未能做到的事情：重建英国的辉煌，使英国成为欧洲新教事业的领导者，成为新大陆的霸主。独立派的高级贵族非常热衷于建立英国的新教帝国。② 正是这群议员制定了《新模范军法案》、统一的军事指挥机构、财政保障系统，使"新模范军"得到了较好的组织和领导，军事人员也有了较高的收入，军纪规范也要好于以前不列颠岛上的任何一支军队，也是西欧国家中较为先进的军队。他们的名字今天已不再响亮，但是没有新模范军的贡献，议会在资源上也就没有优越性，也就没有其决定胜负的财政改革，因而新模范军的特性对于议会的成功至关重要，这种特性也并非清教徒那样只是攻击国王，而是一种独立派高级贵族的社会担当精神。当然这些贵族和议员并非都是清教徒，但是他们都长期身兼国家要职，阅历丰富，政治艺术娴熟，实力明显超越对手。即使保王党人也承认，"新模范军"管理规范、组织严密。③这才使克伦威尔率领"新模范军"在战场上节节取得胜利。这就使得国王和议会，最终变成了你死我活的斗争，不处死国王，议会很多人就要被处死，别无选择。

1648年内战结束之时，英国政治制度的变革之途走到了一个十字路口，其核心的焦点是如何处置国王查理一世。在议会中掌握实际权力的

---

① 蒋孟引：《英国史》，中国社会科学出版社1988年版，第347—348页。

② David Scott, *The Rise of Britain as a World Power*, Published by Harper Press , 2013, pp. 180 - 191.

③ Ibid. , p. 191.

长老派，代表上层新贵族、大商人及大金融资本家的利益，力主与查理一世进行谈判，保留君主制，恢复英国政治文化的传统，也就是保障议会权利而对国王的权力进行一定程度的限制。但是在长期的内战中，军队领导权却掌握在以克伦威尔为代表的独立派军官的手中。独立派代表新贵族和资产阶级的利益，在内战中为了获得下层士兵的支持，在政治主张上也或多或少地反映了社会中下层市民和农民的要求，因而同代表城乡小资产阶级、市民及贫苦农民的平等派有着较为密切的联系。以克伦威尔为代表的独立派高级军官，起初也主张同国王进行谈判，保留国王和贵族院，对国王的权力要做出限制，但在查理一世出逃挑起第二次内战后，他们的政治主张也发生了一定的变化，甚至主张废除王权和对国王进行审判，因为形势的发展将与国王和谈的大门逐步关闭。而独立派的中下级军官的革命主张则比较激进，他们成立"鼓动员会议"，发表"军队声明"，阐述了主权在民的思想，认为士兵是身穿军人服装的农民、手工业者、城市贫民等，也有权参与国家的大事。军队已成了与长老派控制的议会相对抗的第二个政治中心。

在内战的特殊时期，手握重兵的军队将领对于时局的发展往往具有决定性作用。1648年12月6日，普赖德上校在克伦威尔事先不知道的情况下率兵对议会进行清洗，约有110名议员被从议会中被清除出去，这些人大多属于长老派议员，史称"普赖德清洗"。之后的议会即所谓的"残余议会"，独立派在其中占了统治地位。"残余议会"历经多天讨论，决定将查理一世作为背叛国家、发动内战、破坏法律、侵犯英国人民自由的罪犯进行审判。尽管议会刚刚遭到独立派的武力清洗，但上院的16名议员还是一致否决了关于审判国王的议案。"残余议会"无奈只得修改议会法定的议事程序，于1649年1月4日通过决议，决定下院拥有最高权力，下院通过的决议可不经上院和国王的同意而直接生效。这样就得以在下院单独通过审判国王的决议，随即成立了由135人组成的特别的高等法庭，对查理一世进行审判，但最后出席法庭而判处查理一世死刑的只有67人，最后在判决书上签名者只有52人，[①] 判处查理一世为"暴君、

---

① 蒋孟引：《英国史》，中国社会科学出版社1988年版，第373页。

叛徒、杀人犯和我国善良人民的公敌"而执行死刑。1649年1月30日，查理一世在白厅前被送上了断头台。

查理一世被议会审判而送上断头台的弑君之事是英国历史上从未有过的大事，但是有其必然性也有偶然性。其必然性在于斯图亚特王朝统治时期，正是英国社会的转型时期，国内外的社会环境已发生了巨大变化，社会各阶层都有着变革政治和经济制度的要求和愿望，议会已成为新贵族及新兴资产阶级精英力量汇聚之地，但查理一世长期关闭议会，肆意征收赋税，剥夺了议会长期所享有的权利，违背了中世纪以来英国政治文化中民主和宪政原则。更为主要的是，查理一世两度发动对议会的内战，迫使议会与国王走上兵戎相见的战场，也使全国人民长期卷入了战争的漩涡和无休止的内乱之中。其偶然性在于查理一世固执己见，图谋专制而不知变通，迷信武力而不谋策略，崇尚进攻而不知退让，致使与议会的政治斗争激化成为你死我活的斗争，也就是国王不上断头台，议会等革命者，特别是举兵与国王对抗的军队将领，就有更多的人要被国王送上断头台。

在查理一世被送上断头台之后，独立派所主导的议会随即通过决议，解散上议院并废除王权，宣布"英国人民和所有隶属于它的领土和地区上的人民，都是并都将由此构成、缔造、建立和团结成为一个共和国和自由邦，都将由这个民族的最高权力（机关），即议会中的人民代表和他们所任命的为人民谋福利的官员所统治，而不需要任何国王和贵族院。"①这样，英国从法律上被宣布为一个共和国，国家的行政权由41人所组成的国务会议所掌握，而国务会议的成员，大多都是独立派的领导人物，而这41个成员中有31人就来自议会，表明行政权和立法权都被资产阶级和新贵族所掌握。

英吉利共和国建立并非英国政治文化发展的必然结果，而是在国王与议会历经长期内战后，国王被送上断头台后这一特殊历史背景下的产物。共和国虽然成立了，但是共和国存在的基础依然很薄弱，只能在独立派军队和刺刀的保护下而存在。英国原有的社会和政治力量的对比并

---

① 蒋孟引：《英国史》，中国社会科学出版社1988年版，第373—374页。

没有发生根本性的改变，各级贵族在政治、经济和社会生活的各个方面依然占有主导地位，新兴资产阶级的力量虽有发展壮大但尚不能全面颠覆固有的政治秩序。英吉利共和国面临来自国内左右两派政治力量的责难。上层贵族、许多的新贵族、大地主、大资产阶级，还有许多守旧力量，在政治上都是保王党人，他们四处发动叛乱，企图以武力恢复原来的君主制；而以平等派为代表的中下层劳动人民，则希望将革命推向深入，结束战争，减轻赋税，实行有利于他们的革命政策，甚至在经济上废除私有制而实行平均主义，这显然超越了英国社会生产力发展的水平和经济基础，也会触犯资产阶级、贵族地主的利益。在英国资产阶级革命的早期阶段，所面临的问题是为资本主义的发展开辟道路，而不是埋葬资本主义的本身。同时，爱尔兰和苏格兰也发动叛乱，苏格兰人拥戴查理一世的儿子查理·斯图亚特，企图在英国复辟斯图亚特王朝的统治。国内的反对派或多或少地都得到国外敌对势力的支持，诸如西班牙、荷兰和法国，又同英国在海外殖民扩张的矛盾交织在一起。克伦威尔率军东征西讨，英国陷入了长期的国内外战争的漩涡之中。形势的发展使克伦威尔只能不断强化自己的军事统治而确保在军事上的胜利，一旦有失则难以全身而退，最后只能建立"护国公制"，实质为一种以军事手段而推行的独裁统治，甚至有人提议恢复君主制和上议院，由克伦威尔担任国王。克伦威尔虽未敢冒天下之大不韪而加冕为国王，但是也解散过议会，大大加强了独裁统治。"英国近代历史的特色之一是，专制政体仅仅出现于十七世纪英国资产阶级革命中，并且使用了共和国的名义，而后至今再未有过类似的发展。"[①] 其原因在于这种军事独裁的专制政体显然违背了英国传统上政治文化的主流，革命的结果没有实现民主，而是比查理一世统治时期更加专制，更为恶劣的是，使国家陷入了无休止的战争与内乱之中，给广大人民带来了深重的灾难。这种军事独裁统治也与个人威望和能力密切相关，当克伦威尔去世之后，这种统治即陷入了风雨飘摇之中，其子理查·克伦威尔继任护国公后就难以驾驭拥兵自重的高级军官，不久即辞去护国公职位，政治和军事大权即落入了少数高级

[①] 阎照祥：《英国政治制度史》，人民出版社1999年版，第199页。

军官之手，这些军官为争权夺利不惜重启战争，而被战争弄得精疲力竭的英吉利急需恢复安定与和平。驻扎在苏格兰的军队将领蒙克率军南下与费尔法克斯的军队在约克汇合之后直趋伦敦，按照革命之前的选举法经过选举而重新召开议会，议会决定国家政权应当属于国王、贵族和平民，并决定派人同在荷兰的查理·斯图亚特谈判，商讨恢复斯图亚特王朝的统治。查理·斯图亚特在荷兰的城市不列达发表宣言，宣布承认在革命期间所发生的土地变动，所没收的王党和教会的土地不予变更，停止宗教迫害，除了直接参与处死查理一世的人之外，其他反对过君主政体的人一概不予以追究。这样，在军队和议会的支持下，斯图亚特王朝复辟了。

斯图亚特王朝的复辟并非革命发展的倒退，同"护国公制"下的军事独裁统治相比乃是一种进步，至少复辟后恢复了议会的统治，也就使英国政治制度的变革重新走了民主宪政之路。而实行君主和议会统治，符合英国长久以来的政治文化传统，也是历经长期战乱的人们迫不得已的选择，与其选择一个手握重兵的军事独裁者而使国家战火纷飞，还不如接受一个有着王室血统的国王而恢复民主与和平。况且，英国人民在传统上并非坚决奉行"王侯将相，宁有种乎"的政治原则，而是相反，即比较注重门第和血统，国王及王室血统在人们的心目中总是享有独特的政治优越性。另外，英国人民之所以走上革命之路，也是国王查理一世挑起内战后的被迫应战，他们更多的是反国王而不反君主制，也就是只反对查理一世具有专制独裁倾向的政治统治和屡次挑起国家的内战。复辟君主制也更加符合英国的政治文化传统和现实社会力量的对比。在政治经济生活中起主导作用的贵族，甚至资产阶级化的贵族，都希望有国王的庇护而使贵族制度得以保护和延续。可以说，斯图亚特王朝的复辟不是偶然，而是历史发展的必然。

斯图亚特王朝复辟之后，实现了国内社会秩序的相对稳定，议会重新成为各派政治力量汇集之地，基本可以自由地表达政治愿望和要求，享有以往的各种权利。查理二世也吸取了以往的经验教训而不敢肆意侵犯议会的权利。相对安定的国内环境使英国资本主义得到了较快的发展，各项文化事业也呈现出前所未有发展态势，增强了国家的经济和军事实力。在殖民扩张方面已取得了对荷兰的优势，显现出积极进取，无往而不胜的态势，这符合国内各阶层的愿望和利益。

内战和革命时期的政治派别也渐趋成熟和分化，形成了较为稳定的两大政党，即托利党和辉格党。这两个名字起源于一个滥用。辉格一词原指苏格兰长老会中激进的派别，而托利则是爱尔兰天主教复辟篡夺者的名称。围绕王位继承的排斥问题，形成了组织较为松散但却具有全国规模的政党，人们聚集在不同的旗帜之下，就像内战期间的议会派和保王派。在辉格党看来，王权应由契约来赋予，国王应处在法律之下，应当对代表人民的议会负责，如果因为违背法律而失去人民的信任，就应当受到反对甚至被废黜。辉格党还认为英国国教教会、特别是故弄玄虚的神圣主教，是教皇制度的残余，是对欧洲新教事业的背叛。他们还同情不信国教者，主张有一个更为包容性的国家教会，实行某种形式的宗教宽容。托利党则相反，赞成詹姆士一世的君权神授说，尽管国王受习惯道德的制约而依法进行统治，这种制约基本上属于一种自然的道德，因而对国王的权力没有任何强制性限制，不对任何人负责，也不能被反对。托利党视英国国教教会的建立为欧洲新教事业的顶峰，同时视反对者为危险分子，为了社会和他们个人的利益，这些人必须服从英国国教教会。[1] 托利党同辉格党一样，都憎恶教皇制度，在路易十四的威胁下，都为欧洲新教事业的命运感到担忧。但是托利党认为王室委员会应当是健全的，在同教皇做斗争的过程中，最有力的武器是强大的王权和新教的统一，而这两者都被辉格党和不信国教者认为是极其危险的，托利党人不像辉格党，并不认为新教在天主教国王的统治下是要遭厄运的，还认为辉格党利用排斥法案是为重建清教共和国在做掩护。[2] 英国社会转型时期每次重大的政治变革都与宗教事务密切相关。两大政党的形成和斗争的一个核心问题就是关于宗教改革的保守和激进问题，并和王位继承问题交织在一起。

---

[1] David Scott, *The Rise of Britain as a World Power*, Published by Harper Press, 2013, pp. 223–224.

[2] Ibid., p. 224.

两大政党在政治主张上虽有分歧,但却基本上都代表了英国社会中占主导地位的政治力量,即拥有土地的爵位贵族、新贵族、新兴资产阶级和有一定经济实力的市民阶层,其政治要求是保王和分享政治权力,经济要求是维护土地利益和发展资本主义,在复辟时期的政治体制下都可以得到不同程度的满足,同时相对稳定的国内环境有利于增加国家的军事力量而对外进行殖民扩张,这就为以后英国政治制度的变革确定了方向。

1685年2月,查理二世突然一病不起,不久即与世长辞。查理二世未留下合法的子女,他的弟弟即51岁的詹姆士二世继承了王位。在17世纪50年代流亡期间,詹姆士二世曾效力于法国和西班牙军队,17世纪60年代任英国高级海军将领,80年代总管苏格兰一切事务。如果说他有一项才能,那就是行武作战,喜爱军队和军事训练,而且作战勇敢,是一名相当出色的海军指挥官。他还效仿法国创建了和平时间的常备军,当然主要是为了国王的利益,听从国王的召唤而不是土地贵族。他把英国军队数量扩充了一倍,达到了2万人,并依照法国的军事体系进行训练管理,军官尽量任用天主教徒。[①] 与查理二世截然不同的是,他勤于政务,但他显然不具备查理二世那种机敏智慧及驭人之才。他对人性的理解简单到了充满天真,他认为人们应理所当然地忠诚于他。他傲慢自负、性情急躁。他还有一个弱点就是对女人的追逐,身边有无数的情人,但詹姆士二世从不赌博醉酒,且严整朝纲,一改查理二世在位时那种奢侈淫逸的风气。为严肃勤政,他严令禁止决斗、酗酒、狎妓等行为,恢复了必要的庆典和礼仪。詹姆士二世作为一个政治家他远不及他的父亲查理一世,在宗教信仰上是一个极为虔诚的天主教徒。

詹姆士二世继位时,受到了英国社会各阶层广泛地欢迎和拥护,人们争相表达对他的祝贺,甚至新英格兰的清教徒也表达了他们的祝福,三个王国的民众都举行了盛大的庆祝活动,规模甚至超过1660年斯图亚特王朝复辟时的情景。

---

① David Scott, *The Rise of Britain as a World Power*, Published by Harper Press, 2013, p. 231.

1685 年，詹姆士二世充分利用人们对他的拥护，下令在英格兰和苏格兰进行议会大选，结果保王党人占据绝大多数，在下院的 513 个议席中，辉格党人仅获得了 57 个席位。议会还按查理二世时期标准给王室拨付费用，即每年达到 120 万英镑，财政管理也有了改进，朝廷的花费也有所减少，对外贸易有所增长，年收关税也达到了近 200 万英镑，尽入王室。[①]

詹姆士二世一心要恢复天主教，而王后也是虔诚的天主教徒，从而把王室推上了舆论的风口浪尖。王室的礼拜已改成天主教的形式，他还鼓励全国都恢复天主教堂并按天主教的仪式来进行礼拜，甚至要在整个世界来复兴天主教，并重用天主教的大臣，诸如一些耶稣会士。这些人把路易十四而非教皇诺森十一世看作是反对宗教改革的旗手。詹姆士二世还恢复了同罗马教廷的一切关系，在朝廷接见教皇的使者，向罗马还派驻大使等，他还允许天主教徒担任牛津大学里两个最大学院的院长。国王在宗教上的复辟行为引起了国内各阶层人们的恐慌，人们担心女王玛丽时期血腥的悲剧重新上演，而且天主教一旦恢复，贵族地主就得归还原来在宗教改革时期获得的教会地产，工商业资产阶级的利益也要受到威胁；更为重要的是自宗教改革以来，三个王国大多数人们都已接受了英国国教成为新教徒，还有很多的人在宗教上更为激进，要求进一步清除天主教的残余，而与宗教改革密切相关的是民族主义意识的勃兴。宗教上的倒退又可能在英国再次引发大规模的内战和混乱，这是大部分人所不愿看到的前景。因而围绕宗教和王位继承问题，国内的政治矛盾和斗争不断激化。

1687 年，詹姆士二世下令废除所有迫害天主教徒和异教徒的法令，翌年 4 月重申这一法令并下令英国国教教会的主教必须在各主教区的教坛上宣读这个法令，这一举措引起了坎特伯雷大主教及其他六个主教的反对，他们上诉请求国王重新慎重思考他的宗教政策，结果遭到逮捕，最后虽被宣判无罪，但是也进一步引起了教俗两界的恐慌。1688 年 6 月，

---

① David Scott, *The Rise of Britain as a World Power*, Published by Harper Press, 2013, p. 229.

詹姆斯二世的王后产下一子，原本有望继承王位的詹姆斯二世的女儿，也就是信奉新教且远嫁于荷兰执政威廉的玛丽将丧失王位继承资格。这就极大地加剧了建立一个天主教王朝的风险，从而引发了"光荣革命"。

1688年6月30日，两党六位领袖和一名主教联名向荷兰执政威廉发出邀请，盼望威廉和玛丽前来英国，维护玛丽的王位继承权，同时保护英国的自由、宗教和财产。"威廉既是斯图亚特王室的亲戚，又是资本主义新教国家的首脑和法国的死敌。由他和玛丽来英国执掌王权，既在一定程度上符合欧洲国家和本国贵族世家所公认的近亲继承制，又能得到一个代表和维护他们利益的君主。"① 9月30日，历经数月厉兵秣马的威廉发布宣言，要求詹姆斯恢复长女玛丽的王位继承权。11月1日威廉率大军在英国托尔湾登陆，许多新教军官在阵前倒戈投靠威廉，詹姆斯二世审时度势，为避免国家陷入战争和自己重蹈其父查理一世的悲剧而决定出逃。威廉毕竟为喧宾夺主，客来英国也不可锋芒毕露，有意网开一面，第二次纵容岳父出逃法国，在当时情况下对于双方都可谓不得已但却是最佳的政治抉择。

四 《权利法案》及其影响

"光荣革命"向来以和平与不流血而被资产阶级学者津津乐道，它的确有其"光荣"之处，不愧为当时政治家的创举。威廉在武力基础上基本实现了和平夺权，使英国避免了像17世纪40年代那样长期的内乱而平静地实现了政治上的变革，在政治文化上也是里程碑式的创新，奠定了英国近代政治制度的基本框架，此后政治制度的改革和发展从未停止，但基本都在这一框架内进行。

"光荣革命"在政治文化上的最大贡献在于在政治文化的传统和创新之间找到了契合平衡点，使各派政治力量的利益和诉求都得到了最大限度地满足与平衡，而这种满足与平衡基本是在和平环境下取得的，主要采取的是审时度势的理性思考和集中了很多人智慧的慎重决策，避免了战争与动荡形势下相互报复性的激愤与杀戮，对国家和民众而言，以和

---

① 阎照祥：《英国政治制度史》，人民出版社1999年版，第195页。

缓的形式和较小的牺牲取得了社会转型与进步。至于革命是否彻底，是否保留大量的封建残余，衡量的主要指标应当以历史主义的观点分析是否有利于英国社会的发展与进步，而不应当用其他国家几个世纪之后的政治标准去衡量。"光荣革命"使英国政治文化传统，即民主和宪政的原则与思想得以继续传承并发展。在革命过程中，并没有采取40年代内战之后废除君主制的做法，而是创造性地邀请有王位继承资格的玛丽及他国之夫双双即位，玛丽有王室的血统，有继承王位的合法性；威廉有信奉新教的革命旗帜，有反对英国宿敌法国的政治倾向，有强大的武装力量，身后还有相对先进而富裕的国家，夫妻共同入主英国可谓是一种完美选择，既符合英国政治文化的传统又有发展创新，既顺理成章又有武力保障，可以确保革命的成功。这种"一国两君"的政治体制不能不说是一个极为鲜见的创新。

"光荣革命"的最大成果并非创新了君主制，而是颁布了《权利法案》。1689年2月，议会通过了《权利宣言》，同年12月经两位国王签署而生效，生效后即称《权利法案》。该法案首先谴责詹姆士二世破坏宪政和法律的行为，之后提出了限制王权的13条规定。这些规定和前面颁布的《大宪章》《牛津条例》的内容及宗旨一脉相承甚至没有重大的发展变化，但是最大的不同在于议会和国王权力分配已发生了重大的变化。中世纪时，国王的权力本身较为弱小，议会虽在形成时期，但议会中的贵族拥有相对较大的权力，而中世纪以来随着民族主义意识的萌芽，各国君主的权力都在不同程度上呈加强的趋势，英国也不例外，也就是在斯图亚特王朝走向君主专制的转折点时英国爆发了革命。这时重新制定限制王权的宣言并以法律形式颁布，意味着其政治权威性大为增加，以法律高于一切的形式限制了国王肆意对其违反或破坏。"未经议会同意，国王不得制定或改变法律。在这种情况下，国王的权力不是代表个人，而是从属于议会。但是国王仍然拥有一定的行政权，特别是行政任免权。这种权利一直持续到维多利亚时代君主立宪制的出现。"[①]

---

① Clarissa Campbell Orr. *Queenship in Britain* 1660 – 1837, Published by Manchester University Press, 2002, p. 2.

《权利法案》的主要内容是:非经议会同意,国王不能废止任何法律;未经议会同意,国王不得以任何形式征收金钱或赋税;非经议会同意,国王不得私自招募军队,也不能维持一支常备军;议员在议会内有演说自由、辩论或议事之自由,议员不应在议会之外任何法庭或任何地方受到弹劾或讯问。"从此国王将不能凌驾在法律之上或脱离议会而进行统治。法案还包括了一个重要的条款,那就是国王不得是天主教徒或同天主教徒结婚,这是辉格党在排斥法案中所梦寐以求的迟到的胜利。可以说《权利法案》奠定了英国的宪法基础,特别强调,国王不能蓄意废除或暂停议会通过的法律,且不得违背议会的意志维持一支常备军。《法案》还进一步规定了如果威廉和玛丽将来没有孩子,那么王位将由玛丽的妹妹安妮及其后代来继承,而不是由威廉或将会新娶的妻子所生的孩子来继承。"①

《权利法案》是英国政治制度改革进程中里程碑式的文件,标志着中世纪以来英国的民主和宪政原则在社会转型时期进一步得到了确认,也就是英国确立起了君主立宪的政治体制,在政治文化上既有继承也有创新,既维护了国家的稳定,又实现了政治制度的变革,在社会转型时期使各种政治力量都在一个新的高度上达到了平衡,从而使国家实现了长治久安,这就增强了国家和民族的向心力和凝聚力,避免了国家力量的内耗,为经济和社会发展创造了稳定的国内环境并能激发大多数人创造才能的政治体制,有利于增强国家的经济实力和综合国力。法案内容虽然简单明了,但"它在政治理论上的价值,超过任何思想家的论著"。②尽管如此,《权利法案》也只是确立了近代英国政治制度的基本框架,主要明晰了君主制下国王与议会各自的权力及其运作方式。在此前后,议会还通过了一系列法案来进一步推行政治制度改革并将改革的措施具体化。因而《权利法案》并非是一个孤立的改革法案,而是诸多改革法案中最重要的一个。"詹斯泊·麦恩承认国王立法权的行使要通过议会。他

---

① David Scott, *The Rise of Britain as a World Power*, Published by Harper Press, 2013, p. 239.

② 阎照祥:《英国政治思想史》,人民出版社 2010 年版,第 132 页。

似乎同意这样的观点，国王拥有一切，但拥有的权力受到限制，这种权力源自王国法律的信任，对政府和国王都有好处，而且显而易见的是，国王在立法方面的突出权力没有他的同意就不可剥夺。"①

1689 年春季，议会还通过了《宽容法案》，规定对坚持自己宗教仪式的不信国教者免除惩罚，这就等于消除了把清教徒要强制性纳入国教教会的可能，所有不信国教者也可以永远不去英国国教教堂做礼拜。"国家现在承认上帝自在每个人的心中。英国国教和世俗社会也开始了漫长而痛苦的分离过程。尽管其规定很有限，但《宽容法案》也减缓了自宗教改革以来的宗教紧张及由此所导致的激烈的政治冲突。"② 避免因宗教信仰问题而使国家一再出现流血冲突甚至爆发战争。这对于创造一个相对开明而宽容的政治环境是必要的。随着近代文化及意识形态的多元化，影响人们思想和信仰的意识形态也呈现出多元化局面，在行为规范方面对宗教的依赖性在逐步降低，而对法律的依赖性在逐步增强，人们在法制所构建的大厅中，可以自由地舞蹈。

1694 年，议会又通过了《三年法案》，规定议会至少每 3 年召开一次，每届议会的任期不得超过 3 年。《三年法案》是对《权利法案》的重要补充，它使国王不可长期不要议会，使议会能够成为一个常设性立法机构；其中每届议会不得超过 3 年的规定，是为了防止国王和权臣在议会中培植自己的势力。③ 同一年，议会还通过了成立英格兰银行的提议，这是辉格党商人与作家多年来所倡导的结果，这样可以吸纳公共资金，通过银行来管理，也使政府的信贷有了更可靠的延伸额度。投资者从银行购买股份，筹集到的资金以有息的形式贷给政府，将来从国家的税收中收回。以国王名义的短期贷款也逐渐被长期的国债所取代，最后以议会通过的税收和国家财富来偿还。起初，国家主要征收直接的财产税，但从 18 世纪初开始，从贸易和消费过程中征收的间接税逐渐增加。运用

---

① John Morrow, Jonathan Scott, *Liberty, Authority, Formality Political Ideas and Culture, 1600 - 1900*, Published In the UK by Imprint Academic, 2008, p. 19.

② David Scott, *The Rise of Britain as a World Power*, Published by Harper Press, 2013, p. 240.

③ 阎照祥：《英国政治制度史》，人民出版社 1999 年版，第 202 页。

英格兰银行，国王可以征借并支配所有纳税人的财富。"英格兰银行的建立也具有深刻的宪法意义，因为受制度约束的国王威廉的支出依赖于议会的供给，减少了国王在财政上的自主权，同时保证了议会成为政府必不可少的机关，1689年之后，没有哪一年不召开议会。"①

1695年，议会还废除了《书报检查法案》，以后这个法案再也没有恢复，确保了英国近代以来言论和出版的自由，这对于促进近代以来文化的繁荣至关重要。

《权利法案》中已规定了如果威廉和玛丽将来没有孩子，那么王位将由玛丽的妹妹安妮及其后代来继承，而不是由威廉或可能新娶的妻子所生的孩子来继承。1696年底，玛丽女王病故，威廉三世获嗣无望，王位继承人显然成为安妮公主。那么安妮如果将来无嗣，之后王位将由谁来继承，这是需要早先就解决的重大问题，经过反复讨论，议会于1701年1月通过《王位继承法》，明确规定以后英国王位不得传给天主教徒，如果他的王位继承人，安妮公主死后无嗣，英国王位将由安妮信奉新教的近亲来继承，也就是詹姆士一世的孙女索菲亚公主，即汉诺威选帝侯的夫人索菲亚及其后裔来继承。这使信仰天主教的斯图亚特家族的后裔丧失了王位继承权，确保了新教在英国的统治地位，再次宣告了议会不仅有限制国王的权利，还有权决定国王的人选。该法案还规定国王所签署的任何行政决定，必须由同意该决定并上报给国王的枢密院成员，即政府大臣来副署，此项规定不仅在于限制国王的权力，更重要的是国王权力被削弱的情况下，就由副署的政府大臣对此行政决定来负责。此法案还规定：凡非出生于英国之外者不得担任议员和政府官员；非经议会两院的奏请，国王不得免除终身任职的法官职务；国家的一切法律与条例非经议会通过，均属无效。这些规定，确立了王在议会、司法权独立，政府大臣行政负责的基本原则，使英国君主立宪的政治体制逐步走向完善。

通过多项法案限制的国王并非是一个可有可无，没有任何权力的虚

---

① David Scott, *The Rise of Britain as a World Power*, Published by Harper Press, 2013, p. 248.

位元首。议会如此处心积虑地多方来限制国王而不是将其废黜，恰恰说明了国王的重要性和不可或缺性。"光荣革命"后这一系列的法案大多只是规定国王非经议会同意不得做什么，而对国王能够做什么，能够怎样行动却没有明确而具体的规定，这就为国王留下了较大的政治空间。英国国王到今天依然存在并且长期以来受到各阶层人民普遍的拥戴，王位有其存在的必要性与合理性，而且国王也具备一定的权力。

首先，国王是国家的元首，可以代表国家，也是国家的象征，是英国传统政治文化中的"国家之主"，是国家的人格化，是国民效忠国家的对象，成为民族团结和国家统一的象征。更为重要的是，在宗教改革之后，国王是英国国教教会在人间之唯一的最高首脑，具有神圣的色彩和职责。

其次，从法律地位而言，国王是国家元首，在对外交往中代表国家，委任或撤换驻外使节，主持或参加许多重要的礼仪性外交活动。国王还是联合王国武装部队总司令，国王可以任免首相、各部大臣、高级法官、各殖民属地的总督等；国王还可以批准和公布法律，可以召集、停止或解散议会，可以对外宣战和媾和。在日常的政治生活中，国王还拥有被咨询权、支持权和敬告权。此外，国王还拥有特殊情况下保留之权力，如国家发生紧急情况或危难时，可以超越党派而任命新的行政首脑，宣布国家处在紧急状态，行使紧急权力，保护国家渡过危难。

最后，国王是议会的组成部分，也就是所谓的"王在议会"，拥有一定的立法权。议会的"两院三方"，即平民院、贵族院、国王共同完成立法程序。国王的职责是签署两院通过的法案。还有不可忽视的一个虽非法定却是现实的因素，英国的贵族阶级在英国长期存在并在国家的政治经济生活中发挥重要作用。贵族是君主制的热烈拥护者，国王是贵族爵位的敕封人；贵族居于社会金字塔的顶层，国王是金字塔的塔尖。没有贵族的国家也许就不会保留国王；同样，没有君主的国度也不会保留贵族等级制。国王是贵族阶级在政治上的总代表，而国王对于维护贵族阶级的利益乃至头衔、以无形的力量号召贵族阶层方面更是发挥着特殊的作用。

17世纪末至18世纪初，君主立宪制建立的初期阶段，英国王权虽然受到许多法令的限制,但并非很快一落千丈。大量的史实证明:当时国王仍然拥有立法和行政方面的权力,能在一定程度上影响、控制议会和政府。①

光荣革命及其后果说明了英国与法国从此将拥有不同的政治文化。英国的君主立宪制将允许各种不同形式的异端存在,并鼓励不断发展的自由及以市场为导向的商业化的社会。古代有层次的宗主权、所成立的英国国教教会、贵族制度、神圣的等级及附庸制度将继续存在。②

以《权利法案》为代表的一系列议会立法从不同方面限制了国王的权力,确立起了君主立宪制的政治体制,其实质也是议会和国王对政治权力的约定和划分。从宏观而言,意味着王权的削弱和议会权力的扩大,议会如何有效地行使既定权力,依赖着英国政治文化的进一步发展,即在民主和宪政原则的基础上又形成责任内阁制和政党政治,其基本的运作方式是国家的行政机关内阁由议会中占多数席位的政党组成,而内阁又对议会负责。英国议会的下院是民选院,具有广泛的代表性,内阁对议会负责具体是对下院即平民院负责,平民院是议会的龙头,占据一定的优先地位,确保了民主的原则。而在议会内部,允许各种不同政党存在,各政党都有机会阐述自己的政治主张和治国思想,进一步形成了完善的政党制度。复辟时期所形成的辉格党或托利党发展成为两大政党,两大政党和其他党派长期存在,相互竞争,相互监督,通过选举的方式组阁执政。两大政党虽然长期交替执政,但是并未彻底阻断其他党派上台组阁的道路,而且某一政党上台后,其他政党自然形成反对党,执政党长期受到监督、反对和制约,对执政党无疑会带来一定挑战和压力,使其不得不励精图治、谨慎行使自己的权力。英国政治文化的精髓就在于民主宪政及权力的制约与平衡。洛克的"三权分立"理论有其现实的政治土壤。在近代英国君主立宪的政治体制确立之后,处处体现出了分权与制衡,人民牵制贵族,贵族牵制人民。两院则防止行政机构越

---

① 阎照祥:《英国政治制度史》,人民出版社1999年版,第205页。
② David Scott, *The Rise of Britain as a World Power*, Published by Harper Press, 2013, pp. 252–253.

权……就这样，我们国家机器的各个部分，支持着其他方面而又得到其他方面支持，控制着其他方面而又被其他方面所控制……好像三种权限不同的修理工，他们在各自不同方面，各尽其职，协力发动机器。① 这种权力的制约与平衡，实质是民主原则在政治实践上的体现和保障，有效地防止了专制独裁体制的出现，也就有效地避免了大的社会动荡和国家力量无意义的消耗，这对于以后西方其他各国的政治制度都有较大的影响。"英国政治制度几乎是所有现代西方国家政治制度的母体，这些国家多多少少都模仿了英国的政体，在此基础上建立起自己那一套大同小异的政治制度，就连社会主义国家的政权机构中，也多少有一点英国制度的痕迹。"②

英国政治文化也具有一定的开放性。从"两院三方"最高的权力机构而言，都不是一个完全封闭的团体，在相对稳定的前提下都处在动态的开放竞争中，从而始终具备生机与活力。虽然承认国王的世袭与正统主义原则，但并非所有的国王都由此而产生，议会屡次在关键时刻选择国王时，总是能够不墨成规，进行史无前例的创新，多次从英格兰之外挑选储君，出身于国外的国王根基不固，势力不众，初来乍到难有较大作为，如汉诺威王朝建立后国王甚至长期久居国外，恰恰迎合了议会建立君主立宪制限制王权的需要。民选下院议员因为选举自然在变动，贵族所组成的上院也因为贵族阶层自身的变化而处在变动之中，而贵族阶层本身就是流动和开放的，犹如一辆行进中的公交车，乘客虽满但却随时上下，时换时新。这种开放的政治文化有助于在政治上及时将各种消极力量转化为积极力量，各阶层在社会中上升的阶梯是畅通的，避免了消极力量的积聚叠加，可以激发人们积极进取精神和创造才能，也有利于维护国家的长治久安。英国政治文化的开放性还在于其有着变通和创新机制，使政治制度能够顺应时代的发展和要求而不断革陈出新，不断自我完善。英国政治文化的发展为国家的崛起发挥了极为重要的奠基作用。

---

① 阎照祥：《英国政治制度史》，人民出版社1999年版，第210页。
② 钱乘旦、陈晓律：《英国文化模式溯源》，上海社会科学院出版社2003年版，第1页。

第二章

英国宗教文化的变革及其对
民族精神的培育

第一节 宗教变革思想的萌芽

中世纪时西欧几乎所有的文化活动都与宗教密切相关,包括宗教改革也是如此,因为中世纪西欧历史只知道一种形式的意识形态,即宗教和神学。"诺曼征服"以后,威廉一世对英国的教会进行了改革,王权与教权联袂确立起了封建统治,但是教权的最高权威是罗马的天主教会。罗马教皇就是整个天主教世界最高的精神领袖,以"君权神授"的方式给世俗王权戴上神圣的光环,是维护王权的精神支柱;王权给予教会以庇护和财产,是维护教权的世俗力量。王权与教权虽互相支撑与依赖,但其矛盾斗争也几乎贯穿了以后的历史。

一 宗教改革思想的萌芽

从 12 世纪开始,罗马教廷同各世俗王权的矛盾斗争已渐趋明朗化,首先表现为宗教团体的分化,出现了众多的宗教派别,诸如法国南部和意大利北部的阿尔比派,德意志南部的胡司派,英国的威克利夫派等。就在宗教团体分化、宗教异端频现、宗教改革思想萌芽之际,文艺复兴思潮在意大利开始出现后迅速遍及西欧,从思想文化领域的各个方面对神本主义发起了冲击。文艺复兴以人本主义与宗教神学相对抗,在文学、艺术、科学等各个领域里虽大多仍取材于宗教神学,但却一改往日的正统，表现出了更多的异端。在文艺复兴时代，整个欧洲的学术思想，特别是人文科学的发展被视为超越中世纪神学而回到古代希腊罗马古典的人本主义。这一转变，与其说是古典文化的再生，不如说是近代文化的开端；与其说是"复兴"，不如说是"创新"。文艺复兴一开始，古希腊哲学家普罗塔哥拉斯的名言"人是衡量一切事物的尺度"就被广泛引用，旨在维护人的尊严和个性的发展，肯定人的积极进取和创造精神，争取社会关系的人道化，人并非实现上帝意志的工具，而是具备主观能动性。这种人本主义要求从人自身出发而不是从神出发去探求历史的真实本质。人本主义精神在当时首先意味着个性解放，要求个性的全面发展，要求人具有多方面的文化素养，具有参加艺术创作、科学研究、公共事务以及商业和旅行的热情、渊博知识、坚强性格和敢于冒险的百折不挠精神。意味着每个人的人格应受到尊重，意味着自尊、自重、自主、自由、自爱，而这一切又同时意味着尊重他人。文艺复兴的新思潮为人们信仰的变革注入了思想动力，促使早已出现的宗教异端发展成为此起彼伏的宗教改革运动。文艺复兴和宗教改革互相影响，互相促进，共同构成了思想文化领域的大变革，打破了欧洲中世纪以来宗教神学在意识形态领域内正统地位，引导人们开始解放思想、探索真知、开拓创新，冲破黑暗时代而引起了社会的全面变革，同时也促进了民族主义意识的觉醒。"只有宗教改革——这种还不够勇敢、不够坚决的反抗中世纪的初次尝试，才引起了社会变革。"① 而这种社会变革，是一种划时代的变革，标志着近代社会的到来。文艺复兴、宗教改革、地理大发现等，是推动西欧社会发生根本性变化的三大历史运动。

"英国人是世界上最虔信宗教的民族，同时又是最不信宗教的民族，他们比任何其他民族都更关心彼岸世界。"② 这是因为宗教对于维系人类社会正常运转是必需的。"法律从外部约束一个人的社会行为，而需要宗

---

① ［英］恩格斯：《英国状况 十八世纪》，《马克思恩格斯全集》（第1卷），人民出版社1956年版，第662页。

② 同上书，第659页。

教从内心世界约束一个人的行为。"① 从 14 世纪中叶起，英国人蒙受了多起灾难，1337 年英法"百年战争"爆发。1348 年黑死病从欧洲大陆传入英国，患者症状可怕，各种医术药物全无效果，造成了蔓延各地的大恐慌。英法激战加快了疾病传播，黑死病突袭不列颠后持续近一年时间，之后其他疾疫又持续长达一个世纪之久，导致死亡率不断攀升，英国人口在持续地减少。"现在看来，黑死病有可能造成英国总人口至少减少了 1/3，或者多达一半。"② 黑死病及其后的其他各类疾疫对英国造成的影响是巨大的，人口的锐减使农业、手工业的劳动力极为缺乏，大量的田园荒芜、大量的土地抛荒，造成了百业凋敝，商业萧条、外贸缩减的凄惨景象。人们无法了解病因，相信是上帝对人类罪孽的惩罚。抑或叩问上帝：黎民何罪，遭此大难？继而对教区委派代表的地位、权威和行为提出质疑。甚至有人怀疑教会所定义的基督教原理。

宗教危机产生的最深刻的社会根源是各级教会对财富的过度占有。按照惯例，教会和修道院不必缴税，只需将他们收入的十分之一"自愿地"捐献给政府。教会代表除能出席上院和在政府担任要职外，还可参加由坎特伯雷大主教和约克大主教召开的会议，决定宗教或与教士有关的问题，对教会的佃户行使司法权力。国王和贵族最感不满的，是教会每年向教廷缴纳巨额宗教税，英国经济利益屡屡受损。

自从教皇克雷门五世（1305—1314 年在位）开始，连续七任教皇都驻在法国的阿维农，实质受到法王的控制，史称"阿维农之囚"，这是教皇权力衰微的表现，之后从 1378 年开始，罗马教廷严重分裂，两任教皇势不两立，分驻罗马和法国的阿维农，天主教会及教皇的权威日下。英国教会受制于法国红衣大主教，大量财富以宗教名义流入法国，而此刻正处英法"百年战争"的尖锐对抗时期，英国统治者益发担心对手实力过强，与法国持续而漫长的战争，也促进了民族主义意识的觉醒。

此外，英国人颇为反感的是，许多神职人员和教士不认真履行职责，

---

① John Morrow and Jonathan Scott, *Liberty, Authority, Formality Political Ideas and Culture, 1600 – 1900*, Published in the UK by Imprint Academic, 2008, p. 19.

② Michael Anderson, *British Population History—From the Black Death to the Present Day*, Cambridge University Press, 1996, p. 29.

生活奢侈糜烂，霸占大量地产。曾经忍耐清苦生活的游方托钵僧，大多皆贪婪懒惰，蔑视教规。人文主义作家乔叟在《坎特伯雷故事集》中揭露了教士的贪婪和腐化："赦罪僧和教会法庭差役更是欺压老百姓的骗子和恶棍。托钵僧打着沿门托钵的幌子，本应该关心穷人，却利用给最穷的寡妇举行忏悔礼而骗走她最后的一文钱。富裕的修道士是个狩猎的爱好者和好色之徒，喜欢吃烤肥鹅。这是对教会禁欲主义莫大的讽刺。"[①]这些成为威克利夫反对教皇和教权主义激进思想产生的背景。

英国民众反对罗马天主教会的斗争符合以国王为代表的封建贵族的利益，因而大多受到国王的支持。爱德华一世在位时期，教皇对英国教士的征税就受到抵制；1333年，爱德华三世曾拒绝向教皇每年缴纳1000马克的贡赋。1351年颁布《圣职候选人遴选法》，试图终止教皇控制英国高级神职人员与薪俸。两年后，又通过《王权侵害罪法》，禁止教会将国王裁定过的案件申诉至教皇，最终在法律上终结了教会对圣职纠纷的司法裁判权。

长期以来，英国的语言文字一直未能统一，存在着拉丁语、法语和英语。拉丁语是教会和宗教语言，法语是王公贵族等上层社会的语言，而下层民众却使用英语。14世纪中后期的英国恰值古英语演变的晚期，语言的双重性分化依然存在：上层阶级、宫廷和法律界仍用法语，拉丁文照旧主宰着宗教界、教育界和官方文书的书写，可广大民众依然沿用英语。百年战争开始后，英国上层统治者甚至普通民众都有了强烈的敌视法国的情绪，人们普遍抵制法语而使用英语，英语使用的阶层更加广泛。1362年，英语被议会宣布为法律用语，规定所有的案件都要用英语进行诉讼和辩护。大约同一年，上院大法官在议会开幕式上用英语致辞。民间也开始用英语起草遗嘱、签订契约等类的文件。到了14世纪末15世纪初，许多学校已开始使用英语进行教学，官方文件和民间书信也都普遍使用英语。英语战胜法语和拉丁语的趋势已经显现，语言文字的逐步统一为不列颠民族的意识的觉醒提供了一个强有力的文化工具。

---

① 蒋孟引：《英国史》，中国社会科学出版社1988年版，第200页。

二 威克利夫的宗教改革

1371年，高级教士威克姆被免去了大法官职位，英国思想界终于发出了宗教改革的呼声。随即议会就教会税收问题展开了激烈讨论，甚至提出了没收教会财产的动议。爱德华三世为加强王权，乐意支持。

在英国乃至欧洲历史上，约翰·威克利夫（John Wycliffe 1328—1384）被视为宗教改革的先驱。他出生于约克郡较为富有的乡绅家庭，年轻时在牛津大学潜心研究神学，先后在牛津大学学习或任职长达20多年，曾经担任过巴里奥尔学院的院长，也长期担任教职。1371年，威克利夫出席英国议会，就政府是否有权向教会征税问题听取了教士的发言，1372年他获得神学博士学位，1374年担任拉特沃思（Lutterworth）教区长并兼任国王侍从神甫，因支持爱德华三世抵制教皇，受爱德华三世派遣，赴布鲁日参加高级教士会议，就英格兰缴纳教廷赋税以及圣职任免等重大问题与教皇代表进行了长达两个月时间的谈判，但未达成任何一致意见。此次经历使他目睹了教会的虚伪和贪婪，促使他对教会的态度发生了变化，也使他萌发了宗教改革思想。

威克利夫是一位果敢的神学思想家，这次出使回国后他即开始批判教皇，宣传他的宗教改革思想，反对教会特权，特别是教会聚敛财富。他历时多年，撰写了《论神权》4卷、《论民权》《三人对话录》《论圣经的真理》等专著以及《论教会》《论国王的职责》《论教皇的权力》等许多有关神学、逻辑学、政治学的论文。他的著作多用拉丁文写成，语句晦涩，内容激进，屡遭教皇、坎特伯雷大主教、伦敦主教等守旧教会力量的强烈反对，但是他的改革思想却得到了国王、世俗贵族和下层民众的支持，虽经多次宗教审判和宗教迫害，但都能逃脱劫难，安然无恙，直到1384年因病去世。

威克利夫在著作中宣传"神恩统治论"，论述上帝无所不能，具有至上权威，否定了中世纪以来罗马天主教皇所强加的居于上帝和人们之间的各级教会存在的合理性，认为最高的权力在天堂，而不是在罗马，至上的权威是基督，而不是教皇，人们所行使的所有权力都直接来自上帝，上帝才是万众的主宰，只有承蒙上帝恩宠的人才能拥有各项权力。人们可直接向上帝表示忠顺，人们对上帝的关系是直接的，恰如每个英国子民对国王效忠，而无须通过任何中介或组织。假如教会非要介入，则应予以拒绝。所有权力的基础都是上帝的恩宠，如某人犯有不可饶恕的重罪，其权力就难以恰当地行使。只有正义者才有资格获得真正的权力，哪怕正义者的这种权力一时得不到承认。

威克利夫反对教会占有过多的财产，也反对教士阶层因拥有大量的财富而过着骄奢淫逸的生活。"在个人的宗教生活中，所有的理想就是贫穷，至少在理论上是这样。修道士、修女、教士、化缘修士等人不允许拥有任何财物，村镇的公共机构会提供给他们所需的一切。这种自愿的贫穷被认为是救赎贪婪罪恶的有效途径，可以有效地抵制来自现实世界的诱惑。贫穷实质上把一个人从现实世界上解放出来，因为僧侣一无所有，甚至没有自己的习惯，他就彻底获得了自由，脱离现实的烦恼，正如理查德·惠特福德指出的那样，他就会获得内心的平静。"[①] 在理论阐述的基础上，威克利夫无畏地提出：财产是罪恶的结果，基督和使徒们都没有财产，所以各阶层僧侣都应当没有财产，所有教士都应当像基督一样安贫乐道，消除世俗之欲求，心向天国，专注福音。天主教会既然有罪就应该主动放弃财产，使社会民众减少不必要的开支。那么，怎样剥夺教会的权力呢？答案是由国家特别是由国王执行。威克利夫反对教皇从英国征收巨额的贡赋，主张建立英国教会，而且英国教会必须服从英国国王，教权必须服从世俗政权，英国教会的大主教必须由英国人担任，英国的财富不能流向罗马或者国外。

威克利夫的宗教改革思想主要针对腐朽的天主教会，反对教皇在英国征收的名目繁多的各种赋税，也反对教皇不断扩大在英国的教职任命权而不断勒索财富，担心财富的外流会削弱自己国家的力量，同时也会增强敌对国或其他国家的力量。这自然符合以国王为代表的世俗王权的利益，也为下层劳动人民所欢迎，促进了英国民众国家和民族意识的觉醒。威克利夫反对教会占有巨额的世俗财富，他希望教会及使徒能清贫

[①] Marjo Kaartinen, *Religious Life and English Culture in the Reformation*, New York: Palgrave, 2002, p. 51.

传教，回到基督教早期使徒传教的原初状态。他认为教会邪恶的根源在于教皇和教职僧侣占有大量的社会财富，这些人由于专注世俗的财富而玩忽圣职，远离了布道传教这一神圣的职责，变得自私贪婪、奢侈腐化，成为不劳而获、无所事事、脱离社会劳动的寄生阶层。在教会组织方面，他主张英国教会应当独立于罗马教廷和教皇，而且教会应当从属于国家，认为教皇和教廷的设置缺乏《圣经》上的依据，现存的各级教会已不是能使信徒灵魂得救的上帝的教会，所以要取消现存的权势无所不在的天主教会，信仰大道无形的《圣经》的教会。

威克利夫反对教权主义思想的核心，即主张以《圣经》作为信仰的唯一源泉，认为《圣经》的权威性要高于教会所颁布的任何信条、教皇法令或神学家的著作，肯定《圣经》至高无上的地位，主张不分贵贱僧俗，人人可以拥有《圣经》以方便诵读。灵魂是否得救，应以《圣经》为准。为此，他根据当时《圣经》都是使用拉丁文抄写和宣讲、普通人无法理解的事实，大约于1380—1384年，由威克利夫主持，召集许多学者在牛津大学女王学院将《圣经》翻译成英文，初次翻译的这本也称早期译本。威克利夫还筹建"穷修道会"，想通过它将《圣经》的真谛传播到民间。《圣经》的早期译本根据拉丁文逐词对译，带有较强的拉丁文色彩，对于文化水平不高的普通民众仍难阅读理解，因而由参与第一次翻译工作的威克利夫的助手约翰·珀维主持在早期译本的基础上又重新翻译修订，于1395年翻译完成，也称后期译本。威克利夫在英国第一次系统完整地将《圣经》译成了本民族的语言，这在当时的欧洲也是首次，极大地促进了英国宗教文化的发展。威克利夫的后期译本更加通俗易懂，更加民族化，消除了普通民众阅读《圣经》的障碍，这对于打破各级教会和僧侣对《圣经》和神学的垄断起着极为重要的作用，对于唤醒英国民众的民族意识更是发挥了文化引领的特殊作用。"该译本不仅广泛传播了不同于罗马教会的新教思想，而且鲜明地表达了民族的爱国主义思想，极大地激励了英国有识之士，进而启发了大众的民族意识，推进了英国民族国家和民族教会建立的进程。通过读经，人们的思想得到澄清和解

第二章　英国宗教文化的变革及其对民族精神的培育　❖　51

放,其行动更加积极主动,加速推进了个人自由与权利思想的演进。"①《圣经》译本在英国得到了广泛的阅读传播,以润物细无声的方式推动着宗教文化的发展变革,而这种变革,为英国乃至西欧未来更为彻底的宗教改革奠定了思想基础。

威克利夫还抨击教会繁琐的宗教仪式,批判教会长期以来所宣传的"化体论"。所谓的化体论即把所谓圣餐礼上所用的面饼和酒由主礼神父或主教亲自进行一次圣祭程序,就使面饼和酒能以某种神秘的方式变成耶稣的肉体和血液的教义。其实质在于使信徒要相信耶稣基督的真实存在,信徒所犯的罪孽必须通过教会和教职人员才可得到上帝的宽恕和拯救,也就是说,教会和教士在普通人和上帝之间有着必不可少的联系作用。威克利夫为此专门撰写了《论圣餐》一文来批驳"化体论",他用尖刻的语言嘲弄教会利用此种理论对人们的愚弄和欺诈。

威克利夫宗教改革也反映了正在形成的新兴的市民阶层的利益和要求,也符合以民族主义和国家主权为主要特征的时代潮流,受到了包括农民、骑士、绅士、市民、贵族、国王在内的各阶层人们的广泛支持。1377年2月,坎特伯雷大主教萨德伯里和伦敦主教考特尼曾将他传到圣保罗教堂听审,但兰卡斯特公爵亲自陪同前往,众多支持者挺身保护。1378年初,英国教会根据罗马教皇训令审判威克利夫时,国王派人出面保护,伦敦很多市民自发组织起来阻止法庭审判。由此可见威克利夫的宗教改革思想代表了英国各阶层民众的愿望。1380年,一些威克利夫的信徒在尼古拉斯·赫里福德的倡导下,组成宣传小组,以后他们到英国其他地方活动,导致"罗拉德派"(the Lollards)的形成,该团体虽没有严密的组织,但在宗教旗帜下却有着广泛的社会基础,参加者包括了牛津大学的学者和学生、贵族、骑士、市民、农民等,因而具有较大的影响。"罗拉德派"将威克利夫的学说传播到了英国各地,把当时对天主教会不满的各阶层人们团结了起来。"罗拉德派"中的一些激进者比威克利夫甚至走得更远。1381年前,他们呼吁把土地交给农民村社并废除农奴

---

① 王宗华:《威克利夫〈圣经〉对中世纪英格兰文化影响研究》,《安徽理工大学学报》(社会科学版)2015年第2期,第51页。

制，促成了瓦特·泰勒农民起义的发生。[①] 坎特伯雷大主教也在这次农民起义中被杀害。威克利夫被指控为起义的煽动者的幕后主使，遭到了不明真相人们的反对。1381年秋，威克利夫被逐出牛津大学，隐居于拉特沃思教区。农民起义失败后，罗拉德派的活动并未停止，他们中不乏知识分子，许多人使用英语写作了大量的小册子和布道文，同时也有大量的讽刺性文章，批判揭露教会和教士的种种阴暗面。当时一位教会学者不无夸张地说：他们像发芽的植物一样迅速滋长、遍及全国……当你在路上行走，每遇到两个人，就有一个人是威克利夫的信徒。可见"罗拉德派"群众基础的广泛性。

　　威克利夫的改革思想和罗拉德派的活动在人们精神信仰的世界里已开启了另一个窗口，打破了中世纪以来天主教会所宣扬的宗教和神学对人们意识形态的绝对垄断，为以后英国乃至欧洲的宗教改革作了思想的先导和舆论准备。都铎王朝建立后，罗拉德派开始复兴，随着宗教改革运动的兴起，它逐渐与新教合流。威克利夫的一生对英国宗教，并通过宗教改革对英国政治和社会都产生了无法估量的影响。"[②] 他的宗教改革思想早于欧洲大陆文艺复兴的思潮，对于英国整个文化事业的发展功不可没，因为中世纪只知道一种形式的意识形态，宗教和神学在文化领域里垄断着一切。如果不进行宗教改革，文化的发展就没有机遇和空间，先进的思想观念或者行动都会被冠以宗教异端而受到禁锢和惩处，智慧和创新的光亮就会被扼杀窒息在宗教和神学共同笼罩下的夜幕之中，包括科技在内的各项文化事业的发展和进步就会举步维艰，更多的思想家、科学家、文学家就会像布鲁诺一样在火刑柱上灰飞烟灭。因而威克利夫的宗教改革思想对英国和欧洲大陆都产生了广泛而深远的影响，改变了欧洲教会和宗教发展的方向，对于人类文化事业的发展进步都有着非常重要的意义。威克利夫不仅是英国宗教改革的先驱，而且被誉为"欧洲宗教改革的启明星""欧洲宗教改革之父"等。

[①]　阎照祥：《英国政治思想史》，人民出版社2010年版，第11页。
[②]　同上书，第12页。

三 亨利八世的宗教改革

威克利夫所开启的宗教改革之窗在一个半世纪之后被国王亨利八世重新打开。亨利八世依赖国家政权的力量推行改革，使宗教改革突破了意识形态领域，发展成为波澜壮阔的社会运动，改革的广度和深度已远远超出了威克利夫的改革，是英国宗教文化变革过程中的里程碑，为英国文化在近代迅速发展解放了思想，拓宽了道路。宗教改革是英格兰和苏格兰近千年以来最重要和最富有转折意义的历史事件。它使新教思想、爱国主义和掠夺的欲望三者密不可分地结合在一起，推动英国从偏处欧洲一隅的海岛国家走向一个横跨大西洋并控制海上航线的帝国。英国致力于新教改革也在国内外引起了反对教皇的斗争，这也促使了17世纪中叶——利维坦（Leviathan）的诞生，也可以称作经济军事大国，促进了民族主义意识的进一步觉醒和近代民族国家的建立。[1]

1529年亨利八世推行宗教改革时，正是欧洲大陆宗教改革风起云涌之时。在亨利八世推行改革之前，德意志马丁·路德所开创的宗教改革已发展成为具有宗教改革性质的农民战争，起义领导人闵采尔公开表示与天主教会及封建领主势不两立，参加者发展到10万之众，席卷德意志西南部，沉重地打击了德意志的天主教会和封建势力。欧洲大陆还涌现出了许多宗教改革的思想家，他们以人文主义思想为指导，从不同方面积极倡导宗教改革。宗教改革思想与人文主义不仅不矛盾，而且恰恰是人文主义思想发展的必然结果，是人文主义在宗教领域内具体化的现实之路。人文主义思想在英国已结出丰硕的成果，众多人文主义学者在文化领域的各个方面均有重大建树，以各种方式传播着人文主义思想。受人文主义思潮的影响，牛津和剑桥两所大学在组织机构、学生来源、学术讲座、课程设置等各个方面均有重大变化。人文主义思想的普遍传播动摇了神本主义的精神信仰，以文化的力量为宗教改革提供了强大的思想动力和理论来源。况且英国的人文主义重在宗教追求，"对于英国人文主义者而言，回归古代，就是回归早期基督教会时代，所以他们尊奉

---

[1] David Scott, *The Rise of Britain as a World Power*, Published by Harper Press, 2013, p.45.

《圣经》的权威,宣扬基督的道德说教,并把它作为个人和社会行为的最高准则;他们学习古典语言和早期基督教父的著作,最主要的目的是研读和理解《圣经》;他们学习古典文学,不仅仅是折服于它的光彩夺目,更重要的是古典时代的文法、修辞、辩证法、历史等知识有助于更完整、更深入、更全面地解读《圣经》,优秀道德家的道德规诫还可以成为基督徒在现实生活中实践基督教导的具体指导。"①

亨利八世身材高大,英俊魁梧,腰圆膀阔,擅长网球运动,终生酷爱马术并痴迷狩猎活动,他热衷于体育活动曾导致一些大臣颇有怨言,因为为了追随国王让他们疲于奔命。亨利八世还习练剑、长矛和大弓等兵器,尤其喜欢使用火药武器特别是火炮,在练习过程中能击中附近的屋顶或马匹,但他更喜欢真正的军事对抗,亨利还推崇戏剧文化和骑士精神,热衷于举办场面宏大的富有挑战性的各类比赛,仅1511年的一次比赛费用就达到了4000英镑,这个数目甚至超过了建造亨利八世引以为豪的配有78门大炮的玛丽·罗斯号战舰的费用。亨利八世对军事比赛的兴趣一直不减,直到1536年他44岁时,一次比赛中他被对手挑下马来,摔得不省人事长达两个小时。②

亨利八世的个人才能并没有局限在骑士竞技和网球场。作为王子时他所受的教育多受文艺复兴思潮的影响,系统地学习了古典历史、诗歌、文法及伦理思想,特别是他还系统地学习了宗教神学的思想体系。后来他在和高级教士辩论时也体现出他对天文学及几何学有着相当的了解。他还是一个颇有修养的语言学家,据威尼斯大使的记载,他会讲法语和拉丁语,能听懂意大利语。他对音乐颇有天赋,几乎能演奏所有的乐器,也会演唱和作曲。荷兰著名的人文主义学者及宗教批评家德西德里乌斯·伊拉斯谟甚至认为亨利八世是一个天才,当然这未免有奉迎的成分在里面。亨利八世还大力引进欧洲大陆杰出的诗人、音乐家、画家建筑师到英国王室,以迎合他对骑士精神的追求并超越王室其他成员。

---

① 王建妮:《亨利八世时期人文主义向英国大学的渗透》,《世界历史》2009年第2期,第79—80页。

② David Scott, *The Rise of Britain as a World Power*, Published by Harper Press, 2013, pp. 33-34.

第二章　英国宗教文化的变革及其对民族精神的培育　　55

他听从父亲的教诲而广泛研习当时最流行的著作，包括佛罗伦萨画派的雕塑家彼得罗·托瑞吉诺，佛兰德尔画家汉斯·霍拜因。托瑞吉诺还曾劝说他的同伴佛罗伦萨画派著名雕塑家本韦努托·切利尼也来英格兰和他一道工作，最后因切利尼不愿意成行而作罢。亨利八世的座上宾客尽管都是些二流的艺术家，但他对文艺复兴的支持却打破了欧洲文化中心说以及英国是蛮荒之地的偏见。亨利八世还是英国第一个思想中具有宗教怀疑论的国王，他对公众的宗教信仰及价值的某些方面产生了质疑，他还推崇伊拉斯谟等人文主义学者。这些人文主义学者批判传统宗教的迷信及形而上学的思想，特别是一些脱离《圣经》依据的思想和宗教礼仪体系。[①] 亨利八世一直以来小心翼翼地处理与教皇的关系，也从没有否决过教皇的司法裁判权，以前虽有微词但也只是局限在精神信仰方面而无实际的举措。但之后亨利八世勇敢地挥动王权之剑指向罗马天主教会，有其历史的必然性和偶然性。

亨利八世的特点及光彩是其过人的人格魅力及颇具吸引力的国王风范。人们对他的即位普遍持乐观态度，部分原因是因为人们已厌倦了他父亲的统治，也是因为18岁的亨利八世给人们以朝气蓬勃和雄才大略的形象。[②] 他深谙古代的传统，那就是战争对于增加国家的财富是必需的，长期的和平会滋长软弱和腐败。他热衷于发动对法国的战争首要考虑的是培育英国的战争和民族精神。亨利的大陆征服政策，尽管收效甚微，但也确立起了他在欧洲事务中操盘手的角色。他使法国俯首谦恭，或许他还设想在1514年获得的和平，已确立起对法国路易十二的优势。

亨利八世进行宗教改革的偶然性就是其上诉至罗马教廷的离婚请求被罗马教皇否决。自1510年以来，凯瑟琳王后至少为亨利八世怀了五个孩子，但只有公主玛丽（生于1516年）健康成长，其他孩子不是胎死腹中就是生下来不久即夭折。亨利八世也有一个广为人知的儿子亨利·菲茨罗伊（生于1519年），其母是亨利的情人伊丽莎白·布朗特，但非正

[①] David Scott, *The Rise of Britain as a World Power*, Published by Harper Press, 2013, p. 46.

[②] Ibid., p. 33.

式的皇后。但亨利需要一个王子来承继都铎王朝的大业。但凯瑟琳王后到 1520 年时已年过而立，据威尼斯大使的记载，已年长色衰，为亨利八世诞下王子的希望已很渺茫。而这时亨利八世与朝臣的女儿玛丽·凯瑞（也叫玛丽·博林，下文提到的安妮·博林就是玛丽·博林的妹妹）已如胶似漆。亨利与王后的感情已日渐疏远，无望复合。亨利现在所希望的不仅是废除这桩婚姻，而且是另觅佳人以重立皇后。与王后凯瑟琳的"难解之缘"是牵扯到亨利在海外事业的外交事件。王子的婚约来自于教皇的裁判，得到教皇许可而解除婚约会引起王室之间及相关方争权夺利的斗争。查理五世是凯瑟琳的外甥，不会坐视她的危难于不顾，而且亨利的股肱之臣沃尔西也是教皇忠实的追随者，此举也会遭到他的极力反对。

如果亨利向教皇提出的解除婚约的要求不在一个至关重要的时刻，那么英国历史也许将会改写。那时正值法国与哈布斯堡王朝争夺对意大利半岛的控制权。1527 年，哈布斯堡王朝的军队进入罗马，屠杀近 50000 市民，将教皇置于帝国皇帝查理五世的控制之下，而查理五世是凯瑟琳的外甥，他怎么会让其小姨的位置被一个亲法的女人像安妮·博林这样的人篡夺。劝说任何一个当教皇的人准允亨利废除婚约都是困难的，而要让受到帝国控制的教皇克莱门同意这件事几乎是不可能的。亨利接下来要做的是将此事公之于众并在英国内部加以解决。1529 年，布莱克宗教法庭认定国王已被王后疏远。凯瑟琳当场双膝跪倒，力陈自己一直以来对国王忠贞不贰，并力陈她并不满意与阿瑟的婚姻而想让亨利收回成命。①

接下来她正式向罗马教廷提出上诉并迁出王宫。而此时亨利八世的首席大臣沃尔西正在罗马奔走以劝说教皇同意亨利废除婚约，但无功而返使其失去了安妮·博林的信任与支持，紧接着在 1529 年的秋天，被亨利八世削夺了上院大法官之职位，次年郁郁而死。亨利也开始了长达 15 年的之久的无首席大臣的统治，王权大为加强。

教皇对其废除婚约请求的否决使亨利八世采取了激进的举措并重新

---

① David Scott, *The Rise of Britain as a World Power*, Published by Harper Press, 2013, p. 47.

考虑罗马教廷与国家的关系。1530年的秋天,他通告神圣罗马帝国的大使和教皇,作为英国领土内的最高统治者,勿需对外部的权威来负责,因而废除婚约的事情可在英国内部解决,如有必要,只需上诉至英国议会。紧接着在1531年,他要求教会僧众承认他是英国教会唯一的保护者和至高无上的首脑,同时也是精神信仰的源泉。使他深感自信和可靠的是,已经得到一些皇家学者的支持,他们纷纷上表赞同亨利的主张并声称,上帝已赐予英格兰国王帝王的权威,那就是拥有至高无上的权威,无论是精神上还是临时性的事件,并不屈从于任何外来的权威。亨利八世同时还加强巩固了1527年与弗朗西斯一世所建立的联盟,相信法国国王也会赞同他挑战教皇的权威。然而弗朗西斯支持亨利八世的目的在于服务于自己的利益,尤其是增强法国与查理五世继续斗争的力量,而且还想隔岸观火,观看即将上演的离婚戏剧。弗朗西斯还宣称,亨利只是想获得其当王子时应有的权利而废除婚约,如果说亨利采取措施以分裂教廷那几乎是不可信的。[①]

赋予国王以宗教改革的思想来源是他接受了伊拉斯谟对传统信仰的批判。沃尔西的倒台也为福音派新教主义者清除了在朝廷中前进的障碍,而新教团体的领导者就是安妮·博林及其追随者,其中不乏著名学者托马斯·克兰默(Thomas Cranmer 1489—1556)及沃尔西的门徒托马斯·克伦威尔(Thomas Cromwell 1485—1540)。[②] 在16世纪30年代早期,这些福音派成员逐步劝说国王应采纳他们的神学思想及政治主张而对教会进行某种程度的改革。亨利最后要做的事就是鼓励宗教异端,特别是在宗教信条方面。

亨利八世没有继承正统的天主教的信条,即上帝的恩赐要通过教会才能传给其信徒,而是认为信仰和良好的礼拜是最基本的。尽管亨利八世不赞同马丁·路德宗教改革的主张和信条,但是路德的思想和人文主义者在对传统信仰的批判方面却有异曲同工之妙,他们批判教会强调的保留朝拜的权威,仪式禁食及其他宣扬苦修的著作。因为亨利八世与一

[①] David Scott, *The Rise of Britain as a World Power*, Published by Harper Press, 2013, p. 48.
[②] Ibid., pp. 48–49.

些人文主义者的有着相同的关切,坚决相信促使英国与教会分庭抗礼是上帝的意志,所以他支持福音派所呼吁的净化性质的宗教改革及回归基于《圣经》的信仰,而且他进一步寻求福音派思想中所宣扬的,对一个国王来说,屈服于教会的权威是极大的屈辱,一个国王就是上帝在每一个王国的法令。

1532年,亨利八世与罗马教会的斗争更加尖锐而直接。他的忍耐越来越有限,甚至要以流血斗争来推翻僧侣和罗马教皇在英格兰的司法审判权,从而达到使教皇妥协的目的。法学家克里斯多芬·圣日耳曼在著作中提到,王在议会,国王是臣民的最高统治者,国王不仅对臣民的身体负责,也应当对其灵魂负责。这一主张备受亨利的推崇。而将这一信条付诸立法程序并交付议会的是托马斯·克伦威尔。1534年,克伦威尔作为国王的首要秘书和首席大臣而崭露头角。克伦威尔阅历丰富、博学多识、幽默机智、善于言词,拥有一个政治家和管理者的必备的技能。约翰·福克斯曾这样回忆他,克伦威尔才能卓著、决策谨慎、能言善辩、忠心耿耿、果敢大胆、妙笔生花。

1532年夏天,英法缔结条约。在条约中,法国国王弗朗西斯一世承诺,如果英国遭到查理五世的进攻,法国将给予英国以军事援助。而此时,德国北部的新教国家及斯堪的那维亚的一些国家已经否认了教皇的权威,这也给亨利八世以信心和勇气。当然,亨利八世也视弗朗西斯一世为最可靠的同盟,从而更加坚定地来与教皇分庭抗礼。①

安妮·博林的父亲是亨利八世朝廷重要的外交家。安妮曾和父亲游历过许多欧洲大国的王室,会讲法语,精通音律,但并不是特别漂亮。威尼斯外交家曾这样描绘,她并非世界上的漂亮女人,身材中等、肤色黯淡、颈长嘴阔、胸部平坦,事实上她别无长处,只是有一双乌黑美丽的眼睛并能迎合国王的口味。但是她富有生机的个性及法兰西风范使其成为王室中最令人愉悦的女人。亨利八世深深为之倾倒,但她拒绝做其正式的情妇,这似乎也助燃了亨利八世对她爱的火焰。②

---

① David Scott, *The Rise of Britain as a World Power*, Published by Harper Press, 2013, p. 50.
② Ibid., p. 47.

第二章　英国宗教文化的变革及其对民族精神的培育

1532年秋季，亨利八世和安妮·博林在加莱庆祝其与弗朗西斯一世缔结条约，最终两人同床共枕，到12月时安妮已有身孕。这样就给亨利只留下了九个月的时间来解决此事，要么与凯瑟琳解除婚约迎娶安妮为王后，要么再生一个盼望已久儿子，但却是私生子。1533年1月，亨利八世与安妮·博林秘密举行婚礼。4月，议会通过了《限制上诉法令》，阻止凯瑟琳及其他人将其解除婚约之事上诉至罗马教廷。有了法律武器作后盾，新任坎特伯雷大主教托马斯·克兰默当即宣布亨利八世与凯瑟琳的结婚是非法的，因而即是无效的。凯瑟琳在一个鲜为人知的地方郁郁寡欢地度过了3年，结束了余生。1533年9月，安妮·博林生下了一个女儿，即后来的伊丽莎白女王。亨利八世深为失望，但是他深信安妮在未来的某一时刻将会为自己生下一个儿子以承继大业，但是结果并非如此。从她怀孕的那一刻起，死神就逐步向她袭来。1536年，安妮·博林被指控通奸和乱伦而被处以极刑，这是事实还是宫廷的阴谋现在已不得而知，但她长期以来在周围轻浮的行为及不检点的名声也为她埋下了祸根。然而，如果她果真生下一个儿子，亨利也不会轻易为她定下这样的罪名。自从她生下伊丽莎白之后，她已经有过两次流产。这就意味着亨利八世对她生子以承继大业也失去了耐心和信心。

1532年3月，英国的教士会议宣布与罗马教廷脱离关系，5月又宣告效忠英王。1534年，英国《至尊法案》的通过标志着亨利八世与天主教国家的决裂。法案宣布，英国教会更名为"英国国教教会"，亨利八世是英国国教教会唯一而至高无上的首脑。这意味着国王拥有神圣的权威，如有必要，有权力决定教会的改革和信条。这等于宣布了英国国王对教会和国家都有最高的主权，尽管也有内部的矛盾冲突，"英国国教教会的建立是英国民族意识觉醒的一个转折点，从那时起，英国国教教徒视他们自己为上帝的选民，迥异于其他人们。"[1]

在亨利八世的宗教改革过程中，很难不触碰修道院的命运。亨利八世对教会和修道院所占有的大量地产进行了没收并加以馈赠、租佃和出

---

[1] Monod Paul Kleber, *Imperial Island: A History of Britain and Its Empire*, 1660–1837, A John Wiley & Sons Ltd., Publication, 2009, p. 10.

售。"16世纪后半期土地财产的分化的趋势不断加强,随之而来的是中世纪土地占有框架的最终解体,修道院的解散为1536年以来的土地市场增加了份额,使土地的重新分配得以继续。"① 对宗教改革前后教会及修道院所属庄园的土地缺乏系统的计量研究,只有粗略的估算,不同学者研究的结果也不尽一致。"1430年左右,修道院占有英国15%的土地,教会占有10%的土地,而王室只占有6%的土地。1530年,英格兰大约有825所修道院,约有9300多名修士和修女。按照宗教律令,其年度净收入总计达到了175000英镑,几乎是同时期王室年平均收入的3/4。"② 而到16世纪早期时,"教会拥有英格兰三分之一的土地,年度收入高达270000英镑,几乎超过了王室的收入。仅修道院所占有的财产每年就达到了136000英镑。"③ 这两组数字基本能反映出教会及修道院所占有的土地数量及其产值,将其没收和拍卖不仅可以为亨利八世带来巨额的收入,也是将国王与土地购买者紧密地联系在一起的一个极好的方式,可以将这些上自贵族下至约曼的土地所有者与新教绑在一起。亨利八世在剥夺教产时采取了分期分批、由易到难、逐步推进的策略。在克伦威尔的精心谋划下,首先对教会和修道院的财产状况、地产规模、收益数量展开了全方位的摸底调查并编制出《教产账簿》（Valor Ecclesiasticus）,从而拉开了剥夺教产的序幕。1536年,宗教改革议会通过法案,决定首先解散岁入在200镑以下的小修道院,其动产与不动产皆归王室所有,同时成立"王室岁入增收法庭"（The Court of Augmentations）,主要处理所没收的修道院的土地和其他财产,并审理判决相应的诉讼案件。1539年议会又通过了解散大修道院的法案。到1540年3月,最后一座修道院——瓦尔萨姆修道院也关上了大门,英国延续了千年之久的修道院制度至此结束。修道院的解散使英国的土地所有权发生了自诺曼征服以来的最重大的变革。但是也为王室带来的巨大的土地收入,使其能够免征其他不受

---

① H. C. Dabby, *A New Historical Geography of England before* 1600, Cambridge: Cambridge University Press 1976, p. 207.

② Carlo M. Cipolla, *Before the Industrial Revolution European Society and Economy*, 1000 – 1700, London: Published in Great Britain 1976 by Methuen & Co Ltd, p. 55.

③ David Scott, *The Rise of Britain as a World Power*, Published by Harper Press, 2013, p. 51.

欢迎的赋税而有效地维护其统治。"修道院的解散有力地打破了几个世纪以来旧式的村社体系并消除了土地上的界标。"① 地产的流动性极大地加强了，它促进了土地市场的发育和土地的资本化，也动摇了自诺曼征服以来以分封和赏赐为主要方式的封建的土地分配与占有制度。土地不再与封建的权利和义务相联系，而是与市场货币相联系，从而使土地渐渐失去了昔日维护封建等级制度的经济功能，由封建的经济基础转变成为新兴资产阶级发财致富的资本。教会地产的没收和拍卖符合新兴阶级的经济利益和要求，成为资本积累的有力手段，壮大了资产阶级的经济实力，有力地促进了封建经济的解体和资本主义经济的发展。"修道院的解散通常被认为是十六世纪三十年代大变革过程中最重要的环节，它波澜壮阔并具有显著的后果是毫无疑问的，但它并不是像以往那样真正地加强了中央集权，从某种角度而言它甚至是革命的前奏曲。"②

16 世纪 30 年代，出于推行新的宗教的需要。国王在伦敦开始谋划在不列颠群岛内创建一个更大、更有实力、更加集权的国家。1533—1534年，英国单方面宣布脱离罗马教廷，国王拥有不受限制的权力。此举显然是有意创建一个拥有主权的单一政府的国家。③ 完成这一重新改造都铎王国的建筑师就是托马斯·克伦威尔。他喜欢并惯用的手段就是议会法令，1536 年，议会通过法令，收夺英格兰所有的特许权。也就是在贵族的统治范围内，司法审判权由贵族和主教来操纵而不是王室任命的官员。接下来在 1536—1543 年，又通过一系列法令，将英格兰与威尔士合并成一个统一的国家。威尔士公国和贵族地主都逐步融合进英语类型的国家，同时，在威斯敏斯特的议会中，也给予了威尔士的代表席位，英国的习惯法及管理体制也在整个威尔士得到推广和实行。结果就使得威尔士的蛮荒之地披上了英国文明的外衣。都铎威尔士的先辈们使这一融和的过程平静而容易，也确实把修道院的土地赐予了当地的乡绅。英格兰与威

---

① G. R. Elton, *England under the Tudors*, London: Published by Methuen & Co Ltd., 1974, p. 145.

② Ibid., p. 141.

③ David Scott, *The Rise of Britain as a World Power*, Published by Harper Press, 2013, pp. 63–64.

尔士的统一是不列颠近代民族国家形成历程中关键的一步，为联合王国的最终统一开创了先例并提供了实践经验。

在宗教改革过程中，第一本英语版的《新约全书》是 1526 年在荷兰安特卫普印刷出版的，是只有口袋大小的简装本，被偷偷运进英格兰后得以广泛流传。其翻译者是格罗斯特郡的福音派学者威廉·廷代尔（William Tydale 1494 – 1536），他翻译的原本是希腊文，且翻译的内容主要是《圣经》的新约部分和旧约的一小部分。从此，英国人第一次可以用自己的语言来阅读并理解《新约全书》了，教会对《圣经》的文本垄断就此被打破了。但是当时英国的宗教改革尚未开始，《新约全书》只是秘密地得以流传，廷代尔本人一度被教会和亨利八世追捕。

廷代尔对《新约全书》的翻译不仅是一个宗教现象，这使英语的读写方式都得以变革。像翻译《新约全书》一样，廷代尔也翻译介绍了很多宗教音乐。他的翻译风格平易亲切而不失神圣，简朴而不失深刻。……在莎士比亚之前，如果说有人丰富了英语的表述水平，那么这个人就是威廉·廷代尔。甚至有一句名言这样说道：没有威廉·廷代尔，就没有莎士比亚。[1]

宗教改革开始之后，亨利八世接受了克伦威尔等人的建议决定为英国人提供一个标准的英语版的《圣经》而推动宗教改革。这一任务自然落在了长期研究《圣经》的廷代尔的助手迈尔斯·科弗代尔的肩上，他与新教改革派领袖人物有着密切联系，是翻译工作最合适的人选。经过长期的艰辛工作，1535 年，科弗代尔英译本《圣经》在苏黎世得以出版。该英译本广泛地参考了廷代尔和德意志、意大利等许多《圣经》译本，译完了新约和旧约全书，是第一部完整的英文版的《圣经》。在此基础上，之后又出现了许多版本的英译本《圣经》。1537 年，廷代尔的一位朋友约翰·罗杰斯化名托马斯·马修又出版了第二部完整的英译本《圣经》。从而当时在英国并行两部完整的英语版的《圣经》。1539 年，在克伦威尔的支持下，由亨利八世钦定的英译本大《圣经》（Great Bible）出版，此版本主要在科弗代尔译本的基础上博采众家之长，1540 年再版时

---

[1] David Scott, *The Rise of Britain as a World Power*, Published by Harper Press, 2013, p. 69.

第二章　英国宗教文化的变革及其对民族精神的培育　❖　63

又增加了大主教克兰默所作的序言，为当时最权威的版本，之后成为各教区教堂必备的典藏，爱德华六世时期还曾再版两次，玛丽女王时还允许阅读流传。

宗教改革时期廷代尔的译作《新约全书》、克兰默的译作《公祷书》、福克斯抨击天主教的《纪念与丰碑》这三本著作奠定了英国新教主义的基础。它们代表了英国宗教改革漫长过程中广泛而又富有启迪性和争论性著作的巅峰。都铎时期各种宗教派别的斗争极大地推动了出版印刷业的发展，首先是关于王权的著作，其次是关于朝廷各类派别斗争的著作，包括天主教和新教。他们以真正的宗教或共同的利益为名义，利用各种出版印刷和手抄作品来对公众进行宣传动员。从而使英国的宗教文化在变革之后日益深入人心，尤为重要的是，这种宗教文化的变革培育了大不列颠的民族精神，促进了公众民族主义意识的觉醒，对《圣经》的多次翻译丰富了英语词汇和语言，大大推动了民族语言的发展成熟。英语版《圣经》在英国的阅读和传播也增强了人们在文化上的民族认同感，可以阅读的《圣经》逐步成为人们信仰的源泉和最高权威，这就使人们可以摆脱天主教会所颁布的信条以及神学家著作对人们信仰的禁锢和垄断，人们也可以直接思考领悟基督的要旨和真谛，摆脱人云亦云的宗教灌输，启迪理性主义和独立思考，所有这些都进一步推动了新教思想的传播，使新教思想自觉地转化成为一种文化力量。这种新教思想要求摆脱外部力量在精神信仰方面对人们的控制，更反对经济上的盘剥与勒索，要求在具有共同语言、共同地域、共同文化心理、共同经济生活的基础上建立不受外来势力控制的自主的民族国家，摆脱天主教世界的统治，这就有力地催生了近代民族国家，对于大不列颠王国最终的统一也奠定了思想基础。

如果说威克利夫的宗教改革为英国文化的发展开启了窗口，那么亨利八世的宗教改革就为英国文化的发展进步打开了大门，英国逐步成为各种新思想和新思潮发生成长的自由沃土，相对于西欧国家而言，英国在意识形态领域内较早地打破了天主教会的束缚，实现了精神信仰的相对自由，这对于各种文化思想的发展都提供了丰富的养料。亨利八世的宗教改革在打破天主教会的主宰地位后，力图以英国国教教会取而代之，进而把人们的宗教信仰都统一在以国王为代表的国家教会的旗帜之下,然而打破了罗马天主教会的神圣正统地位后,也打破了长期锁闭的"潘多拉魔盒",各种宗教改革思想和派别从此一发不可收拾。都铎王朝的历史,是一部思想解放的历史,也是一部以宗教斗争为主线的宗教文化发展变革的历史,同时政治、经济、文化等各个方面呈现出新时代到来的色彩。

在亨利八世的宗教改革中,英国"自下而上或自上而下地形成了某种模式化的思想。军事和帝国的成功刺激了爱国主义并创造出一种自我感觉良好的状态;忠于国家的情感代替了古老而脆弱的效忠王朝的思想;共同的新教思想——或者至少是一种反对罗马天主教的思想——有助于将英格兰人、苏格兰人、威尔士人团结在一起,否则就会一盘散沙。科利还强调了这种国家特质是怎样形成的,植根于地方并由中产阶级来推动,帮助塑造并维持一种共同认可的公众意识,通过新闻和公众平台来宣传。"① 可以看出,英国宗教文化的发展变革,正以一种文化的力量凝聚着不列颠国家的力量,推动着整个国家由分裂对峙逐步走向团结统一。历经宗教改革,英国摆脱了罗马天主教会的统治和束缚,建立起了民族教会,确立起了王权在宗教和世俗两方面至高无上的地位,从而大大地加强了王权。"中世纪普适主义的原则已经发展到允许民族主义意识和民族语言互相共存。但是毫无疑问的是宗教改革极大地推动了民族主义的发展。通过使英国脱离罗马教廷及将英国国王提升到教会的最高领袖,从而使教会成为英国的教会而不仅仅是在英国。"②

亨利八世对修道院地产的剥夺没收也增强了王室的经济力量,对修道院地产的拍卖也受到了各级土地贵族和大资本家的欢迎拥戴。在当时的英国,土地依然被认为是财富之本,分封贵族的一个主要标准就是拥有土地的数量。在社会转型时期发财致富的大资本家需要买田置地进入贵族阶层以提高政治和社会地位,这也从另外一个方面增强了对王权的

---

① Jeremy Black, *Culture and Society in Britain* 1660 – 1800, Published by Manchester University Press, 1997, p. 34.
② Tim Blanning, *The Culture of Power and the Power of Culture*, Published by Oxford University Press, 2002, pp. 281 – 282.

依赖性和向心力。都铎王朝统治时期，民族主义意识日益强烈，民族国家正在初步形成，城乡资本主义都有了一定程度的发展，以王权为代表的国家行政权力的加强，符合新贵族和资产阶级的利益和愿望。他们希望巩固宗教改革的成果，反对国内外保守的天主教势力，特别是对英国一向抱有敌意的天主教国家法国和西班牙，而这又同争夺欧洲商业霸权交织在一起。这时的法国、西班牙、葡萄牙等国都大力加强了君主专制，利用国家的力量积极向海外扩张，使英国的有识之士也深刻地认识到，要在海外的商业争霸战争中取得优势，已不能像中世纪自然经济基础上那样一味地限制削弱王权，而是要大力加强以王权为代表的国家的行政权力，对内维护国家的稳定，消除封建壁垒以建设统一的国内市场，对外能够战胜欧洲列强诸如西班牙和法国，开拓商路寻求商机，获得更加广阔的海外市场，这就推动了近代民族国家的形成和发展。

亨利八世所进行的宗教改革的性质，正如威克利夫的宗教改革，也可以认为是威克利夫宗教改革思想的社会实践，有着广泛的社会基础，得到了国内各阶层广泛的支持。亨利八世也能妥善地处理与议会的关系，利用议会力量通过立法形式来推行改革，增强了改革措施的权威性，也得到了广泛的社会认可和支持。因而都铎王朝时期，在议会和国内各阶层的支持下，国王的权力在不断地加强，王权一直呈上升趋势，体现出了民族主义意识不断增强和近代民族国家初步形成的时代特征。因而宗教文化的变革对于培育不列颠民族精神，建立近代民族国家，增加国家的经济和军事实力，都发挥了非常重要的作用。

第二节　宗教斗争与宗教文化的多元化

亨利八世宗教改革斗争的重点是罗马的天主教会而不是宗教和神学。改革打破了天主教会长期以来的宗教禁锢和对人们精神信仰的垄断，由此也开启了宗教斗争、思想解放、文化变革的浪潮。而都铎王朝统治时期，正值人义主义思想在英国广泛传播的时期，也正处在新旧社会的转型时期，各种社会力量有着不同的政治经济和宗教诉求。新兴的社会力量不仅要求摆脱罗马教廷的统治，建立民族教会，对教会组织进行改革，还要求对宗教仪式甚至信仰内容都进行全方位改革。因而在亨利八世之后相当长的时间内，英国宗教改革的步骤或急或缓，但改革的步伐一直没有停止，宗教斗争此起彼伏，各种宗教派别层出不穷，加之大陆各种新教的传入，英国的宗教文化也呈现出多元化的局面，意味着人们宗教信仰渐趋自由化，推动着人们思想的进一步解放。

一　爱德华六世在位时期的宗教变革

亨利八世的宗教改革走的是一条中间路线，具有社会转型时期平衡新旧力量的性质，能够得到新旧力量的广泛支持而保持国家的相对稳定。这一中间路线就是脱离英国众矢之的罗马天主教会的统治，建立了至高无上的国家和民族教会，确立了自己在教会的领导地位，但是对于天主教的教义和宗教仪式则完整地予以保留。亨利八世为保持中间路线对于宗教上守旧和激进分子都予以严厉打击，甚至以宗教异端的罪名处以火刑。"在亨利八世统治时期，否认圣餐化体论者的宗教异端经常被以宗教质询的方式来惩处，而受到慈文礼和路德宗教改革思想影响的福音派则有时会被处以死刑。"[①] 1546 年 7 月 16 日，安妮·艾斯丘是林肯郡一个出身名门望族家庭的福音派贵妇，"受到传讯质问后在一大群人面前的一个台子上被执行火刑。在那一令人震惊的场面中，和她一同受难的还有其他 3 个福音派教徒，其中一个就是名为约翰·拉塞尔斯（John Lascells）的绅士朝臣，他似乎就是安妮·艾斯丘的一个老师，和一个具有煽动反对国王陛下的宗教团体有着关系。"[②] 在亨利八世进行宗教改革的当时，就已经出现了不同的宗教派别和斗争，只不过王权相对强大，又得到了广泛的支持，宗教改革尚处起步阶段，其他宗教派别的羽翼仍待成长，所以还没有出现大规模的宗教冲突和斗争，宗教文化发展变革以潜滋暗长的方式在悄然进行。

亨利八世改革后的英国教会名称为"英国国教教会"，也称"圣公

[①] David Loewenstein and John Marshall, *Heresy, Literature, and Politics in Early Modern English Culture*, Cambridge University Press, 2006, p. 3.

[②] Ibid., p. 11.

会",其在人间至高无上的首脑就是英国国王,但其普遍尊坎特伯雷大主教为精神领袖。相对于大陆宗教改革后的路德新教、加尔文教等,改革后的英国新教也被称为"安立甘教"。这是国王所确定正统的宗教,然而"安立甘教"在以后的发展进程中,内部也发生了分化,可以分为两大派别,即"安立甘教公教派",也称英国天主教派,是相对保守的一派,即主要反对罗马教会的各级组织,并不反对天主教传统的教义和礼仪,实则代表的是英国相对保守的贵族士绅阶层的利益;另一派为"安立甘教福音派",是相对激进的一派,不仅要求改革天主教会的各级宗教组织,也要求对天主教传统的教义和礼仪都进行改革,主张发扬新教精神,通过个人的修行而进行宗教领悟以达到自我救赎,不必任何仪式都通过繁琐的宗教仪程,代表的是一部分农民、市民、手工工人和正在形成的资产阶级的宗教愿望。

1547年1月,亨利八世撒手人寰,年仅9岁多的儿子爱德华六世继承王位,由其舅父萨默塞特公爵爱德华·西摩摄政。爱德华六世自幼体弱多病,在位6年就去世,鲜有独立的政治举措。爱德华六世在位时期,由萨默塞特摄政继承了亨利八世的宗教改革政策,宗教文化继续得以变革和发展。针对亨利八世时期宗教派别众多,宗教主张纷呈,宗教仪式新旧并处的状况,萨默塞特决定从统一宗教仪式入手,消除其他宗教派别,确立英国国教的正统地位,实现整齐划一的宗教信仰。1548年,英国国教教会颁布了《布道集》,在宗教仪式中加入了英语祈祷词,实际上是为了改变天主教传统的宗教仪式,首先将宗教祈祷和祭祀仪式的语言实现民族化。1549年,英国议会又进而通过了《划一法》和《第一公祷书》,前者要求各级教职人员在祈祷时向民众要宣读统一的公祷书,至于语言并无统一规定,可以使用拉丁语、希腊语、希伯来语或其他语言;后者规定要在英国实行统一的宗教仪式,新的宗教仪式依然相对中庸,虽保留了天主教的很多仪程,但也吸收了其他新教的仪程并有较大的创新,大大简化了原来复杂而繁琐的礼拜形式,每日只保留了早课和晚祷两项。这种中庸的改革路线可以减少变革的阻力而包容英国国教中的不同派别,但是也受到来自左右两方势力的诘难。"爱德华六世统治时期,英格兰宗教改革家的首要任务就是批驳天主教的教义,但是各种激进的新教派别经常冠名以再洗礼派,在英格兰的确存在这样人数较少且缺乏统一组织的宗教群体。"① 总体而言,萨默塞特公爵的宗教改革仍然是沿着新教方向在稳步前进,出现了不少宣传新教的小册子和书籍,宗教的自由与宽容程度比亨利八世时期已有进步。

1549年萨默塞特公爵在宫廷斗争中失势,诺森伯兰公爵约翰·达德利取而代之进行摄政,但宗教改革方向和政策基本得到延续。诺森伯兰公爵谨慎地贬抑天主教保守势力,在教俗的重要职位都任用新教人物,议会重新修改了《第一祈祷书》的一些内容,主要依据《圣经》的本来要义使其沿着新教方向更进一步,例如将原来具有天主教色彩的涂油和驱邪仪式全部取消,规定教士的法衣只能穿宽大的白色法衣。1553年,经过反复讨论修订,报经枢密院同意,大主教克兰默最后拟定了关于教义和宗教仪式的"42条款",否定了化体说,但是保留了圣餐仪式,教士在圣餐仪式上必须下跪等。"42条款"主要阐述英国国教的教义和信仰原则,从教义上肯定了英国国教的正统地位,同时也规定了正统的宗教仪式,从改革的原则和方向上来讲,依然是较为中庸的新教路线,既反对天主教保守落后的教条,又反对再洗礼派的激进观点。爱德华六世时期的宗教改革使英国在新教方向上已大大前进一步,然而亨利八世在位时所规定的第一王位继承人长女玛丽却是虔诚的天主教徒,这让体弱多病的爱德华六世和摄政的诺森伯兰公爵都深感不安,他们唯恐天主教势力的复辟会影响他们的既得利益,更担心引起国家的动荡不安甚至诱发新旧教派的内战。因而他们积极谋划更改王位继承人,他们看中了都铎王室的远亲亨利八世幼妹的外孙女,也就是萨福克公爵亨利·格雷之女简·格雷。1553年,爱德华六世与议会达成王位继承法案,规定简·格雷为王位继承人,将同父异母的姐姐玛丽和伊丽莎白都排除在继承法案之外,并当着很多贵族之面签署了这一法案,同时还有一百多名贵族及政要都在上面签字确认以示拥护。玛丽闻讯出逃诺福克避难并寻求支持者,而诺森伯兰公爵曾镇压过诺福克农民起义,在此地有

---

① David Loewenstein and John Marshall, *Heresy, Literature, and Politics in Early Modern English Culture*, Cambridge University Press, 2006, p. 41.

着较多的仇敌。不久爱德华六世病逝，诺森伯兰公爵拥立简·格雷继承王位，而玛丽在诺福克也宣布继承大业。诺森伯兰拥立简·格雷的目的不仅在于捍卫新教，也是为了自己长期专权，这就激起了枢密院贵族大臣的不满，而遭受诺森伯兰贬谪的天主教贵族趁机而起支持王室嫡亲玛丽，玛丽很快夺得王位，史称玛丽一世。简·格雷在被推下王位后囚禁于伦敦塔，拒绝放弃新教信仰而被秘密处死，诺森伯兰公爵为活命而宣布放弃新教，但最终还是被玛丽砍头处决。

二 玛丽女王的宗教复辟

玛丽继承王位后宣布恢复天主教，拒不承认父亲亨利八世与罗马教廷的分裂，恢复罗马教皇在宗教方面的最高地位和权力，废除爱德华六世时期关于宗教改革的立法，规定自1553年12月20日起，恢复实施爱德华即位前所有的宗教仪程，包括圣餐礼仪式、弥撒、祭坛、偶像崇拜等。在政治上重新任用被爱德华贬谪的天主教大臣，驱逐逮捕新教领袖人物。玛丽还与其表兄神圣罗马帝国皇帝查理五世的儿子、天主教国家西班牙国王腓力二世结婚，利用国外的天主教力量在英国进行宗教复辟，目的也是为了将信奉新教的伊丽莎白排除在王位继承人之外。玛丽还同意西班牙国王腓力二世的要求，与西班牙联合发动对法国的战争，不仅损害了英国与法国的贸易利益，战争的失败也使英国丧失了"百年战争"之后英国在大陆还保有的最后一个港口加莱，玛丽女王被视为战争失败的罪魁祸首，遭到了朝野上下的强烈反对。玛丽复辟天主教后，要求议会取消自亨利八世改革以来所有反对教皇的法令，教皇委派红衣主教波尔到英国重建天主教会，整肃英国国教教会。在红衣主教波尔的主持之下，英国教会隆重举行仪式宣告与罗马教廷实现和解与统一，确认教皇为至高无上的宗教领袖。英国议会也恢复了中世纪以来天主教会惩治宗教异端的一系列法令，用火刑柱处死宗教改革的领袖人物，包括坎特伯雷大主教托马斯·克兰默，四位有新教思想的主教，还有出版廷代尔和科弗代尔所译《圣经》的出版商约翰·罗杰斯等。在玛丽统治的五年时间内，被送上火刑柱而殉教者多达300余人，造成了血腥恐怖的局面，大批同情改革或拥护新教的贵族士绅、商人工匠、市民学生、教士平民等被迫流亡大陆或海外，其中不乏行业及社会精英。

玛丽的残暴统治虽得到部分守旧天主教势力的支持，但是遭到了拥护新教的大部分人的反对，特别是其血腥统治造成了人人自危的政治恐怖，也引起了很多权贵的不满。可以说，玛丽的宗教复辟并非完全是历史发展的必然结果，而是有着很大的偶然性。亨利八世在位时期所确立的王位继承顺序、玛丽的王室血统及个人的宗教信仰和人生遭际、爱德华六世本人的软弱统治及无嗣而终、摄政大臣的个人好恶及争权夺利、国内外天主教势力的支持等复杂因素都是其宗教复辟的原因。但是宗教复辟违背了历史发展的潮流，也违背了民众日益觉醒的民族主义意识和建立近代民族国家的要求。更为重要的是，历经两任国王的改革，英国在新教的道路上已走出了很远，文艺复兴已向着纵深方向发展，人文主义思潮已深入人心，蔓延欧洲的宗教改革已发展成为不可抗拒的社会运动，且得到了很多人的支持。这一时期正是英国社会的转型时期，宗教改革得到了新兴资产阶级、手工工人、城市平民和贫穷农民等社会力量的广泛支持，这种开历史倒车的宗教复辟势必不得人心而走向失败。1558 年 11 月，在位仅 5 年的玛丽因病辞世，消息传出，伦敦群众在各处敲钟欢庆，尽失民心的宗教复辟必然走向失败。

三　伊丽莎白女王时期的宗教变迁

玛丽生前没有诞下王储，同父异母的妹妹伊丽莎白按照亨利八世晚年所确定的王位继承顺序而承继大业。伊丽莎白继承王位后面临的首要问题是宗教方向问题，这是牵扯到英国内政与外交的迫切需要解决的头等大事。玛丽统治时期，因为宗教复辟和对法国战争的失败而使国内形势岌岌可危，混乱不堪，农业萎缩，商业贸易倒退，各种社会矛盾尤为尖锐。玛丽女王在外交上以宗教倒退的方式与天主教国家西班牙君主腓力二世结婚而形成松散的联盟，并未给英国带来实实在在的利益，反而卷入了西班牙与法国的战争，战争的失利使法国公开支持苏格兰而反对英国，而西班牙则暗地里支持爱尔兰企图反叛英国，夺得一块在大西洋遏制英国的阵地。伊丽莎白女王即位后面临着极为复杂而被动的国内外形势。但是女王行事果敢且能审时度势，纵横捭阖而为政谨慎，励精图

第二章 英国宗教文化的变革及其对民族精神的培育

治而政绩卓著，使都铎王朝走向了全盛时期，开创了为世人瞩目的伊丽莎白时代，使在近代化起跑线上相对落后的英国迎头赶上了欧洲列强，为英国在近代世界的崛起奠定了基础。

伊丽莎白自幼聪颖好学，受过良好的人文主义教育，童年在家庭中的不幸遭遇似乎在教育方面得到了补偿，她精通多种语言，勤奋好学，阅读过大量的历史、神学及哲学著作，也研读过《圣经》，具备渊博的知识和过人的见识，也使她的宗教理性超过了宗教狂热。为消除新旧教派的仇视和冲突，平衡新旧教派的力量而维护国内的稳定和团结，伊丽莎白继位之后有意隐匿甚至是故意模糊自己的宗教倾向，避免成为新教或旧教势力公开反对的目标，推行相对温和宽容的宗教政策，也并没有拘泥于特定的新旧宗教礼仪，她深知宗教改革是历史发展的必然趋势，是人心所向和众望所归。宗教复辟不仅刺痛了新教徒的神经，而且导致了悲惨的流血斗争和国家的内乱与倒退。她之所以和缓而审慎，并非要恢复天主教，其宗教政策的基本方向是鲜明而坚定的，即沿着新教道路稳步有序前进。在重要大臣的任用上审慎而不拘一格，任用温和的新教徒威廉·塞西尔为枢密院首席大臣，最后又改任财政大臣。塞西尔并非出身于贵族家庭，且政治履历复杂，曾任护国公萨默塞特的幕僚，还策划过简·格雷的登基事件，玛丽女王时期又得到宽恕和重用，然而伊丽莎白正是看中了其丰富的政治经验和卓越的政治才能而不计前嫌，唯才是举。后来的事实证明了伊丽莎白的确独具慧眼而知人善任，塞西尔也的确成了忠心耿耿，可堪大任的股肱之臣。伊丽莎白在治国理政等重大事宜上能做到事必躬亲，又能做到君臣无猜用人不疑，为笼络人心而不拘小节，在用人方面从未出现过重大失误。

1559年4月，伊丽莎白促使议会通过了《至尊法案》，法案规定"女王是王国及其统治区域内在宗教和行政方面唯一的最高长官，任何外国人如王储、个人、教士等在王国内均没有也不应当有任何诸如司法等方面的权力。"① 这就确定了女王在英国国教教会至高无上的地位,是英国教会至尊的统治者,此举显然是恢复了亨利八世改革时的举措,即脱离罗马教廷而建立以国王而不是罗马教皇为最高首脑的民族教会,由此而确定了新教改革的基本方向。但是为了避免刺激天主教势力的宗教情绪,在用语上使用了"最高长官",而没有使用亨利八世时期的"最高首脑"。用语上的细微差异体现出了伊丽莎白相对温和的宗教改革政策,而且侧重点在于排斥外国势力在英国所拥有的各种权力,至于内部权力如何分配,法案并没有明文规定。紧接着,议会又通过了《信仰划一法》,规定王国内的每个人在礼拜日或其他宗教节日必须到教堂去做礼拜,而且每个教堂在宗教仪式上都要使用新修改了的大主教克兰默所编译的《公祷书》。该《公祷书》主要采用1549年相对保守的那一版本,使用英语又能使信徒公众领会崇拜的真义,倾听耶稣的圣言,使其更好地参与天人共处的崇拜仪式。这一《公祷书》也体现出了对天主教徒在教义和宗教仪式上的妥协性,这就引起了一些激进新教徒的不满,他们强烈要求进行彻底的改革。1563年在女王的号召下,教士会议首先通过了关于教义和宗教仪式的"39条教规",实际上是对爱德华六世在位时期克兰默所编修的"42条款"进一步修订,但是保留了大部分内容,只对个别条款作了删减调整,具有较强的新教色彩,肯定了《圣经》是信仰的源泉和唯一准则,主张因信称义,在宗教礼仪中使用英语,反对偶像崇拜、秘密忏悔、教士独身等天主教的传统,但也保留了圣餐仪式和教阶制的天主教的组织形式。为了避免引起天主教势力的强烈反对,伊丽莎白并没有急于将"39条教规"在议会表决通过,直到1571年,议会才予以通过,而这时人们无论是从心理上还是从行为上,都已经接受了新的教义和宗教仪式,拥护新教的力量已大为增强,新教方向已不可逆转。伊丽莎白统治时期,《圣经》和《公祷书》也被翻译介绍到了威尔士,促进了新教思想在威尔士的传播。直到17世纪早期,《新约全书》和《公祷书》

---

① G. W. Prothero, *Select statutes and other constitutional documents illustrative of the reigns of Elizabeth and James I*, Oxford : Clarendon Press, 1934, p. 13.

第二章　英国宗教文化的变革及其对民族精神的培育　❖　73

才被翻译介绍到爱尔兰。①

16世纪七八十年代，有很多大学毕业生进入了政府部门工作，英国中央政府也采取措施以清除地方政府和教会中的天主教势力及影响，这才使得新教开始在公众的礼拜中发挥重要影响，特别是在英格兰南部地区。即使是这样，天主教及其影响依然根深蒂固，旧的宗教情感、礼拜喜好、公共习俗依然挥之不去，变换某种形式后仍和《公祷书》联结在一起。天主教作为一种有组织的宗教，承认教皇是世界上的最高的精神领袖，到1600年时，在大部分国家里，已经缩小为一个较小的宗派。而在大部分新教徒中，性情相对保守的英国人把对罗马教皇的憎恶和排外情绪往往交织在一起，但不管神职人员多么努力，也不能劝说大部分教区的民众在宗教救赎中放弃先前的宗教信仰而皈依接受新教的信条。②

伊丽莎白的宗教改革虽非欧洲新生的宗教异端，但也是欧洲少有的以国家政权力量推行宗教改革的国家。在宗教和精神信仰上的独树一帜、重商主义文化引导下的商业争霸战争，领土及海外利益等各方面的矛盾使英国招致了欧洲大国的普遍反341，特别是罗马教皇对伊丽莎白更加仇视，不仅革除伊丽莎白的教籍，甚至公开宣扬刺杀伊丽莎白不算犯罪，还号召天主教国家承担起维护圣教的责任，当时实力强大的天主教国家法国和西班牙更为敌视英国。法国支持苏格兰的天主教势力企图从南北夹击英国，而西班牙支持爱尔兰的天主教势力四处发动叛乱，宗教与政治问题难分难解，内政与外交问题密切关联。伊丽莎白即位之初，国家尚无足够的经济与军事力量与法国和西班牙相抗衡，只能依赖灵活机智的外交手段化解矛盾维护国家利益。

伊丽莎白在宗教问题上尽管审慎而宽容，实行温和渐进的宗教政策，但还是引起了天主教徒的强烈反对甚至发动叛乱，而且天主教徒多得到了国内外敌对势力的支持。苏格兰女王玛丽·斯图亚特自幼在法国宫廷成长，多受法国文化的影响。1558年4月，也就是英国女王玛丽去世之前不久，苏格兰女王玛丽·斯图亚特嫁给了法国国王亨利二世的王子弗

---

① David Scott, *The Rise of Britain as a World Power*, Published by Harper Press, 2013, p. 69.
② Ibid., 2013, p. 82.

朗索瓦。1559年，亨利二世去世之后，弗朗索瓦继位成为法国国王，苏格兰女王玛丽·斯图亚特就成为法国王后，同时她还具有英格兰王位的继承资格，但好景不长，1560年，年仅16岁的弗朗索瓦二世继位仅一年就因病去世，他与玛丽也没有生下子女，其弟查理九世继承了法国王位。玛丽·斯图亚特不久回到苏格兰开始亲政，但是苏格兰的政治形势也极为复杂，她虽有苏格兰女王之名，但长期身处法国宫廷，是虔诚的天主教徒，回归亲政后即受到了长期掌握实权的贵族和新教势力的排挤，加之个人的婚姻问题，加剧了政治局势的复杂性。1568年，玛丽·斯图亚特在宫廷的政治和宗教斗争中失败而逃往英格兰寻求庇护，这使伊丽莎白女王陷入了两难境地，对其进行庇护有可能令新教徒不满，使英格兰刚刚平息下来的宗教斗争再度尖锐化，同时还有可能在国内外天主教势力的支持下被玛丽夺取王位；而不对其进行庇护，就有可能开罪国内外的天主教势力而引起叛乱或者对外战争。1569年，英格兰北部爆发了天主教徒的叛乱，企图推翻伊丽莎白而拥立玛丽为王，在英国普遍恢复天主教。1571年又发生了图谋刺杀伊丽莎白女王的"瑞多尔菲阴谋"，风传又与玛丽有关，此举引起了伊丽莎白的不安，也促使伊丽莎白女王最终听从塞西尔等大臣的劝谏将玛丽·斯图亚特长期幽禁，最后在1587年将其处以极刑，罪名是企图刺杀英格兰伊丽莎白女王。处死玛丽·斯图亚特使英国与西班牙的关系急剧恶化，而这时的英国，虽无十足的把握取胜，但绝对不是不堪一击。次年双方即爆发了战争，英国利用天时地利一举打败了西班牙的"无敌舰队"而开始树立海上的商业霸权。战争的失败使西班牙耿耿于怀，一直伺机报复。长期以来，西班牙和爱尔兰的天主教势力有着密切的联系，企图以此来推行削弱遏制英国的政策。

1594年，北爱尔兰爆发了空前规模的叛乱，这次叛乱的领导者是泰龙（Tyrone 1550—1616）伯爵。他或许是全爱尔兰当时最富有的人，拥有广袤的土地，地产年收入在80000镑。他同时还是一名杰出的战略家和将军，也得到了西班牙菲利浦二世及其继承者菲利浦三世（1598年继位）的支持，因而参加叛乱者云集，势力颇大。叛乱起初是反对英国在爱尔兰推行的统治政策及对北爱尔兰土地的侵吞。但让英国政府吃惊的是他们面对的不是携带一般常规武器的盖尔人，而是训练有素的叛军，装备有毛瑟步枪和长矛。叛军与英国交锋初战告捷,这使得泰龙采取更加大胆的举措。1596年,北爱尔兰叛军与西班牙结盟以反对伊丽莎白的统治。一旦将英国势力驱逐出去,叛军似乎准备将爱尔兰拱手交与西班牙统治。爱尔兰也只有帮助西班牙颠覆了伦敦的新教体制,才有可能继续维持其天主教的统治地位。到16世纪90年代中期,爱尔兰已成为关系到英帝国前途命运的第二个前沿阵地。①

为了获取西班牙军队的支持,泰龙招收了爱尔兰几乎所有的天主教徒及盖尔人,还有原来说英语的北爱人,号称为宗教和国家的自由而战。1598年,叛军很快攻下康诺特(Connacht)及芒斯特(Munster)。伊丽莎白女王派出了17000人的军队,也是其统治时期派出兵数量最多的一次,由爱将罗伯特·德弗罗率领,即第二任埃塞克斯伯爵。但埃塞克斯伯爵过于勇武,以致不能持久作战,竟私自与泰龙会谈后回到英国面见女王,或许这已可视为叛国行为。他的职位被足智多谋的军人出身的芒乔伊(Mountjoy)勋爵所接替。②

1601年,支持叛军的西班牙军队3400多人在爱尔兰南部海滨的金赛尔登陆后,叛乱达到了最危急的关头。泰龙从北爱尔兰引军南下与西班牙军队会合,结果西班牙军队已被芒乔伊军队包围。泰龙到达金赛尔城外时,贸然发起进攻,期望与西班牙军队能够内应外合予以支持,不清楚是什么原因,西班牙军队竟按兵不动。这样战斗就在英国军队与盖尔人叛军之间展开。爱尔兰叛军的阵脚很快就被英国重装骑兵所击溃。芒乔伊在金赛的胜利有效地遏制了叛军的气焰,西班牙军队也宣布投降返回国内。③

众所周知,九年战争(1594—1603年)最终将整个爱尔兰置于都铎王朝的统治下,同时大大推广了英语的运用,英国的法律和习俗。但政府不是由新教徒统治,而是由爱尔兰的盖尔人所控制。1603年的胜利也留下了宗教和种族仇恨的种子。新旧宗教势力的矛盾与斗争在爱尔兰长

---

① David Scott, *The Rise of Britain as a World Power*, Published by Harper Press, 2013, p. 92.
② Ibid., p. 93.
③ Ibid., p. 93.

期存在,并和外国势力有着密切的关系,爱尔兰新旧教派的斗争直到今天依然没有平息。

如前所述,为了平衡新旧教派的力量而维护国内的稳定和团结,避免国家陷于动荡不安甚至爆发叛乱和战争,伊丽莎白女王在位前期执行相对温和宽容的宗教政策,但是宗教改革的方向是新教主义,确保了新教旗帜在英国高高飘扬,而新教主义正好满足了社会转型时期新兴社会力量包括新贵族、金融家、商业资本家、手工工场主、租地农场主、约曼、富裕市民等阶层的利益和宗教愿望,同时,新教伦理与人文主义的内涵有着某种共通之处,因而新教改革顺应了历史发展的趋势,对于人文主义、资本主义、理性主义在英国的深入发展都有着重要的推动作用,而这一切都推动着英国文化的发展,文化的发展又引领着整个国家发展的崛起。

中世纪欧洲的主要文化形态是宗教和神学,在整个意识形态领域内占垄断地位。思想要解放,文化要发展,科技要进步,首先就必须在宗教领域寻求突破口,否则任何进步的思想观念或科技创新都会以宗教异端的名义而受到摧残。在中世纪晚期西欧国家中,英国较早地萌发了宗教改革思想。威克利夫的宗教改革虽然没有形成广泛的社会运动,但是系统地宣传了宗教改革的主张,使宗教改革思想在一定范围内得到了传播,从而为以后的宗教改革奠定了思想基础。从亨利八世开始,英国以国家政权的力量自上而下地推行宗教改革,从而成为第一个新教国家,这在西欧国家里依然走在前面,之后虽历经玛丽女王的宗教复辟,但在伊丽莎白女王时期,宗教改革又得以延续并深入发展,而且基本维护了社会的稳定,而同一时期的德意志、法国、尼德兰等国都因为宗教改革而出现了大规模的社会动荡。宗教文化在英国较早地得到了发展变革,这也是近代英国文化领先的原因之一。

伊丽莎白温和宽容的宗教政策在很大程度上维护了国家的和平与稳定,也使新教徒在新教道路上走出了很远,出现了更多的新教派别,就在英国国教也就是"安立甘教"确立不久,内部就出现了"公教派"和"安立甘教福音派",之后又出现"再洗礼派"和"清教",许多新教徒要求进一步深化宗教改革,明确提出彻底改革教会组织,修改 1559 年新颁布的《公祷书》所保留的有关天主教方面的内容，诸如除过礼拜日和重要的宗教节日外，应当减少宗教节日，同时要简化礼拜仪式，宗教仪式不能再使用十字架、在圣餐礼中不能强求跪领圣餐、教士在礼拜过程中不能被强迫穿罗马式长袍、要穿宽大的白色法衣等。总而言之，这部分新教徒只希望：心向耶稣虔诚读经就可得救，宗教仪式只是形式，不能以传统的繁文缛节来浪费时间和精力，简洁明了、省时省事的仪式最好。伊丽莎白时期，特别是清教主义运动有了较大的发展，宗教文化呈现出多元化局面。清教并非一个独立的宗教派别，而是英国国教中的一个派别，英国新教徒中的激进分子受大陆路德新教或加尔文教的影响，要求清除英国国教在教义和宗教仪式方面天主教的残余，诸如废除主教及教阶制度，建立民主教会，抛弃偶像崇拜，简化宗教仪式等，其思想称之为清教主义，所推动的宗教变革也称为清教运动。就是清教，也不是一个派别，而是包含了许多派别，"英国的清教主义产生了多种不同的派别，诸如长老会派、公理会教友派、普通和特殊的洗礼派、探寻者和第五王朝派、喧嚣派和夸克派，他们从神圣的宗教亚文化层次里涌现出来，难怪近年来有些历史学家开始把清教思想（Puritanism）称作清教主义思想（Puritanisms）"[①] 伊丽莎白也深深认识到激进的新教改革会引起天主教势力的强烈反对甚至引发国内的叛乱或内战，对外关系方面甚至招致法国、西班牙等天主教国家的敌视或外来干涉。宗教文化的多元化会导致思想的多元化，势必威胁到英国国教的权威性，进而影响都铎时期以来一直在不断加强的君主权力。其实质是社会转型时期新兴的社会阶层和封建保守势力有着不同的宗教主张、不同的社会生活及不同的政治要求，这些不同在都铎王朝时期尚处在萌芽发生状态，尚未形成较大的社会对立，况且宗教改革一直在沿新教的方向前进，不同程度地满足了新兴社会力量的各方面诉求，因而社会矛盾尚处可控范围内，也没有引发严重的社会动荡。"伊丽莎白女王未能将宗教整齐划一意味着她将留下一个多个宗教派别并存的王国，至少可以划分为清教徒、反加尔文主

---

① David Loewenstein and John Marshall, *Heresy, Literature, and Politics in Early Modern English Culture*, Cambridge University Press, 2006, p.109.

义者、英国国教徒和天主教徒。这种宗教的多元化,即使伊丽莎白女王非正式的默许,也将是极其危险的。因为没有使宗教的冲突得以熄灭,伊丽莎白或许可以在 16 世纪使英国暂时避免内战,但也许只是推迟到了 17 世纪。"① 有很多学者甚至认为 17 世纪英国内战是一次宗教战争,然而内战爆发的根本原因在于社会转型时期资本主义的发展,新兴社会力量与守旧社会力量矛盾的激化,都铎王朝以来专制主义王权的不断加强与英国民主宪政的政治传统之间的矛盾等多种因素,宗教因素只是导火线或表象。"在内战中,从宗教因素说,清教徒自然地被划归到议会一方,但事实并非完全如此,很自信地把这次战争归结于宗教战争的论断是误导而非有益的。在进一步分析时,还须考虑内战双方的同盟都是模糊而不稳定的。在内战过程中还有保持中立的力量,一些人对此并不关心,而一些人则态度分明地站在一方,还有些人观望时势而相机而动。"②

在女王统治的后期,随着王位的稳固和国力增强,伊丽莎白开始加强思想统治,实行相对严格而中庸的宗教政策,力图在宗教路线上不偏不倚而维护国家的长治久安且不断加强王权,从而对保守的天主教和激进的清教运动都进行了一定程度的限制与镇压。剑桥大学的神学教授、具有清教思想的托马斯·卡特惠吉特因为反对主教制而被取缔神学教授的职务,而后又被取消传教布道资格。英国宗教改革后的主教制不同于欧洲大陆的主教制,大陆上的天主教会的主教的最高首脑都是罗马教皇,而改革后英国国教的主教从属于国王,与罗马教廷已无从属关系。这样反对主教制无异于反对国王。伊丽莎白认为,清教运动具有反对政府的性质,清教徒甚至是比天主教徒更危险的敌人,从限制宣传清教思想着手对清教运动严加限制。主要措施是惩处清教运动的领袖人物,禁止取缔宣传清教的组织——先知会(Prophesying)的布道活动,要求坎特伯雷大主教和各教区主教要严密监视先知会的一切活动,严加管控甚至解散。1577 年,坎特伯雷大主教格瑞德尔因为宽容先知会的活动而被革除

---

① David Scott, *The Rise of Britain as a World Power*, Published by Harper Press, 2013, p. 99.
② T. G. S. Cain and Ken Robinson, *Into Another Mould: Change and Continuity in English Culture*, 1625 – 1700, London: Routledge, 1992, p. 27.

教职，许多清教运动的领袖人物都被关押监禁甚至处死。

16世纪80年代，清教中还出现了更为激进的独立派，剑桥大学的罗伯特·布朗（Robert Brown）和罗伯特·哈瑞森（Robert Harrison）等人在改革教会方面意见发生了分歧，促使他们脱离了长老派而另立门户，主张建立一个完全脱离英国国教的宗教团体，建立一个极端民主共和的宗教组织。他们著书立说，在各地建立教堂，积极宣传独立派的主张，其他的清教派别只是要求在宗教仪式和教义方面清除天主教的残余，而独立派则要求改弦更张，建立新的宗教团体，这不仅要否定新教的主教和教阶制度，更为主要的是否定国王在宗教上的领袖地位，斗争的矛头不是指向天主教会，而是直接指向改革后的英国国教，这显然是不能被容忍的，因而伊丽莎白对独立派的打击也更为严厉。

伊丽莎白女王在削弱限制激进的新教势力的同时，对于守旧天主教势力也予以严厉打击。两相比较，天主教守旧势力的威胁更为严重，他们不仅宣传守旧的天主教思想，还与罗马教皇或境外天主教国家的反对势力有着密切的联系，密谋发动叛乱或直接刺杀女王，孰轻孰重，不言而喻。事实上，伊丽莎白对天主教守旧势力的反击和镇压也不得不更为严厉一些。1571年，久在伦敦从事金融业的佛罗伦萨人瑞多尔菲是虔诚顽固的天主教徒，他奔走于大陆的天主教国家西班牙与意大利，为拥立玛丽·斯图亚特积极寻求国外力量的支持，甚至宣传英国的防务和军事力量薄弱，煽动这些国家的天主教力量联合起来入侵英国，推翻伊丽莎白的统治，这即是所谓的"瑞多尔菲阴谋"。就在瑞多尔菲派人与玛丽紧密谋划时被威廉·塞西尔手下在伦敦负责搜集间谍情报的弗朗西斯·沃尔辛厄姆一举破获。事情败露后朝野震动，伊丽莎白也加强了对玛丽的防范。塞西尔等人臣则力主将玛丽送上断头台，伊丽莎白虽没有立即处决玛丽，但也由此进一步增加了对玛丽的戒备和敌意。1586年6月，又发生了谋刺女王的"巴宾顿阴谋"。安东尼·巴宾顿是一位狂热的天主教徒，非常崇拜玛丽·斯图亚特，并且加入了一个图谋刺杀伊丽莎白女王而拥立玛丽为女王的极端组织。巴宾顿写信给玛丽汇报他的刺杀方案，而玛丽回信表示同意。此来往信件都被沃尔辛厄姆侦获。沃尔辛厄姆将巴宾顿及其党羽一网打尽，处决者多达14人。之后就成立了一个由36人组成的审判委员会对玛丽·斯图亚特进行审判,历经漫长的审判玛丽最终被判处死刑。塞西尔在伊丽莎白缺席的情况下同意了处决玛丽的判决并要求立即执行。之后,伊丽莎白立即宣告这一切她并不知情,自己从未签署过处决玛丽的诏书。此举显然是为自己开脱责任,至少从道义上避开弑杀一位君王之嫌,尽可能地消除国内外天主教势力的敌意。玛丽是天主教的一面旗帜,自幼长期在法国宫廷成长,是有资格继承王位的都铎王室的嫡亲,是涂过圣油、举行过加冕礼的苏格兰国王,拥有众多的支持者和崇拜者。长期以来,伊丽莎白深知玛丽对自己和国家的威胁,但由于玛丽的身世和命运牵扯到国家的内政和外交,不得不审慎处之。玛丽最后被处以极刑也从侧面反映了王位已固,国力已增,对国内外天主教守旧势力及反对派也在政治上释放出了强硬的信号,如若犯上作乱,虽贵为王侯,也决不姑息。此举有效地震慑了长期以来图谋宗教复辟的天主教徒,也从另一方面巩固了英国国教的正统地位,促使许多顽固的天主教徒皈依了新教,在伊丽莎白统治的后期,再也没有发生过大规模的天主教徒的叛乱,新旧教派之间的矛盾人为缓和,为经济贸易的发展创造了相对稳定的社会环境。

在伊丽莎白统治的后期,僧侣几乎全部是官方任命的国教徒,激进的宗教改革者(被反对者称为清教徒)依然是少数。新教在城镇的商人和店主之间迅速传播,乡村的变革依然缓慢,从16世纪30年代到60年代,乡村在历经数次天主教的叛乱后,英格兰大部分人虽无特别的热情,但也接受了英国国教。[1] 到17世纪初时,"天主教徒在两个王国总人口中所占的比例甚少,在英格兰少于1.5%,在苏格兰约占2.0%,大部分聚居在西北的苏格兰高地,只有爱尔兰的天主教才占了正统,大部分人信奉天主教。"[2] 而到18世纪时,天主教徒进一步减少,新教徒的力量则进一步增强,"在英格兰,18世纪是新教的世纪,天主教徒在1720年时有115000人,而到1780年时下降到69000人,换句话说,天主教徒在比例

---

[1] Monod Paul Kleber, *Imperial Island: A History of Britain and Its Empire*, 1660 – 1837, A John Wiley & Sons Ltd., Publication, 2009, p. 11.

[2] Ibid., p. 52.

上从约占总人口的2%下降到约1%。1700年时还有19位天主教贵族，到1780年时其中两个被判处为叛国罪，5个消失了，7个转为信仰英国国教。"①

伊丽莎白通过一系列宗教改革措施，扭转了玛丽一世的宗教复辟，恢复并巩固了英国国教的正统地位，捍卫了自亨利八世以来的宗教改革成果，"伊丽莎白一世作为真正宗教的庇护者而受到许多国教徒的尊崇，直到今天，还有很多人认为她是英国最伟大的君主。"② 伊丽莎白相对温和宽容的宗教政策平衡了国内守旧的天主教和激进的新教力量，消除了国内因宗教复辟而引发的政治动乱和社会动荡，缓和了宗教矛盾，确立了英国国教的正统地位，在宗教信仰的主流方向上树立了一面鲜明的旗帜，满足了社会转型时期正在发展壮大的新兴社会力量的要求，顺应了历史发展的潮流，起到了凝聚人心，指引归流的积极作用。"宗教的独立通过民族主义的蓬勃发展而得到加强。在脱离罗马教廷的觉醒中，都铎文化的显著特征是民族自治的强烈要求。"③ 这就使得业已形成的民族主义意识得到了进一步的巩固和发展，为近代民族国家的最终形成及统一大业的完成奠定了思想基础，也使文艺复兴运动向纵深方向继续发展，人文主义最终战胜神本主义而成为文化发展的主旋律，这就使英国文化在踏入近代门槛之前较早地摆脱了宗教神学的束缚，为文化的迅速发展注入源头活水，而文化的发展又推动着政治、经济、科技等领域的发展进步，进而推动着整个国家的崛起。

总体而言，都铎王朝是英国近代化过程中最重要的基石，而在伊丽莎白统治时期，都铎王朝才走向了全盛阶段。伊丽莎白女王励精图治，力挽狂澜，结束了玛丽女王的宗教复辟及其所造成的恐怖与混乱局面，推行相对温和宽容的宗教改革政策，缓和了社会矛盾，使英国的宗教改

---

① Tim Blanning, *The Culture of Power and the Power of Culture*, Published by Oxford University Press, 2002, p. 289.
② Monod Paul Kleber, *Imperial Island: A History of Britain and Its Empire*, 1660—1837, A John Wiley & Sons Ltd., Publication, 2009, p. 10.
③ Tim Blanning, *The Culture of Power and the Power of Culture*, Published by Oxford University Press, 2002, p. 282.

革沿着新教的方向继续前进,形成了以英国国教为主流的宗教多元化现象,促使宗教改革继续向前发展,最终形成了宗教信仰自由的宽容政策。其积极意义并不在于宗教文化本身,而是通过宗教文化的发展变革推动了中世纪以来宗教神学对人们思想的束缚,使各种"异端"都渐趋正常化,从而使人们敢于开拓进取,探索创新。伊丽莎白还实行重商主义的经济政策,鼓励发展对外贸易,积极扶持海外探险和探寻商路,注重增强国家的军事力量,既能以机智灵活的外交手段为国家的发展争取有利的国际环境,又能以勇敢强硬的军事手段为国家开拓发展空间。英国的经济和社会发展开始蒸蒸日上,国力也大为增强,在海外扩张方面开始崭露头角,不再是偏处一隅而为列强所轻视忽略的蕞尔小国。资本主义的发展也使新兴的社会力量日益发展壮大,都铎王朝在各个方面都显露出社会转型时期的勃勃生机。

从威克利夫提出系统的宗教改革思想到伊丽莎白统治时期,英国的宗教文化已成功实现了变革,在新教的道路上已有很大进步,而成为第一个旗帜鲜明的新教国家。而在新教国家里,王权与议会虽有既往长期存在的矛盾,但也有了更多的共同利益,那就是在精神和世俗方面,都要求尽可能地摆脱外部势力对英国的控制与干涉,勒索与盘剥,从而在宗教改革中增强了民族国家的向心力。1589年,托马斯·布莱特指出,"英格兰是第一个普遍接受基督福音的国家,君士坦丁是第一个基督教的皇帝,他是英国人;约翰·威克利夫是第一个挑战教皇权威的人,也是英国人;亨利八世,是第一个与教皇决裂的人,也是英国人;爱德华六世是第一个废除教皇至高无上地位的人,也是英国人;伊丽莎白一世,是敢责难教皇的人,则是英国的女人。随着宗教改革在议会的进行,这就建立起了一个为民族国家利益和志向服务的中央机构。正如杰弗里·艾尔顿爵士所指出的,国王和议会在为国家主权的斗争中利益不再是矛盾的,而成为共同事业的合作者。在此过程中国王被视为议会的成员,议会也被视为国王政府的组成部分。后来欧洲很多国家也发现,代表制的议会当然是最好的,或许是唯一的可以激发国家活力的途径。"①

1581年,荷兰也在加尔文教的旗帜下进行了具有民族解放性质的革命,摆脱了西班牙的统治而建立了联省共和国。"在路德遭到失败的地方,加尔文却获得了胜利。加尔文的信条正适合当时资产阶级中最果敢大胆的分子的要求……而在上帝的王国已经共和化了的地方,人间的王国还能够仍然从属于君王、主教和领主吗?当德国的路德教变成诸侯手中的驯服工具的时候,加尔文教却在荷兰创立了共和国。"② 而在1688年,英国的政党及宗教领袖之所以邀请荷兰执政威廉来英国继承王位而发动"光荣革命",一个极为重要的原因就是威廉信奉新教,荷兰已是一个新教国家。威廉继承王位后可以确保英国在新教道路上继续前进,从而维护新贵族和资产阶级的利益,不会导致宗教复辟而使英国社会再度陷入混乱。不能不说"光荣革命"是英国政治家一个伟大的创举,威廉从此跨海统治着两个新教国家,不仅使这两个国家结束了17世纪以来的商业争霸战争,而且增加了新教国家对抗大陆天主教国家的力量,在欧洲基本实现了新旧教派力量的平衡,从而有效地避免了中世纪以来持续蔓延的关于王位继承或者领土问题的纷争和战乱。"在维护国家统一和守卫国家安全方面,英国与荷兰成为盟国,在一系列冲突中,英国与荷兰一起对抗法国,这一同盟一直持续到1815年。在长期与法国的战争中,大不列颠及爱尔兰联合王国成为世界上最强大的国家,这在1688年时是不能预见的。"③ 英国宗教文化的发展与变革,其间接作用常常被人们所忽略,英国近代化进程中的很多重大事件,几乎都同宗教问题紧密相关。在18世纪里,英国人是非常幸运的,上帝总是对他们在微笑。④ 从此之后,英国得以集中力量东西并进而在海外急剧扩张,为19世纪时"日不

---

① Tim Blanning, *The Culture of Power and the Power of Culture*, Published by Oxford University Press, 2002, p. 282.

② [英]恩格斯:《反杜林论》,人民出版社1970年版,第404页。

③ Monod Paul Kleber, *Imperial Island: A History of Britain and Its Empire*, 1660—1837, A John Wiley & Sons Ltd., Publication, 2009, p. 78-79.

④ Tim Blanning, *The Culture of Power and the Power of Culture*, Published by Oxford University Press, 2002, p. 290.

落帝国"的建立奠定了基础。在海外扩张中的急先锋,特别是早期那些在北美和加勒比群岛拓殖和定居者,正是宗教改革较为激进的清教徒,他们渴望寻求自由乐土,建立公平公正的人间天堂,实现宗教信仰自由,追求美好自由的新生活。

宗教文化是中世纪西欧文化的母体,恩格斯曾经指出,中世纪晚期比较一般的历史运动都带有宗教的色彩。因而在整个西欧包括英国的宗教改革过程中,都采取了宗教异端的形式,改革的重点是腐朽而贪婪的天主教会,或者教会所颁布的信条、教皇法令或神学家的著作,或者宗教仪式,但是宗教信仰的基本原则是没有动摇的。在宗教改革中,否定了罗马天主教会的在世俗或信仰方面至高无上的权威,树立上帝和《圣经》至高无上的权威,要求摆脱天主教会的直接统治而建立民族教会,也就是要摆脱在信仰上的中介环节,在自己内心尊崇上帝和阅读《圣经》中按自己意愿的方式建立教会进行礼拜仪式,这就催生了人们民族意识的觉醒,进而推动了近代民族国家的建立。英国宗教文化历经漫长的改革与发展,形成了以英国国教为主流的多元化宗教文化,也形成了相对宽容和自由的宗教政策,人们可以按自己意愿的方式来选择或不选择自己的宗教信仰,在尊崇上帝的同时也尊崇理性,在拜读《圣经》的同时也在钻研各类科学著作,宗教与科学并没有走上相互对立、此消彼长的道路,而是都作为文化的一种形式在自然地生长,中世纪宗教和神学的意识形态不是被取代了而是被极大地丰富了。人们"在《圣经》的书卷中可以寻见养活心灵的肥美草场……无知愚昧的人,可以在那里受教习练通达。一意孤行的恶徒,因在那里晓得自己的下场而恐惧颤抖;为服侍上帝而劳碌奔波的人可以在那里寻获他的荣耀和永生的应许,致使他越发勤勉劳碌。从《圣经》里面王侯学会如何管辖他的臣民;为臣者学会如何顺从、爱戴、敬畏他们的君上;为人夫的,学会怎样敬重他的妻子,怎样教育他们的子女与仆婢,而为人妻、为人子、为人家仆者,由《圣经》知晓他们对丈夫、家尊、主上的责任。"[1] 宗教信仰在人们道德

---

[1] 郭峰:《试析英国教会礼仪编订者对信徒造就的重现》,《金陵神学志》2009 年第 2 期,第 111 页。

准则、行为规范、良俗美德的养成方面依然发挥着非常重要的积极作用,规劝人们敬畏上帝、虔诚忠实、博爱诚信、团结互助等,实则从另外一个方面启迪着人们的智慧,规范约束着人们的思想和行为,树立着人们的社会责任意识,从而收到了比一般的道德教育更好的社会功效。《公祷书》中所规定的完整的礼仪使信徒公众在"此生待人持己、处世度日等方面都可以得着灵性的指引与陶冶。值得注意的是这些指引与陶冶并非仅指向信徒自身的修为提升,也指导信徒如何在当时的社会中履行公众的责任。"①

英国宗教文化的改革和发展,各个宗教派别的长期并存,对于陶冶培养人们的道德意识和社会责任意识方面所发挥的潜移默化的作用,是不能用任何明确的数字或史实来证明的,但通过对英国文化的深入了解和对英国人生活的深入体验即可明确地感受到,宗教文化和各种文化的兼容并包,形成了独特鲜明的国民精神,其主体就是既敬畏上帝又以人为本,既尊重权威又崇尚自由、既能团结合作又能注重个性、既能冒险进取又能认真谨慎、既坚持原则又能灵活变通、既重视传统又能开拓创新,既严谨保守又不循规蹈矩。这样的国民精神处处达到了相辅相成、制约平衡、对立统一,这是英吉利民族最宝贵的精神财富,推动着国家和社会的发展进步。

---

① 郭峰:《试析英国教会礼仪编订者对信徒造就的重现》,《金陵神学志》2009 年第 2 期,第 114 页。

第三章

文艺复兴时期英国的文化思想

第一节　英国文艺复兴运动

在推动欧洲社会走出中世纪的思想解放运动中，文艺复兴和宗教改革发挥了最重要的作用。文艺复兴在意大利发源后在14世纪后半期传播到英国，并且与宗教改革交织在一起，彼此影响，相互推进，逐渐打破了宗教神学在意识形态领域里的垄断地位，汇聚成英国人文主义先河。英国虽非西欧文艺复兴舞台上的主角，但却是这一舞台上不可或缺的配角。在文学领域，涌现出了以乔叟为代表的众多的人文主义诗人，用本民族的语言创作出了大量的诗歌，不仅丰富发展了中古英语，也推动了本民族语言的运用，这对于唤醒民族主义意识，促进民族国家的形成方面发挥了文化先导的作用。在宗教改革方面，威克利夫将斗争的矛头直接指向了罗马天主教会，而且系统地阐述了他的宗教改革思想，主张以《圣经》作为信仰的唯一源泉，认为《圣经》的权威性要高于教会所颁布的任何信条、教皇法令或神学家的著作，为此他曾先后两次主持翻译《圣经》，在英国第一次完整系统地将《圣经》译成了本民族的语言。这在当时的欧洲也是首次，极大地促进了英国宗教文化的发展。文艺复兴运动在英国兴起之后，由于"黑死病"及其后其他疾疫的肆虐蔓延，英法"百年战争"的持续，使得文艺复兴运动在15世纪出现了中衰的间歇期，直到16世纪才重新走向繁荣，特别是在戏剧方面进入了全盛的"莎士比亚时代"。在世界文化艺术宝库中，英国的戏剧也是浓墨重彩的一笔。人文主义通过各阶层人们都喜闻乐见的戏剧演出而在城乡遍地开花，推动着英国社会的转型发展，而且在人文主义方兴未艾之时，理性主义已经开始萌芽，使文艺复兴和启蒙运动交相辉映，折射出照耀科学发展大道的璀璨光芒，使近代科学变革与发展的中心逐步转移到了英国。

一 文艺复兴运动的兴起

杰弗里·乔叟（Geoffrey Chaucer 1340—1400）被誉为英国"人文主义诗歌之父"，是中古时期几百年间英国最伟大的作家。乔叟出生于伦敦一个富有的酒商之家，自幼有着良好的家庭教育，也拥有较高的社会地位。他在十多岁时进入阿尔斯特伯爵夫人家中充当少年侍从，其实也就是骑士教育盛行时期的侍童教育，在贵族的家庭接受耳濡目染的言传身教，并且有机会出入宫廷并结识王公贵族，也决定了他在以后的社会活动中有了较高的起点。乔叟以后所担任的职务多与王室有关，曾经担任过爱德华三世的外交官，伦敦的关税总监、王室侍臣、议会议员、治安法官等许多职务。复杂而丰富的人生阅历为其文学创作提供了源泉。特别是他在担任外交官和伦敦关税总监时期，多次奉命出使欧洲大陆，到过法国和意大利的许多地方，使他精通了拉丁语、意大利语和法语，得以广泛地阅读并汲取人文主义的养料而使他的创作具有了新时代的特点，也使他早期的作品多带有法国或意大利文学的色彩。

乔叟早期的代表作是《悼公爵夫人之书》，是1369年时为悼念兰开斯特公爵夫人而作。乔叟与妻子菲莉帕与公爵夫妇过从甚密，结下了深厚的友情。在公爵夫人去世之后，他作此诗向他的朋友和庇护人兰开斯特公爵表示哀悼和安慰之情。全诗采用第一人称叙事并抒情，带有法国宫廷爱情诗的细腻情调，但却是爱情梦幻和悼亡诗的结合，充满了对女性之美——从外表到内心，从内心到德行的赞颂及其消亡后的无限眷恋，认为公爵夫人的完美甚至可以和《圣经》中的圣女相媲美。这首长诗的文学价值在于写实与浪漫主义的结合，通过对极致美的描绘而自然引起人们无尽的悲伤与向往。在语言上也进一步发展了中古英语，使其更加接近口语和日常生活，具有更加形象生动的现实意义。在此作不久之后，他又创作了诗歌《声誉之堂》，很多学者认为这是一首未完成的英语梦境诗，其完成的部分已有2000多行，还有学者认为这首诗与但丁的《神曲》在内容和结构上都有较多的相似之处，或还属于读书学习过程中的练笔之作，从意大利和法国诗人的作品中汲取了人文主义的养分，在不断学习和练笔过程中其文学写作能力有较大的攀升。全诗写作过程历经了一个较长的时期，缺乏完整的设计和情节，而是即兴所为，随意而作，时断时续，缺乏连贯性和完整性。全诗的主要内容是诗人在梦境中看到了一个建于冰山悬崖上的一座宫殿——声誉之堂，里面各种各样的人非常多，有仆役、乐手、男妖、女巫、哲学家和耍杂技的人，声誉女神端坐在大厅中央高筑的宝座上，殿堂里不断涌进一批批向女神祈求声誉的人，有的决意行善、有的沽名钓誉、有的好逸恶劳、有的品行恶劣，他们得到"美誉"或者"毁誉"，与其行为与道德没有关系，全凭女神凭感觉和心情随意处置。之后诗人在梦中说明自己此行目的是为了获得新事物和关于爱情的趣闻。他又被一个人带到另一座用枝条编成、形似鸟笼的建筑中，里面人声鼎沸，无所不谈。他看得目瞪口呆，直到金鹰又一次出现在山岩之巅，预示着新的教谕和新的旅程即将开始，无名领路人的任务也即将完成。该诗虽然没有摆脱中世纪文学的梦幻形式，但是并没有将梦幻的起因归结于虚无的神灵，而是纷纭复杂的现实生活的反映与写照。诗中所涉及的领域极为广泛，出处引用更加庞杂，但乔叟运用自如，举重若轻，表现出了较高的英语运用能力。全诗尽管缺乏流畅性，但其中不乏奇特的构思和精彩的语句，承载着很多神学和哲学意义，抽象晦涩，很难准确把握诗歌的情节和寓意，有虚无和浪漫主义的一些特征。在英国早期人文主义作品中，仍然拥有独特的地位。后来人们学习和研究乔叟的生平及文学成就时，尽管会遇到很多困难和不解之谜，但也无法置之不理或视而不见，是不能避而不谈的重要作品。

14 世纪 80 年代是乔叟创作的高峰期，他文思泉涌，创作出了大量的优秀作品。主要作品有《众鸟之会》《特罗勒斯与克里西德》《善良女子殉情记》等。他还将古罗马哲学家波义提乌的著作《哲学的慰藉》由拉丁文译成了英语。在《善良女子殉情记》中，女人不再是教会僧侣文学中所宣扬的魔鬼的使者和寓言叙事诗中所描写的淫荡之妇，而是承受人类各种苦难的血肉之躯。通过塑造的故事说明了妇女应当拥有荣誉和尊严，具备特定的社会价值和作用，体现出了对人的价值肯定的人文主义思想。这一时期,人文主义思想依然处在确立与发展时期,还没有形成明确而系统的思想理论。早期人文主义的根本任务是对社会的变化给以新的解释,抨击封建贵族出身高贵论,反对基督教的禁欲主义和来世思想,宣扬人的卓越和天生平等,为商人、手工业者和新兴的资产阶级摇旗呐喊。乔叟的思想,已经具备了早期人文主义的基本思想,体现出了解放妇女、提高妇女社会地位的要求,这在当时是难能可贵的思想。妇女被解放的程度是衡量社会发展程度的一个重要的社会学指标。英国在中世纪的历史进程中,妇女在参与社会生产的程度相对较高,也就使约占总人口数量一半的社会生产力较早地得到了唤醒,在社会生产中发挥了一定的作用。这与人文主义者在思想上的宣传鼓动密切相关。乔叟还从薄伽丘的作品《爱的摧残》中受到启发,参照其情节创作了第一部较为重要的现实主义作品《特罗勒斯与克里西德》。这篇叙事诗从希腊与特洛伊十年战争的恢宏故事展开,尽管是以古代战争为背景,但是将14世纪欧洲及英国的社会现实因素融入了作品,描述了一对青年人的爱情悲剧,试图从个人与社会的矛盾冲突中揭示爱情悲剧的社会根源。他反对封建礼教及教会的禁欲主义,认为爱情是人的天性,人人都有追求爱情和幸福的权力,赞扬了爱情生活的美好。在整个故事情节中,推动故事发展和决定故事情节的因素都是现实生活中的物质和心理方面因素,而不是来自神秘及虚无主义。诗中的主人公克里德西大声地喊出了"我属于我自己",已经冲破了传统宗教教义及封建礼教的束缚,具备了独立的人格,反映出了追求个性解放和自我权利的人文主义思想。

乔叟深受意大利"人文主义之父"彼得拉克、但丁等人文主义者的影响,打破了中世纪骑士文学的传统形式,借鉴古代希腊罗马文学的写实风格,在语言上并没有采用上层社会普遍使用的法语或拉丁语,而是采用伦敦方言和写实主义的手法创作出了《坎特伯雷故事集》,被公认为英国第一部具有人文主义思想的作品,也是英国早期人文主义者的代表作。该故事集记录的是诗人在伦敦南郊的一个客栈里见到了29个性格迥异的朝圣者,这些朝圣者来自不同的社会阶层,都是在旅途中相识并结伴同行的,准备从伦敦前往坎特伯雷朝拜圣·托马斯·贝克特墓,诗人也加入了这个队伍。客栈主人哈雷·贝利提议由他自己当裁判,在去的路上每人讲两个故事,回来时再讲两个故事,谁讲得最好,回来就可以在客栈免费用晚餐,费用由大家负担。这个客栈主人实际上成了故事的发起人和组织者,朝圣者都听从他的安排和建议,成为朝圣者之间联系的核心和纽带。作者原计划写120个故事,然而实际仅存24个故事,其中22个是以诗歌形式完成,两个以散文形式写成,也有学者认为这两个还没有最后写完,只是写成了初稿,有待于加工成诗歌。各故事之间还有朝圣者之间的交谈甚至吵架、对某些事情的看法或评论作为连接性的插曲,增强了故事的真实感和戏剧性。朝圣者之间的对话和评论又讲述着他们自己的故事,展示了各自不同的性格和内心世界,在故事之外从另一个角度来展示人物的时代特征,体现了作者匠心独具的文学艺术。乔叟的故事集中,所刻画的故事的讲述者性格鲜明,栩栩如生,他们出身于各个社会阶层,有广泛的社会代表性,远远超过了意大利人文主义学者薄伽丘《十日谈》中讲故事的十个青年男女。这些朝圣者所讲的故事丰富多彩,按题材大致可以分为爱情、探险、传奇、宗教、道德、婚姻、诙谐、寓言等类别,是英国14世纪社会生活的广阔画卷,勾画出14世纪英国的城堡、寺院、乡村和城市的人间戏剧,抒发了时代的心声,具有写实主义的特点,是英国第一部现实主义杰作,在风格上显然有别于中世纪时骑士文学。这些故事的内容包罗万象、丰富多彩、雅俗共赏,或揭露教会的黑暗腐败,或讽刺教士的贪婪奢侈、商人的奸诈狡猾,或赞扬农夫的勤劳质朴、骑士的勇武果敢,也反映出乡村毛纺织业有了较大程度的发展、商品经济已渐趋盛行、人们重视并追逐金钱。在市民生活中,妇女的社会地位已经有了较大的提高。在这些人物中,没有受到谴责的唯有农夫和骑士,体现出了作者对下层劳动人民的同情和对南征北战的骑士的推崇。"这本书就好像是用佛罗伦萨画家所发现的透视法和透视缩短法所写出的文学作品。这些男男女女跃然纸上,存活于我们的记忆中,那是连但丁也无法安排出来的,这就是天才,是属于无法解释的那种。"① 乔叟具有深邃的文学眼光,这部作品也反映了作者开阔的社

---

① [英]保罗·约翰逊:《文艺复兴——黑暗中诞生的黄金时代》,谭钟瑜译,天津人民出版社2007年版,第51页。

第三章 文艺复兴时期英国的文化思想　❖　91

会视野，关注到了当时英国社会的各个阶层，特别是新兴的市民阶层已表现出了勃勃生机。他用写实主义手法深刻批判了教会的黑暗腐败、僧侣制度及禁欲主义的荒谬、蒙昧主义对科学和理性的束缚，反对封建等级制度和特权主义。乔叟主张以人为本，表达了人们对自由的渴望，对爱情的向往和赞美，对人性解放和平等的追求。《坎特伯雷故事集》无论"从人物、情节和叙述风格方面来讲，都有着明显的英国本土特征，从这个意义上来讲，它也是一部划时代的作品，因为它标志着英国文学史上的一个新纪元：一种有别于法国文学或古希腊罗马文学的、新的英国本土文学正在崛起。这也是乔叟对英国文学的最大贡献"。[①] 1476 年，威廉·卡克斯顿（William Caxton）在威斯敏斯特创办了出版印刷厂，成为英国最早的出版印刷商。第一批所出版的作品就有《坎特伯雷故事集》和乔叟的大量诗作，也能体现出乔叟作品受欢迎程度和文学价值。

英法"百年战争"的持续激起了人们对法国的反感和愤懑，也激发了英国人的民族意识，有识之士很快认识到英国人不应当再使用法语而应当使用自己的语言，在下层民众之间普遍流行的英语自然成为民族主义觉醒的文化工具。乔叟不仅用英语写成《坎特伯雷故事集》，而且还把法国的市民文学作品《玫瑰传奇》翻译成了英文，推动了民族语言的发展和使用。该部作品反映了新兴的市民阶级对天主教会经济特权及道德堕落的不满，抨击了教会的禁欲主义和蒙昧主义，对封建贵族的特权也进行了批判。这些思想是对教会和封建特权的大胆批判，闪耀着人文主义的光彩。"威克利夫和罗拉德派反教权主义的活动，以及他们将拉丁文《圣经》译成英语的做法，已在某种程度上启发了英国人的民族意识，而乔叟的文学创作不仅起着启发英国人民族意识的作用，还促使着中古英语向早期现代英语的过渡。"[②] 乔叟以辛辣的手法讽刺了黑暗腐败的教会和贪婪无耻的教士，歌颂了下层劳动人民的美德，甚至提到了妇女解放问题。他的作品不仅一脉相承了意大利的人文主义思想，而且还把意大

---

① 李赋宁、何其莘：《英国中古时期文学史》，外语教学与研究出版社 2005 年版，第 175 页。

② 阎照祥：《英国史》，人民出版社 2003 年版，第 113 页。

利的诗歌体裁十四行诗和英雄双行体等引入了英国,对后世英国文学家产生了广泛而深远的影响。1400年10月,这位才华横溢的诗人不幸逝世,安葬于威斯敏斯特大教堂,成为第一个葬于威斯敏斯特大教堂的诗人,后来许多英国著名的文人都安葬于乔叟墓的周围,形成著名的"诗人之角"。

与乔叟同时代的诗人还有威廉·兰格伦(1332—1400),其作品《农夫皮尔斯》被誉为该时代一首"伟大而又包罗万象诗歌"。该诗作现在有多个版本传世,但主题基本一致。诗歌的第一部分,他用梦境和寓意形象的手法创作了一个叙述者威尔的梦境,看到了一片美丽的田野,田野里有各式各样的人:农民、各级僧侣、手工业者、商人、骑士、乞丐和各种艺人,在田野的一端是真理之塔,另一端则是死亡之谷。诗人一边描写这些人物,一边进行评论。接着威尔看到从塔里走出一个可爱的女子,名叫"神圣教会",她教导人们要追求真理,拯救灵魂。又指点给威尔看"奖赏夫人"要和"虚伪"结婚,很多人都赞成,唯有"神学"反对,大家争执不下,决定到伦敦去找国王解决。国王主张她和"良心"结婚。但是"良心"不同意,并揭发她的缺点。国王无奈请来"理智","理智"却要国王来惩罚她,最后奖赏夫人遭到了国王的惩罚,而"理智"和"良心"则被国王留下作顾问。作者通过这一寓言批判了僧俗各界的黑暗腐败以及社会上贿赂公行、唯利是图的现象,肯定了国王的作用,希望他能凭理智和良心治国。第二个梦境是诗人梦见"良心"在布道,许多听众包括"七大罪恶"都开始忏悔。"希望"吹起了号角,许多人聚集起来要寻找"真理",但不知道"真理"在何方,这时农夫皮尔斯出现了,他说他已经为"真理"当了50年的仆人,可以担任向导,但是条件是他必须先耕完他的地并分配众人一起帮他耕地,许多人纷纷推托不肯劳动,于是他就叫来"饥饿"来威胁他们。最后只有一个妇女代表大部分善良的人愿意跟随皮尔斯去寻求"真理",作者依然用寓言的形式说明要获得真理必须通过辛勤和诚实的劳动,对劳动人民给予了极大的同情。诗歌的第二部分主要以神学和经院哲学式的辩论为主。诗人在梦中继续追寻真理,看到了三种善的境界,"善""中善""上善"。作者在不同阶段对这三种善的境界有不同的解释,最初他认为"善"就是诚实的劳动,"中善"是在此基础上还能更进一步,就是能仗义疏财,从事扶危济困的慈善事业,而"上善"则是要在前两者的基础上还能惩恶。这部分主要奉劝人们要一心向善,在善的境界上不断提升,诗人通过梦境一直在弘扬美德,追求真理,讴歌善行,崇尚良心和理智,英国文艺复兴时期诗人意识到,提升心智、传播智慧的目的是为了培育善……诗歌的本分就是引导人们知善、行善。诗歌的道德教化作用不言而喻。兰格伦的作品和乔叟的作品一样也采用英语写成,在语言上更加通俗易懂,已接近近代早期英语,促进了 14 世纪英国民族文学的发展,也进一步丰富了英语词汇,为不列颠民族通用语言的形成做出了巨大贡献。

众多学者的研究结果表明,英国的文艺复兴运动开始于 14 世纪后半期,乔叟就是英国早期文艺复兴运动的代言人,这种说法有充分的论据与合理性。乔叟自身参加过"百年战争",到过法国和意大利,特别是在意大利生活过较长时间,受到了人文主义思想的影响,他作品中的人文主义思想与意大利人文主义思想一脉相承,从乔叟的很多作品中,都可以在意大利人文主义作家的作品中找到某些影子。还有更为主要的是,威克利夫所推动的宗教改革,也发生在这一时期,宗教改革与人文主义思想本身就有着共通之处,也可视为文艺复兴运动中一个特殊的组成部分。这一时期,英国的文化思想界呈现出了较为活跃的局面,但是在乔叟之后,英国文化思想界历经了近百年的沉寂,没有出现过有深远影响的人文主义作家和作品,而到都铎王朝建立后英国的文艺复兴运动又重新走向高涨,到伊丽莎白一世统治时期达到了辉煌阶段。这主要是因为英国 14 世纪中期以来长期持续的"百年战争"和"玫瑰战争",还有蔓延城乡的"黑死病"使英国人口锐减近半,造成了恐慌的局面,人们生命朝不保夕,难以安心从事生产和文化事业,国内外战争也严重地破坏了社会经济,影响并阻滞了英国文艺复兴运动的进程。即使如此,也不意味着英国文学发展的停顿或倒退,一些不为人注目的文化现象却在严酷的环境中潜滋暗长,特别是戏剧文化在 14 世纪时已有了较快的发展,这为之后英国戏剧文化的繁荣奠定了基础,文化的发展并非建盖高楼大厦是数年之功,而是一个日积月累、聚沙成塔的漫长过程,对于推动社会的发展和进步,引领民族和国家的崛起,乃是发挥着潜移默化的软实力的作用。

二　英国戏剧的起源

英国戏剧起源于中世纪的宗教活动，教会被认为是戏剧起源的温床。最初是在一些重要的宗教仪式或宗教庆典时往往加入一些吟诵或简单的表演。从 11 世纪以来，教士就常常在一些宗教节日时编排演出一些简单的戏剧，大多取材于宗教故事，讲述早期一些宗教圣者经受磨难，矢志不移，笃信教义，执着传教的故事，在表演时既有动作又有音乐，戏剧属于宗教文化的组成部分。当然在中世纪早期，任何文化形态都与宗教与神学有着密切的关系，这是很自然的现象。中世纪时的教堂既是举行宗教活动的神圣之地，又是文化和娱乐的中心，在很多的宗教节日或庆典时教堂都有戏剧表演，表演的内容和形式也更加丰富，戏剧的角色也在不断增加，"在圣诞节的庆典中出现了圣母玛利亚、襁褓中的耶稣、小天使、牧羊人等不同角色，同时也出现了简单的故事情节。虽然这种表演仍为宗教仪式服务的，表演中的对白仍用吟唱的形式表述出来，但是从这个时期教堂的庆典活动中已经可以明显地看出一种倾向，那就是这种表演正在逐渐远离宗教仪式，远离单纯说教，以便给人们带来生动直观的娱乐形式。这也就导致了这种表演的'舞台'最终搬出了教堂，先是到了教堂附近的空场上，而后又移到了城镇的广场。"[①] 到 13 世纪时，教会为了加强对人们思想的影响和控制而更加重视戏剧的演出，投入了更多的人力和财力，使戏剧得到了进一步的发展，在以宗教剧为主要演出内容的前提下，戏剧表演世俗化的趋势进一步加强，在表演时间上也不限于特定的宗教节日或庆典，表演中的拉丁文吟唱也逐步改为民间流行通用的英语，戏剧世俗化过程中也渐趋平民化。1258 年，教皇乌尔班四世接受了比利时修女朱丽安娜提出的关于设立一个专门纪念圣餐的宗教节日的倡议，指定每年"三一节"（Trinity Sunday）后的第一个星期四为基督圣体节（Corpus Christi Festival），大致在每年的 5 月底到 6 月

[①] 李赋宁、何其莘：《英国中古时期文学史》，外语教学与研究出版社 2005 年版，第 223 页。

初之间。1311年，教皇克勒芒五世将圣体节写进了教会的年历，从此之后基督圣体节即成为固定的宗教节日，在节日期间常伴有戏剧演出，题材大多来自《圣经》的主要事件，常常有多个几十个以连成一个组剧，从创世纪一直延伸到上帝的最后审判日，这类剧种也称之奇迹剧（Miracle plays），已增添了很多喜剧成分以吸引观众，从而进一步推动了戏剧世俗化的过程。稍后在戏剧演出中出现了道德剧（Morality plays）和神秘剧（the Mystery plays）。道德剧是一种以善战胜恶为主题的宗教剧，而神秘剧则是泛指取材于新约和旧约《圣经》中的剧目或来自民间传说的剧目。也有学者认为奇迹剧和神秘剧都可以指13世纪以来英国所流行的取材于宗教题材的组剧，是一种戏剧的两种名称，也有一定道理，因为这两个剧目的差别本身就很小很细微。奇迹剧和道德剧都具有一定的节日成分，而神秘剧则充满了笑声，这些戏剧在文艺复兴前，都没有发展成为主要的艺术表演形式。道德剧和奇迹剧有所不同的是，道德剧并非取材于《圣经》故事，而是由剧作家根据一定的宗教教义来改编的剧本，剧中的人物往往是各种道德品质的拟人形象，这种道德剧有着强烈的宗教色彩，采用寓意的手法来规劝人们弃恶从善。道德剧脱离了《圣经》故事的羁绊，丰富了戏剧演出的内容，将美德与罪恶以喜闻乐见的方式呈现给观众，特别是已出现了专门表现人物丑恶一面的角色，也就是现代戏剧中的丑角。丑角的出现增添了戏剧表演的趣味性和讽刺性，也歌颂了劳动人民的勤奋和纯朴，使之更加贴近人们的现实生活，从而以吸引观众并产生情感上的共鸣。在内容和情节上都比奇迹剧和神秘剧更加丰富多彩，大大推动了戏剧世俗化的步伐。在14和15世纪时，英国还出现了古典剧（Classical plays）和插剧（The interlude）。古典剧主要以复兴古代希腊罗马的戏剧为主，演出也多是拉丁文，在贵族阶层较为流行。语言的限制决定了其必然不可能普遍流行，是英国复兴古典文化的产物，加之中世纪以来英国社会上层，特别是宗教语言依然是拉丁语，这就使其有一定的社会基础，而在人文主义兴起之后，英国也兴起了学习古典语言的热潮。牛津、剑桥等大学普遍都开设了希腊语和拉丁语的课程。为了提高学生学习古典语言和戏剧的兴趣，学生经常在教室进行排演古典剧作为课堂教学的延伸。排演成功后通常作为文艺和娱乐活动在校内演出。亨利八世在位时期，学生的演出往往被当作国王欢迎款待外国来宾的一个重要环节。插剧最初指的是王宫或贵族在举办宴会时在两道菜中间撤换餐具的间隙所表演的一种短小但情节相对完整的戏剧表演，后来也泛指各类短小的戏剧演出，表明以宗教为主的戏剧题材已进一步让渡于世俗题材，戏剧表演的形式更加灵活，戏剧种类更加丰富多彩。神秘组剧指的是《圣经》中的片断被改写成一组组短剧，在户外的舞台上连续演出，这一时期并没有固定的剧场，一般是在木制的可移动的舞台上演出，用马拉着可以移动，这样便于将舞台从一个城镇移动到另一个城镇，舞台设计和装饰也相对比较简陋。户外演出对天气有着严格的要求，因而戏剧演出的时间一般都在春暖花开的春夏之交，正好也就是基督圣体节前后，而这一时节也恰在农闲时节，观众也有闲暇的时间来观看演出，也不收取任何费用，观众根据自己的兴趣爱好可随意走动。演出一般由手工业者所组成的同业公会负责，通常会得到教会和市政部门的支持，演员也大多由同业公会的成员来担任，演出的目的具有传播教义，道德教化、休闲娱乐等多重功能，各同业公会也借此机会展示自己的实力，也是人们进行经济文化交流的一种集聚方式。"现存的中世纪的神秘剧主要有4个组剧，即约克组剧、韦克菲尔德组剧、切斯特组剧和N－城组剧，每个组剧中所含的剧目数目各不相同，其中约克组剧的最多，有48个剧，其余3个分别为：N－城组剧41个、韦克菲尔德组剧32个、切斯特组剧25个。"[①] 其中质量较为上乘的也是约克组剧，注重剧情的连贯，这些组剧恰如中国的民间文学，很难考证其具体的剧作者，剧本在长达几个世纪的发展过程中，已历经许多人的变换修改，润色加工，可以说是戏剧文化发展过程中的集体之作。正是这种集体的智慧及日积月累地传承，才造就了中世纪晚期英国戏剧繁茂的参天大树。

三　英国戏剧的发展和繁荣

戏剧的世俗化和不断发展成熟是社会经济不断发展的结果，特别是

[①] 李赋宁、何其莘：《英国中古时期文学史》，外语教学与研究出版社2005年版，第225页。

城市的兴起和发展为戏剧的繁荣搭建了舞台。从 13 世纪开始，英国的农奴制经济开始瓦解，商品和货币经济有了一定程度的发展，表现在社会分工的进一步扩大，手工业渐趋发达，城市纷纷兴起。11—14 世纪也是英国人口增长较快的一个时期，据《末日审判书》所记载的数字的推算，在 11 世纪末期时"英格兰的人口总数在 125 万至 150 万之间。"[①] 而"英格兰人口总数在黑死病大流行之前可能已经达到 475 万。"[②] 快速增长的人口说明了经济有了长足的发展，特别是乡村手工业诸如呢绒业、采矿业、建筑业、金属冶炼和制造业等都有了较大程度的发展。同一时期，也是英国城市快速发展的第一个阶段，根据《末日审判书》记载，11 世纪英格兰约有城市 80 个。"12 世纪至 13 世纪是英国城市大发展时期，新增加的城市达 140 个左右。14 世纪中叶，全国城市数量大约达到 300 个左右。"[③] 其次表现为城市人口的增加。根据《末日审判书》记载的推算，"11 世纪英国全国城市人口约为 7.5 万至 10 万人之间。根据 1377 年英国贡赋清册的记载，14 世纪时英国城市人口约为 17 万，占全国人口的 12%。当时最大的城市伦敦的人口约为 5 万人，较大城市布里斯托尔的人口大约有 17000 人，约克的人口约为 8000 人。中小城市占大多数，它们的人口数量一般在 2000 人至 3000 人之间。"[④] 大多城市不仅是商业中心，也是手工业中心，同时也是文化中心，经济的快速发展和城市的勃兴是戏剧走向繁荣的沃土。

悠久的戏剧发展历史也为文艺复兴时期戏剧走向繁荣奠定了文化基础。随着社会经济的发展和城市的纷纷兴起，戏剧演出也由以前的村镇转向城市。相对而言，城市经济较为发达，人口集中，文化先进，休闲娱乐时间较多，戏剧演出有着较为便利的条件和较多的观众，这些都为戏剧的商业化演出创造了条件，因为戏剧要发展，就要求向专业化发展，

---

① ［英］约翰·克拉潘：《简明不列颠经济史》，范定九、王祖廉译，上海译文出版社 1980 年版，第 109 页。
② ［英］阿萨·勃里格斯：《英国社会史》，陈叔平等译，中国人民大学出版社 1991 年版，第 94 页。
③ 王乃耀：《英国都铎时期经济研究》，首都师范大学出版社 1997 年版，第 102—103 页。
④ 同上书，第 104 页。

也就是要求具备专业的剧作家，专业的演员，专业的演出团队，而专业化的必然结果就是戏剧的商业化。戏剧演出走向城市后，演出的舞台一般在城市客栈的庭院。客栈一般都建在城市中交通便利、相对繁华的地段，容易聚集较多的观众，同时也便于为演职人员提供休息及餐饮等服务。11—15世纪，英国频繁而无休止的国内外战争制约着经济社会的发展，还有蔓延欧洲的黑死病也造成了人口的锐减和社会的恐慌，戏剧的发展一直也深受影响，一直发展较为缓慢，在演出的剧种上也无多大发展变化，依然以中世纪传统的奇迹剧、神秘剧、道德剧和插剧为主。直到都铎王朝建立后，结束了长期持续的国内外战争，政治安定，经济渐趋繁荣，国力日益增强，国内外贸易也呈现出活跃景象，社会转型时期新兴的社会力量在不断发展壮大，特别是市民阶层及资产阶级成为推动戏剧文化发展的中坚力量。更为重要的是在随着人文主义的兴起和宗教改革的推行，英国各项文化事业都有了较大发展，民族主义意识日益增强，民族语言也已经普遍使用，成为戏剧发展必不可少的媒介工具，近代民族国家的雏形也已经形成，民族国家的历史得到了前所未有的重视，以弘扬英雄主义、爱国主义和民族主义的剧情也极大地丰富了戏剧的内容。"15世纪晚期的英格兰与欧洲大陆的对手相比是贫穷和弱小的，然而从政治文化的角度而言却是领先的。英格兰低地部分和米德兰在其行政管理和文化上有着高度的同一性，地形和缓优越，通往伦敦的交通便利。到1250年时，诺曼—盎格鲁王权已建立起复杂而完整的中央集权的政治制度、同时创建了国家的法律和财政机构，各方政令畅通，运转协调。历经几个世纪的发展，到1485年时，英格兰低地地区已经成为国家的重心，且服从国王的统治。议会及英格兰传统的习惯法，构成了英国法制极为稳固的基石。此外，绝大部分人虽然有各地的口音，但是语言是共同的。在都铎王朝建立之前，法兰西贵族已经转变成英格兰贵族，语言同化的过程在15世纪晚期时加速进行。英语取代了官方的法语和拉丁语而在政治、管理和宗教等领域得以广泛地运用。词汇也扩大了，词意也进一步细化。英语的实用化及精细化使更多的人参与到公众事务中来，也使更多的人能学习知识和担任公职。同时，在政治文化中，中央集权的趋势及参与者的向心力都已明显增强。"① 在此情况下，英国的戏剧迎来了欣欣向荣的春天。首先表现为建起了戏剧演出的专业化的固定剧场，这是戏剧走向专业化和商业化的先决条件。

1576 年，演员詹姆斯·伯比奇在伦敦城北建起了一个名为"剧场"（the Theatre）的剧院，传说莎士比亚第一次到伦敦时，就是在这个剧院找到了一份工作。接着第二年又建立了"帷幕"（the Curtain）剧院，在伦敦南部的纽因顿还搭建了另一剧场。1587 年建成了"玫瑰"（the Rose）剧院，1595 年建成了"天鹅"（the Swan）剧院，1598 年又建成了"环球"（the Globe）剧院，该剧院后来因为经常演出莎士比亚戏剧而声名大振。从 1576 年到 1642 年英国内战爆发，伦敦共建了不下 14 个正规剧场，其中有 9 个公共剧场，其余的是所谓的私人剧场，公共剧场是按照客栈庭院格式建成的露天剧场。由于没有灯光，演出只能安排在白天，舞台前没有帷幕，向前突出，伸入观众席。大多数观众站在舞台左右和前方，只有一些有钱人会愿意支付多一倍的票价，以便在沿墙而建的楼座里看戏。私人剧场一般建在室内，规模相对要小，也便利了舞台的装饰，通常都会有照明灯光，有时也会有布景来点缀烘托演出。私人剧场在当时主要用于儿童演员剧团使用，在当时主要是为了提高孩子学习古典语言的兴趣，一般由教师编排一些简单的古典戏剧，用拉丁语来演出，与复兴古典文化有着密切的关系，私人剧场也是现代剧院的雏形。1574 年，莱斯特伯爵创办了第一个剧团，获得了在各地演出的准许，这也表明戏剧演出已由业余逐步走向专业化。以前演员基本都是同业公会的成员，在业余时演出，专业剧团成立后，许多演员的演出活动也趋于职业化，形成了相对稳定的剧团，也出现了一批职业演员。

从 16 世纪 70 年代起，英国戏剧出现了转机和较大变化，这时期专业剧团大多都得到了贵族的庇护，特别是一些演出水平较高的剧团通常会得到贵族的赞助，贵族也因剧团的声誉和演出活动而博得支持文化演艺事业的声名，有时甚至因此会得到伊丽莎白女王的首肯和赏识。贵族对剧团的赞助为戏剧的发展特别是城市剧院的发展提供了政治庇护，更为

---

① David Scott, *The Rise of Britain as a World Power*, Published by Harper Press, 2013, p. 12.

重要的是为戏剧的发展提供了可靠的经济保障。伊丽莎白女王自幼深受古典文化的影响，特别是受到了古希腊剧作家索福克里斯剧本的影响，酷爱戏剧演出，经常召唤剧团在圣诞节或其他特定的一些节日在宫廷里演出。哪个剧团能进宫为女王及大臣演出，不仅是对这个剧团演出成就的肯定，也是赞助这个剧团的贵族的荣耀。这也推动了贵族从各个方面对剧团的支持。女王对戏剧的个人爱好也推动了贵族对戏剧事业的赞助，也成为女王显示对贵族恩宠，加强对贵族控制的一种政治手段。莎士比亚所在的剧团因为经常被征召进宫演出，就先后受到莱斯特伯爵、德比伯爵的争相赞助和大力支持。社会转型时期不断发展壮大的市民阶层也需要新型的戏剧表演来营造他们所需要的新文化，这就使戏剧成为一种上自女王和贵族，下至市民百姓都喜闻乐见的文化娱乐方式，从而使戏剧在伊丽莎白女王统治时期迎来了专业化的发展时期，伴随文艺复兴的大潮，在艺术之苑里盛开怒放。随着人文主义思想的传播和宗教改革的深入发展，中世纪以来大多取材于宗教题材的戏剧也需要改革发展以适应时代的发展，戏剧作为当时一种声情并茂的艺术和较为先进的娱乐形式，吸引了社会各阶层的大量观众，也需要担负起宣传和舆论导向的时代使命，以弘扬人文主义、民族主义和爱国主义思想，演出可以使观众产生情感共鸣的戏剧，在消遣娱乐中寄托或抒发自己的喜怒哀乐。

在莎士比亚时代之前，英国戏剧已有两个较为著名的流派："学院派"和"大众派"。"学院派"指的是那些有较高水平学问的剧作家，崇尚于复兴古典文化，热衷于翻译借鉴古代希腊罗马的戏剧，反对英国戏剧所进行的变革。其代表人物是托马斯·萨克维尔（Thomas Sackville）和托马斯·诺顿（Thomas Norton），代表作品是两人合著的《高布达克》（Gorboduc），这是英国戏剧史上的第一部悲剧作品，也是第一部历史剧，在戏剧史上第一次以本民族的历史作为戏剧的主题，该剧本创作时间仍然未有定论，但是演出时间约在1561年前后，主要剧情为英国国王高布达克有两个儿子，本应传位于长子，但是国王却将王位传于其所偏爱的幼子，导致两子同室操戈，兵戎相见，结果弟弟杀了长兄；王后又偏爱长子，纠集党羽又将幼子杀死。王室滥杀造成了平民百姓的恐慌，遂趁乱而起弑君诛后，贵族最后联合起来镇压反叛的国人，但国家的内乱导致了外族的入侵，国家遂陷入了长期无主的内乱局面。该剧的政治意义在于劝谏伊丽莎白女王及早立储以安天下。"大众派"指的是更加接近平民大众欣赏水平的剧作家，极力主张用英语进行创作和演出，抛开剧本创作的模板和定律，从平民大众的现实生活中汲取创作的养分，以平民大众喜闻乐见的方式进行演出，演出时要尽量在舞台上进行布景和场景的变化以增加剧作的感染力。该派的代表人物是克里斯多芬·马洛（Christopher Marlowe，1564—1593）、约翰·黎里及罗伯特·格林等。代表性作品有罗伯特·格林的《僧人培根及邦格》，是英国戏剧史上第一步浪漫主义喜剧。1584年，克里斯多芬·马洛在剑桥大学获学士学位，三年后又获得硕士学位。他的一生短暂而辉煌，离经叛道而桀骜不驯，最后在一场酒店的斗殴中结束了年轻的生命。马洛是"大众派"最为突出的代表人物，是著名的诗人，也是莎士比亚时代之前作品较多、声誉最为卓著的剧作家，是当时四位"大学才子"中影响最大的剧作家。其代表作有《海洛与利安德》《帖木儿》《马耳他岛上的犹太人》《爱德华二世》等，这些剧本脱胎于中世纪以来的道德剧，但是又有新的发展，尤以淋漓尽致的大段台词而著称。1587年，马洛完成了《帖木儿》的上部而首次上演，受到了观众热烈欢迎，造成了轰动性效应，成为英国戏剧史上一个转折点，从而拉开了文艺复兴时期英国戏剧黄金时代的序幕。在这部戏剧中，马洛满怀热情，用充满激情的语言塑造了一个有血有肉、感情丰富的西方世界的征服者——帖木儿大帝。这位出身于牧童的独裁者不受传统观念、法律观念的束缚，依赖雄心壮志来征服世界，宣称自己将使整个世界都感到恐惧，他统治的国土将由东到西，正如太阳所照亮的地域一样广阔。当时的国际背景是西班牙、葡萄牙等国通过开辟新航路已走上了海外扩张的道路，特别是西班牙在美洲已开始建立殖民地并且源源不断地运回大量的财富，"日不落帝国"已具雏形，而且西班牙同英国在海外活动中的矛盾加剧，战争一触即发。《帖木儿》的上演之所以深受观众好评，取得轰动性效应，就是该剧充分肯定了人们积极进取的人文主义精神，激发了英国人民族主义、爱国主义及殖民主义的思想意识，鼓舞了他们的斗志，增强了他们必胜的信念。在该剧上演的第二年，英国海军最终以弱胜强，以少胜多，打败了西班牙的"无敌舰队"

而在海外活动中崭露头角，从此也逐步走上了"日不落帝国"之路，与这种文化的引领和征服扩张思想的启迪不无关系。

16世纪80年代，也就是伊丽莎白女王统治走向全盛时期后，戏剧也走向了文艺复兴时期的黄金时代，这一戏剧的黄金时代大约延续半个世纪，直至英国内战爆发。"伊丽莎白一世作为真正宗教的庇护者而受到许多国教徒的尊崇，直到今天，还有很多人认为她是英国最伟大的君主。显而易见的是，在她统治时期，展现英国民族意识的文学得以蓬勃发展，出现了诸如莎士比亚这样著名的诗人和剧作家。"[1] 除莎士比亚之外，还有诸如琼森、鲍蒙特、弗莱彻、韦伯斯特等剧作家也是名家辈出，佳作纷呈，数千个剧目被搬上了舞台，在戏剧演出上形成了专业化和商业化的运营模式，伦敦的各大剧院竞相聘请名角上演新剧以吸引观众，戏剧从创作到演出呈现出百家争鸣的繁荣景象。剧院在伦敦演出有着潜在的大量观众。"到1600年时，伦敦的人口已急剧增长到200000人，成为欧洲五个最大的城市之一。很多戏剧团向同样的观众演出，之间存在着激烈的竞争，需要源源不断地上演新的精彩戏剧以吸引观众。针对这种艺术及商业性质的挑战，克里斯多芬·马洛及他的同伴托马斯·基德、莎士比亚等对戏剧的发展及革新做出了重大贡献。他们打破了新的文学形式对剧作家的限制，丰富了古典戏剧的情节和中世纪的戏剧形式，并赋予了新奇的艺术形式。到16世纪最后十年时，戏剧已经超越了其古老的传统，在道德教化上已致力于探索新的世界、重构国家的历史、激发爱国情感、促进对政治事件的讨论和评价。戏剧的演出也反映了60年来复杂的宗教斗争，并且用新的词汇来表述。1570—1630年，莎士比亚及其合作者，还有竞争者，创造了三万多的英语词汇，超过了历史上的任何时期。戏剧的演出也打破了外国人认为英国是文化荒漠的概念，而戏剧的改革无异进一步推动了英国文化的发展。"[2] 莎士比亚无疑是英国戏剧黄金时代最有成就的剧作家和诗人，也是伟大的人文主义者，以至于人

---

[1] Monod Paul Kleber, *Imperial Island: A History of Britain and Its Empire*, 1660 – 1837, A John Wiley & Sons Ltd., Publication, 2009, p. 10.

[2] David Scott, *The Rise of Britain as a World Power*, Published by Harper Press, 2013, pp. 74 – 75.

们把这一黄金时代也称之为莎士比亚时代。历史上诸多的文学家及其作品往往是经过若干年的沉淀后才焕发光彩,而莎士比亚在当时就已经声名鹊起,身价百倍,不仅修改创作剧本,而且上台演出,曾多次进宫为女王和大臣演出,之后潜心创作剧本,数量之多当时无人能及,质量之优一时空前绝后,以至于时人称之为"时代的灵魂",赞誉他不属于一个时代而属于所有的世纪。莎士比亚仅留传下来的作品就有36部戏剧、154首十四行诗、两首长叙事诗。在西方的文学艺术史上,莎士比亚是任何人都不能绕开避而不谈或者忽略不见的丰碑,所有可能的声誉和赞美基本都不算过誉。特别是莎士比亚的十部历史剧,在编写剧本时广泛参考了当时带有人文主义色彩的历史著作,大多通过对国王角色的塑造,再现了英格兰三百多年来重大的历史事件,增强了英国人日渐觉醒的民族意识和爱国热情。莎士比亚的剧本将先进的思想内容和完美的艺术形式进行了充分的结合,宣扬人文主义思想,反映出新兴社会力量主要是资产阶级、新贵族的思想和要求,提倡国家统一、个性解放、爱情自由、男女平等,反对封建割据、等级观念及唯利是图的极端利己主义,在一定程度上也反映了下层劳动人民的愿望和要求。他从人文主义立场出发,把悲剧和喜剧、现实主义和浪漫主义充分结合起来,对十六、十七世纪转型时期的英国社会进行了广泛而深刻的描绘,塑造出了许多性格鲜明、丰富多彩的人物形象。他笔下的人物数量多,范围广,既具有鲜明的个性特征,又是一定阶级或一定社会集团的代表;既能突出人物性格中的本质征特,又不忽视他们人性中的其他方面,通过人物自身的内心冲突来不断地丰富他们的性格特征。莎士比亚在剧情安排上常包含有几条平行或者交错的情节,人物在时间和地点上都可以自由活动,不受古典主义"三一律"的束缚,即动作、时间、地点的一致。在语言运用上,莎士比亚丰富了正在形成的民族语言,推动了英语的使用且创新了语言词汇,为增强民族意识、推动近代民族国家的形成提供了强有力的文化工具。他的剧作主要是用无韵诗体写成,但也结合了散文、有韵诗句和抒情歌谣,不同文体在剧本中起着不同的作用,但是又比较适合戏剧表演,具有浅显明白,通俗易懂的特点,剧本兼顾了语言上的丰富性和大众性,结构上的戏剧性与完整性。莎士比亚不仅是英国最杰出的戏剧家和诗人,也是世界文学史上最著名的作家之一,他同古代的荷马、中世纪的但丁、近代的歌德,被人们誉为划时代的"四大作家",他的剧作及诗歌是世界文化宝库中的瑰宝,已被译成了多种文字而广为传播。

在十六、十七世纪的英国社会转型时期,莎士比亚吹响了时代的号角,以人文主义精神反映了新兴社会力量特别是市民阶层的文化要求,巩固了宗教改革成果,唤醒着全民族的理性主义,丰富和发展了民族语言,巩固了日益觉醒的民族主义意识,推动了近代民族国家的形成与发展,以文化的力量加强了不列颠民族的向心力和认同感,为英国在近代的崛起奠定了坚实的文化基础。十九世纪英国著名作家托马斯·卡莱尔(1795—1881年)在他的《英雄和英雄崇拜》中曾经说过:"想想看,如果他们(指外国人)问我,你们英国人,是愿意抛弃你们的印度帝国呢,还是你们的莎士比亚;是宁愿从没有任何印度帝国呢,还是从没有过任何莎士比亚呢?这的确是一个难题……不过我们只能这样回答:有印度帝国也好,没有印度帝国也好,我们却不能没有莎士比亚!"[①]

第二节 人文主义在英国的兴起和发展

文艺复兴、宗教改革、新航路的开辟等是标志西欧社会开始发生重大转折的三大历史运动。在这三大历史运动中,英国均非发源地或中心国。当文艺复兴在意大利发源时,英国依然处在金雀花王朝的统治之下,王权屡屡受到议会的制约而形成了权力有限的等级君主制,封建贵族依然拥有较大的势力,与法国长期持续的"百年战争"及后续的"玫瑰战争"使国家力量受到极大削弱。在西欧国家即将步入近代门槛时,英国依然是偏处于西欧一隅的蕞尔小国,经济发展缓慢,兵革不息,内外战乱频繁,但较为先进的是英国在14世纪中期时就出现了较为系统的宗教改革思想,威克利夫发起了宗教改革,被誉为"欧洲宗教改革的启明星""欧洲宗教改革之父"等。威克利夫的宗教改革虽然没有形成广泛而深入的宗教改革运动,但是系统地宣传了宗教改革思想,在中世纪天主教会

[①] 姚介厚、李鹏程、杨深:《西欧文明》(上),福建教育出版社2008年版,第383页。

统治下的文化黑夜中拨去乌云，升起了璀璨的启明星。宗教改革思想与文艺复兴运动中的人文主义思想有着共通之处，威克利夫新的宗教思想推动了人文主义思想在英国的传播，或者更为确切地说，为人文主义思想在英国的生根发芽准备了肥沃的土壤。同一时期，人文主义思想也在英国萌芽。

一 人文主义思想的兴起

英国早期人文主义的代表人物乔叟的很多著作均蕴含着明确的人文主义思想，此外还有威廉·兰格伦、约翰·高尔等人。可以说英国的宗教改革及人文主义思想都萌芽于非常贫瘠的土壤，尽管萌芽了，但生长极其缓慢。"百年战争""玫瑰战争"的长期蔓延严重破坏了社会生产，黑死病之后持续的疾疫造成了社会的恐慌，英国人口锐减近半、劳动力缺乏、农业萧条、商旅不前、经济凋敝、文化衰落、人文主义思想发展缓慢，这一时期英国也鲜有杰出的作家和成果。任何先进的思想不能脱离文化成果而独立存在，人文主义和英国的文艺复兴运动一样，在兴起之后也历经了近百年时间的沉寂，直到都铎王朝建立前后，又重新走向活跃。

都铎王朝建立后不久，人文主义和宗教改革思想又几乎同时登上历史舞台，二者互相促进，共同发展，发展成为波澜壮阔的社会运动。"都铎君主们不仅挽救了濒于毁灭的英格兰王国，而且已经走上了复兴之路。英格兰在历经一个世纪的灾难之后开始重建权威。都铎王权的扩张使英国的民族身份更加凸显。"[①] 人文主义思想为宗教改革提供了思想武器，推动着宗教改革不断向纵深方向发展，使英国成为西欧第一个新教国家。新教统治地位的确立又为人文主义的进一步传播及落地生根创造了社会条件。人文主义正好也满足了社会转型时期新兴社会力量的文化需求，也成为人文主义传播的社会基础。宗教改革和人文主义的结合形成了较为彻底的新文化运动，加速了英国的社会转型，使都铎王朝从各个方面

---

① Monod Paul Kleber, *Imperial Island: A History of Britain and Its Empire*, 1660–1837, A John Wiley & Sons Ltd., Publication, 2009, p. 9.

都显露出新时代到来的曙光。在新文化运动的引领下,英国新兴的社会力量表现出了前所未有的开拓创新精神,理性主义开始萌芽,科学逐步与宗教神学相分离。重商主义的经济政策极大地促进了海外贸易和国内商业及手工业的发展,使新兴资产阶级不断发展壮大,也使国家的实力大为增强,英国在海外活动和商业争霸战争中也崭露头角,为英国在近代的崛起奠定了坚固的基石。人文主义和宗教改革汇聚而成的新文化运动是都铎时期英国经济与社会迅速发展的原因之一,在引领国家发展崛起方面发挥了至关重要的作用。

文艺复兴从意大利发源之后,逐步传播到欧洲各地。在都铎王朝建立前后,人文主义思想在整个社会的意识形态领域里逐步占据了一定的地位。英国首批人文主义学者,大多毕业于牛津或剑桥大学,又在意大利或欧洲大陆其他国家有留学经历,受到文艺复兴运动的影响,之后回到英国积极传播文艺复兴的思潮。诸如威廉·格罗辛(William Grocyn)、托马斯·莫尔(Thomas More)、托马斯·林纳克(Thomas Linacre)、约翰·克利特(John Colet)等。"他们在英国组成了一个强有力的在欧洲几乎没有与之相匹敌的人文主义团体,并以授课、写作或参与政治的方式传播人文主义。"[①] 这个团体还与欧洲"人文主义之父"伊拉斯谟(Desiderius Erasmus)有着密切的联系。1499年,伊拉斯谟第一次来到英国,进入牛津大学学习希腊文,与科利特和莫尔的交往颇深,受莫尔《乌托邦》的启发影响,写成了拉丁文的讽刺小说《愚人颂》,揭露了天主教会对民众的欺骗愚弄,对神职人员和经院哲学家进行了抨击。伊拉斯谟强调人的价值,反对压制人性,泯灭人欲,倡导人生应当追求幸福与快乐。在宗教信仰方面,伊拉斯谟也提出了关于宗教改革的思想,主张信仰主要依赖于自己要有虔诚的内心,是一种出自内心的精神需求,并不一定要拘泥于外在复杂繁琐的宗教仪式,实质已经表现出了宗教改革的要求,这就是人文主义与宗教改革思想的共通之处。伊拉斯谟之后还多次到过英国,曾支持科利特创办圣保罗学校,为学生编写教材,指

---

① 王建妮:《亨利八世时期人文主义向英国大学的渗透》,《世界历史》2009年第2期,第80页。

导教师教学工作等，他还协助莫尔翻译了卢西恩的作品。1511—1514年，伊拉斯谟还接受了剑桥大学校长约翰·费希尔的邀请，从事希腊语和神学的教学工作，期间还编写了《哲罗姆书信集》，还将希腊文的《新约全书》翻译成了拉丁文，在英国乃至整个欧洲都引起了较大的反响。此后不久，威廉·廷代尔即用英语翻译并出版了《新约全书》，为英国的宗教改革奠定了思想基础。伊拉斯谟还极为推崇亨利八世较为开明的人文主义思想，而且博学多识，兴趣广泛，勇于接受新思想和新事物，使英国王室和朝廷都汇聚了许多具有人文主义思想的知识分子，诸如王后侍从蒙乔伊勋爵、亨利八世的拉丁语翻译官阿莫尼奥、御用医生林纳克、先后担任朝廷许多重要职务的托马斯·莫尔等。亨利八世被人文主义学者誉为文艺复兴时期君主的典范，英国王室也被奉为知识和虔信的典范。亨利八世后来之所以在欧洲第一次自上而下地实行宗教改革，使英国成为欧洲第一个新教国家，这与其从很早就受到人文主义思想的影响有着密不可分的联系，甚至在一定程度上他就是一个人文主义者。而亨利八世的宗教改革反过来又促进了人们思想的解放，也为人文主义思想在英国的兴起和传播创造了条件。也就是人文主义和宗教改革起到了相互促进的积极作用。"人文主义之父"伊拉斯谟在英国的学术及社会活动，有力地推动英国人文主义思想的兴起，同时他的思想也影响了很多学者，在伊拉斯谟的影响和鼓励之下，"剑桥大学的年轻学者亨利·布罗克及约翰·弗恩等人皆走上了传播人文主义的道路。"[1] 1488年，威廉·格罗辛从牛津大学毕业后来到意大利学习古典语言，1491年回到英国，在牛津大学开设希腊语进行授课，为复兴古代希腊罗马文化及培养人文主义学者创设文化环境。他与许多人文主义学者都有着密切的联系，经常同约翰·克利特等人进行交流研讨。格罗辛学问渊博，精通希腊语，特别是对古典文学有着深厚的研究，托马斯·莫尔和理查德·库克都跟随他学习过希腊语，组成了一个颇具规模的学术团体，有力地推动了希腊罗马古典文化在英国的传播，也使人文主义在英国开始兴起。

---

[1] 王建妮：《亨利八世时期人文主义向英国大学的渗透》，《世界历史》2009年第2期，第81页。

托马斯·莫尔自幼受到良好的教育，博学多识，游历广泛，精通拉丁文和希腊文，通晓英国法律，当过律师，曾经担任过国王派往荷兰加来调解商务纠纷的特使、伦敦市的副执行官、王室请愿裁判长、枢密顾问官、副财务大臣、英国大法官等职位。就在他1516年当商务特使的期间，用拉丁文开始了《乌托邦》（Utopia）的创作，完成之后很快名闻遐迩，给他带来了很高的荣誉。莫尔早在青少年时期就陶醉于柏拉图的"共产主义"思想，《乌托邦》就是他理想社会的蓝图和构想。乌托邦的人相信上帝，有自己的宗教，但每个人都有宗教信仰的自由，整个社会都实行宗教宽容的原则。"虔信上帝的传教士，其主要责任是教育正在成长的一代人，使他们关注科学，具有责任意识，关心社会风气，关心道德。事实上，不管莫尔自己是如何的虔诚，他的理想传教士不是教堂的牧师而更像是穿着宗教制服的启蒙学者。"[①] 在宗教改革的方式上，莫尔主张在原有的框架和体系内进行，而不是将原有的体系彻底毁坏，实质上是倡导在维护社会稳定的前提下进行温和渐进的宗教改革，妥善处理传统与变革之间的关系。

约翰·克利特从剑桥大学毕业后到欧洲大陆游学，先后到过法国和意大利，接受了新柏拉图主义者的学说，用人文主义方法研究宗教问题，开始将人文主义思想与宗教改革相结合，探索研究宗教神学的新方法。克利特后来回到牛津大学任教，讲授圣保罗书信集。他的教学方法是直接依据《圣经》的内容进行讲解，不再援引神学家或经院哲学家的解释，在教学过程中要求发挥学习者的主观能动性，这种方法本身就是人文主义精神的一个体现。1505年，克利特又离开牛津大学到伦敦圣保罗大教堂担任教职，在此期间，他还创办了具有人文主义性质的圣保罗学校，在培养时代所需要的、具有新思想的人才方面发挥了独特作用。

二　新文化运动阵营的形成及发展

英国早期人文主义者大多都出身牛津或剑桥大学，又有在大陆游学的经历，在游学过程中接受了人文主义思想，回到国内后又聚集在牛津

[①] 钱乘旦、陈晓律：《英国文化模式溯源》，上海社会科学院出版社2003年版，第233页。

或剑桥大学，通过讲授希腊语、希伯来语、希腊罗马的古典文学等课程，或者著书立说来宣传人文主义，从而使牛津和剑桥这两所久负盛名的大学成为新文化运动的主阵地。而此时，恰逢亨利八世要推行宗教改革，需要的不仅是大批具有新思想的人才，也需要新的完整系统的宗教神学理论来推陈出新，取代旧的教义和宗教仪式，来为自己的改革提供思想理论武器。亨利八世自然要倚重这两所大学的文化高地，从多方面给予了大力的支持。"在人文主义的这个突破性发展进程中，亨利八世及其朝臣扮演了重要的角色。"① 也就是说，英国人文主义在兴起和发展的过程中，得到了王室和国家政权的支持，这也是都铎时期新文化迅速发展的原因之一。社会转型时期新兴的社会力量，不仅需要新的宗教信仰，也需要新的生产技术来推动社会经济的发展，需要新的航海技术来获取海外利益，需要新的武器装备以增强新兴的民族国家的力量，也需要新的文化娱乐来陶冶情操，创立时代所需的法律和道德规范。而这一切，都离不开人文主义来充分发掘人的创造潜能，而不是像中世纪那样一味宣扬上帝万能，而人只是执行上帝意志的工具，归根到底，最终都要依赖于人才的培养，牛津和剑桥大学作为新文化运动主阵地的独特作用得到了彰显，同时在这两所大学又不断开办了许多新的学院以宣传人文主义，"代表性的学院有剑桥大学的圣·约翰学院（1511年）、牛津大学的考波斯·克里斯蒂学院（1517年）和红衣主教学院（1525年）。"② 人文主义者在这些学院开设古典语言如希腊语、拉丁语、希伯来语等课程，以这些语言为工具进而学习研究希腊罗马的古典文学和《圣经》原文，摒弃中世纪神学家和经院哲学家的信条及对《圣经》的解释。人文主义思想借助于希腊罗马的古典语言和文学在大学得到了广泛传播。牛津大学的红衣主教学院得到了亨利八世在位前期宠臣沃尔西的支持，在办学规模和财力上超过了以前所有的学院。红衣主教学院在保留经院传统的基础上，强化了人文主义思想的教学，开设了逻辑学、辩证法、哲学和人文

---

① 王建妮：《亨利八世时期人文主义向英国大学的渗透》，《世界历史》2009年第2期，第82页。

② 同上期刊，第82—83页。

学等课程。人文学主要讲授希腊罗马的古典文学。为加强对文化高地的控制，亨利八世下令制定了政府巡视大学的政策，还授权克伦威尔起草大学指令，要求大学全体成员要宣誓尊奉国王为英国国教教会的最高首脑，同时要求大学要进行学术改革，主要内容为在大学推广古典语言课，主要是希腊语、希伯来语和拉丁语，为复兴古典文化提供语言工具。在神学的教学方法上也进行改革，倡导以《圣经》作为神学教学的根本，抛弃中世纪以来历代神学家和经院哲学家对《圣经》的注解、评论和抽象出来的教义，强调个人研读《圣经》和内心的领悟。对大学的课程设置也进行了改革调整，废止了罗马教会所颁布的教会法的教学及学位设置，开设具有人文主义思想的课程，采纳具有人文主义思想的教科书。在政府大力推动之下，牛津和剑桥大学作为新文化运动主阵地的地位得到了加强，也使这两所大学成为汇聚和培养精英人才的摇篮，也成为英国思想解放的前沿阵地，各种新思想新理论基本都从这里兴起，从而又成为发明创新的研究中心，且凭借教学和科研影响着更多的精英人才。

在人文主义思想的影响和渗透之下，英国的大学教育焕发出了空前的生机与活力。首先，在课程设置上比以前更加多样化。中世纪时，大学一般所设置的课程大多只有文学、法学、医学、神学等四门课程。其中文学作为工具性学科为其他三门学科奠定了语言基础。在人文主义思潮的影响之下，不仅改革了原来的课程设置和教学方法，也增加了很多实用性学科，诸如希腊语、希伯来语、拉丁语等古典语言课程，还有逻辑学、修辞学、哲学、算术、几何学等学科。各个大学也都加强了对希腊罗马古典文化的研究，古典作家和哲学家的著作及蕴含的人文主义思想借助于古典语言重新得以复兴，逻辑学和哲学也吸收了古典哲学家的思辨精华，摆脱了经院哲学中无聊的诡辩和推理，开始关注现实生活中的实际问题，进行有益的思考和辩论。中世纪缓慢发展的天文学、医学、数学、物理学、地理学等自然科学也受到人们重视。科学家重新审视宗教信仰和科学理性之间的关系，开始敢于提出不同于宗教神学的观点，从而使古典文化重放光彩，使人们开始反思在宗教和神学的统治地位确立之前，何以使文化这样灿烂？其原因尽管有多种多样的解释，但归根结底，那就是人文主义思想，也就是以人为本而不是以神为本，人在自然和上帝面前并不是消极被动的，而是具有积极进取的创造精神，具有改造世界、创新发展的基本能力。这就从另外一侧颠覆着中世纪以来宗教神学在意识形态领域内的垄断地位，推动着人们思想的解放和宗教改革运动的发展。后来在宗教改革中的许多股肱之臣诸如托马斯·克伦威尔、托马斯·克兰默、威廉·塞西尔等人，都在牛津或剑桥大学受到过人文主义思想的影响。理查德·埃克鲁特在牛津大学担任地理学教授时，曾将最新的地图、地球仪和地理学知识带进了课堂。人文主义者开始重视培养国家急需的应用型人才，自然科学知识或技术开始成为大学教学的一个重要内容。其次，人文主义的兴起也改变了大学的教学方式，学院制开始确立，为近代联邦学院制大学的创立奠定了基础。中世纪的牛津和剑桥大学学生较少，规模有限，学科专业分类也不明晰，并非像现代这样以具有较大独立性的学院作为教学和管理的基本单元，而是仅给入校学习的大学生提供一个普遍能够参与学习及讨论的环境，同时提供必要的食宿条件。学校一般开设每个学生都要参加的课程，聘请教授进行公开讲座，进行公共辩论，而且当时的学校受制于教会，教学内容大多受到束缚限制。而到16世纪时，随着人文主义思想的传播和宗教改革的进行，在王室和政府的支持下，两所大学都新成立了许多新的学院，学院逐步成为教学和管理的基本单位，在对古典文化重新发掘的时候，各个学科都得到了发展的机会。学科与专业更加细化，使每个学院都具有了一定的专业性，以便招收吸纳天赋、兴趣、志向各不相同的学生，学生也开始以学院为单位进行授课和管理，学院制渐趋成熟并盛行，而且每个学院在经费来源上也不尽一致，得到王室和政府支持的学院便有着充足的经费。各个学院在招生、课程设置、学生的评价考核方面都具有较大自主权力，大学并无统一的严格规定。

　　随着人文主义的兴起和发展也扩大了生源范围，特别是在王室和政府的支持之下，牛津和剑桥大学作为文化高地的优势地位开始确立，贵族及乡绅子弟大多进入牛津和剑桥大学进行学习，特别是贵族子弟家世久远，出身名门，大多都有着良好的家庭教育，这就为大学的精英教育吸引了可塑之才。在中世纪前期，牛津和剑桥大学的学生大多出身平民家庭，但在"16世纪中叶以后，越来越多的贵族接受了大学教育。从不完整的注册记录来看，似乎 16 世纪 70 年代上牛津、剑桥两所大学的贵族开始增加。在这一时期，吸引贵族前往就学的大学不只是牛津和剑桥两所大学，伦敦的四法学院当时被称为英国的第三大学，这所学院以其法律教育而闻名。从 1570 年到 1639 年间，有 150 名贵族进入牛津和剑桥两所大学学习，约有 75 人进入四法学院学习。'光荣革命'以后，接受大学教育的贵族人数和贵族学生在大学生中所占的比例进一步增加，而未接受大学教育的贵族人数逐渐下降。"[1] 人文主义学者学以致用，也就是以文艺复兴的精神作为修身治国的指南。"这种思想在欧洲的社会上层得以广泛推崇，因而到 1600 年时，政治学和其他知识对于绅士来说就像骑术和等级的纹章一样是必需的。从 16 世纪中期起，英国社会上层文化价值的这种转变，使得越来越多的贵族和乡绅家庭把儿子送到牛津或剑桥去求学。军事精英这下也逐渐成为渊博的学者，民本精神逐步取代了骑士精神。"[2]

贵族子弟进入牛津、剑桥等大学进行学习，表明贵族阶层在社会转型的大潮中也开始主动适应社会发展的需求，摒弃阶层之间的社会藩篱，走出实施家庭教育的深宅府第，接受公众教育，扩大了其社会活动的范畴。这也促使人文主义思潮向社会上层渗透和传播，特别是贵族阶层长期居于社会统治地位，更是主导着文化的发展方向，因而贵族阶层接受人文主义不仅在当时具有重要的现实意义，对于引领未来文化发展方向也有着重要的深远意义，也进一步强化和巩固了牛津和剑桥等大学作为文化高地的特殊地位，对于吸引和培养更多的人文主义学者发挥了积极的带领作用。"伊拉斯谟于 1498 年来到牛津，他说，因为已不再需要远赴意大利追求最新的希腊学术成果——牛津就能提供同样甚至更优秀的学问。"[3] 表明牛津大学已成为新文化运动的阵营。正是在都铎时期，特别是在亨利八世的宗教改革期间，人文主义率先在牛津和剑桥等大学的知识分子中间寻找到了安身立命之所，又借助于宗教改革的声势而迅速

---

[1] 姜德福：《社会变迁中的贵族》，商务印书馆 2004 年版，第 263 页。
[2] David Scott, *The Rise of Britain as a World Power*, Published by Harper Press, 2013, p. 24.
[3] [英] 保罗·约翰逊：《文艺复兴——黑暗中诞生的黄金时代》，谭钟瑜译，天津人民出版社 2007 年版，第 52 页。

传播，成为意识形态领域里挑战宗教神学统治地位的最有力的武器，此后的宗教改革虽有曲折和反复，但人文主义却借助于牛津和剑桥等大学的文化高地一路高歌，推动着英国社会的转型发展和民族国家的迅速崛起。

三 人文主义的现实力量

人文主义作为文艺复兴运动的主旋律，伴随文艺复兴运动的兴起而在神学、哲学、文学、艺术等文化领域里奏出不同的声调，但却共同上演一部划时代的思想解放的乐章。早在14世纪后半期，文艺复兴的思潮就从意大利传播到了英国，涌现出了许多具有人文主义思想的知识分子，他们从不同角度批判宗教神学在意识形态领域的垄断地位，揭露各级天主教会黑暗腐败的统治，开创了思想变革的先河，然而历史的发展并没有使文艺复兴运动在英国一帆风顺，而是在15世纪时在文学、艺术等领域内出现了短暂的间歇和沉寂，"然而这一页并非空白。正好相反：学术和文学有许多重大进步并打下结实的基础结构。"[①] 到15世纪晚期都铎王朝建立后，随着国内外战争的结束、政治统治的稳固、经济的恢复和发展，英国文艺复兴运动又重新走向高潮，使人文主义焕发出空前的生机和活力，推动着人们思想观念的转变并转换成为巨大的现实力量，推动着英国社会的转型发展，使都铎王朝在各个方面均呈现出蒸蒸日上的态势，近代国家的崛起过程由此肇始。

英国文艺复兴运动的特殊之处在于人文主义的传播与宗教改革紧密结合。在英国"人文主义诗歌之父"乔叟创作的高峰时期，"欧洲宗教改革的启明星"——威克利夫所宣传的宗教改革思想也广泛地被人们接受，而且逐步发展成为以"罗拉德派"的活动为核心的宗教改革运动，直接导致了1381年瓦特·泰勒领导的农民起义的爆发，起义虽然也有贵族乡绅进行圈地所导致的契约租地农或茅舍农失去土地的经济原因，但也有反对天主教会的腐朽统治及敲诈勒索的宗教因素。坎特伯雷大主教也在

[①] [英] 保罗·约翰逊：《文艺复兴——黑暗中诞生的黄金时代》，谭钟瑜译，天津人民出版社2007年版，第51页。

这次农民起义中被杀害。威克利夫被指控为起义的煽动者和幕后主使而被逐出牛津大学，隐居于拉特沃思教区。农民起义尽管最后失败了，但"罗拉德派"的活动并未停止，他们中不乏具有人文主义思想的知识分子，许多人使用本民族语言写作了大量的小册子和布道文，同时也有大量的讽刺性文章，批判揭露教会和教士的种种阴暗面。人文主义与宗教改革思想和运动的紧密结合首先从社会底层自下而上地动摇了封建的统治秩序及其统治的精神支柱——天主教会，之后紧接着就是封建农奴制的逐步崩溃，货币地租逐步取代了实物地租和劳役地租，促进了商品货币经济的发展，以前盛行的敞田制的土地占有及耕作制度也缓慢发生着变革。农民的流动性有了明显的增强，谋生手段的多样性也显著增多。在"黑死病"及其他疾疫肆虐之后，伴随人口数量的减少，农业过密化现象也得到了改变，以养羊业为主的畜牧业重新走向繁荣，手工业率先在农村得到了发展。所有这一切表明，随着文艺复兴运动的兴起、人文主义的传播、宗教改革运动的发展，这些新生的思想和运动犹如随风潜入夜的春雨，使中世纪平稳静滞的社会发生着缓慢而深刻的变化。

在 14 世纪后半期，人文主义与宗教改革的结合所产生的现实力量还推动着英吉利民族主义的觉醒，民族语言的推广运用，加快了民族国家形成的进程。旷日持久的英法"百年战争"激发了英国人对法国的敌视，使他们对王室贵族等社会上层以及在司法、行政事务中普遍使用法语的状况产生了强烈的抵制情绪。王室贵族也逐步认识到"诺曼征服"之后的三个世纪以来，他们与法国统治阶级不仅渐行渐远，而且因为承继他业而另立门户等原因在领土等经济利益方面已产生了不可调和的矛盾。英法统治者长期以来对英国在法国属地的争夺对英国带来了沉重的负担，英国渡过海峡作战因为给养和后援的劣势致使屡战屡败，劳民伤财却丧师失地，耗费甚巨却鲜有战果。与其如此，不如承认双方已是民族利益各不相同的两个国家的现实。

来到英国的法国贵族及其后裔虽然念念不忘其高贵的血统与先进的文化，但岁月的变迁使这一切都失去了现实意义。他们已与英国的民众在共同的地域上形成了水乳交融的民族共同体，在共同的地域上有了共同的经济利益，逐步也形成了共同的文化心理，与法国在语言方面首先划清界限是当务之急。"1362年,英语被宣布为法律上和法庭中的通用语。1363年,上院大法官在议会开幕式上用英语致辞,为此开了重要先例。以后民间也开始用英语起草诸如遗嘱之类的文件,从此法语的地位开始下降,英语作用提高。到了15世纪,特别在英国人失去了他们在法国的属地后,英语战胜法语的速度明显加快了。"[1]而且在此过程中,"伦敦方言逐渐成为以英语为母语的不列颠及爱尔兰人书写的标准语言,也使政治和文化利益都集聚在以伦敦为中心的王权的周围,这便于开展思想讨论并塑造整个王国的公众思想。"[2]与此几乎同时发生并类似的事情是英语也逐步取代了宗教语言拉丁语。长期以来,各级教会使用拉丁语传经布道,祭祀祈祷,《圣经》及神学家的各种著作也都使用拉丁语,而下层民众又普遍使用英语,这样就使上帝的福音只有通过精通拉丁语的神职人员才能恩泽普通民众。对宗教文化的垄断强化了天主教会在意识形态领域里的统治地位,也使广大民众在精神上加强了对天主教会及神职人员的依赖。更为重要的是,在中世纪很长的历史时期内,天主教会还垄断着文化教育,教会学校或修道院是正统的教育机构,所讲授的内容多是与宗教神学相关的内容,教育目标是培养虔信上帝并服务于教会的各级教士。文化的断层现象加剧了广大民众与天主教会的对立,加之教皇顽固地操纵圣职任命权,直接任命英国大主教等重要圣职,还通过"十一税"等方式在英国勒索金钱,使英国的财富通过天主教会而大量外流。特别是1305—1378年"阿维农之囚"时期,七任教皇全是法国人,教廷实际上已沦落为法国国王的御用工具,法国国王"挟天子以令诸侯",使教皇的精神权威成为法国与其他国家进行政治博弈的砝码。之后教廷又历经了近40年的大分裂时期,出现了分驻罗马和阿维农的两个教廷、两个教皇的局面。两位教皇为维持教廷的开支而滥增捐税,英国虽然宣布拥护在罗马的教廷但实际上受制于法国的阿维农教廷。1409年比萨宗教会议决定结束两个教廷并立局面,为缓和宗教矛盾决定原来两位

---

[1] 阎照祥:《英国史》,人民出版社2003年版,第113页。
[2] David Scott, *The Rise of Britain as a World Power*, Published by Harper Press, 2013, pp. 12–13.

教皇同时退位，选出了新的教皇以实现教廷的统一，但是前两位教皇都不肯退位并继续分裂对峙，这样还出现了三个教皇鼎立的状况，直到1417年康斯坦茨宗教会议废黜了三个教皇又选出新教皇马丁五世才结束了教廷大分裂局面。教廷通过英国教会勒索的财富实际上流向了与英国处在敌对和战争状态的法国，这是英国国王和民众都无法接受的现实。"百年战争"开始以后，爱德华三世就明确反对教皇的圣职任命权，禁止将教皇的圣职委任状带到英国，并罢免教皇新近委任的圣职。1351年还将此事提交议会讨论立法，通过了第一个"圣职候补者法令"，宣布所有的圣职选举和任命权都应归属英国国王或英国教会。之后议会还通过了一系列的法案来限制教皇在英国的权力和影响，使世俗王权与教皇的斗争进入了一个新阶段。"阿维农之囚"及教廷的大分裂实际上表明了教皇权威凌驾在世俗君主之上的时代的结束和西欧民族主义的渐趋觉醒，教皇及天主教会在民众心目中的神圣地位及绝对权威已轰然坍塌。

英国统治阶层与教皇的斗争体现出了英国民族主义的上升，也极大地推动了宗教改革思想和运动的发展。威克利夫所倡导的宗教改革正是在这样的背景下应运而生。威克利夫揭露各级天主教会的黑暗腐败以及僧侣教士的骄奢淫逸，认为在教会的初创时期，基督及其信徒并无教产，因而教皇和教会拥有大量的财产是其腐化堕落的根源，主张天主教会所拥有的土地及教产应当在国王和贵族之间分配而世俗化，同时减免甚至废除教会所征收的各种捐税，教皇所征收的"十一税"应改为具有募捐性质的救济金，教区居民完全可以根据自己的意愿和财产状况来自由决定是否缴纳或缴纳多少。威克利夫宗教改革思想的核心是"神恩统治论"，强调在信仰方面上帝具有不可替代的最高权威，否定罗马天主教会强加于上帝和人们之间的各级教会存在的合理性，认为最高的权力来自天堂，而不是来自罗马；信仰的权威是基督，而不是教皇；信仰的依据是《圣经》，而不是教会制定的信条和神学家所阐释的教义，只有上帝才是万众万事的主宰，也只有承蒙上帝恩宠的人才能拥有各项权力。人们可直接向上帝表示虔诚和忠顺，人们对上帝的关系是直接的，恰如英国每个臣民对国王的效忠，无须通过任何中介和组织，所有权力的基础都来自上帝的恩宠，而只有正义者才有资格接受上帝的恩宠，才能行使各项权力，而现有的教会及教皇争权夺利、腐化堕落，各级教士贪图享乐、好逸恶劳、骄奢淫逸，已经没有资格蒙受上帝的恩宠，也就不能拥有上帝所赋予的权力。这就否定了教会在上帝与人们之间的特殊作用。

威克利夫在英国甚至在西欧也是较早且系统地确立了新的宗教思想体系，从信仰本源、教义要旨、礼拜仪式、宗教语言等各方面提出了全面系统的改革主张，这就打破了中世纪以来罗马教皇及教廷在宗教和世俗生活中的神圣地位，顺应了罗马教廷教权专制主义衰落和西欧民族主义上升的趋势，也反映了英国社会民族意识以及国家观念正在日益增强，显然符合以国王为代表的民族国家的利益，而且体现出了人文主义反对传统宗教神学的思想。1378年，威克利夫写了《论圣经的真理》一文，提出《圣经》已包含了一切真理，是信仰的基础和衡量一切事物的尺度，主张以《圣经》作为信仰的唯一源泉，认为《圣经》的权威性要高于教会所颁布的任何教条、教皇法令或神学家的著作，反对各级教会和神职人员对《圣经》阅读和宣讲的垄断权，同时也反对以拉丁文《圣经》作为唯一可阅读的版本，主张各民族都可把《圣经》译成自己民族的语言，使所有人都能用他们自己的民族语言自由地阅读《圣经》，破除普通民众阅读《圣经》的语言文字障碍，从而使每个善良公正的民众都能亲自阅读《圣经》，理解上帝的旨意，通过自己的领悟而不是通过教会和神职人员来接近上帝，沐浴上帝的恩宠和福泽。为了实现这一愿望，在14世纪80年代初，威克利夫主持召集许多学者在牛津大学的女王学院第一次将《圣经》完整地翻译成英语，但第一次译本按照拉丁文《圣经》逐词逐句严格进行直译，以期维护并传达《圣经》的真实性和权威性，但以此导致该早期译本具有较强的拉丁文和书面语色彩，有时甚至忽略了英语的语序而导致语句不通，文化水平不高的普通民众仍难阅读理解。在威克利夫去世之后，他的信徒在第一次翻译工作的基础上又重新组织学者再一次翻译《圣经》。这次翻译虽非威克利夫所主持，但是无论从理论上还是从实践上，都与威克利夫的改革思想及具有开创性的翻译工作有着密切的联系。在此之后，英国民族主义学者对《圣经》的翻译工作并没有停止，而是前后相继，尽可能地搜集所能见到的拉丁文《圣经》而互相参证，力求既准确地传达《圣经》本来的要义，又能使英译本符合本民族的语言规范,从而使英译本层出不穷,越来越准确明了,越来越通俗易懂,越来越具有民族色彩。威克利夫首倡的对《圣经》的翻译是英语不断推广普及的结果,反映了英吉利民族主义上升时期,民族语言逐步战胜了外来的语言,同时对《圣经》的翻译也丰富了英语的语法和词汇,推动了英语语言文学的进一步发展,"伦敦方言逐渐成为以英语为母语的不列颠及爱尔兰人书写的标准语言,也使政治和文化利益都集聚在以伦敦为中心的王权的周围,这便于开展思想讨论并塑造整个王国的公众思想。"① 无论是在民族语言的使用还是在民族心理认同方面,都树起了统一的文化旗帜,有力地推动了民族国家形成的进程。

以威克利夫和乔叟为代表的早期人文主义者,在英国开创了文艺复兴的先河。而且人文主义从一开始就与宗教改革运动相结合,在确立"人本主义"的同时,也动摇了"神本主义"的根基,在否定罗马天主教会神权统治及教皇精神权威的同时,也顺应了欧洲民族国家形成时期加强以国王为代表的贵族阶层权力的客观要求,为后来民族教会的建立奠定了思想基础。更为重要的是,人文主义与宗教改革的结合使广大普通民众在信仰方面从被动支配地位开始走上了自我救赎的道路,从宗教活动及精神信仰的边缘地带走到中心地位,并且使上帝和《圣经》成为信仰的本源,从而逐渐摆脱了罗马教会及各级教士对人们精神的绝对控制,也打破了宗教神学对人们思想和行为根深蒂固的束缚。而宗教改革又从另外一个方面推动了人文主义的传播与发展,使芸芸众生的创造性和自主性逐步得到了唤醒,走上了推动社会发展的中心舞台,从而使构成社会生产力诸因素中最活跃的因素——人的作用得到了肯定和发挥。14 世纪后半期,尽管英国社会的全面转型时期尚未到来,但是封建农奴制的渐趋解体、货币地租的盛行、商品市场经济的发展,加之文艺复兴的兴起、人文主义与宗教改革的结合、民族主义的上升,也以文化的力量推动着社会的发展变化,只不过黑死病及其后其他疾疫的肆虐、人口数量的锐减、"百年战争"的持续延缓迟滞了这一进程。15 世纪前半期,虽然

---

① David Scott, *The Rise of Britain as a World Power*, Published by Harper Press, 2013, pp. 12 - 13.

文艺复兴及宗教改革在英国一时出现了沉寂的局面，但文化的力量依然在潜滋暗长，一旦遇到适宜的环境，便会再显推动社会发展进步的生机与活力。

英国在"百年战争"中虽然丧失了在法国的大部分领土，但却结束了自"诺曼征服"以来与法国长达几个世纪的爱恨情仇，也摆脱了长期战争给国内带来的沉重财政及兵徭役负担，从而得以集中力量致力于国内外事务的发展。战争也促使了民族主义的进一步觉醒，英国王室及贵族阶层正是在与法国的战争环境中，反对法国控制的天主教会以什一税等宗教名义而征收各种苛捐杂税，从而萌生宗教改革思想，同时长期与法国的敌对也使英国的君臣及民众认识到了与法国民族利益的不同，独立的民族意识由此得到了强化，也促使贵族阶层在语言文化上放弃法语，接受并推广本民族的语言——英语。人文主义和宗教改革正是凭借民族语言而获得了生根发芽的沃土，播下了推动社会变革的种子。英国在"百年战争"中的失利及对传统贸易地区安特卫普的丧失虽然使国家利益蒙受了一定损失，但却使英国摆脱了对大陆领土的长期纠结和法国的羁绊，也意识到英国已成为一个纯粹的岛国，从而对海防及海洋重要性的认识比以前大为增强，当时人们之间流传着："要特别保护好周围的海，他们是英格兰的围墙。"英国也更加重视海军力量的建设，同时也不再将目光局限于大陆上的法国，而是逐步转向更为遥远的海洋世界。传统贸易地区安特卫普的丧失也促使英国商人在全球范围内寻求新的贸易对象，在15世纪主要是加强了与波罗的海沿岸国家、地中海地区及意大利北部威尼斯、热那亚等城市国家的贸易联系，同这些地区商贸关系的发展为16世纪贸易的扩大及股份制新型贸易公司的成立奠定了基础，诸如后来的威尼斯公司、土耳其公司、利凡特公司和莫斯科公司的建立，都同15世纪英国同这些地区的贸易联系有着密切的关系。"百年战争"也促使英国贵族集团附庸武装力量的发展壮大，在战争结束后围绕对王权的角逐而爆发了"玫瑰战争"。战争使贵族集团的军事力量遭到一定程度的削弱，为都铎王朝建立后君主权力的加强创造了一定的条件，而君主权力的加强是近代民族国家的形成与发展的必要条件。

都铎王朝的建立使"百年战争"期间所积累的国内矛盾得到一定程

度的解决，同时也彻底结束了英国长达百余年的内外战乱，实现了国家的和平与安定。黑死病之后人口数量不断下降的趋势也得以遏止，开始逐渐恢复增长。"人口数量下降一直持续到15世纪最后25年，直到15世纪的70年代或者是80年代，人口数量才开始恢复增长。"① 人是社会发展最核心最重要的力量，人类自身的生产是其他社会生产的原动力，因而人口数量的增加也为都铎时期社会生产的发展提供了前提条件。从亨利七世开始，都铎王朝的历代君主都大力加强王权，并能巧妙地处理与议会的关系，使王权加强的过程并未过多地受到来自议会的羁绊，推动民族国家进一步向前发展。"都铎君主们不仅挽救了濒于毁灭的英格兰王国，而且已经走上了复兴之路。英格兰在历经一个世纪的灾难之后开始重建权威。都铎王权的扩张使英国的民族身份更加凸显。"② 15世纪晚期的英格兰与欧洲大陆的对手相比是贫穷和弱小的，然而从政治文化的角度而言却是领先的。"到1485年时，英格兰低地地区已经成为国家的重心，且服从国王的统治。议会及英格兰传统的习惯法，构成了英国法制极为稳固的基石。此外，绝大部分人虽然有各地的口音，但是语言是共同的。在都铎王朝建立之前，法兰西贵族已经转变成英格兰贵族，语言同化的过程在15世纪晚期时加速进行。英语取代了官方的法语和拉丁语而在政治、管理和宗教等领域得以广泛地运用。词汇扩大了，词意也进一步细化。英语的实用化及精细化使更多的人参与到公众事务中来，也使更多的人能学习知识和担任公职。同时，在政治文化中，中央集权的趋势及参与者的向心力明显都增强。"③ 亨利八世在位时期，进一步加强王权，积极致力于民族国家的巩固与发展。1536—1543年，英国议会又通过一系列法令，将英格兰与威尔士合并成一个统一的国家。威尔士公国和贵族地主都逐步融合进英语类型的国家，同时，在威斯敏斯特的议会中，也给予了威尔士的代表席位，英国的习惯法及管理体制也在整个威尔士得到推广和实行。结果就使得威尔士的蛮荒之地披上了英国文明

---

① M. M. Postan. *The Medieval Economy and Society*, Berkley, 1975, p. 43.

② Monod Paul Kleber, *Imperial Island: A History of Britain and Its Empire*, 1660-1837, A John Wiley & Sons Ltd., Publication, 2009, p. 9.

③ David Scott, *The Rise of Britain as a World Power*, Published by Harper Press, 2013, p. 12.

的外衣。① 都铎时期对威尔士在政治文化上的进一步融合是不列颠民族国家形成进程中重大事件之一，也促使英吉利民族国家朝着不列颠民族国家的方向发展，为以后征服爱尔兰，合并苏格兰，完成不列颠的统一进而建立大不列颠帝国都有着重要的意义。

都铎王朝时期政治文化的稳定发展和民族国家形成进程的加快为英国经济社会各方面的发展均创设了良好的环境。在经济方面，都铎王朝实行重商主义的经济政策，资本主义的生产关系在城乡迅速发展，为其以后的发展积累了"第一桶金"；在对外贸易和争夺世界市场方面，英国在与西欧列强的角逐中崭露头角。封建的都铎王朝，已从诸多方面呈现出新时代即将到来的曙光。其"生产关系由封建的依附制向资本主义雇佣劳动制发展，思想观念由宗教神学的贫困光荣向资产阶级发财进取转变。"② 国内外战争的结束及和平局面的开创、人口数量的恢复与增长、民族国家的巩固与扩大，商品市场经济的进一步发展也促进了农业与手工业的发展。手工业已从家庭手工业向工场手工业转变，生产规模已大大超过了以前，生产技术和生产效率也大为提高。早期出现的零星的圈地现象在都铎时期已发展成为波澜壮阔的圈地运动，从经济基础上动摇着封建的经济基础，也调整着农牧业生产的比例，使敞田制下条块分割、不完全的土地占有与使用权也得到了彻底的改变，从而推动着封建土地制度的变革，使农牧业生产逐步走上了近代化道路。都铎早期时的贵族视自己为"马背上的地主"，其娱乐、文学品位及装束都有着浓郁的军事色彩，与骑士阶层的广泛接触也使他们不断地受到15世纪早期意大利文艺复兴思想的影响。"这次文化革命的中心是重新解读古典文学著作，但思想体系却从以前希腊罗马的宗教体系更加转向世俗化，更加倾向于关注人类自身的事件，即现代学者所谓的人文主义。"③

所有这一切变革与发展都使15世纪暂时沉寂的文艺复兴重新走向高涨，而且从社会科学领域逐步扩展到自然科学、哲学等领域内并取得了

---

① David Scott, *The Rise of Britain as a World Power*, Published by Harper Press, 2013, p.64.
② 尹虹：《十六、十七世纪前期英国流民问题研究》，中国社会科学出版社2003年版，第63页。
③ David Scott, *The Rise of Britain as a World Power*, Published by Harper Press, 2013, p.23.

前所未有的成就。"人文主义标志着人的自我觉醒，对现实世界的明确承认和对中世纪基督教'彼岸世界'的明确反对。为了学习古希腊罗马文化，人文主义者热衷搜寻古典文献，无论是哲学、文学还是科学著作，他们都孜孜以求。所以，无论是作为一种观点，还是作为一种方法，人文主义都为文艺复兴时期的科学发展做出了贡献。"[1] 人文主义也被更多的学者所接受，特别是被牛津、剑桥大学、四法学院、格雷莎姆学院等大学先进的知识分子所接受，形成了具有一定规模的新文化运动的阵营。这些具有新思想的知识分子改革中世纪以来大学传统的教学理念和教学内容，创办新的学院、开设希腊语、希伯来语、拉丁语等古典语言课程，还有天文学、物理学、化学、逻辑学、修辞学、哲学、算术、几何学等新的课程，虽未彻底否定传统课程设置中的神学，但却动摇了以神学为主体的课程设置，而且开始打破经院哲学的世界观和方法论，摒弃了超自然神秘力量主宰世界和人类命运的虚无主义和教条主义。人文主义学者借助于希腊罗马的古典文化而"旧瓶装新酒"，在哲学领域里从古典哲学、神学和经院哲学中汲取养料，充分利用其重在思辨的优势而进行创新，出现唯物主义、先验主义、辩证法等各种哲学流派。弗兰西斯·培根还提出了"知识就是力量"的论断，这种论断包含有唯物主义倾向和重视实践经验的世界观和方法论，创立了唯物主义经验论哲学。培根不仅继承了人文主义，而且在人文主义道路上更进一步，将人文主义推进到理性主义的新阶段，促使人们不仅要肯定自身的力量，还要充分发挥自身的潜能，在社会生产实践中认知世界、积累经验、科学思考、探索规律、从而获得征服自然、改造自然的力量。唯物主义经验论哲学在英国开创了理性主义的先河，推动了以实践及实验为基础的自然科学的发展。正是从16世纪开始，英国以哲学进步为先导的自然科学的各学科都逐步得到了确立和发展，首先在天文学领域获得了突破性进展，与其密切相关的地理学也随着天文学的进步而得到发展，其次便是数学和物理学，紧接着生物学、化学和医学也在不断分化发展。尽管哲学、自然科

---

[1] 施诚：《巨人的时代——文艺复兴时期的科学与艺术》，上海科学技术出版社2002年版，第2—3页。

学的原理与生产技术的结合在当时还有遥远的距离，但是培根的哲学摆脱了神启真理的虚无主义，断言"知识就是力量"实际上也是否定"信仰就是力量"的神学世界观，在方法论上强调知识来自于个人的经验，而不是纯粹的思辨，促使人们摆脱仅停留在思维领域内的逻辑推理，而转向以生产实践为基础的认知，在实践基础上获得亲身的经验，进而通过理性地思考转化为自己的知识，再将这种知识付诸实践，从而转化为征服自然、改造自然的力量。由此可见培根的哲学并非悬浮在意识和思维真空中的理论，而是自始至终强调以生产实践为出发点和落脚点，这就为科学的发展指明了前进的方向，也为哲学和自然科学的原理与生产技术的结合并最终转化为现实的生产力指明了方向。

"1598年起，托马斯·胡德便在伦敦为水手、工匠和士兵公开讲授天文学和数学知识。同年，英国还在伦敦成立了格雷莎姆学院，作为学者与技师的聚会地点以及用拉丁文和英文讲授科学、数学和神学的地方。文艺复兴时期工匠与科学家之间的密切合作对实验科学的发展产生了重要的促进作用。"[1] 人文主义由此展现出巨大的现实力量，推动着中世纪以来欧洲科学中心从意大利转向了英国，也促使英国社会开始全面转型，从而使都铎时期的经济社会在各个方面均呈现出新时代的曙光。人文主义在都铎时期所表现出来的现实力量不仅在于进一步肯定了以人为本的世界观，还进一步肯定了人的理性与主观能动性，能够以自己在实践中的经验获得知识，增强自身征服自然、改造自然的力量，这就在一定程度上把人们从超自然神秘力量主宰人类命运的教条下解放出来，大大增强了人们的创造精神和进取精神，激励人们探索新知、开拓创新，以人类自身的力量谋求自身的幸福与发展、实现自身的价值与解放。人文主义在都铎时期的新发展使英国迅速摆脱了在欧洲积贫积弱、被动落后的局面，在宗教改革、经济发展、对外贸易、海上探险等各个方面均有突破性的进步。英国不仅融入了欧洲国家走向世界的新潮流，而且以民族国家的独立发展为前提同欧洲其他国家在很多领域展开了竞争。1588年，

---

[1] 施诚：《巨人的时代——文艺复兴时期的科学与艺术》，上海科学技术出版社2002年版，第8页。

英国海军以弱击强、以少胜多，大败西班牙"无敌舰队"，表明英国已能同当时最强大的殖民帝国相竞争抗衡。以此重大胜利为契机，英国的海上活动结束了以海上探险、抢劫掠夺为主要内容的个人英雄主义时代，进入了以新型贸易公司和民族国家为主体的商业争霸时代，同西班牙、荷兰等国在大西洋上展开了商业争霸战争并节节取得胜利，为以后进行殖民争霸战争并成为新的"日不落帝国"初步奠定了基础。这种从农业文明向海洋文明的过渡、由海洋文明引领工业文明的发展道路与人文主义的传播和发展不无关系。人文主义极力肯定人类自身的价值、崇尚人的主观能动精神和创造精神、鼓励个人冒险进取、大胆追求财富与个人幸福，强调以人类自身的力量征服自然、改造自然。同时，人文主义对科学发展的推动作用也使其所倡导的这些基本精神获得了付诸实施的条件。

都铎时期人文主义的新发展促使宗教改革运动又重新走向高涨。亨利八世所推行的宗教改革运动的起因似乎是其个人的婚姻问题，但实质却是威克利夫所开创的宗教改革运动的继续和发展，是都铎时期经济社会发生全面转型的时代要求，也是人文主义深入发展和民族主义持续上升的必然结果。威克利夫所开创的宗教改革运动基本还停留在意识形态领域，其宗教改革思想虽然顺应了西欧民族主义萌芽与发展的要求。亨利八世依靠国家政权的力量自上而下地推行宗教改革，改革的重点是要摆脱罗马教皇的统治而建立以国王为至高无上首脑的民族教会——"英国国教教会"，国王不仅是世俗的行政首脑，还要成为不受罗马教皇和天主教会管辖的民族国家的宗教领袖，有权力决定本民族的一切宗教事务。亨利八世的宗教改革不仅否定了教皇在英国的神圣权威，也宣告"英国国教教会"取代了罗马天主教会而成为唯一正统的民族教会，这就推动了民族主义国家逐步走了独立发展之路。改革不仅触动了天主教会的神圣统治，也引发了对天主教信仰本源、教义要旨、圣职任命、礼拜仪式、宗教语言等全面系统的改革。威克利夫所宣扬的宗教改革思想不仅得到了全面地贯彻落实，而且改革还深入社会经济领域。为减少改革的阻力，亨利八世及其朝臣并未触及天主教会的地产，而是首先将矛头指向了八百多座大大小小的修道院，用了不到四年的时间将所有的修道院解散且将修道院的地产收归王室所有。但是修道院的大量土地及其收入,并没有长期保持在国王手中,王室随即对所没收的修道院地产进行了拍卖,修道院以前所占有的土地大部分落入了正在上升中的新贵族及乡绅阶层的手中,使天主教士阶层维护统治的经济基础日益转化为新兴资产阶级发财致富的工具,同时也推动了方兴未艾的圈地运动,促进了封建的土地占有制度——敞田制进一步瓦解,而具有资本主义性质的土地占有制度——圈地制则日益发展,彼此一消一长从根本上动摇着封建的经济基础。"16世纪后半期土地财产的分化的趋势不断加强,随之而来的是中世纪土地占有框架的最终解体,修道院的解散为1536年以来的土地市场增加了份额,使土地的重新分配得以继续。"[1]

都铎时期的宗教改革不仅触及了经济社会生活的各个领域,还促使人文主义宗教观日益深入人心。人文主义者以"人"和"现世"作为新宗教观念的中心,"提倡个人的理性信仰,强调人的信仰自由和平等,这些思想有别于封建宗教理论提倡的教会和神职人员作为个人信仰与上帝之中介者的观念,有别于罗马天主教始终坚持的教皇至高无上和教士特权的等级观念,从而使自身与传统的天主教神学有了重要区别,形成了他们那个时代进步的宗教观。"[2] 人文主义宗教观的形成和传播进一步动摇了旧的宗教神学观念对人们思想的束缚,打破了意识形态领域里宗教神学的统治地位,从另外一个角度促使人文主义发展到新的阶段——理性主义,从而鼓励人们勇于实践、科学思考、积极进取、发明创造,以人类自身的力量谋求自己在现世的幸福。这不仅肯定了人的价值,还肯定了人具有科学思考及改造现实世界的能力,还具有也应当具有在现实生活中追求自己幸福的权利和自由,包括对人性的肯定和解放、对爱情的向往和追求、对财富的拥有和支配,对声誉的获得和赞美。人文主义的新发展与宗教改革的结合极大地推动了英国文化的发展,不仅催生了近代自然科学,而且也促使社会科学走向繁荣;不仅使近代自然科学在

---

[1] H. C. Dabby, *A New Historical Geography of England before* 1600, Cambridge University Press 1976, p. 207.

[2] 刘新利、陈志强:《欧洲文艺复兴史(宗教卷)》,人民出版社2008年版,第59页。

实践基础上不断进行分化，而且极大地调动了人们从事文学和艺术创作的热情，涌现出了以弗兰西斯·培根为代表的哲学家、以威廉·吉尔伯特为代表的科学家、以约翰·科利特为代表的教育家、以托马斯·莫尔和威廉·廷代尔为代表的文学家、以埃德蒙·斯宾塞和菲利浦·锡德尼为代表的诗人、以克里斯多芬·马洛和莎士比亚为代表的戏剧家。名家辈出、佳作纷呈，文化创作出现繁荣景象，突破了14世纪末到15世纪以来文化相对沉闷静寂的局面，使都铎时期的文化氛围为之一新，为经济社会的转型发展积聚了文化力量，激励引导人们冲破旧的思想文化的束缚，在各行各业和各个领域去开拓进取，创新发展。"人文主义者对一切知识和学问都抱有探求的愿望，因为传统的旧思想的束缚一经打破，精神一旦获得自由，那么一切已知的结论必然受到怀疑，一切领域在他们面前都变成了未知的领域，都需要重新进行研究和了解。强烈的求知欲促使他们的探索研究工作涉及所有的知识领域。在他们面前，一切禁区似乎都消失了，所有清规戒律都失去了约束力。"[1] 人文主义以宗教改革为突破点，并且与正在上升的民族主义紧密结合，动摇了中世纪以来意识形态领域里宗教和神学的统治地位，促使近代哲学、自然科学和社会科学等各个领域均有一定程度的发展进步，进而转化为文化的力量推动着经济社会的全面转型。正如马克思所言："为资本主义生产方式创立基础的革命的前奏曲，是开始于十五世纪最后三十余年及十六世纪最初十数年间。"[2]

---

[1] 刘新利、陈志强：《欧洲文艺复兴史（宗教卷）》，人民出版社2008年版，第74页。
[2] ［德］马克思：《资本论》（第一卷），人民出版社1963年版，第907页。

第 四 章

重商主义文化与经济的发展

第一节　英国重商主义文化的起源与发展

　　重商主义是中世纪晚期以来西欧各国普遍所实行的经济政策，也是19世纪自由贸易时代之前各国普遍都采用的商业原则。重商主义的基本含义是"财富由金银或货币构成"，贮积金银是致富的捷径，增加金银"应当是该国政治经济的大目标"，实现该目标手段是发展贸易，主要是对外贸易，通过"奖励输出和抑制输入"。在当时的历史条件下，封建经济瓦解，商业和城市日益繁荣，金银货币在经济生活中的地位日渐突出，逐渐成为财富的象征。社会各阶层人们都在追逐货币，对货币的依赖性日益加强。历史经验告诉人们，货币主要来自商业贸易及流通领域，主要依靠从对外贸易的顺差中取得。因此，对外贸易被认为是财富的源泉。西欧各国政府普遍采用政治、外交、军事等诸多手段确保商业贸易的优先发展，利用商业贸易特别是对外贸易积聚大量的金银财富，使金银财富源源不断地流入国内而有限制地流出，通过商业贸易开拓资源空间，从而达到富国强兵的目的。这种经济与政治联姻的政策显然在很多方面都具有重要意义，特别是在近代初期形成了被西欧主要大国都普遍接受的重商主义文化，对于西欧国家早期对外贸易的发展、商业霸权的扩张、工农业的发展及国家经济实力的增强都有着重大影响。

一　中世纪以来英国商业的发展

　　英国是重商主义的发源地之一。重商主义文化基于中世纪以来商业实践的发展。在新航路开辟之前，英国虽非欧洲商业贸易的中心，但是并未脱离欧洲社会商业圈。13—15世纪，随着农业和手工业的发展，特别是英国城乡呢绒业都有一定程度的发展，而且大多使用雇佣劳动力进行生产，在自然经济的母体里，已出现了资本主义生产关系的萌芽。呢绒业的发展和养羊业互相促进，羊毛生产量逐年增长，在供给国内呢绒业的同时也大量出口国外，促使商品经济渐趋活跃。新航路开辟之后，欧洲传统的商业中心从地中海沿岸转移到了大西洋沿岸，贸易商路随之也发生了转移，英国地处在大西洋商业中心和纵横交错商路的十字路口，为英国对外贸易和重商主义文化的发展创造了得天独厚的地理位置。而商业的发展在经济领域里引入了商品市场机制，价值规律充当了看不见的手，推动着各种资源的优化配置，刺激推动着社会生产，引领并推动了工农业的发展，为工业革命在英国的率先进行创造了有利条件。"在今日，工业的霸权带来商业的霸权。在真正的手工制造业时期，却是商业的霸权带来工业的优势。"①

  13世纪前，英国的地租形态主要以劳役为主，并附以少量的实物和货币地租。随着英国商品经济的发展，到14世纪时英国广泛推行折算制，将劳役地租和实物地租都开始折算成货币地租，许多庄园都开始实行货币地租，特别是历经14世纪中期"黑死病"和1381年农奴起义之后，人口的大量减少和流动性的增强使劳役地租根本无法维系下去。很多封建领主发现，"实行强制劳动的方式对农业耕作是有害的，而且使用雇工要比实行强制劳动可以把活做得更好，农奴自然想方设法用金钱赎买那些令人厌恶的劳役，并为了从犁地、运输、播种等劳役义务中解脱出来而与领主讨价还价；而且在许多庄园，将所有各种劳作都用金钱来估价，这样的时刻终有一天会来到。这对领主和农奴双方都是有利的。"②货币地租的盛行，是商品货币经济发展的产物，反过来进一步促进了商品货币经济的发展。货币地租的出现正是英国商品经济发展的标志，也

---

① [德]马克思：《资本论》（第一卷），人民出版社1963年版，第831页。
② [英]亨利·斯坦利·贝内特：《英国庄园生活——1150—1400年农民生活状况研究》，龙秀清等译，侯建新校，上海人民出版社2005年版，第280页。

第四章　重商主义文化与经济的发展　❖　129

是商品经济发展到一定程度的产物,而货币地租的盛行又使大部分农民不得不与市场发生联系,从而也进一步促进了商品经济的发展。货币地租的普遍推广也使农奴制度日趋解体,"在 15 世纪差不多所有的农民都改用货币地租,并且赎得了自由。"① 人们对财富的概念也发生了变化,货币也被视为重要的财富。农奴制的解体也使农民和土地的依附关系渐趋松疏,从而大大增加了农民从事生产和经营的自由性,其迁徙也相对容易,流动性也大为增加。由于农民与市场发生密切的联系,所以使农民阶层也日渐分化,形成了占有大量土地的乡绅和约曼阶层,而大部分农民占有的土地面积则不断减少,仅依靠少量的土地无法维持全家人的生计,不得不出卖劳动力而艰难谋生。占有大量土地的富裕农民在生产关系上也有了资本主义倾向,因为占有大量的土地,仅依靠家庭成员作为劳动力显然不够,不得不雇用劳动力以增加劳动人手,在生产和经营上谋利的一元也更加突出,与市场发生的联系则更加密切而广泛。这种以土地为主要生产资料,主要为交换而生产,与市场密切联系,以雇佣劳动为特征的农业生产正是农业资本主义的萌芽。到 16 世纪下半叶时,英国社会已"出现了从中世纪那种相对静止的状态向以货币、市场及商业交换为基础的更自由、更具流动性状态迅速而大规模地转变。"② 人们不断地调整生产以适应市场形势的变化,商业化已成为英国农业及手工业发展的主导性趋势。商品经济的发展成为英国农业社会发展变革的强劲动力。

商品经济发展的另一大特征是城市的兴起和民族市场的建立。"诺曼征服"之后,伴随经济的发展和人口的增长,英国的城市进入了快速发展时期。西欧中世纪王权相对虚弱,而封建法主要针对庄园,城市基本成为一个被遗忘的角落,特别是英国许多城市从国王那里获得了自治权而成为自治城市,正好给那些脱离了土地及社会主流的人提供了栖身之处,有了积蓄力量的时间和空间。"纵观 11 世纪至近代英国城市发展的

---

① [苏] 科斯敏斯基:《中世纪史》(第 1 卷),朱庆永等译,生活·读书·新知三联书店 1957 年版,第 433 页。

② A. L. Rowse, *The England of Elizabeth: A Structure of Society*, London: Macmillan, 1951, p. 80.

历史，可以看出其发展的轨迹呈现出一个高——低——高的曲线形。即11—14世纪初，是城市发展的高速阶段，形成第一个发展高潮。"① 首先表现为城市数量的增加，根据《末日审判书》记载，11世纪英格兰约有城市80个。"12世纪至13世纪是英国城市大发展时期，新增加的城市达140个左右。14世纪中叶，全国城市数量大约达到300个左右。"② 其次表现为城市人口的增加。根据《末日审判书》记载的推算，"11世纪英国全国城市人口约为7.5万至10万人之间。根据1377年英国贡赋清册的记载，14世纪时英国城市人口约为17万，占全国人口的12%。当时最大的城市伦敦的人口约为5万人，较大城市布里斯托尔的人口大约有17000人，约克的人口约为8000人。中小城市占大多数，它们的人口数量一般在2000人至3000人之间。"③ 城市数量及城市人口的增加充分说明了商品经济有了较大程度的发展。"城市人口最初的增长似乎来源于农村人口过剩的压力，许多失去土地的人被迫流浪或流向城市。但是，随着商业的发展及城市的日益繁荣，人口向城市的聚集已由被动转为主动。大量人口涌往城市乃出于对城市生活的向往。"④ 城市生活对乡村人员的吸引，不但使得城市人口不断增加，城市规模得以不断扩大，同时也削弱着乡村庄园的存在基础。市场是商品经济发展到一定阶段的产物，是将需求与供给两大领域联结起来的重要环节、重要场所和重要手段。最初的城市可认为是扩大化及固定化的市场，是人类文明进程中所创造出的重要成果之一。侯建新教授认为，英国在中世纪时经历过"前市场时期""领主市场"和"农民—市民"市场的这样3个发展阶段。⑤ 到16世纪前后，市场对社会经济的影响和作用愈发重要。"英国的市场在以往的基础上和有利的自然地理、社会环境下迅速发展，凭借民族国家形成的东风，及时地完成了自身的变革，登上了民族市场这一高地，从而使市场经济以

---

① 王乃耀：《英国都铎时期经济研究》，首都师范大学出版社1997年版，第101页。
② 同上书，第102—103页。
③ 同上书，第104页。
④ 赵立行：《商人阶层的形成与西欧社会转型》，中国社会科学出版社2003年版，第173页。
⑤ 侯建新：《社会转型时期的西欧与中国》，济南出版社2001年版，第92页。

民族市场的形式充分地确立起对整个国家资源和广泛经济活动的支配作用，将自身更多、更大的潜能优势发挥出来；从而推动英国社会经济的进一步发展，引导着更为深刻的变革。"① 而且英国的民族市场在形成的过程中并不局限于不列颠之内，而是不断地开辟、拓展着民族市场的外延，通过商业争霸和殖民战争，在全球范围内建构起一种层次化的民族市场体系。"整个第一英帝国就是在重商主义理论指导下产生、发展、壮大的，重商主义成了旧帝国最主要的特征。"②

重商主义的基础是国内商业和市场的发展并推动引领手工业和农业的发展进步，但其宗旨却在于发展对外贸易，在对外贸易的顺差中累积金银货币财富。"贸易（尤其是对外贸易）在英国资本主义萌芽时期对整个经济发展与变革起了举足轻重的作用。对外贸易不仅为英国带来了巨量财富，促进了资本的原始积累，而且使英国人冲出欧洲、走向世界、为工业化时代的到来，为大不列颠民帝国的建立奠定了基础。"③ 重商主义者认为，货币虽然是财富标志，但是社会生产只是创造的财富先决条件，并非财富的直接源泉，只有国家之间的商品贸易才是财富的直接源泉，而且只有在对外贸易的顺差中才能不断增加国家的货币量，也就是在对外贸易过程中要实现贸易差额，即所出口的商品多，进口的商品少，使货币的流入量大于流出量，从而实现财富的不断积累和货币储藏量的增加。这就要求大力发展农业和手工业生产，或大力发展国际贸易，因为仅依赖本国的生产，贸易量总是有限，难以实现货币源源不断地流入而不流出。而这种对外贸易对于增加王室的收入是非常重要的手段，因为王室在对外贸易过程中所征收的海关税收无须议会批准而直接进入王室的金库。中世纪以来，英国王室所要征收的各种税赋必须通过议会的批准，国王也屡次颁布法规，明确承认议会有决定任何税赋的权力，国家的财政和税收权力不在国王而在议会。王室的财政收入主要依赖王室

---

① 王晋新、姜德福：《现代早期英国社会变迁》，上海三联书店2008年版，第29页。
② 郭家宏：《从旧帝国到新帝国——1783—1815年英帝国史纲要》，商务印书馆2007年版，第11页。
③ 赵秀荣：《1500—1700年英国商业与商人研究》，社会科学文献出版社2004年版，第77页。

直接拥有土地、王室法庭和贵族并不经常也不确定的朝贡,另外一个收入的主要来源就是在对外贸易过程中所征收的关税。这对于在财政收支方面一向受制于议会的王室显然有着强大的吸引力,因而发展对外贸易一直受到国王的鼓励和支持。

长期以来,英国与欧洲商业圈的联系主要在于出口羊毛和呢绒,与意大利北部和富庶的佛兰德尔有着密切的贸易联系。1337年英法爆发"百年战争",除与法国王位继承问题有关外,还与争夺佛兰德尔的商业利益密切相关。1328年,法国占领了佛兰德尔,英王爱德华三世遂下令禁止向佛兰德尔出口羊毛,该地区民众为了保持原料来源,转而支持英国的反法政策,承认爱德华三世为法国国王和佛兰德尔的最高领主,使英法两国矛盾进一步加深。

中世纪以来英国对外贸易主要依赖羊毛和呢绒。英国的羊毛生产不仅有悠久的历史,而且在欧洲市场上享有良好的声誉。羊毛输出的数量巨大,"1300年,英国的出口总值为30万英镑,而羊毛出口值占28万英镑,即占出口总值的93%"。[1] "1357年英国输出羊毛32000袋,1357年至1360年每年平均增长到35840袋;1348年羊毛收入为60000镑,1421年得自羊毛税的收入占全部税收的74%"。[2] 羊毛不仅成为英国政府收入的主要来源,而且成为佛兰德尔和意大利呢绒工业生产原料的重要来源。到"16世纪初,诺福克一些富有声望的乡绅家庭都是养羊的牧场主。东雷纳姆(East Rainham)地区的罗格·汤森爵士在1479年拥有7,911只羊,10年后他拥有的羊群数量超过9000只"。[3] 斯宾塞家族是沃里克郡著名的土地家族,其地产后来扩大到北安普顿郡,从15世纪后期起以经营农业和畜牧业而闻名。斯宾塞家族所圈占的土地大多作为牧场养羊。随着地产的扩大,"斯宾塞家族的羊群数量呈现出不断增长的趋势。该家族在1576年10月时在北安普顿和沃里克郡养羊13229只;1577年5月时在

---

[1] 蒋孟引:《英国史》,中国社会科学出版社1988年版,第167页。
[2] 姜守明:《刍议都铎时代的圈地运动》,《湘潭师范学院学报》2001年第1期,第61页。
[3] Edward Miller, *The Agrarian History of England and Wales.* (Volume Ⅲ 1348–1500), Cambridge University Press, 1991, p. 33.

这两个郡的养羊数量增长到 13919 只，1578 年夏末时又增加到 14254 只"①。斯宾塞家族以向市场提供羊肉和羊毛而获利颇丰。根据估算在 16 世纪末，"养 14000 只羊一年可获净利润 2632 英镑"。②

英国和欧洲大陆蓬勃发展的呢绒业对羊毛的需求量越来越大，特别是新航路开通之后，英国的呢绒业在国内外市场需求扩大的刺激下日益发达繁荣。呢绒成了 16 世纪最重要的出口商品，在国家的出口贸易中占据了支配地位，从主要输出羊毛原料到主要输出呢绒产品，国内外呢绒业的迅猛发展使得羊毛越来越供不应求，致使羊毛价格日益上涨。"16 世纪上半期毛纺织业的蓬勃发展对羊毛的需求量急剧增加，致使羊毛价格高涨。地主们对此做出的反应是在他们的地产上增加羊群的数量并且把耕地转化为牧场。显而易见的是，从他们的观点看来，废除条田而代之以圈地，他们的牛羊牲畜可以单独牧养。即使不放弃耕地和种植，他们依然致力于圈地，因为圈地易于他们试验新的技术或引进新的农作物品种。"③

如前文所述，11—14 世纪初是英国城市发展的高速阶段，形成第一个发展高潮。城市的迅速兴起不仅是商业发展的产物，也是手工业发展的产物，商业与手工业共生共长、相互促进，大多数城市不仅是商业中心，也是手工业中心。"这个时期的主要工业一直是织布、建筑、采矿、金属制造、产盐和海洋捕鱼。"④ 其中毛纺织业是当时英国举足轻重的行业，并且具有代表性。更为重要的是，英国从一个生产羊毛的国家逐渐过渡到一个织造呢料的国家，而且"更重要的是，呢绒工业几乎自始就是按资本主义方式发展的。"⑤ 呢绒业等资本主义工场手工业的发展促进了广大乡村商品经济的发展，加速了农村封建自然经济和封建关系的瓦

---

① 沈汉:《英国土地制度史》，学林出版社 2005 年版，第 91 页。
② 同上书，第 92 页。
③ Roger Lockyer, *Tudor and Stuart Britain* (*Third Edition*), Published by Pearson Education Limited, Longman, 2005, p. 141.
④ ［英］肯尼思·O. 摩根:《牛津英国通史》，王觉非等译，商务印书馆 1993 年版，第 173 页。
⑤ ［英］莫尔顿:《人民的英国史》（上），谢琏造等译，生活·读书·新知三联书店 1976 年版，第 205 页。

解。11—13世纪英国呢绒工业中心主要在城市,而不在乡村。根据英国学者的研究,12世纪时英国呢绒生产和销售的主要城市有:伦敦、牛津、汉廷顿、诺廷汉姆、温彻斯特和约克市。在手工业发展的基础上,许多行业都建立起了手工业行会。"从13世纪起,英国毛纺织工业的生产中心开始从城市移向农村,在肯特、牛津、格洛斯特、约克、兰开夏和东盎格里亚等郡的许多乡村,都成为毛纺织工业的基地。随着这些乡村工业的进一步发展,有相当一批工业化的乡村发展成为新型的城镇。"① 而且这些"新的中心位于傍依急流的小溪和河水的村庄或小镇,并经办羊毛蒸洗厂。"② 16世纪以后,这种工业中心向农村转移的态势继续扩展,"除毛、棉之外,还有麻织业、针织业,特别是针织毛袜业的发展也相当迅速。此外,采矿、冶金、制盐、烧炭、造纸、制革、锯木等行业在乡村也陆续兴起,一片繁荣。"③

今天,我们倾向于把工业和城市联系起来,但是这样去思考17世纪的不列颠就错了,当时那里大规模的手工业大多分布于乡村,一个例外就是丝织业,这主要是其原材料依赖从中国输入,因而一些规模较大的丝织工场多分布在伦敦周围。其他的纺织业,诸如英格兰的毛纺织业、苏格兰南部麻织业大多都分布在乡村。采矿业也大多与乡村相联系,因为地主拥有其地产下煤、铁、铝矿的开采权。金属矿产特别是铁矿,大多在森林边沿进行冶炼提纯,这样便于取得木炭作燃料。织工、轮工、矿工通常是季节性的工人,农忙务农,所以很难严格区分他们是农业还是工业劳动力。在17世纪的不列颠,手工业和制造业通常是乡村经济体的组成部分,而不属于一个独立的经济体系。④

二 贸易的发展与贸易机构的建立

随着手工业和商业的发展,商业贸易也呈现出高度专业化发展趋势,

---

① 王乃耀:《英国都铎时期经济研究》,首都师范大学出版社1997年版,第122页。
② [英]肯尼思·O. 摩根:《牛津英国通史》,王觉非等译,商务印书馆1993年版,第204页。
③ 王晋新、姜德福:《现代早期英国社会变迁》,上海三联书店2008年版,第23页。
④ Monod Paul Kleber, *Imperial Island: A History of Britain and Its Empire*, 1660 – 1837, A John Wiley & Sons Ltd., Publication, 2009, p. 23.

仅靠个别商人的力量无法完成复杂而庞大的商业贸易，特别是海外贸易，需要较多的商业资本投入，为降低贸易成本提高贸易利润需要批量运输商品，在海外市场上一方面需要及时销售商品，另一方面还需要去不断开拓占有市场，同时在双向贸易中还要购运回国内市场上畅销且物美价廉的海外商品，还要同其他的商人或商业机构开展竞争。在中世纪的英国，城市商人和手工业者还要联合起来同封建主进行斗争，赎买城市的自治权并进行管理，其中发挥领导作用的正是商人，也需要商人加强联系，团结合作，成立专门的商业机构。"现在商人来到了这个世界，他应当是这个世界发生变革的起点。但是，他并不是自觉的革命者；相反，他与这个世界骨肉相连。中世纪的商人绝不是个人主义者；他像他的所有同时代人一样，本质上是共同体的成员。"① 海外贸易还具有较大风险，受到国家之间的关系、长途运输、市场波动等许多不确定因素的影响，需要有一定的抵御风险的能力，仅靠个别商人的力量显然有限，因而商人们走向了联合，出现了专门性质的组织机构，以增强自身商业实力，加强商业合作，协调行动，制定商业运作的规范等。

商业机构的出现是商业贸易发展到一定阶段的产物，而商业机构的建立又极大地促进了商业贸易的发展。特别是在重商主义时代，海外贸易是商业发展的重点和主要渠道，国内商业贸易只是服务于海外贸易，贸易保护和垄断是海外贸易的基本特征，贸易保护需要国家和政府力量来推行相应的保护措施，而贸易上的垄断则主要依赖商人自身的力量，因而成立专门的商业机构并不断增强其实力是商业发展的必然要求。在早期的殖民时期甚至在整个第一帝国时期，正是这样的商业机构扮演了主角，具有海外贸易和殖民扩张的双重使命，两者互相促进，而且得到了英国政府的大力支持和保护，使英国的重商主义文化结出了累累硕果，为不列颠"日不落帝国"的最后建立奠定了坚实的基础。

早在14世纪初，在伦敦和其他商业较发达的城市，就出现了一些商人公会。商人公会大多由中世纪的手工业行会发展演变而来。手工业行

---

① ［英］恩格斯：《〈资本论〉第三卷增补》，《马克思恩格斯全集》（第25卷下册），人民出版社1974年版，第1019页。

会是中世纪较早的经济组织，主要通过制定行会的规约来组织协调管理手工业生产，严格限制每个手工业者所招收的帮工和学徒的人数，限制生产时间并且限制改进生产工具，也限制采用新技术，还限制帮工学徒在学习期满后不加入行会就开办新的手工工场。手工业者行会反对竞争，以简单再生产为目的，反对行会成员的两极分化，在一定范围内实行超经济手段的垄断，从而来维护上层手工业者的既得利益。手工业行会的存在越来越限制着手工业的发展，特别是生产规模和生产技术上严重地制约着手工业的扩大再生产，进而阻碍着商业贸易的发展，因而手工业行会逐步地让位于同业公会，过渡的方式多种多样，充分反映了随着生产力的发展和重商主义理论的形成，商业资本在经济领域里逐步占据了统治地位。1327年，爱德华三世向伦敦的金匠行会、皮革商行会和裁缝行会颁发特许状，准许这些机构管理整个行业的生产和销售，从生产领域涉及了流通领域，从手工业管理也扩大到商业管理，从而标志着手工业行会开始向商人公会转变，从手工业者的机构而转化为商业机构。1364年，呢绒修整工行会获得国王特许状，获得了唯一的制造呢绒的权利，同时禁止织匠、漂洗匠和染匠等工匠直接从事任何形式的呢绒买卖。呢绒修整工行会由一个主要负责管理生产的手工业行会转变了商业机构。此后一些大的手工业行会也直接转化为商人公会，而一些较小的手工业行会则通过联合的方式也转化为商人公会。商人公会作为社会性的商业机构，从胚胎中就有手工业的成分，把社会生产中同一行业或相关行业的手工业者和商人联合起来，实现了社会资源的有效整合，促进了同一行业内工商业者之间的联系。这一看似平静的转化却意味着一场手工业和商业的革命。手工业从此不再受行会规约在诸多方面的束缚限制，从而可以采用新的生产技术和生产工具并进行扩大再生产，使主要以家庭为生产单位的个体手工作坊迈入了一个新时代，即工场手工业时期，生产的社会化和组织化程度大幅提高，也就意味着手工业可以生产出更多的商品，进而推动着商业的发展。工场手工业从14世纪在英国兴起，一直延续到18世纪后半期工业革命开始之后，成为工业生产主要的组织形式，发挥了巨大的历史作用。更为重要的是，手工业和商业通过商人公会的建立而紧密联系在一起，从而使工业资本更多地转化为商业资本，这就为商业资本的扩张及在经济领域内占据统治地位创造成了条件，最终确立起了重商主义理论，推动了商业和海外贸易的发展，而海外贸易又和殖民扩张密切结合，互相促进，最后又引发了商业争霸战争，战争的不断胜利促成了不列颠帝国在世界范围内的建立。"从此以后各条商路大开，英国贸易触角深入到世界各地，为其带来巨大的商业资金。商业资金最终转化为工业资本，为其成为工业强国提供了极其重要的条件。"① 商业机构的建立不仅对于商业的发展有着极大的促进作用，也促成了重商主义的文化思想及成熟的经济理论，最终产生了广泛而深远的影响，对于英国在近代的崛起有着不可忽视的重要作用。

到 14 世纪末期时，伦敦比较著名的商人公会有丝绸商、香料批发商、呢绒商、鱼商、金饰商、生皮商、成衣商、服饰杂货商、盐商、铁商、葡萄酒商、呢布工人工会等 12 家商人公会，组织机构较为成熟稳定，相对较为民主，实行梯级的向上推举，最高层的公会领导人并非一人，一般设有权力相当、分工协作的四名高级理事。其中有些商业公会和手工业生产没有直接联系，有些商业公会还同手工业生产有着密切的联系，诸如代购供给生产原料，包销其产品，具有明显的商业资本控制工业资本的特点。不直接和手工业发生联系的商人公会有丝绸商、香料批发商、鱼商、盐商和葡萄酒商，因为这些商品多来自进口，其生产环节并不在英国国内。呢绒商人公会是由呢绒修整工行会发展起来的，基本确立起了对整个呢绒生产环节的全部控制，具有商业资本家的特点。其他商人公会都起源于手工业行会或与手工业生产有着一定的联系，公会的会员一般都穿着鲜亮整齐的制服，所以也有制服公会之称。这些商人公会控制了伦敦乃至全国某个行业的商品生产及销售，拥有雄厚的资金和较大的影响控制力，形成了商业寡头集团。资金雄厚，熟悉市场行情的商人一般以委托加工、产品订货的方式对手工业生产过程施加影响，或者通过向手工业者提供原料和包销产品来支配生产。"在纺织业中，商人已经开始让小织造业者直接为自己服务，他供给他们纱，并且付给他

---

① 赵秀荣：《1500—1700 年英国商业与商人研究》，社会科学文献出版社 2004 年版，第 145 页。

们固定的工资,让他们为他把纱织成织物;总之,他已经由一个单纯的购买者变成所谓的包买商了。"① 再进一步就是不仅提供原料和包销产品,而且提供资金或技术,干涉和管理生产过程,甚至还雇佣工匠,这样手工业生产者实际上已变作商人的附庸,在生产上完全失去了独立性,在生产关系上已有了资本主义生产关系的萌芽。当商人介入生产环节而使手工业者来为自己服务时,"他就打破了生产者只能出售自己制成的产品而不能出售别的东西这样一种对生产的传统限制。商业资本家购买了暂时还占有生产工具但已经不再有原料的劳动力。这样,他就保障了织工的经常就业,这样,他也就能够压低织工的工资,使他们完成的劳动时间的一部分得不到报酬。因此,包买商就成了超过他原来的商业利润以上的剩余价值的占有者。"②

这些商人及其所建立的公会不仅在经济上控制了伦敦乃至周围地区的工商业,在国家的经济生活中具有重要的影响。在政治上,这些商人可以参加选举进入议会行使各项权力,还通过赎买的形式掌握了伦敦城市的自治权,从而把持了伦敦的城市政权。当时控制伦敦市管理权的就是这12家商人公会的成员及各贸易公司的主要人物,"伦敦城的市长、市行政司法长官、参议院和市政议会完全掌握在他们手中,他们组成了一个排他的寡头集团,只吸收纯商人(Mere Merchant),排斥零售商。在16世纪的100年中,丝绸商同业公会有24人,呢绒商同业公会有17人,杂货商同业公会有14人任过市长,其余的几个同业公会中,都有六七人担任过市长。"③ 伦敦的市长定期进行选举,但选举大多在商人公会的成员中进行,"伊丽莎白时代伦敦的46届市长全部是12个商人同业公会或贸易公司的头面人物。"④ 不仅市长职位由商人担任,伦敦的决策及行政机构的领导职务也大多由商人担任。商业资本家的影响力并没有局限在

---

① [英]恩格斯:《〈资本论〉第三卷增补》,《马克思恩格斯全集》(第25卷下册),人民出版社1974年版,第1024页。

② 同上书,第1025页。

③ [苏]施托克马尔:《十六世纪英国简史》,上海外国语学院编译室译,上海人民出版社1958年版,第66页。

④ 赵秀荣:《16—17世纪英国商人与政权》,《世界历史》2001年第2期,第66页。

伦敦，而且向很多城市波及，在手工业和商业都相对较发达的城市，基本都是由大商人组成的公会向封建主赎买了城市的自治权，掌握了城市的领导权，如英格兰北部城市约克的市长职位，就长期由商人阶层所把持。因而中世纪英国的城市地位相对比较特殊，拥有较大的自主权，也是封建特权及统治相对比较薄弱的地方，从而资本主义的生产关系能够迅速发展，新生社会力量在成长过程中所受的封建束缚也相对较少。商人阶层在政治上拥有的权力使其能够通过各种方式为其获取利益，不仅在各大城市可以推行有利于商人的政策规定，还可以在议会通过立法提议的形式制定有利于商业和贸易发展的法案，诸如后来的《航海条例》；议会下院还有权通过或否决国王任何的征税法案，商人必然会利用其决定税赋的权力对国王的征税法案施加影响，尽最大可能地谋求对自己有利的法案得以通过而否决对其不利的法案。商人通过建立商业机构而掌握城市的自治领导权，必然使城市在各个方面执行有利于商人阶层的政策规定，推动商业贸易的发展，最大限度地满足商人阶层的利益，并利用城市在国家的重要地位而对国家的大政方针施加影响，推动王室和政府采取重视和保护商业贸易的政策，为国家的商业利益甚至不惜发动战争。商人不仅以选举的方式进入议会下院而享有一定的政治权利，还经常担任王室或政府的重要职位，诸如国王的财政代理人、财政及税务官员、海关官员，还有铸币厂等一些与金融事务相关的职位也大多由商人担任。商人们拥有经营和管理方面的实践经验，有些还活跃在国际市场上，熟悉其他各国的基本情况，能够利用其丰富的市场经验和贸易知识来为国家服务。中世纪以来，王室财政屡屡陷入困境，入不敷出的情况时有发生，而且与议会的关系龃龉不断，在不能通过议会开征或增加税收时，王室便随时向商人告借，委以商业贸易方面的各种令状作为回报，商人由此获得了多种贸易垄断的特权，巩固并进一步扩大了商人寡头集团的权势和地位，早期很多商人拓殖家公司就由此而成立，大大地激励了商人拓殖进取的信心，刺激着英国的商人阶层走向更宽广的世界市场。

1407年，亨利四世授予伦敦在尼德兰经商的英国商人以特许令状，允许他们拥有在尼德兰从事经商和贸易的各项权利。这些商人有来自伦敦一些商人公会的成员，还有来自英国其他城市诸如约克、赫尔、布里斯托尔、纽卡斯尔和埃克塞特的商人。伦敦商人公会诸如呢绒商、香料批发商、服饰杂货商、皮革商、鱼商等公会的成员有着较为完善的组织机构,以各自的公会为单位定期在海外进行集会以解决在贸易过程中所出现的问题。其他城市的商人也面临同样的问题,都需要加强联系以应对日益扩大的贸易事务,同时伦敦各大商人公会之间也需要加强团结,协调商业行动,调解贸易冲突,诸如协调商品的购销范围及种类,仓储的使用及货运的合作等问题。这样在尼德兰的伦敦商人便不分商人公会的界限开始集会以联合应对处理商贸事务。1486年,亨利七世承认了这一商人联合组织存在的必要性,而且议会通过法案,允许这些商人拓殖家在尼德兰成立专门的商业机构,这是英国在海外较早的专门从事商业贸易的商人拓殖家公司,其最高的机构是商人拓殖家公司全体成员大会,其成员大多是伦敦商人。全体成员大会之下设若干理事组成理事会,相当于全体成员大会的常设机关,负责公司日常重大事务的决策,起初是12人,后来随着公司规模的扩大,人数也不断增加。理事会之下设有一名总管,总揽公司日常运行事务,负责执行理事会的决策。商人拓殖家公司在伦敦的集会场所设在丝绸商公会的大厅,直到1526年前,该公司的会议及活动记录就包含在丝绸商公会的会议记录之中。这主要是因为丝绸商在此之前拥有较为雄厚的经济实力,而公司的总管一职也总是由丝绸商担任。而在此之后,随着其他商人公会实力的增强,地方商人公会的反对,公司的活动逐步独立于丝绸商公会,有了单独的会议记录,而且公司的总管也不再总是从丝绸商中选出。商人拓殖家公司是英国早期的殖民和贸易公司,也是成立较早的商业机构,适应了对外贸易发展的需求,特别是在"百年战争"结束之后,英国的对外贸易重新走向繁荣,进出口商品数额越来越多,贸易业务日益增加,需要有专门的贸易机构来应对处置,且使商人及商人公会之间加强联系、协调行动、增强实力以抢抓机遇,应对其他国家或商业机构的挑战。公司的组织形式主要是一种规约管理,也就是制定出参加者都需要且符合其利益的协议及规章,加入公司的商人要交纳一定的会费作为公司日常管理及活动的经费,组织形式较为松散,集中化程度不高,只要求参加者遵守规约即可,在经营和贸易的具体业务上各个商人或商人公会依然独立进行。这种规约公司是商人公会和中世纪合伙的商业组织相结合的产物，他们的规约主要是为了联合运输出口或进口的大宗商品，并且规定商品的价格以防止彼此间恶意的损害性竞争。在战争时期或海盗威胁时，则由参加公司的商人共同雇佣武装力量以保护贸易。公司一般都得到了政府的批准和认可，加入规约公司的商人既是投资者又是经营者，组建了相对完善的组织管理机构，实行相对封闭的决策和管理，实质上被富有的大商人所操控，具有富商寡头统治的性质。规约公司是在应对国际贸易所出现的问题的过程中建立的较早的商贸公司，是一种专门的商业机构，尚不具备殖民扩张、抢劫掠夺的武装性质。在组织机构和规约管理上也都属于较低的层次，规约虽对加入公司的商人有一定的约束力，但是约束力的大小依赖于个人的自愿，特别是在商贸经营上依然处在各自为政的状态，在商业和贸易投资、经销商品、经营方式等各个方面都有较大的独立性，而且封建的寡头统治也使个体之间的矛盾不断激化，特别是在利益分配和管理上的矛盾更为突出，这种单纯的只有人员联合的公司，人员构成的来源范围也比较狭小，仅限于当地的商人阶层，外地的商人其他行业的人都受到限制和排挤，也没有资金、业务、利润等方面的结合，从而缺乏稳定性和向心力。随着贸易的扩大更多地还表现出了离心力，加之在新航路开辟之后，英国的对外贸易受到了来自奥斯曼土耳其帝国、西班牙、葡萄牙、法国等国的挑战，同安特卫普传统的贸易也因为西班牙对低地地区控制的加强而中道衰落，其实质等于英国在欧洲传统的两个贸易圈，也就是与地中海地区和波罗的海地区的贸易都呈萎缩趋势，特别是同东方的丝绸及香料贸易以前大多都通过地中海地区进行中转贸易，现在也呈现出盗匪横行、商旅不前的局面。英国的海外贸易只有另辟蹊径，去开拓新的世界，然而西班牙和葡萄牙已走在前列，这就注定了英国传统的贸易方式已不能适应时代的发展，要发展对外贸易，就要同商业争霸、远洋航行、殖民征服、抢劫掠夺等结合起来，这种松散的规约公司再也不能适应时代的要求，逐步被一种新型的商业机构，也就是被合股公司和股份公司所取代。这种古老的规约公司已完成了它的历史使命，也就是造就了一批商业寡头，在长期的商业贸易中利用规约公司及其特权，积累起了巨额的资金，这也为新型商业兼殖民机构的成立奠定了基础。"财富在个人手里的积累现在已经显著加快,以致单个商人很快就能够在一个企业中投下象以前整个公司所投的那样多的资金。商业公司在它们继续存在的地方多半都变成了武装的团体,它们在祖国的保护和庇护下,对新发现的整块土地实行征服,并进行垄断的剥削。"① 新型的合股公司在领导机构、组织形式、人员合作、资金来源等多方面都超越了规约公司,在重商主义文化的指引下,积极进行以贸易为主要内容的殖民扩张,所进行的活动已经不再是单纯的商业贸易了,正是这样商业和贸易公司扮演了殖民扩张的急先锋,也正是这些商业机构在组织形式上的不断发展成熟及其所进行的贸易和殖民活动,才推动了"日不落帝国"的兴起,"第一帝国与欧洲其他殖民国家不同,它的殖民地不是由政府出面组织拓殖的,而是由私人冒险公司或个人创建的,冒险公司或个人从国王那里取得特许状,然后筹措资金,招募人员,到海外建立殖民地。"②

三　英国早期的海上活动

新航路的开辟为英国重商主义文化的发展带来了机遇也带来了挑战。所带来的机遇是欧洲贸易中心和商路的转移,为英国商业和贸易的发展创造了得天独厚的条件;而挑战在于传统贸易优势的丧失,在具有探寻贸易新航路性质的地理大发现过程中,西班牙和葡萄牙明显走在前列,而且在新航路开辟之后,其初衷已改,西班牙、葡萄牙等国发展对外贸易已降到次要方面。抢劫掠夺、殖民扩张、贩卖黑奴及与之相伴随的种族灭绝则成了西、葡等欧洲列强在海外活动的主要内容。金银珠宝、象牙香料、丝绸布匹等财富被源源不断地从美、亚、非运回西欧,巨额的财富诱惑促使英国人也走向更加广阔的海洋,而这一切都得到了英国王室的积极支持,英国的重商主义文化从此突破了单纯发展对外贸易的框架,增添了更加丰富的内容,这对英国近代的发展之路有着巨大的影响。

---

① ［英］恩格斯:《〈资本论〉第三卷增补》,《马克思恩格斯全集》(第25卷下册),人民出版社1974年版,第1023页。

② 郭家宏:《从旧帝国到新帝国——1783—1815年英帝国史纲要》,商务印书馆2007年版,第11页。

甚至可以说，英国的重商主义文化的不断发展，引领着英国登上了殖民霸主的宝座，也推动着英国工业文明的不断发展，最终使英国变成了"世界工厂"。

纵观英国近代重商主义文化的发展内涵，包括了发展商业和对外贸易、积累财富和增强国力、进行抢劫掠夺和殖民扩张、争夺世界市场和势力范围等丰富内容。重商主义是资本原始积累时期居主导地位的经济思想和政策体系，代表商业资本主义的利益，尤其代表着同海外贸易和殖民扩张相联系的垄断商业资本家的利益。"重商主义认为货币是财富的基本形态甚至是唯一形态，一国的贫富取决于国内金银的多寡，发展对外贸易和海外事业可以增加其金银输入，是巩固新兴民族国家和实现国富民强的首要途径。重商主义意味着由国家指导其疆界内的一切经济活动，使私人利益服从国家利益。政府力图以抑制进口和鼓励出口的办法来增加国家财富。而且重商主义特别重视同殖民地的贸易，他们要求独占殖民地，作为其销售市场及主要原料供给地，并且认为一旦母国控制了殖民地同母国的贸易联系，一个新的工业品产品销售市场就产生了。"[1]

英国走向探索海洋和海外扩张之路始于都铎时期。在都铎王朝建立之前，英国的海外贸易和航运就有一定的发展，一些商人开始自己出资建造船舶从事航运业，这就为都铎王朝建立后在海上大规模的活动积累了一定的基础。"如东海岸赫尔港商人约翰·塔弗纳（John Taverner）建造的一艘大船，可以和威尼斯人的船只相比，大约1461年，布里斯托尔商人威廉·坎宁有一支10艘船的船队，总吨位为2854吨，雇用水手800人，其他港口，通常都有本国商人的船只。"[2] 亨利七世在建立都铎王朝后非常重视发展工商业，也加快发展航运业，规定对于建造和购买80吨以上船舶的，每吨津贴5先令，这一规定到其子孙时依然可以沿袭。1485年，英国议会通过一项法令，规定今后基恩和加斯科尼的酒，必须由英

---

[1] J. H. Rose, A. P. Newton, E. A. Benians, *The Cambridge History of the British Empire*, Vol. I , *The Old Empire*, *from Beginning to* 1783, New York, 1929, p. 565.

[2] 蒋孟引：《英国史》，中国社会科学出版社1988年版，第247—248页。

格兰、爱尔兰和威尔士的船舶来经营运输,船上的水手必须大部分是英格兰、爱尔兰、威尔士人或加来人,否则不得在英王所辖领地内出售。1489 年还将这一规定延伸至包含托鲁斯的松兰和酒,且进一步限制船主和船上的水手必须为英国国王的臣民,同时还规定从事海外贸易的英国臣民在港口如果有足够多的英国船舶,就不能雇用外国船舶。这项法令主要是针对汉萨同盟的贸易竞争。后来同荷兰进行贸易和运输竞争的《航海条例》的思想起源即是此项法令,也是国际市场上较早的贸易保护主义措施,也属于重商主义的组成部分。

14 到 15 世纪时,英国在地中海上的贸易受到奥斯曼土耳其人及北非海盗的劫掠影响而日益萧条甚至中断。贸易的重点只得转向波罗的海沿岸,英国造船业的发展也大量需要北欧国家多年生的坚固质密、结实耐用的木材,还有蜜蜡、沥青及大麻,而波罗的海沿岸的城市则需要英国的呢绒。但在对波罗的海沿岸地区的对外贸易中占有优势地位的还是外国商人,特别是汉萨同盟的商人。汉萨商人既在波罗的海的贸易中排挤英商,又在尼德兰同英国商人争夺市场,这就是双方矛盾不断激化。亨利七世在位时期,英国不仅同汉萨同盟展开了竞争,还同威尼斯在关税及葡萄酒、羊毛等商品贸易方面进行更为激烈的竞争。在重商主义政策下所进行的贸易保护和竞争的同时,也不排除以结盟合作的方式促进贸易发展。1489 年,亨利七世下令让驻丹麦大使同丹麦进行贸易谈判,次年同丹麦缔结了贸易条约,规定英国商人可在丹麦和冰岛自由贸易,享受优惠待遇。亨利八世即位后推行宗教改革,英国和罗马教廷决裂后,发现他的处境极为孤立和不确定,所采取的一个应对措施就是加强皇家海军的建设,把战舰数量从 7 艘增加到近 50 艘。英国建造战舰的工匠,主要依赖葡萄牙、苏格兰人及其他海军技师。英国已拥有大型的单层帆船战舰,装备有重型的加农炮,配置炮眼来发射炮弹。但如果没有造船设施、仓库、粮食补给供应及机械维修等复杂的一整套系统的支撑,任何一支海军也不能长期地运转。这样也得益于亨利八世改革的成果,宗教改革使英国成为其天主教邻国的"出头鸟",这也促使英国加强海军力量的建设,同时也加强了其沿海基础设施的建设,诸如沿海防止外敌入侵的前线防御系统。①

　　伊丽莎白女王在位时期，依然保持了一支装备精良、管理到位、运转协调的海军力量，用于实战的战舰数量依然保持在了 30 艘左右。这些战舰大多经过专门的设计和建造，以适应 16 世纪 80 年代实战的需要。战舰更多的是作为一种作战炮火的平台，而不再是传统意义上捕获或运载工具。这种战舰也比西班牙和葡萄牙那种具有较高炮楼的大帆船要小，但是速度快捷，便于操控，而且配备重炮，火力猛烈，成为当时欧洲海军中最具有战斗力的战舰。这些优势主要源自于其设计：主要用于守卫近海，远洋航行时具有较大的空间，可承载大量的辎重以增强其续航能力，而不是强调速度和火力，其优势远在伊比利亚对手那种行动缓慢的大战舰之上。

　　伊丽莎白时期英国的海军，往往是把一般的商业贸易同海盗式的抢劫行为结合起来，主要出没于西方国家的港口之外。王室所宣称的报复行动就是进行海盗式的抢劫。1544 年、1557 年、1563 年，英国海军重操几个世纪以来的旧业，三次在海峡地区进行抢劫。同时，一批勇敢的英国海盗公开挑战西班牙和葡萄牙的海上霸业，通过正当的贸易或偷袭抢劫，开始觊觎其在美洲和非洲所独占而疏于防守的殖民地。在这些拓殖者中间，最为成功的就是英国第一个横跨大西洋的奴隶贩子德文郡的船长约翰·霍金斯爵士，其生意的投资者包括伊丽莎白女王本人。历经几代人的不懈努力，汉萨同盟在英国的贸易特权被不断削弱。伊丽莎白女王缓和了同法国的关系，与苏格兰也缔结了和约，使英国在欧洲的处境得到了改善，从而更加坚定地限制了汉萨同盟在贸易方面的特权，先是争取英国商人和汉萨同盟的商人拥有对等的贸易权利，最后在 1598 年，汉萨同盟设在伦敦的商栈被关闭，其在英国的商业和贸易特权逐步被削减殆尽。

　　16 世纪 50 年代，因不满西班牙舰船在欧洲海域的横行，胡格诺劫掠船成功地横渡了大西洋，60 年代一度袭击了西班牙在加勒比海的定居者。受其影响，加之已有的航海经验，英国也紧步其后尘。身经百战的霍金

---

① David Scott, *The Rise of Britain as a World Power*, Published by Harper Press, 2013, p. 76.

斯及其门徒弗朗西斯·德雷克首开先河。幸运或大胆的海盗,诸如像德雷克,通过洗劫西班牙运送金银的船只、掠夺西班牙在美洲的殖民地而获得了财富和声望。他们的冒险行径引起了公众极大的兴趣,促使越来越多的绅士和商人纷起仿效。

16世纪后半期,英国新教徒及海盗的活动只是海上冒险活动增加的部分因素,还有一个重要因素是1550年以后英国纺织品出口的停滞不前。享誉日久的贸易渠道因西班牙在安特卫普的商品禁运而打断,而安特卫普是英国纺织品重要的出口基地。这也是西班牙针对英国海盗法而在海峡地区所采取的反击措施。英国和低地国家对外贸易的另一个障碍是出现在16世纪60年代中期。西班牙菲利浦二世颁布了反对新教徒的政策,加上当时农业的歉收和加尔文教徒的反抗,荷兰首先爆发了叛乱。在接下来的80年左右的时间里,西班牙王室向低地地区不断派驻军队,殖民掠夺来的财富也大量地消耗在这个地方,以图再次征服勃艮第人的遗产。[1]

低地国家商业和政治的混乱促进了英国商人冒险精神的成长。16世纪后半期,英国出现了无数的贸易公司,在波罗的海、非洲、和地中海开始建立新的商路。这些新出现的商人不仅经营英国传统的纺织品,也从事奢侈品的进口。而经过地中海地区的商人就需要一种有重型武器装备的商船以防北非巴巴里海盗及其他海盗的劫掠。16世纪后半期英国对地中海贸易垄断权的争夺也为17世纪前期将商业贸易网扩展到印度洋提供了资金和技术基础。那时,英国是兵器行业的领先者,至少在一个至关重要的领域内处于领先地位,那就是加农炮的制造者。这种成本较低而威力强劲的大炮领先于欧洲其他国家,这就可以解释为什么英国的船只虽小却有着异乎寻常的愿望去战斗,还有英国人宁愿去抢夺其他人从殖民地运回的货物,而不愿意劳神费力地去建立自己的殖民地。[2]

伊丽莎白时期,尽管英国与西班牙关系不断恶化,西班牙对英国商

---

[1] David Scott, *The Rise of Britain as a World Power*, Published by Harper Press, 2013, p.78.
[2] Ibid., pp.78-79.

人和水手也进行严格检查，但两国的贸易仍然有一定程度的发展。16 世纪 80 年代以前，西班牙菲利浦二世每年从新大陆得到的金银矿产及税收是伊丽莎白年度收入的十倍以上，而且英国与低地国家有着传统的贸易关系，同西班牙的贸易额也在不断增长，这种显而易见的经济原因促使伊丽莎白与菲利浦二世保持良好的关系，同时避免实行强硬的反对哈布斯堡王朝的外交政策。菲利浦二世也极力避免与英国交恶，从 1559 年到 16 世纪 80 年代，在几次重要时刻，他都能慎重考虑英国政局的变动，通常采取应对更为紧迫的事务和满足经济需求。他认为英国是一个分化和不稳定的国家，尽量不要与其发生纠葛。另外，他和其他天主教国家一样，还寄希望于静待"童贞女王"驾崩后，苏格兰玛丽女王承继英国大统。

伊丽莎白虽竭力避免与西班牙爆发战争，但这并不意味着她愿意承认西班牙和葡萄牙所声称的对新大陆的独占。为显示这个意图及为王室带来收入，她投资于德雷克及霍金斯所从事的海盗及冒险事业，这种投机性的商业活动投资甚少，获利颇丰，但从表面上，这种私人发起的活动可以让伊丽莎白女王来推卸责任。

伊丽莎白时期最为著名的海上活动，也能显示英国航海技术发展进步的事件是 1577—1580 年德雷克的环球航行。在此之前，只有葡萄牙航海家费迪南多·麦哲伦在 1519—1522 年完成了如此壮举，但他本人在航行的过程中也被杀身亡。德雷克环球航行的目的是打破西班牙在新航线及新大陆的垄断，他横渡大西洋经麦哲伦海峡进入太平洋，在未设防的美洲西海岸掠夺了大量的金银财物，船队仅剩下德雷克的旗舰"金鹿"号于 1580 年 9 月 26 日返回到普利茅斯港。1581 年 4 月 4 日，女王亲自登上德雷克的坐舰，授予德雷克骑士称号。德雷克满载从西班牙夺得的财富。仅女王就分得了 300000 镑，这远远超过了王室整个年度的财政收入。[①] 德雷克的远洋航行及对西班牙帝国安全的威胁使菲利浦二世极为震惊，由此也引起了女王朝中一些大臣的不满。他们拒绝接受德雷克的礼物，甚至劝说伊丽莎白女王归还掠夺自西班牙的财物。但女王怎能放弃

---

① David Scott, *The Rise of Britain as a World Power*, Published by Harper Press, 2013, p. 80.

这意外之财,还不忘向菲利浦二世炫耀一下胜利的果实,她还戴着从西班牙掠夺来的珠宝首饰,接见菲利浦二世的外交大使。

在16世纪的最后十年里,弗朗西斯·德雷克爵士及托马斯·卡文迪什爵士已进行了环球航行,他们并不缺乏勇气和胜利的信心。德雷克和卡文迪什这种针对西班牙的探险行为,在某种程度上向未来一代人阐明了海洋也是上帝给英国人的赠礼,英国也拥有对海洋的所有权。但在16世纪80年代,这只不过是一个天真的梦想。在16世纪60年代时,英国的水手还很少驶出沿海的水域,对于远洋航行知之甚少。而在这一时刻,西班牙已在世界范围内建立了殖民地。西班牙的船只在大西洋往来穿梭,从秘鲁波多西的银矿中满载银锭而归。16世纪60年代,英国所发生的重大变化中,莫过于和法国的关系发生了变化,至少与法国加尔文教团体胡格诺派的关系得以改善。英国的宿怨现在已变成了敢于冒险的新教主义者。法国胡格诺教徒对英国人提供了技术上的援助和精神上的鼓励,因而这一时期英国从事远洋活动的人数增加了,新教徒的海盗行为已经发展成一种全球性的事业。①

事实上,在17世纪40年代以前,英国还是非常弱小的,而西班牙则非常强大,且在加勒比海地区根深蒂固、殖民历史久远,驻扎了一定规模的军事力量。伊丽莎白女王用度节俭慎重,即使有财力在美洲建立一个殖民地,但也缺乏兴趣。她既不想在欧洲与菲利浦二世交恶,也不想在新大陆与西班牙直接开战。但却是这种私人行为,让英国人在北美落地生根。罗利爵士以洛亚诺克岛(今天的北卡罗来纳州东北海岸外岛屿)为基地,从加罗比海靠近西班牙的航线进行海盗式的抢劫。在洛亚诺克岛留下少量的殖民者,1585年和1587年曾两次进行远征,在靠近西班牙本土的海面上骚扰西班牙船队,阻碍了西班牙向殖民地运送物资。但是当1590年罗利的船队返回洛亚诺克岛时,以前所留下的殖民者已无影无踪。伊丽莎白时代结束时,帝国事业依然才刚起步。这种海盗式的战争只是打破了西班牙商船横行无忌的局面,也增加了英国海外活动的范围

---

① David Scott, *The Rise of Britain as a World Power*, Published by Harper Press, 2013, pp. 75–76.

和规模,通过海外活动却产生了一批海洋探险家,而这些人后来则成长为殖民者。到 1600 年时,他们的活动依然零星地局限在大西洋的西海岸。①

第二节 商业争霸战争

英国重商主义文化的不断发展,特别是其商业活动、海外探险同海盗式抢劫、殖民扩张的结合不可避免地同欧洲列强产生了尖锐矛盾,由此引发了一系列的商业争霸战争。这一时期的商业争霸战争虽有争夺殖民地的性质,但还远不是纯粹的殖民扩张战争。欧洲列强更多地都是为了寻求扩大商机、探寻保护商路、维护贸易优势。英国通过商业争霸战争,虽然没有取得绝对的商业霸权,但作为一个后起的商业国家也开始走向世界,跻身于欧洲商业大国行列,这对于近代英国的崛起有着十分重要的意义。

一 英国与西班牙的战争

自从亨利八世与罗马教廷决裂之后,英国与西班牙的关系就日趋紧张,但在 16 世纪 60 年代之后,两国关系明显恶化。中世纪以来,出于各自对法国的提防,两国关系较为亲密。1562 年,由于法国天主教和新教的斗争,两派教徒彼此攻击残杀,这也影响到邻国之间的关系。英国在海峡地区的海盗行为及西班牙对英国和安特卫普的贸易禁运削弱了两国的商业利益。而在 1567 年,菲利浦二世派遣阿尔瓦公爵率领一万多军队残暴镇压低地国家的叛乱,而且得到 3 万多德意志和意大利军队的援助。这样一来,天主教国家的军队就要驻扎在狭窄的海峡对岸,距伦敦也不过 200 英里,同时还要消灭低地国家的新教,这让奉行新教的英国极为不满且不安。天主教国家的威胁被大陆反新教的暴行给放大了,特别是 1572 年圣巴托罗缪日所发生的大屠杀,天主教暴徒在巴黎和法国的其他

---

① David Scott, *The Rise of Britain as a World Power*, Published by Harper Press, 2013, p. 80.

城市屠杀了数千名包括男女老幼在内的胡格教徒。① 伊丽莎白女王较为保守的政治本性本来不可能轻易支持加尔文新教反叛者去反对正统的王子。纵使这样，她还是愿意向荷兰和法国的新教反叛者提供军队和金钱支持。尽管她做得极为勉强并保密，但还是寻求和北德意志及斯堪的那维亚半岛信奉新教的国王寻求结盟。英国的外交战略显然是为了挑战西班牙在新大陆的霸主地位，同时在欧洲想模仿一下西班牙的征服者。英国的海盗，像胡格诺所扮演的角色一样，梦想建立殖民地以同西班牙争夺西印度群岛的财富。

在新教徒生死存亡的斗争和西班牙在欧洲大陆称霸的情况下，伊丽莎白给予胡格诺海盗和低地国家的反叛者以隐蔽的支持和保护。与此同时，菲利浦二世却反过来秘密地支持天主教海盗以反对英国王室。到1570年时，两国可以说是已处在冷战状态。表面上是菲利浦二世对天主教的虔诚及伊丽莎白的一些大臣们对新教的热衷限制了两国的关系，其实更多的是因为英国新教力量的弱小而不是国力的弱小，才导致了战争的爆发。宗教文化的差异，也是战争爆发的一个原因。英国长期以来反对西班牙的战争有着非常重要的意义，这不是为了争夺领土或实现王朝的雄心抱负，而是为了国家的生存和捍卫新教事业，也为了使新教地位在未来一个世纪里和世界范围内不受挑战。

英国与西班牙的这场战争可以说是不宣而战，矛盾由来已久，只不过在一定历史时期内，双方暂时都没有信心和必要付诸一战。1585年所发生的事件成为战争的导火索。1585年秋天，伊丽莎白女王决定由莱斯特公爵率7500人的军队给低地国家的叛乱者以支援。菲利浦二世从70年代就反复权衡考虑入侵英国的战事，现在面对伊丽莎白和叛乱者所订立的条约，德雷克在西班牙近海和西印度群岛的劫掠，他不得不下定决心付诸一战。1587年2月，苏格兰玛丽女王被处死，苏格兰王位由其信奉加尔文教的儿子继承，而且还有可能承继英格兰的王位，这都是菲利浦二世再也无法容忍的大事。

菲利浦二世可以选择将无敌舰队直接驶向英格兰或爱尔兰，但因此

---

① David Scott, *The Rise of Britain as a World Power*, Published by Harper Press, 2013, p.81.

会缩短舰队的战备时间,还将受到英国战舰的迎击。最后,他决定采取联合行动,"无敌舰队"首先渡过海峡在佛兰德尔抛锚停泊,然后护送帕尔马的军队直接到肯特郡。这一计划的优点在于将以欧洲最精锐的部队击破英国摇摆不定且疏于防守的陆上防线,而缺点是过于复杂,这也就是像菲利浦二世这样的坐在扶手椅上的战略家才能想得出这样的作战计划。他习惯性地依赖神灵来帮助他并弥补战略准备上的疏漏之处,还把无敌舰队的统帅权交给麦地那·西多尼亚公爵,这对无敌舰队的胜算没有带来任何好处。公爵虽是一个沉着稳健的人,但缺乏创造性,既没有海战的实践经验,也不能随机应变来摆脱菲利浦二世并不灵活的指导方针。1588年夏天,趁着良好的气象及航海条件,庞大的"无敌舰队"杀奔英格兰而来。这是关乎伊丽莎白统治及全欧洲新教命运的关键时刻。1588年7月中旬,当英国海军第一眼看到无敌舰队时,那绝对是一幕排山倒海的令人惊恐的场面。130艘战舰以新月阵形迎面而来,搭载19000多将士的军队,配备138门重炮。[①]

英国舰队在埃菲厄姆勋爵霍华德的率领下于7月20号出港迎战"无敌舰队",实际上面对的是世界上最强大的海军。英国舰队大约有80艘战舰,携带251门重炮。在这些战舰中,只有不到一半的船只属于英国皇家海军,其余舰船均属临时拼凑,有的来自港口,有的由伦敦的商业公司提供,有些海盗也提供了其海盗船,像莱斯特郡的海盗罗利。英国的战舰比西班牙类似于漂浮堡垒的庞大战舰要轻便灵活,而且英国的海军及水手训练有素,火力强劲,其劣势是埃菲厄姆统帅缺乏组织实战的经验,但正是这一点,却成为有效打击"无敌舰队"的法宝。例如像德雷克,经过一天的战斗,他抗命不遵,不是领导他的舰队全力进攻,而是采取了他认为最好的方法,放弃自己船而捕获了一艘西班牙的大船。在战斗正酣时,英国还发现了一个惊天秘密。那就是如果不在自杀式的距离之内,即使自己火力最强劲的大炮,也无法击毁敌方的大船。只要西班牙舰队保持良好的作战秩序,而且事实上也做到了,英国舰队始终没有机会取得火力和操控上的优势。在7月27日西班牙舰队在加来港抛锚

[①] David Scott, *The Rise of Britain as a World Power*, Published by Harper Press, 2013, p. 88.

靠岸时，没有一艘西班牙舰船遭受重创，更不要说被击沉了。①

加莱是英国曾经战败过的地方，现在却要目睹英国取得最伟大的胜利。麦地那·西多尼亚完成了菲利浦二世交给的任务，他把"无敌舰队"完整无损地带回到了与帕尔马军队会合的地点。但是仍然留有一个问题，那就是两支军队在实践上如何衔接结合。麦地那·西多尼亚深感已足够安全，就从"无敌舰队"派遣舰船去清除荷兰人在近海内巡逻的船只。帕尔马的军队需要风平浪静的条件以安全地渡过海峡，但是七月下旬后的天气越来越糟糕，麦地那·西多尼亚却寄希望于出现奇迹，于是他的舰队在下风岸静静地停列等待。7月28号，英国突然向无敌舰队发动火攻，这是携带武器的海军舰船最怕见到的情景。西班牙统帅极为惊恐而乱了阵脚。这使得英国能趁乱而近距离打击西班牙舰队，几艘西班牙巨型战舰被英国船只包围猛攻，直到船舷上血流入海。数百名西班牙士兵或命丧黄泉，或身受重伤。尽管西班牙依然有一半的舰艇逃过此劫，但强劲的季风迫使无敌舰队驶入北海，再无希望与帕尔马的军队相会合。

"无敌舰队"无奈只得绕道苏格兰及爱尔兰西海岸，历经漫长而艰辛的航程而折回，又遭遇肆虐的秋风，缺水少粮，损失的舰船和人员远远超过了英国，只有三分之二的舰艇回到了西班牙，而大获全胜的英国水手则要轻松得多，战争中人员伤亡不超过60人。②

历经此番的失败，无敌舰队在海战中再也不能恢复到以前规模。1589年、1596年、1597年，英国海军三次远征袭击科伦纳、卡迪斯及西班牙的其他港口。德雷克及霍金斯则趁机返回西班牙的殖民地，在加勒比海地区进行大肆劫掠，直到1595—1596年水手疲惫不堪及热带疾疫流行才作罢。菲利浦二世也进行了报复，1596—1597年，两次派遣庞大的"无敌舰队"进入英吉利海峡，其目的是把英国赶出低地国家，但天公并不作美，每次出师皆遇大风，均无功而返。

英国击败西班牙的无敌舰队而在商业争霸战争中崭露头角，由此开始成为西欧不可忽视的海上力量。之后又因西班牙支持爱尔兰泰龙（Ty-

---

① David Scott, *The Rise of Britain as a World Power*, Published by Harper Press, 2013, p. 89.
② Ibid., p. 90.

rone，1550—1616）伯爵的叛乱而同英国爆发了"九年战争"（1594—1603年），但战争后来迅速扩大到欧洲列强都参加的商业争霸战争。九年战争也是欧洲商业和殖民大国间第一次世界规模的战争。在欧洲，法国泰然自若，他们的海盗船出没于海峡地区的各港口，捕获了数千艘盟国的船只。但在欧洲之外，法国则受到了来自多方的挑战，荷兰在印度抢夺法国的殖民据点，西班牙和英国在加勒比海袭击法国的殖民地，英国还试图征服加拿大，只不过当时没有成功。如果说当时在欧洲以外的战争中有一个获利者，那或许就是英国，当然英国及其盟国荷兰的损失也要比法国大。对于英国而言，战争的一个胜利果实就是最终将整个爱尔兰置于都铎王朝的统治下，同时大大推广了英语的运用、英国的法律和习俗。但政府不是由新教徒统治，而由爱尔兰的盖尔人所控制。1603年的胜利也留下了宗教和种族仇恨的种子。

1604年，西班牙与英国签订条约，平静地结束了战争，双方从财力上都不能再继续进行战争。"英国取胜也得益于幸运和机会，因为西班牙帝国的过度扩张已使其疲于应付。英国此次成功击败西班牙也并未使其成为欧洲大国，但却由此确立了争取掌握制海权的国家意识……在反对天主教暴政中，捍卫了英国的自由与新教。伊丽莎白统治时期在重要关头的胜利，将爱国主义与新教联系起来。加尔文主义者打败了'无敌舰队'，这说明上帝选中了英国作为其'选民'，英国将作为上帝的宠儿而成为反对教皇制度的坚强堡垒。"[①] 历经两次战争的失败，西班牙也不得不谨慎面对英国，在外交政策上也极力避免同英国发生正面冲突，英国在海外贸易中少了一个羁绊，而增加了许多胆量和勇气。

二　英国与荷兰的战争

进入17世纪后，英国商人同荷兰人在商贸方面的竞争日趋激烈。荷兰共和国已把海上活动的重点从袭击西班牙、葡萄牙殖民大帝国转向了建立有利可图的殖民地及海上贸易公司。荷兰在1609年同西班牙实现和平之前，就已经成为欧洲最强大的海上贸易力量，英国商人及渔民长期

[①] David Scott, *The Rise of Britain as a World Power*, Published by Harper Press, 2013, p. 93.

以来占主导地位的市场优势被荷兰人取而代之。欧洲唯一的不受荷兰人控制的水域就留下海盗频繁出没的地中海，英国商人用重装武器保护商船的通行。16世纪90年代末期，荷兰人的商船已绕过非洲南端的好望角而将亚洲的商品直接运送供给欧洲的消费者，这对垄断地中海贸易的东印度公司是一个严重的挑战。到17世纪初，荷兰人的商业帝国继续迅速扩张。1621年，西班牙与荷兰重开战争。西班牙对荷兰的商品禁运及海盗式的抢劫一度打击了荷兰的对外贸易，英国商人的市场份额才有所增长。向北欧的布匹出口虽有所下降，但经地中海从远东进口的商品却在增加，经大西洋与殖民地的贸易也逐渐有利可图，商业渐趋繁荣，整个国家也兴盛一时。国王也从中发现了其摇钱树，那就是来自海关的收入，几乎超过了王室年度收入的一半。①

国家在海外的商业利益要求有一支新型的海军，正如要求有良好的陆军一样，这也是由长期议会所传承的。自亨利八世在位之后，在利维坦主义的影响下，英国的海上力量在17世纪中期时增长速度是空前的。查理一世在位时，已有40年之久的舰船组成的舰队因为糟糕的设计和王室的干预而不断受挫，尽管能够航行，但是不能控制海峡地区，更不能为英国的渔民和商人的船只护航，这一惨淡的局面在内战爆发后得以改变。当议会收罗起王室遗留下来的舰船时，绝大部分已不能派上用场。而轮船可以开拓国家的财源，是急中之急，因而在长期议会统治时期，在海军建设方面的支出几乎翻了一番。海军的管理、海岸基地的建设、后勤保障供应也都有较大的进步。海军船厂已开始建造适用于实际作战的舰艇，而不是像17世纪30年代建造的"凯瑟琳号"那样缓慢行进的大摆设。②

从1570年到1640年，英国船舶运输的总吨位增长了三倍，特别是1604年英国与西班牙和平条约签订以后，英国与西班牙及地中海地区的贸易重新走向活跃，其对外贸易的方式也进行了重新调整，传统的向北

---

① David Scott, *The Rise of Britain as a World Power*, Published by Harper Press, 2013, p. 126.

② Ibid., p. 194.

欧国家的布匹出口日益减少,而从南欧及亚洲进口的贵重商品却不断增加。中产阶级对贵重商品需求的增加促进了这种所谓的"商业革命"。英国市场上充斥着来自大西洋对岸殖民地的烟草、来自远东地区的香料、来自地中海地区的葡萄干,而且进口商品种类日益增多,市场需求旺盛,英国的商业和对外贸易已进入了全球扩张阶段,但是风生水起的海外贸易却受到荷兰人的遏制和束缚。英国重商主义文化的发展与国家海军实力的增强,终于敢向"海上的马车夫"拔刀亮剑。

1651年,"残余议会"尽力同荷兰结成神圣同盟,以图用双方的全部力量和资源同反基督新教者作斗争。从英国角度来看,英荷的结盟可以解除斯图亚特王室势力与荷兰奥兰治派结盟的危险,至少还可以消除来自荷兰的威胁,为英国的海外贸易和市场提供一定的保护,因为1648年荷兰同西班牙停战后,其海上贸易已经急剧扩张。但是荷兰自然不愿意以自己艰辛努力、来之不易而赢得的独立和商业优势同英国结盟。于是"残余议会公"然抨击荷兰人为不敬上帝的守财奴,被君主专制的奥兰治王室所奴役束缚,并在贸易方面对荷兰采取反制措施。这样,双方的战争就不可避免。

重商主义思想被政治说客本杰明·沃斯利以这样特殊的颇有影响力的方式来表达,通过组织管理贸易,而没有别的手段,财富和运输的商品才能增加或被支配,其结果必然是任何一个国家离开贸易都不能在陆地和海洋上生存。沃斯利还坚持认为,国家利益的最大挑战不是来自天主教国家而是来自新教国家荷兰。荷兰已经垄断了全世界的商品贸易,而不仅是基督教世界,而且确实是已知世界的绝大部分贸易。他已经清醒地意识到荷兰海军及商船的运输量在17世纪中期时已经达到50万吨,这几乎是英国的两倍。[1]

1651年,残余议会针对荷兰在对外贸易上的主导地位做出了反应,颁布了《航海条例》,规定所有来自欧洲之外的输入英国或输送到英国殖民地的商品,必须由英格兰(不是苏格兰或爱尔兰)的船舶来运输。《航

---

[1] David Scott, *The Rise of Britain as a World Power*, Published by Harper Press, 2013, pp. 341–342.

海条例》的直接目的就是改变英国对外贸易的比例，将外国人特别是荷兰人掌握的英国贸易收归英国船舶来运输。推行《航海条例》的人还有着更大的雄心抱负，也就是建立海上和经济资源的优势，使英国能逐渐走在欧洲强大邻国的前面。在保护英国渔业方面，《航海条例》还规定，鱼类的进出口也必须由英国船只运输。英国还要求所有通过英国海域的舰船，在遇到英国军舰时必须升旗以示敬意。《航海条例》及其成功地实施，建立起了帝国体制的框架，不仅为开发利用国外的领土和资源奠定了基础，也为海外贸易的蓬勃发展注入了活力，这些都极大地增强了国家的力量。

《航海条例》形成了非常著名的商业立法的主干。这一法令出台的原因在于对荷兰商业及海军力量增长的担忧。政府也迫切希望有一支较大的商业舰队，可以在战争时期提供辅助的军舰和海员。商人和船主则希望阻止荷兰人在转口贸易中夺走自己的利润，在商业正在扩张的时期，不要使贸易全部落入荷兰人之手，从而为英国人也保留贸易机会。荷兰在贸易运输中展开了竞争，转口贸易不断发展，1615年以后，英国政府通过了一系列的政府命令，试图为英国人划定波罗的海和地中海的商品贸易的独占权，还有英国所有殖民地货物的运输权。荷兰因为卷入"三十年战争"，在对外贸易方面的竞争而受到了抑制。[1]

从17世纪50年代起，通过《航海条例》来管理与殖民地的贸易，来确保殖民地的商品只能通过英国或英国殖民地的船只来运输，所有直接出口或再出口的商品必须经过英国。为了使垄断贸易更容易被接受，殖民地也获得了国内市场的垄断权。从而鼓励殖民地，在某种程度上也是强迫殖民地只能生产从英国买不到的商品，购买手工业制品只能是英国的。[2]《航海条例》更为长远的结果是在大西洋上架起了英国商人与殖民地联系的桥梁，因而在实践上，殖民地日益增长的需求主要由英国的生产商来供应，毫无疑问，如果没有这一立法，英国的商业和航运业在

---

[1] Ralph Davis, *English Overseas Trade* 1500－1700, Published by the Macmillan Press Ltd. , 1973, p. 48.

[2] Philippa Levine, *The British Empire*, *Sunrise to Sunset*, Published by Pearson Education limited in Great Britain, 2007, p. 26.

这一时期或许也会发展,但是该法令阻止了荷兰在美洲的海运及阿姆斯特丹的转口贸易,从而保证了英国在美洲贸易的扩张。①

跨大西洋贸易的繁荣尤其使运输成本得以大幅度降低,甚至差不多能同荷兰相竞争,而且也促进了英国远洋运输船舶制造业的发展,到17世纪80年代时,英国的远洋运输舰队已成为欧洲之最,而且大部分船舶都是英国建造的。由《航海条例》所促成的重商主义体制或许在很大程度上使伦敦在18世纪早期时就超过了阿姆斯特丹,成为欧洲最大的殖民地商品的贸易中心。当然,三次反对荷兰的战争也起了很大的作用。②

英国近代海军很快历经了第一次英荷战争（1652—1654年）,在英吉利海峡地区经受了硝烟与炮火的洗礼。英荷战争的战场主要集中在海上。就双方的海军实力而言,英国海军无论从数量规模而言,还是从火力装备上都已经超过了挑战西班牙"无敌舰队"时的状况,再也不是"以少胜多"或"以弱胜强"的局面。"英国海军拥有86艘大型战舰,多为1000吨以上的双层甲板帆船,一般装有60—80门火炮;荷兰海军有60艘战舰,其排水量一般小于英国战舰,最大战舰的舰炮只有40—50门。显然英国海军的作战能力已经超过荷兰。"③战争打响后,英吉利海峡和多佛尔海峡是第一次英荷战争的主战场。此外,两国海军还在地中海、印度洋、连接波罗的海与北海的海峡等水域进行交战。英国海军采用的主要战术是运用他们的火力优势,把战舰在海上一字排开——这是英国在拿破仑战争前标准的阵形。由于掌握枪炮制造方面的先进技术,并且具备专业化的战舰,只要远离敌方战舰并火力压过敌人,就能最后取得海战的胜利。这次战争中发生了七次大的战役,英国取得了五次胜利,迫使荷兰舰队司令向上级报告,英国人已掌握了战场的主动权并掌握了制海权。在英吉利海峡确实是这样,但是在别的地方,荷兰人在战斗中则

---

① Ralph Davis, *English Overseas Trade* 1500 – 1700, Published by the Macmillan Press Ltd., 1973, p. 48.

② David Scott, *The Rise of Britain as a World Power*, Published by Harper Press, 2013, p. 343.

③ 杨跃:《海洋争霸500年——英国皇家海军与大英帝国的兴衰》,军事科学出版社2007年版,第56页。

有着上乘的表现,他们在波罗的海及地中海驱逐英国船舶,对英国的海外贸易造成了巨大的损失。

1654年4月,英荷双方签订了《威斯敏斯特和约》,荷兰被迫暂时接受了《航海条例》,并答应赔偿英国东印度公司自1611年后由荷兰东印度公司的行为所带来的损失。双方在彼此都无力再继续厮杀的情况下暂时结束战争实现了和平。从战争的结局上来看英国取得了一定的胜利,但实质英国在战争时丧失了大部分海外贸易及关税收入,只得到了军事上优胜的声望,英国还需要暂时结束与荷兰的争斗而集中力量与西班牙在西印度群岛进行对决。而英荷战争中荷兰海军虽然蒙受重大损失,但其主力犹存,特别是荷兰的商人阶层对所签订的条约深感不满,仍伺机报复。而在战争结束时,英国虽然在海外贸易方面经受了巨大的损失,但其海军实力却在战争期间得到了迅速的发展。"英国所拥有战舰已超过200多艘,到1700年时,这一数字迅速攀升到近400艘,其中一流战舰装配的大炮超过了100门。对荷兰战争的胜利一扫内战前英国军事上卑微的记忆。此后,法国、荷兰、西班牙等国毫无疑问地将为争夺海上霸主及海上贸易而展开激烈的斗争。在金雀花帝国在法国的统治终结200余年后,英国重返欧洲大国行列。"[1]

1660年,斯图亚特王朝复辟以后,国王处境比内战前更加有利。17世纪四五十年代的财政及军事改革部分地得以延续,中央政府比1640年时也更有权力。"新模范军"的规模缩小了,但政治更加可靠,财政支持更加有力,依然是一支颇富战斗力的部队。从1642年就大力建设的海军,虽然不是全部保留下来,但也保留了大部分,被查理二世重新命名为皇家海军。国家也有了一支专业的官僚队伍征收税赋。查理二世还任命其弟弟约克公爵(即后来继承王位的詹姆士二世)担任皇家海军总司令。英国议会也及时拨款250万英镑大力加强皇家海军的建设。查理二世深感有必要通过海上战争来清算不时威胁英国商业利益的国外力量。荷兰一次次地触及王室敏感的神经,对查理二世和路易十四,都是一种政治上

---

[1] David Scott, *The Rise of Britain as a World Power*, Published by Harper Press, 2013, p. 195.

的亵渎。除此之外,荷兰已成为查理在复辟以后共和派政敌的避难所。对英国绝大部分不是清教徒的人来说,荷兰就是新教徒恣意枉为的邪恶代表。

从国家利益的冲突方面来说,荷兰囊括了整个世界贸易,已成四方海洋之主。规模庞大的荷兰商船及护卫舰队已遍布大西洋和印度洋,显然已成为欧洲最强大的海上贸易国。同荷兰开战势必短时期内影响英国的商业,但对查理二世及朝廷的好战分子而言,则急于展显英国的海上力量,这点代价是微不足道的。同荷兰发动战争不仅在国内可以重树王室的威望,加强王室的权力,而且英国强大的海军也可以像第一次英荷战争那样再挫荷兰的锋芒而使其卑服。朝廷的这一想法还得到以约克公爵为首的海军将领的支持,他们是一批强有力的投资者,如果能夺取荷兰在西非的奴隶及黄金贸易,那发财致富必将唾手可得。1660年的《航海条例》修订并强化了以前的法令,旨在促进英国贸易的发展并实行贸易保护主义,以限制欧洲其他国家和英国进行竞争,这进一步激化了英荷之间本来就存在的矛盾,双方在世界范围内争夺商业霸权的斗争更为激烈。1664年4月,英荷为争夺西非的黄金海岸而重燃战火,在长期持续的冲突中荷兰一度赢得了战争的主动。双方在西非的战争尚在持续的情况下,同年8月,为争夺北美的新尼德兰殖民地又爆发冲突,结果英国很快夺占了荷兰包括新阿姆斯特丹(后改名纽约)在内的整个新尼德兰殖民地,导致了第二次英荷战争的全面爆发。

1665年3月,查理二世对荷兰共和国再度宣战。战争从地中海迅速蔓延到北海、大西洋等海域。荷兰一心想报仇雪耻,力挫英国日益增强的海军力量而重新夺回其商业及海上霸权,因而集结投入了其全部的海军力量。而英国则野心勃勃,力图通过再次较量彻底击溃荷兰的海军,巩固并扩大其所夺得的殖民地及贸易权益,坚决推行修订了的《航海条例》。1665年6月,海军在约克公爵的率领下,在英国东海岸的战役中重创荷兰舰队,再次显示了英国的海上优势。[①] 此次战役"英国舰队有137

[①] David Scott, *The Rise of Britain as a World Power*, Published by Harper Press, 2013, p. 213.

艘舰船,其中主力战舰35艘,一般战舰53艘,武装商船21艘,纵火船21艘,小船7艘,装有火炮4200门,官兵人数达22000多名,编成3个分队;荷兰舰队有121艘舰船,其中各型战舰103艘,纵火船11艘,通信船7艘,编成7个分队。"① 战斗打响后双方首先在远距离互相炮击,随后英国舰队发动进攻,向荷兰舰队强行穿插进攻,以图打乱荷兰舰队的阵形并各个击破。海战场面异常残酷激烈,炮击战、接舷战、火攻战交替进行,双方伤亡巨大,但是战斗中荷兰舰队的旗舰起火爆炸,舰队司令奥普丹战死,致使荷兰舰队军心大乱,无心恋战,部分舰船掉头溃逃。英国舰队则获得了兵力上的绝对优势,乘机扩大战果,锁定胜局。此次战役荷兰海军损失17艘战舰,包括3名将军在内官兵伤亡4000余人,而英国海军仅损失2艘战舰,包括2名将军在内官兵伤亡800多人。两个月后,两国海军在挪威西海岸卑尔根附近海域又发生小规模的战斗,双方互有胜负得失,但是英国国内发生了瘟疫,海军的补给及战斗力受到不利影响。1666年1月,法国同荷兰结盟并向英国宣战,英荷战争变成了英国同荷兰与法国两个国家的较量,英国海军也被迫兵分两路进行作战。

1666年6月,英荷各集结两万多海军又决战于多佛尔海峡,经过4天的激烈战斗拼杀,英国海军官兵伤亡5000余人,被俘3000余人,损失17艘舰船;而荷兰海军官兵伤亡2000余人,仅损失了6艘舰船。此次战役就是史称的英荷"四日海战",英国舰队的每艘战舰几乎都受到炮击,荷兰一艘战舰逼近了英国蒙克公爵的旗舰。英国海军遭受了英荷战争开战以来最惨重的损失,荷兰海军则一雪一年前重大失利的耻辱,极大地鼓舞了士气。一个月后,荷兰海军乘胜出击,对泰晤士河口进行封锁,一度威胁英国本土,也威胁到英国的海外利益。为摆脱战局的不利影响,英国海军经过两个月休整后在蒙克公爵和鲁伯特亲王的率领下主动出击,英荷海军在多佛尔海峡遭遇后再度展开激战,这次海战只历经一天,英国海军略占上风,荷兰海军主力则在德鲁特的率领下巧妙逃脱。4天之

---

① 杨跃:《海洋争霸500年——英国皇家海军与大英帝国的兴衰》,军事科学出版社2007年版,第61页。

后，英国海军一支舰队出其不意偷袭荷兰北部沿海的门户特塞尔岛，一举击毁了停泊在那里的 150 多艘船只，荷兰商船损失严重。虽然英国海军略有胜利，但荷兰海军并未遭受重创，况且还有法国同盟的支持。1667年，英国海军同法荷联军不仅在欧洲海域继续对抗冲突，在美洲加勒比海域的英国殖民地也发生了争夺。6 月，荷兰舰队出动 24 艘战舰、20 艘小船、15 艘纵火船强行闯入泰晤士河，一度深入到乌波诺一线，拆除捣毁英国设置在水中及岸上的防御工事，进一步威胁伦敦，还摧毁和俘获英国多艘战舰，其中还有蒙克公爵的旗舰"皇家查理"号，被荷兰海军作为战利品开回国内，英国海军再度蒙羞。而此时伦敦还正发生瘟疫，查理二世及皇室上下逃离伦敦，留下蒙克公爵守卫伦敦。英国在短时期内无望扭转战局，在战争形势极为不利的情况下，英国被迫妥协议和。1667 年 7 月 31 日，在英国做出让步的前提下，双方签订《布列达和约》，结束了第二次英荷战争。《布列达和约》规定，按照荷兰的要求修改《航海条例》，荷兰借此获得了将荷兰及德意志商品输入英国的权利；英国放弃对东印度群岛的所有要求，将战争期间在南美洲所占领的苏里南地区归还荷兰；荷兰则承认西印度群岛为英国势力范围，同时也承认了英国早已占据了的（新阿姆斯特丹）纽约，但保留了在北美的其他殖民地；英法关系方面，英国收回被法国占领的加勒比海地区的殖民据点。作为交换条件，英国允诺在一年内不参与反法联盟的任何军事行动。第二次英荷战争及其后所签订的和约既未消除双方争夺商业霸权和海洋霸权的野心，也未改变双方的力量对比，其矛盾只是暂时得到缓和而并未从根本上消除。英国不断上升的海上实力和不断拓展的海外贸易必然使这一矛盾继续和扩大。就在《布列达和约》签订后，英荷又为争夺在南美洲圭亚那的殖民地而发生冲突。

第三次英荷战争（1672—1674）的导火线是法国国王路易十四企图夺取欧洲大陆霸权，不仅同大陆上的许多国家结盟，还积极拉拢英国并许以重金，查理二世为了彻底拆散昔日法荷同盟并进一步打击荷兰的海上霸权，决定派海军参战以配合法国进攻荷兰。这次战争双方主要在欧洲近海展开，并且同欧洲大陆法国与荷兰、法国与西班牙、荷兰与瑞典的战争先后交织在一起，各国关系错综复杂，大大分散削弱了荷兰的力量。英荷之间在海上发生多次战役,双方各有胜负,但战役规模比前两次都相对要小。1674年1月,欧洲大陆的政治和军事形势已发生重大变化,法国的许多同盟诸如神圣罗马帝国及德意志诸公国纷纷倒戈支持荷兰,西班牙也与荷兰结盟,法国的处境转向被动,英国继续与荷兰交战显然弊多利少,过度削弱荷兰从长远而言必然助长法国的力量,加之国内反法情绪高涨,各阶层对增加赋税和军事失利极为不满,1674年2月,国会迫使查理二世退出战争,荷兰为集中力量与法国作战也同意做出一定让步,双方缔结《威斯敏斯特条约》。条约规定荷兰人在挪威至菲尼斯特雷角(Finisterre Cape)之间的海域通行时须向悬挂英国国旗的舰船行礼,实质是要荷兰承认该海域为英国的势力范围;荷兰还要赔偿英国海军损失50万银币(1枚银币相当于5先令);作为让步,英国同意在未来四年内欧洲大陆或将发生的战争中严守中立。英国就此摆脱了战争,而且摆脱的是一次涉及欧洲许多国家的战争,不仅有效地降低了国家的财政及军费开支,而且获得了隔岸观火的机会,坐视荷兰、法国、西班牙等国在战火中互相削弱,英国则趁机致力于海军建设、发展海外贸易、拓展海外殖民地。而荷兰与瑞典的战争一直持续到1679年,荷兰与法国的战争也持续到1680年。荷兰先后与诸多国家连绵不断的战争削减了海军力量,也消耗了国家的财富。长期以来,荷兰主要依靠商业贸易及与之密切相关的航海运输和殖民扩张来支撑经济发展,建立起遍布全球的极其复杂的商业网络,以欧洲为中心向非洲、美洲、亚洲散射扩张,包括向美洲贩卖黑奴、欧洲手工业制品,从美洲运回皮毛、鱼类、甘蔗等当地的土特产而行销欧洲;在东南亚采购丁香、肉蔻、胡椒、在中国采购丝绸和瓷器、在日本采购漆器和银器而运销世界各地。荷兰东印度公司和英国东印度公司展开了激烈的竞争,贸易摩擦和商业冲突时有发生。荷兰商人还在欧洲大陆内部进行着商品贸易,将东北欧的粮食等产品运销南欧,同时将南欧大理石等名贵建材运往西北欧等地销售,还在奥斯曼土耳其境内、中亚北非等地从事多种商品贸易。总而言之,荷兰商人贸易的踪迹几乎无处不在,从中获得并积累了令欧洲其他国家羡慕嫉妒的巨额财富,成为17世纪欧洲最为富庶的国家。17世纪后半期,荷兰不仅与英国发生多次战争,而且又与法国、瑞典等国进行交叉持续不断的战争，严重影响了其正常的贸易，同时也使其商业网络日益遭受冲击破坏。特别是荷兰人在亚洲的贸易权利逐步为英国和法国商人所取代。1661—1662 年，郑成功率军横渡海峡收复了被荷兰军队和商人侵占盘踞长达 38 年之久的台湾，对其在东亚的贸易网络也给予了沉重的打击。加之荷兰国小地狭，长期以贸易及金融业立国，商业利润主要转化为金融资本，同时大量资本流向了英国、法国和西班牙等国。农业和手工业本来就在经济结构中所占比重不大，农业资本和工业资本的积累尤为不足，制约着工农业生产技术的进步以及工业化的进程。对外贸易一旦衰退，自身抗拒危机的能力就严重不足。因此，荷兰在 17 世纪后半期被英法等国以贸易竞争、争霸战争、殖民扩张等多种方式剥夺了海洋及商业霸权，这样就不可避免地走向了衰落。与此同时，英国则在重商主义思想的指引下，趁机加紧在美洲和亚洲进行贸易和殖民扩张，建构以农业为基础、以工业为支撑、以贸易为引擎、以殖民为框架的商业和殖民帝国。到 18 世纪后半期，英国和法国展开了对海洋和商业霸权的角逐，具有了争夺殖民霸权的性质。

"光荣革命"之后，荷兰执政威廉入主英国，这在一定程度上也缓解了英荷之间固有的矛盾。"荷兰东印度公司以往长期所奉行的打击英国东印度公司的一贯做法，现在明显已不能被接受，两国现在是同一个统治者，而且英荷已结成反法联盟。因此在 1688 年后，荷兰东印度公司就很少能阻碍英国东印度公司与印度的棉纺织品贸易，这使得英国的商业贸易有了明显的优势。消费者对白棉布、印花棉布、蚕丝制品的需求在持续增加，这一过程一直持续到 18 世纪。荷兰人所专营的香料和胡椒，也保持了稳定的增长。荷兰人无意间把英国人推向了亚洲市场里更赚钱的行业。到 18 世纪 20 年代，在英国与荷兰的两大公司中，英国公司显然赚钱更多更富有活力，每年要向印度派航近 30 艘大船，有记载的交易量在 125 万到 200 万英镑之间。"[1]

第三次英荷战争后，英国海外贸易迅速扩张。对外贸易的扩大意味

---

[1] David Scott, *The Rise of Britain as a World Power*, Published by Harper Press, 2013, p. 366.

着关税收入的增加。1684—1685 年，仅海关税收一项，国王一年就有 150 万英镑的收入，像这类的收入，并不需要议会来提供。① 从 17 世纪 40 年代到 80 年代，英国海军的规模、活动范围及军费支出都有了较大幅度的增长。这是因为在护国公及共和国时期需要同保王党人进行军事斗争，还有与荷兰长期的流血冲突，包括与西班牙的战争、与法国关系的紧张、在南亚、西印度群岛、西非海岸、北美商业和政治利益的扩张。1688 年光荣革命及与法国路易十四爆发的战争，极大地促进了船舶制造业，也加快了海军的发展速度。1689—1697 年，海军军费支出每年达到了 180 万英镑；1702—1713 年，年度支出一跃而达到了 240 万镑，在国家的财政支出中，成为单项开支最大的一项。同时，海军也招收了更多的人员为其服役，在西班牙王位继承战争的顶峰时期，海军总人数达到了 48000 余人，在整个从事航海活动的人员中占了绝大部分的比例。②

从 17 世纪 40 年代起，英国逐步形成了一个经济军事国家。威廉三世统治时期，受荷兰的影响，英国从一个以国王为中心的国家转变成了一个反对欧洲最强大国家联盟的核心。为维持庞大的军事费用，需要与之相适应的一个新的国家财政体系。针对托利党领导人的激烈反对，1694 年议会通过了成立英格兰银行的提议，这是辉格党的商人与作家多年来所倡导的。这样可以吸纳公共资金，通过银行来管理，也是政府的信贷有了更可靠的延伸额度。投资者从银行购买股份，筹集到的资金以有息的形式贷给政府，将来从国家的税收中收回。以国王名义的短期贷款也逐渐被长期的国债所取代，最后以议会通过的税收和国家财富来偿还。起初，国家主要征收直接的财产税，但从 18 世纪初开始，从贸易和消费过程中征收的间接税逐渐增加。运用英格兰银行，国王可以征借并支配所有纳税人的财富。英格兰银行的建立也具有深刻的宪法意义，因为受制度约束的国王威廉的支出依赖于议会的供给，减少了国王在财政上的自主权，同时保证了议会成为政府必不可少的机关，1689 年之后，没有

---

① David Scott, *The Rise of Britain as a World Power*, Published by Harper Press, 2013, p. 227.

② Kathleen Wilson, *A New Imperial History: Culture, Identity, and Modernity in Britain and the Empire*, 1660–1840, Cambridge University Press, 2004, p. 30.

那一年不召开议会。①

17世纪90年代的财政革命创造了一个新的食利者阶层。1688年,纽约股票交易所开张,股票交易活动很快成为国家经济生活的组成部分。数以千计的人,连同荷兰的投资者,购入政府有保障的股票及英格兰银行的股份,或者很多私人共同创办的公司的股份,这些公司在17世纪90年代得以迅速发展,并在光荣革命和一系列战争中获利,不足为奇的是既得利益集团的领袖人物大多是辉格党人,投资逐渐成为一种政治艺术。②

议会也仿照荷兰模式引进了很多消费税,比如食盐、皮革、马车甚至出生、结婚及死亡的登记注销,生与死都要征税。关税细则条目也在增加,所有进口的商品都要征税。直接税征收的标准大大超过了以往,土地税依据内战期间的评估进行征收,是1689—1714年之间最主要的税收,土地税收在17世纪80年代晚期时每年有200万英镑,到17世纪90年代时增加到500万英镑,几乎是克伦威尔军事独裁统治时期的两倍。英国从以前一个低税收的国家,变成了欧洲税赋负担最重的国家。但是英国人的这种负担在某种程度上是自我增加的,因为征税都得到了议会的许可和监督。英国民众也接受了这种高税收,因为这出自政府的决定,为了捍卫国家的利益,反对外部的敌人尤其是法国。③

三 英国商业霸权的确立及对外贸易的扩大

英国重商主义文化有力地促进了商业贸易的增长,同时也促进英国海洋文明的成长,在发展对外贸易的过程中,英国商人走向海外、增长了航海知识,积累了航海经验,扩大了贸易范围,壮大了航海力量,同时为维护其商业和贸易利益而建立发展起了近代海军,并且在商业争霸战争中不断取得胜利,从而进一步推动了商业贸易的发展,而商业贸易的发展又拉动了工业生产的持续增长。工业生产的发展进步不仅为工业

---

① David Scott, *The Rise of Britain as a World Power*, Published by Harper Press, 2013, p. 248.
② Ibid., 2013, pp. 248-249.
③ Ibid., 2013, p. 249.

社会的到来不断积累着技术基础,也持续吸引着农业劳动力向非农产业的转移,同时不断扩充增加着新的就业机会。"对外贸易的扩张创造了服务和支撑工业及贸易的职业,诸如商人、水手、货栈保管、轮船工匠、搬运工、修帆工、店员及马车夫等。"① 因此对外贸易也推动着社会经济结构的调整和工业化、城市化的进程。近代英国社会,正是以对外贸易为引擎,以殖民扩张为支撑,以工业生产为基础,使整个社会经济呈现出蒸蒸日上的生机和活力。正如我们所见,英国的对外贸易从16世纪中期就开始出现多元化的局面,与安特卫普的市场联系基本就中断了,但英国同欧洲大陆的海外贸易在18世纪时却在蓬勃发展。一些伦敦的商人开始放弃几个世纪以来同低地国家的布匹出口贸易,同时也减少了从德国进口的来自地中海和远东地区的奢侈品。新市场的诱惑驱使英国的船只在1613年时第一次到达日本,1635年时到达中国,这比葡萄牙人要晚一个世纪。勇敢的英国水手及他们所代表的贸易宗旨并不是建立殖民地或在土地上耕作。②

1700年前的两个世纪中,英国和其他欧洲国家一样,经济上农业依然占一定优势,但国家有相当一部分资源从农业开始转移到其他部门,有2/3的劳动力依然在农业领域,还有相当大一部分从事着家庭及各种各样的服务工作。17世纪晚期,农业生产的进步极大地促进了经济的发展,但是在农业领域以外,海外贸易对经济发展所起的作用则更为重要。根据格利高里·金的统计数据,在1688年,超过1/4的手工业产品、一半以上的羊毛制品都用做出口,国内所消费的手工业产品中,约有1/4的产品来自进口,还有很多国内产品的原料也来自进口。③

1603年,斯图亚特王朝建立时,英国还是一个农业占压倒性优势的社会,但到1700年时,原来居住在农村的人口中,有60%的人已脱离了

---

① Ralph Davis, *English Overseas Trade* 1500 – 1700, Published by the Macmillan Press Ltd., 1973, p. 9.
② David Scott, *The Rise of Britain as a World Power*, Published by Harper Press, 2013, p. 335.
③ Ralph Davis, *English Overseas Trade* 1500 – 1700, Published by the Macmillan Press Ltd., 1973, p. 8.

土地。整个英国有三分之一的社会财富是由批发商、呢绒商、店主、工匠、金属工人、矿工等非农业部门创造的。这一生产方式的转变反映了英国商业和制造业在17世纪后半期有了较大的发展。布料生产依然是英国基础性的制造业,在这一时期得到了空前的发展,质的优良、精细轻薄的棉布行销南欧和北美的殖民地,煤的产量和轮船制造业也打破了历史纪录,从而对钢铁制造业也提出了前所未有的要求,以至于要从波罗的海沿岸地区进口钢铁才能缓解这种需求。到1700年时,依据很多行业的指标,英国都超过了欧洲其他国家。英国的公路交通网、航运水道,交通基础设施都有了较大发展。全国的商店总量已超过10万个,邮政服务每年邮递超过一百万封的信件和包裹,人均收入也有了显著增长。在1500年时,依据欧洲当时的标准,英格兰低地地区只不过达到中等富裕程度,但在两个世纪之后,英国已赶上和超过了欧洲大陆上最先进的荷兰共和国。[1]

经济得以迅速发展的主要动因在于16世纪后期以来农业劳动生产力的提高。不断增加的农产品能够为城市制造业提供必需的粮食。经济蓬勃发展的另一个主要因素在于从17世纪40年代以来大规模的军事活动的增加。战争时英国军队及战舰的军需订货使西米德兰地区成为国家的钢铁工业中心;查塔姆成为海军造船基地;哈维奇、朴茨茅斯、普利茅斯成为欧洲著名的综合性工业中心。不列颠的战争也造就了巨大的商业帝国。诸如泰恩塞德公司的创始人安布罗斯·克劳利爵士,他创办的公司雇用了上万名工人制造铁钉及钢铁产品,供应海军军需及殖民地市场。[2] 17世纪后半期经济蓬勃发展的第三个原因在于英国迅速增长的对外及与殖民地的贸易。新大陆的殖民地不仅为英国制造业提供了额外的市场,也为国内的生产商从欧洲大陆关税壁垒及海盗横行的不利贸易环境中提供了一个喘息之机。

早在1600年左右,英国新的工业已经建立,其他工业在技术方面

---

[1] David Scott, *The Rise of Britain as a World Power*, Published by Harper Press, 2013, p. 264.

[2] Ibid., pp. 264–265.

也更加完备。17世纪80年代胡格诺教徒的迁入也进一步拓宽了英国的工业门类，蚕丝及造纸工业已经赶上了大陆的标准。除了亚麻制品，英国在工业上已基本能够自给自足。虽然英国新工业在同样技术条件下并不能将产品销往欧洲大陆，但是英国有殖民地市场，可以通过英国与美洲殖民地之间自然的联系而使贸易联系得到加强，而在自由的美洲大地上，工人工资较高，建立工业依然比较困难，还有《航海条例》也阻止了其他国家的商品输入殖民地。殖民地市场上的毛织品基本由当地的家庭手工业来供应，而亚麻制品则主要是产自大陆国家而经英国输入，而其他手工业产品的需求几乎全都由英国来供应，但新发展起来的工业在当时只能满足境内需求。唯一规模较大而且到处都分布的工业就是纺织业。在1700年时，英国也满足了殖民地30多万人口对其他商品的需求。殖民地也需求蚕丝、棉织品、帽子、手套、肥皂、斧子、刀具、钉子、锯子和许多其他的东西，这就都由英国来供给。与殖民地的这种贸易对于英国很多小工业在18世纪时发展成为出口型的大工业具有重要的意义，对英国出口贸易转入第三阶段大规模的扩张阶段具有重要作用。[1]

在工业革命之前的若干个世纪里，英国的海外贸易历经了三个扩张的浪潮，中间都有明显的间歇期。这种对外贸易的发展在每个阶段都有着显著不同的外部环境，英国的手工业和商业都能适时调整以适应外部环境。第一个阶段是1475—1550年，因为中欧地区市场的繁荣，长期以来出口中欧的商品如呢绒及一些毛呢衣服的出口量有了较快的增长。从根本上来说，这一成就的取得并不是打败了工业上其他的竞争对手，也不是通过降低成本拓宽了市场。在已有市场上贸易收入大幅度增长的原因来自国外，中欧地区的消费者已习惯了从英国购买更多的商品。第二个阶段是1630—1689年，在两个因素的推动下，对外贸易的年增长率特别迅猛。一个因素是打败了意大利和西班牙工业而获得了南欧市场，并同荷兰展开了竞争。地中海地区手工业的衰

---

[1] Ralph Davis, *English Overseas Trade* 1500 – 1700, Published by the Macmillan Press Ltd., 1973, pp. 39 – 40.

落使这里的市场向英国和荷兰开放，同时与这一地区整体经济的衰退也有一定关系，至于经济衰退的原因依然有争议，但是这一因素是英国之外的外部因素。这一阶段商业扩张的另外一个因素是发展起来了新的贸易，因为英国可以供应价格低廉的烟草、蔗糖和印花棉布，不仅英国人有着较强购买力，大陆人也具备了这种购买力。对外贸易扩张的第三个阶段是18世纪中期，主要源自殖民地人口的增长、生产的发展及购买力的增强。在内战前，英国与欧洲之外其他地方贸易的影响微乎其微，但内战之后却显著增长，发展到了改变英国整个海外贸易形式的程度。到1700年时，从美洲和亚洲所进口的商品已经占到了全部进口商品的1/3，而所进口商品的再出口量也占到了英国全部出口商品量的1/3。英国虽然很早就尝试与美洲及亚洲进行接触和贸易，但实际上贸易是从17世纪初才开始。所有这一切起源于直接输入亚洲商品赚钱的愿望，以获得像过去威尼斯、热那亚商人那样的贸易特权，现在这种贸易被葡萄牙里斯本人所控制且发了大财，英国人一直试图探寻经过美洲北端或南端直接到达亚洲的航线，但最后认为可行的航线只有现在葡萄牙人发现并且垄断的绕过非洲南端的航线。英国商人已经积累了相当多的资金，建立起了广泛的商业联系。到16世纪中期时，英国商人已经到达西非和巴西，也积累了一定的航海经验，1580年之后，英国人还在纽芬兰群岛从事渔业，同时在加勒比海进行海盗式抢劫。蚕食西班牙或葡萄牙属地的政治障碍已经因为与两国统治者关系的变冷而渐渐消除，与此同时，英国人对其海上力量及保护其已扩展贸易的自信心却逐渐增强。[1]

  1640年后，促使英国出现商业革命的一个显著因素在于人口数量处在一个相对稳定的静态。1640年之前的一个世纪里，英格兰和威尔士的人口几乎增长了一半，分别达到530万和33万，但在17世纪后半期，英国人口数量一直处在一个相对稳定的状态，甚至一度还有轻微地下降，而在同一时期，确实还有不少荷兰人、胡格诺教徒、威尼斯人迁入英国。

---

[1] Ralph Davis, *English Overseas Trade* 1500 – 1700, Published by the Macmillan Press Ltd., 1973, p. 32.

他们带来了先进的生产技能,特别是在纺织、造纸、玻璃制造等领域。[1] 斯图亚特王朝复辟时期结束以后,英国海外贸易继续蓬勃发展也归因于英国人对海外商品无止境的大量需求。从 16 世纪以来,英国消费者就对葡萄干、水果和香料等外来商品有着大量的需求,而且在 17 世纪以来,进口商品中还增加了能使人成瘾的烟草和咖啡。英国消费者另外一个必不可少的商品是来自亚洲的棉布,起初是作为一种时尚的奢侈品,到 1700 年时每个人都能买得起。东印度公司在 17 世纪 50 年代中期时进行了重组,进口的产品包括来自印度的白棉布和印花棉布,蚕丝及白色的平纹细布。

人口变化趋势最显著的地区是英国的乡镇和城市。1660 年之后,欧洲大部分国家的城市人口都逞停滞状态,而英格兰的城市人口则在 17 世纪增长了 20—30%,这一城市化的水平也只有被荷兰超过。而苏格兰和爱尔兰的城镇人口则相对较低,但是增长的曲线图的走势是基本相同的。到 1700 年时,都柏林的城市居民达到了 6 万人左右,爱丁堡的人口则大约有 4 万人,尽管增加了很多,但是和伦敦人口比起来,那就微不足道了。但欧洲大部分城市的情况则正好相反,17 世纪时,城市人口增长比例很小,通常差不多只是维持了以往的规模。而伦敦人口则从约 20 万增长到 57.5 万人左右,在 1700 年时,伦敦已成为西欧规模最大的城市。一个世纪以后,伦敦人口已逾 100 万,伦敦和北京、东京成为世界上著名的大城市。[2] 在 1750 年时,每 12 个人英格兰人中就有一个人是伦敦居民,每 6 个人中可能就有一个人在伦敦生活过。笛福曾这样说道,整个国家普遍都依赖伦敦,依赖它生产的消费品及贸易圈。因为它繁荣的商业,伦敦不仅人口多于欧洲其他城市,而且被认为是世界上最大、最富裕、最主要的城市。一个观察家这样评论,伦敦市区及郊区商店众多,远远超过国外其他城市,对于一个陌生人来说,这绝对是一件神奇的事情。不仅是商店数量多,而且其繁华程度也极其吸引眼球。

---

[1] David Scott, *The Rise of Britain as a World Power*, Published by Harper Press, 2013, p. 265.

[2] Ibid., pp. 265 – 266.

伦敦城市规模的扩张是极其突出的，首都人口的飞速发展也使纽卡斯尔成为英格兰北部最大最繁荣的城市，因为它是伦敦煤炭的供应地。1660年后，国际性商业的发展依赖着伦敦在规模及财富方面的扩张，也刺激了煤矿工业的发展。煤矿工业在18世纪令人惊奇的经济发展过程中是最大的贡献者。在1600年，曼彻斯特及伯明翰在英国地方性城市的排名中，位列30名开外。但在接下来的一个世纪中，两个城市的经济都得到了较快发展且都进入了前5名，到1750年时，人口数量也达到了2万人左右。接下来的城市当属利兹和谢菲尔德，18世纪初时，这两个地方作为国家制造业的中心而迅速崛起。英国不断扩张的跨大西洋及与殖民地的贸易也同样促使利物浦及布里斯托尔成为主要的港口，正如大洋彼岸的波士顿、纽约和费城。①

18世纪的商业繁荣而生机勃勃。当时的社会理论家认为，复杂的商业活动具有象征意义，欧洲大国代表着先进的文明。18世纪时，人们普遍认为：缺乏商业贸易活动是原始人的特征。这一时代的殖民扩张的首要前提就是贸易，以此来证明殖民征服是完全合理的，对于蛮荒地区是恰当的。经济学家、哲学家和政治家通常都认为还没有进入文明阶段的人，不能理解消费、生产和贸易，只有通过与文明国家的贸易，他们才能从中受益。在其他时期，不同的宗教或皮肤可能会成为殖民者与被征服者的关键点，但在18世纪时，商业往往成为界定文明的一个重要指标。鼓励发展对外贸易，使其他商品进入不列颠而使手工业制品离开不列颠，正是实践了这一观点。② 经济的繁荣也导致了休闲娱乐业的出现，这也改变了城市经济增长的模式。很多新城镇的兴起专门是为了迎合这种活得更精彩的休闲娱乐等消费需求。在1660年时，坦布里奇韦尔斯只不过是一个小村庄，到1700年时已发展成为全国最时尚的娱乐和休闲疗

---

① David Scott, *The Rise of Britain as a World Power*, Published by Harper Press, 2013, p. 266.

② Philippa Levine, *The British Empire*, *Sunrise to Sunset*, Published by Pearson Education limited in Great Britain, 2007, p. 27.

养地之一。① 巴斯作为英格兰久负盛名的综合性娱乐场所可以追溯到1700年。17世纪晚期，城市生活的时尚为人们提供了一种新的社会交往的规范，那就是礼貌。在一个商业及利益关系渐趋浓厚的社会里，党派竞争也日趋激烈，礼仪代表了一种现代社会追求和谐的价值准则及消费主义的时代观。礼貌将使英国社会交往的主流发生改变，从积极的公民意识和神圣的爱国主义、隐喻庄严色彩的自我否定和政治斗争转变成淡化党派意识、更为和谐友好的模式。礼貌是培养良好行为举止的规范，不需要刻意造作的礼节，不需要高贵的品位，也不需要追求时尚的潮流和奢侈的物品。礼貌为社会交往创设了基本的原则，被人们广泛地运用于新型的、广阔的城市生活中，诸如俱乐部、会议室、咖啡厅。②

---

① David Scott, *The Rise of Britain as a World Power*, Published by Harper Press, 2013, pp. 266–267.

② Ibid., p. 268.

第五章

英国多元开放文化与殖民帝国的建立

第一节 新型贸易与殖民公司的建立

近代英国殖民帝国的建立是多元文化发展的必然结果,很难通过某一种单独的文化现象来解释殖民帝国的成因。但是最重要的一个文化促成因素即是重商主义文化。早期以规约形式组成的商人冒险家公司在正常的贸易活动中积累了贸易和航海经验,也造就了一批富有贸易经验和财力雄厚的商人,特别是在都铎王室和政府的鼓励支持下,早期的规约公司顺应时代发展的需求,完成了自身组织机构的蜕变,在已有的重商主义文化的基础上,组成了具有贸易兼殖民性质的新公司。正是以贸易为主要目标的新型贸易公司充当了殖民扩张的急先锋,加之都铎时期的海上活动,不仅为殖民扩张开拓了空间,而且奠定了技术基础,使殖民帝国的建立具备了各方面现实条件。"从经济角度看,英国殖民体系的内在驱动力是商品贸易而不是攫取贵金属,这后来造就了帝国的繁荣,到17世纪中期时,英国的殖民地还缺乏黄金和白银,但他们所拥有的是大批雄心勃勃的殖民者。"[1]

一 新型贸易与殖民公司的性质

16世纪中期,英国的对外贸易受到了多方面的威胁。奥斯曼土耳其

---

[1] Monod Paul Kleber, *Imperial Island: A History of Britain and Its Empire*, 1660–1837, A John Wiley & Sons Ltd., Publication, 2009, pp.78–79.

帝国在苏莱曼大帝在位时期盛极一时，在地中海地区一度战胜西班牙舰队，从而垄断了地中海地区的贸易。从中世纪以来，英国来自东方的商品诸如丝绸、香料、珠宝、象牙等，主要通过地中海地区特别是威尼斯、热那亚商人的转口贸易而运入，同时向南欧和亚洲输出英国的羊毛及呢绒制品。奥斯曼土耳其对地中海地区的贸易垄断之后，使运到英国的东方商品数量急剧减少，价格猛涨。此外，都铎王朝通过几代君主及商人们的艰辛努力才逐步废除了汉萨同盟商人对英国同中欧及波罗的海地区的商业特权及贸易垄断，英国商人及贸易公司同西欧及波罗的海沿岸地区的贸易成为英国贸易的主要渠道，但是到16世纪中期时，因为西班牙对英国的海上活动特别是海盗行为采取了严厉的反制措施，对安特卫普的商品实行禁运，同时加强了对低地地区的控制，导致这一最重要的对外贸易渠道也受到了严重的影响。这样一来，英国传统的在地中海、低地地区、波罗的海沿岸等贸易圈所进行的贸易均呈现出萎缩之势，而国内迅速发展的手工业和商业则要求不断扩大贸易。英国因为都铎王朝的宗教改革及海上活动，还有错综复杂的爱尔兰、苏格兰等问题，同大陆上的诸多国家如法国、西班牙、葡萄牙等国在意识形态和国家利益等各个方面均有较为尖锐的矛盾。英国要发展对外贸易，在暂时不能击败欧洲大陆国家的情况下，只有另辟蹊径，另觅他途，纵使能做到如此，在探寻新航路过程中早有西班牙和葡萄牙已走在前列，因而英国要发展扩大对外贸易，就必然要同探寻新航路、远洋航行、殖民扩张、商业争霸、垄断商路、抢劫掠夺等方式结合起来。而英国并不同于专制主义中央集权的西班牙和葡萄牙，也不同于专制主义中央集权日益加强的法国。即使在王权大为加强的都铎时期，虽然结束了长期的内外战乱，实现了政治的基本稳定，也维持了较长时期的和平局面，经济也保持了强劲的增长势头，特别是资本主义生产关系得到了较快的发展，新兴的社会力量不断发展壮大，涌现出了一批富有的新贵族、乡绅和商人，国家力量也不断在增强。就是在这样的情况下，英国并不能完全依赖国家的力量去开疆拓土和殖民扩张，王室和中央政府的力量始终是有限的，常常受到议会、贵族、城市等各方面政治力量的防备及掣肘。更为主要的因素是，在16世纪时，英国的综合国力尚不足以与欧洲大国全面抗衡，即使在都铎王朝的全盛时期,也就是伊丽莎白统治的中后期,女王的外交政策也极为审慎,在与欧洲大国错综复杂的外交斗争中,总是极力寻求外交斗争和国际关系的平衡点,避免全面开罪欧洲大国,因而在探寻新航路、开拓贸易范围、殖民扩张等方面也相对谨慎,国家和政府并没有走在前列,而是站在后方给予鼓励与支持,而充当先锋走到前列的却是富有的贵族或商人所组成的私人贸易公司。面临如此复杂的局面和艰巨的任务,以前那种软弱松散且实力有限的规约公司再也不能适应时代的要求,逐步被一种新型的贸易和殖民,也就是被合股公司和股份公司所取代。形势的发展要求这种新型的贸易公司首先必须具备雄厚的资金实力,或者具备筹措资金的能力,因为新时期所进行的贸易已不同于以往同欧洲传统贸易圈所进行的贸易,而是充满艰险与挑战的远洋贸易。贸易范围已远远超出了当时的"旧大陆",而主要在新发现的"新大陆",会遭遇同"新大陆"土著居民的利益和文化方面的激烈冲突;即使贸易地区还是亚非的"旧大陆",但是贸易商路也是新近所发现的新航路,同样也会遇到诸多困难和风险。在远洋航行时,囿于当时的航海技术和并不成熟的固定航线,时刻面临着狂风暴雨、惊涛骇浪、冰山洋流等各种不确定因素,随时充满着船毁人亡的危险。同时在远洋贸易时,因为航程遥远艰险,在商品和货物运输时总有一定数量的要求,只有大宗的商品运输和贸易才能抵减昂贵的成本而获取一定的利润,因而要求新型公司必须有雄厚的商业资本来进行投资周转。此外,在贸易和运输过程中,随时会遇到其他国家或贸易公司的激烈竞争,还会经常遭遇敌对国家或海盗的抢劫掠夺,有时为争夺贸易范围或殖民地甚至发生残酷的斗争,常常上升为国家之间争夺商业霸权和殖民地的战争,这就要求新型的贸易公司必须具备一定的武装力量,以强大的武装力量才能够在艰险的贸易环境中得以生存和发展,才能战胜竞争对手而不断扩大贸易范围和殖民地。

所有这一切都要求新型的贸易公司必须兼具贸易与殖民的双重性质,不仅要求大批精通商业贸易及财会税务的人才,还要求有熟知天文地理、洋流潮汐、精通航海知识的人才,还要有能够掌握使用武器装备、擅长陆地与海洋守卫进攻的军事人才,还要有懂得异域文化,擅长外交事务,能够灵活变通，进行贸易洽谈的外交人才。这种新型的贸易公司俨然是一个庞大贸易及殖民帝国，不仅要求具备雄厚的商业资本，还要求有庞大的机构和众多的职员，这也要求在组织形式上要打破原有的以规约形式组织起来的贸易公司，在资本来源、合作方式、管理决策、运营模式等各方面均能突破原来的框架而适应更为艰巨复杂的贸易环境。在这种情况下，新型的贸易及殖民公司，也就是合股公司和股份公司应运而生了。

合股公司比规约公司在各个方面都有所发展进步。首先在公司资本的来源与构成方面，规约公司没有资本的集中，是一种单纯的人与人之间的合作，实质是一种松散的联盟，缺乏整体性和集中性，加入规约公司的各个商人或商人公会只要遵守共同的规约即可，处于独立运营的状态，公司公共活动的经费来源是个人所交纳的微乎其微的会费，共同的须遵守的规约有点类似于公司的章程，规定的是每个商人必须要遵守的基本准则，如商品的销售市场及价格，商品运输的办法，为解决某种贸易矛盾需要共同采取的措施等。合股公司首先实现了资本的合作与集中，不仅实现了人员之间的合作，更为重要的是资本实现了合作，加入规约公司的成员都是商人，合作是一种职能的合作，而合股公司的人员成分和来源也更为广泛，虽然是以商人为主干的贸易公司，但加入者并不一定都是商人，只要有资本的投入即是公司的成员，投资者本人并不一定具备商业或贸易技能，本人也并不一定加入进来在公司任职或参与日常经营管理活动，只凭投入的资金就可以取得收入和报酬，实质上是资本参与了分配和收益。这样一来公司的成员就打破了一种狭隘的职业限制，成员来源更加广泛和多元，这意味着公司有了更多的资本来源和雄厚的资金实力，也就是具备了较强的筹措资金的能力。这与英国社会转型时期的发展需求是一致的。都铎时期是英国社会经济迅速增长的时期，出现了许多富有的贵族、乡绅和市民阶级，甚至农村还有较为富裕的约曼，城乡手工业者和小商人等，他们积聚起了一定的资金，而转型时期的英国社会，需要把大量的资金转化为资本，而资本具有嗜利性，必然要寻求增殖的渠道出口，这样既有资金的供给也有需求，通过这样的新型贸易及殖民公司实现了需求的转换，也就是将社会上闲置的资金转化为能够不断增殖的资本，从而有力地推动了贸易发展及殖民扩张，同时也刺激了资本主义的发展。

在贸易公司的繁荣时期，投资贸易及殖民公司的人上有女王及大臣，下有店主和农民，形成了一股投资趋利的热潮。这种合股公司也是商业和贸易进一步专业化的标志，虽广泛地吸收了社会资本，但是真正参与公司经营管理的人却都是各方面的专业人才，在组织管理上也更为民主高效，一般都会设立董事会和对董事会负责的经营管理者阶层。董事会对公司的商业和贸易事务进行集体决策，公司的决策更为严谨审慎，管理运营更加高效负责。

合股公司比以前的规约公司在各个方面都有了很大的发展进步，但也只是贸易和殖民公司发展的一个环节，并非最高阶段的组织形式。随着贸易和殖民事业的实践和发展，更高阶段的股份公司应运而生了，合股公司也纷纷过渡到股份公司。17世纪著名的东印度公司、皇家非洲公司等都是这样的股份公司。股份公司不仅继承了以前合股公司的决策机构和管理运营机构，一般还都增设了专门的监督机构，名称不断发展变化，曾命名为公司成员大会，也称出资者总会，后来也称股东大会，专门对公司具体的运营状况和财务状况随时实施监督以保证投资者的利益。股份公司在经营管理的责任上也和以前的合股公司有所不同，所有投资者本人均要承担一定的有限责任，公司专门负责具体经营业务的职能运营和管理者只需承担有限责任而不是无限责任，以前合股公司的参与经营管理的投资者只需坐地分红而承担有限责任，而经营管理的投资者则需要承担无限责任；股份公司的资本构成被分割为等额的股票，投资者持股分红，股票可以自由灵活地转让或买卖，这就不同于以前的合股公司，合股公司的投资者一般是按投资的比例进行分股计息，投资的资本一般不能出售和买卖，共同承担风险，共同收益。在资本的筹集与累积方面，股份公司更加具有优势，购买股票的人员一般没有限制，少量的资金也可以进行购买，这就便于筹集更多的社会资金而转化为资本，同时资本存在的形式也更加灵活，便于投资人进行管理处置自己的资本；而合股公司则必然要求资金要具有一定的数量，在资本的准入和退出、收益和处置方面都具有相对较高的门槛。股份公司在经营管理上更加趋向科学，注重了资本的长效积累和公司的可持续发展，也就是妥善处理资本积累和收益分配方面的关系，有计划按比例地将商业利润源源不断地转化为资本，使股份公司具备了长期性和稳定性，克服了合股公司每次重大贸易时都要重新募集入股者来进行资本筹集的漫长过程，避免因此造成的对商机的延误。贸易与殖民公司的成立和发展是英国社会转型时期重商主义文化发展的结果，而对外贸易和殖民扩张的实践经验又不断促进着贸易与殖民公司的发展完善，从而使这种新型的贸易和殖民公司承担起了发展对外贸易、进行殖民扩张、建立殖民帝国的历史使命。

二 莫斯科公司

英国社会转型时期成立最早的新型贸易公司是 1555 年成立的莫斯科公司（也称俄罗斯公司），这家公司从一开始就是新型的合股公司，但是因为其贸易对象主要是专制主义中央集权不断加强、国力日益强盛且庞大的俄罗斯帝国，所以公司基本是单纯的商业和贸易公司，这和后来的东印度公司有所不同。莫斯科公司成立的背景是英国向东北、西北方向探寻通往东方特别是到中国的新航线。中世纪以来，来自东方特别中国和印度的商品一般是通过亚欧大陆到达利凡特地区，之后又经地中海地区主要是威尼斯和热那亚商人而进行转口贸易后到达英国。奥斯曼土耳其帝国的兴起使英国传统的与地中海商业圈的贸易出现停滞萎缩的局面，这就使能够运到包括英国在内的整个西欧的东方商品急剧减少，出现了所谓的"商业危机"。而到 16 世纪中期时，葡萄牙人已经找到了通往东方的新航线并且垄断了商路，这令英国的探险家和商人们羡慕不已，他们迫切希望找到另一条通往东方的航线。以当时人们已有的地理知识，从理论上存在向西北和东北这两个方向到东方亚洲去的航线，这样就有了英国人从东北和西北两个方向探寻可能的通往东方的新航线；早在 16 世纪初期，俄国的地理学家格拉西莫夫就提出经东北航线到东方去的设想。也就是从欧洲北部出发，绕过斯堪的那维亚半岛北部，到达俄罗斯北部，进入北冰洋，穿过阿尼安海峡（后称白令海峡）进入太平洋，抵达中国、日本、东南亚、最后到达印度。格拉西莫夫还绘制了这条新航线的简略地图，这也给英国人从东北方向探寻新航路以启迪和鼓励。北

第五章　英国多元开放文化与殖民帝国的建立　❖　179

方也是西班牙和葡萄牙探险家及商人还没有到达的地区，并不担心与其发生贸易纠纷和冲突。15 世纪末 16 世纪初，卡博特父子曾两次向西北方向进行探险，但最终只是到达了北美洲的东北部的一些地区，既未发现黄金，也未找到从西北方向到达中国和印度的航线。这一地区气候严寒，人烟稀少，贸易或殖民的价值都不是很高，且航线上天气寒冷，冰山险滩密布，险象环生，并不适合大型商船经常性通行，在首次航行之后，卡博特父子的探险事业并没有得以继续而取得预期的效益。

　　1548 年，在小卡博特的倡议之下，伦敦的一些商人成立了"商人企业家协会"，主要的发起和领导者是小卡博特、诺森伯兰公爵达德利，还有地理学家约翰·迪等。其目的是探索人们尚未发现的航线、地域及国家，并通过海上航线到达迄今为止人们还未到达过的地区。当然首要和直接的目的是向东北方向开辟到亚洲去的新航线。而这一时期，正是英国商业经受衰退的阶段，贸易额急剧下降，特别是从伦敦出口的呢绒量大幅度下跌，"到 16 世纪中期时，伦敦呢绒出口量比 16 世纪初减少了约 25%。"[①] 英国手工业者及商人等各阶层的人们急需开拓新的商品市场以增加出口，促进国内手工业和商业的持续发展。特别是英国出口商品主要是呢绒毛料类的厚型衣料，这在北方的寒冷地区，可能潜藏着巨大的市场，因此这条从东北方向到亚洲去的航线对英国商人有着强烈的吸引力。

　　商人家协会积极筹备远航事宜，购置了 3 艘适于远洋航行的船舶，由休·威洛比（Hugh Willoughby）担任探险队长并兼任旗舰"好望号"船长，由理查德·钱塞勒（Richard Chancellor）担任"慈善号"船长。1553 年 5 月，这支探险队从泰晤士河口出发，但出师即遇风浪，船队在英国东海岸地区迂回漂泊一月多时间后才驶入大洋，又经过一月多时间才到达挪威的塞尼亚岛。此时又遇风暴，船队被迫驶入大洋以免触礁撞岸，在风暴中钱塞勒的"慈善号"与船队失散。威洛比在这个完全陌生的海洋上迷路徘徊了 10 天之久，在风暴稍减之后船队即驶向挪威东北部

[①] Thomas Stuart Willan, *The Early History of the Russia Company*, 1553 – 1603, Manchester: University of Manchester Press, 1956, p. 2.

的瓦尔德海湾。根据威洛比的记载，他率领的船队大致到达了新地岛西南的突出角古斯地，这样英国人就在俄罗斯渔猎人之后重新发现了新地岛。威洛比之后又率船队向北航行，行进了大约4个星期，9月18日，这两艘船驶入诺库耶夫湾停泊休整，结果遭遇了极端天气，风雪交加，气温骤降，附近既无房屋，又无人烟，给养不继，船队70名成员饥寒交迫，全部罹难，无一幸免。[①] 直至1554年冬季，这两艘船及船员的遗体才被俄罗斯白海沿岸的居民发现。人们在船上发现了一份商人的遗嘱，从中才得悉了威洛比及其船员的悲惨遭遇。

钱塞勒率领的"慈善号"及其船员在与威洛比失散后到达了瓦尔德港，在此苦等威洛比等人一周时间，最后决定单独继续探险。他率领的"慈善号"最后驶进白海，在1553年8月到达俄国白海的重要港口阿尔汉格尔斯克，在这里才遇有俄国居民而得到补养。钱塞勒上岸后乘雪橇到莫斯科觐见了沙皇伊凡四世，受到沙皇的热情接待并表示愿意同英国通商。1554年3月，沙皇派人送钱塞勒回国。威洛比及钱塞勒的航行探险成功地开辟出了从英国经北欧到达俄国的新航线，虽然当时未能到达东方的亚洲国家，但是却开创了英国与东欧大国俄国之间稳定的通航及贸易联系，并为后来进一步向亚洲腹地的探险推进奠定了基础。

钱塞勒成功回到英国后，"商人企业家协会"随即名声大振，得到了玛丽女王的认可。1555年2月，玛丽女王颁发特许状允许其改组成立莫斯科公司。公司由199名男子和两名妇女组成，从一开始就是新型的股份公司，卡博特任公司总经理。公司总部设在伦敦，全体成员大会类似于股东大会，是主要的权力机关，主要职能是选举主管、顾问和助手，负责产生公司最上层的领导人员，讨论股份构成、资金筹措、利润分红等重大事宜，也负责讨论表决公司重大贸易事务和决策，还要负责监管公司运行等重大事务。与以前的规约公司和合股公司相比较，莫斯科公司的组织更为严密，权力集中性也更高，所有成员均不得以个人名义而必须以公司的身份进行贸易经商活动。驻守在俄国的贸易机构莫斯科屋（Moscow House）并非公司的权力机构，而只是公司的分支和执行机构，

[①] 张箭：《地理大发现研究（15—17世纪）》，商务印书馆2002年版，第272页。

负责执行公司总部通过的商业决策和贸易指令,管理公司在俄国的商人及其贸易事务。莫斯科公司所获得的特许状与其他公司的特许状既有相同之处也有区别。授予特许权是这类特许状的共同之处,但莫斯科公司的特许状还有特殊之处,就是公司设置两位主管且拥有相同的权力,主管是公司最主要的领导职位,此外还设有24位助手和4位顾问。莫斯科公司从王室获得了与俄国和北方、东北或西北不为英国人所知道或不曾到访地区的贸易特权。也就是说莫斯科公司所获得的关于贸易垄断权的规定并不明确或具体,其最主要特点是包含着现在未知而将来有可能被发现的地区,这就极大地鼓舞了商人或贸易公司的进取精神,激励着他们不断探索未知世界而拓展新的贸易地区,正是英国人这种对金钱的渴求及勇于探索未知世界的商业进取精神,永不满足和停息的开拓精神,形成了不列颠民族积极进取的开放文化,激励引领着"日不落帝国"的建立和崛起。

莫斯科公司尽管规模不大,以后的发展历程也表明了其性质也是单纯的以贸易为主的公司,从一开始的探险方向也注定了其在地理发现及殖民扩张方面的成就必然是有限的。英国无论是从西北还是东北方向的航行都注定了有着天然的困难与挑战,特别是严寒的天气和航线上恶劣的地理条件限制了公司拓殖及贸易事业的扩张。公司成立后即派钱塞勒率商队前往俄国通商,到达俄国后与俄国达成了一些商业协议。沙皇伊凡四世也向莫斯科公司颁发了贸易特许状,公司从而得到了在俄国北部地区从事贸易的权利。在公司船队归国时沙皇还派使节涅比同行,结果船队行至苏格兰附近时钱塞勒与涅比所乘船只失事,钱塞勒不幸遇难,涅比逃生到达英国受到礼遇,成为俄国派往英国的第一位官方使臣。由此可见北方航线上潜在的危险。1557年,英国也首次向俄国派遣外交使臣奥塞普·纳匹亚(Osep Napea),由他率9名成员带着玛丽女王写给俄国沙皇的信件,还有呢绒、盔甲等许多珍贵的礼物前往莫斯科,两国发展起了外交关系。

莫斯科公司之后还陆续派出了多支探险队伍,试图探寻从俄国到中国的航线道路。其中比较著名的有曾参加过钱塞勒探险和巴罗考察的理查德·约翰逊,在1556—1557年,他遵照莫斯科公司的安排,收集和编写了许多关于北亚地区的情报资料,其中有关于鄂毕河以及鄂毕河流域各民族的情况。1557年5月,詹金森又率4艘船进行探险,到达北海后登岸到达莫斯科度过严冬,第二年春天他沿伏尔加河到达里海,渡里海到达东岸后骑骆驼穿越沙漠到阿姆河流域,12月到达阿姆河中游的商业中心布哈拉,这里是印度和远东商旅常来之地。詹金森在这里滞留徘徊达几个月之久,探听到东去路上战乱不息,商路不畅,便原路返回。之后英国商人及探险家又致力于从西北方向探寻新航路,就暂时中断了对东北航线的探索。直到1580年5月,莫斯科公司又派出彼特和杰克明率领两艘船队重新探险。英国探险家在东北航线上已积累了一定的经验,也从俄国人那里了解学习到了不少知识,掌握了关于欧洲东北海岸、鄂毕河以及北方海洋大量可靠的资料。同时他们还吸取了威洛比及钱塞勒失事的惨痛教训,分析了巴罗和詹金森失败的原因。彼特和杰克明在此之前都参加过对东北和西北航路的探险,富有航海经验。此次航行的计划是先沿巴罗探寻出的航线到达瓦伊加奇岛甚至喀拉海,然后再往东航行,到达中国及其领地,并在中国境内要到达都城北京和南方繁华的城市杭州。两人率领的船队历经艰难险阻,克服重重困难,最终也只是到达了俄国人早已经到达的喀拉海,在浮冰和浓雾中迷路徘徊长达3个星期,到8月时天气已渐寒冷,若向前又恐遭遇极端天气,彼特只得西返,直到12月才抵达英国,而杰克明所率领的船舶于第二年春暖后和丹麦的一艘船一起驶向冰岛,最后竟失踪不回。[①]

限于当时的航海技术和这条航线上本来固有的恶劣条件,这次探险航行距原计划的目的地仍相差较远,在地理新发现方面也极为有限,从此英国人经东北方向的航线到达中国及东方其他国家的希望基本宣告破灭。但是这种破灭在人类探索未知世界的征程上依然是必要的,其成果也就是通过实践证明了这种设想在当时生产力条件下是行不通的,从而可以使其他人少走弯路,少经曲折。经过探险考察也扩大了英国探险家对东北方向航线的了解,极大地丰富了当时人们的探险经验和地理知识。很多航海家都记有航海日志或探险笔记,成为后来人们研究他们所经海

---

① 张箭:《地理大发现研究(15—17世纪)》,商务印书馆2002年版,第276—277页。

域和地区的宝贵资料。英国莫斯科公司的商人和探险家虽然没有成功到达东方国家，但是历经多次航行，使英国到俄国的航线基本上成为一条成熟而固定的航线。每次探险航行都要首先经过这段航程，大大增加了人们对这段航线上地理条件、天气特征、洋流冰川等详细情况的了解，从而增强了航行的安全性和可靠性，也使英国和俄国的贸易迅速发展了起来，这对于处在贸易低谷时期的英国具有非常重要的意义。这条新航线的开辟也标志着英国打破了西班牙、法国等国的贸易反制，开始走出了传统的贸易范围，首次与大陆国家相距甚远的俄国发展起了直接而非转折的贸易关系，得到了玛丽女王和伊丽莎白女王的重视。俄国沙皇伊凡四世也非常重视同英国的贸易，在俄国给莫斯科公司及其商人提供了较多的便利和优待，在莫斯科圣马克西姆教堂附近，商人们被授予了一处不用交税就可以居住的房屋；俄国的官员不得干涉公司商人的事务或阻碍其通行，而且公司贸易及在俄国内陆的通行不需交纳关税和路桥费，且这项权利为英国商人在俄国所独享的权利。在两国政府的支持下，莫斯科公司的贸易迅速发展起来，公司向俄国出口的主要商品有羊毛、呢绒、有色金属如铅块和锡锭或者铅锡合金，此外还有棉花和纸张。1576年，"莫斯科公司向俄国的圣尼古拉斯派了6艘船，载运的货物包括2120包曼彻斯特的棉花、626令的纸张、3吨的麻袋、300磅亚麻、1950磅羊毛、15个铅块、900磅的锡、800磅铅锡合金"。[1] 在这份货运清单上，竟然没有英国最主要的出口商品呢绒，这也充分说明了公司起初的贸易状况对英国并不是十分有利，"由于俄国市场对英国呢绒需求量有限，公司对俄贸易逆差较大，只能以贵金属支付。1582年和1584年，政府特许公司输出金银，数量各为1000磅和1500磅。"[2] 后来为了扭转对俄国贸易的逆差，英国也向俄国出口先进的武器装备和弹药等军需产品。莫斯科公司从俄国进口的主要商品是适用于建造船舶的贵重木材、大麻、亚麻、蜂蜡、兽脂、毛皮等。公司起初的对俄贸易虽然不符合重商主义原

---

[1] Thomas Stuart Willan, *The Early History of the Russia Company*, 1553 – 1603, Manchester：University of Manchester Press, 1956, p. 132.

[2] Ibid., p. 187.

则,但是它"在关键时刻从俄国运回的造船材料却是非常重要的,例如1587年该公司10艘船从俄国运回兽脂、绳索、亚麻和蜜蜡等约值2.5万镑"。① 当时英国正值积极进行海上探险、抢劫掠夺、殖民扩张、寻找新航路、壮大海军力量、与其他国家进行商业争霸、发展远洋贸易的关键时期,建造大量的战舰及适宜于远洋航行的坚固船舶是这一系列宏伟远大事业的前提条件和基础。"随着国内造船业的发展,海军舰艇的增加,公司经营的缆索数量迅速增加。有时,海军一年购买缆索的费用就达到1万镑,并一度控制了俄国的缆索出口。"② 莫斯科公司还垄断了俄国的蜂蜡贸易,运回英国后又转销到欧洲各地,在英国主要进入宫廷被消费,公司因此获利颇丰。造船业的发展和航海技术的进步也推动了捕鱼业的发展。莫斯科公司后来还获得了西北海域的捕鲸业的特许权,据此获得了丰厚的利润,后来公司还成立了子公司——纽芬兰渔业公司,在纽芬兰岛开发丰富的渔业资源。从16世纪80年代开始,捕鱼业逐步成为英国工农商之外的又一个重要产业,来自纽芬兰渔场的各类鱼成为英国及欧洲人餐桌上一道美味佳肴。莫斯科公司的商人由此获得了一本万利的巨大收益。到1615年时,"纽芬兰岛的英国捕鱼行业已雇佣5000人,250条船只,到1640年时则雇佣1万人、450条船。与此同时,英格兰南部普利茅斯港的多边贸易随之兴起:英国商人从西班牙进口食盐,同时把捕鱼船派往纽芬兰,当捕捞者从纽芬兰带回鱼之后,在普利茅斯腌制加工后又出口到西班牙和地中海一带,然后再从地中海买回酒类、食糖和食盐"。③

莫斯科公司成立后在很长的历史时期里,虽与俄国所进行的贸易处于入超状态,但在当时英国对外贸易受到西班牙、法国等国反制封锁的环境下,显然具有不可替代的战略意义。特别是从俄国等地进口的造船材料,是整个国家海洋文明成长积聚的基础性材料,没有这些材料,就没有漂洋过海、纵横穿梭的舰艇船舶,也就没有后来的"日不落帝国"。

---

① 蒋孟引:《英国史》,中国社会科学出版社1988年版,第311页。
② 程皖:《1550—1640年代英国商业公司的海外贸易及其影响》,《历史教学问题》2006年第1期,第79页。
③ 钱乘旦、许洁明:《英国通史》,上海社会科学院出版社2002年版,第153页。

这种重商主义文化对于国家崛起的重大作用是显而易见的。莫斯科公司也是中世纪以来成立较早的新型贸易公司，从资本构成、管理机构、运作模式、利润分成、开拓探险、商路航线、贸易范围等各方面都比旧式的贸易公司有了突飞猛进的发展进步。新型合股公司的成立首先提供了一个顺畅的融资渠道，有利于把大量的社会资金转化成赢利的资本；其次在公司的运作模式上大大提高了专业化程度，有效地减轻了职能资本家的责任和压力，有利于培养公司积极进取、开拓创新的企业精神和文化，进一步丰富和发展了中世纪以来的重商主义文化。最后莫斯科公司在英国开创了以公司为后盾进行探寻开辟新航路、冒险开拓新的贸易地区的成功先例，对于英国整个海外贸易及殖民扩张事业有着极为重要的影响。因为在海洋探寻新航路的壮举，不仅需要个人的冒险精神及合作精神，还需要强有力的组织来进行各方面保障支撑，要承担适用于远洋航行的船队，提供远洋探险必备的后勤物资，组建具有各方面专业知识的人才队伍。更主要的是这些人还要具有坚定的意志和必胜的信念，大无畏的精神和机智灵活的品质，敢于出生入死为大卜先去搏击风浪，去遏汐弄潮。最早探寻新航路的西班牙与葡萄牙航海家，其支持者是实行专制主义中央集权制度的王室，有国家政权可以举国家之财力和物力来支持。而在英国，王室仅是名义上的支持者，而实际来支持在海外进行探寻新航路、拓展对外贸易的正是这些新型的贸易公司。也就是说，英国这种新型的贸易公司在海外探险方面所发挥的作用，就类似于西班牙和葡萄牙王室所发挥的作用。这才使英国在地理大发现、探寻新航路的征程上能够奋起直追，进而在殖民扩张方面才可争得半壁河山，成为继西班牙以后的又一个"日不落帝国"。"特许公司的组建在制度演变过程中是一个必要的环节，正是由它产生了后来的近代资本主义及其国际关系网；特许公司的垄断为一些国家吞并殖民地并将其并入帝国版图铺平了道路。"① 莫斯科公司对于英国后起的其他贸易和殖民公司，无疑发挥了积极的引领和鼓舞作用。

---

① [英] E.E. 里奇、C.H. 威尔逊主编：《剑桥欧洲经济史》（第四卷），张锦冬、钟和、晏波等译，经济科学出版社 2003 年版，第 203 页。

三 利凡特公司

在地理大发现时代,西欧探险家们尽管出发的航线不同,方向各异,最后也造成了不同的影响和结果,但在当时出发时似乎都有一个共同的目的地,那就是到达东方亚洲,特别是到东亚中国、东南亚地区及南亚的印度,以获得这些国家和地区出产的丝绸、黄金、香料、宝石、象牙等珍贵的商品。莫斯科公司也不例外,其初衷也是从东北方向最终到达中国和印度,即使与俄国的贸易取得很大成功之后,依然不改初衷,还派出了多支队伍继续探险,试图早日到达中国,发展起与东方的直接贸易,诸如1557—1558年詹金森的探险、1580—1581年彼得与杰克明的探险。其中詹金森的探险到达了中亚地区,之后莫斯科公司还与中亚的波斯等地发展起了零星的贸易,但终因路途遥远,运输不便而未形成规模。中世纪以来,西欧对东方商品主要来自意大利商人从地中海东岸的转口贸易,这就使英国商人从很早就设想与地中海东岸直接进行贸易。但是奥斯曼土耳其帝国兴起之后,不仅英国与地中海地区进行直接贸易没有可能,就是意大利商人所进行的转口贸易也受到了严重影响,特别是在1453年奥斯曼土耳其帝国灭拜占庭帝国后的一个世纪内势力盛极一时。到16世纪中期时,土耳其海军终因与葡萄牙、西班牙、意大利、法国等欧洲国家树敌过多而兵锋稍减,同时也因为海军力量分散在地中海、印度洋及东南亚等辽阔的海域而使后勤给养及通讯运输都出现了严重困难,同时在陆地上帝国军队又同时与奥地利和波斯在两线作战,加之长期四处征战,将士厌战,军事力量已现颓势。1571年10月7日,欧洲基督教国家海军的联合力量与奥斯曼帝国海军在希腊勒班陀近海展开了大海战。欧洲基督教国家西班牙帝国、威尼斯共和国、热那亚共和国、教皇国、萨伏依公国和马耳他骑士团组成了"神圣同盟"舰队,双方的参战兵力都愈4万,其中奥斯曼帝国参战的海军人数还略占优势,但是"神圣同盟"舰队士气高昂,经过一天苦战击溃奥斯曼帝国的海军,其总司令阿里·巴夏也被俘问斩,首级悬挂于同盟军旗舰的桅杆上,战事才宣告结束。历经勒班陀海战,使帝国海军遭受重创,本来拥有的三百多艘战舰仅余一百多艘,而且参战军队伤亡惨重,损失兵力3万余人,但"神圣同盟"舰队仅损失 16 艘战舰及 8000 多名士兵。这次海战也使地中海上的军事格局开始出现逆转,奥斯曼帝国的海军暂时丧失了地中海上的霸权。更为重要的是,"神圣同盟"国家由此而重新恢复了斗争的信心,积极与奥斯曼帝国的海上力量展开了抗衡,也开始打破了奥斯曼帝国对地中海贸易的长期垄断及对过往商旅的盘剥勒索乃至抢劫掠夺。奥斯曼帝国为了分化瓦解"神圣同盟"的力量,集中力量与西班牙帝国相抗衡,也暂时缓和了同法国、荷兰及英国的关系,这就使这些国家首先同奥斯曼帝国及地中海东岸地区发展起了贸易关系。而且西欧同这些地区的贸易或转口贸易历史悠久,海上航线或经陆路的交通路线都已为人们所熟知,沿途人口密布,航行给养都不存在开辟新航路那样的危险。

16 世纪中期以后,对于面临的贸易及呢绒出口危机,伊丽莎白女王自即位以来就非常重视寻求扩大英国商品出口的商机,开拓寻求新的市场,对于海上活动及海外贸易给予了特别的支持。"在伊丽莎白的统治下,英国重要的海上事业得以继续进行。与这种事业相关联的是对以海盗方式掠夺财富的渴求,这种方式在当时已成习惯,与之相关的还有对探险的迫切需要。在那个时代,这两种事情比我们所想象到的更加显得自然和必需。但是,如果说英国政府早就打算建立真正的海外殖民地,其航海设想却多半出自于民间的市民和商人。"[①] 1580 年,伊丽莎白女王的国务大臣沃尔辛厄姆曾经指出,发展对土耳其的贸易可以给英国带来诸多好处,可以使英国的海军继续得以供给维持,也可以打击甚至取消以往英国和土耳其贸易中从事转口贸易的中间商人,使英国商人直接获利。他还指出了与土耳其贸易可能面临的困难与挑战。首先会遭到以往垄断这一转口贸易的中间商特别是威尼斯、热那亚等地商人的强烈反对和排挤;此外也会遭受西班牙王室的强烈反对,因为此项贸易将直接有利于西班牙海上敌对国奥斯曼土耳其,特别是西班牙王室害怕土耳其通过贸易来获得英国先进的武器和弹药,另一方面也担心英国由此而使海上力量不断发展壮大。为此英国必须积极做好各方面准备工作,特别是

---

① [英] E. E. 里奇、C. H. 威尔逊主编:《剑桥欧洲经济史》(第四卷),张锦冬、钟和、晏波等译,经济科学出版社 2003 年版,第 204 页。

要积极发展海军力量，组建优良的贸易船队，配备武装力量进行护航，英国政府还有必要向伊斯坦布尔派遣常驻的外交大使进行贸易协商，加强两国的友好关系，揭露并阻止敌对国的阴谋和破坏行为。奥斯曼土耳其的统治者也从战略利益出发，主要为了从贸易中获取英国的先进武器和弹药，还有制造武器的金属材料，也开始缓和同英国的关系，首先开始支持两国的贸易关系，而从国家的长远利益上来讲，奥斯曼帝国在当时也需要远交近攻，在外交上抛弃一味杀伐征战的政策，发展同一些国家的友好关系，而与英国发展贸易关系是一种互利关系，对于双方当时各方面的发展都有利而且是需要的。

1580年，奥斯曼土耳其帝国的素丹穆拉德三世下令全面停止抵制英国商人，并给予了英国商人21项贸易特权。1581年，伊丽莎白女王也向早已致力于与土耳其进行贸易的一些英国商人颁发了特许状，允许这些商人成立土耳其公司，垄断对土耳其的贸易，且垄断时间为7年。女王还任命公司的商人哈伯内为驻土耳其大使，公司每年要向王室交纳500英镑的关税作为回报。公司还要承担一名大使和两名领事及其他临时来往的外交人员的生活花费。大使代表英国政府可以随时和奥斯曼帝国的国家机构进行商务及贸易谈判，解决存在的争端和问题，也可以官方名义对公司设在奥斯曼帝国的商业机构及人员进行管理，同时也以国家名义对驻外的英国商业机构及人员提供庇护。而作为领取公司薪水的外交代办，自然要维护公司及其商人的利益，特别是还要反对私商侵犯公司商人的权益，打击私商的走私行为并征收罚款。土耳其公司组建以后，使英国摆脱了以前威尼斯、热那亚商人对东西方商品的贸易垄断，并与奥斯曼土耳其帝国境内的地中海东岸建立起了直接贸易及各方面的商业联系，英国从此可以直接购买东方各国的商品而运销国内，也基本上替代了莫斯科公司通过中亚等地的遥远道路与波斯所进行的零星贸易，毕竟这是一条方便快捷而且成本较小的商路，土耳其公司当时的贸易路线主要通过地中海进行海运。因为土耳其公司在一条传统的商路上进行贸易，并不像莫斯科公司那样刚起步时在一个并不确定的航线上进行，还具有探险及首创的性质，能否获利在贸易之前人们还没有十足的把握，而土耳其公司所进行的贸易不仅没有风险，且主要目的是运回东方国家的商品，可以预见的是在英国有着较好的市场预期，公司具有赚钱赢利的美好前景，因此土耳其公司一成立，上自女王和朝廷重臣，下至地方官员及富商大贾，都积极支持公司的各项活动并要求投资入股。女王本人就以贷款的形式向公司投资 4 万英镑，公司在开始起步时就有了雄厚的资金，总资本达到了 8 万多英镑，由于受到王室和政府的支持，土耳其公司贸易业务运转良好，获利颇丰。据估计，其利润达到了 300% 左右。这就引起了很多商人的羡慕，特别是长期从事与意大利贸易的一部分商人看到了特权公司所进行规模贸易的优势，也于 1583 年成立了威尼斯公司，也得到了伊丽莎白女王的支持和许可，但是没有文献或档案说明女王对其也颁发了特许令状。威尼斯公司主要垄断英国与意大利的贸易，这一地区本身属于中世纪以来英国传统的贸易范围，历史悠久且非常重要，英国的呢绒业在未充分发展起来之前，英国出口的羊毛主要供给意大利市场，意大利商人也非常熟悉了解英国市场。

威尼斯公司成立之后，公司的贸易迅速发展起来，其所进行的部分贸易及商路显然和土耳其公司存在着重合之处，也就意味着在贸易和商品运输方面既有可能进行合作也有可能进行竞争。而在当时的地中海上，海盗多有出没，经常抢劫两个公司的商船及货物，同时两个公司的贸易都受到西班牙商人的敌视和排挤，特别是 1588 年英国与西班牙大海战之后，两国关系急转直下，西班牙海军及商人，还有海盗都对英国过往商船经常进行劫掠骚扰。1592 年，土耳其公司和威尼斯公司进行了合并，合并后称作利凡特公司，也获得了女王颁发的为期 12 年的新的贸易特许证。王室对特许公司的商业计划给予了毫不保留地支持，主要源自女王、大臣及政府官员们同商人之间密切的联系及共同的商业利益，因为他们中很多人就是特许公司的投资者，要依赖投资分得红利。这种联系也是这一阶段英国商业发展的准则，并且极大地影响了利凡特公司的贸易发展。利凡特公司合并了两个都有一定贸易经验且颇有实力的大公司，从而极大地提升了公司的贸易实力和发展起点，也有效地避免了英国贸易公司之间的恶性竞争和内耗，便于优化资源配置，最大限度地集中力量来同其他公司或敌对国家开展贸易竞争。"利凡特公司成立后势力越来越强大，1593 年公司雇用了 15 艘船只和 790 名水手。1599 年，公司在意大利水域就有20艘商船，1600年时又增加了16艘船只。"① 从此公司可以组建更大规模的船队进行商品的运输，同时配备强大武装力量进行护航，有效地打击海盗或敌对国的抢劫骚扰，这种大规模的商品运输极大地降低了货物进出口的成本，提高了贸易的利润，也加强了特许公司的商业垄断行为，进一步攫取超额的商业利润，促使公司资本的积累和贸易有了进一步扩大。

  利凡特公司是两大贸易公司合并后成立的新公司，是公司规模在一个更高组织与管理层次上的进一步扩大，并且采用了灵活的组织与管理方式，以规约性质为主，但在特殊的时期或特殊的商品贸易中，又采取合股公司的组织与管理形式，并不拘泥于特定的某一种模式，体现出了组织与管理上的灵活性，以及时捕捉商机，适应复杂多变的贸易环境。呢绒是英国传统的手工业产品，是英国手工业的支柱，但在16世纪中期以来，因为国际局势的变化使呢绒等产品的出口量锐减，一时之间出现了对外贸易的中衰局面，这就制约着手工业的扩大再生产。利凡特公司成立后，主要从英国输出呢绒，还有铅、锡等金属制品，此外还向奥斯曼土耳其帝国出口少量的武器及弹药。仅向土耳其出口的呢绒价值，每年平均就达到了15万英镑左右。② 大量的英国呢绒被运销到利凡特公司设在君士坦丁堡、士麦那（Smyrna，今土耳其的城市伊兹密尔）及阿勒波等重要城市的贸易点进行销售。呢绒出口量的增加也促进了国内呢绒业的发展，针对利凡特地区的气候较为温和的特点，国内的呢绒制造商还根据公司的建议，专门开发纺织出一种较为轻薄的呢绒面料供应这些地区，大大提高了呢绒产品的销量和受欢迎的程度。为扩大出口销售量，公司还采取了薄利多销的商业策略，在伊斯坦布尔等地出售的呢绒价格和伦敦的价格相差无几。公司成功的经销策略促使呢绒销量逐年增加，到17世纪20年代，在土耳其市场上呢绒销售量每年已达到25万英镑左右。到17世纪30年代，英国整个对外贸易又重新走向繁荣，利凡特公司

---

  ① 王军：《16—18世纪英国特许公司研究》，东北师范大学2011年，博士学位论文，第86页。

  ② Alfred C. Wood, *A History of the Levant Company*, Oxford：Oxford University Press, 1964, p. 24.

在地中海地区所从事的商业贸易出现了高涨局面，公司在地中海东岸的纺织品市场上已占重要地位，市场份额已达到了 40%，远远高于意大利的 26%。1640 年，所有从伦敦出口的商品中，被运销到地中海地区的商品占了出口总额的 45.5%，输往苏格兰、爱尔兰、西北欧、波罗的海、俄罗斯等地的商品降为 46.9%，另外 7.6% 输往远东和美洲。[①] 到 17 世纪后半期利凡特公司的繁荣时期，在地中海地区销售的呢绒约占全国呢绒出口量的 1/4。若从贸易的范围与集中程度而言，地中海地区无疑已成英国贸易的首要地区，这与利凡特公司雄厚的实力及这一地区繁荣的经济、众多的人口都有着一定的关联。利凡特公司从奥斯曼土耳其帝国境内及地中海地区运回的主要商品有无核葡萄干、生丝、药材、香料、干果、蓝靛等，此外还有葡萄酒、明矾、食用油、棉花等。在所进口的商品中，生丝和棉花对于英国后来经济的发展起了至关重要的作用，特别是后来的棉纺织业，成为英国整个国民经济的支柱性产业，"正是利凡特公司重新开启的利凡特贸易，使棉花工业能在英国获得一个立足点。"[②] 丝棉纺织技术的积累直接引发了工业革命，极大地推动了国家生产力的发展。商业文化对于工业文化引领作用得以充分凸显。公司的生丝进口量逐年攀升，"1622 年公司进口的生丝价值 11.8 万镑，1634 年达到 17.5 万镑，此后生丝进口量不断增加，到 60 年代末接近 30 万镑。"[③] 生丝进口量的增加表明英国的丝织业也得到了相应地发展。来自希腊半岛等地中海地区的优质葡萄干也是公司重要的进口商品，其中一部分还用于再出口，转销其他国家。1589—1592 年，由于没有阻止其他商人参与贸易，也没有限制船运的数量，与希腊诸岛进行无核葡萄干贸易的商人们在这三年里，平均每年进口的无核葡萄干的数量多达 1.8 万英担。[④] 进入 17 世纪

[①] 程皖：《1550—1640 年代英国商业公司的海外贸易及其影响》，《历史教学问题》2006 年第 1 期，第 80 页。

[②] 王军：《16—18 世纪英国特许公司研究》，东北师范大学 2011 年，博士学位论文，第 87—88 页。

[③] Pagano De Divitiis and Gigliola, *English Merchants in Seventeenth - Century Italy*, Translated by Stephen Parkin, Cambridge University Press, 1997, p. 33.

[④] Robert Brenner, *Merchants and Revolution: Commercial Change, Political Conflict, and London's Oversea Traders, 1550 - 1653*, Princeton : Princeton University Press, 1993, p. 65.

以后，由于利凡特公司要求加强贸易垄断，严厉打击其他公司或私商贩运无核葡萄干，因此所进口葡萄干的总量一度有所下降，但总的趋势还是在增加，"1601年的进口为14000英担，1610年48990担，到1638年达到62512担，30多年进口增加了4倍。公司在地中海地区的收购价为每担不到10先令，而国内售价可达50—70先令，公司因此获利不少。"[1] 16世纪晚期英国对外贸易重新走向繁荣之后，英国与西欧、北欧及波罗的海沿岸地区、俄罗斯、非洲、印度以及东南亚的贸易都开始发展起来，利凡特公司充分利用有利的国际环境，积极发展转口贸易，特别是将无核葡萄干、葡萄酒，还有东方的香料、蓝靛、药材、生丝等商品转手运销到其他地区，从中获得巨额利润。

利凡特公司成立和发展的意义并非仅仅是促进了英国对外贸易的发展并带动了国内相关的行业，其最重大的影响乃是本身合并了两大贸易公司，极大地增强了利凡特公司的企业实力，加强了贸易垄断，促进了商业资本的积累并集中，造就了一批拥有大量财富和丰富贸易经验的商人。而这些商人，并没有局限于公司本身的经营贸易范围，而是积极开拓扩大贸易领域，带动引领了其他公司的成立和发展，使英国的对外贸易在世界范围内得到了扩张，也正是这些贸易特许公司，扮演了殖民扩张的急先锋，走上了殖民扩张的道路，不仅促进着重商主义文化的发展，而且为在世界范围内殖民帝国的建立铺平了道路。没有殖民帝国的建立，也就没有英国的崛起，因而重商主义文化及特许公司的不断发展也是英国在近代以来迅速崛起的原因之一。

西班牙和葡萄牙也在世界范围内建立起了殖民或商业帝国，但是其重商主义文化却没有得到发展，特别是西班牙后来在美洲的殖民地基本上是以抢劫掠夺和敲诈剥削为主，从殖民地运回了大量的金银财富，而这些财富在西班牙国内并没有转化为商业或工业资本，而是大多作为奢侈性挥霍消费的支付货币流向了其他国家，特别是流向了英国、法国、荷兰等国，反倒在这些国家转化成了工业资本或商业资本，其本身的重

---

[1] 程皖：《1550—1640年代英国商业公司的海外贸易及其影响》，《历史教学问题》2006年第1期，第80页。

商主义文化和工业文化都没有得到充分地发展。而在英国,众多特许的商业贸易公司的建立,是国家重视商业的表现,也是重商主义文化的充分发展,而且这种发展与建立殖民帝国结合了起来。这些贸易和殖民公司在殖民地并非像西班牙殖民者一样只是单纯地进行抢劫掠夺,而是一种以贸易为主的殖民扩张,同时为了最大限度地攫取殖民利益,也重视在殖民地发展农业或手工业,特别是不断扩大的原料产地和市场,不断积累的国内资本,都刺激着国内资本主义工商业的扩大再生产,这不仅促进了重商主义文化的进一步发展,也促进了工业文化的发展,这就成为英国在近代迅速崛起的动力之一,文化的引领与推动作用是不可忽视的重要因素。

在英国对外贸易重新走向繁荣之后,利凡特公司的许多商人的贸易活动并没有囿于公司所垄断的贸易范围内,而是不断扩大着贸易范围。很多商人寡头不是在一个公司投资,而是同时在许多公司进行投资,这样就促进了商业和贸易公司多元化。众多的公司必然要突破已有的贸易垄断地区,不断开拓新的贸易范围,从而使英国的贸易在更宽广的范围内得到了拓展。在英国对外贸易进入繁荣时期以后,公司的许多商人开始参与英国与西欧、北欧的贸易。"1640 年,英国比较有影响的 74 位商人冒险家中,有 6 位就是利凡特公司的商人,他们将呢绒等产品出口销售到公司所垄断的地域之外的市场上。东地公司在伦敦的 34 名商人中也有 4 名就是利凡特公司的成员。1637 年,从事法国酒类贸易的 175 位商人中就有 5 位也是利凡特公司的成员。"[1]

利凡特公司的商人在推动东印度公司成立的过程中发挥了极为重要的作用,甚至有学者认为东印度公司就是利凡特公司的分公司或子公司。在东印度公司成立前所组织的远航探险中,伦敦及周边的 100 多位商人筹资 3 万多英镑,选举出了一个 15 人组成的委员会集中领导筹划这次远航,目的是绕过非洲南端的好望角以打破葡萄牙人对东方航线及商路的垄断,组织力量到印度及其附近其他国家和岛屿进行一次远航以发展贸易联系。

---

[1] Robert Brenner, *Merchants and Revolution: Commercial Change, Political Conflict, and London's Oversea Traders, 1550 – 1653*, Princeton: Princeton University Press, 1993, p.76.

出资支持这次远航的 100 多位商人中，大多是利凡特公司的商人，在这 15 人组成的委员会中，自然大部分也是利凡特公司的成员，利凡特公司的商人提供了早期东印度公司贸易的大部分资金。在远洋航行运输方面，利凡特大商人的私人武装及拥有的大型船只也几乎独自承担了东印度公司早期的航行。不仅东印度公司成立的资金大多来自利凡特公司，在组织领导机构上，东印度公司的第一任总管也是利凡特公司的商人托马斯·史密斯。在东印度公司早期的贸易业务上，利凡特公司的商人爱德华·奥斯博尼爵士及理查德·斯蒂波顿发挥了推动性的重要作用。从东印度公司的成立背景、倡议发起、领导机构、资金来源、贸易业务等各个方面都与利凡特公司有着千丝万缕的联系。从某种意义上来说，东印度公司的贸易就是利凡特公司贸易的延伸与扩大。利凡特公司的初衷就是从地中海东岸地区运销来自东方的商品，至于同地中海地区的贸易，则是后来同威尼斯公司合并贸易后发展与扩大的结果。而成立东印度公司的首要目的就是要进一步摆脱中间商对东方商品的垄断。特别是这一时期，葡萄牙人已从海路源源不断且大批量地运回东方的商品，大大降低了东方商品的价格，不仅将东方商品输往葡萄牙，而且还运销到西欧各国，更为主要的是在 17 世纪时，荷兰商人已经崛起，荷兰商船遍及各大航线，也成立东印度公司在印度、东南亚、东亚等地进行贸易和殖民（如 1624 年开始占据我国台湾岛进行殖民活动），这就使得依靠利凡特地区运销东方商品的英国商人逐步陷入被动，从商品价格和商品数量上都已经不占优势，因此英国商人也急需另寻出路以获得大宗质优价廉的东方商品，才能在西欧国际贸易中占据主动地位。因而利凡特公司对于促进东印度公司的成立发挥了极为重要的作用，利凡特公司很多成员就是东印度公司的首创人，所积累商业资本不仅为东印度公司的成立提供了资金，而且也作为资本渗透到英国所有形式的海外活动当中，所积淀的航海技术及贸易经验、所继承和发展的重商主义文化，都成为东印度公司和后来其他公司所借鉴和学习的宝贵财富，这就能够使英国以后的海外贸易及殖民扩张在一个坚实的基础上继续进行。

利凡特公司的成立表明英国重商主义文化有了进一步的发展，等于是两大贸易公司的联合，是商业资本的进一步集中，是对商业和贸易垄断的进一步加强，大大增强了贸易特许公司自身各方面的实力，适应了 16 世纪晚期到 17 世纪中期国内外政治经济发展的形势及需要，在一个更为复杂的国际环境下重开了与地中海地区的贸易，而且排斥了威尼斯和热那亚等地的中间商，与地中海东岸地区建立了直接的贸易联系，扩大了对东方商品的进口份额，满足了英国人及西欧人对东方商品的需求，同时也扩大了英国呢绒等商品的出口，使英国最终摆脱了 16 世纪中期以来所出现的短暂的对外贸易危机而很快又重新走向繁荣，意味着英国在海上群雄并起的时代在国际舞台上崭露头角，标志着英国综合国力的蒸蒸日上，为商业资本主义的发展及其带动工业资本主义的发展都有着非常重要的意义。利凡特公司所受到的英国王室及政府的保护与支持更为明确具体，使利凡特公司成为典型的政商联合公司。伊丽莎白女王本人向公司投入了巨额的资金就是最明显的例证，还多次为公司颁发垄断令状，延长贸易垄断时间。此外，英国议会还多次以法令形式保护公司的贸易或航运利益，限制其他国家或公司的商人同利凡特公司进行竞争。1615 年，英国颁布"航海法令"，实行更为严格的航海政策，规定所有利凡特公司所垄断的贸易范围内输入到英国的商品，必须直接来自产地，即不能从其他国家购进，并且只能用英国船只进行运输。这一方面限制其他国家或私商插手利凡特公司垄断地域内的贸易，另一方面保护英国航运业的利益，限制其他国家的船只，特别是荷兰的商船承接英国对外贸易的货物运输。这一法令的延续和发展在 17 世纪时导致了《航海条例》的出台和三次英荷战争的爆发。英国王室和政府的支持与保护也是贸易公司迅速发展壮大的原因之一。利凡特公司虽然是单纯的贸易公司，并没有在海外进行殖民活动，但在进入 17 世纪以后，公司的活动已经多元化了。公司拥有雄厚资产的大商人已开始筹备更大规模的贸易，同时因为贸易利益已与荷兰、法国、西班牙等多个国家产生了尖锐矛盾，这就导致了殖民活动的开始，殖民是一种排他性的独占，是商业和贸易垄断行为进一步发展的必然结果，这就使公司已单纯地改变了单一的贸易性质，逐步向贸易和殖民公司过渡，也就是肩负起了双重的历史使命。这双重的历史使命互相推进、相辅相成、并没有截然地分开，而是天然地结合在一起。

第二节 殖民帝国的初步建立

都铎王朝时期所建立的莫斯科公司和利凡特公司从性质上而言还只是单纯的商业及贸易公司，所进行的海上探险也只是为了开辟新的商路，所进行的活动都服从于商业与贸易的根本宗旨，并没有抢劫掠夺及殖民扩张的行为和性质，也没有抢占其他国家或地区的领土。随着国内经济的不断发展、国家整体实力的增强、对外贸易的不断扩大、商业和贸易公司的逐步成长、商业资本的不断积累，从都铎王朝后期建立的东印度公司开始，就兼具了贸易和殖民的双重性质，而且越到后期，殖民性质就越加突出。正是这些贸易公司，在发展对外贸易的过程中充当了英国殖民扩张的急先锋，承担起了建立殖民帝国的历史使命。在近代英国殖民帝国建立的过程中，殖民地不是由王室或政府出面组织拓殖的，而是由私人发起与成立的商业贸易公司从国王那里取得特许状，以合股或股份的形式进行组织管理，形成一个组织严密、奋力开拓、积极进取的强有力的民间团体，虽得到王室和政府在后面的支持，但所从事的贸易和殖民活动却并非一种国家行为，而是一种私人或民间行为。这一强有力的团体一般由新兴的社会力量诸如新贵族、富有商人或市民、手工业工场主、乡村占有大量土地的乡绅等阶层组成，充满了进取向上的精神，能够筹集到巨额的资金，而且能招募汇聚敢于冒险进取、富有探险和创造精神的各类人才，包括富有航海经验的水手、精通天文地理、气象洋流等海洋知识的专业人才，也需要熟悉商业和外贸业务的商人，还要有通晓外交知识和异域文化的外交人才，更为重要的是还要有保护贸易和进行殖民活动的武装力量。这样的团体就形成了一个庞大的商业帝国，以重商主义的文化之剑和先进的坚船利炮在欧洲之外的其他地区开拓建立更为庞大的"日不落帝国"。

一 东印度公司的建立及殖民扩张

东印度公司的成立与利凡特公司有着千丝万缕的联系，但是东印度公司在近代英国乃至世界历史上的影响却更为重要，不仅在对外贸易的进出口总量及贸易地域范围方面大大超过了利凡特公司，更主要的是承担起了在亚洲进行殖民扩张的使命，这就使得东印度公司在性质上也超越了原有的特许公司，兼具了贸易和殖民的双重性质。东印度公司的成立不仅是英国都铎王朝长期奉行重商主义文化的产物，都铎时期经济社会发展也为东印度公司的成立创造了各种可能的条件。诸如社会经济的发展和对外贸易的不断扩张、资本主义生产关系的普遍建立以及新兴社会力量的进一步发展壮大、综合国力的进一步增强、思想进一步解放和宗教信仰的多元化、海上探险抢劫等活动积累的天文地理、航海经验、航海知识和技能等，还有当时英国在对外贸易方面所面临的机遇和竞争，都是东印度公司成立的历史条件，而直接促使东印度公司成立的原因则是利凡特公司的商人为了打破葡萄牙以及荷兰商人对东方贸易的优势，与东方的印度、东南亚及南亚地区建立没有任何中间环节的贸易联系。

自从葡萄牙王室支持的迪亚士、达·伽马开辟东方新航路以来，葡萄牙商人在沿线建立商业据点、垄断商路、实行垄断性贸易并获得了巨大的利益。当西班牙人还在咒骂哥伦布是骗子的时候，葡萄牙到印度的探险者已满载金银珠宝、象牙香料、丝绸颜料而归。达·伽马首次航行返回里斯本后即受到举国上下的热烈欢迎和庆贺，据说回归时所赚的纯利润是全部航行费用的 60 倍，也有研究成果认为最多是 6 倍，或者也有可能只是 1.6 倍。[①] 但达·伽马航行的重要意义不在于首次航行带回了多少金银财物，赚了多少利润，而在于首次将三大洲以及三大洋联系在了一起，加上原有的航线诸如郑和下西洋的航线，等于把旧大陆几乎所有的重要文明区域都通过海上航线连接了起来，这就为后来麦哲伦以及德雷克的环球航行奠定了基础。葡萄牙人对通往东方航线及对东方贸易的垄断激起了西欧大国普遍地向往羡慕甚至是嫉妒，特别是探寻新航路过程中后起的英国、法国、荷兰等国，都希望能直接航行到达东方以分享贸易红利。英国商人为了避免同葡萄牙人发生冲突而试图从东北和西北两个方向都进行了探险航行，但结果并不乐观，虽然成立了莫斯科公司和利凡特公司等多个特许的贸易公司，也从对外贸易中获得了巨额商

[①] 张箭：《地理大发现研究（15—17 世纪）》，商务印书馆 2002 年版，第 108 页。

业利润，但终归没有到达东方。英国商人通过利凡特公司也可以运销东方商品，但是这一贸易还是要通过波斯、阿拉伯等西亚或中亚的商人来进行中转，不仅数量有限而且价格高昂。更大的挑战和竞争则来自葡萄牙对东方商品的垄断及大批量的进口，造成西欧市场上东方商品价格的下降，相对而言，英国利凡特公司所进口的东方商品则一直在高价位上运行，这就使英国商人无法在国内独享垄断性贸易的巨额利润，在欧洲市场上更加被动。而到16世纪末期时，荷兰人已打破了葡萄牙人对东方航线的垄断，依靠其丰富的航海经验和技能大致沿葡萄牙人所开辟的商路从东方成功地运回了商品，"1599年，荷兰船队满载香料及其他亚洲的商品而归，这使伦敦在利凡特地区从事转口贸易的商人几近崩溃。如果荷兰人将这种航行常态化，而且显然准备这么做，那将使英国同亚洲的贸易遭受毁灭性地打击。"[①] 消息传来，利凡特公司的商人极为震惊，他们决心发展远洋贸易，通过远洋航海建立起与印度等东方国家的直接贸易。至于航线，以前由葡萄牙人所垄断，英国商人无力也不想去招致葡萄牙人的反对甚至发生冲突，而现在，既然荷兰人都可以在这条航线上参与东方贸易，那英国人何尝不可。打破葡萄牙人、荷兰人对东方贸易的垄断是刺激英国商人成立东印度公司最直接的原因，也是最首要的目的。

1599年9月，以利凡特公司商人为主要倡议者的伦敦商人召开会议，会议由伦敦市长主持，正式商议并提出同印度等东方国家发展贸易的提议及具体的实施办法，并决定向枢密院呈交请愿书，其主要内容是鉴于荷兰人已经多次成功地航行到印度等地，而且运回了香料等大量的东方商品，英国商人不能坐视不顾而任由自己的贸易利益受到妨碍和侵害，决心也要发展同印度等东方国家的直接贸易，请求伊丽莎白女王能授予他们垄断英国与印度等亚洲国家贸易的特许状。请愿书还包括组建公司的请求及组建公司的具体办法和协议、请求运输外国货币的许可、关于免除前6次航行的关税与辅助金申请等。但伊丽莎白女王顾虑到如果批准这个请愿书会加剧本来就很紧张的英国与西班牙的关系，因而迟迟没

---

① David Scott, *The Rise of Britain as a World Power*, Published by Harper Press, 2013, p.359.

有批准，直到 1600 年 12 月 31 日，女王才颁发了为期 15 年的皇家特许令状，成立"伦敦商人管理及贸易公司"，总揽同东印度的贸易事务，简称东印度公司。"授权令状解释了所授予公司经营范围及商业利益等事宜，授权公司的经营范围从非洲延伸到亚洲，一直横跨太平洋，但实际上东印度公司也不能在这么大的范围内谋求垄断权，其活动主要集中在南亚和东南亚。"[1] 皇家特许令状是东印度公司与印度等亚洲国家从事贸易活动的法律基础，对公司的发展有着重要的意义，标志着得到了国家政权的支持，同时在贸易过程中获得了排他性的垄断权利，但为了避免同西班牙和葡萄牙发生贸易纠纷或摩擦冲突，禁止公司与任何被基督教国王实际占领的领土或港口进行贸易。在当时情况下，英国的海上实力还远远没有达到可以藐视其他竞争对手的地步，而且早在 1494 年 6 月，在教皇亚历山大六世的调解下，西葡双方在西班牙北部小城托尔德西拉斯订立了《托尔德西拉斯条约》，把世界用一条南北走向的线分开。这条线位于佛得角群岛以西 370 里格，[2] 即现在西经 46—47 度之间，西班牙有权占有这条线以西它所发现的异教徒的土地，而葡萄牙则在这条线以东拥有同等的权利。这意味着西葡在海外扩张方面得到了教皇的承认和支持，同时也划分了西葡扩张的势力范围，即大致以西葡开辟新航路的方向和既成事实来划分各自的扩张方向。也就是西班牙向美洲方向扩张，而葡萄牙则向非洲和亚洲方向扩张。但是进入 16 世纪以后，随着宗教改革运动的深入发展，一方面教皇的权威已日益下降，神圣教权对西葡势力范围的保障作用已渐微弱；另一方面，西葡在航海方面绝对领先的优势已不复存在，后起的荷兰、英国、法国等都有了远洋航行探险的能力，这就势必挑战西葡在海外扩张方面领先的优势和权威。东印度公司首当其冲地影响到了葡萄牙在亚非的既得利益，后来公司发展壮大之后，在国家政权强有力的支持下，总是以强硬的态度来维护并扩展公司的垄断利益，如 1622 年，在国家的支持下英国商人同波斯人联合起来，从葡萄牙人手中夺取了霍尔木兹海峡。特许令状的有效期在以后公司的发展过程

---

[1] Jane Samson, *The British Empire*, Published by Oxford University Press, 2001, p.14.
[2] 1 里格等于 3 英里。

中总是不断得以续定。"从其1600年成立到1858年的回归本土,有一个机构一直在主宰着这个贸易,那就是东印度公司,为其服役塑造出了全国知名的英雄人物,诸如罗伯特·克莱武(1725—1774)、沃伦·黑斯廷斯(1732—1818),还有滑铁卢战役中功勋卓著的胜利者威灵顿公爵亚瑟·韦尔兹利……当不列颠帝国达到其顶点时,在亚洲想得更多的是为了赚钱而不是扩张领土。"①

东印度公司是英国当时最大的合股公司,最初的成员有219名,由公司全体投资合股的成员组成董事会,由董事会负责筹集并管理航行与贸易的资金,每年选举主管、委员会和各层管理人员。主管及各阶层的管理人员对董事会负责。"因为和东印度的贸易充满风险且代价高昂,所以公司从一成立起就是股份合作制企业。这是从威尼斯和荷兰引进的一种经营和管理思想,所有的投资商共同承担成本和风险,共同分享利润。为了保证公司安全运行,还授予公司垄断从好望角到合恩角之间所有的英国对外贸易。可以理解的是为了获得此特权,公司也向国王提供贷款并赠送了礼物。"② 在起初航行时,投资者总持谨慎态度,只是出资合股支持单次的航行以规避风险,也就是仅筹集一次航行和贸易的费用,然后视贸易情况再决定是否继续投资,直到1657年公司的赢利呈现常态化后才形成了固定的合股制度,这一制度又利于公司固定资本的投资与积累,对于公司业务的扩大及性质的变化都有重要影响。东印度公司的股票可以在位于伦敦利登豪街(Leadenhall Street)的公司总部进行估价和交易。股票的发行和交易可以最大程度地募集到社会上闲散资金而转化为公司的商业资本,在东印度公司刚起步不久,资产就达到了50万英镑,很快发展为英国第一大特许贸易公司。在公司成立后的30年时间里,公司就筹集到了近300万英镑的资金。在东印度公司入股成为当时最可靠最赚钱的投资渠道,使公司积聚的资本数量越来越多。1660年,公司分配给股东的红利达到了20%,到1665年上升到了40%,1685—1689

---

① David Scott, *The Rise of Britain as a World Power*, Published by Harper Press, 2013, p. 358.
② Ibid., pp. 358 – 360.

年实际达到了50%。① 公司的大股东大多来自早已存在的利凡特公司或其他的贸易公司，有着丰富的管理及贸易经验，也有雄厚的资本和较大的政治影响力，在英国对外贸易方面起着较大的操控作用，对国家和王室的财政有一定的影响，在伦敦的金融界也具有举足轻重的地位。1640年，伦敦市议员的一半就是东印度公司或利凡特公司的成员，从而对伦敦的市政管理及政策制定都有一定的影响力。"在印度的商业事务中占据优势的是1600年由强有力的商界精英所组建的东印度公司。该公司持有国王颁发的特许令状，垄断英国与东方的贸易。拥有特许令状的公司是经济与政治相结合而共同受益的产物，在创建时就得到了国家政府的支持。但这样的公司随着时间的推移，其地位也会发生变化，到18世纪时，为了共享利益，政府不仅给予公司在特定地区较大的经济活动空间，也授予较大的政治和军事权力。东印度公司不仅享有贸易上的垄断权，政府也授权公司可直接同当地的统治者进行谈判，甚至可以发动战争以维护公司的特权，而且公司在其势力范围内还可以直接管辖英国的公民。作为一个联合起来的股份公司，东印度公司适合于从事代价高昂且距离较远的长途贸易，其较大的规模可以使其筹措更多的资金，一大群的投资者也可以共担风险，这对于小的贸易商是不可能拥有的。这些垄断政策，是重商主义的组成部分，也是19世纪自由贸易时代之前各国普遍都采用的商业原则。这种经济与政治联姻的政策显然在很多方面都具有重要意义，因为在全球范围内，这个所掌控的不只是所授予地区的商业贸易。"②

组建一个公司要同亚洲进行贸易这才仅仅是迈出了第一步，实际上要到达并从印度返回，还要开拓可获利的市场又是另外一回事。水手们要驶过茫茫印度洋，不仅航程遥远，而且充满艰辛和危险，随时会遇到台风、海盗、肆意枉为的地方统治者，还会遭遇葡萄牙人的袭击，因为葡萄牙人宣布经开普敦的航线为其所独有，这些都是潜在的威胁。这里

---

① C. H. Philips, *The East India Company* 1600–1858, London: Routledge, 1961, p. 48.
② Philippa Levine, *The British Empire*, *Sunrise to Sunset*, Published by Pearson Education limited in Great Britain, 2007, p. 62.

还有一个问题，也就是用什么样的商品来换取东方的货物。因为亚洲人对英国传统的出口商品诸如毛纺织品、铅、锡制品等需求量很小。亚洲商人最感兴趣的大宗商品莫过于白银，这的确在东方的价值要比在欧洲高，但是大量向东方输出白银也担心会造成英国白银数量的锐减并进而影响英国经济的正常发展。除了购买银锭需要花费巨额的资金而外，打造适合于远洋运输白银、有先进武器配备的大型帆船也造价高昂。而为此提供船舶及在危险水域有贸易活动经验的，就是伦敦在利凡特地区从事贸易的商人，公司成立早期，他们也发挥了领导作用并提供了大量资金。然而，在建造基础设施以保证两大洋的商业活动正常运转也会产生额外的费用，在这里，公司照搬了葡萄牙和荷兰人的经验，即在环印度洋的一些战略要地，获取当地统治者的准许而建立起"工厂"，实为贸易据点，或者永久的商站或货栈。在这一阶段，英国人很少或者完全没有建立种植园的想法，那时也没有这种必要，至少从商业的角度没有必要，而且当地人通常对这些不速之客还充满了敌意。①

东印度公司成立初期的 20 年左右的时间内，其贸易业务飞速发展，也为投资者带来了数量可观的收入。仅从印度进口回来的胡椒重新出口到欧洲市场就获利近百万英镑，使东印度公司成为英国最富有贸易公司。东印度公司，"在亚洲至少建立了 12 个贸易据点，雇佣了 200 多个代理人，还在泰晤士河上建立了 2 个造船厂，共建造了 76 艘船，成为伦敦雇用劳动力最多的工场。"② 东印度公司在亚洲的业务也蓬勃发展。斯图亚特王朝时，在印度洋的西北海岸，反击葡萄牙的海上战争也取得了胜利。在 17 世纪初，还劝说莫卧儿帝国的皇帝贾汉季同意经官方授权在其领土上建立贸易据点。因为贾汉季没有自己的海军，就依赖葡萄牙人充当海上警察，处理海上事务。由于葡萄牙人在印度洋上的力量已明显衰退，他就将此权力交给了英国人。到 17 世纪 20 年代，东印度公司建立起的商站已有：红海地区的穆士喀特、苏拉特、印度东海岸的默苏里珀德姆

---

① David Scott, *The Rise of Britain as a World Power*, Published by Harper Press, 2013, p. 360.
② 王军:《16—18 世纪英国特许公司研究》，东北师范大学 2011 年，博士学位论文，第 107 页。

(Masulipatam),印度尼西亚群岛上许多出产香料的岛屿,甚至在日本的平户,也建立起商站。[1] 来自英国或欧洲其他国家的居民越来越多,所以建立起的很多重要商站在规模和范围上都在逐步扩大,成了东印度公司贸易稳定发展的基地及后来殖民扩张的桥头堡。东印度公司在商站的贸易由代理人全权负责,诸如装卸货物、保护贸易安全,同当地官员和居民交涉相关通商事宜,逐级运输销售从英国或欧洲运来的商品,还要不断开拓扩大市场,并要从各地购回并包装筹备第二年船只返回英国或欧洲时需要装运的亚洲商品,这样就可以保证贸易高效、稳定、持续地进行,避免公司贸易之初船队到亚洲各市场再购买当地商品时当地商人坐地涨价或囤积居奇的投机行为,同时也是公司贸易分工扩大化的表现。代理人制度也有利于培养熟悉当地文化风俗和各方面情况的商人,从而不断地去扩大供销市场并保持贸易的稳定和繁荣。东印度公司的代理人制度历经多年的发展,后来逐步成为公司一项重要的人事及贸易业务的管理制度。代理人的职责类似于公司雇佣的并派驻在印度或亚洲等其他贸易地的经理。公司对主要代理人的挑选和任命都极为严格,因为首席代理人直接关乎公司在印度等亚洲国家贸易事业的成败。代理人在赴任前还要向公司交纳一定数量的保证金,目的是约束代理人从事走私贸易或不法行为损害公司利益。代理人大致可以分为三级代理人,即首席代理人、定居代理人、旅居代理人等,但最重要的就是首席代理人。首席代理人一般要驻守在重要的贸易商站并负责挑选管理下级代理人,有权力将那些疏于职守、工作敷衍、生活散漫的下级代理人遣送回国,同时对公司在当地的贸易业务进行具体地决策领导。代理人的薪酬标准根据级别来划分,最初时薪酬的发放是依据每次航行或进行某项特定贸易的时间,首席代理人的薪资是 100 英镑的薪酬和价值 200 英镑的股票;第二类代理人有 50 英镑的薪酬和价值 100 英镑的股票;第三类代理人有 30 英镑的薪酬和价值 50 英镑的股票。[2] 这种既交纳保证金又在薪酬中发放股

---

[1] David Scott, *The Rise of Britain as a World Power*, Published by Harper Press, 2013, p. 360.
[2] K. N. Chaudhuri, *The English East India Company: The Study of an Early Joint-Stock Company 1600–1640*, London: Routledge Press, 1965. p. 81.

票的做法是为了切实将代理人和公司联结在一起，防止他们从事走私或其他行为来侵害公司的利益，公司还规定代理人在每次航行中可以有25镑以下的私人贸易，这也体现出了在管理上具有切合实际和人的社会性的一面，做到公私利益兼顾且能更好地激励代理人工作积极性。从1609年开始，公司向印度等亚洲国家的航行已渐趋经常化，已不像当初那样具有探险性质的航行，所以对代理人也开始定期发放固定的工资，于是公司又鼓励代理人将自己的资金投入公司，或者给代理人只发一部分薪酬作为本人或其亲属的生活费，而将剩余工资存入公司账户，目的都是最大限度地将代理人与公司利益联结在一起，同时也有效地增加了公司的股份。

英国斯旺西大学的休·V. 鲍恩教授（Huw V. Bowen），深入研究东印度公司建立后不列颠经济发展与亚洲殖民地之间的关系，利用在威尔士的实证资料对学术界传统的各种观点进行了批判性总结，认为传统的各种观点在缺乏史料的基础上用结果来分析原因，比如，东印度公司从印度掠夺或在贸易中赚取的钱，有多少钱作为资本而投资建厂，多少钱用于设备或技术更新，多少钱用来作为奢侈性消费，多少钱用来买田置地，多大程度上促进了工业革命的发生发展，之间通过什么样的桥梁和纽带进行联系等，这些都没有原始的资料和明确认真详细的调查。他认为应当消除对东印度公司贸易的偏见，探寻不列颠与亚洲全方位的商业联系，探究东印度公司影响国内经济的方式和途径在多大程度上促进了国内经济的发展，18世纪60年代在印度普拉西的抢劫掠夺在多大程度上促进了不列颠工业的增长。要重新评估在亚洲的扩张对不列颠带来的经济后果，就必须承认东印度公司的贸易所发挥的核心性的作用，这也许是明显的，但是值得一提的是，贸易发挥了核心机制的作用，通过这个机制，财富从亚洲转移到了不列颠。根据有限的资料，通过当时交易的账单及其他纸质的档案，从1756—1834年，公司从伦敦为印度和中国所付的现金不到9000万英镑。其结果是，投资于商品是个人及东印度公司在不列颠赚钱的主要方式。在整个这一阶段，东印度公司的贸易服务于双重目的，它方便于官方和私人的汇兑并作为传统的商业投机活动的一种方式。①

当然事实上也是东印度公司垄断着对亚洲的贸易（与印度的贸易垄断权到1813年，与中国的直到1833年），但是这一时期，个人也在私下里进行着他们自己的贸易，或者通过各种各样官方的"特权贸易"登上东印度公司的船只进行贸易，或者通过走私、非法介入等偷偷摸摸的方式进行贸易，把货物从亚洲先运到欧洲大陆，然后再运抵北美。这就意味着在这一时期，货物从不列颠到亚洲的流通途径远不止一条渠道，而且那些参与非公司贸易的人都是一些不固定的、勇于创新、敢于冒险并装备良好的人，他们有办法使他们在当时的商业活动中走在前沿。活跃的私人贸易与东印度公司的官方贸易并驾齐驱，其贸易组织的详细情况见下表：

大不列颠与亚洲的贸易 1760—1833②

官方贸易	东印度公司的贸易
	英国在印度驻军军官及其他往返的官员的特权贸易
	授权许可在公司轮船上的有限贸易（1793—1813年）
	1813年以后同印度所进行的开放性贸易
	不列颠商品通过其他东印度公司从欧洲国家所进行的再出口贸易
非官方贸易（走私及隐蔽性贸易）	英国在印度驻军军官及其他往返的官员的走私贸易
	从伦敦和其他偏僻港口的所出发的船上所进行非法贸易
	英国登记注册在其他国家的往返了欧洲的船舶上所进行的隐蔽性贸易
	1783年以后在美国船上所进行的隐蔽性贸易
	从博特尼湾派往印度船上所进行的走私贸易
	在英国皇家海军舰船上所进行的走私贸易

对东印度公司贸易的第二个偏见是，直到1813年东印度公司对印度的贸易垄断权被打破之前，亚洲对不列颠制造的商品需求甚少。也就是

---

① Kazuhiko Kondo and Miles Taylor, *British History 1600-2000: Expansion in Perspective*, Published by University of London, 2010, p. 76.

② Kazuhiko Kondo and Miles Taylor, *British History 1600—2000: Expansion in Perspective*, Published by University of London, 2010, p. 77.

商业贸易极不平衡,进口商品的价值远远超过了出口商品的价值。这样每年就需要向亚洲运送大量的白银来弥补这一差额,从这一点往往得出了这样一个结论,公司的出口量很低。事实上,东印度公司并非低效和缺乏商业头脑,在 18 世纪晚期,通过一系列促进出口的措施,向亚洲的出口商品价值有了较大幅度的增长。[1]

商人和制造商通常置公司的规章制度于不顾,通过向私人贸易提供商品而穿过东印度公司贸易垄断的瓶颈。这里仅举一个事例,在 18 世纪六七十年代,通过特权贸易而输往印度的钢铁就要超过公司的贸易。而且,这种不属于东印度公司的贸易具有商品多样化的特点,这意味有不同种类的大宗商品都提供给了私人贸易,包括武器、海军补给品、金属制品、家庭用品、百货、玻璃、家具、乐器、马车等。一些见多识广的现代学者也承认,这种通过私人贸易而运到亚洲的商品的数量占很大的份额,在 1813 年同印度的贸易开放之前,是不列颠商品出口的一个意义重大的渠道。[2]

为了保护商业利益免受葡萄牙人及当地居民的侵扰,东印度公司开始在商站所在地建立武装力量,最初的人员主要来自英伦三岛和欧洲,后来也招募当地土著居民,而且随着贸易的扩大,人数越来越多,成为一支不可小视的武装力量,同时也吸引了国内更多的商人和旅行者来到商站定居,从而使商站的规模有不断扩大的趋势,所招募的武装力量也在不断增加。这在当时的历史条件下发展常态性贸易所必需的,因为仅靠少量的代理人或商人就无法在商站立足,更无法进行正常的贸易,他们随时会遭遇葡萄牙、荷兰等国商人的排挤打击。为了贸易时装卸货物的便利,商站一般都建立在沿海地带,有时还会遇到海盗的洗劫掠夺,更为严重的威胁来自当地的土著居民,他们对这些居住在他们自己世代赖以生存的土地上的异域外来者往往充满敌意和排斥心理,故而会发动侵扰袭击甚至杀人越货的行为,所以商站生存的前提就是必须有一定数

---

[1] Kazuhiko Kondo and Miles Taylor, *British History* 1600–2000: *Expansion in Perspective*, Published by University of London, 2010, p. 78.

[2] Ibid.

量的商人和武装力量来保护商站的安全,并逐步形成完整的规模才能继续扩大贸易。

商站规模的逐步扩大以及武装力量的形成为东印度公司的殖民扩张创造了条件,也为公司最后演变为殖民统治机构奠定了必要的基础。东印度公司与印度等亚洲国家和地区的贸易也促进了英国造船业的发展进步及海上力量的进一步增强。伴随帝国在印度领土的扩张,就需要公司雇用更多更大的轮船,著名的东印度公司的商人,从印度和中国向不列颠带回了大量的商品的原材料,使伦敦的交易也极为活跃。这不仅使东印度公司所雇佣的水手数量有了较大规模地增长,也和之后的奴隶贸易有着密切的联系。需要更多的适宜远洋航行的轮船就驱动了对造船材料的需求,诸如木材、铁制品、船帆、作外壳的铜等。还有船上的食物和给养,又推动了其他工业部门的发展。而且除过东印度公司,每一个私人贸易公司都需要个人的技能、信息、资源及信用。这样,每个公司都有支撑其运转的水手、造船者、代理人、经纪人、投资者、承保人等。在采购出口到亚洲的商品的过程中,就使制造商、农民、批发商、零售商等联系了起来,这些中间人所建立起来的这一延伸着的供应链,同公司在并行地运作。这也创建起东印度公司内部完整的商业运营网络,以伦敦为中心,辐射周边、带动全国。[1]

从英国到印度等亚洲国家的航线,首先从距离上就大大超过了英国以往到莫斯科或经地中海到利凡特地区的航线,单程航行到达印度差不多就要半年左右的时间,如到东南亚地区,则航行时间更长;其次,航线要经过非洲南端的好望角,从大西洋进入印度洋,后来还要到达远东太平洋地区,航海线上天气多变,船队随时会面临暴风骤雨和惊涛骇浪,或遇到自然灾害;甚至运载金银珠宝和商品的船队在漫长的航行过程中还会遇到海盗劫匪的抢劫掠夺,有时还会碰到荷兰、法国等贸易对手的武力威胁甚至发生激烈冲突。所有这些都要求造船工场不仅要建造适宜于远洋航行的大型船舶,要具备较大的排水量以运载更多的商品,而且

---

[1] Kazuhiko Kondo and Miles Taylor, *British History* 1600 – 2000: *Expansion in Perspective*, Published by University of London, 2010, p.79.

要求有较快的航速,还能抗拒较大风浪,同时还要有强大的武装力量进行护航,在能够作战的舰船上配备较强的火力。"在1580—1650年期间,海上的军事战术已从战舰装载火力变成船侧配备火力,这不仅需要专门的技术,而且战舰的造价更为高昂。"① 东印度公司庞大的船队中"每只船的载重量在100吨到350吨不等,1601年第一次航行到印度的船队的最大承载量是600吨,而到1610年第六次航行时,船队的最大承载量已增长到1100吨。"② 1600—1640年,公司共有76艘船,其中49艘船的吨位都在300吨以上,如此数量的大小船只促进了英国造船业和航海技术的迅速发展,同时也训练出了与舰船数量相适应的具有丰富航海经验的水手,也招募了一定数量的舰艇上的武装力量。一旦与他国发生冲突或战争,这些船只和人员都是英国潜在的海军力量,随时可以为国家所征调派遣,从而极大地增加了国家的海上力量。③ 这对于未来殖民扩张及殖民争霸战争都具有重大影响。

东印度公司雄厚的资本以及源源而来的商业利润、强大的海上实力、不断扩张的武装力量就为贸易在印度等地的纵深发展创造了条件,也成为东印度公司走上殖民之路的前提条件,可以说,没有在印度的武装力量,就没有公司的殖民扩张。东印度公司在其存在的3个多世纪里,前期基本以贸易为主,但也具有殖民性质,贸易与殖民自然地结合在一起。在遥远的东方面临异域差别较大的文化,加之受葡萄牙人的影响,东印度公司采取的贸易策略显然不同于前面的莫斯科公司和利凡特公司。诸如在印度建立商站进行移民,对商站及附近重要的贸易地区实施保护和管辖,建成了许多"英伦"城市等。但是越到后期,公司殖民的性质就愈加突出,到最后完全变成了英国在印度的殖民管理机构,从而成为缔造英国殖民帝国及帝国主义制度的有效工具。

东印度公司成立不久即1603年,就遇到了英国的改朝换代,但这却

---

① David Scott. *The Rise of Britain as a World Power*, Published by Harper Press, 2013, p.120.
② E. Lipson, *The Economic History of England: the age of mercantilism*, London: Adam and Charles Black, 1947-1948, p.290.
③ 王军:《16—18世纪英国特许公司研究》,东北师范大学2011年,博士学位论文,第132页。

是一次风平浪静的改朝换代，最大的变化就是来自苏格兰的国王詹姆士六世南下伦敦承继伊丽莎白女王的王位，由此开始了斯图亚特王朝在英格兰的统治，詹姆士六世也改称詹姆士一世。他不仅是英格兰国王，也是苏格兰国王，即形成了"两国一王"的政治局面，两个王国的王权首先得到统一，这就有力地加速了不列颠近代民族国家完成统一的步伐。在统一民族国家的最终形成方面，尽管还存在着很多矛盾和争议，也还有漫长的道路要走，"但到1607年时，英格兰议会有效地弥合了各种不同意见，苏格兰人尽管极不情愿，但也不得不接受归化管辖，英格兰和苏格兰开始自由贸易，詹姆士开始使用新的头衔，不列颠国王，也开始使用新的国旗，用统一的旗帜来显示自己的权威。"[1] 这也大大加快了苏格兰近代化的进程，同时增加了不列颠国家的整体实力，苏格兰人在更大程度上参与了英国对外贸易及海外扩张，从而大大增强了国家初步形成时在世界舞台上的整体实力。就在1603年"两国一王"的政治格局成为现实时，"苏格兰便有了政治资本去海外扩张，苏格兰人、威尔士人、爱尔兰人同英格兰人一起迁居殖民地。当1707年'不列颠'开始形成时，'不列颠帝国'已经包括了不列颠群岛，各地都已有定居者、劳动者和商人。这一联合体极大地加强了国内的政治和文化方面的联系，而这一联系有利于所有的不列颠人去参与帝国的打造。换句话说，不列颠及其帝国创造了不列颠风格的定义，而不仅仅是塑造了国家的特点。"[2]

在颇有争议的詹姆士一世的统治下，具有世界性质的英帝国开始崛起。在印度的南部和东部，英国的商人虽没有进行定居或统治，但已开始了商业贸易。东印度公司已在印尼、日本、印度莫卧儿帝国统治下的苏拉特等地创小工厂和商埠，英国商人开始挑战葡萄牙及荷兰人对东方商品诸如胡椒、香料、蚕丝、印度棉布的垄断地位，而这些商品在欧洲的上层阶级中备受青睐。相反，在北美和加勒比海地区，英国人起初是为了追寻黄金，之后才是占领土地。[3] 1615年，詹姆士一世派遣托马斯·

---

[1] David Scott, *The Rise of Britain as a World Power*, Published by Harper Press, 2013, p.114.

[2] Jane Samson, *The British Empire*, Published by Oxford University Press, 2001, p.03.

[3] Monod Paul Kleber, *Imperial Island: A History of Britain and Its Empire, 1660-1837*, A John Wiley & Sons Ltd., Publication, 2009, p.12.

罗尔出使印度莫卧儿王朝，经反复磋商达成了协议，允许英国人在莫卧儿帝国境内可以开设商站进行自由贸易，这就意味着东印度公司与印度的贸易得到了彼此国家政权的支持，从而极大地促进了贸易量的增长，也为东印度公司深入印度腹地进行贸易及以后在印度的殖民扩张提供了便利。尽管詹姆士一世和查理一世也很欣赏东印度公司为他们带来的丰厚的海关收入，但他们急于广开财源，也授权其他公司参与同东印度公司竞争，从而打破了其贸易垄断权。其中一个冒险者就是17世纪30年代的考特尼联合公司，实际上已沦为一个海盗团伙，使东印度公司在印度洋上不仅损失惨重而且声誉也大受影响，因为当地人很难分清那些是公司的船只，那些是考特尼的抢劫者。[①] 刚刚起步的东印度公司所面临的最大的挑战还是来自荷兰人的竞争。1602年，荷兰将其所有从事与东方贸易的公司合并成一个大公司——荷兰东印度公司。该公司资金雄厚，组织严密，远远超出其英国的竞争者。与英国东印度公司不同的是，荷兰东印度公司在印度等地不仅建立商站，而且建立军事要塞，对阻挡其路者一律诉诸武力，而英国东印度公司的船长们并没有用枪口获得贸易。他们发现印度的船只简便轻巧，既不能抵挡欧洲通用的大炮，也不能承受英国的加农炮，但是英国派遣到印度的商船和人员要远远少于荷兰东印度公司，更缺乏荷兰人的果敢和胆量。例如，荷兰人就雇佣日本浪人，也就是一些没有主人的武士作为其殖民的帮手。荷兰人既有坚定的信心，也有先进的武器来封锁港口，击沉船舶，所以能够在很大程度上改变在印度的贸易方式，而这一切在英国东印度公司早期的贸易活动中是从来没有过的。

1623年，英国东印度公司与荷兰东印度公司的竞争和对抗尤为激烈。荷兰公司当局命令在印度尼西亚的安汶岛从事香料贸易，为争夺贸易控制权荷兰人杀死了10名英国东印度公司的雇员。安汶岛的屠杀在英国引起了较大的反响，但无论是詹姆士一世还是查理一世，都不想与荷兰大动干戈。英国东印度公司一半是为了对此屠杀事件做出反应，一半为了节约资金，决定放弃大部分在香料岛及日本平户的商站，而集中力量同

---

① David Scott, *The Rise of Britain as a World Power*, Published by Harper Press, 2013, p. 361.

印度进行贸易。公司在印度已经营多年,相对较为安全,而且比荷兰人捷足先登。东印度公司在经营上的这一转变使得商船就有更大的空间来装载印度货物,特别是印度的白棉布及色彩明丽的印花棉布,这是英国消费者难以抵挡的诱惑及进口商品。1620年,公司仅从印度进口的白棉布就达5万匹,在印度的购买价为每匹7先令,在英国的售价高达每匹50先令。1639—1640年,为了寻求棉纺织品市场,东印度公司在印度东南克罗曼德海岸的马德拉斯建立起了新的商站。1651年,在孟加拉的胡格里也建立起商站,即后来的加尔各答市。[①]

17世纪40年代早期,王室权力的残余使东印度公司饱受其累,步履维艰。议会派领导人对国王的敌意使他们对国王授予公司的垄断权也极为不满,也视东印度公司为斯图亚特王朝实行专制的工具,从而为希望涉足好望角到印度去的各类商业殖民公司大开绿灯。虽然没有一个公司获得成功,但确实有一些公司企图建立殖民地,但只是招来了灾祸而已,也影响了东印度公司的正常运转和声誉。而英国内战也耗费了大量的钱财和船舶,否则这些或许被公司用作贸易。到17世纪50年代中期时,英国向所有公司开放让其都可以参与同东方贸易的做法已极大地破坏了东印度公司的贸易,同时宣布只有获得克伦威尔新的垄断授权令状,才能出售印度的商品。而当时的英国人普遍认为,东印度公司是同印度进行赚钱贸易的最有效的途径。当1657年东印度公司东山再起重操旧业时,新的股份投资竟达到了74万英镑。[②] 尽管面临多重的竞争和压力,公司的贸易依然在蓬勃发展,贸易体系初步形成:英国本土与印度、波斯等亚洲国家的直接贸易。东印度公司将东方的象牙、珠宝、香料、棉布、茶叶、生丝等商品运往欧洲大陆或地中海地区销售后以获取金银货币,或者再购回海军军用物资以及其他商品;公司还在亚洲以印度为中心发展起了港脚贸易,例如将印度的商品运往西亚、东南亚、东亚各地包括波斯、中国、日本等地,换取贵金属或丝织品、瓷器、丁香、豆蔻、宝

[①] David Scott, *The Rise of Britain as a World Power*, Published by Harper Press, 2013, pp. 361-362.

[②] Ibid., p. 362.

石、地毯等后又运销印度。"但到 17 世纪晚期时，香料贸易已不占主要地位。欧洲人对东方其他商品的需求逐步增长，特别是中国的蚕丝和印度的印花棉布。从 1660 年到 1690 年，东印度公司从东亚进口的商品数额增长了 5 倍，价值约达到了 40.3 万英镑。然而亚洲的商人却对英国的商品不感兴趣。这样，东印度公司不得不向亚洲商人支付大量的黄金白银，而这些黄金白银主要赚自与西班牙美洲殖民地的贸易，因此东亚的商业贸易也具有了世界性质。"[1]

随着投资的不断增加及克伦威尔对贸易垄断的再次授权，之后还得到查理二世的承认，东印度公司在复辟时期重新走向繁荣。胡椒和香料依然是其贸易的商品，但消费者更青睐于印度的白棉布及其他纺织品，这样就使得公司不得不做出调整。1660 年，斯图亚特王朝复辟后，影响公司利润和效益的不是来自国内的纷扰而是印度马拉地人之间的战争，即印度的印度教教徒和莫卧儿帝国皇帝奥朗则布之间的战争。1664 年，马拉地人洗劫了苏拉特，东印度公司则于 1670 年在距海岸约一百英里的地方重新建设孟买岛。1661 年，葡萄牙人将孟买岛作为查理二世与布拉干萨王室凯瑟琳婚约的定礼之一送给了查理二世。但他鞭长莫及很难管理，于是以较低的租金将其租给东印度公司。在马拉地人和莫卧儿帝国的战争中，孟买岛屡次遭受进攻和围困，英国人虽顽强抵抗，但英国所提供的保护是微不足道的，孟买岛随即吸引了大量的当地人口。因此到 17 世纪 80 年代时，在孟买的欧洲人及印度人已达到了 6 万左右，这是 1660 年时人口数量的五倍多。1687 年，东印度公司将其总部由印度西海岸的苏拉特迁至孟买。[2]

马德拉斯地处印度东南海岸，更易受到当地人的注意和进攻。印度人多次想消除欧洲人建立的城镇。马德拉斯的几百个英国人（大多是商人和士兵）面临生死存亡的危险。但东印度公司在马德拉斯所提供的保护和进行的商贸活动，不仅使马德拉斯得以生存，而且走向繁荣。当地

---

[1] Monod Paul Kleber, *Imperial Island: A History of Britain and Its Empire*, 1660 – 1837, A John Wiley & Sons Ltd., Publication, 2009, p. 93.

[2] David Scott, *The Rise of Britain as a World Power*, Published by Harper Press, 2013, pp. 362 – 363.

的人口也体现出了多样性，有英国人和葡萄牙人居住的"白镇"，还有外围的亚洲人及欧亚大陆交界地带的商人所居住的"黑镇"。到18世纪初，城市人口数量已经介于8万到40万之间，使得马德拉斯成为伦敦之后最大的"英伦"城市。[1]

到17世纪晚期时，孟买和马德拉斯已成为东印度公司在印度三大贸易中心中最主要的两个。第三大贸易中心是位于孟加拉的加尔各答，1690年时，英国人已开始在那里定居。孟加拉的棉纺织业向来较为繁荣，能够生产出大量的白棉布、塔夫绸、丝织品及棉质平纹细布。随着欧洲对这些商品需求的增加，这一地区逐渐成为东印度公司的摇钱树及商业中心。"到1700年时，东印度公司在印度建立起了三个管辖点，也就是印度西部的孟买，南部的马德拉斯，东部的孟加拉。尽管这些也是一些小地方，但到此时，东印度公司已从莫卧儿帝国获得了20多个贸易点。作为回报，印度的统治者期望东印度公司能帮助其阻止海盗侵袭，或许最为重要的还是，帮助其征收土地税。东印度公司征收不动产税的作用越来越重要，这在整个管理体制中为公司及公司的官员都带来了丰厚的收入。随着时间的推移，东印度公司尽管起初只是一个贸易公司，但其重心很快从贸易转向了税收。"[2]

1700年前后，英国进口的亚洲商品中，孟加拉地区的产品约占60%。17世纪90年代后期，公司还在加尔各答修筑了威廉要塞，持续发展的贸易也吸引了许多印度商人来此定居，如同在孟买和马德拉斯所发生的情况一样。[3]

众所周知，加尔各答、孟买、马德拉斯与东印度公司的其他商站很不相同，不仅是因为吸引了大量的印度人，而且建有要塞，长年驻有少量的卫戍部队。这些部队通常将公司的货物一直护送到海边。这就使公司的领导层考虑如何进一步在枪支弹药的保护下加强统治并征收赋税。到17世纪80年代，公司的领导层一直认为从印度英居区所征收的赋税及法曼，也就是英国人向印度统治者提供服务，特别是军事服务所获得的

---

[1] David Scott, *The Rise of Britain as a World Power*, Published by Harper Press, 2013, p. 363.
[2] Philippa Levine, *The British Empire, Sunrise to Sunset*, Published by Pearson Education limited in Great Britain, 2007, p. 63–64.
[3] David Scott, *The Rise of Britain as a World Power*, Published by Harper Press, 2013, p. 363.

回报，并不比贸易所得到的少，因为也纳入了公司业务的范围。起初是临时性的，后来东印度公司干脆在印度筹建军队，专门来获取这种收入，或许这也为英国维护在印度的殖民统治奠定了坚实的基础。

荷兰人在印度积极的攻势及商船的优越性，还有其商业基地，极大地改变了东印度公司的贸易方式。英国东印度公司通常的做法是，不让荷兰东印度公司接近香料群岛和远东，使其局限并集中于印度。这种想法虽对英国东印度公司的生意非常有利，但这并不符合法国国王路易十四的决定，而且，斯图亚特王室还想随时消灭荷兰的海上力量。1670—1671年，法国首次派战舰驶入印度洋以帮助建立贸易公司，打算同荷兰的东印度公司开展竞争。如果这一行动获得成功，那么英国东印度公司的商业利益也会大受影响。英国东印度公司极力推动第三次英荷战争，并争取英法联合，共同打击荷兰本土及海上帝国。法国路易十四的军队虽然在大陆上打败了低地国家，但对荷兰在亚洲的海上力量没有造成较大威胁。荷兰东印度公司在印度和锡兰等地给法国军队以适当地还击，还在孟加拉湾袭击了英国的一支舰队。法国在这次战争中仅在本地治里获得了一处商站，距马德拉斯约50英里。法国以此为契机也加紧向印度渗透扩张，而且想通过支持当地的反英力量来削弱英国在印度的势力。英国彻底挫败法国的图谋是在18世纪60年代早期，在印度东南部一系列战役的胜利巩固了不列颠在印度的地位。东印度公司充分利用了把法国人驱逐出印度以及莫卧儿帝国四分五裂而走向衰落的机会，不列颠在印度当地的统治者加速了腐朽的莫卧儿帝国力量的分崩离析，但是却稳定并巩固了不列颠帝国在印度的统治。[①]

17世纪早期时，印度是不列颠帝国殖民事务中最重要的环节。印度并非一个单一的国家和政治实体。而是一个众多国家的集合，各国统治方式各异，语言和风俗习惯差别较大。印度并没有一个统一的语言和宗教，大大小小的地方都由当地的王朝来统治。到18世纪时，印度的中部和北部大部分地区都处在强大的莫卧儿王朝的统治之下。不列颠帝国势

---

① Philippa Levine, *The British Empire*, *Sunrise to Sunset*, Published by Pearson Education limited in Great Britain, 2007, pp. 65 – 66.

第五章　英国多元开放文化与殖民帝国的建立　❖　215

力对南亚次大陆的渗透紧随其后。16世纪时，最后一波信仰伊斯兰教的蒙古人从中亚来到印度后，巧妙地同印度的王公结成联盟，在印度迅速建立起了强有力的统治。莫卧儿王朝的统治者拥有较大权力且非常富有，英国早期的商人不得不忠顺他们。17世纪时，欧洲商人与亚洲的贸易通常要取得当地统治者的允许，他们的政治和军事力量或许与欧洲国家并不悬殊。① 17世纪80年代，东印度公司趁莫卧儿帝国的内战，也就是莫卧儿帝国皇帝奥朗则布与马拉地人之间的战争，发动了殖民战争，但很快失败。通过乞求虽得到了奥朗则布的原谅，但因其发动战争的鲁莽行为被奥朗则布罚款1.5万英镑。②

在印度战争的失败，加之光荣革命后詹姆斯二世的下台，使东印度公司在1688—1689年之间陷入了艰难境地。公司不惜重金贿赂威廉三世及其大臣、议员，以期避开辉格党政敌的反对。辉格党一直以来主张取消托利党人这种在商业及其他方面的垄断权力。但这种贿赂只是为公司赢得了一点时间。1698年，威廉三世因为财政拮据而向辉格党金融寡头及其城市支持者贷款200万英镑，作为回报，他准许这些人成立一个新的同印度进行贸易的公司，为其颁发了新的令状且拥有更多的贸易自由，在很多方面均可以同东印度公司展开竞争。

新的公司虽有资金和政治上的优势，但是其缺乏同东方国家进行贸易往来的经验。东印度公司充分运用其手中已有的牌而全力经营，同时利用其已建立的商站和与亚洲国家签订的贸易合同来加紧同新公司竞争，还在新公司获得了31.5万英镑的股份，这就使东印度公司能从内部向对手施加影响。最后，经过漫长的谈判，两大公司于1709年合并，新名为英国与东印度贸易商人联合公司，亦称东印度荣誉公司。而东印度公司在18世纪早期时也得到了改造。在很大程度上成为一个国家机构，也成为一个赚钱的机器。③ 这种合并意味着东印度公司被迫接纳新鲜的血液，

---

① Philippa Levine, *The British Empire*, *Sunrise to Sunset*, Published by Pearson Education limited in Great Britain, 2007, p. 61.
② David Scott, *The Rise of Britain as a World Power*, Published by Harper Press, 2013, p. 365.
③ Philippa Levine, *The British Empire*, *Sunrise to Sunset*, Published by Pearson Education limited in Great Britain, 2007, p. 64.

但公司的控制权依然掌握在伦敦商界大佬手中,公司的财政状况比以前更好。新公司历经了威廉三世及安妮女王时期的党争,其他贸易公司的贸易垄断权几乎全部被取消,这种巨大的权力寻租也得到了贸易公司源源不断地回报,也逐步成为不列颠国家的涓涓财源。东印度公司的贸易也在整个英国的对外贸易中发挥了举足轻重的地位。不仅向英国国内市场提供英国人生活中已不能或缺的亚洲各类商品,而且向欧洲大陆和美洲也进行转口贸易,不仅东印度公司从日益增加的贸易份额中获得了巨额的利润,王室也因此获得了越来越多的关税收入。英国的贸易结构由单一走向多元,因为亚洲和美洲市场的形成使商品的贸易范围逐步扩大,也形成了世界性的贸易网络,英国则处在这个贸易网络的中心。长期以来英国传统的诸如羊毛、呢绒、铅、锡等出口商品已显得无足轻重,而来自亚洲和美洲的商品诸如香料、颜料、各类棉布、生丝及丝织品、茶叶、象牙、棉花、烟草、蔗糖等所占的份额则越来越多。1632 年,英国出口到欧洲大陆传统市场上所有呢绒的价值仅为 48 万英镑,而在 1634 年,仅利凡特和东印度公司的进口额就达到了近 69 万英镑,占到了英国进口总额的 40—50%。[1]

在英国人还有其他各国人所进行的整个世界性贸易体系中,不仅极大地加强了新旧大陆的联系,也促进了商品在世界范围内的流通,同时在客观上也推动了东西方、新旧大陆之间经济文化的交流,与新航路开辟之前相比较,世界一体化的步伐大大加快了。诸如原产于亚洲、非洲、美洲等地的各种农作物,诸如棉花、玉米、马铃薯、番茄、烟草、咖啡、茶叶等在世界范围内都得到了广泛的传播,使人们的生活得到了极大的改善和丰富。1620 年,东印度公司进口商品的价值约为 50 万英镑左右,王室向东印度公司征收的各种税收就差不多达到了 2 万英镑;50 年之后公司的进口商品价值总额已经增加到 100 万英镑,100 年之后增加到 300 万英镑,而到 18 世纪末时已增长到 1000 万英镑左右。贸易的增长与东印

---

[1] Robert Brenner, *Merchants and Revolution*:*Commercial Change*,*Political Conflict*,*and London's Oversea Traders*,1550 – 1653,Princeton :Princeton University Press,1993,p. 28.

度公司的殖民扩张密切相关,极大地增加了公司的红利收入。① 因而历代国王对于东印度公司的贸易及殖民扩张都持积极的态度,不断延长颁发新的特许令状,也陆续增加所垄断贸易的范围,查理一世在 1627—1631 年期间甚至购买公司的股票而成为公司的股东。尽管国王为了增加王室的收入偶尔也授予其他公司在亚洲从事某项贸易的特许令状,但终因东印度公司悠久的历史及雄厚的实力而没有产生多大的影响,其他后起的一些小公司也无法与东印度公司相抗衡,在当时的历史条件下,毕竟与亚洲的贸易有一定的风险和准入门槛,并非所有公司都有能力和实力参与。随着东印度公司贸易业务的扩展,也加强了与国家机构的联系。公司除交纳各种税收外,还在 1708 年、1730 年、1744 年时,作为延长特许令状的报酬,三次分别以 8%、4%、3% 的低息向政府提供了总额为 150 万英镑的贷款,对支持国家财政做出了重大贡献。而国家政权也为东印度公司的生存和发展提供着强有力的支持,甚至不惜发动战争。在英、法两国的东印度公司争夺印度统治权的斗争中,英国政府断然拒绝了法国提出的关于两国公司在印度发生战争的情况下政府不干涉的提议,决定动用所有的"皇家军队",包括陆军和海军来支持英国的东印度公司,从而帮助公司赢得了胜利。

从长远意义上来说,光荣革命也解决了英国东印度公司长期所面临的荷兰问题。荷兰东印度公司长期所奉行的打击英国东印度公司的一贯做法,现在明显已不能被接受,两国现在是同一个统治者,而且英荷已结成反法联盟。因此在 1688 年后,荷兰东印度公司就很少能阻碍英国东印度公司与印度棉纺织品贸易,这使得英国的商业贸易有了明显的优势。消费者对白棉布、印花棉布、蚕丝制品的需求在持续增加,这一过程一直持续到 18 世纪。荷兰人所专营的香料和胡椒,也保持了稳定的增长。荷兰人无意间把英国人推向了亚洲市场里更赚钱的行业。到 18 世纪 20 年代,在英国与荷兰的两大公司中,英国公司显然更赚钱更富有活力,每年要向印度派航近 30 艘大船,有记载的交易量在 125 万英镑到 200 万英

---

① E. Lipson, *The Economic History of England: The Age of Mercantilism*, London: Adam and Charles Black, 1947–1948, p. 315.

镑之间。

英国东印度公司到18世纪50年代时，发现了比亚洲纺织品更赚钱的一个资源，那就是茶叶。早在17世纪50年代晚期时，茶叶就出现在伦敦一些咖啡厅里。1660年秋天，佩皮斯第一次冲泡茶叶，他写道，他喝了一杯以前从未喝过的茶。直到17世纪90年代时，饮茶之风才在上流社会的小圈子成为一种时尚。这样一发不可收拾，随着人们对礼仪交往的重视，茶叶很快成为大宗的消费品。到18世纪中期时，不列颠的饮茶者已达到了惊人的数量。北美的殖民者或多或少，或穷或富，也无论来自哪个国家，都开始饮茶。一些嗜茶者每天要喝接近50杯茶。茶叶的供应者甚至吹嘘说喝茶对胃肠病及坏血病等多种疾病都有显著疗效。这样就使需求远大于供应，至少在法律上、纳税的条款上都限制茶叶的供应，也使茶叶走私活动敢于蔑视东印度公司及国王的权威而在大西洋两岸大行其道。[1]

茶叶所带来的影响远不限于对人的身体。茶饮文化的礼仪要求使用精美的陶瓷器、钳夹、储茶罐、银汤匙等，或许还需要专门的茶桌。当饮茶风气日益流行时，人们习惯在饮茶时加上白糖使其变甜，因而白糖也成为家庭中的必备品。茶叶也许就是一个消费品能带动一系列需求的一个生动的例子，需求的很多商品要么由英国制造，要么从不列颠的殖民地来进口。当然茶叶原料，还有非常赚钱的蚕丝、陶瓷器（包括茶具），都来自中国。具体而言，就是广州，这是中国政府允许英国东印度公司和其他欧洲国家的商人来做生意的唯一商埠。为英国东印度公司服务而发财致富的机会促使公司更多地卷入了亚洲的事务。东印度公司为其能赚钱的雇员支付较高的工资，这些雇员作为船主，或作为商人往来于印度沿海和中国沿海各商埠之间，这种贸易也叫港脚贸易，从中赚取的利润也较为可观。

东印度公司历经了一个世纪的快速发展，贸易范围不仅在印度，也在东南亚、东亚等地都有了扩展。但是进入18世纪后，其在印度等地的贸易额出现了停滞局面，每年从印度输出的商品基本稳定在200万英镑左

---

[1] David Scott, *The Rise of Britain as a World Power*, Published by Harper Press, 2013, p. 366.

右。这一方面原因是印度自给自足的经济形态，对外来商品需求量小，同时自身能提供的剩余产品也是有限而不是无限增长的。在自然经济占统治地位的情况下，当时的生产技术未有较大突破，印度也很难有扩大出口规模的生产能力。随着贸易规模到达"临界"线之后，1708 年，公司为了增加从印度购进棉布和丝织品的数量，不得不改变传统上从市场上购买商品的办法，而采用支付定金和提供原料的方法来增加棉布的生产量，但是所增加的产量依然极为有限，而且在没有行政统治权的情况下要推行这一办法还有着较多的困难，受到了印度各方面力量的阻挠。另一方面原因是受到了英国重商主义思潮的影响，公司从印度输入商品越多，则输出的贵金属就越多，这与重商主义的基本原则是背道而驰的。随着公司与印度贸易的增长，白银等贵金属的流出引起了一部分人的担忧，"印度就像一座坟墓，只进不出，也就是说金银输入印度后在贸易中并不会流出，金银在那里消耗殆尽，将会榨干英国和欧洲的全部的金银贮备。"[1]

长期以来，英国政府为限制金银的大量流出，采取重商主义原则对国家贵金属的出口采取配额制，到 18 世纪时，每年限制在 45 万英镑左右的水平上，这也制约了公司贸易额的增长。也就是到 18 世纪时，东印度公司在印度的贸易实质上在供给和有效需求方面都受到限制而接近"临界"点。要在贸易方面有所突破而获取更多的利润，公司就必须要改变以往单纯的贸易方式，这就促使了公司性质的变化，也就是由贸易转向了殖民征服。早在 17 世纪 80 年代，公司董事长乔塞亚·柴尔德便撰文指出，以后在印度发展贸易必须要用武力去争夺，只有这样才能大量获得当地商品，而不必像过去那样，用银币或高价产品去购买或交换。与此同时，公司积极创建一种军事权和行政权相结合的体制，并设法取得大量的资金以支撑这一体制。这一提议很快得到英国政府的支持，结果是除了 60 年代有关建立要塞、招募军队等授权外，1683 年公司还获得了对不信仰基督教的异教民族宣战与媾和的特许状。而与之相适应的是，东

---

[1] S. Bhattacharyya, *The East India Company and the Economy of Bengal from 1704–1740*, Firma K. L. Mukhopadhyay, 1969, p. 166.

印度公司已具备了殖民征服的条件，沿海地带建立的众多的商站到18世纪时都基本上发展成为具有一定规模的"英伦"城市，其中的居民大多为公司服务，而且建立起了强大的具有职业性质的武装力量。在18世纪初期时，公司已拥有相当规模的船只舰队、控制了众多的商站要塞、建立起强大的武装力量，公司在印度建立起了15处较大规模的商站和150余处代理店，逐步形成了以孟买、加尔各答、马德拉斯为中心的三大殖民区，三地总督的职权也日益扩大。到18世纪60年代时，英国的东印度公司已经成为印度一支重要的政治力量。作为一支地方力量，主要集中在孟加拉地区，要防守他们的边界，保护他们的贸易及其伙伴不受敌对的地方长官和法国人的侵害，这就意味着要维持一支相当数量且花费较多的军队。到1761年时，公司所雇佣的印度士兵已达2.3万多人，在接下来的40年中，这一数字持续上升到近20万人。为了维持这一庞大的战争机器的运转，英国人不得不直接甚至是粗暴地干涉地方政府事务，同时也在整个孟加拉地区进行征税，从而为士兵支付薪饷并来维护贸易的正常运转。从18世纪40年代起，利润、军事力量及支付战争费用的税收，是欧洲人与印度人相互作用的主要方式，从而使整个南亚次大陆被纳入了整个帝国运转的链条。[①]

在重商主义时代，商人资本也代表着一种劫掠制度，与暴力抢夺、海盗行为、贩卖奴隶、殖民征服直接结合在一起。"如果仅从贸易部门与整个经济活动的比例来看，商业公司的活动经常被忽视，但事情的重要与否要看它们的后果。商业公司的后果涉及经济的现代化，未来商业结构的楷模，资本的加速形成以及殖民活动的开端。"[②] 在东印度公司的贸易额陷于停滞的同时，公司的利润也在持续下降，1724—1731年，公司的利润由10%下降到8%；1732—1743年，利润又进一步下降到7%。而在公司成立初期的8次航行中，公司获得的纯利润曾经高达171%。[③] 贸

---

① David Scott, *The Rise of Britain as a World Power*, Published by Harper Press, 2013, p.369.
② [法] 费尔南·布罗代尔：《15至18世纪的物质文明、经济和资本主义》（第二卷），施康强、顾良译，生活·读书·新知三联书店1993年版，第494页。
③ [德] 维尔纳·桑巴特：《现代资本主义》（第一卷），李季译，商务印书馆1958年版，第463页。

易的停滞和利润的急剧下降直接威胁着公司的生存和发展,迫使公司自然而然地走上了殖民征服与扩张的道路。英国政府并不热衷于干涉东印度公司的事务,但是事实表明,东印度公司已不能继续赚大钱,也就不能继续发动战争,也无法统治数百万印度人……如果公司失败或印度的土邦投靠法国人,那对不列颠的经济及军事力量的影响将是灾难性的。[①] 1748 年,法国军队攻陷了英国重要商站马德拉斯,使英法矛盾激化而在印度展开了殊死的争夺。在这一斗争中,先发制人的法国东印度公司实质上奉行着和英国同样强硬的殖民政策。这表明了英、法、荷的贸易公司,无论是否受制于政府的领导,由发展贸易转向以武力为主要手段的殖民征服及殖民扩张,乃是历史发展的必然。到 18 世纪中期时,英国的重商主义的内容又更加丰富,商人们普遍奉行的信条是:"和平的贸易当然是主要的和最理想的目标,但是为了贸易,殖民和侵略又是不可避免的。"[②] 在列强纷至沓来的商业及贸易争霸战争中,只有通过增强军事力量和不断升级的殖民战争才能暂时解决其矛盾,体现出了资本原始积累的残酷竞争和血腥掠夺。整个 18 世纪下半叶,从印度流向英国的财富,主要渠道不是通过贸易,而是来自殖民征服和抢劫掠夺。东印度公司用武力把印度的很多领土逐步置于自己的控制之下,将印度的王公贵族玩于自己的股掌之中。1757 年东印度公司攻占孟加拉首府穆尔希达巴德(Murshidabad),从该地的国库中抢走了价值 370 多万英镑的金银珠宝。东印度公司扶持傀儡米尔·贾法尔当上国王之后又向公司赔款 100 万英镑,还向加尔各答的商人支付 50 万英镑,这一系列的强取豪夺之所得几乎是公司全年贸易额的 2 倍。巨额财富如此容易获得,何需贸易舟楫远涉重洋,劳师伤神,由此开创了东印度公司大肆掠夺的先例,以后公开的暴力劫掠比此有过而无不及,所抢夺的财富也越来越多。

最著名的殖民头子就是罗伯特·克莱武,他为东印度公司获得了战争的胜利、商业上的让步、领土的扩张等。克莱武一直以来就是一个有

[①] David Scott, *The Rise of Britain as a World Power*, Published by Harper Press, 2013, pp. 369–370.

[②] S. Ambirajan, *Classical Political Economy and British Policy in India*, Cambridge University Press, 1978, p. 28.

争议的人物,在18世纪60年代,他促进了公司职能在印度的转变,尽管在民众之间颇受欢迎,但其主子并不太满意。他引以为豪的成就除了1757年在印度普拉西的胜利,还有1765年推动了对孟加拉财政的控制,通过《阿拉哈巴德条约》,东印度公司获得了代表皇帝进行征税的特权,也就是在今天的莎阿南、孟加拉及邻近比哈尔和奥里萨邦地区进行征税的特权,作为回报每年要向皇帝缴纳260万卢币。同时,克莱武也大肆中饱私囊,返回英国时已非常富有。[1] 克莱武回国后不断扩张他在什罗浦郡沃尔科特的地产,试图建立跨郡的大地产并发挥较大的政治影响。在1768年和1769年两年时间里,他在蒙茅斯郡的皮斯费尔德购置了大片的地产,在阿斯克及特勒支地区也购进了一些小块的地产,总费用达到了5万英镑。1772年,为了获得竞选的费用,他把大量的地产出售给了蒲福公爵,获得了5.75万英镑的巨款。在此期间,他同时又在蒙哥马利郡的亨特利和罗克利购置了两块地产,蒙哥马利郡是研究考证他政治影响的首要之地。[2]

威尔士人威廉·帕克斯顿(William Paxton,1744 - 1824)在英国皇家海军服役之后进入东印度公司,在孟加拉的威廉要塞当了一名化验员,1778年在加尔各答担任造币厂厂长。18世纪70年代末,他运用出色的经商才能,在加尔各答私下创办了第一个代理公司,因此而发了大财,同时在伦敦还创办了帕克斯顿商号、特雷尔公司、科克雷尔联合公司等,最后发展为一个银行,也成为东印度公司商人俱乐部。他还进一步涉足其他领域,使帕克斯顿的商业经营出现多元化局面。他在多家公司都投入了大量的资金,诸如阿肯代尔和德温特矿业公司、加斯莱特及科克公司。之后他还在威尔士寻求进入议会,这一雄心失败后帕克斯顿又花费4万英镑在卡马森郡利亚纳森尼郊区的弥德尔顿投资地产。他在此建立了一个庄园,可谓威尔士最精致的庄园,多次设计的花园在地下铺设了复杂精细的供水管道。1802年担任卡马森的市长后,他对水利工作的热情

---

[1] Philippa Levine, *The British Empire*, *Sunrise to Sunset*, Published by Pearson Education limited in Great Britain, 2007, p. 66.

[2] Kazuhiko Kondo and Miles Taylor. *British History* 1600 - 2000: *Expansion in Perspective*, Published by University of London, 2010, p. 83.

使他为该市铺设了水管，引进了自来水。后来他还耗费巨资在腾比镇修建了公共浴室。在帕克斯顿去世时，他的地产已达到了2650英亩。现在威尔士的国家植物园就位于帕克斯顿以前的地产中。①

东印度公司的财富对英国社会的影响表现在不同的方面，在兰多维利还表现为一个完全不同的方式。在那里，外科医生托马斯·菲利浦，在1782—1817年期间在东印度公司进行医疗服务。1847年，在他80岁高龄时，他将所赚的钱的大部分用来创办大学，就是延续到今天的公立兰多维利学院。他当时还积极投身于慈善活动，以极大的热情将在东印度公司所赚的财富都奉献给威尔士的教育事业。他还向兰彼得大学的圣·戴维德学院的学生和教授设立了奖学金，并向威尔士在牛津大学的学生提供资助。此外，他还购买了大量的书籍和手工制品，很多都是关于东方自然方面的，不仅赠送给兰彼得和兰多维利大学，也赠予威尔斯及其他地方的乡镇。②

随着东印度公司开始大肆地抢劫掠夺，公司的机构和性质都相应地发生了变化。1764年，克莱武出任孟加拉殖民地的总督，致信议会明确要求掌握行政、商业、政治、军事等权力。1774年，为克服英国在印度三个殖民中心各自为政、相互掣肘的局面，英国议会决定在印度设立统一管理所有殖民区事务的全印总督，并在议会设立参事会统管印度事务。此后因为殖民掠夺活动的不断扩大，为增强殖民力量和相机及时处置相关的殖民事务，议会赋予总督的权力越来越大。特别是1784年，议会通过法案授予总督有权决定与印度有关的一切事务，诸如宣战或媾和、在战时使用殖民区的税收和所有武装力量，两年后又赋予总督否决参事会提案的权力。这样，就使总督成为印度殖民区最有效的中央权威，其人选也不再是商人，而是由政府官员或者议会议员来担任，许多行政官员也纷纷进入公司担任各种职务，还有大批的军事人员成为公司的雇员，形成一个特殊的阶层。在印度的殖民区还设立了类似于国家机器的殖民

---

① Kazuhiko Kondo and Miles Taylor. *British History 1600 - 2000: Expansion in Perspective*, Published by University of London, 2010, p. 84.

② Ibid., pp. 85 - 86.

统治机构，如军队、法庭、监狱、税务委员会等机构，履行行政、移民、司法、外交、税务等职能，实行高压的殖民统治并不断进行殖民扩张，扩大殖民统治区。随着掠夺财富的增加，公司雇员的薪酬也在不断上涨，到克莱武任总督时，高级雇员的年薪已增长到7000英镑，一个普通事务人员的年薪也达到了2000英镑。① 华伦·哈斯丁斯任总督期间又进一步大幅提高雇员的薪酬。除过领取定期的薪金，雇员还从公司所进行的殖民征服和抢劫掠夺过程中攫取大量财富，再加上在日常的殖民统治中贪污受贿、对殖民地人民的欺诈搜刮以及放高利贷等手段而中饱私囊。

从18世纪中期以后，法国、荷兰的东印度公司都得到了国家政权的支持而向殖民机构过渡，尤其是法国，同英国在印度的争夺最为激烈。英国东印度公司仅依靠自身的商业和武装力量难以应对，不得不向国家谋求支持。这样一来，东印度公司不仅由一个贸易公司转变为一个殖民征服者和掠夺者，而且与英国政权之间的关系也更为密切，由一个国家政权支持的贸易公司转变成为国家在印度进行殖民统治的工具和机构，逐步转变成为国家机器的延伸。东印度公司越来越充当了一个政府的角色，推行不列颠的意志和价值观，且吞并了越来越多的领地。东印度公司基本上完成了主要职能的转变过程，成为一个以殖民征服与殖民统治为主的国家机构，贸易的职能已降到微乎其微的地步。而在此过程中，公司也由一个相对独立的商业贸易公司转化成为国家机构，成为不列颠帝国国家机器的一个重要组成部分。

从18世纪60年代起，政府逐步将东印度公司的领导机构及其殖民征服者置于议会的控制之下。② 1766年，英国议会第一次将自己与东印度问题联系起来，并要求接管公司的事务及权力。事实上，由于公司不断进行殖民扩张，使公司的性质发生了变化，从而使国家机关和东印度公司为了利益最大化而实现了结合，这就使东印度公司在转变为殖民征服及统治的机构后能够得到整个国家力量特别是军事力量的支持，去夺取更

---

① Ilbert Courtenay, *The Government of India : being a digest of the statute law relating therete*, Delhi : Neeraj Pub. House, 1915, p. 43.

② David Scott, *The Rise of Britain as a World Power*, Published by Harper Press, 2013, p. 370.

多的财富，去占有更多的殖民地，更为重要的是能够从商业争霸战争转变为殖民争霸战争的过程中击败他国赢得主动，实现殖民占领的垄断与独占。1773年，英国议会颁布了第一个直接干涉印度事务的法令——《印度管理法案》，规定公司不仅是一个商业机构，而且是它所占领的印度领土的统治者，还规定设立全印总督，下设4名参事辅助总督管理印度殖民统治区的一切事务。总督和参事由公司提名，由政府正式任命，只有国王才有权撤换他们。此外，在印度的殖民统治机构中还要成立由1名首席法官和3名陪审法官组成的最高法庭以在殖民地行使司法权，同时设立税务机构以征收各类赋税，在税务机关成立之后，不仅在英国殖民占领区直接征收赋税，还在印度王公的统治区为印度统治者征收赋税而成为事实上的包税者，从中攫取巨额的财富。有关公司重大的行政、军事、财政等殖民事务，必须向英国议会或相关的政府部门报告。但事实上，限于当时遥远的距离和往返需要近一年时间的通信手段，这种报告更多的都成为一种既成事实后的汇报，东印度公司在具体事务的决策及应急性的处置方面实际上拥有更多的自主权力。

1774年，华伦·哈斯丁斯就任英印总督，他废除克莱武推行的由公司和印度王公共同管理的双重统治政策，大大减少了印度统治者的人数并削减残存者的权力，还进一步完善了税收制度，在加尔各答设立税务委员会，将三省分为六区，由省参事会管辖，从而建立起英国在印度的行政基础，使不列颠的统治由此逐步扩展到印度。1784年，威廉·皮特上台组阁，提出了著名的皮特法案并推动在议会通过。康华利在这种情况下继任英印总督，他进一步健全司法机构，建立起了4个巡回法庭并创建正规的警察部队，全面推行固定赋额法、柴明达尔制、莱特瓦尔制，使公司的行政职能进一步得到健全完善。他之后的几任总督基本上延续了他的政策，到威尔斯利任总督时期，印度的不列颠帝国，转变成了英印帝国，印度也逐步沦为不列颠帝国的殖民地。

1783年，北美的革命改变了不列颠帝国所面临的形势，使印度成为更重要、更具吸引力的殖民地，也成为不列颠帝国在亚洲进行扩张的轴心。印度并不像北美13个殖民地，定居者没有自己的传统，也没有推选的政府来挑战新的殖民架构。在很多方面，1784年的《印度法》是以前法律的延伸和扩大,既加强了总督的权力,也加强了孟加拉殖民地的中心地位,加强了对马德拉斯和孟买的控制。总督获得了一定的否决权,可以否决总督委员会的提名和其他两个殖民中心决议。总督的任命权虽然从官方来说依然还在东印度公司手里,但是英国政府可以重新审查这一程序,同东印度公司可以就此事进行谈判协商。在黑斯廷总督之后,被任命为总督者,通常都来自公司之外。总督职位成为一个具有政治动因的任命。该法令还在英国国内创设了一个管理委员会。东印度公司也没有丧失其贸易垄断权,其依然拥有收税的权力,还有权任免公司的官员,但是管理委员会却具有对公司在印度的民政、军事及税收等事务的司法审判权。这一法律使英国的政治家得到了控制东印度公司政治和外交事务的新权力。[1]

康沃利斯担任殖民总督时就开始对公司不断增加的职员进行专业化培训,实行具有竞争性的工资标准并培养以积极向上为核心的民族精神。这一实践比英国国内在公务人员中所推行的还要早。1805 年之后,公司的职员被送往英国国内公司自己创办的大学接受培训,也就是凯雷伯利学院,在这里接受为期两年的准备性学习之后才送往印度。在针对为政府工作人员的培训中,凯雷伯利学院为将去印度工作的职员进行一种特殊的培训。1802 年,东印度公司还在印度的威廉要塞创办加尔各答学院,新招募的职员在这里要接受语言培训。

1858 年之后,英国在印度军队的成分发生了较大的变化。在东印度公司统治时期,殖民中心的军队大多由印度土兵构成。贫穷的人被招进军队,承诺管吃管住并定期发给军饷津贴。对那些需要寻求安身立命之所的人来说,英国军队一度被讽刺为避难所。东印度公司的军队训练有素,军纪严明。同样,英国所招募的从事殖民地民政事务管理的印度人,也要求必须接受过良好的教育。在 19 世纪 30 年代,还有一次相当规模的关于印度精英阶层是否应当接受英国式教育的辩论。在 19 世纪早期时,印度的许多城市,诸如勒克瑙和加尔各答,都形成了较为成熟的精英文

---

[1] Philippa Levine, *The British Empire*, *Sunrise to Sunset*, Published by Pearson Education limited in Great Britain, 2007, p. 68.

化，有文学、戏剧、音乐及舞蹈等各项活动。英国所关心的是英国式的教育能否在印度培养出一批长期忠诚于英国殖民统治的管理者队伍。而这样的忠实地为英国殖民服务的当地人是必需的，不仅是因为所有的殖民活动，要想取得成功都要依赖于同当地人在一定程度上的合作与妥协，也是因为英国没有足够的人来维护殖民事务的正常运转。不管在那个职位，无论是办事员，还是管理人员，还是农场里的劳动者、还是建筑工人，或者是军队里的士兵，如果没有印度当地人的合作，英国在印度的殖民事业都不能正常进行。

1858 年，英国在对印度实行直接的殖民统治之时，定居在印度的英国人依然较少。在 19 世纪 30 年代，印度的总人口约有 1.5 亿，而英国人只有约 4.5 万人。即使在 1858 年之后，尽管 19 世纪以来印度的人员已经发生了很大的变化，但英国人的数量依然不多。受英国早期殖民活动的影响，除了个别冒险来到印度的人，到印度的大部分英国人都是东印度公司的职员，要么从事贸易，要么在军队中服役，随着东印度公司转变成为一个政治机构，商人也开始让位于使者和管理者，但数量依然较少，而且到达印度的英国人几乎全是男性，因为这里没有女性工作的机会，公司也不允许官员携带妻子家眷，军队也只允许一少部分有一定军衔和官阶的人结婚。在 18 世纪的大部分时间里，驻在印度的英国人的男女比例约是 50∶1。[①] 在 19 世纪时，不列颠才有少数女性到达印度，首先是传教士，然后再有其他女性在印度定居。然而，在整个不列颠统治时期，定居于印度的大部分英国妇女多是公司行政官员或军官的妻子。

随着印度被卷入帝国主义殖民体系，印度的经济和社会也发生了显著的变化。印度当地人的流动性大大增强了，在莫卧儿帝国和英国的双重统治下，土地用途及土地所有权的变更破坏了传统的生产关系并导致了饥荒的频繁发生，而这在以前从来没有发生过。1770 年孟加拉的饥荒，就是因为干旱和苛捐杂税引起的，造成了当地 1/3 的人口死亡。随着传统的雇佣关系的瓦解，许多寻求新职业的人正好满足了英国的需求。从

---

① Philippa Levine, *The British Empire*, *Sunrise to Sunset*, Published by Pearson Education limited in Great Britain, 2007, p. 109.

19世纪30年代起,很多印度人签订契约,成为合同工人,或在印度东部邻近锡兰的阿萨姆邦种植茶叶,或是在英国统治下的缅甸种植水稻,或有的还在更遥远的地方从事其他劳作。1833年废奴运动使以前使用奴隶劳动的农业需要新的劳动力。1838年,以前在奴隶们中盛行的学徒期的做法被废除,这就加速了对新的劳动力的招募。印度大量的农村人口显然就成为种植园劳动力资源,从而主要瞄准那些工作机会少的地区来招募工人。在殖民时代之前,印度还存在债务奴役制,债务通过劳动来偿还,而且并不一定是欠债人亲自劳动,通常还是由家庭成员中年轻者来承担。

19世纪自由主义贸易思潮兴起之后,18世纪占统治地位的重商主义理论和实践都遭到了批判。自由主义思想家反对贸易垄断和保护主义。东印度公司在印度也失去了大部分贸易垄断权,只保留了鸦片和食盐,因为这两项贸易收入占到了公司总收入的25%,并且也因为贸易在公司的经营中所占的地位越来越不重要,所以贸易垄断权的丧失也只是象征性的,更多地反映了政治要求而不是经济要求。尽管东印度公司在商业上出现了缩减,但三个殖民中心的权力却越来越大,其军事力量并没有随授权令状的变化而削弱。授权令状虽然变化了,但是一批皇家军队约4万人却到达了印度,补充了东印度公司的军事力量。20年之后,也就是到1833年,授权令状再次发生变化,自由贸易者取得了胜利,公司失去了在中国所保留的贸易垄断权,印度已向所有私人贸易者打开了大门。①

19世纪前半期,东印度公司的活动使人们很难想到这是一个贸易和商业机构,菲利浦·劳森认为1813年以后的东印度公司在实际上也成为国家的一个部门。从19世纪20年代起,东印度公司的行为的确像一个政府。印度的行政机构采取了一系列的措施推动印度社会的发展,改变了以前不影响当地文化的东方主义原则。新政策的代表人物是孟加拉最高委员会的成员托马斯·B. 麦考利,还有1828—1835年担任殖民总督的威廉·本廷克。麦考利在一个著名的教育备忘录中主张,英语应当成为印

---

① Philippa Levine, *The British Empire*, *Sunrise to Sunset*, Published by Pearson Education limited in Great Britain, 2007, p. 71.

度的国家语言，印度的西化将改善印度各方面的社会条件且可以使印度受过教育的阶层忠实于英国的统治。同时在19世纪30年代，本廷克还推行了一系列的社会改革，废止当地一些陈规陋俗。

就在本廷克被任命为总督的同一年，活跃在加尔各答的著名作家拉姆·M.罗伊创建了改革机构"梵社"，这在以后极大地影响了印度社会的发展。这是一个以印度教为基础的社会组织，致力于破除偶像崇拜和种姓制度。"梵社"也积极参与社会改革，所进行的改革议程也引起了本廷克的注意，其中最著名的就是从古就实行的寡妇的殉夫自焚，即妻子要跳进丈夫的殡葬仪式中的火堆，以死来表明对丈夫的忠顺。[1] 废除殉夫自焚习俗只是东印度公司统治时期众多提高妇女社会地位的一项改革。1856年，还颁布了一项寡妇再婚法令，允许印度教徒的寡妇再嫁，但是却剥夺继承死去丈夫地产的权利。

改革措施还包括批判具有代表意义的印度人的思想和行为，推行英国人所崇尚的精英文化。东印度公司因为授权令状的变化而导致权力下降的同时，宗主国自由主义商人及福音派教徒改革的呼声却越来越富有影响力。在印度一些社会活动家的支持下，改革在许多领域同时展开，殖民政府在19世纪的改革涉及了印度的宗教、文化和社会生活的各个方面。而改革的结果通常被认为是保守的，当地社会的发展依然是缓慢的。印度的种姓制度，现在通过法庭来推行，变得普遍存在而且越来越单调机械。英国的目的是维持印度王公在当地的统治，从而使传统保持下去。英国的经济政策并不鼓励印度经济的工业化和城市化，因而在欧洲工业化的进程中，印度大部分地区依然停留在乡村和农业经济时代。

19世纪前半期是不列颠在印度急剧扩张的时期，扩张吞并及一系列战役都需要强大的军事力量，不列颠在印度的军事力量在亚洲也是规模最大的，欧洲兵源的军队数量达到了16个团，而由印度土兵组建的军队数量达到了170个团。在19世纪上半期，英国在印度的军队发动了一系列的殖民战争，极大地扩充了在这一地区的领地。1801年，英国吞并了

---

[1] Philippa Levine, *The British Empire*, *Sunrise to Sunset*, Published by Pearson Education limited in Great Britain, 2007, p. 71.

卡那提克，1843 年吞并了信德省，1849 年吞并了旁遮普省，1856 年吞并了奥德。①

从 19 世纪 40 年代中期起，在达尔豪西勋爵的统治下，印度西化程度不断加深。达尔豪西在印度修筑铁路、推广蒸汽轮船和灌溉技术。他还制定计划创办大学，改革军事力量，在 1854 年还创办邮政服务。他还改变了阻止农业发展的土地占有制度。1857 年印度反英民族大起义之后，通过 1858 年 8 月的《印度政府法》，英国开始直接统治印度。东印度公司被解散，在印度建立起了新的管理体系，并任命了具有竞争性质的检察部门。官方的报告通过在伦敦新成立的印度事务部直接递送英国政府。不像其他殖民地，印度现在具有一个独立的政府部门。其长官也称为总督，正式代表国王，有事务直接向国家印度事务大臣报告。设在殖民中心的政府得到了保留且隶属于总督管理。官员再不是受雇于东印度公司，而是成了国王的雇员。新体制仍然依赖军事力量，英国在印度的驻军几乎翻了一番。在反英民族大起义之后，英国在印度驻扎的军队人数就再没有少于 6 万人。② 印度土兵的数量虽然有所削减，但仍然多于白人士兵，而英国士兵数量的明显增长显然可以震慑未来可能发生的叛乱。

在开始直接统治的数年内，新的统治政策及立法活动迅速开展起来。1860 年，编纂颁布了印度《刑法典》，1861 年又颁布了《刑事诉讼法》，所制定的基本立法将极大地加强英国对印度的统治。1861 年，根据《印度最高法庭组织法》在马德拉斯、加尔各答和孟买创建了最高法院，受理民政或刑事诉讼，司法审判程序和英国相同。1871 年，英国还在印度进行了十年期间的人口普查，七年之后又进行土地调查，所使用的设备和方法同英国国内一样。③

19 世纪后半期，印度的民族主义运动有了较大的发展，城市中产阶级力量因为没有政治权力而发展缓慢。印度依然是英国贸易的主要市场，直到 20 世纪初期，还是英国最主要的商品出口市场。同时，印度的农业

---

① Philippa Levine, *The British Empire*, *Sunrise to Sunset*, Published by Pearson Education limited in Great Britain, 2007, p. 76.

② Ibid., p. 80.

③ Ibid., p. 81.

依然占主要地位,迅速延伸至主要港口的铁路线也促进了农业的发展。英国在这里有巨大的优势,可以炫耀的是英国拥有欧洲统治下的最大殖民地。

"印度在不列颠所有殖民地中的作用越来越重要,这不仅仅是因为其商业地位。美洲殖民地在脱离不列颠的同时,东印度公司就加强了对印度的控制。美洲殖民地的丧失所带来的损失不仅有经济上的,也有精神上的。不列颠与东印度(印度尼西亚及香料群岛)贸易的失利、19世纪40年代之前与中国贸易的障碍等,都使得印度成为不列颠利益攸关的殖民地,也是不列颠在亚洲首要的立足点。在印度的成功经营可以补偿不列颠由于北美叛乱所丧失的统治。印度变得越来越重要,不仅仅是因为其物产,而且因为印度逐渐成为失去北美后不列颠在海外力量存在的象征。直到20世纪中期,印度一直是不列颠所关注的重心,影响了英国对其他殖民地事务的决策,同时也是培养很多殖民官员的基地。"[1]

二 英国在北美的殖民与扩张

16世纪英国开始海上探险活动时,西葡在开辟新航路的过程中已淘得了"第一桶金",而且垄断航线,排挤限制其他国家参与其所进行的贸易和殖民活动。为避免同西班牙发生冲突,英国起初主要试图从西北和东北两个方向探寻到东方去的新航路,虽都有一定的收获但都未实现其初衷。在探寻新航路的同时,英国人也加入了西欧海盗行列,开始在大西洋上劫掠西班牙从美洲运载贵金属而返回欧洲的船只。参加抢劫西班牙运输财富船只的不仅有英国人,还有法国人和荷兰人。海盗袭击抢劫使西班牙蒙受了重大损失。"在英国和法国,以及在所有海上国家,海上及海外活动是与劫掠西班牙的船队相联系的。是否具有战争或政治斗争的借口都会如此,而且这是许多商业公司的许多次航海的起因和目的。"[2] 在这些海盗中,英国人弗朗西斯·德雷克逐渐锋芒初显,声名渐隆。德

---

[1] Philippa Levine, *The British Empire, Sunrise to Sunset*, Published by Pearson Education limited in Great Britain, 2007, p. 62.

[2] [英] E. E. 里奇、C. H. 威尔逊主编:《剑桥欧洲经济史(第四卷)》,张锦冬、钟和、晏波等译,经济科学出版社2003年版,第204页。

雷克的表兄就是著名的海盗兼奴隶贩子约翰·霍金斯，伊丽莎白女王也是霍金斯船队的投资者之一。霍金斯发财之后还转入政界，致力于海军建设，他虽曾参加过海盗活动，但是对于16世纪英国海上活动的兴起及海上力量的发展壮大贡献颇大。1577年12月，德雷克开始了他一生冒险事业中最重要的行动，就是继麦哲伦之后第二次完成了环球航行。伊丽莎白女王和一些大臣以个人名义用钱财对这次航行给予了赞助和支持。历时2年零10个月，德雷克所率领的探险航行的船队历经艰难险阻，满载从西班牙人或印第安人手中夺得的估价约50万英镑的金银、财宝和香料，于1580年9月下旬回到普利茅斯港。德雷克的环球航行在世界航海史及殖民史上都具有重要意义。这次航行虽非第一次环球航行，但是所经过的航线和麦哲伦第一次航行又有很大不同，很多重大发现和航行也可谓第一次，诸如发现了火地岛和德雷克海峡，最为重要的成果是德雷克一行考察了从火地岛到温哥华长达数万公里的美洲西部海岸线。这些海岸线大部分虽已发现，但还有一部分海岸线也是首次发现，德雷克对原来发现所得出的错误认识也进行了修正，如智利西海岸。"这样，新大陆西海岸从南纬56度起到北纬48度止，共达104个纬度的海岸线都被比较正确地绘制在地图上了。新大陆西海岸最北达到北纬71度，按直线跨度算，82%的海岸线就被发现和认识了。"[①] 此外，德雷克及其同伴也更进一步了解了印第安人的生活状况，带回了一些关于印第安人历史及民族志等一些珍贵资料。德雷克的航行也宣告了英国从此也拥有了同西班牙和葡萄牙同等水平的航海实力，极大地增强了英国人海外探险的信心和决心，更为重要的是引发了英国人向北美探险航行的浪潮，因为墨西哥以南的中南美洲已有西班牙人捷足先登，当时发现的较为富庶的地区已被西葡分割占领殆尽，因而英国人主要涌向北美。

　　1585—1587年，英国德文郡航海家约翰·戴维斯在伊丽莎白女王首席秘书沃尔辛厄姆和一些伦敦商人的资助下，在三年的时间里，向西北方向连续进行了三次探险航行，目的是发现通往印度的海上通道。1588年，戴维斯还参加了英西大海战，以后又多次航行到达过西印度群岛。

[①] 张箭：《地理大发现研究（15—17世纪）》，商务印书馆2002年版，第332页。

1592年，戴维斯还最先发现了今天英阿为之发生过战争的福克兰群岛（马尔维纳斯群岛）。1607年，莫斯科公司的商人们又资助航海家亨利·哈得逊继续探寻西北通道，这次航海计划是穿越北极、直达日本和中国，之后哈德逊在荷兰东印度公司、英国莫斯科公司和东印度公司的支持或资助下又进行了3次远航探险，发现了今天的格陵兰海有大量的巨鲸海兽等水产资源，随后立即引起了英国、荷兰的渔猎者们蜂拥而至。哈德逊还3次进入北极圈，畅行于大西洋和北冰洋，还发现了格陵兰岛东岸上千公里的海岸线、哈得逊湾及哈得逊海峡、还深入考察了哈得逊河，发现了许多海岛和港湾，为英国人后来对加拿大提出宗主权奠定了基础，也引发了大批的荷兰人迁居哈得逊河流域。在此之后，英国的商人及航海家层出不穷，接连向北美发起航行探险，虽然都没有到达预期的目标中国或印度，但是却不断地深入发现了北美洲及更北地区的许多海岸线、岛屿、海湾甚至内河，极大地增进了英国人关于北美及北冰洋的地理知识，丰富了英国航海家的航海经验，也促使了他们航海技术和水平的不断提高，对于推动英国海洋文化的不断发展发挥了极大作用，正是这种海洋文化的不断发展进步，才引发了英国人在北美进行贸易和殖民的浪潮，也为英国人在北美建立殖民地，进而形成世界性殖民帝国创造了条件。而且在伊丽莎白统治时期，都铎王朝的宗教改革已基本结束，政治趋向安定，国力也日益强盛，新教事业不仅取得了初步的胜利。在她统治的"四十四年间，英国人在陆地、海洋和人类精神文明方面取得很大胜利。在她的领导下，英国日益强大，足以建立一个北美帝国。"[①]

伊丽莎白温和宽容的宗教政策在很大程度上维护了国家的和平与稳定，在遏制天主教势力复辟方面做出了一定的成就，但是也使新教徒在新教道路上走出了很远，出现了更多的新教派别，就在英国国教也就是"安立甘教"确立不久，内部就出现了"公教派"和"安立甘教福音派"，以后又出现"再洗礼派"和"清教"，清教并非一个独立的宗教派别，而是英国国教中一个派别，英国新教徒中的激进分子受大陆路德教

[①] [美] J. 布鲁姆等著：《美国的历程》（上册），杨国标等译，商务印书馆1988年版，第16页。

或加尔文教的影响,要求清除英国国教中在教义和宗教仪式方面天主教的残余,诸如废除主教及教阶制度,建立民主教会,抛弃偶像崇拜,简化宗教仪式等,其思想称之为清教主义,其所推动的宗教变革也称为清教运动。就是清教,也不是一个派别,而是包含了许多派别,"英国的清教主义产生了多种不同的派别,诸如长老会派、公理会教友派、普通和特殊的洗礼派、探寻者和第五王朝派、喧嚣派和夸克派,他们从神圣的宗教亚文化层次里涌现出来,难怪近年来有些历史学家开始把清教思想(Puritanism)称作清教主义思想(Puritanisms)"① 他们致力于清除天主教会的迷信色彩,组成一个个小而富有宣传号召能力的团体,同时在朝廷中也有一些权贵的支持。他们尖锐地批判大多数人认为无害的习俗,浪得了具有贬义色彩的绰号,清教徒。自称为"虔诚人"的清教徒利用在议会的席位和出版著作,试图奉劝伊丽莎白女王进一步推行宗教改革并采取积极的外交政策以反对天主教势力。清教主义一个明显的特征就是相信英国国教教会仅仅是全欧洲的加尔文宗教团体的一个分支,改革后的教会及伊丽莎白女王就应当满足新教主义者的目标。清教徒还赞成一个极不受欢迎的信条,也就是上帝已为大部人设定了地狱,只为少部分选民留下了天堂,而且他决定仅留下令人难解的怜悯来救赎。所有虔诚的加尔文教的信徒信奉这种宿命论。使清教徒与众不同的是他们极力寻求一种保证以确保自己是上帝的选民。通过寻找神圣的事物和回避邪恶才能够使他们满意,至少能部分地满意。这当然也不能使他们的思想主张受到普遍的欢迎。而且,英国国教也逐渐和国家的身份密切地联系在一起,清教徒热衷于反对罗马天主教,也给予了他们极端的民族主义者的形象,但是他们对于政治事件例如对国家安全的关注,却受到了广泛的欢迎。②

  为了避免国内教派冲突甚至宗教战争,稳定国内的政治局势同时力争和平有利的国际环境,伊丽莎白女王长期以来推行相对中立的宗教改

---

① David Loewenstein and John Marshall, *Heresy, Literature, and Politics in Early Modern English Culture*, Cambridge University Press, 2006, p.109.

② David Scott, *The Rise of Britain as a World Power*, Published by Harper Press, 2013, p.71.

革政策，既要避免天主教势力的卷土重来，又不愿意过多地开罪天主教势力，因而对于较为激进的教派采取了反对的态度，尤其是为了维护英国国教教会的权威，对于主张脱离国教会的清教徒实行严厉的打击迫害政策。斯图亚特王朝建立之后，在詹姆士一世和查理一世统治时期，对清教徒的迫害更为严酷，甚至实行一些残肢损体的酷刑。清教徒一方面把议会作为斗争的舞台反对专制主义和宗教迫害；另一方面，也把目光投向英国航海家及探险家们已经发现的新大陆，寄希望在北美建立一个没有宗教压迫的"自由王国"，以实现其自由的宗教理想。促使清教徒大批涌向新大陆的另一个原因是担心罗马天主教的回潮会冲毁英国自由的大堤——英国议会。反对西班牙的战争已经使这样的观念深入人心，那就是议会与捍卫新教及国家的自治有着牢不可破的关系。"那些极端加尔文主义者——清教徒——对英国教会不彻底的改革越来越不满意，他们有许多人想到美洲去，以便在那里完成这种改革。"①

英国人向大西洋西进到美洲的探险活动尽管开始较早，但是大规模向北美的殖民扩张则开始于斯图亚特王朝时期。早期的殖民事业大多由私人进行，进行殖民活动的人有各种各样的动机。英国国教徒中的好战分子把建立殖民地视为同西班牙作战的基础，因而把注意力集中在西班牙财富的源泉之地——北美。但在当时的条件下，国家和私人都没有足够的资金和能力去跨越海洋进行殖民，如最早尝试对美洲殖民的私人冒险家雷利爵士和吉尔伯特爵士两人都相继失败，表明了私人殖民是不可行的。贸易公司提供了最为合适的殖民方式，它既便于集资，又受到国王的"特许"，比私人具有更强的实力，可获得更多的商业机会，甚至可以由国家授权去占领新发现的土地。它将私人资本和国家权力融为一体，因此在对美洲的殖民过程中，最初采取了股份公司的组织形式。于是，商人、乡绅等结合起来，以合股的方式筹集资本，由国家赋予权力，通过公司组织活动，陆续向新"发现"的地区移民，对该地区实行殖民占

---

① [美] J. 布鲁姆等著：《美国的历程》（上册），杨国标等译，商务印书馆1988年版，第17页。

领与统治。① 英国的特许公司涌向北美的初衷和起因还不同于东印度公司，很多清教徒的目的就是远走高飞，寻求更加自由的乐土而落地生根。社会转型时期出现的新兴社会力量诸如商人、冒险家和殖民者等则是为了发财致富，通常是急于寻找"黄金国"或干扰掠夺西班牙所建立的殖民地，他们待在一个地方的时间并不长，看到无利可图便扬长而去。而在社会转型时期日益贫困化和无产化的社会底层人，特别是在圈地运动等土地变革过程中失去赖以生存的土地的农民、破产手工业者、失业的手工工人等，城市贫民和流民等则是为了摆脱困顿之遭际，寻求安身立命之所。因而起初驶往北美的特许公司的最主要目的并非贸易，而是从一开始就具有殖民定居的性质，如在这一过程中遇到阻碍，即会发生殖民征服或殖民战争。

1606 年，一批贵族、商人、乡绅及冒险家要求詹姆士一世授予他们在美洲建立殖民地的权力。他们计划组建合股公司（Joint Stock Company），参加者按其所认购股份的比例分担盈亏。投资者在若干公司中投入一定的资金，这样从成功的冒险事业中只能获得适当的收益，但如果冒险事业失败，投资者也可避免严重的损失。通过许多小额的投资股份，依然可以筹集社会上大量闲置的资金以从事仅靠个人财力无法完成的事业，特别是从事这种具有较大风险也或许有较大收益的海上探险行为，就连伊丽莎白女王也投资于德雷克的环球航行，一次所得超过王室全年的财政收入，还有许多大臣也投资于莫斯科及东印度公司这样的特许公司，从中获取大量的超额利润。在英国社会转型时期，这种海外贸易和殖民活动中，虽有血本无归的情况，但总体而言，对外贸易和殖民扩张总是不断得以扩大，投资者往往从中大获其利，因而投资于这样的特许公司成为当时发财致富的一条捷径，新的股份公司像巨大的磁石一样会吸附很多的社会资金，成为海外探险航行、贸易或殖民扩张的主要方式，这也是英国重商主义文化不断发展的产物。海洋文化、宗教文化、重商主义文化在引领殖民帝国的建立方面都发挥了极其重要的作用。大致说

---

① 赵秀荣：《1500 – 1700 年英国商业与商人研究》，社会科学文献出版社 2004 年版，第 120 页。

来，海洋文化提供了技术基础，发挥了引路作用；宗教文化提供了精神动力，发挥了组织作用；重商主义文化提供了经济基础，发挥了根本作用。

请求国王授权在北美进行殖民者还不是来自同一个商业集团。一部分来自普利茅斯，一部分来自伦敦。因而詹姆士一世就给予了他们一份组成两个公司在北美进行殖民活动的特许状。根据这一特许状建立起了两个弗吉尼亚公司，即弗吉尼亚伦敦公司和弗吉尼亚普利茅斯公司。伦敦公司在北美大陆的北部进行贸易或拓殖，而弗吉尼亚公司则在南部进行活动，这就大致划分了两个公司的活动范围。两个公司成立后都积极着手进行殖民活动。1606年，普利茅斯公司派出一个探险队，1707年在缅因州的萨加达霍河口建立了一个殖民地，但是这个殖民地只坚持了一个冬天即因为艰苦的自然环境和难以为继的后续支援而不复存在。伦敦公司在1606年12月也送出了第一批移民，100名成年男人和4名男孩分乘三艘船只驶向茫茫大洋，探寻前途未卜的大洋彼岸之地。远航的总指挥是克里斯多芬·纽波特（Christopher Newport），他是当时最著名的海盗之一，曾得到过伊丽莎白女王嘉奖。1607年5月，他们驶入了一条以他们国王名字来命名的河流詹姆斯河，5月14日登上了以同样方式来取名的詹姆斯顿半岛，并在距离切萨匹克湾60英里的詹姆斯河河岸上建立了弗吉尼亚殖民地，这是公认的英国在北美建立的最早的殖民地。

英格兰及爱尔兰人第一次在殖民地尝试种庄稼并不是在远东，而是在16世纪末、17世纪初期时的北美，而且当时殖民者主要的兴趣在于贸易和掠夺而不是占领土地。詹姆士一世对跨大西洋的殖民冒险只是表现出一时的兴趣，之后就不太在意，这一时期建立了唯一的殖民地即弗吉尼亚。1607年殖民地刚起步时，詹姆士顿只不过是一个小小的定居点，有利之处是位于半岛之上，易守难攻，可以随时驾船逃跑，但詹姆斯城所在的半岛却是富饶的弗吉尼亚周围最贫瘠的地方，因而国王的漠不关心是完全可以理解的。弗吉尼亚处在一个沼泽地，潮水经常涨落，就是殖民者自己的粪便都无法排泄出去，詹姆士顿那时就是一个疾疫不断的死亡陷阱。伦敦的富商大贾同样对这种殖民冒险也是一时的兴趣。起初在弗吉尼亚公司投资的人很快就清楚，这种横跨大西洋的贸易要想获利是难上加难——没有贵金属、也没有西北的通道通向印度——于是他们退却了，只留下像马丁·诺埃尔这样的局外人在弗吉尼亚这个地方，探索前途未卜的烟草王国。①

　　1609年弗吉尼亚伦敦公司又得到一份新的皇家特许令状，来建立一个全部由公司成员组成的委员会，委员会可以在美洲的殖民地任命一个或几个总督来具体管理殖民地的各项事务。根据这一令状，委员会最后决定只设置一个总督以避免最初那种关于领导权的争夺，同时规定参事会的职权仅限于供总督咨询，参事会无论是集体还是个人，都没有任何约束或否决总督命令的权力。之后委员会任命特拉华勋爵担任弗吉尼亚的总督。根据新的特许令状，公司又发起了一次新的移民运动，首先将弗吉尼亚公司以股份的形式在英国进行出售拍卖，每股售价12英镑10先令，得到这笔资金后公司即招募600多人准备移民弗吉尼亚，组织了9艘船组成的船队来运送这些人。缺少人员的殖民地在印第安人和西班牙殖民者的威胁下就无法生存，缺少劳动力的殖民地也没有任何用处，因而殖民地急需大量的移民才能生存和发展。1609年6月，这支船队从普利茅斯起航，中途一艘船在百慕大失事沉没，仍然有400多人到达弗吉尼亚，但总督特拉华勋爵却因故不在此行，原任颇有成就的总督约翰·史密斯也因为受伤而回到英国，因而总督一职空缺近两年时间，直到1611年托马斯·戴尔赴任。弗吉尼亚殖民地因为无政府无组织而陷入了混乱，以至于最后险些被彻底放弃。直到戴尔总督莅任后才恢复了前任总督约翰·史密斯行之有效的方针和政策，殖民地居民人心才始得稳定，也继续建造房屋、兴修防御工事、种植玉米等庄稼。背井离乡、不顾生命危险而远涉重洋的英国人，也许移民的动机和初衷各有不同，但是都有一个共同的愿望，那就是发财致富，过上一种比他们在英国时更好的生活。在这里并不能像西班牙人一样发现黄金白银，那就必须发现一种能使他们发财致富的东西。他们尝试过将杉木、黄樟等木材运往国内销售，但是并不成功，遥远而颇具风险的运输使得商品的利润微乎其微，而且英国和欧洲大陆本身就存在着大量的替代性商品。欧洲的酒类、毛呢、丝

---

① David Scott, *The Rise of Britain as a World Power*, Published by Harper Press, 2013, p.335.

织品、金属等商品在新大陆的印第安人中需求量也极为有限。无奈他们只得继续寻找新的商品，终于在1612年发现了可以使他们通过劳动也可以致富的"黄金"——烟草。为了改良烟草品种以提高销量，殖民地杰出领袖人物约翰·罗尔夫冒着生命危险从西印度群岛盗出烟草品种引进到弗吉尼亚种植，培植出一种品味独特的甜烟草，在英国和欧洲大陆受到了极大地欢迎。贵族们以吸食弗吉尼亚的烟草作为一种时尚，而且会产生强烈的依赖性，很多人的吸食量还会越来越多，有增无减。烟草只要生产出来运到英国，价格和销量时终都在不断攀升，弗吉尼亚由此走上了一条繁荣富庶之路。到1617年，他们已经将两万磅烟草运回英国，影响殖民者发财致富的唯一瓶颈问题就是劳动力始终难以达到理想数量而扩大烟草种植面积，在当时艰辛的生存环境和繁重的劳作下，加之印第安人的侵袭，在战争、饥饿、疾疫的威胁下，最初来到这里的殖民者一万多人在一年之内死者多达七八千人，使劳动力更加缺乏和昂贵。1618年弗吉尼亚伦敦公司的成员决定实施一项新的计划来扩大他们的冒险事业，目的是吸引更多的投资者、更多的种植园主、更多的移民等。其中最主要的改革计划是修订土地政策，使投资者和移民者都更加有利可图。此后，任何人为自己或为别人支付前往弗吉尼亚旅费的人，就可以得到50英亩的土地，每年只需要向公司交纳1先令的免役税。这些富有的投资者只需要为愿意移民前往弗吉尼亚的移民支付少量的路费，就可以获得大量的土地，用这些土地来种植烟草以获得巨额利润。同时规定将用英国的法律来管理殖民地，殖民地居民享有同英国人一样的权利，更为重要的规定是，移民将拥有管理殖民地的发言权，将允许种植园主选举代表组成代议制议会，和总督任命的参事会一起制订殖民地的法律，同时将注意减轻殖民地移民的纳税负担。根据这一规定，1619年7月，第一个殖民地议会（House of Burgesses）出现了，由11个移民区17岁以上全体男性公民投票选举出了22位公民代表。代表们制定了法律法规，开始了长达一百五十多年的殖民地自治时期。弗吉尼亚殖民议会和1620年马萨诸塞的清教徒们签订的《五月花号公约》，在实践和理论上为新大陆未来的政治体制打下了基础。殖民地人民自己管理自己，是北美英属殖民地的特征。公司为了丰富殖民地移民的生活，使他们甘愿在遥远而艰苦的他乡能早日落地生根,还注重向殖民地输送各类工匠,诸如葡萄酒酿造师、裁缝、铁匠、木匠、砖匠、玻璃工匠等,并希望由此使殖民地形成较为健全的经济结构而不是单一的烟草种植业。由此可见,英国在北美大陆的殖民者并非完全如西班牙殖民者一样,西班牙在美洲的殖民者因为发现了金银矿产而使殖民统治更多地具有抢劫掠夺和种族灭绝的性质,但英国在此基础上还带来并传播英国较为先进的文化,也并非一味推行种族灭绝的殖民政策。

殖民者在初来乍到时还非常重视与印第安人的友好相处,如在约翰·史密斯担任弗吉尼亚总督时,在印第安首领波哈坦女儿波卡洪塔斯(Pocahontas)的帮助下,用从英国带来的工具和毯子交换印第安人的玉米。史密斯以其诚实、公平、讲信用的态度很快赢得了印第安人的信任,他为殖民地换来了粮食,学会了印第安人的捕鱼和打猎技术,还学会了印第安语。英国殖民者为了发财致富还特别重视发展生产,而这种生产,都是英国乃至于欧洲已有文化的延伸和发展。如果没有这种生产,可以说美洲殖民地就无法得以生存并发展,文化的力量在推动殖民帝国的建立方面发挥了极其重要的作用。同时,这种远涉重洋的航行探险以及殖民扩张,本身就推动了英国重商主义文化、海洋文化的发展,而殖民地在建立之后,作为英国资本主义世界体系的组成部分,又以各种动因推动着英国本土文化的发展。

欧洲殖民者很快就发现,要想开发北美富饶而广阔的土地,面临的最严重的问题依然是缺乏劳动力。欧洲殖民者于是就把罪恶的目光移到了非洲大陆,着手从西非贩运黑人到美洲充当劳动力,在美洲复活了西欧早已被消灭了的奴隶制。1619年,一艘载着350多名黑人的葡萄牙商船,被一艘荷兰船和一艘英国船劫持,两艘船平分了"货物"。两艘船先后到达詹姆斯城。350多名黑人作为合同工被抢购一空,合同期满后很多人获得了自由。后来殖民者发现,让黑人的合同永不到期最为划算。于是,奴隶制在英国北美大陆上的殖民地诞生了,英国不少的商人、海盗、探险家、航海家也开始了贩卖黑人奴隶的罪恶交易,而且英国人凭借在"三角贸易"中有利的地理位置及迅速发展的航海技术,还很快成为西欧各国中最大的奴隶贩子。源源而来的移民使劳动力不断增加,詹姆斯城日益繁荣，弗吉尼亚因为种植烟草而日趋重要，这引起了弗吉尼亚印第安人的不安，他们害怕殖民者越来越多，最终会得寸进尺，使印第安人失去土地和家园。1622年，印第安人在其新首领欧佩坎诺的率领下对詹姆斯城发动了突然袭击，杀死殖民者347人，约为詹姆斯城定居者的三分之一。这一事件被称为"大屠杀"，很快激化了殖民者与印第安人的矛盾，殖民者进行了大肆地报复，最终酿成了第二次盎格鲁-波哈坦战争，战争的结果自然是英国先进文化对印第安人落后文化的征服，英国殖民者占领了更多的土地，加强了对弗吉尼亚的控制。

战争之后，也使詹姆士一世对弗吉尼亚的重要性有了明确的认识，认为弗吉尼亚公司没有认真履行公司宪章，也无力有效地保护英国人的生命和安全。1624年，詹姆士一世派遣一个调查委员会调查此事，委员们报告说：移民们受到了骇人听闻的待遇，国王因此决定解散弗吉尼亚公司，将殖民地收归国有，弗吉尼亚就正式成为皇家殖民地（Royal Colony），由国王委任总督进行统治管理，但保留了殖民地的议会，这是不受总督管理和制约的立法机构，自治依然是殖民地管理的主要形式，殖民地的立法须经过当地居民的同意。此外，弗吉尼亚殖民地实行宗教宽容与自由的政策，这不仅对于英国受到宗教歧视和迫害的人有着强烈的吸引力，对于欧洲大陆渴望宗教自由、摆脱宗教束缚的人也是强有力的召唤，因而缺乏劳动力的北美殖民地，不仅对英国人敞开着大门，也对欧洲人陆上渴望信仰和宗教自由，积极寻求新生活的人张开了热情的怀抱。自从宗教改革以来，欧洲大陆上宗教斗争的激烈程度远远超过了英国，不仅对新教徒进行宗教压制和宗教迫害，还爆发过大规模的宗教战争，然而历经长时间的流血斗争，大陆主要国家诸如西班牙、葡萄牙、法国等大国依然尊奉天主教为正统，新教徒受到了更为严厉的打击和迫害，特别是在法国、尼德兰等地的加尔文教派，因为信奉者甚众而备受压制和摧残。因而欧洲大陆上渴望宗教信仰自由的人，也有着移民新大陆的强烈愿望，不少人通过各种途径，历经险阻，也到达了北美殖民地。旧大陆宗教文化的变革及其斗争冲突，新大陆自由的空气，宽容的宗教政策，尚未形成的集权的政治权力，都推动了移民浪潮的形成和北美殖民地的建立和不断扩大。

斯图亚特王朝建立后厉行专制统治，詹姆士一世对包括清教徒在内的非国教徒实行严酷的宗教迫害政策，在宗教上更为激进并且形成一定影响力的清教徒更是首当其冲，不少清教徒为躲避宗教迫害不仅移民北美，有些也迁往大陆国家。什么原因使北美的殖民地有着如此大的吸引力？被人们津津乐道的当属1629年"五月花号"的航行，成了思想和宗教自由的代表，使清教徒在早期的殖民过程中发挥了巨大的作用。来到美洲定居的白人大多都是非英国国教的新教徒，在十八九世纪时，殖民地也因为小宗教团体的兴盛而著名。总体说来，北美殖民地生活的一个重要特征就是没有一个占主导地位的宗教，这也可以部分地说明为什么美洲的宗教宽容是如此突出。13个殖民地中只有马萨诸塞和康涅狄格，曾经有过正式的教会，但是比不列颠的要激进得多，英国国教势力不允许非国教徒、天主教徒、犹太人等参加政治活动。[1]

1608—1609年，一批遭受迫害的清教徒中的独立派，克服重重困难，辗转来到宗教相对自由的荷兰，大部分人定居在了莱顿及周围地区，但是他们在这里依然得不到理想的自由及生活，每天依靠打短工或出卖苦力为生，子女也变成了荷兰人，这使他们不仅有了背井离乡的乡愁，还有着背离祖国的哀怨。这时从北美殖民地传来消息，英国的移民不仅在那儿获得了一切自由，可以按自己的意志建立教会，用理想的宗教仪式进行礼拜，还可以保持世代传承的英国人的籍贯身份，大多人还走上了发财致富之路，这一切都令他们极为向往。1620年，这些清教徒中的一部分人与英国弗吉尼亚公司签订了移民合同，他们大多数人没有钱付旅费，合同就规定了由弗吉尼亚公司负责组织把他们运送到达弗吉尼亚，而他们将作为一个集体在种植园里劳动七年，期满后将得到一定数量的土地，与资助人共同受益。1620年9月6日，102名乘客在清教牧师布赖斯特率领下登上了英国的商船"五月花号"（May Flower），乘客中大部分为清教徒中的独立派，其中很多是贫苦农民和工匠，还有14名契约奴。他们从英国普利茅斯出发，在茫茫大洋上航行66天，历经缺粮断

---

[1] Philippa Levine, *The British Empire, Sunrise to Sunset*, Published by Pearson Education limited in Great Britain, 2007, p. 33.

水、疾疫风浪、颠沛漂泊等严峻考验后终于看到了蜿蜒的海岸线。按照出发前他们与弗吉尼亚公司签订合同的规定，原来应当在弗吉尼亚北部哈德逊河口地区登陆，但是船只因为风浪偏离了航线，1620 年 11 月 21 日，他们抵达了今天马萨诸塞海湾东北角的"科德角"（Cape Cop）附近，他们决定在此抛锚上岸。为了加强团结、平息在航行过程中产生的纠纷和矛盾、共同应对在这片未知的陌生土地上可能遇到的各种困难和挑战，在殖民地建立一个和平自由且规范有序的社会，实现他们自由理想并创造幸福新生活，船上 41 名成年男性在上岸之前经过激烈争论，共同签署了他们一致同意共同遵守的《五月花号公约》。登陆上岸后他们选择定居在今天马萨诸塞南部的一个港口，以他们英国出发地的名称将其命名为普利茅斯，建立了北美第一个契约殖民地，也就是普利茅斯殖民地。《五月花号公约》的核心内容是："为了上帝的荣耀，为了增进对基督教的信仰，为了提高我们国王和国家的荣耀，我们漂洋过海，在弗吉尼亚北部开发第一个殖民地。我们这些签署人在上帝面前共同庄严立誓签约，自愿结为民众自治团体。为了使上述目的能得到更好的实施、维护和发展，将来不时依此而制定颁布的被认为是对这个殖民地全体人民都最合适、最方便的法律、法规、条令、宪章和公职，我们都保证遵守和服从。"这份公约成为殖民地以后无数自治公约中的首例，它的签约方式及内容代表着"人民可以由自己的意志来决定自治管理的方式、不再由人民以上的强权来决定管理。"在此开创了一个自我管理的社会结构，这在王权与神权统治的时代，暗示了许多民主的信念。这就是后来很多美国人所津津乐道的自由民主、平等法制的美国精神。那么这种美国精神从何而来？只能说更多地来自英国长期以来人们所追求的自由民主、公正平等的政治文化；权利与义务相辅相成、以诚信为本、遵守诺言的契约文化；还有以体现多数人意志、维护多数人利益、法律至上、法律面前人人平等的法制文化。

　　宗教改革后激进的新教徒追求"因信称义"、进一步清除天主教残余、简化礼拜仪式、按自己愿望建立简朴廉洁、民主平等的教会、实现宗教信仰自由的宗教文化等。《五月花号公约》所体现出来的所谓的美国精神，首先是一种殖民地移民所崇尚的精神信念，正是这种精神信念，才在大洋彼岸的北美大陆上架起了自由民主的灯塔，召唤吸引着一代又一代渴望自由的移民背井离乡，历尽艰险，不远万里奔赴这里寻求安身立命之所、追求自由幸福的新生活。清教徒并不认为贫穷就是美德，他们背井离乡、冒着生命危险追求的不仅是信仰的自由，而是要在宗教和经济方面都取得成功，能在博得上帝满意的情况下最大限度地发财致富，不再以圣洁的方式来过忍饥挨饿的生活。在此之后，英国及欧洲大陆很快形成了向北美大陆移民的浪潮，当时大部分未开发的北美大陆生存劳动的条件也极为艰苦，早期移民们承担着极为繁重的劳动，还受到印第安人、西班牙殖民者的威胁，但是文化的力量支撑起他们的信念，宁可为自由劳作而死，也不愿在压制之下苟且偷生。文化的力量在英属北美殖民地的形成过程中发挥了极其重要的作用，而在西班牙的美洲殖民地，就很少有这种文化的力量来支撑殖民地的发展，有的只是殖民者的残暴掠夺，被抢夺来的印第安人、被贩卖来的黑人，被欺骗而来的白人契约奴在金银矿坑中和种植园里所受到的非人待遇以及强制劳动，由于残酷的压榨和恶劣的劳动条件，在里面劳动的苦力很少能活过3年，这样的殖民地令移民们逃离之唯恐不及，如何能开发与建设，因而大多数金银矿产被开采完之后旋即被废弃，所以西班牙在美洲的殖民地不仅越来越小，而且造成了普遍的贫困落后。英属北美殖民地虽然也较早地独立了，但是对母国所带来的贸易及其他方面的利益并不亚于殖民时期。

1625年，查理一世继位后，在专制道路上有进无退，不仅与议会的关系日益紧张，而且在宗教方面也更为保守倒退，特别是1628年任命威廉·劳德（William Laud）为伦敦主教，1633年又被升任为坎特伯雷大主教。威廉·劳德对包括清教徒在内的非国教徒实施更为严酷的政策，甚至实行诸如割耳、切鼻等令人发指的宗教迫害，还进一步"剥夺了清教徒牧师们的讲坛，使英国的教会在仪式、法衣和教义等方面都更加接近罗马教会……清教徒深恐上帝在给英国准备了一场清洗罪孽的大灾难。他们怀着绝望与希望相夹杂的心情，也转而想到了美洲。在那里，他们

第五章　英国多元开放文化与殖民帝国的建立　❖　245

可以做纯洁的礼拜,既可逃脱上帝的天谴,又可以避开国王的责罚。"①查理一世在位时期的专制统治及宗教迫害又引发了新一轮的移民浪潮,新大陆的吸引力和旧大陆的推动力同时发挥着作用,加之社会转型时间商品市场经济的发展使社会分化进一步加剧,不断走向高涨的圈地运动使越来越多的农民失去了土地,因而涌向北美的移民也呈现出有增无减之势,众多的商业性拓殖公司应运而生,不仅搭载运送愿意前往美洲的移民,还在北美建立种植园、发展手工业,以商业公司为单位组织开发殖民地,从而使殖民地的经济有了较快的发展。诸如新英格兰公司,后改组为马萨诸塞海湾公司,公司总部机构迁到北美后还逐步演变为一个自治的政体,也就是商业贸易公司和殖民统治机构合二为一,这是当时英国商业公司在北美拓殖的特点之一。殖民事业要走向殖民帝国历经了几十年的时光。不管是詹姆士一世还是查理一世,都没有军事力量或企图来发动战争建立跨大西洋的殖民地,因此国王通常把开拓殖民地的事务交由私人公司或贵族业主来进行。王室授权让这些公司或个人来宣布国王的统治并使殖民活动服从帝国的权威,但这很难奏效。即便是王室授权令的持有者都很难做到,殖民者很快就在殖民地建立起自己负责的政府并管理经济事务。与法国和西班牙竞争者所不同的是,英国殖民地通过设立自己的代表会议(也就是所谓的小议会)而强调他们政治上的自治,并宣称不经他们同意不得向他们征税。②

各种似乎矛盾对立的动机促使美洲梦得以持续。仿效西班牙殖民者发现黄金帝国的幻想,向印第安人传播真正的宗教和礼仪愿望,共同伴随他们艰难的殖民之路。人文主义者也难给出一个简单的答案来说明建立殖民地是对还是错。传统的人文主义学者像约翰·弥尔顿相信政治权力的勃兴来自于自我牺牲的美德和对公民自由的捍卫,因而这种商业及帝国的殖民活动是值得怀疑的。而另外一个方面,16世纪晚期,塔西佗式的人文主义扩张的思潮影响逐步增大,强调商业及海外扩张确实是建

---

① [美] J. 布鲁姆等著:《美国的历程》(上册),杨国标等译,商务印书馆1988年版,第37页。

② David Scott, *The Rise of Britain as a World Power*, Published by Harper Press, 2013, pp. 338–339.

立一个强大国家的基础。不管什么因素鼓舞了早期的欧洲殖民者，通常他们在某种程度上更愿意把欧洲的宗教和政治因素带到殖民地。例如法国在北美建立殖民地就是为了阻止西班牙势力的扩张及传播新教。同样地，英国殖民者则认为他们是为了推进新教事业的发展及反对欧洲的天主教。

17世纪初，一小撮英国殖民者在圭亚那海岸建立了较小的殖民定居点。他们贪婪地探寻印第安人的金矿，而种植烟草在当时只能获得薄利。17世纪20年代，积极的商业进取精神开始占了主流，当一部分英格兰和爱尔兰的殖民定居者在亚马逊河口地区从事烟草种植时，他们勇敢的开拓精神并没有引起西班牙和葡萄牙的重视，很少有人能被驱逐或杀死。而使英国殖民者相当不悦的是詹姆士一世对西班牙人的妥协退让，他颁布通告指出，他的臣民如果选择在菲利浦三世所宣布的归属西班牙所有的土地上进行殖民，应当直到真正的危险降临才离开。在詹姆士一世统治时期，英国成功地在詹姆士顿、弗吉尼亚、缅因、纽芬兰、百慕大、朴利茅斯、马萨诸塞等地建立了殖民地。①

热带疾疫、飓风、欧洲对手及加勒比海地区印第安人的打击，使英国在加勒比海地区的早期定居者的生活充满了危险。较高的死亡率及较少的女性殖民者意味着1700多个岛屿，需要有英格兰和爱尔兰22万多的移民，才能保证白人占据1/8的岛屿数量。②

烟草是殖民者第一项成功的出口产品。到17世纪40年代早期，才发现加勒比海的很多岛屿，特别是巴巴多斯岛特别适合种植一种有利可图的作物——甘蔗，这为规模宏大的英国制糖业带来了前途和希望。巴西成为欧洲糖业的原料供应地，在17世纪40年代中期时随着葡萄牙人的定居却成为战火交织之地。1640年，葡萄牙脱离西班牙重新获得独立，并同时反抗荷兰征服者。在英国，内战的爆发使加勒比海的殖民地摆脱了王室指派的业主的监督，这些业主的权威也伴随国王的权力一同崩溃。

---

① Monod Paul Kleber, *Imperial Island: A History of Britain and Its Empire*, 1660–1837, A John Wiley & Sons Ltd., Publication, 2009, p. 12.

② David Scott, *The Rise of Britain as a World Power*, Published by Harper Press, 2013, p. 338.

特别重要的是，荷兰当时还准备向殖民地提供从甘蔗原料中提取糖的技术，期望通过向英国种植园贩卖奴隶和向欧洲大陆提供精炼的蔗糖而牟取暴利。欧洲对蔗糖的需求似乎是供不应求的，到17世纪50年代，仅从巴巴多斯一地出口的蔗糖每年就达到300万镑，使其成为英语世界里最富饶的地方。

马丁·诺埃尔作为奴隶贩子和种植园主参与了蔗糖的生产与贸易。他是一个来自伦敦商界精英圈之外的新型商人，主宰了西印度群岛的蔗糖、弗吉尼亚的烟草及其他殖民地货物的进口。这类新型的顶尖商人大多是激进的清教徒，这或许可以准确地解释为什么清教徒能够走出跨大西洋贸易的第一步。几十年来，在大西洋上发财致富往往与挑战西班牙的权威交织在一起，所以这些新型的商人通常同英国最大的海盗沃里克伯爵或其他王公贵族联合在一起，共同在北美拓殖。

在17世纪30年代中期时，查理一世试图控制弗吉尼亚殖民地的产品及烟草贸易，并设想在其统治的领土内建立整齐划一的政治体制，然而这一设想的命运是不幸的。弗吉尼亚的市政委员会赶走了国王委任的总督。因此，首先起来反叛查理帝国事业的是弗吉尼亚而不是苏格兰。17世纪40年代三个王国的内战使英国的海外活动向所有人敞开了大门。王室的权威崩溃，议会反对国家颁发的垄断性的授权，剥夺了伦敦大部分富商在贸易方面的垄断性特权。诺埃尔及其他新型的商人因此能够在17世纪40年代加强在东印度等地的贸易活动，并着手在印度洋沿岸建立殖民地。同时在1641年爱尔兰人叛乱之时，他们也充分利用了这一有利可图的殖民机会，大力支持议会重新征服爱尔兰并把很多地方变成了英格兰模式的大农场或牧场。到1649年查理一世被处决时，这类新型的商人已成为残余议会和伦敦市政府中一支重要的政治力量。

斯图亚特王朝取代都铎王朝是一次平静的改朝换代，都铎时期的社会进程并没有被打断。伴随民族国家的形成和发展，都铎王朝以来不断加强的王权继续得以加强，而且向着专制主义方向发展，这就违背了中世纪以来英国政治文化传统，也就是一定范围内的自由民主制度一直得以延续，王权没有发展到至高无上的地步，一直受到议会的限制，因而斯图亚特王朝王权的不断加强一直受到人们的责难，而实质是民族国家在当时政治体制下一种迫不得已的选择,以王权为代表的君主权实际上包含了国家的行政权,民族国家的形成时期要求要加强国家的行政权力来实现国家的意志,维护国家的利益,但是这又与英国的政治文化传统产生了矛盾,特别是都铎时期英国社会已开始转型,各方面已呈现出新时代到来的曙光。伴随新的生产关系的萌芽和迅速发展,以新贵族、资产阶级为代表的新兴社会力量也日益登上政治舞台,要求分享政治权力,最终导致了国王与议会矛盾的激化以及革命的爆发,但这并不意味着整个社会的落后和倒退。相反,斯图亚特王朝时期,英国社会转型在加速进行,社会经济及其他各方面事业均得到较快的发展,即使在斯图亚特王朝的复辟时期,社会各方面事业依然在缓慢发展,著名的皇家学会就成立于这一时期。尤为鲜明和突出的事业是殖民扩张在全球范围内已全面得以推进。16 世纪是英国海上活动兴起的时代,海外活动的主要内容是商业贸易、海上探险、抢劫掠夺、贩卖黑人奴隶、这还不能算是殖民扩张时期,而在斯图亚特王朝建立之后,商业贸易和殖民扩张已东西并进,特别是在 17 世纪里,不列颠世界范围内的殖民帝国已具雏形。

当英国加入贩卖非洲奴隶贸易的行列时,欧洲人奴役非欧洲人的体制早已建立。葡萄牙人首先在非洲西部大规模从事奴隶贸易,欧洲人在殖民地对劳动力不断增长的需求极大地刺激了奴隶贸易,同时因为种族灭绝和疾疫的流行,西印度群岛上的土著居民却在减少。这样美洲的原居民就无法提供充足的劳动力。贩卖黑奴起初只不过是私人的冒险事业,只是因为获利颇丰才得到伊丽莎白女王和一些大臣的投资与支持,这才使得这种罪恶的事业有了官方性质,之后随着贩运规模的扩大,这种私人从事的营生逐渐被特权贸易公司所取代。与东印度公司相对应的还有皇家冒险家公司(以后重组为皇家非洲公司)专营非洲贸易,1660 年,查理二世向其颁发了贸易特许状,新的授权令状首次特别提到奴隶贸易是英国在非洲的一项活动,尽管其主要业务是向美洲提供黑人奴隶,但也经营黄金、象牙、胡椒、贵重木材及其他非洲产品,在进入非洲一年

第五章　英国多元开放文化与殖民帝国的建立　　249

之后，其授权经营的范围得以延续并扩大。①

另一个重要因素是不列颠在西印度群岛的殖民地引进了甘蔗的种植。种植园里试种过多种庄稼，但是到 17 世纪后期时，加勒比海地区的甘蔗种植已占主导地位：1671 年，牙买加有 57 个甘蔗种植园，到 1684 年时，已增加到 246 个。甘蔗种植是一种劳动密集型的种植业，这样就使很多国家加入到贩卖奴隶的行列，在西非同葡萄牙展开了竞争。约翰·霍金斯是英国第一个从事这一冒险活动的奴隶贩子。霍金斯家族起初是德文郡主要以普利茅斯为基地的一支声名显赫的海上势力。1562 年 10 月，霍金斯便不顾西班牙王室的禁令开始从非洲向西班牙在西印度的殖民地贩卖黑奴，第一次贩运黑奴的船队由三艘船组成，最大的"萨洛蒙"号载重 12 吨，船队先驶往非洲几内亚海岸捕获 300 多名黑人，为了安全抵达目的地，久经风浪的霍金斯雇请西班牙水手当领航员，到西印度群岛的小西班牙岛（今天的海地岛）出售给急需劳动力的西班牙殖民者，之后满载当地的兽皮、生姜、糖和珠宝驶上归程。1563 年 10 月，霍金斯船队胜利返回到英国，不仅赚得了巨额的财富，而且赢得了很大的声誉，连伊丽莎白女王也开始支持霍金斯贩卖黑奴的事业。当时葡萄牙人在贩卖黑奴的活动中居于主导地位，其沿海的据点、捕奴及贩卖的网络遍布非洲内地。16 世纪时，荷兰人在很多地方排挤取代了葡萄牙人，同非洲人结成联盟以扩大贩卖的规模，英国人也开始建立起自己贩卖黑奴的据点，第一个据点是 1651 年在今天加纳境内建立的科曼延（Cormantin），1664 年，又从荷兰人手中夺得了规模更大的开普敦城堡。皇家非洲公司所雇佣的船装载货物驶向非洲，用这些货物在其据点同非洲的部落首领换来奴隶，然后横渡大西洋到西印度群岛或北美，这就是臭名昭著的"中程"，在北美卖掉奴隶换来烟草和蔗糖返航回到英国。很多英国的水手因为疾病或给养不足而在航程中死去，困在甲板下面的奴隶死亡率更高。1673—1689 年，皇家非洲公司从西非海岸装上船的奴隶有 89200 多名，

---

① Monod Paul Kleber, *Imperial Island: A History of Britain and Its Empire*, 1660 – 1837, A John Wiley & Sons Ltd., Publication, 2009, p. 94.

有 20000 多名就死在了运送的途中。① 运奴船的条件是极为悲惨的,黑人奴隶被锁在甲板下狭小拥挤且极不卫生的空间里,大多都是超载。传染性疾病在这些被迫旅行的乘客中肆虐,诸如痢疾、天花、麻疹等,都是极为可怕的。1678 年,"亚瑟号"运奴船,满载奴隶从西非起航驶往巴巴多斯,每天最少有一名黑奴死去。在两个月的航程中,总共有 82 个人丧失了生命。在运往西非海岸贩卖和装上船运送的过程中,奴隶的死亡率高达 20—40%;在装船运输之前的死亡率也有 3—10%,在运送船上的死亡率则达到了 15% 左右;在到达目的地之前,整个过程中死去的奴隶数量超过了三分之一,而一旦到达新大陆,会面临着更高的死亡率,很多都是因为碰到了前所未遇的疾病。其死亡人数是骇人听闻的,1788 年,英国议会通过立法来管理运奴船,要求改善条件以降低死亡率,但在这一非人道的运输过程中,死亡率依然居高不下。②

黑人奴隶或者被贩买到西印度群岛种植甘蔗的殖民地,或者被贩卖到弗吉尼亚的烟草种植园,或者被贩买到卡罗莱纳种植稻谷,或者被运送到更北一些的新英格兰、纽约或加拿大的种植园,还有少数黑人奴隶被送往不列颠国内从事各种服务。③ 当奴隶被贩卖到目的地之后,生活并没有好转。尽管在 18 世纪后半期,奴隶较高死亡率的经济因素也促使奴隶主改进奴隶的生活条件,但在加勒比海早期种植园辛苦的劳作中,有三分之一的奴隶仍然很少活过三年。④

在 17 世纪时,皇家非洲公司的奴隶主要卖向了牙买加和巴巴多斯,后来北美殖民地也开始买进奴隶,但是更多地是从西印度群岛而不是直接从非洲购买,同时,不列颠还通过获得垄断权扩大其与殖民地的贸易。最后还取得了西班牙所授予的贸易垄断权,名为阿辛图(Asiento),包括向西班牙的殖民地贩卖奴隶。这些经济的发展都与非洲的奴隶制度相关,结果却使欧洲人宣称非洲社会和文化是低等的。

---

① Jane Samson, *The British Empire*, Published by Oxford University Press, 2001, p. 27.
② Philippa Levine, *The British Empire*, *Sunrise to Sunset*, Published by Pearson Education limited in Great Britain, 2007, p. 17.
③ Ibid. , p. 16.
④ Ibid. , p. 17.

第五章 英国多元开放文化与殖民帝国的建立　251

到 17 世纪晚期时不列颠影响大增,特别是在大西洋世界。这一时期美洲贸易每一个环节的增长在很大程度上都是靠着日益扩张的与非洲的奴隶贸易。播种、收获、磨糖等繁重的劳动都要非洲的奴隶来承担,而且随后也代替白人移民从事一些有技术的活。① 通过与西班牙及荷兰的争夺,不列颠也分享了奴隶贸易,其种植园也在不断扩张,这不仅带来了大量的财富,也使不列颠的港口城市得到了较快的发展。从 17 世纪末到 1815 年,不列颠在大西洋和印度洋上所航行船只的数量增长了六倍。越来越多的不列颠人迁居到北美的殖民地,到 1770 年时,迁到北美的人口数量已达到 230 万。但在其他地区,不列颠的影响依然没有多大变化,和其他国家相比,甚至处于次要地位。很多欧洲国家在非洲海岸已经拥有了商站,荷兰人在南非已建立了殖民定居点。不列颠只是有权能与印度进行贸易的国家之一,在东南亚,荷兰人依然享有贸易的主宰权。西班牙和葡萄牙的殖民地从美洲南部延伸到中部,直到北美南部,而西班牙的大帆船已经进入太平洋到达菲律宾。不列颠显然没有以任何方式在这一地域建立起一个庞大的帝国,但是历经 18 世纪,通过几次成功的战争,加上先进的科技及商业的发展,为不列颠建立帝国带来了机会。②

在整个 17 世纪里,不列颠不断扩大其在西印度群岛所占有的地方,有意识地削弱西班牙在这一地区的力量且占有了更多的殖民地,目的是与葡萄牙竞争最终超过巴西的蔗糖生产。在 18 世纪里,不列颠在贩卖奴隶的国家里已占有优势,所贩卖运送的奴隶数量也超过了其他国家。1655 年,不列颠获得了牙买加,后来的事实表明这是至关重要的,这一岛屿成为不列颠以后最重要的甘蔗产地。③

在不列颠加勒比海的殖民地,尽管甘蔗不是黑人奴隶所种植的唯一的庄稼,但甘蔗生产的重要性是不容置疑的。通过对比可以发现,在北美殖民地上,生产更具有多样性而缺乏专业性。而不列颠在加勒比海的

---

① J. S. Bromley, *The New Cambridge Modern History*, Volume VI. The Rise of Great Britain and Russia, 1688 – 1715/25, Cambridge University Press, 1970, p. 855.

② Jane Samson, *The British Empire*, Published by Oxford University Press, 2001, p. 52.

③ Philippa Levine, *The British Empire*, *Sunrise to Sunset*, Published by Pearson Education limited in Great Britain, 2007, p. 18.

19个殖民地中，只有5个殖民地不是主要从事蔗糖生产。这里尽管也种植烟草、椰子、咖啡和其他作物，但是蔗糖的产量最多，利润也最大，需求量也最高，劳动力也最密集。到19世纪30年代早期时，平均而言，牙买加每个甘蔗种植园使用的黑人奴隶是223个，而每个咖啡种植园是128个，一个牧场所使用的黑人奴隶仅100个。①

西印度群岛的蔗糖生产与农业劳动力的结合，也进行了建立现代工厂的实践。为了能使甘蔗最终能够食用，西印度群岛的种植园不仅使用黑人种植甘蔗，而且使用黑人奴隶进行部分地加工。在加工碾磨甘蔗的车间，有着严格的生产工序，以确保按时完成蔗杆的加工。当殖民地的这一工厂的原型早已开始实践时，不列颠国内的很多劳动力依然被束缚在土地上。西印度群岛不仅生产甘蔗，而且有着完整的蔗糖加工和提炼工序。不列颠也有着严格的法律来规定蔗糖在输入英国前应当加工到什么程度。

1770—1787年，不列颠西印度群岛殖民地的蔗糖产量，占了北大西洋地区蔗糖产量的35%。19世纪初法国生产蔗糖的殖民地爆发奴隶起义之后，蔗糖产量有所降低，英国的蔗糖产量上升到55%。从18世纪50年代直到19世纪20年代，不列颠输入最多的商品就是蔗糖。18世纪后半期，西印度群岛的殖民地对于不列颠经济是极其重要的。②

法国的种植园主还依赖着与荷兰人、英国人偷偷地进行奴隶贸易，到1716年时，当荷兰的对外贸易衰落后，英国人每年向法国人供应约1500名奴隶，而此时，法国的奴隶贸易也在扩张。1713年，在废除西班牙贩卖奴隶许可之后，法国的奴隶贸易重新开张，1723—1730年，法国平均每年贩卖的黑奴达到了7200人。③

在非洲的黄金贸易中，荷兰人占主导地位。但英国人很快成为西非最大的奴隶贩子。从1662年到1700年，贩卖了大约32.7万名奴隶。英

---

① Philippa Levine, *The British Empire*, *Sunrise to Sunset*, Published by Pearson Education limited in Great Britain, 2007, p. 19.
② Ibid. , p. 19.
③ J. S. Bromley, *The New Cambridge Modern History*, *Volume VI. The Rise of Great Britain and Russia*, 1688 - 1715/25, Cambridge University Press, 1970, p. 856.

国商人自己并不捕捉奴隶，相反，他们从非洲人手中购买在相互间战争中的战俘。① 18 世纪的大部分时间里，平均每年贩卖运输的奴隶数量达到了 6 万名左右。毫无疑问，在整个 18 世纪里，大西洋奴隶贸易对于欧洲及不列颠财富的增长和政治上的成功都是至关重要的。② 从 15 世纪中期到 19 世纪晚期，被贩卖到非洲的黑人奴隶达到了约 1200 万人。③ "对外贸易现在成为我们王国力量和富裕的源泉，从这个涌动的源泉中我们汲取养料：它把血与养分送到有机体的各部分，使这个有机体得以生存发展。尽管商业资本主义有其剥削的一面，特别是日益扩张的奴隶贸易，真正获利的总是英国"④

18 世纪时，不列颠帝国不仅仅是扩大了在海外的影响，而是控制了越来越多的领土。在议会里，人们对帝国问题的关切呈上升趋势。从 1714—1739 年，议会所通过的关于殖民地贸易及其相关问题的法律就达到了 29 项。18 世纪时，不列颠的报纸、杂志、期刊用大量的篇幅讨论帝国的扩张所得。越来越多的商品行销全球，走向全世界各地的人也越来越多。在整个 18 世纪里，不列颠帝国不仅在规模、实质、收益方面扩大，而且其重心也发生转移。18 世纪的时代特征就是大西洋世界占支配地位，北美殖民地对于不列颠的财富至关重要，西印度群岛成为帝国的中心。⑤

三 英国在东半球的探险及殖民扩张

在 18 世纪末期时，不列颠帝国尽管在北美失去了大量的殖民地，但依然是一个殖民大国，其领土及殖民地辽阔宽广，帝国范围内有多种语

---

① Monod Paul Kleber, *Imperial Island: A History of Britain and Its Empire*, 1660 – 1837, A John Wiley & Sons Ltd., Publication, 2009, p. 95.

② Philippa Levine, *The British Empire*, *Sunrise to Sunset*, Published by Pearson Education limited in Great Britain, 2007, p. 13.

③ Ibid., p. 14.

④ Julian Hoppit, *A Land of Liberty* (1689 - -1727), New York: Published in the United State by Oxford University Press Inc., 2000, p. 6.

⑤ Philippa Levine, *The British Empire*, *Sunrise to Sunset*, Published by Pearson Education limited in Great Britain, 2007, p. 13.

言，多种风俗习惯和多元化的宗教。历经一个世纪频繁发生的战争，主要是同法国和西班牙的战争，英国已在欧洲列强中确立了其优势地位。在某种程度上，这都要归功于不列颠海军力量的发展强大，因为英国本身是一个较小的岛国，需要有强大的海军力量来维护其海岸线。随着北美殖民地的丧失及西印度群岛重要性的下降，不列颠帝国利益的重心开始从大西洋转向了印度洋和太平洋，这一地区从18世纪中期起，有很多地区就成为不列颠帝国利益攸关的殖民地。①

在太平洋的探险活动加快了殖民定居，特别是十八世纪六七十年代是海上探险活动最为活跃的时期。这一时期在太平洋地区的各个探险航行的目的及动力各异。当然最普遍的还是寻找资源和财富，促使了更多的企业家和探险家扬帆远航，探索更遥远的世界。他们也急切地寻找优良的港口和港湾来停泊靠岸，在远洋航行中休整补给。除此之外，我们会注意到，在18世纪时也出现了科学研究的热潮，与帝国的探险活动密切相关的是探索发现新的动植物类群，同时也探寻新的文化。这一时代进行科学考察的人极大地影响了帝国的诗歌和艺术，也影响了帝国的进程。关于对南海和太平洋浪漫主义的构想成为18世纪晚期时英国文化的重要组成部分。②

探险精神、创新精神及科学探究都是欧洲启蒙运动的特点，同不列颠不断增强的海上力量结合了起来。海上的探险通常是国家利益与私人兴趣的结合，诸如1768年詹姆斯·库克船长和绅士科学家约瑟夫·班克斯进入南太平洋，还有1788年"非洲协会"的建立，鼓励在西非内陆进行探险考察。这些冒险活动常常是正式的殖民运动的前奏。1788年在澳大利亚安置罪犯而建立了新南威尔士殖民地，部分原因就是班克斯的介绍及推荐。太平洋地区是进行科学研究和商业活动的重要地域。尽管东印度公司极力维护其商业垄断地位，但是自由贸易很快在澳大利亚及新西兰之间的北太平洋地区发展起来。不列颠热衷于海外探险并不仅仅是

---

① Philippa Levine, *The British Empire*, *Sunrise to Sunset*, Published by Pearson Education limited in Great Britain, 2007, p. 43.

② Ibid., pp. 43–44.

第五章　英国多元开放文化与殖民帝国的建立　❖　255

为了商业和国家的利益。不列颠帝国也逐步成为一个文化帝国，在其所到之处，从海岸线到风向，从动物到植物，都进行观察研究，并予以分类和分析。地图绘制比以前更加精确，主要归功于不列颠发明了航海经线仪来测量经度，这使不列颠人把地球当作一个整体来认识。但是这一科学的帝国并不是和其实践者所相信的一样客观。文学和文化理论学家爱德华·赛义德曾指出，不列颠人对欧洲以外世界其他地区的描述使欧洲人在来到这些地区之前先有了概念上的认知。①

这一地区的永久殖民地建立之前，第一个刑罚殖民地建立于1788年。不列颠为什么要把罪犯历经漫长而危险的航程遣送到如此遥远的地方？在整个17世纪和18世纪早期，未知的南方大陆通常被视为具有神话色彩的蛮荒之地，而不是欧洲人可以赚钱的地方。18世纪晚期在太平洋地区的探险航行尽管还局限于只了解到澳大利亚的东部海岸的情况，但已经使人们改变了原来的看法。同时，在美国独立战争之后，英国已失去了其主要的刑罚殖民地，再不能向那里遣送罪犯。不列颠周边的水域里，遍布装载罪犯的船舶，大多是大而笨重的船，罪犯晚上被锁在船上，白天在港口或海湾劳作，卫生条件极为恶劣。尽管很少有装载罪犯的大船适宜于远航，但这种看押囚犯的方式也体现出不列颠帝国的海上活动所涉及的广度和深度。把罪犯通过远洋航行而送到遥远的大陆似乎是一个例行公事的活动，但如果那片大陆具备航海和商业优势的话，国家将获得巨大的利益，把不想要的人遣送到那里，通过他们的劳动，发掘潜在的利益和产品，并为将来的商业和军事活动获取一个基地。②

在美国独立之后，政府很快将其注意力转移而想建立另外一个新的替代性的刑罚殖民地，以前的北美每年要接纳大约1000名被流放的罪犯。起初考虑非洲但很快否决了。1786年，政府选定了新荷兰东部海岸的博特尼湾。可以确定的是在这一地方，罪犯的脱逃是极为困难的。离家乡遥远的距离可以使罪犯望而却步，但这里也有希望，这一地方的港湾可

---

① Jane Samson, *The British Empire*, Published by Oxford University Press, 2001, p. 54.
② Philippa Levine, *The British Empire*, *Sunrise to Sunset*, Published by Pearson Education limited in Great Britain, 2007, pp. 44–45.

以为帝国将来在这一地区的扩张提供一个海军基地。这一地方的水域，也可以从事捕鲸活动，从而来替代美国独立后在北美所丧失的捕鲸水域。诺福克岛是一个东距博特尼湾1400公里的孤岛，也可以为有望为木材加工业和亚麻工业提供原料，对于海军的商业活动也是至关重要的，因为欧洲敌对的国家也在这一地区进行探索，建立和尽快开发殖民地将加强不列颠在这一地区的力量和存在。

这个当然是一个野心勃勃的庞大计划，不仅仅因为遥远的距离和这一大陆诸多不确定的因素，也因为这一殖民地的建立要靠罪犯，而他们是不列颠的弃儿。使政府也面临一个极为有趣的问题，那就是如何管理这一殖民地。当然也可以采纳以前在北美殖民地所采用的管理罪犯的那种办法，毕竟罪犯是没有自由的。把罪犯送达之后，可以让其居住在距其他定居者较远的地方，而其他定居者居住在距海边较近的地方，充当看守的角色。最终，这一殖民地将成为一个奇特的混合体，成为由海军军官来管理的军事殖民地，但却沿用国内的司法系统，因为罪犯就是根据国内的法律来判决的。通过此举希望将这些罪犯改造成为建设性的殖民者，为将来在这一大陆的定居奠定基础。

第一次遣送罪犯的船队由11艘轮船组成，送运约1050人，其中罪犯约750人，一同运载的还有动物，农场用具以及计划可供应两年的食物等。1787年5月，船队从普利茅斯起航，在第二年1月中旬到达博特尼湾，但是很快就发现这里并不是理想的停船靠岸登陆的地点，于是又向北航行，最后在1788年1月26日停靠在距博特尼湾12公里的杰克逊港口，这个时间后来即成每年所庆祝的澳大利亚日。①

这些新移民到达的时间正是一年中最炎热的季节，很快就发现在这里种庄稼是极其困难的事情，用他们所带的斧子很难砍伐倒这一地区并不熟知的林木。这些稀疏的首批定居者的生活变得越来越艰难，历经六个月的时间，成功开垦出来的土地仅有12英亩。所带来的牲畜，也因为不能适应澳大利亚的酷暑而死去。食品和药品的供应不得不严格控制。

---

① Philippa Levine, *The British Empire, Sunrise to Sunset*, Published by Pearson Education limited in Great Britain, 2007, p. 45.

其中被送到诺福克岛以东的一部分人，因为那里无法利用的松树和亚麻而穷困潦倒。1803 年，澳大利亚大陆东南角的范塔门斯岛（后改名塔斯马尼亚岛）也开始有人定居，在正式殖民之前，这里就开始从事猎捕海豹的活动，但也远不是一个很容易的营生。①

尽管初来乍到时前途是渺茫的，在刚开始的十年里还出现了两次大的饥荒和多次的危机，落地扎根是缓慢的但也站稳了脚跟。1793—1815 年的拿破仑战争既带来了困难，同时也使英国更加关注这一地区，同法国处在战争状态，而法国对太平洋地区的觊觎并没有停止。不列颠在新荷兰东部海岸地区的力量存在是一个极为重要的战略及军事措施。当然战争也减少了流放者数量，因为很多船舶都被用作战争，通往这里的海上通道也变得极不安全。但到 1815 年时，殖民地的前景已经可以确定是有希望的。到 1800 年时，大陆东部的白人殖民者已有 5000 多人，另外诺福克岛有 1000 多人，尽管英国人普遍都认为这是罪犯之地，但是在这里罪犯也有可能成为地主，他们也时时被提醒这是一个惩罚性的环境。在最初的年代里，罪犯也被指派从事公共事务性工作，也是个体主人，允许有一定的时间为他们自己劳作，同时在承担惩罚性工作中也可获得一定的收入。女罪犯在数量上是极少的，大多从事家内工作或在妇女工厂中生产亚麻线。而男性的工作则遍及到各个领域。对于破坏这一制度的罪犯则施以鞭笞，而在鞭刑之后不管他的身体状况如何，都要马上投入工作。到 1800 年时，许多私人雇主都依赖罪犯提供劳动，而这些雇主本身以前也是罪犯，或是服刑期满，或者提前释放。到这一时期，约有 2/3 的殖民者都已获得自由，尽管有少数人想方设法也返回了英国，但更多的人则是选择留在了今天所谓的新南威尔士地区。而到 19 世纪中期时，对罪犯的看管已比较严格。罪犯再不能为自己工作，自由劳动的时间被剥夺了，提前释放的人也比较少。②

拿破仑战争结束后，对罪犯的流放重新走向活跃。到 1820 年时，在

---

① Philippa Levine, *The British Empire*, *Sunrise to Sunset*, Published by Pearson Education limited in Great Britain, 2007, pp. 45–46.

② Ibid., p. 46.

新南威尔士和范塔门斯岛的殖民者约有 3.2 万人，到 1850 年时白人数量已增长到 40 万。另外还有源源不断而来的移民，有自愿的也有罪犯，人口数量的大幅增长也是自然条件改善及人们长期艰辛开发的结果，而且在殖民地定居的人口大多是年轻人，殖民地儿童数量的增长尤为明显。最初的殖民者中，儿童数量仅占人口总数的 3%（有些生于航行的途中，大部分儿童是跟随父母来到这里），到 1799 年底时，儿童数量已占人口总数的 17%。定居人口中有较多的年轻人，这也是人口快速增长的原因之一。尽管殖民者中妇女数量较少，殖民政策极力引导她们落地扎根，让她们确立起基督教家庭生活的基本原则，这成为殖民文化的核心。早期殖民者土地划拨就针对那些刑满释放的男人，如果结婚了，就会加大土地数量，如果有了孩子，则给予的土地更多。从某种角度来说，妇女的生育能力也是殖民定居的政策设计者在构建社会生活面貌时所要考虑的一个问题。妇女在被流放的人员中所占的比例约为 1/6，且往往都在育龄期。关于妇女问题也是殖民政策中一个非常重要的方面。到 19 世纪初期时，大部分妇女都已正式结婚或与人同居了。①

妇女生活要比男人更为艰难，在生产上并不占据优势，因为土地划拨过程中妇女并没有权利得到土地，尽管很多人在英国时已有工作能力，在这里也很难找到工作。妇女也不像男人一样可以选择船上的工作而返回英国，他们很少有机会再返回到英国。在早期殖民开始定居的日子里，妇女和男子的比例大约是 2∶3，但到 20 世纪早期时，人口中男女比例已基本持平。然而较为有趣的是，在澳大利亚殖民地，政府较早地就给予妇女以选举权。南澳大利亚开创了先例，1861 年，在地方政府选举中就授予妇女以选举权。1894 年，在议会选举中，妇女也获得了选举权。妇女并非是罪犯中唯一被区别对待的群体。一些政治犯，大多是爱尔兰人，也彼此互相隔离看管，因为担心他们组织发动叛乱。另一个较为有意思的群体就是 1000 名上下的非洲人，是以前被带到不列颠的奴隶，因为犯

---

① Philippa Levine, *The British Empire*, *Sunrise to Sunset*, Published by Pearson Education limited in Great Britain, 2007, p. 47.

罪而被判处流放。①

这种流放活动结束于1867年。1840年，新南威尔士停止了这种流放，1847年又恢复了一段时间。1853年，范塔门斯岛也停止了这种流放。从1788—1867年，流放到澳大利亚的罪犯在15万到16万之间，约有60%的是英格兰人，34%的是爱尔兰人，5%的属于苏格兰人。在白人殖民者到来之初，澳大利亚的土著居民大约有30万人，而到19世纪80年代时，很快下降到8万左右。②

19世纪50年代创建一个"微型版的不列颠"运动在澳大利亚展开，旨在将此大陆由一个刑罚殖民地改造成为一个自由定居地。从1793年起，就有相当数量的自由民来到了澳大利亚殖民地。从19世纪30年代起，受资助的殖民活动很快改变了澳大利亚的社会结构，自由定居者的人数很快超过了罪犯的数量，到19世纪40年代，自由的移民，大部分是穷人，超过了通过刑事法庭判决而流放的犯人。

由英国国家资助的移民始于1831年，对那些愿意远涉重洋谋求新生活的人提供免费的行程和廉价的土地。国家按参加移民的人数向移民的代办机构划拨经费，这样使自愿移民的人数迅速上升。在此计划出台的19世纪20年代，只有8000多自由移民到达澳大利亚殖民地，而在国家资助之后，在19世纪30年代，移民人数很快上升到约3万人，到19世纪40年代时，进一步上升到8万人。随着更多移民的到来，在新南威尔士以外所建立的殖民地也越来越多，到19世纪50年代末期时，已有6个殖民地，各殖民地的人口数量、政治及管理各不相同。③

在19世纪里，当一些白人定居的殖民地走向独立时，另外一些殖民地则被置于英国的直接统治之下。有些是通过战争得到的，比如香港、毛里求斯、塞舍尔群岛等。还有一些地方像斐济，是当地的统治者拱手送给了英国，在那些不情愿臣服英帝国主义的殖民国家或地区，斐济群岛是例外的，当地人受到其他国家基督徒统治者的残暴压迫，当地人首

---

① Philippa Levine, *The British Empire, Sunrise to Sunset*, Published by Pearson Education limited in Great Britain, 2007, pp. 47 – 48.

② Ibid., p. 48.

③ Ibid., pp. 52 – 53.

领撒克马博,一直试图把此群岛交给一个西方大国。1874年,英国接管了此岛,从而阻止了其他大国对斐济的占领。在其他一些地方,则是通过合并的方式,诸如非洲西部的阿善提和北婆罗洲,而新加坡则是通过购买的方式得到的。这些新的领土大部分位于热带或亚热带,之前欧洲人很少有人到这些地区来拓殖。尽管这些殖民地很多都属于皇家殖民地,但在非洲更多的都是保护国。在保护国一般不设总督,而是委派一个高级别的殖民官员,通常称作总监。①

殖民地在历经一百多年之后,很多主要的权力依然由英国威斯敏斯特的议会来操控。总督由在伦敦的殖民署来任命,而不是由澳大利亚自行任命,这就正如大西洋的其他殖民地一样。殖民地通过的法律,帝国的议会有权进行否决,帝国议会还有权管理殖民地的财政、货币、税收以及防务。

不断进行探险对于澳大利亚殖民地的扩张是至关重要的。19世纪初期,海军将领马修·弗林德斯进行了环澳大利亚的航行,证实了这的确是一个大陆。在澳大利亚大陆内部,1813年,探险家波特·杰克逊向西穿越了蓝山,使殖民定居在大陆内部不断拓展。19世纪20年代,在东部海岸,还建立了更多的新的刑罚殖民地。19世纪40年代,向北和向大陆中部的重大探险活动也打开了内地的通道,但定居人口大部分都倾向于住在海岸地区,现在的居民也是这样。结果,尽管强调开垦土地,发展大规模的游牧式的农业,然而澳大利亚的城市文化却得到了高度发展,到19世纪中期时,绝大部分人口都集聚在城市。在1850年时,40%的人口都居住在较大的城市,随着时间的推移,这一比例则迅速攀升。

澳大利亚游牧式的农业在经济生活中占据核心地位。羊毛业及后来的牛肉供应在经济生活中占主要地位,当然在早期,捕鲸业和猎豹业也是主要的产业。向大陆内部的渗透及大规模的养羊业,还有后来畜牧业也极大地破坏了土著居民的生活方式。到1850年时,羊毛业已成为澳大利亚的经济支柱。19世纪初,采煤业也发展了起来,到19世纪50

---

① Philippa Levine, *The British Empire*, *Sunrise to Sunset*, Published by Pearson Education limited in Great Britain, 2007, pp. 87–88.

年代时，金矿开采也非常重要，铜矿和银矿开采在经济上也较为重要。①

在距澳大利亚东南 1600 多公里的地方，通过塔斯曼海，就到达了新西兰，这一地区在 19 世纪 40 年代成为不列颠的新殖民地。这虽然也是一个白人定居的殖民地，但是很多方面和澳大利亚不同。1769 年或稍后时间，库克船长首次宣布这里归属不列颠，最初附属于新南威尔士。与澳大利亚东部海岸相比，新西兰的气候更加温和，土壤也更宜于开垦，出产的木材也更适宜于建造船舶。在正式殖民之前，这里的商业就有了较大的发展。美国人与法国人都以这里为基地从事捕鲸业，澳大利亚一些富有的投机者也在这里大肆购买土地。1839 年，爱德华·吉本·韦克菲尔德的新西兰公司开始有组织地在北岛进行永久性的定居。所有的这些活动都是私人行为，如果没有新西兰土著居民毛利人的默许，那是不可能进行的。英国政府对于在这里从事正式的殖民缺乏兴趣，对毛利人社会也了解甚少，其社会及军事组织颇为严整，似乎不容易征服。

1840 年，新西兰开始成为新南威尔士的保护国，并签订了《怀唐吉条约》(Treaty of Waitangi)。签订这一条约的部分原因是法国人在这一地区的活动日趋增加，在很大程度上是由传教士和改革者推动的，他们认为大量投机性经济活动会给新西兰带来无政府状态的混乱，这对毛利人危害特别大。新教的传教士也急于阻止法国天主教的传教士，而法国天主教传教士在新西兰南岛非常活跃。

这一条约较为奇特的是，从原则上承认毛利人对土地的所有权，这与对待澳大利亚土著居民有着很大不同。该条约承诺向毛利人提供保护并承认毛利人的主体地位，规定如果毛利人愿意出售土地，只能卖给英国人。② 在实践上，毛利人是否愿意出售的意愿通常就被忽略了。这一条约的结果就使得殖民者以极低的价格获得了大量的土地。土地所有权的转变无疑就加剧了毛利人和白种人在政治上的对立。19 世纪 40 年代中

---

① Philippa Levine, *The British Empire*, *Sunrise to Sunset*, Published by Pearson Education limited in Great Britain, 2007, p. 54.

② Ibid., pp. 55 – 56.

期，众所周知的新西兰战争爆发了，起初战争主要在北部，之后逐步蔓延。最终，虽然胜利来之不易，但毛利人还是被打败了，新西兰土著居民逐步失去财产并被边缘化，白人殖民定居的范围更加扩展了。到1861年时，新西兰有2/3的土地已经出售，结果自然是定居白人数量迅速增加而毛利人数量下降。仅在19世纪40年代，新西兰的白人数量就从约2000人上升到1万人，而在19世纪里，毛利人折减过半，从约20万人减少到10万人左右。1893年，当新西兰的白人妇女获得选举权，一个月后毛利人也被授予了选举权。从19世纪60年代起，议会就一直为毛利人设置了4个席位，但并不能为土著人带来以前的繁荣和主导地位，但这种殖民方式的确不同于相邻的澳大利亚。这和以前的殖民一样，殖民定居依赖着对当地土著居民的征服。在整个战争期间，新西兰经济形势极为脆弱。1852年，新西兰建立了联邦制的立法机构和一个代表会议。1876年，南北两个岛统一成为一个国家，这比澳大利亚联邦要早1/4世纪。[1]

  18世纪末，英国的殖民活动走向了更遥远的东方，但是由白人定居的殖民模式并非唯一的途径。在东南亚和马来群岛，不列颠帝国的力量并不占优势。荷兰人在这一地区有着较长的历史，西班牙和法国人也在这一地区有着较强的势力。在16世纪里，东印度公司认为由爪哇、苏门答腊、班答斯、摩鹿加群岛等岛屿组成的岛链是最有利可图的地方，印度也通常被认为是通向这些富庶地方航线上的中转站。但是事实表明，因为当地统治者和欧洲竞争对手的成功经营，不列颠人很难接近香料群岛。1700年时，不列颠人在这一地区只有一个定居点，就是苏门答腊岛西海岸的明古连。[2]

  英国人通常利用战争的有利形势来削弱欧洲竞争对手对这些地区的控制。拿破仑战争期间，英国人在这一地区夺取了许多荷兰人占据的地方。但是力量对比的平衡和经济利益也发生了显著变化，英国也不再把

---

[1] Philippa Levine, *The British Empire*, *Sunrise to Sunset*, Published by Pearson Education limited in Great Britain, 2007, p. 56.

[2] Ibid., pp. 56 – 57.

香料群岛转化为他们的商品产地，而是主要保护其在印度的所属不受法国人的包围。因为这一时期的荷兰，已处在拿破仑的控制之下。到1811年时，不列颠已夺取了荷兰所有主要的殖民地，其中就有爪哇岛和锡兰的亭可马里港。尽管拿破仑被打败后，新成立的尼德兰王国收回了其中一些岛屿，但不列颠还是尽力维护其在这一地区的战略和商业立足点。只要这些地方英国的贸易和通道得到保证，还是允许荷兰人回来做生意。1819年，不列颠又获得了马六甲海峡周围的马来半岛。托马斯·斯坦福德爵士又为东印度公司获得一个岛屿，成了在马六甲海峡新的定居殖民地的组成部分。在早期，殖民者主要定居在槟榔屿，随着时间的推移，新加坡殖民地从政治上和经济上都逐渐占了上风。殖民早期，因为这里的殖民地归属东印度公司，从而在管理上一般是通过印度和公司。1867年时，马六甲海峡成为皇家殖民地，到这时，不列颠才正式完成对这一地区的占领。在此之前，这一殖民地在经济利益和地理位置上已经具备了非常重要的意义，通过此可以发展与暹罗（今天泰国）和马来半岛上国家的外交关系。19世纪时，为防止其他列强向印度渗透，这往往也会改变不列颠的殖民政策，正如18世纪时，保护其蔗糖殖民地曾经是最重要的。因担心与印度相邻的缅甸，导致了19世纪20年代第一次英缅战争的爆发，也加快了从缅甸向印度领土的扩张。1855年，英国同暹罗（今天的泰国）签订了条约，这有效地引领了英国同东南亚国家的自由贸易，成为不列颠非正式帝国的典范。同缅甸阿瓦王国的摩擦最终导致在1886年时，不列颠吞并部分缅甸，将其置于印度羽翼之下。[①]

在东方，不列颠有着很多的既得利益（包括马来半岛上的新加坡）。在殖民早期，是通过东印度公司进行管理，诸如锡兰和马来半岛上的殖民地，是向澳大利亚流放罪犯的副产品，也是流放印度罪犯的地方，并用这些罪犯来充当苦力。另外英国在同法国的战争中，在通往印度的航线上也夺得了一系列战略要地，包括塞舌尔（1794年）、开普敦的好望角（1795年）、马耳他（1800年，1814年合并）。1789年，印度洋上的安达

[①] Philippa Levine, *The British Empire*, *Sunrise to Sunset*, Published by Pearson Education limited in Great Britain, 2007, p.62.

曼群岛是作为流放罪犯的殖民地而创建的，但是直到 1796 年时才开始有人定居。作为不列颠印度流放罪犯的殖民地，在 1858 年时开始大量移民。① 中国与不列颠在印度的利益密切相关，因为东印度公司在印度所种植的鸦片大部分都销往中国而大获其利。清朝统治者为阻止鸦片从印度流入而推行禁烟运动，英国以此为借口在 1840 年和 1856 年两次发动鸦片战争。1841 年，不列颠获得了距中国大陆南端非常近的香港岛，1842 年英国又通过不平等条约加以割占。1839 年时，不列颠还占据了距红海和阿拉伯海都非常近的亚丁湾，成为通往印度航线上至关重要的船舶供煤站。② 不列颠帝国在亚洲建立的很多殖民地的确为英国提供了有利的贸易机会。澳大利亚、新西兰、印度、南非、新加坡、中国香港、斐济和毛里求斯的蔗糖殖民地，为英国及移居海外的英国人创造了大量的财富。位于热带的殖民地提供了三大类出口产品，农业原料包括橡胶、棕榈油、棉花。还有食材，包括可可、咖啡、茶叶及蔗糖。此外还有矿产，包括石油、锡、铜、钻石和黄金。③

　　北美殖民地丧失到拿破仑战争结束这段时期是英国一个忙于殖民扩张的时期，特别是拿破仑战争时期，是不列颠大有收获的时期。其动机部分出于战略需要，部分出于经济考虑，在削弱对手的同时扩大自己的利益。1815 年开始建立皇家殖民地，这不仅体现出这一时期英国殖民活动的特点，也反映出殖民过程发生了变化，也会促使帝国的未来发生变化。新的皇家殖民地，将殖民地的领土直接置于英国王室的管辖之下，适用于英国的法律和制度，也不需要当地的批准。伦敦的英国议会完全控制着这样的殖民地，当地的立法机关只能听从伦敦的决定。但并非所有的殖民地都是皇家殖民地，比如印度，从来就没有这样的身份，也不像诸多保护国一样的殖民地。从运作上来讲，保护国是在不列颠的保护之下，保留当地的统治者，当地居民也不具备英国的公民权。但在具体实行过程中，英国获得了很大的控制权，大部分保护国最后都不同程度

---

① Philippa Levine, *The British Empire, Sunrise to Sunset*, Published by Pearson Education limited in Great Britain, 2007, p. 63.

② Ibid., p. 63.

③ Ibid., p. 97.

地沦为与皇家殖民地一样的地位。大部分有白人定居的殖民地在19世纪中期时都获准建立责任自治政府，极大地改变了殖民地与英国的关系，这一殖民地的基本原则就是在财政上是一个独立的实体。①

这一时期，因为战略需要，还将沿波斯湾地区的国家纳入英国的势力范围。在19世纪里，英国同这一地区的许多小国签订了条约，使其纳入了不列颠殖民体系。1861年和1892年两次同巴林酋长国签订了条约，1899年同科威特签订条约，1891年同穆士喀特及阿曼素丹国签订条约，这些地区均被纳入了英国的势力范围。

1882年，英国先通过军事行动占领埃及，这与奥斯曼土耳其帝国的命运及英国通往印度的航线密切相关。埃及原来在名义上属于奥斯曼土耳其帝国的一部分，但到19世纪中期时，土耳其帝国素丹的权力已走向衰落，已无能力控制埃及。

奥斯曼土耳其帝国的领土从北非一直延伸到黑海，境内民族成分复杂，间杂伊斯兰国家，在文化上既有东方文化，也有西方文化。在19世纪里，奥斯曼土耳其帝国竭力维护其完整性。国内拥有实权的军事将领要求抵制西方国家的要求及所带来的变化，但少数民族要求独立的呼吁则不断高涨，1829年，希腊宣布脱离帝国而独立，1831年，叙利亚紧随其后。奥匈帝国和俄国的势力则不断在奥斯曼土耳其帝国的巴尔干地区进行扩张，这从另一翼也削弱了帝国。1854年，俄国挑起克里米亚战争，侵入了奥斯曼土耳其帝国的领土。②

在19世纪的大部分时间里，英国同奥斯曼土耳其帝国站在一起，把其视为遏制法国和俄国力量并保护通往印度航线的重要屏障。正是出于这样的考虑，才促使英国在叙利亚威胁独立时派兵援助奥斯曼土耳其帝国，克里米亚战争期间，英国又一次派兵援助。在陆上通往印度的要道中，有一条要穿过叙利亚沙漠，这是英国要极力保护的。但是英国对奥斯曼土耳其帝国的支持也是需要回报的。1838年，英国强迫奥斯曼土耳

---

① Philippa Levine, *The British Empire, Sunrise to Sunset*, Published by Pearson Education limited in Great Britain, 2007, p. 58.

② Ibid., pp. 89 – 90.

其帝国的素丹签订了自由贸易条约,这会妨害当地经济的发展,然而却对英国经济有利,也会进一步削弱素丹的统治。因为奥斯曼帝国的中心在土耳其,力量削弱以后,英国的利益也会受到影响。在19世纪初期,英国也并不想获得奥斯曼土耳其帝国的领土,表面上英国并没有多少要求。1878年,英国需要在地中海东部寻求一个补给线,从而占领了奥斯曼土耳其帝国的塞浦路斯岛。19世纪晚期时,英国名义上与素丹共同统治埃及,但实质上奥斯曼土耳其帝国的要求常常被忽略。[①]

埃及是英国在奥斯曼土耳其统治区域里利益核心之所在。多年来,大量的欧洲商人已迁居这里,控制了这一地区的进出口贸易。欧洲人获得了不受奥斯曼帝国司法体制管辖的特权,也就是获得了不受当地司法约束的自由。在美国内战期间,这里的棉花成为主要的出口产品,而以前曾承诺向英国供应棉花,这对英国日益发展起来的棉纺织业有着十分重要的意义。1855年苏伊士运河开始建造,1869年建成。这就使得埃及对英国来说更为重要。这一运河处于埃及境内,逐步取代了陆上通往印度的道路。在英国主宰埃及内政时期,通过此运河的大部分船舶都是英国的。1875年,英国首相本杰明·迪斯累里积极活动,促成英国购买了苏伊士运河所有权中44%的股份。欧洲人对此运河的兴趣日趋增长。意大利作曲家威尔第的歌剧《爱达》,就是为运河竣工奠礼专门而创作的,但直到1871年开罗大剧院建落成后才最终上演。

面对埃及混乱的经济形势,英国与法国两国同时控制着埃及的经济,尽力弥补其财政亏空以保护本国投资者的利益。1882年,埃及民族主义者发起了反对外国干涉的起义,这使得英法对埃及经济控制受到影响。从此法国对埃及事务越来越不关心。1882年5月,英国海军采取单边行动炮轰亚历山大港,但是并没有平息动荡的局面,反而招致了暴乱。这一策略本来想炫耀英国的力量而促使埃及人接受不列颠非正式的控制,但结果却适得其反,埃及的民族主义者拒绝屈服,迫使英国采取军事行动。1882年9月,埃及已被军事占领,成为不列颠帝国的一部分,克劳

---

① Philippa Levine, *The British Empire*, *Sunrise to Sunset*, Published by Pearson Education limited in Great Britain, 2007, p. 90.

默勋爵担任埃及第一任总领事,埃及此后一直处在英国的控制之下,直到20世纪50年代。①

英国在埃及殖民的时间,也正是不列颠开始在非洲急剧扩张的时期,也就是通常认为的"瓜分非洲的狂潮"。这一时期大约从1885年开始,直到19世纪结束。英国这一时期在非洲的殖民势力迅速增长,已开始占据主要地位,虽然没有独占,但也占据了非洲的重要地带。在18世纪里,尽管英国在非洲没有多少领土,但是该地区也成为英国殖民贸易的重要场所。从16世纪以后,沿西非海岸就有很多的商站,到19世纪时,一些地方已处在王室的直接统治之下,1808年,塞拉利昂归属英国管辖,1816年,冈比亚归属英国管辖,1821年黄金海岸也归属英国。

19世纪以前,非洲殖民地的重要性并不在于占有领土,而在于其是至关重要的商品供应地,那就是奴隶。从这一方面而言,非洲是大西洋奴隶贸易的核心,对于英国的很多殖民地也是至关重要的,对于美国的蓄奴州也同样重要。1807年,英国开始发起废奴运动,使这一关系发生了转变。在19世纪早期,英国在西非海岸经常活跃着一支反对奴隶贸易的舰队,阻止运奴船贩运奴隶。19世纪20年代,冈比亚成为反对奴隶贸易的基地而日益重要。塞拉利昂是用来安置那些重新获得自由的非洲奴隶。19世纪30年代,废奴主义的立法在整个不列颠帝国彻底废止了奴隶制度。②

19世纪中期,不列颠有很多冒险家在非洲进行大量的考察探险活动,1853年,大卫·利文斯敦横穿非洲大陆成功;1857年,约翰·H.斯皮克到达乌干达。19世纪早期,南非也引起了英国的关注。非洲大陆南端的开普敦是英国通往印度航线上船舶最理想的停靠站,控制开普敦可以使英国的利益优先得到保证。在这一地区进一步扩张始于19世纪40年代。1847年英国在开普敦东南建立了卡法瑞尔殖民地,作为科萨人的家园,1866年时并入了开普敦殖民地。在南非发现的黄金和钻石使人们蜂拥而

---

① Philippa Levine, *The British Empire*, *Sunrise to Sunset*, Published by Pearson Education limited in Great Britain, 2007, p. 91.

② Ibid.

来。1867年,首次在这一地区发现了钻石,几年以后,在德拉士瓦又发现了黄金。1871年又吞并了西格里夸兰以保证新发现的钻石矿藏归属英国。这些宝贵的发现将使得南非有望成为财富的天堂,不列颠利益新的核心。①

但是在非洲的这一地区,英国的殖民方式通常是商业手段,也就是殖民早期所采用的战略。19世纪晚期,主要由授权公司来进行殖民活动,只是到后来的殖民过程中才逐步采用半正式或正式的管理方式。从19世纪80年代起,主要有三个新的授权公司,1886年成立的在非洲西部的皇家尼日尔公司,1888年成立的不列颠东非公司,1889年成立的不列颠南非公司,这些公司的成立为帝国在非洲的扩张铺平了道路,这种殖民方式的成本比政府直接正式的统治要低得多。② 重新采用这种授权公司以及新的统治方式诸如保护国,可以降低管理费用,也是不列颠帝国缩减殖民成本的一种战略选择。

非洲提供相对稀缺的出口产品,这一时期,最重要的出口产品是象牙、黄金和钻石。世界上有85%的象牙来自非洲。在西非,棕榈油工业也越来越重要。但从总体上来说,和其他不列颠所梦寐以求的地区相比较,非洲缺乏经济发展的良好环境,不能吸引英国进行大量投资,除过非洲南部的黄金和钻石工业,帝国在非洲的其他地区,在整个殖民时代,发展都非常缓慢。③

这样一来,在19世纪最后的15年左右的时间里,不列颠在整个非洲都迅速地获得了领土。1885年,在尼日尔地区建立了保护国,第二年即成立了皇家尼日尔公司。1890年,英国与德国、法国达成了协议,解决了关于在非洲桑给巴尔、坦葛尼喀和尼日尔地区的归属权问题。1891年是忙于殖民和外交斗争的一年,英国与意大利、荷兰、葡萄牙等签订了一系列条约,划定了邻近非洲或非洲内部的领土,建立起了中非保护国,

---

① Philippa Levine, *The British Empire, Sunrise to Sunset*, Published by Pearson Education limited in Great Britain, 2007, p. 93.
② Ibid.
③ Ibid.

北赞比西地区划给了不列颠南非公司。①

到 19 世纪 50 年代由白人居住但没有建立责任自治政府的殖民地是非洲南端海岸边的开普敦殖民地。因为这一时期在这里定居的人大多不是英国人,非洲人和不列颠人之间经常发生冲突,这也不足为奇。1795 年,英国人第一次占领开普敦,从而阻止了法国人的占领企图。而在英国占领之后,这一地方作为通往印度航线上港口的重要作用才显现出来。在 19 世纪早期,荷兰和英国对此地展开了拉锯式的争夺,直到拿破仑战争结束时,这一地区才最终正式成为英国的开普敦殖民地。荷兰定居在此地农民,即波尔人就成为英国公民。②

这一时期,英国在其他地区也有扩张。在拉丁美洲的事务则更为复杂。19 世纪,在巴西和阿根廷独立之后,英国主要是通过签订自由贸易条约的方式而取得贸易优先权。其他欧洲国家也同英国一样,都通过这样的政策在这些地方从事贸易。在其他欧洲列强已进行殖民统治或有力量存在的地区,英国很少选择这些地区进行殖民活动。③ 19 世纪晚期时,大西洋南端的福克兰群岛(西班牙人称为马尔维那斯岛)引起了欧洲列强的注意,因为这一群岛临近大西洋通往太平洋的航线上。所以很快成为欧洲列强法国、西班牙、英国争夺的目标。首先在这里定居的是法国人,两年之后,即 1766 年,一批英国人也来到此岛并定居在西部。1770 年,法国人和西班牙人联合起来驱逐英国人,英国人虽然没有屈服,依然居留在岛上,但是也不愿意为这点领地而战斗。18 世纪 70 年代,虽然他们宣布了对此地拥有主权,但又撤走了。1767 年,西班牙人又占据了法国人在此岛上的定居地,但在 1811 年又撤走了,从此也很少注意此地。到 19 世纪 30 年代早期时,新独立的阿根廷宣布对福克兰群岛拥有主权,因为此岛像阿根廷一样,都曾是西班牙帝国的一部分。英国很快派遣一支海军远征南大西洋,1832 年,宣布福克兰群岛为皇家殖民地。

西班牙与英国另一个长期争执的地方是直布罗陀,这一岬角位于伊

---

① Philippa Levine, *The British Empire, Sunrise to Sunset*, Published by Pearson Education limited in Great Britain, 2007, p. 94.

② Ibid., p. 58.

③ Ibid., p. 89.

比利亚半岛上西班牙的最南端,距北非海岸仅有数公里。1704年,英国人宣布对此地拥有主权。事实表明,直布罗陀对于英国海军进入地中海有着非常重要的作用,拿破仑战争之后,作为战利品,英国又占领了马耳他和爱奥尼亚群岛,极大地扩张了欧洲的领土。

四 不列颠文化帝国的形成

在19世纪里,不列颠增加了1000万平方英里的殖民地和4亿人口,到19世纪末期时,依然是欧洲最大的帝国,殖民地遍布全球,各个殖民地有着复杂的各种各样的政治和管理形式。帝国的多元化不仅体现在地理和文化上,也体现在管理上。[①] 缺乏统一的殖民体系体现了不列颠帝国秩序中一些极为有趣的特征。毫无疑问的是每一个方案都优先考虑的是成本最低的殖民方式,很少有通过扩张使不列颠失去商业利益的殖民活动。与此相关的是,因为派遣军事力量来征服当地人民是一个代价高昂的行为,还不一定取得成功。还有一个经常提到的问题就是在什么样的背景下采取什么样的殖民方式是恰当的。只能说决定采取何种殖民方式是由众多因素决定的。[②] 到20世纪初,不列颠已管辖47个国家或地区,其中仅有12个是自治政府,疆域辽阔的殖民地有4亿多的人口,有多种多样的语言、宗教和文化。[③]

19世纪的殖民扩张不是偶然的,也不是不情愿的,而是积极扩张政策的必然结果,这一政策的宗旨是支撑不列颠在世界政治和贸易中的领导地位。帝国意味着赚钱,意味着可看得见的力量,意味着较高的道德水平。文明的使命也是赚钱的使命,两者都是不列颠遗产及历史所引以为豪的构成因素。

在19世纪里,很多明显的因素促进了不列颠的殖民扩张。从某些方面来看,不列颠主要是出于经济和战略利益的需要。技术在殖民统治和殖民扩张方面发挥了重要作用。英国与欧洲其他大国的竞争对抗日趋激

---

① Philippa Levine, *The British Empire, Sunrise to Sunset*, Published by Pearson Education limited in Great Britain, 2007, p. 82.
② Ibid., p. 88.
③ Ibid., p. 103.

烈，而且欧洲的其他国家也日益赶上了英国处在领先地位的工业，这极大地影响了殖民大国的力量对比。此外，作为一个岛国，英国长期以来积极从事海军国防的建设，这一战略使英国在世界范围内具备了无可匹敌的制海权。更为重要的是，随着帝国的不断扩张，需要保卫其既有的领土，这往往导致了进一步的扩张以获得缓冲地带，或者为船舶在远距离航行的航线上提供便利安全的港口。

19世纪新技术的发展为帝国的扩张创造了重要条件。造船技术有了较大发展，加之交通条件也有改进，诸如苏伊士运河的开凿，使在全世界的通行迅速而便捷。19世纪60年代电报的发明使通讯技术达到了前所未有的快捷。铁路网的建设使货物能从内地迅速运往港口而装船运输，冷藏技术也可以使货物进行长途运输，这能使阿根廷、澳大利亚和新西兰的肉和日用品绕地球半圈运回英国。1882年2月，新西兰第一批冷冻的羊肉从查尔莫斯港运出。军队的运送更为容易且有多种方式可供选择，新造步枪的射程更远，自动化的大炮更具威力。19世纪早期到中期，仅仅是因为没有竞争对手，才使得不列颠维持了统治地位，这一阶段也被称作"不列颠强权下的和平"。[①] 帝国在扩张过程中遇到了少有的和平，正如我们所看到的一样，皇家海军大规模的巡游及护航使海上贸易获得了前所未有的安全。虽然法国和俄国也进入扩张阶段，但这并没有使欧洲陷入像18世纪那样持续的战争状态。直到19世纪晚期，才有其他国家挑战不列颠的商业及帝国权威。在19世纪的大部分时间里，不列颠在欧洲的军事行动获得了前所未有的自由。到19世纪中期时，蒸汽机技术改变了不列颠的乘客出行及货物运送方式，减少了旅行的时间，也使海上或内河的逆流航行更加安全省力。电报连同海底电缆技术建立起了全球通信系统，使不列颠帝国分散而遥远的组成部分能紧密地联系在一起。铁路交通蓬勃发展，大大便利了进入殖民地的内陆，特别是在非洲，以前主要集中居留在沿海地区。因为18世纪在战略上和经济上的成就，19世纪帝国政治与文化的结合将以技术的力量把更广阔的地区纳入不列颠的统治之下。这些发展也推动了非正式帝国的建立，这也是不列颠力量

[①] Jane Samson, *The British Empire*, Published by Oxford University Press, 2001, p. 105.

不断增强和繁荣的至关重要的因素。

在国内,工业革命将不列颠转变成为一个工业和商业方面的超级大国,19世纪70年代以前,没有任何一个国家的工业化程度能达到同样的水平,这使得不列颠几乎可以垄断工业产品的生产。但是这并不意味着不列颠可以忽视外面的世界。不列颠不断增长的人口需要进口欧洲和美国的食品,不列颠的工厂需要进口原料。尽管帝国的扩张能够部分地满足这些需求,但是帝国还不能完全地自给自足。这些发展使18世纪就出现的自由贸易的呼声重新走向高涨,到此时,古老的重商主义体制已完全过时。自由贸易在19世纪的大多时间里是适合不列颠国情的,只是在19世纪70年代以后,当其他工业强国崛起后才威胁到不列颠商业的优势地位,贸易保护主义在不列颠的政治家和实业家之中才重新抬头。[1]

维多利亚时代改革和发展的精神也促进了不列颠人迁居到殖民地。到19世纪早期时移居海外的人不断增加,特别是迁往不列颠的北美(即后来的加拿大)和新的殖民地澳大利亚、新西兰。一群"殖民改革者"极力倡导有组织地进行移民,呼吁政府采取措施出售殖民地的土地及提供劳动力。这些改革者也是自由贸易的支持者,号召私人企业积极参与,特别是解决运送移民的交通问题。他们批判性地指出,没有任何事例能够证明帝国的继续扩张是有好处的,无论是从经济上还是道义上,所付出的代价都是巨大的。这些批评都被忽略了,然而他们所倡导的移民却受到了欢迎并引发学术上的讨论。1853—1920年,从英格兰、威尔士、苏格兰迁往殖民的不列颠移民就达到了540万人,大多数都迁往了加拿大。[2] 18世纪时,在帝国境内迁徙的大量人口主要是被强迫的奴隶,而在19世纪时则主要以自愿移民为主,在帝国境内交错迁徙的主要是契约工人。从1815—1914年,大约有2300万人离开不列颠迁往世界其他各地,美国吸纳了大部分人口,约占移民人数的62%。直到1870年左右,加拿

---

[1] Jane Samson, *The British Empire*, Published by Oxford University Press, 2001, pp. 105 – 106.

[2] Ibid., p. 139.

大才成为大部分移民所选择的目的地。①

帝国时代也是一个收藏和分类的时代,也是一个知识没有边界的时代,不列颠帝国在思想发展和西方具有代表性的思想观点的形成方面发挥了至关重要的作用。西方科学实践的变化导致人们对新的学科的重视,如植物学、解剖学、地理学,并进行分类排序。正如我们所看到的,18世纪的远征探险队都有科学家跟随,他们到处收集资料和样本。

技术对于帝国的发展也起了至关重要的作用。新发明的杀伤力巨大的武器如格特林机关枪很难抵挡,技术的发展是无限的,然而大多都用于军事目的,在加强对殖民地的统治方面发挥了非常重要的作用。铁路网的建设,不仅可以运送大量的货物,也可以迅速地调动军队,铁路建设的动力既来源于经济,也来源于军事需要,铁路的客货运输及服务极大地改变了帝国的面貌。在19世纪末期时,印度的铁路里程已达到了2.4万英里,在不列颠的东非殖民地,也达到了600英里,贯穿加拿大连接两大洋的铁路建设也于1885年胜利竣工。②

在成功开拓和管理殖民地方面,电报的作用不可低估。1873—1874年在非洲阿善提的战争和1875年在马来群岛霹雳州的战争中,就是通过电报指挥作战的。到19世纪70年代,电报已成为伦敦殖民事务署与殖民地或殖民地之间进行通讯联系的基本方式,已用电报密码发送一些保密材料,从而比以前能够更快地做出一些决定。在整个帝国之内,对西方科技的引进和应用是逐步进行的,尽管有着冠冕堂皇的华丽辞藻,但更多的是服务于殖民国家而不是殖民地。

科学技术和医疗卫生总是被习惯性地描述为推动了殖民地的现代化和发展繁荣,同时,也被认为超越了政治,作为一个中立的思想有着积极的作用。1924年,伦敦新建的温布利体育场举办盛况空前的不列颠帝国博览会。两个展厅展出所谓的"纯科学",炫耀西方的科学和医学为不列颠帝国带来的好处。展出的内容都是证明科学和医学知识是怎样改变

---

① Philippa Levine, *The British Empire*, *Sunrise to Sunset*, Published by Pearson Education limited in Great Britain, 2007, p. 108.

② Ibid., p. 116.

了殖民地的面貌，为他们创造了既健康又富有生产效率的环境。在庆祝以科技为动力的西方发展模式时，也不难看出其政治意义。

在帝国范围内生活和工作的一个庞大而重要的群体就是传教士。到 19 世纪末期时，大约有 1 万名左右的传教士分散在世界各地。从 18 世纪晚期开始，英国在帝国范围内的传教士数量快速增长。18 世纪 90 年代，英国每一个大的基督教团体基本都建立了自己的传教士组织。传教士的使命既不是单一的，也不是为了殖民地的穷人。在美洲殖民的早期，大部分传教士都活动在白人定居的地区。18 世纪 30 年代，在佐治亚殖民地，正是因为传教士的工作，约翰·韦斯利才创建了世界上一个非常成功的基督教分支机构——卫理公会。在英国的加拿大殖民地，传教士主要关注的是从英国迁移来的矿工、勘探者、伐木工人和猎人的放纵行为。传教士针对非定居殖民地的传教活动开始相对较晚，在 18 世纪晚期时才趋向活跃。[1]

在殖民时代早期，在伦敦和殖民地的官员都对传教士的活动持怀疑态度，传教士为了允许开展工作不得不进行斗争。他们经常遭受怀疑和怨忿的原因不仅在于传教士致力于寻求宗教皈依者，而且对于殖民地官员而言，传教士经常批评殖民活动并将殖民地政府的消极负面因素传播给公众。传教士还走在废奴运动的最前沿，还经常批评殖民者剥削土著人。19 世纪时，传教士已经遍布全球，在西印度群岛、太平洋地区、非洲、印度、北美、东南亚和中国的通商口岸等地，到处都有传教士在活动。传教士和政府曾一度携手合作，但是传教士在殖民地通常有着复杂的使命，通过皈依者要传播西方的价值观，也经常批评帝国的殖民政策和殖民活动。

传教士或许是殖民者中最接近殖民地当地人的阶层，他们在当地人们之间生活并开展活动，如创办学校、设立医院、建设定居地等，都旨在向不列颠殖民地的人们传播上帝的福音。他们将西方的医疗卫生和教育体系传播到遥远的地区，这样的教会学校确实提高了当地人们的识字

---

[1] Philippa Levine, *The British Empire*, *Sunrise to Sunset*, Published by Pearson Education limited in Great Britain, 2007, p.119.

率。对皈依者往往以基督的名义赐予一个新的名字，要求他们在社会和文化活动中区别于没有皈依者。

在不列颠的政治和文化中，自由一直是备受推崇的思想，作为不列颠国家的一种愿望而长期得到支持。在帝国时期，文明的概念常常和自由联系在一起，英国的殖民者认为他们是为殖民地最终自由而努力。英国的新闻记者、政治家、探险家、旅行家都普遍认为殖民地的人们需要精心培养和适当的教育，以便将来某一天可以分享自由的红利。[1] 帝国统治的影响是巨大的，影响了殖民地人民生活的各个方面，如民生和社会关系，诸如生活方式、工作机会、财产所有权、婚姻法、宗教信仰、教育、娱乐等，所有这些甚至更多的方面都受到殖民统治的影响。[2]

不列颠的政策通常是与当地被视为精英阶层的人寻求一定程度的合作。这一方针可以保留一些保守的传统，这些精英分子也认识到能让他们分享有限的权力取决于他们接受英国的基本权力。英国人与殖民地精英分子维持这样一种联系的目的都为了使他们各自的权力最大化。在东印度公司统治印度时期，印度的土公通常被指责批判为随意而为、腐化堕落、独裁专制，但在英国直接统治时期，却是英国在印度的殖民当局的合伙人。与英国人的合作保证了当地王公的权力。同样的事情也发生在20世纪的非洲，在非洲的统治逐步采用一种非直接统治的方式，当地的首领和统治者为英国做了大量工作。其结果常常是当地的统治者更多的是满足殖民政府的要求而不是他们自己人民的要求，特别是英国人答应给他们授予土地、财富和权力时。英国人也在当地培养了富有的商人。在马来半岛上，中国的商人就具有较强的势力，这种偏袒使得当地人和贫穷的中国人就非常不满。[3]

19世纪是一个巨变的时期，也是不列颠帝国在全球范围内大扩张的时期，且保证了在世界政治和贸易中的优势地位，不列颠帝国所占据的领土面积急剧增长，进出口商品的种类也大量增加，殖民统治的类型也

---

[1] Philippa Levine, *The British Empire*, *Sunrise to Sunset*, Published by Pearson Education limited in Great Britain, 2007, p. 123.

[2] Ibid.

[3] Ibid., pp. 125 – 126.

进一步多样化。不列颠帝国殖民扩张的过程也是英国先进文化在全球传播的过程，也是和殖民地文化不断碰撞与交流的过程。这种文化的碰撞和交流进一步促进了英国文化的发展进步，不列颠帝国不仅是一个依靠政治、经济和军事力量建立起来得贸易帝国，也是一个多元化的文化帝国。在文化力量推动下所形成的新的"日不落帝国"，是英国在近代崛起的原因也是标志。

第 六 章

英国理性主义与科技的发展

第一节 理性主义的勃兴

理性主义并非近代所独有的思想和方法，而是在古代希腊罗马时代就作为一种哲学思想而普遍存在。理性是人的理性，因而理性主义存在的前提基础是人本主义，在朴素的人本主义占统治地位的古典时代，理性主义是哲学和科学都尊崇的思想和方法。历史进入中世纪以后，在宗教和神学占统治地位的前提下，理性主义不仅没有在古代希腊罗马时代的基础上前进，反而出现了暂时的倒退。作为观念和智慧最高形式的哲学，也逐渐沦为神学的婢女，理性主义也只能服从于神本主义，形成了以信仰为主，以理性为辅的思辨模式，强调人的理性依附于神的理性，人的理性要依赖于神的天启。文艺复兴则为理性主义的回归带来了阳光雨露，其主要功绩在于使人本主义又重新回归并逐渐在意识形态领域里占据了重要地位，这就为理性主义摆脱信仰至上的束缚、冲破神本主义的羁绊奠定了基础。17世纪到18世纪，也就是欧洲历史上的启蒙运动时期，理性主义思想终究占了上风，因而这一时代也称为理性时代。如果说文艺复兴时期处于核心地位的思想是人文主义，那么启蒙运动时期的核心思想就是理性主义。①

---

① ［英］恩格斯：《英国状况 十八世纪》，《马克思恩格斯全集》（第1卷），人民出版社1956年版，第662页。

一　文艺复兴时期理性主义的回归

文艺复兴运动在意大利发源后，很快也传播到了英国。中世纪特别是13—14世纪时，英国与意大利佛罗伦萨、威尼斯、热那亚等地本身有着密切的贸易联系，意大利北部市场是英国羊毛和呢绒输出的主要地区之一。特别是英国商人与东方的贸易，大多要经过威尼斯等地商人的转口贸易，密切的经济联系也促进了文化联系，因而英国的文艺复兴运动在兴起的时间上并没有比意大利落后很多，但是从成果上而言，显然意大利文艺复兴在特定领域的成果要辉煌得多，制约英国文艺复兴运动发展的一个重要因素就是持续进行的国内外战争，诸如"百年战争"（1337—1453年）和"玫瑰战争"（1455—1485年）。虽然英国文艺复兴运动在某些方面的成就赶不上欧洲大陆上的一些国家，但也只能说是各有千秋，特别是在诗歌和戏剧方面，英国也是名家辈出，佳作纷呈，许多作品在世界文化宝库中也属璀璨的瑰宝。在文艺复兴时期，英国还形成了以牛津、剑桥大学、伦敦格雷莎姆学院为核心的以人文主义为主导的新文化运动的阵营，不断地汇聚着各方面的优秀人才，在相对自由的学术氛围中更有利于创新发展。而且英国还较早地进行了宗教变革，尽管宗教斗争也持续了较长时期，但是并未造成大的社会动荡，在社会基本稳定的前提下保证了在新教方向上不断前进，这就使思想文化较早地摆脱了信仰的束缚，较早地确立起了人本主义的指导思想，极大地增强了人们的自信心和创造力。

在近代早期，一般的规律是，凡较早进行了宗教改革的国家和地区，文化发展也较快，科技发展也处在相对领先的地位。其根本的原因在于使人们摆脱了宗教神学的束缚，解放了人们的思想，创造了相对宽松自由的文化空间，使人们敢于大胆地思考和创新，不再担心受到以宗教异端名义所进行的限制和迫害。启蒙运动时期，英国社会已历经了社会转型时期的阵痛，从经济基础到上层建筑都已成功地实现了变革，正处在资本主义蒸蒸日上的蓬勃发展时期，为科技文化的发展创造了有利的条件，在这方面英国要领先于同时期欧洲大陆的主要国家，理性主义得到了较快的发展，突出地体现在以理性主义为基础的科学技术也得到了迅速发展。"古希腊的理性是与宇宙的心灵相通的思辨,中世纪的理性是神学和信仰的助手,近代的理性则是时代的精神,这就是自然科学精神。"[1]科学技术的发展与经济社会发展形成了良性互动,使英国在殖民扩张、海外争霸、农业革命、工业革命等领域均处在领先地位,文化的力量在推动国家的崛起方面,发挥了极为重要的作用。

理性主义的回归是英国历史发展的必然要求和结果。15世纪时,文艺复兴的深入发展使人本主义逐步代替了神本主义而占据了主导地位,这就要求人们更多地关注现实社会的力量,从人的自身及社会实践出发去解决实际生活中所遇到的问题,诸如哲学理论中世界本体问题、人与自然的关系问题、认识的来源问题、生产生活中的技术革新与进步问题等,而要解决这些问题,离不开科学技术的发展,而科学技术的发展首先要遵循一个基于现实主义的思维范式,这一思维范式就是理性主义,也就是被社会生产实践反复证明过的在特定的具体条件下都行之有效的理论和方法。在新大陆未发现之前,英国的贸易对象只能单向面对大陆这一方面,地处岛国偏于一隅的地理位置没有任何优势而言,而且容易受制于他国。新航路的开辟使商业中心转移到了大西洋沿岸,这就给英国带来了前所未有的发展契机,无论是发展海外贸易还是从事海上探险,都占据了中心地位,以前在地理位置上的不利因素旋即转变为有利因素,英国处在了既可东西并举,又可南北共进的中心地位,而且在很大程度上摆脱了他国在地理位置上对英国的束缚和制约。因而到16世纪时,以贸易、探险、航海、殖民为核心的海洋文化得到了充分的发展,同时又促进了重商主义文化的发展,贸易的发展恰似整个社会的引擎,极大地促进了英国农业、手工业、商业及城市的发展,而与此相适应的是,英国的殖民扩张,总是为这个引擎在源源不断地注入着充足的燃料,也不断地对社会生产力提出更高的要求。具体而言,就是要求不断地提高人类认识自然、改造自然的能力,要求不断地扩大人们活动的范围,还要求不断地变革农业和手工业生产技术以提高生产效率、生产出更多的商品,也要求为积聚起来的越来越多的资本寻找到增殖的途径和机会,更

---

[1] 赵敦华:《西方哲学简史》,北京大学出版社2005年版,第23页。

要求最大限度地满足人类自身的各层次需要,解放被中世纪以来压抑束缚的人性,创造自己所需要的文化生活。所有这一切都需要以理性主义为根基的自然科学及社会科学的发展,而要推动自然科学和社会科学的发展,又需要将其一般性和特殊性、必然性和偶然性、一次性和重复性、外在性与本质性加以联系并区分,使之上升为具有普遍意义的世界观和方法论,最终以哲学的形式使理性主义得到丰富和发展。从而又在新的起点上为自然科学和社会科学的发展来提供一种更加有效的思维范式。"理性主义即产生于这种旧体系即将终结,新体系朦胧形成的精神解放的氛围之中。它受自由、发展和进步这样一些观念的支配,反对因循守旧,反对专制统治,维护思想自由,倡导批判自由。理性主义是新兴阶级的哲学,它在理性的口号下,坚持维护新兴阶级的创新行动及其在经济、政治、社会方面的目标,它反对把一切制度看作是永恒的,不可改变的东西,主张批判现存的不合理的状况;它首次勇敢地提出:世界并不完善,要使世界具有与理性相一致的内容和特点,就必须改变这一世界。"[①] 16 世纪正是英国社会的转型时期,旧的经济形态在不断瓦解,资本主义经济在蓬勃发展,新兴的社会力量在不断地发展壮大,迫切地要求理性主义的回归,为自然科学和社会科学的发展提供有效的思维范式。

这是一个需要巨人而又能产生巨人的时代,弗兰西斯·培根(Francis Bacon 1561—1626)率先举起了理性主义的大旗,他既是一个人文主义者,又在人文主义道路上前进了一步,也是理性主义的开创者,是一位承上启下的思想家和哲学家。培根的父亲尼古拉·培根爵士(Sir Nicholas Bacon)曾经担任伊丽莎白女王的掌玺大臣,母亲安妮是爱德华六世的老师安东尼·科克爵士的女儿。培根不仅具有贵族的血统,而且受过良好的教育。他 12 岁就入剑桥大学三一学院学习,对所学的各门学科都表现出了优异的禀赋和浓厚的兴趣,三年之后结束了在剑桥的学业而游历法国,1579 年因父亲去世而回到英国。1584 年,培根当选为国会议员而开始了政治生涯,因其杰出的才能和卓越的学识结识了女王的宠臣爱

[①] 钱乘旦、陈晓律:《英国文化模式溯源》,上海社会科学院出版社 2003 年版,第 229—230 页。

塞克斯伯爵而官运亨通，但是他并没有将才华和精力囿于政治，还立志在哲学领域里有所作为，创造出一种新的认识方法，以利于科学的发展进步而造福社会。

在英国思想界已统治了三四百年之久的经院哲学，阻碍着知识与科学前进的道路，成为科学技术发展进步的最大障碍。培根认为这种旧的哲学就像献身于"上帝的修道女"一样，是一种堕落的学术，不会结出智慧的果实。要使科学获得发展，得到想要的结果，必须要给人类的理智开辟一条与过去完全不同的道路，并且给它提供一些别的帮助，以便人的心灵能够在事物的本性上行使它所固有的权威。为科学建立一个足以帮助它去认识自然进而征服自然的理论与方法，是培根给自己所要创立的哲学提出的任务。

宗教改革后包括加尔文教在内的新教虽然否定了教皇至高无上的教俗权威，打击了天主教会的等级制度和主教权威，但各个新的教派并未真正解决科学怎样发展的问题。要完成这一任务不仅要依靠宗教改革家，更多地还要依赖科学家和哲学家。把任何宗教信仰和宗教仪式试图强加给一个人都是对这个人的侵犯，更重要的是，也是对上帝神圣权威的侵犯。所有新教教义都远离政治权威，因为理性是唯一的法律，任何教义都要经过理性的判断。任何人被迫参加违背其理性的宗教崇拜就是逼迫其犯罪。[①] 要把科学从神学、经院哲学的桎梏下解放出来使之迅速发展并应用到工农业生产中，就需要有一个与科学本质及其要求相适应的世界观和方法论，正是"英国唯物主义和整个现代实验科学的真正始祖"——弗兰西斯·培根，肩负起了这一时代的重任，创立起了与经院哲学相对抗的唯物主义经验论哲学。

他把自己的哲学与无神论谨慎地区别开来，并且把批判的锋芒严格地限定在空洞无用的经院哲学，而不去触动宗教本身的存在。因为历经漫长的发展过程，西方世界的宗教文化是所有文化之母，已深深地植入每个人的生命。当时乃至以后的很长时间内，西方任何一个激进的宗教

---

① John Morrow and Jonathan Scott, *Liberty*, *Authority*, *Formality Political Ideas and Culture*, 1600–1900, Published in the UK by Imprint Academic, 2008, p. 16.

改革者，都不会也不敢提出取缔宗教信仰的主张。哲学家与科学家更是对宗教基本都采取温和虔敬或模棱两可的态度，都小心谨慎对待这一问题。培根首先回答宗教改革以来人们长期争论不休的一个关于思维范式的根本问题，即信仰和理性之间，谁的地位最高，当两者发生不可避免的冲突时，究竟是由理性还是由信仰充当最后的仲裁？他没有从正面予以回答，而是从侧面提出了具有革命性和划时代意义的答案："知识就是力量"。这一回答从正面肯定了人类自身潜在或具有的伟大力量，但是也没有明确彻底地否定宗教和信仰的作用。这正是培根对宗教所采取的温和虔敬态度的体现。尽管对培根的这句名言的出处和翻译存在着诸多不同的意见，有些学者还译为"知识就是能力"，有些还认为应当译为"知识就是权力"，但是"知识就是力量"无疑已被人们所广泛接受。严格意义上正确或错误的解释或翻译是不存在的，存在的只有满足或不满足我们今天期望的解释和翻译，而正是"知识就是力量"这种译解最能满足我们今天的期望。[①]

这里的关键在于培根自己的释义，即知识不是来自上帝或先哲的典籍，而是来自人类自身的实践经历，这就说明了人类在上帝面前，在大自然面前不是被动的，而是依据自己的实践经验可以积累一定的知识，最终形成一定的能力，而拥有这种能力，就可以按照自己的意志而不是上帝的设计来征服自然和改造自然。培根认为人类在漫长的历史过程中之所以经受各种灾难，就是因为缺乏知识，对自然及自然规律的无知，在哲学领域仅停留在思辨方面，单一的思维境界严重脱离了社会实践，所以人类要摆脱在自然面前的困境就是要在哲学领域里将人类的认识和实践统一起来，摆脱单一的思辨模式，在实践中获得经验，依据长期实践所积累的经验积累知识和提高能力。这种知识和能力的不断积累与提高最终就可以形成科学与技术，成为在实践过程中行之有效的普遍性规律和操作范式。这种理论和方法不是从认识到认识，也不是从思维到思维，而是从实践到认识，再从认识到实践，再从实践到认识的过程，实

[①] 周林东：《培根名言"知识就是力量"三解》，《复旦学报》（社会科学版）2007年第5期，第45页。

践是根本和归宿。正是从这种意义而言,人们才将培根的思想理论概括成:知识就是力量。也正是在这种意义上才把培根称为"唯物主义和现代整个实验科学的真正始祖"。"十七世纪的英国科学在很大程度上应当感谢弗兰西斯·培根所做出的工作。今天我们更多地认为他并不是一个科学家——他并没有什么重大的发现,也没有推演出科学原理,也很少进行初始的实验,但是作为科学的宣传者,他极力主张自然哲学在人类活动中应当引起新的重视,而且应当制定出新的计划。"[1]

二 培根对理性主义的贡献

培根在其著作《新工具》一书中开篇就说明,人既是自然的说明者,也是自然的改造者。这就是说明了人类不仅可以认识自然,还可以改造自然,人类的知识和能力归于统一。他还进一步指出,人既然是自然的仆役和解释者,他所能做的和了解的,就是他在事实上或思想上对自然过程所观察到的那么多,也只有那么多;除此之外,他什么都不知道,也什么都不能做。也就是说,人的经验是一切知识的来源。培根曾经写道:"所有的一切都依赖于眼睛要一直盯着自然界的事实,以便能观察到客观事物本来的印象。"[2] 依据培根的理解,以前哲学存在的最大问题就是只限于主观的精神世界,注重逻辑,只在思辨领域中展开而脱离了实践,脱离了自然,割断了人同自然的关系,而他所要创立的哲学不仅要考虑人的主观方面,还要考虑人所思考和作用对象的客观方面,而客观方面在很大程度上就是指自然。在他的新哲学中,他就将人与自然联系了起来,其目的在于找出固有的法则,从而来认识自然并征服自然。为此,培根以极大的勇气来质疑经院哲学家们尊崇的神圣权威——柏拉图和亚里士多德。他认为亚里士多德以"三段论"为主要内容的逻辑,只是人们精神思辨的产物,它面对的不是社会实践,也不是自然事实本身,而是抽象的语言和概念,运用这种逻辑来研究自然,得出的结论便只是

---

[1] Brian Vickers, *English Science*, *Bacon to Newton*, Published by Cambridge University Press, 1987, p.1.
[2] Ibid., p.2.

人对自然的主观猜测,而不是依据实践或事实对自然的说明。这种逻辑就变成了架构空虚、编织各种学问蜘蛛网的工具,因而培根批判亚里士多德用他的逻辑学毁坏了自然哲学。但是培根并没有带上个人偏见全盘地否定这种逻辑学,他依然肯定亚里士多德的演绎逻辑在得到正确运用时依然具有实际效用。培根还对柏拉图唯心主义的不可知论进行了批驳。柏拉图主张事物或物质的确定性是绝对不可获取的,否定了人类固有的认知能力和理性,认为自然界是不可认识的,实际上否定了人类知识和经验的积累与进步,这就陷入了唯心主义的不可知论,这种哲学无疑阻碍着人们对自然进行深层次的探索,而最终在理论上依赖神秘主义和虚无主义。

在世界的本原问题上,培根继承发展了古代原子论的唯物主义观点,赞扬德谟克利特比其他学派更能深入到自然里面去,然而他并没有停留在其思想之上,而是要求通过实验和推理来分解物体,从而去发现物体真正的组织和结构。他还对德谟克利特原子论中关于虚空的论说进行了批判,认为这种虚空论的理由是虚伪的。培根进而提出运动是物质不可分割的属性,运动是绝对的,而静止则带有相对的性质,运动的源泉包含在物质自身之中,而且物质的规定性和多样性也表现为运动的多样性,所有物体无论是全体还是部分都没有真正地静止过,有时只是表面上出现过静止,这种静止只是为了起平衡作用的,有时是被运动的绝对优势所引起的。在物质的固有特性中,运动是第一个特性而且是最重要的特性。由此可以看出,在培根的唯物主义思想中,已逐步摆脱了朴素唯物主义的影子而具有了辩证法色彩,也不像其他形而上学的唯物主义学派那样具有强烈的机械论倾向。但从总体而言,他的唯物主义并非纯粹的辩证唯物主义,依然还带有形而上学的色彩。"培根是从古代唯物主义转向近代唯物主义的第一人,古代唯物主义的朴素性和自发辩证法的特征在他身上留下某些痕迹,也是自然的。"[①]

在物质及其规律方面,培根反对以往哲学中把物质的规律与物质割裂开来,把物质从属于形式。他认为形式产生存在的观点是认识的一种

---

① 陆成一:《培根——英国唯物主义的始祖》,《北京大学学报》1961年第1期,第17页。

错误，与物质割裂开来的形式乃是一种认识上的虚构。形式即物质的规律，乃是物质本身所具有的。他说："当我讲到形式的时候，我所指的不是别的，正是支配和构成简单性质的那些绝对现实的规律和规定性，如各种物质中的热、光、重量和能够接受这些性质的东西。因此，热的形式或光的形式和热的规律或光的规律乃是同一的东西。"[①] 培根进一步指出：对于这种规律的研究、发现和解释构成知识与活动的基础；科学的基本任务就是揭示事物自身的规律或形式，从而使人们在思想上得到真理而在行动上获得自由，这种自由就是人们掌握了自然规律而获得的征服自然和改造自然的自由。既然物质及其规律或形式都是可认知的，那么这就提出了另一个使命，如何去认知物质或事物的规律，其方法和途径是什么，即什么是科学的方法和途径。培根又进一步回答了这一问题：感觉和经验是一切知识的基础和出发点，也就是说，所有知识都来自于感觉和经验，这就是培根唯物主义经验论的核心内容。这种观点要求人们要从自然界获得知识，就必须通过切身的感觉或在以往实践中所累积的经验。为此，培根坚决反对那种完全不信任感觉经验的确定性而认为事物无法正确认识的不可知论。他承认感觉或者经验也可能出现误差或者偏差，是有缺陷的、不完善的，或许不能完全正确地反映客观事物，甚至可能给人以虚假或者错误的反馈和信息，但是人们可以找到改正的方法来弥补感官的错误，补充感官的不足，所以感觉和经验的认知途径是可靠的，能够改善感觉、使我们获得更可靠的经验材料的方法是实验。

培根所谓的实验，较今日我们所说的实验，其意义要更为广泛，它不仅是指一般实验室中的科学工作，而且还包括各种工艺活动。他认为通过实验就能够触及自然中的要点和事物本身，能使事物自然的性质得到更充分、更彻底地暴露，看到自然事物在常态情况下所不能显现出来的真相，也可以反复验证感觉和经验是否准确，是否全面，起到对感觉和经验补充完善的作用。因之，认识开始于主体的感觉和在社会实践中所累积的经验，并通过实验来验证并得到补充完善，这就构成培根认识

[①] 北京大学哲学系外国哲学史教研室编译：《16—18世纪西欧各国哲学》，商务印书馆1961年版，第55—56页。

论的基础。"培根的思想体系旨在将经验和理性统一起来,也就是把观察和理论统一起来。实验不能是随机的,而必须是熟练的和人为设计的,来表述问题的关键。"①

然而培根的认识论并非静止的和形而上学的,而是需要不断发展完善的。培根还要求"直接从感觉出发,通过循序渐进和很好地建立起来的实验进程,努力为人的理智开辟和建筑一条道路。"② 这就是培根认识论中所要求的认识的无限性,也就是通过感觉和经验而获得的知识,并非一成不变的终极真理,而是相对真理,依然需要不断地发展和完善,同时还要抽丝剥茧、去粗取精、去伪存真,从认识所得到的知识中提炼出内在的、本质性的、规律性的东西,上升为各种理论原则,也就是认识要反复经过社会实践的检验而不断修正缺陷错误,直至在一定条件下成为普遍适用的原则和公理,实质也是揭示事物发展规律的过程,培根也称之为物质存在的形式。揭示事物发展的规律也就是人们认知的最终目标,以便人们在征服自然、改造自然的过程中能驾轻驭熟,得心应手而少走弯路。

培根认为,在整个认识的过程中,最重要的是认识主体的理性,如果缺乏理性,那就不能从感觉和经验中得出任何认识,也不能通过实验来验证完善所得出的认识,更无法从认识中得出事物的原则和公理,揭示事物发展的客观规律,因而理性是完成认识过程的前提和关键。培根在强调实验的同时也十分重视理性在认识中的作用,提出了将实验和理性结合起来,永远建立起一个真正合法的婚姻。培根所提供的理性主义的"新工具"就是他的归纳法或归纳逻辑。归纳法要求先要对自然事物进行理性地分析,在理性分析的基础上从个别事物中找出规律性的东西,归纳推演出一般原理。也就是从个性中寻找共性、特殊性中寻找出一般性、从多样性中寻找单一性。培根曾经说道:"我的逻辑学教导理性不要用巧妙的诡计去了解事物的抽象(普通逻辑学都是这样做的),而是要真

---

① Brian Vickers, *English Science*, *Bacon to Newton*, Published by Cambridge University Press, 1987, p. 3.
② 北京大学哲学系外国哲学史教研室编译:《16—18世纪西欧各国哲学》,商务印书馆1961年版,第31页。

正地分析自然界,揭露物体的属性和作用以及物体在物质中的某些规律。"① 这种方法对于自然科学的发展起过很大的作用,正如恩格斯所说:对自然现象的分析方法乃是"最近四百年来对自然的认识大踏步前进的基本条件"。② 正是培根所总结概括出来的归纳法,才克服了古代哲学对自然那种笼统模糊的总体认识,而从纷繁复杂的自然界中舍弃非本质的个别属性而找出本质的共同属性,帮助自然科学深入到自然界的个别领域和内部过程,揭示其具体规律,使自然科学的发展越来越精细,越来越具体化和实用化。培根是近代归纳法的创始人,从培根开始,归纳法才作为一种科学的方法受到人们的重视,特别是走向了经院哲学所歪曲利用的演绎逻辑的对立面,同时也与过去不科学的归纳法即简单列举法有着较大的区别。他认为简单列举法是缺乏理性的经验论,在他看来,这种经验论者好像蚂蚁一样,只是把现成的经验收集起来利用,却没有经过任何的加工改造。而经院哲学家们则像蜘蛛一样,从自己的理性抽丝结网,走向了两个不同的极端。培根认为,真正哲学家应当像蜜蜂一样,从花园里和田野里的花上采集材料,但是用他自己的力量来消化并改变这种材料,也就是既要采集材料,又要加工改变材料。这样经验哲学只是搜集到了材料,没有经过自己的理性进行主观能动地分析和加工。而经验哲学家则仅依据自己的理性在思辨领域里进行逻辑上的推理,其主要的弊端是脱离了社会实践,而培根所倡导的归纳逻辑则是要在方法上发扬这两种方法的优势而纠正其弊端,其主要特征也就是充分发挥认识主体的理性及主观能动作用,将精神领域的思辨和社会实践密切结合起来,实质也就是反对将意识和物质对立割裂开来。"培根并不是一个单纯的搜集事实的人,对具体观察和实验结果的积累的目的是形成他伟大复兴的三个阶段的基础,他对事实的还原或科学的革新。紧接着将会形成一个理解力的阶梯,从具体的现象上升到原理的阶梯,再到概括性的自然定律。这将伴随着所期望的新哲学,先是试验性的概括——结果到

---

① 陆成一:《培根——英国唯物主义的始祖》,《北京大学学报》1961年第1期,第18页。
② [英]恩格斯:《反杜林论》,人民出版社1970年版,第419页。

假说——再通过进一步的观察和分析进行证实。"① 培根在这一方面还提出了"实验的和理性的能力之间的更密切和更纯粹的结合"问题，尤其是培根所倡导的实验，虽然是针对认识论中知识的获得，是对感觉和经验进行反复验证而证明其是否可靠，从而得出准确无误、符合客观事实的知识，但是实验法一旦同他的归纳法结合起来，就引起了自然科学的革命，人们就在探索自然界的客观规律方面找到了一条事半功倍而行之有效的途径，这就极大地推动了自然科学的发展及其在生产实践中的应用。培根所指的实验，本身就含有生产工艺等具体的操作过程。培根的唯物主义经验论，在理性主义的贯穿之下，始终把社会实践和生产应用作为旨归，这就完全摆脱了旧哲学中仅囿于思辨领域而脱离社会实践的局限性。培根认为科学在人心目中的价值也必须由它的实践来决定，真理之被发现和被确立是由于实践的证明而不是由于逻辑或者甚至是由观察所证明的。培根在近代哲学体系中第一次将社会实践提高到应有的地位，体现了唯物主义从实践来、到实践中去的现实主义，也体现出了其"知识就是力量"的社会现实意义。中世纪的哲学家在本质上并没有一套系统的方法进行实验性研究，他们更感兴趣的在于新方法的理论而不是在现实世界中的应用。而与此相反，弗兰西斯·培根强调实验的重要性，非常重视建立一个经验主义的知识体系来创建并验证理论本身。他认为现存的关于自然界的解释，往往很少通过在实验基础上来建立。现在所需要的是在科学研究的各个领域里都要引入新的实验。这些或许应当有效地组织和记录，不同领域的实践应当相互合作以便获得卓有成果的思想交流，这就可能促使进一步的实验和更大的进步。一旦积累了足够的实验数据，就可以归纳推导出普遍的理论。这些原理一旦被他们发现，就能通过进一步的实验来检验和证实。②

他的新哲学，始终站在现实主义的立场上，社会现实是出发点也是落脚点。从现实出发去认识，认识要回到现实去接受检验并不断完善，

---

① Brian Vickers, *English Science*, *Bacon to Newton*, Published by Cambridge University Press, 1987, p. 3.

② Alan G. R. Smith, *Science and Society in the Sixteenth and Seventeenth Centuries*, Published by Thames and Hudson London, 1972, p. 72 – 74.

结合现实利用理性去分析归纳，最后回到社会实践为现实服务。"培根的整个体系的直接宗旨在于促使产生有利于人类的发明和过程，而不是基于现代意义上的功利主义（这种功利主义主要考虑物质利益而不考虑道德因素），但是在实践的古老传统中或涉及社会其他人的利益中，或是基督教的慈善中，培根的有用主义相当于博爱。"① 培根相信他系统的实验计划将推进科学真正与本来的目标，人类具有进行新的发现的力量和天赋。而反过来，征服自然的新力量将使人类更加繁荣昌盛。培根关于在自然现象基础上通过系统的实验来推动科学进步和物质繁荣的信念使他成为19和20世纪科技革命的先知。②

这样，培根就确立了他新哲学的独创性，这种新哲学既是唯物的又具有一定的辩证法色彩，运动是物质最重要的特性，物质又具有一定规律性，而这种规律并不是某种既定的意志或绝对理念的显现过程，而是物质存在的基本形式，是可以被人来认知并利用的，认知的途径和方法是人们在社会实践中的感觉和经验，并可以借助于实验来发展完善。所有认识都是一种相对真理，有待于在实践中反复进行检验并不断发展，最终得到普遍适用的原则和公理，进而去认识事物发展的客观规律，利用认识所得到的一切不断提高自己的能力，增强征服自然、改造自然的自觉性。他的哲学中的认识论体系，目的就是要得到接近客观事物及其规律的知识，从而使认知主体掌握这些知识，提高人类征服自然改造自然的能力。在培根新的哲学体系中，特别是在认识论中，强调要把理性主义贯穿始终。而在方法论中，培根开创了近代归纳法，成为科学发展的新工具，摆脱了旧哲学重思辨而脱离社会实践的弊端，以推动自然科学的发展为目标，以社会实践作为出发点和落脚点，极大地推动了近代早期自然科学的进步及其在社会实践中的应用。这种哲学体系显然和以往各派哲学有很大的区别，特别是在哲学的基本问题上走向了中世纪经院哲学的对立面，因而对于开启哲学新时代具有划时代意义。"培根的一

---

① Brian Vickers, *English Science, Bacon to Newton*, Published by Cambridge University Press, 1987, pp. 2–3.

② Alan G. R. Smith, *Science and Society in the Sixteenth and Seventeenth Centuries*, Published by Thames and Hudson London, 1972, p. 74.

些思想,诸如抨击中世纪的经院哲学及纯粹的在文献上的科学实践,虽然在欧洲文艺复兴时也有其他人也有过这样的反对,但是他首次明确地批判落后的科学并建议在实践上进行修正,没有一个人清晰有力地表达过这样的观点。然而在 17 世纪时,培根在实践上被尊崇为新哲学的创立者之一,不仅是一个理论家,也是一个实践者,他的声名远播到整个欧洲。"①

培根创立的唯物主义经验论哲学,高举理性主义的大旗,在人文主义的基础上又大大向前迈进了一步,基本完成了将哲学和自然科学从神学束缚下解放出来的历史使命,使英国社会的意识形态及文化思想在宗教改革和文艺复兴运动的基础上得到了进一步的解放和发展,特别是给宗教神学的神秘理论——经院哲学以革命性地打击,将人们关注的重点从脱离实践的逻辑推断、虚无荒谬的诡辩、细枝末节的纠缠中解放出来,开始转向科学认知、理性思考、重视社会实践。这就为科学的发展进步确立起了理论框架,科学的发展同社会实践密切结合起来,许多重要的科学原理虽然仍处于探索的过程之中,要推动技术的进步,最终转化为技术和生产力而促使工农业生产的发展进步依然还有很长的路很走,但是培根为哲学及科学的发展指明了正确的方向并架设起了理性主义的灯塔。"培根公然宣称知识就是力量,唱起了与信仰就是力量完全相反的调子……实际上已把科学和理性放在了一切事物之上,成为判断和衡量真理的标准。同时,培根的哲学开始显示出英国理性主义的特点,那就是强调实践,厌恶空谈。实践的或经验的理性主义一直是英国理性思想发展的主流,培根则是这一思想潮流的先驱。"②

正是从培根开创的哲学新时代开始,英国的科学和哲学走上了快速发展的道路,特别是在启蒙运动时期,英国涌现出了许多著名的科学家,诸如牛顿、波义耳、哈维、这些众多科学家的成就确立了英国科学技术在世界上的领先地位,英国之所以最早地进行并完成了工业革命,与这

---

① Brian Vickers, *English Science*, *Bacon to Newton*, Published by Cambridge University Press, 1987, p.1.

② 钱乘旦、陈晓律:《英国文化模式溯源》,上海社会科学院出版社 2003 年版,第 240 页。

种哲学与自然科学在近代较早地进行了革命性地变革有着必然的联系。而且这种哲学及整个思维过程的革命性飞跃所带来的变化并不只是促进了科学技术的发展与进步，而且以理性主义的力量推动了整个文化事业的发展，使整个民族在人文主义的道路上更加昂首阔步、坚定前行。理性主义的光芒也促使知识分子等社会精英阶层更加关注社会现实、更加关注社会实践、更加关注社会发展过程中所面临的各类问题，从各个方面为解决这些问题而出谋划策、不懈努力。近代早期英国文化力量在推动整个国家崛起方面所发挥的作用，在启蒙运动时期，显得尤为突出。一个国家在文化方面的成就和其他方面成功之间关系通常是复杂而模糊的：一个国家可能有强大的力量，但不一定有较先进的文化力量，但有先进的文化，一般都具有较强大的力量。[①]

三 启蒙运动时期理性主义的发展

人文主义思想是推动近代早期出现科学革命的又一个重要力量。十五、十六世纪时，人文主义著作的一个重要特征通常是复兴古典文化，往往要延伸到古代希腊、罗马时期一些重要科学家的著作，包括阿基米德和伽林。16世纪早期对阿基米德著作的重新研究实际上对机械学和数学的研究起到了很大的推动作用，同时完善并翻译了人们早已熟悉的伽林的著作。[②] 然而，科学革命的一个重要特征是在很大程度上发展了古代的科学思想，重新发掘古代的科学著作，实际上极大地推动了科学研究，因此并不是停留在古代的科技水平上。而在漫长的中世纪，理性主义的火光尽管微弱，但是并没有彻底熄灭，特别是在哲学与自然科学研究方面，依然在发挥着应有的作用。理性主义尽管沦为神本主义的婢女，但是两者并没有完全走向对立，任何时候，历史的发展进步总是任何力量都不可遏止的，而理性主义正是推动社会发展进步的重要因素。从13世纪开始，英国在哲学领域里，特别是在方法论领域里，理性主义的光芒

[①] J. S. Bromley, *The New Cambridge Modern History*, Volume VI. *The Rise of Great Britain and Russia*, 1688–1715/25, Cambridge University Press, 1970, p. 72.

[②] Alan G. R. Smith, *Science and Society in the Sixteenth and Seventeenth Centuries*, Published by Thames and Hudson London, 1972, pp. 45–46.

偶尔也划过黑暗的夜空。

在方法论领域里的重大突破似乎出现在 13 世纪的牛津大学,在这里,古代希腊的科学方法有了重大进步。① 方法论涉及了两个基础性的问题,第一个是如何尽最大可能地全面调查一个现象或一系列现象,然后观察总结得出理论,这一理论能解释这些现象,这就是归纳的问题;第二个问题是怎样通过进一步调查鉴别这些理论的真伪问题,这就是实践检验。13 世纪时,英国伟大的学者罗伯特·格罗斯泰特的著作中首次全面阐述了这些问题。在他的影响下,牛津大学的学者在方法论上有了很大进步,格罗斯泰特也用这种方法在牛津进行光学研究,他和他所在的学院深知数学的重要意义,数学也是催生 17 世纪科学革命的另一重要工具。② 罗格·培根是 13 世纪时牛津大学一位重要的科学家,也是格罗斯泰特的追随者中最杰出的一位,他曾经这样写道:所有的分类均依赖于数量的知识,也就是数学所涉及的问题,因而整个逻辑思维的力量都依赖着数学。而且,世界上的事物,如果我们考虑到效率和出现的因素,没有几何学的力量,我们将一无所知。这些关于方法论的科学思想很快传播到欧洲大陆的法国、德国和意大利。16 世纪时这些思想广为流传,也是伽利略思想理论来源的重要组成部分。③

大约在 1335 年前后,牛津大学的学者威廉·海特茨伯瑞第一次正确论述了物体的匀加速运动定律。④ 这一匀加速运动定律在十四、十五世纪时通过各种方法都得到证实。最为著名的是尼科尔·奥里斯姆,他在论证过程中加进了图表,并强调这一图表体系在论证过程中具有非常重要的作用,而微积分在十七世纪时才发展成熟,成为牛顿时代最重要数学工具。⑤

历史学家在解释当时欧洲科学革命的历史条件时,通常会认为宗教

---

① Alan G. R. Smith, *Science and Society in the Sixteenth and Seventeenth Centuries*, Published by Thames and Hudson London, 1972, p. 49.
② Ibid., p. 50.
③ Ibid., pp. 51 – 52.
④ Ibid., p. 53.
⑤ Ibid., p. 54.

改革和新教运动在推动科学发展方面曾发挥了重要作用,特别是加尔文教的作用更为明显。这一观点多见于一些著名学者如韦伯和希尔的著作中,他们认为,新教通过取代天主教会的等级制度而促进了近代科学的兴起,天主教会强调教士的神圣权力,而新教并没有严格的组织体系,重在强调每个信教者个人权力,也提倡个人有思考的权力。新教的这些理论逻辑,并没有被当时的新教领袖所意识到,他们极力主张翻译《圣经》,因而促进了在各个领域的自由探索,当然,近代科学和自由探索的精神在并驾齐驱。还有一种说法是科学革命起源于中世纪科学思想和方法的发展,特别是伽利略及同时代科学家的著作和方法论的发展。①

"培根的新哲学满足了整个英吉利民族对财富和经济成就渴求的愿望,因而它就比任何纯粹的理论更易为社会所接受。新阶级把培根的理论与自然科学视做自己的神明,他们解开钱袋创办学院、资助学会。"②这就使理性主义在启蒙运动时期得到了迅速发展。在理性主义光芒的照耀之下,英国也进入了一个科学革命时期,自然科学的各个领域均出现了突破性的进展,这种进展基本上奠定了 19 世纪之前自然科学的基本原理,虽然在科学理论并没有全部都转化成生产技术而在社会生产中即刻发挥作用,但是作为一种尊重事实、以社会实践为出发点和落脚点、崇尚科学、追求真理的理性精神,已成为全民族的精神财富,在社会发展的各个领域里,都发挥着重要的推动作用。尽管这种作用有时是模糊和不可具体来衡量的,但是没有这种推动作用,整个科学领域以及社会的发展进步则不可能如当时历史发展的本来面目。"而且,17 世纪科学革命改变了欧洲文明的进程,不仅是因为其影响一直持续到 1700 年,尽管这一点也比较重要,但更重要的是与现代科学进步的至关重要的联系。毫无疑问的是,19 至 20 世纪的科学在改变当代世界的经济和社会生活方面确实发挥了非常重要的作用,而这一切又依赖于技术的发展进步,而技术发展的前提是过去一百多年基础科学的发现。而这些有着重大发现的

---

① Alan G. R. Smith, *Science and Society in the Sixteenth and Seventeenth Centuries*, Published by Thames and Hudson London, 1972, p. 49.
② 钱乘旦、陈晓律:《英国文化模式溯源》,上海社会科学院出版社 2003 年版,第 242 页。

科学家们一起开创了第二次科学革命,这一切都要归功于十七世纪的先辈们,是他们开启了第一次科学革命。"① 克里斯多夫·希尔在他的著作《英国革命的思想起源》中论述到,清教和近代科学思想的发展,打击了天主教的神秘主义及 17 世纪安立甘教在科学上的蒙昧主义,也打击了保王党人。希尔用各种方法论述了这种观点:介绍格雷莎姆大学早期一些具有清教思想的教授,诸如亨利·盖利布兰德和塞缪尔·福斯特;把清教思想和自由思想联系起来;把十七世纪四五十年代的新科学的发展和清教主义的胜利联系起来;把清教所强调的个人在宗教活动中体验同弗兰西斯·培根的观点两方面联系起来,那就是科学基于个人的观察和实验。②

英国是启蒙运动的发源地之一,启蒙思想主要体现在自然神论的思想观点中。自然神论是启蒙运动前期一种宗教哲学思潮,提倡以自然理性为基础的自然宗教,而反对传统的以教会为主导的基督教。自然神论的核心思想就是要突出理性的重要作用,全能的上帝也服从了理性法则。理性主义在启蒙运动时期所受到的推崇程度,由此可见一斑。这一时期,大量的科学实践不应当被视为自然哲学的活动,而应当视作自然神学的活动,因为有很多推论从广义上来讲都属于神学的范畴。从广义上来讲,自然神学相信人类的理性可以知道上帝的存在、贡献及目的,从自然界存在的事物就可以看出来,并不依赖于《圣经》中所收录的信息。以神学的方法,这依赖于对上帝的两本书的印象,书的本身,书中所展示的东西,两者都可以推导出基督教的信条。18 世纪自然神学的流行对于新科学的传播是至关重要的,鼓励人们更加仔细地观察自然界,同时也符合启蒙运动的进取主义思想,强调人类理性的力量可以使现实世界与神学真理密切联系。③ 在此科学和宗教的活动中,可以看出二者不可分割。宗教优先考虑的事就促进了科学调查。例如威廉·德勒姆,在他的《神

---

① Alan G. R. Smith, *Science and Society in the Sixteenth and Seventeenth Centuries*, Published by Thames and Hudson London, 1972, p. 7.

② Ibid., p. 47.

③ Jeremy Black, *Culture and Society in Britain* 1660 – 1800, Published by Manchester University Press, 1997, p. 113.

学物理》一书中就概述了他试图发现上帝的目的在自然界是如何展现的。他说道:"上帝的旨意在整个世界里是这样的明显,丰富多彩的大千世界都归功于万能的造物主,无神论者的争辩是苍白而令人生厌的,只能使他自己不可原谅。"①

十六、十七世纪科学的发展在世界历史上属于最富有创造性的变化:它改变了人们的宇宙观和世界观。起初,这种新的思想只有西欧人口中受过教育的一小部分人接受理解了,但是正是这一小部分人是当时社会发展的推动性因素,对当时的宗教、政府、经济、文学影响深远,而这一切都受到新科学的影响。到十七世纪晚期时,这些有文化教养的人和生活在1500年的先辈们相比,已经生活在一个完全不同的精神世界里。②"在这个特殊的时期,科学的传播及影响力是前所未有的,一个新的职业迅速兴起。有着高技术标准的科学协会如雨后春笋,政府在科学方面的投资期望得到利润的回报。层出不穷的科学杂志向大众广泛地传播着一种新的哲学。受过良好教育的欧洲人的主流文化正在发生着变革。科学及其方法开始取代传统的形而上学而成为标准的理性学科。同时,欧洲富有影响的思想中心发生了转移,英国的思想以前所未有的速度渗透到欧洲其他地区,这是英帝国建立之前一个最重大的胜利。"③

在十六和十七世纪时,英国是科学与商业紧密联系的典型国家。十六世纪的数学家罗伯特·雷科德和约翰·迪伊都是商业公司的技术顾问,也是通过设立数学讲师职位来推动科学教育的商人,同时鼓励翻译科学著作以推动科学的发展。1597年,麦塞斯公司用伊丽莎白时代金融家托马斯·格雷莎姆爵士所遗赠的金钱和财产在伦敦创办了格雷莎姆学院。格雷莎姆爵士去世于1579年,他要求在这个学院中,七个教授职位中三个职位应致力于科学教育,特别是天文学教授更要花大量时间教授航海

---

① Jeremy Black, *Culture and Society in Britain 1660 – 1800*, Published by Manchester University Press, 1997, p. 113.

② Alan G. R. Smith, *Science and Society in the Sixteenth and Seventeenth Centuries*, Published by Thames and Hudson London, 1972, p. 7.

③ J. S. Bromley, *The New Cambridge Modern History*, Volume VI. The Rise of Great Britain and Russia, 1688 – 1715/25, Cambridge University Press, 1970, p. 37.

学。格雷莎姆学院成为十七世纪前半期英国科研活动的中心,当时的大学教授和英国海军官员、造船工程师、船长等都有着紧密的联系。[1] 格雷莎姆生前是麦塞斯公司的老板,还是皇家交易所的承办人,格雷莎姆学院就创办在他在伦敦的房地产及住宅上,是以科学活动为主的大学,而且从一开始就和当时的其他大学有所不同,它并不由教会和政府来管理,而是由麦塞斯公司和伦敦市长、市参议员来管理。所有伦敦市民都可以进入学院自由听讲,不收学费。格雷莎姆还在遗嘱中规定天文学教授的职责是:"天文学的讲授者应当在他的庄严讲稿里,先讲述天体的原理,行星的学说及望远镜、观测杖和其他通常仪器的使用,来增进海员的能力……教授应当每年用一学期左右的时间通过讲授地理和航海术,把天文学加以应用。"[2] 格雷莎姆学院是专门从事科学研究及致力于科学教育的大学,这在世界教育史上也是较早的专门进行科学活动的大学;虽无明确的规定,但是学院已经摆脱了教会的束缚和管理,在办学环境上相对自由宽松,具有很强的自主性,在办学指导思想已是人文主义和理性主义。

英国当时正处在海外探险及殖民扩张的高峰时期,贵族、乡绅、商人、探险家、航海家迫切希望仿效西班牙及葡萄牙进行海上探险,寻找新的商路,建立殖民地、获得黄金白银以及东方商品、发展海外贸易等,迫切需要大量掌握天文地理、洋流潮汐、航海知识和技能的专业人才。格雷莎姆学院的办学宗旨充分体现了理性主义学以致用的实践原则,对中世纪重理论轻实践的教育理念进行了大胆的改革,在教学内容中强调要讲授天文、地理、航海知识,正是为了满足英国人从事海外活动的愿望,为海外探险和殖民扩张培养必需的人才。学院的教授并非仅仅埋头于实验室和书堆中的知识分子,而是紧密联系社会实践、服务于社会发展的科学人才。学院还具有一定的开放性,对科学有兴趣的人,可以自由地进入学院的课堂免费听讲,显然有利于培养科技人才,也有利于培

---

[1] Alan G. R. Smith, *Science and Society in the Sixteenth and Seventeenth Centuries*, Published by Thames and Hudson London, 1972, pp. 39 – 41.

[2] 申漳:《简明科学技术史话》,中国青年出版社 1983 年版,第 160 页。

养人们对科学技术的兴趣,至少也可以提高他们的科学文化素养,培养他们崇尚科学的精神,因而格雷莎姆学院成为 17 世纪前半期时英国科学研究的中心,汇聚了众多的科学家及致力于科学研究的人才,为后来皇家学会的成立奠定了基础,也极大地推动了自然科学及理性主义的发展。皇家学会在成立后的很长时间里,很多科学活动都在格雷莎姆学院举办。"于是,在近代一个非常重要的转折点上,英国的理性主义几乎在没有面临值得一提的反抗的情况下就取得了迅速的进展,并巩固了它的阵地。"①

尽管格雷莎姆学院已成为专门致力于科学研究和科学教育的中心,但是它的性质依然属于大学,更多地担当着科学教育及科学普及的任务,这就难免影响着科学家研究所投入的程度,也制约着科研水平的进一步提高。为此,很多科学家倡导成立一个专门从事科学研究的机构,同时打破大学的门户之见,使其能够广泛地吸纳有科学天赋的杰出人才,以互相交流,互相启迪,群策群力地推动科学研究,以迎接 17 世纪以来遍及欧洲范围内的科学革命的挑战,从而使英国能在科学革命的大潮中占据优势。"这些学术机构的主要功能是开展科学研究并进行思想交流,而科学教育的任务则由大学来承担。"② 同时英国也有着深厚的科研活动的基础,培根的新哲学体系已为科学发展确立了正确的方向和途径,而且日渐被人们所接受,理性主义已经回归并且有了很大程度的发展,杰出的科学家们辈出不穷,成立这样一个专门的科研机构可谓水到渠成。斯图亚特王朝复辟后,尽管似乎是历史的倒退,但是社会的发展进步并没有因此而停止,内战以来政治及社会动荡局面也因此而宣告结束,对外的商业争霸战争已取得了一定的优势,海外贸易、海上探险及殖民扩张也取得了很大进展,对科学技术的发展提出了更高的要求,英国皇家学会就这样应运而生了。英国的皇家学会由 17 世纪 40 年代在伦敦和牛津所召开的非正式的科学家会议发展而来。在 1662 年夏天,收到了其正式的

---

① 钱乘旦、陈晓律:《英国文化模式溯源》,上海社会科学院出版社 2003 年版,第 243 页。
② J. S. Bromley, *The New Cambridge Modern History*, *Volume VI. The Rise of Great Britain and Russia*, 1688 – 1715/25, Cambridge University Press, 1970, p. 42.

章程，这比法国的皇家科学院的成立要早四年半。①

　　脱离保守的大学体制，而创建学会作为新学问研究中心的是意大利人，但是到 1700 年时，意大利的学会已停止了工作，然而在其他地方，两大国家机构已经作为有组织的科学研究的中心而出现，那就是：英国皇家学会及法国科学院。这表明了欧洲的文化思想的领导地位已经被英国和法国平分秋色。德国虽有一些较小的科学机构，但都不是国家级别的科学组织。正是英国皇家学会和法国科学院，为后来欧洲及美洲无数的学术机构的研究提供了原型。但是这却是两个完全不一样的原型。英国皇家学会是一个私人机构，完全由他们自己进行管理，自己挑选会员，会员中既有专业的科学家，也有业余爱好者。它也没有来自公共资源的财政支持和办公场所，也没有义务替王室工作。而法国科学院，从一开始就是一个国家的机构，所有成员都是国家任命的职业性质的科学家，待遇优厚，办公设施良好，在研究上有充足的经费支持。这样他们所进行的一些研究项目，通常都是技术应用方面的，都是按照政府的要求来进行。这两大科学机构，的确都认可弗兰西斯·培根所倡导的科学是非常有用并且是启迪心智的。两者也都重视实验在研究过程中的重要作用。但是英国国王很快就允许皇家学会从事自由研究，从不干涉调查个人的信仰。② 相反，官方性质的法兰西科学院则严重依赖于主管领导的兴趣。"英国和法国的科研机构在运作上有很大的不同，巴黎的研究院与国家有着较为密切的联系，国家任命研究员并支付他们的薪酬，然而英国的皇家学会完全不受政府的管理，会员也由其成员自己选举决定，因而在人数上迅速达到了一百多人，远远超过了人数较少的法国科学研究人员。"③

　　英国"皇家学会的章程简直就是培根思想的翻版，以至某些语言都极其相似：我们明白，再没有什么比提倡有用的技术和科学更能促进这

---

　　① Alan G. R. Smith, *Science and Society in the Sixteenth and Seventeenth Centuries*, Published by Thames and Hudson London, 1972, p. 84.

　　② J. S. Bromley, *The New Cambridge Modern History*, *Volume VI. The Rise of Great Britain and Russia*, 1688 – 1715/25, Cambridge University Press, 1970, p. 38.

　　③ Alan G. R. Smith, *Science and Society in the Sixteenth and Seventeenth Centuries*, Published by Thames and Hudson London, 1972, p. 84.

样圆满的政治的实现了……我们只有增加可以促进我国臣民的舒适、利润和健康的有用发明,才能有效地发展自然实验哲学,特别是其中同增进贸易有关的部分;这项工作最好由有资格研究此种学问的有发明天才和有学问的人组成一个团体来进行。"[1] 皇家学会的宗旨显然是想凝聚有发明创造天赋的科学家而组建一个科研团体,以团体的力量推动科学技术的发展,以适应社会发展的需求并造福人类,其着眼点在于社会实践,以科学技术和理性主义的力量推动政治稳定、经济和社会发展,人民生活得到改善。皇家学会把社会实践和生产应用作为宗旨,充分体现出了培根的"知识就是力量"的社会现实意义。皇家学会的成立,也得到了国王查理二世的大力支持,他在给皇家学会颁发的特许令状中说道:"朕获悉,一个时期以来,有不少一致爱好和研究此项业务的才智德行卓著之士每周定期开会,习以为常,探讨事物奥秘,以求确立哲学中确凿之原理并纠正其中不确凿之原理,且以彼等探索自然之卓著劳绩证明自己真正有益于人类;朕且获悉他们已经通过各种有用而出色之发现、创造和实验,在提高数学、力学、天文学、航海学、物理学和化学方面取得了相当的进展,因此,朕决定对这一杰出团体和如此有益且堪称颂之事业授予皇室的恩典、保护和一切应有的鼓励。"[2] 皇室的特许令状充分肯定了这些科学家卓越的才能德行及其在各个学科上取得的成就,强调科学研究在于探索事物发展的客观规律而为人类服务。皇家学会并非由王室所创办,其冠名以皇家也只是表明得到了王室的肯定和支持,从而具有了至高无上的荣誉和学术上的权威。但这种支持也只是一种名义上的肯定与支持,并不给予财政经济上的资助,也不存在行政上的管理与支配。皇家学会从成立以来,也的确只有才能卓著、声誉突出的科学家才能加入。

当1662年皇家学会正式成立时,汇合了当时几个已经进行的科学活动。其中一部分科学家早在1645年时就已经在伦敦召开会议,包括数学

---

[1] 钱乘旦、陈晓律:《英国文化模式溯源》,上海社会科学院出版社2003年版,第242—243页。

[2] [英] J. D. 贝尔纳:《科学的社会功能》,陈体芳译,广西师范大学出版社2003年版,第64页。

家约翰·沃利斯,还有约翰·威尔金斯、乔纳森·戈达德。他们有时候在格雷莎姆学院集会,该大学是 1597 年时建立的一所地方性的致力于教育实践的中心机构,后来多年来成为皇家学会活动中心。独立于这一部分的另外一部分科学家(特别是波义耳和佩蒂)与顽强的清教徒的教育改革家塞缪尔·哈特利布有着密切的联系,他不断地提出新的主意和活动计划。培根对哈特利布这个圈子的科学家有着巨大的影响。① 第三部分科学家,包括曾在伦敦就经常集会的一些科学家,1648 年在威尔金斯被任命为牛津大学沃德姆学院学监后他们开始聚集在牛津,吸引了当时著名的一些年轻人,如:波义耳、佩蒂、塞斯·沃德、托马斯·威利斯、理查德·洛尔、罗伯特·胡克等。这部分科学家和仍然在伦敦集会的科学家联合了起来,在 1660 年 11 月 28 日,在格雷莎姆大学几何学教授劳伦斯·鲁克的房间里听取了天文学教授的克里斯多芬·雷恩所作的报告,他们正式组建一个学术机构,目的是促进各种学习进步。1662 年时查理二世正式赐予他们宪章,在托马斯·斯普拉特的皇家学会史的卷首插画中,国王和学会的首任主席威廉·布隆克尔子爵、弗兰西斯·培根共享荣誉。早期的关键人物还有亨利·奥尔登堡,从 1662 年到 1677 年去世时一直担任学会的秘书,他坚持哈特利布的传统一贯重视收集和宣传信息。正如保罗·罗西所表明的那样,培根在打破神秘和虚无主义的传统方面做出了重大贡献。奥尔登堡还促使科学家互相交流他们的发现,他会通报这些交流或出版在学会自己创办的杂志《哲学学报》上。②

  皇家学会担负起了组织开展科学研究的任务,从一开始就形成了一个惯例,即在学会的会议上把具体的探索任务或研究项目分配给会员个人或小组,并要求他们及时向学会汇报研究成果。③ 皇家学会不仅是一个信息交换所,而且就每周所举行的会议,包括所进行的实验而言,还是一个研究中心,这些研究活动在口头上及学会学报上都会进行述评。加

---

① Brian Vickers, *English Science, Bacon to Newton*, Published by Cambridge University Press, 1987, p. 5.
② Ibid., p. 6.
③ [英]亚·沃尔夫:《十六、十七世纪科学、技术和哲学史》(上),周昌忠等译,商务印书馆 1984 年版,第 38 页。

入学会的许多科学家依然进行着独立的研究,经常以私人的方式来参加活动(并不像今天的研究机构,也不会从政府那里接受大量的资助),但是他们依然利用会议来获得和交换信息。在挑选和组织实验时,并没有指导性的原则,在斯普拉特的报道或记录在学会学报中的科学家的活动,有着纷纭复杂的各个可能领域的能源转换问题,有重要的也有不重要的。[1] 学会早期的会议主要是会员作报告或就某一问题进行演说,或演示某项成功的实验,或展览各种各样稀奇的东西,并对这些活动所引起的问题进行讨论和研究。为了适应科学研究的需要,随着时间的推移,学会的机构总是一直在改革与变动之中,诸如还成立了一些专门的委员会来指导学会各部门的活动。皇家学会建立之后,基本囊括了当时国内各个领域内最顶端的科学家,如牛顿、波义耳、胡克等,而且还吸纳了不少外籍科学家,实现了"科学无国界"的合作和交流,充分体现出皇家学会为了促进科学研究所具备的开放性。皇家学会对于推动英国科学技术的发展进步发挥了极为重要的作用。"截至今日,英国皇家学会是世界上历史最长而又从未中断过的科学学会,起着全英科学院的作用。"[2]

英国皇家学会的研究人员概况[3]

年代	会员总人数	会员中科学人才与非科学人才的比例	会员中各学科人员所占的百分比			
			医疗药学	数学和天文学	实验和观察性学科(化学、植物学、动物学、地质学、光学等)	外籍会员
1663	137	1:2.1	55.1	34.9	10.0	0
1698	119	1:2.3	54.3	20.0	25.7	28
1740	301	1:2.04	63.0	19.0	18.0	146

---

[1] Brian Vickers, *English Science, Bacon to Newton*, Published by Cambridge University Press, 1987, pp. 6-7.

[2] 洪霞:《皇家学会和近代英国科学精神》,《光明日报》2013年6月6日第11版。

[3] J. S. Bromley, *The New Cambridge Modern History*, Volume VI, *The Rise of Great Britain and Russia*, 1688-1715/25, Cambridge University Press, 1970, p. 39.

由上表可见，皇家学会在成立不到一个世纪的时间里，其会员总人数增加了一倍有余，科学研究的队伍迅速发展壮大；皇家学会中，在吸纳会员时，并不只是单纯地招收科学家，而且也吸收贵族、商人、乡绅、工场主等对科学有着浓厚兴趣或支持科学发展的人。他们在资金赞助、科研设备、科研活动、后勤供应、科研机构的建设等多方面为学会提供着各种支持，而且这些会员的人数始终要大大超过科学家的人数，基本都在两倍以上；皇家学会还吸纳了不少国外科学家和会员，到18世纪40年代，外籍科学家和会员已几乎达到了会员人数的一半，皇家学会所表现出来的这种开放性，是同时期其他国家的科研机构所没有的，从中世纪晚期以来，随着商品经济的不断发展和重商主义政策的确立，英国社会始终表现出了较强的开放性，特别注重引进国外的技术人才，对外来的技术人才和工匠给予了奖励和妥善安置，也能积极学习国外先进的工农业生产技术，特别是在农业方面，很多先进的生产技术及新的农作物、牧草品种都从荷兰等低地国家引入；从事医疗药学研究的会员始终占了一半以上的会员人数，而且所占比例不断增加，而从事天文学、数学研究的会员比例则不断降低。这是因为人们对于某种医治疾病的方法的需要比对天文学的需要更为急迫，"推动科学发展的社会因素也与医学与战争密切相关。在历史上的各个时期，人们都希望通过了解人体及其功能而提高人的健康水平，十六、十七世纪时，帕拉塞尔苏斯、维萨里、哈维等人的研究使解剖学、生理学和医疗技术都有了较大进步。此外，国家还需要更有杀伤力的武器以战胜敌国，这就促使利用科学研究来满足战争需求。国家政府是最为关切的，例如，获得更为有效的计算加农炮射程的方法，这就促使很多人进行动力学研究，包括伽利略本人。"[1]

在人类历史长展的长河中，生存的需要始终要优先于发展的需要，只不过生存的需要和发展的需要往往密切地结合在一起，诸如西欧人海上探险的过程，就是一种生存的需要，也是一种发展的需要。而在此过程中，天文学和地理学的是首要的关乎生存的科学，也可以说是关系到

---

[1] Alan G. R. Smith, *Science and Society in the Sixteenth and Seventeenth Centuries*, Published by Thames and Hudson London, 1972, p. 45.

发展的科学。因而在近代早期,天文学是首创近代科学革命的学科。"环球航行、世界贸易、建立殖民地的事业都方兴未艾。在这方面,天文学家的图表、物理学家的钟摆和平衡轮钟都意味着可以及时拯救船只和货物,可以征服远处海外的帝国。"① 天文学的重要性,关乎航海家、冒险家、商人、水手的生存,也关乎整个国家对外贸易的发展状况和殖民扩张可及的范围,因而最先受到了各国的重视。在哥白尼提出了"太阳中心说"之后,动摇了教会所宣扬的"地心说"。紧接着伽利略利用荷兰眼镜商的成果制造出了第一架天文望远镜后,就开创了天文学真正意义的革命。他将天文学的研究方法置于实际观测而不是猜测的基础之上,这就使天文学的发展有了坚实可靠的事实基础。中世纪以来以占星学为主要内容的天文学才开始与宗教分道扬镳,理性主义所倡导的科学与实验的方法才占据了主流。伽利略发明的第一台望远镜只能放大 3 倍,经改进后能放大 32 倍,极大地扩大并延伸了天文学家的视野,也为以观测和实验为基础的理性主义的研究方法的发展进步创造了可能的条件。正因为天文学的重要性,因而最早得到国家资助的科研机构并非皇家学会,而是格林尼治的皇家天文台。天文台原来是格洛斯特公爵汉弗莱建造的一座塔,1526 年经亨利八世整修过,之后用途多变,有时作为王室年轻一代的住所,有时用作防御之所,有时还用作监牢。在伊丽莎白女王时代,它被叫作米拉夫勒。1642 年内战爆发后改名为格林尼治堡,成为要塞,极受重视,被王军迅速占领驻守。斯图亚特王朝复辟之后,1675 年,查理二世拆除了旧塔,拨款 500 英镑还有一些砖、木材、铁等建筑材料,在原址上建立了天文台,添置配备了一些天文学仪器诸如壁弧等来观测天象,制作星表。并设置了皇家天文学家的职位以担任天文台的台长,第一任皇家天文学家是约翰·弗拉姆斯蒂德,尽管每年只有约 100 英镑的并不能保证按时发放的微薄薪资,但是并没有影响他的工作热情。在缺乏设备和观测仪器的情况下,他自己动手设计制作,在观测天象的过程中他还发现了许多新的行星,留下了大量的观测记录,牛顿认为"他是

---

① [英] J. D. 贝尔纳:《科学的社会功能》,陈体芳译,广西师范大学出版社 2003 年版,第 61—62 页。

一位罕见的观察者……认为他的观测资料不需要进行重编或检验就可以用于计算。"① 皇家天文台当时的主要任务是校正天体运动的星表和恒星的位置，以便能准确地定出经度，使导航成为完美的艺术。由此可见建设天文台显然是为了满足17世纪以来英国海上探险、殖民扩张、发展对外贸易等航海需要。尽管天文台建成之后，在很长的时间内，政府拨付的基础设施建设及科研经费、对科研人员发给的津贴、用于购置天文学仪器的经费等都很少，但是这种资助却反映了政府对科研机构的基本态度，相对于皇家学会，王室和政府则更重视皇家天文台。天文台和皇家学会有一定的合作关系，皇家学会还向天文台提供过天文仪器等科研设备。天文台在建成以后的相当长的时间里，在天文学观测及研究方面保持着世界领先的优势，在天文学研究方面更是取得了多项领先世界的研究成果，尤为著名和易于被人理解的成果就是在1884年华盛顿召开的国际经度会议上，把经过格林尼治天文台子午馆里的经线就确定命名为0°经线，而且都以格林尼治天文台作为世界时区的起点，用格林尼治的计时仪器作为世界上的标准时间。

  17世纪后半期英国科研机构的普遍建立并非偶然，它是文艺复兴以来理性主义和自然科学迅速发展的必然结果。"16—17世纪，科学研究能够得到英国社会各阶层的支持，并非一种偶然。究其实，是英国人把科学研究得以兴起、发展的基础——理性思维以及由此演进而来的科学精神，融入到了民族特性之中，并视之为天经地义的事物。"② 不仅英国创办了专门的科研机构，在科技相对先进的意大利和法国也创办了类似的机构，"在十七世纪后半期，除了书本和科学家之间的通信，其他如创办科学组织和科学杂志来传播科学知识的方法也走上了历史的舞台。新的科学组织通过促进成员之间在科学工作上的相互协作而有着专门的宗旨以推动科学知识的发展进步。最为著名的就是伦敦的皇家学会和巴黎的皇家科学院，两者都创建于17世纪60年代，而这两者之前都有一个共同

---

① ［英］约翰·齐曼：《知识的力量——对科学与社会关系史的考察》，徐纪敏等译，湖南出版社1992年版，第36页。

② 洪霞：《皇家学会和近代英国科学精神》，《光明日报》2013年6月6日第11版。

第六章　英国理性主义与科技的发展　❖　305

的前身，那就是在佛罗伦萨曾短期存在过的实验研究院，这一研究院创办于1657年，是在伽利略的影响下创办的。"① 由此可见，专业科研机构的建立是社会转型时期历史发展的必然要求，也是科学自身发展的要求。科学技术方面的许多问题仅仅依靠某一个科学家的力量是无法完成的，需要很多科学家甚至是不同领域的科学家相互启迪，团结协作，共同应对才能有效地开展研究。"科学家已不是单个的个人，而是有组织的社会团体的一员。"② 而且科学研究也需要一种社会力量诸如经济和仪器设备方面的支持，因而需要成立专门的科研机构以集体和社会的力量支撑科学的发展。在英国社会转型时期，各阶层的社会力量都迫切地需要发展科学技术以满足自身及社会需要，也为专业科研机构的建立奠定了良好的社会条件。贵族地主阶级希望发展农业科技以增加粮食生产，满足社会转型时期不断增加的人口对粮食的需求；探险家、航海家和商人则希望发展天文学、地理学等学科，去不断地探索未知世界并提高航海的安全性，进行殖民扩张、掠夺财富或发展对外贸易，更希望依赖科技的力量在商业和殖民争霸战争中打败对手国家，获得更多的利益；受到宗教压制或者生活陷于困境的下层群众则希望远走高飞，去异国他乡的殖民地，特别是到北美去创建自由乐土，寻求安身立命之所而走上发财致富之路，有些人还希望建立理想的教会以实现自己的信仰自由，同时传播上帝的福音，这些人同探险家和航海家一样，也希望以科学的力量安全抵达幸福的彼岸；手工业工场主和工人尽管目的各有不同，但是都迫切希望借助科学技术的力量来增加产量、提高效益和收入、减小劳动强度、缩减劳动时间。因而各阶层的社会力量都迫切地需要科学技术的发展进步，况且，人们也看到科学技术进步的现实力量，而理性主义的发展已为人们指明了"知识就是力量"的现实途径，同时也向人们特别是科学家指明了科学发展的具体方法，强调人类自身直接经验的重要性，以实验和社会实践作为出发点和落脚点。所有这一切都为科学技术的发展提

---

① Alan G. R. Smith, *Science and Society in the Sixteenth and Seventeenth Centuries*, Published by Thames and Hudson London, 1972, p. 82.
② [英] 约翰·齐曼：《知识的力量——对科学与社会关系史的考察》，徐纪敏等译，湖南出版社1992年版，第5页。

供了理论武器和现实的途径,也创造了良好的社会环境,人们崇尚科学、支持科学、从事科学、争先恐后地发明专利的事例越来越多,科学技术被广泛地应用到手工业及农业生产、航海交通、军事民用等各个领域,人们普遍树立起重视实践、讲求实用、追求效益的价值目标。因而在17世纪,英国率先出现了科学革命的浪潮,涌现出了一批世界著名的科学家和成果。正是在这次科学革命的浪潮中,"科学第一次变成了一个重要的文化因素,甚至对政治也产生了影响。十八世纪变成了一个理性的世纪,虔诚而保守的牛顿成为法国大革命的先驱。"[①] 英国开始确立起了对于欧洲其他国家的文化优势,文化力量在推动国家发展崛起的过程中发挥了至关重要的作用。

第二节 近代早期英国科学技术的发展

英国虽非近代科学革命的发源地,但是在文艺复兴时期也较早地迎来了理性主义的回归,特别是培根的唯物主义经验论哲学高举起了理性主义的大旗,为科学的发展指明了正确的方向。因而到了启蒙运动时期,理性主义不仅在英国取得了较大发展,而且焕发出了耀眼的光芒,引导鼓舞人们形成了崇尚理智与科学,尊重知识与人才,重视实验与实践的社会风尚,近代英国不仅开设了专门致力于科学研究与培养科技人才的大学,还成立了专门的科研机构,受到了王室和全社会的重视与支持,涌现出了一批享誉世界的科学家,其所发现或创立的理论确立起以后几个世纪里世界范围内科学技术发展的基础和框架。这些著名的科学家及其重要成就使英国的科技在很多领域内保持了世界领先的地位,也使世界科技中心发生转移,从意大利转移到了英国,同时也使理性主义及科学精神深深地扎根于英吉利的民族特性之中,科学的进步极大地推动了整个国家和民族的发展进步。在第二次工业革命之前,众多科学家和技术人才所进行的研究和应用依然没有突破英国近代早期科学家的发现或

[①] [英] J. D. 贝尔纳:《科学的社会功能》,陈体芳译,广西师范大学出版社2003年版,第63页。

创立的理论。英国科学技术的发展恰似一根巨大的杠杆，以不列颠群岛的工农业生产和社会经济的发展作为支点，以对外贸易和殖民扩张为动力，在世界范围内支撑起了不列颠帝国的建立与发展。

一 近代早期英国科学家及其主要成就

艾萨克·牛顿（1642—1727）是享誉世界的家喻户晓的伟大科学家，甚至是近代科学及科学精神的象征。"在近代历史上一个非常重要的转折点，英国的科学精神在举国一致支持的情况下巩固了它的阵地，并向全世界贡献出了牛顿这样的科学巨匠。"① 时至当代世界，他的理论贡献在科学研究及人们的日常生活中依然发挥着不可缺少的作用，离开他的贡献，人们便无法正确地理解日月星辰及天体的运转，人们的生活也不能很好的运转。"牛顿的工作结束了一个旧时代，开创了一个新时代。"② 他在科学上的成就和贡献是如此巨大，以至于很多人把他所开创的科学时代称之为"牛顿时代"。他杰出的数学才能使他很早就获得了三一学院评议员的资格，不久获得了几何学教授的职位。这一职位为他提供了舒适自由的研究条件，他离群索居，沉闷无趣，敏感多疑，虔信宗教，反感别人对他进行批评。这种非同于他人的性格使他能够集中精力和时间进行自己的研究，且有利于进行独立思考并坚持自己的观点，为他在以后科学上的巨大成就铺就了道路。1687 年，牛顿出版了《自然哲学的数学原理》一书，使他成为非常著名的人物。1695 年，牛顿被任命为英国铸币厂的厂长，在那儿他为重铸和发行新的货币做了大量的工作。他生活中以后的 25 年是以铸币厂的厂长和英国皇家学会主席的身份出现的，并以科学成就而第一个成为受封爵士的人，取得了艾萨克爵士的贵族头衔，他被认为是当时英国乃至整个欧洲最伟大的人物之一。

牛顿在哲学体系上沿着培根的唯物主义经验论所指明的理性主义道路继续前进，他认为实验是为了验证理论的正确性而存在，是证明理论是否正确的首要手段，因而十分重视科学实验，他创立了自己的实验室，

---

① 洪霞：《皇家学会和近代英国科学精神》，《光明日报》2013 年 6 月 6 日第 11 版。
② 钱乘旦、陈晓律：《英国文化模式溯源》，上海社会科学院出版社 2003 年版，第 245 页。

也是剑桥大学第一个实验室,绝大部分时间是在实验室里度过的,因为很多实验都具有开创性,并没有现成的设备和仪器可供使用,所以他在实验过程中要根据实验目的和具体要求亲自动手制作,有时还要反复改进。牛顿对于实验结果并不是单纯地盲信,而是在实验的基础上能够仔细而谨慎地进行整理分析,研究纷繁庞杂的实验现象,揭示本质的规律和内在的联系,使之上升为系统的、科学的理论和体系,最后再运用所发现的理论和规律解释在社会生活中所遇到的现象或解决社会实践中所遇到的问题,并使理论或规律得到进一步的检验和完善,从而形成了一整套完整的科学研究的体系,进一步体现了唯物主义从实践中来,到实践中去的要求。牛顿在科学上最大的贡献不仅在于揭示了宏观物体运动的基本规律,确立起了近代自然科学发展的基本框架,还在于在科学研究方法上将培根的哲学理论在实践中具体进行了运用,取得了令人惊异的成果,因之形成了行之有效的科学研究的方法体系,起到了方法示范和榜样引导的作用。"主要是通过牛顿的工作,科学已经确立了自己的地位,成为在力学和物理学领域进行定量计算的非常有效的方法,除此之外,牛顿的方法还有一个巨大的优点:它至少在天文学和力学中是实际有效的。"① 近代无数杰出的科学家,正是在牛顿所创立的自然科学的框架内,在他指引的道路上,以他所开创的研究方法取得了巨大的科学成就。人们往往津津乐道他的万有引力定律而忽视了他在哲学方法论上贡献,但是这种具体的发现或发明只是丰富了他个人的研究成果,而哲学方法论上的贡献则成就了很多科学家的梦想,使他们在一条正确的道路上取得了事半功倍的科学成果。伏尔泰首次系统地比较了人类的文明史,特别是比较了科学和技术,认为"牛顿要比亚历山大、凯撒、克伦威尔等人伟大,因为牛顿用他的理解力启迪了人的心智,然而那些伟大的军人却用暴力使人臣服。在伏尔泰看来,人类思想最大的进步就是在文艺复兴时期怀疑主义哲学摆脱迷信思想之后,伽利略、笛卡尔、培根、牛

---

① [英] J. D. 贝尔纳:《科学的社会功能》,陈体芳译,广西师范大学出版社 2003 年版,第 63 页。

顿等人创立了真正的哲学……科学思考的方式成为人们理性思考的常态。"①

当时数学上最伟大的发展进步却是微积分的创立。这是两个伟大天才人物的研究工作的成果，艾萨克·牛顿和戈特弗里德·莱布尼茨，他们吸收并综合了其他人的思想。他们两个人谁对微积分的创立做出了主要贡献，历史科学家们也有很大争议。然而现在看来是明确的，这两个人的各自的研究都是彼此独立的。牛顿首先在17世纪60年代创立了微积分，但是直到1704年才公开了他的研究成果。莱布尼茨在17世纪70年代创立了自己的微积分，但是他的成果在1696年时在教科书中才公开发表。② 莱布尼茨尽管在谁首先发明了微积分方面认为是自己具有最早的独创权，但他丝毫不贬低对手的伟大成就。莱布尼茨赞誉牛顿在数学上的杰出成就超过了所有前人在数学上的成就之和。微积分的重要意义在于无论是单纯从数学方面，还是从科学方面都使精确计算连续运动变化物体的轨迹有了可能。这在机械学和天文学方面也是很重要的。③

在当时，数学的成就恰恰被证实是帮助科学上有了重大发现——例如，牛顿在其《自然哲学的数学原理》中就运用到了所创立的微积分——然而17世纪时所创立的新的科学方法对于科学革命的成就也发挥了基础性的作用。"培根、笛卡尔、伽利略等人，尽管都是最重要的创造者，但是他们还应当感谢中世纪时的一些哲学家，这些哲学家已经能理解归纳法、实验证实和科学研究中数学知识的重要性。这些中世纪的进步，作为思想遗产部分地被17世纪所继承，但在现代科学方法创立之前，需要将其具体化并要求在方法上有重大发展。"④ 中世纪的哲学家在本质上并没有一套系统的方法进行实验性研究，他们更感兴趣的在于新方法的理论而不是在现实世界中的应用。而与此相反，弗兰西斯·培根

---

① J. S. Bromley, *The New Cambridge Modern History*, Volume VI. *The Rise of Great Britain and Russia*, 1688–1715/25, Cambridge University Press, 1970, p. 71.
② Alan G. R. Smith, *Science and Society in the Sixteenth and Seventeenth Centuries*, Published by Thames and Hudson London, 1972, pp. 70–71.
③ Ibid., p. 71.
④ Ibid., p. 72.

强调实验的重要性,非常重视建立一个经验主义的知识体系来创建并验证理论本身。他认为现存的关于自然界的解释,往往很少通过在实验基础上来建立。现在所需要的是在科学研究的各个领域里都要引入新的实验。这些或许应当有效地组织和记录,不同领域的实践应当相互合作以便获得卓有成果的思想交流,这就可能促使进一步的实验和更大的进步。一旦积累了足够的实验数据,就可以归纳推导出普遍的理论。这些原理一旦被他们发现,就能通过进一步的实验来检验和证实。培根相信他系统的实验计划将推进科学的真正与本来的目标,人类具有进行新的发现的力量和天赋。而反过来,征服自然的新力量将使人类更加繁荣昌盛。培根关于在自然现象基础上通过系统的实验来推动科学进步和物质繁荣的信念使他成为19和20世纪科技革命的先知。[1] 而牛顿则在培根所开创的唯物主义经验论哲学的道路上继续前进,特别是在哲学方法论继承并发展了培根的思想,将大胆的假说、严密的实验、小心的计算、理性的论证、谨慎的推论结合起来,形成了科学研究的一种行之有效的方法论。"理性与信仰之间的地位问题,被虔诚的牛顿在不知不觉中解决了,并由此开拓了一个人类的新纪元——理性的纪元。"[2]

埃德蒙·哈雷因为发现哈雷彗星而名垂青史,是近代英国天文学发展史上一个不同凡响的人物。在漫长而辉煌的科学研究生涯中,他当过船长、地图绘制员、牛津大学几何学教授、皇家制币厂副厂长、皇家天文学家,是深海潜水钟的发明人,哈雷彗星的发现者。他承认在1682年见到的那颗彗星,就是别人分别在1456年、1531年和1607年见到的同一颗彗星。这颗彗星直到1758年才被命名为哈雷彗星,那是在他去世大约16年之后。哈雷认为没有任何凡人比牛顿本人更接近于神。牛顿在数学和物理学上所取得的成就也和哈雷有着密切的关系。离开哈雷,也许就没有牛顿的《自然哲学的数学原理》。1683年,颇有声望的三位科学家哈雷、雷恩、胡克在伦敦的一次聚会上,相互探讨天体运动问题,就行

---

[1] Alan G. R. Smith, *Science and Society in the Sixteenth and Seventeenth Centuries*, Published by Thames and Hudson London, 1972, p. 74.

[2] 钱乘旦、陈晓律:《英国文化模式溯源》,上海社会科学院出版社2003年版,第245页。

星运行的轨道产生了争执，以前已有科学家提出假想，认为行星是在椭圆形的轨道上运行。雷恩爵士提出，哈雷和胡克谁如果先解决这一问题，他将颁发价值40先令的奖品。胡克对此问题也进行过思考和计算，但是并没有坚持下去，声称他已经找到了答案，但是并没有公开，他不公开答案的理由是：如果公开了这个答案，其他人就会失去找到这个答案的机会，因此他要把答案保留一些时间，以使其他人知道这个答案来之不易，从而懂得尊重并珍视。但非常可能的事实是他想以此激发哈雷积极进取的雄心，使哈雷在此问题上取得成就。哈雷对此问题十分着迷，决心一定要找到答案，但是在具体方法上却一筹莫展，始终找不到理想的办法，为此他决定去剑桥向牛顿请教。就在1684年8月，哈雷冒昧拜访牛顿，向牛顿提出了一个至关重要的问题，如果太阳的引力与行星距太阳的距离成反比，那么行星的运行轨道是什么样的？牛顿立即回答说是椭圆。哈雷问牛顿怎么会知道，牛顿回答道他已经计算过了。哈雷于是就向牛顿要看计算的材料。可是牛顿经过一番寻找，却没有找到计算这一问题的至关重要的材料，那如同警察找到了罪犯，却没有查找到任何证据一样，或者说如同一个医生说找到了治愈癌症的方法，但又记不清处方放在哪里了。哈雷请求牛顿再计算一次，完整地解决这一至关重要的问题，牛顿答应了，但这一计算就是两年时间。在两年的时光里，牛顿深居简出，几乎将所有时间和精力都放在对这一问题的思考和计算上，最后拿出了不仅解决这一问题，而且附带解决相关问题的一整套方案，这就是科学史上划时代的著作——《自然哲学的数学原理》。这本书被认为是科学史上最难看懂的著作之一，据说牛顿是有意将此书写得晦涩难懂，以防一些门外汉的纠缠打扰。但对能看得懂此书的人来说，则是指路的明灯，它不仅从数学角度解释了天体运行的轨道，而且指出了使天体运行的引力——万有引力，这就使宇宙天体里每一种运动都得到了合理的解释并可以进行精确地运算，从而创立了科学的天文学。其重要性是显而易见的，截至今天，从飞机大炮到日月星辰，从火车轮船到卫星飞船，任何宏观运行着的物体依然在遵循依照着牛顿的这一重大发现。这本著述的核心内容就是后来被人们称誉的"牛顿三大运动定律"。1687年，在《自然哲学的数学原理》出版之后，欧洲科学精神及发展的特点有了缓慢但是显著的变化。牛顿的杰作揭示出了这样的一个事实,这种新的哲学可以解决我们所面临的大多数问题。正如像培根、伽利略、笛卡尔所处的英雄时代一样,任何事物不再是必然的,通过实验及科学的力量就可以无可辩驳地使现在的人确信。科学以自己的力量捍卫着自身。同时,《自然哲学的数学原理》对哥白尼所开启的宇宙学的争论带来了一个结论,并且为其他科学的发展也创立了一个框架。伴随着这些发展,一个在思想和组织上冒进的时代开始让位于一个以重视系统化、事实的采集及科学思想传播的时代。①

正是牛顿的发现及其他数学家和物理学家,使得皇家学会声名鹊起,到1700年时,他们已主宰着学会的未来。他们所进行的研究工作和出版的作品充分地反映了当时科学活动的前沿动态。胡克继续从事机械、磁性及光学方面的实验,同时利用树立在格雷莎姆学院院子中的大型天文望远镜观察天体。"胡克可算是17世纪最伟大的实验科学家。他作为一个大学学监,不得不为皇家学会每周进行两次别出心裁的实验。此外,他还是伦敦市的测量官,大火以后,这个职位绝不是一个挂名闲缺。他又是负责建造伯利恒医院和圣保罗教堂的大建筑师,在建筑圣保罗教堂的过程中,他的贡献几乎超过了雷恩。"② 胡克为了测定物体所受到的重力是否随着离地球中心距离的增加而明显减少,曾做过这样的实验,他把一架精密的天平放在威斯敏斯特教堂的尖顶上,称量一块铁和一根较长的绳子的重量,然后将这块铁用这根绳子拴起来靠近地面,再挂在一只托盘上进行称量,如果测定的两个数值有明显变化,则表明物体所受到的重力跟物体与地球的距离有一定的关系,但是因为教堂的尖顶高度有限,测定的两个数值并没有明显的重量变化,可惜胡克虽然提出了这样的假想,但由于受到实验条件的限制,并未获得预期的结果,这让胡克心存疑虑,后来又在圣保罗教堂的尖顶又重做这个实验,但还是由于高度有限,并未取得实质性的数据。这也充分表明,科学的发展,不能

---

① J. S. Bromley, *The New Cambridge Modern History*, Volume VI, *The Rise of Great Britain and Russia*, 1688 – 1715/25, Cambridge University Press, 1970, p. 37.

② [英] J. D. 贝尔纳:《科学的社会功能》,陈体芳译,张今校,广西师范大学出版社2003年版,第62页。

不受科学技术发展总水平的限制。这些著名的科学家,并非脱离社会实践而藏身于大学实验室和科研机构的隐居遁世者,而基本上都与社会生产和实践紧密联系,所兼任的社会工作也许和科研领域并无多大的关系,但是并没有妨碍他们在科学研究的领域内取得成果。最早深入论述显微镜观察问题的人也是胡克,他在 1665 年时就出版了他的专著《显微图谱》(Micrographia),在比这早的四年前,显微镜为证实哈维所提出的血液循环理论提供了便利,这是当时生理知识方面最重要的成果。哈维已经提出,就是毛细血管的存在,才使血液从动脉流向静脉,这样就形成了一个循环体系。然而用肉眼却无法看清毛细血管,哈维就不能证实他所提出的理论,这就使人们迟迟不能接受他的理论。1661 年时,意大利生理学家马塞洛·马尔波齐在用显微镜观察青蛙的肺时证实了毛细血管的存在。[1]

1703 年,胡克去世之后,牛顿不计前嫌,以博大的胸怀、尊重科学的精神把他的著作《光学》介绍到皇家学会。胡克和牛顿曾因为谁先发现了平方反比定律而争论不休,这一定律即任何两个物体之间的引力,与每个物体的质量成正比,与物体间距离的平方成反比。牛顿一气之下,拒绝向哈雷提供《自然哲学的数学原理》第三卷的内容,以此来表明他对平方反比定律的首创性。但胡克只是做出过这样的猜想,也就是只是一种科学的假说而没有经过实际的推算和证明,而牛顿不仅有过这样的科学假说,而且做了完美的论证。如果牛顿拒绝公开第三卷,前面两卷的内容就意义不大,也缺乏重要的推论性结果,而此刻哈雷已劝说皇家学会要出版《自然哲学的数学原理》,为了使这一划时代的论著尽早出版而造福社会,哈雷多方奔走斡旋调解,才说服牛顿交出最后一卷手稿,付梓出版。这本科学论著从创作缘起到最后的出版印刷,哈雷都功不可没,在成就牛顿的同时也成就了自己,他兴趣广泛,还涉猎到人口统计学和阿拉伯语,同时在天文学的诸多领域内都做出了杰出的贡献。1705 年,他的《天文学中的彗星概要》得以出版发行。年轻而杰出的数学家

---

[1] Alan G. R. Smith, *Science and Society in the Sixteenth and Seventeenth Centuries*, Published by Thames and Hudson London, 1972, pp. 78 – 79.

科林·麦克劳林，在崭露头角之后聚集到了牛顿的周围，完成了他的数学著作《论变量》（出版于 1742 年），这或许是最严密最完整最生动地用微积分来论述牛顿定律的著作。

在科学研究上最理想的状态就是科研机构和大学之间有着密切的联系，一些著名的教授如牛顿、罗格·柯特斯曾在剑桥大学任教，沃利斯、哈雷、布兰德利曾在牛津大学任教。英国的大学与皇家学会保持着密切的联系，苏格兰的大学也是如此。……相反，法国的科研与教学各自独立进行，法国的大学并没有与法兰西科学院保持一种密切的联系。然而法兰西科学院在当时被认为是欧洲领先的，但在对科学的普及和公众对科学的认知方面所做的贡献甚微。法兰西科学之花大多盛开在大学校园以外。①

1728 年，詹姆斯·布兰德利在《会报》中首次宣布了一个重大发现，那就是关于光的折射的问题，他也成为哈雷之后皇家学会天文学会的接任者。新物理学的影响也体现在斯蒂芬·黑尔斯著作中，那就是关于血压及植物中液体的传输。皇家学会的会员对电的早期发现也做出了重大贡献。1731 年，一个实验第一次表明电可以通过导体进行远距离传输。之后的一次实验中，电流成功地传导过泰晤士河上的威斯敏斯特大桥。皇家学会的会员斯劳恩、武德沃德及其他自然科学家继续进行着植物学、动物学及地质学的研究。列文虎克将其通过显微镜观察到的成果都送到《会报》发表，并且将他陈列室的全部仪器都送给皇家学会，学会也得到了全世界各地送来的标本，特别是东印度公司和北美殖民地送来的标本。1688 年，最早的五大湖区的地图首次在皇家学会展出。1725 年，皇家学会向海外的通信员派送气压计及温度计，以鼓励海外的气象学研究。早在 1714 年，学会就讨论土耳其式的天花免疫接种实验，在 1718 年沃特利·蒙塔古夫人创立通行的免疫模式之前，就大大降低了该病的死亡率。正是学会会员的个体研究，才取得了如此多样性

---

① J. S. Bromley, *The New Cambridge Modern History*, *Volume VI*, *The Rise of Great Britain and Russia*, 1688－1715/25, Cambridge University Press, 1970, p. 43.

的成果。①

二 近代早期英国科学技术的发展

"牛顿时代"英国的科学成就是巨大的，在很多方面都独步领先，具有开创意义，特别是在科学理论方面彻底地告别了中世纪信仰框架内主观思维及逻辑的推论时代，继承并发展了培根的唯物主义经验论，不仅确立了"知识就是力量"的基本原则，而且确立了理性主义指导下以实验为核心的哲学方法论，从而使"十七世纪英国的自然科学得到了蓬勃的发展，很快居于世界之先，并且非常有力地加强了英国理性主义的地位"。② 正是在这一时期，英国也确立起文化上的领先地位，不仅科学和技术转化为文化的力量，而且也通过工农业生产及社会生活转化为推动整个社会发展的力量，并通过英国的殖民扩张和对外贸易影响到了全世界的发展。但是我们也可以看出，在"牛顿时代"结束之后，也就是从18世纪后半期开始，英国17世纪科学大昌盛的局面并没有长久地维持下去，而是出现了技术变革的浪潮，也就是工业革命，在以后大约一个世纪的时间里（1750—1850），不仅英国，其他国家也一样，再没有出现像牛顿这样划时代的科学家和具有突破意义的科学理论或发现，这主要是因为17世纪科学方面的巨大成就需要相当长的时间来消化，科学理论转化为生产技术尚需一定的时日，已有的科学理论或发现已基本上能够满足当时生产力条件下所遇到的基本问题，生产力发展的总水平对科学的发展还不能提出足够的要求，诸如：在人们还没有制造出飞机之前，人们就没有足够的愿望和能力去制造宇宙飞船，在没有发明大炮之前，就不可能要求发明导弹。因而科学的发展对技术进步有一定的推动作用，而技术的积累对科学发展也有一定的反作用。"18世纪末叶，制造业开始对科学发生极大兴趣，而且科学的新进展大多数也都是发生在制造业中。工业革命时期科学事业生根的地方是利兹、曼彻斯特、伯明翰、格拉斯

---

① J. S. Bromley, *The New Cambridge Modern History*, Volume VI, *The Rise of Great Britain and Russia*, 1688–1715/25, Cambridge University Press, 1970, p. 40.

② 钱乘旦、陈晓律：《英国文化模式溯源》，上海社会科学院出版社2003年版，第245页。

哥和费拉德尔菲亚，而不是牛津、剑桥和伦敦。"① 科学理论逐步走出大学，走出实验室，走出专门的科研机构，开始走进工厂矿山、涉足河流海洋、步入田间地头，转化为技术力量推动着工农业生产以及交通运输等方面的发展进步。17世纪英国的科学原理正如一棵根深叶茂的大树，到18世纪时便开始结出无数鲜美的果实，而每一个果实，恰似一项实用的生产技术。工业革命的过程中，虽然很多的发明和革新来自于生产经验和技术的积累，但是一些重大的发明成果都是17世纪科学理论在技术上的应用，科学在这种变革中也发挥了一定的作用，科学总水平领先的优势在整个社会生产及文化发展中得到了充分的展现，这也是英国为什么率先能进行工业革命的重要原因之一。

  英国虽非近代科学革命的发源地，但却是近代科学革命的中心之一。在漫长的中世纪，理性主义虽然受到宗教和神学的支配和束缚，但宗教和神学并没有过多地干涉工农业生产技术的发展进步，两者并没有完全走向对立，甚至宗教和神学的存在与发展对工农业生产技术还有一定的依赖性，因为在中世纪的社会生产中，工农业生产技术代表着生产力的发展水平，对于经济基础和上层建筑都有一定的决定性，因而在中世纪，技术的发展要领先于科学，往往是技术的发展对科学的发展提出要求，科学为解决技术问题而得到发展，科学在实现突破后又会促进技术的发展进步，二者各自具有一定独立性又存在相互依赖性。近代早期，英国很快成为科学革命的中心，出现科学大昌盛的局面不是偶然的，其中一个重要因素就是工农业生产技术的持续发展。

  13世纪时，英国封建社会的商品货币经济已有相当程度的发展，封建农奴制在走向繁荣以后并不像法国那样长期地持续下去，而是很快地走向瓦解与衰落。封建农奴制在13世纪时走向繁荣，而在13世纪末、14世纪初期时即开始瓦解。其中一个很重要的原因就是遍及城乡的手工业的发展，需要为市场而生产的劳动者，也为从土地上分离出来的农民提供了一个安身立命之所，被束缚在庄园里的维兰在从事手工业生产中逐

---

① [英] J. D. 贝尔纳：《科学的社会功能》，陈体芳译，广西师范大学出版社2003年版，第65页。

步赎买了自由而成为自由农。自由农在生产过程中本身就有谋生与谋利的二元性，他们在庄园里从事农业生产以维持全家人的生活，有时也为市场交换而在家庭中从事一定的手工业生产而获取一定的货币，用以购买必需的生活用品。这不仅促进了商品经济的发展，也推动了手工业的发展，这样也使地租折算制开始盛行，即将劳役地租和实物地租折算成货币地租。许多领主发现，从长远看，"实行强制劳动的方式对农业耕作是有害的，而且使用雇工要比实行强制劳动可以把活做得更好，农奴自然想方设法用金钱赎买那些令人厌恶的劳役，并为了从犁地、运输、播种等劳役义务中解脱出来而与领主讨价还价；而且在许多庄园，将所有各种劳作都用金钱来估价，这样的时刻终有一天会来到。这对领主和农奴双方都是有利的。"① 而货币地租的盛行无疑会进一步刺激商品经济的发展，这就将大部分农民与市场联系了起来，他们一部分产品必须转化为商品，也加剧了农民阶层自身的分化。大部分农民所占有的土地面积减少，也形成了占有大量土地的乡绅和约曼阶层，对土地占有数量的不同在社会生产过程中对土地占有的牢固程度也不同。占有大量土地的约曼和乡绅在谋生与谋利的两个方面均处于有利地位，容易发财致富并日益扩大土地的占有量，对土地的占有关系牢固而持久。占有少量土地的农民在谋生与谋利的两个方面均处于不利的境地，仅依靠少量的土地无法维持全家人的生计，不得不出卖劳动力而艰难谋生。这样就在乡村形成了一个雇佣劳动者阶级，不仅加快了封建农奴制瓦解的过程，也促进了乡村手工业的发展，使英国的社会经济在13—14世纪时出现了第一次发展的高潮：城乡手工业遍地开花，商品经济出现了繁荣景象、商业和城市迅速扩张、人口数量急剧增加，直到14世纪"百年战争"爆发及黑死病的蔓延，这一繁荣景象才被打断。

"这个时期的主要工业一直是织布、建筑、采矿、金属制造、产盐和海洋捕鱼。"② 其中毛纺织业是当时英国举足轻重的行业，并且具有代表

---

① ［英］亨利·斯坦利·贝内特：《英国庄园生活——1150—1400年农民生活状况研究》，龙秀清等译，上海人民出版社2005年版，第280页。

② ［英］肯尼思·O. 摩根：《牛津英国通史》，王觉非等译，商务印书馆1993年版，第173页。

性。更为重要的是,英国从一个生产羊毛的国家逐渐过渡到一个织造呢料的国家,呢绒业等资本主义工场手工业的发展促进了广大乡村商品经济的发展,加速了农村封建自然经济和封建关系的瓦解。"从13世纪起,英国毛纺织工业的生产中心开始从城市移向农村,在肯特、牛津、格洛斯特、约克、兰开夏和东盎格里亚等郡的许多乡村,都成为毛纺织工业的基地。随着这些乡村工业的进一步发展,有相当一批工业化的乡村发展成为新型的城镇。"① 手工业由以前在城市的一枝独秀变成了在城乡遍地开花。而且这些"新的中心位于傍依急流的小溪和河水的村庄或小镇,并经办羊毛蒸洗厂。"② 16世纪以后,这种工业中心向农村转移的态势继续扩展,"除毛、棉之外,还有麻织业、针织业,特别是针织毛袜业的发展也相当迅速。此外,采矿、冶金、制盐、烧炭、造纸、制革、锯木等行业在乡村也陆续兴起,一片繁荣。"③ 正是英国这种相对悠久而繁荣的工农业生产,才促进了生产技术的积累与发展,变革与进步,才会不断地向科学提出新的命题和要求,推动着科学的发展进步。有学者甚至认为英国历经了两次工业革命,而将13世纪英国乡村手工业,特别是毛纺织业迅速发展的过程称为第一次工业革命,主要是在英格兰乡村制呢业开始用水力漂洗磨进行呢绒的漂洗,水磨要建在河流旁边,利用水力推动漂洗磨进行漂洗,减轻了漂洗工的劳动强度,也提高了漂洗的工作效率。水力漂洗磨及羊毛蒸洗厂虽然没有使用机器,但至少也是一种机械,用机械开始了代替手工劳动,这是手工业生产技术的变革与积累过程中重要的一环,英国后来较早地进行了工业革命,与这种手工业生产过程中技术的不断积累与进步有着密切的关系。而且在之后英国历史发展的过程中,虽然也重视农业的发展,但并没有形成"以农为本"的经济政策。相反,却形成了重商主义的经济政策,意味着更加重视商业和对外贸易,这就要求有相应的工农业基础,采取措施鼓励工商业的发展,不断提高工农业产品的商品

---

① 王乃耀:《英国都铎时期经济研究》,首都师范大学出版社1997年版,第122页。
② [英]肯尼思·O.摩根:《牛津英国通史》,王觉非等译,商务印书馆1993年版,第204页。
③ 王晋新、姜德福:《现代早期英国社会变迁》,上海三联书店2008年版,第23页。

化率。

1258年，亨利三世颁布了《牛津条例》，规定英国人必须穿本国生产的呢绒产品。英国政府还制定政策，保护本国纺织业的发展，如提高羊毛出口关税，规定本国所产的羊毛须在国内加工，授予漂洗工、织工、染工某些政治上的特权等，同时采取优惠政策，吸引外国技术工人移居英国。"早在1331年，英王便邀请尼德兰呢绒业巨匠约翰·肯帕赴英国传艺。1337年，英王又颁布法令，规定凡是进入英国的外国织工都受到英国政府的保护，享受优惠的待遇，到都铎王朝时期，历代君主都沿袭这一政策，以更加优惠的政策吸引外国优秀织工移入英国。例如，爱德华六世，向移居英国的外国织工提供贷款，并且拨给每户四英亩的土地，使他们能够在英国安居乐业。"① 16世纪后期，尼德兰革命爆发后，西班牙进行残暴的镇压和宗教迫害政策，使大批优秀的尼德兰织工纷纷逃往英国，英国政府以十分热忱的态度接纳了他们。"这些尼德兰的织工将最新的毛纺织技术传授给英国织工，使英国毛纺织技术进入一个崭新的阶段，能够生产出大约30种新式精细呢绒。"② 英国皇家学会是主要从事科学研究的专业科研机构，但是并没有完全脱离社会生产而进行纯粹的科学理论的研究，而是非常重视技术的发展，科学与技术实现了紧密结合而相互促进。皇家学会还成立了一些委员会来指导学会各部门的活动，还有专门指导生产技术的委员会，"其中之一的贸易史委员会从事工业技术原理的研究，其间不时向学会作出的报告涉及诸如海运业、矿业、酿酒业、精炼业、羊毛制造业等等工业。另一个委员会致力于改进机械发明。此外还有天文学、解剖学、化学等等学科的委员会。"③

在17世纪，至少有6个至关重要的科学仪器被首次发明或投入使用，有望远镜、显微镜、温度计、气压计、摆钟和气泵。气泵是奥托·冯·格里克在17世纪中期时发明的，它使物理学家能够运用逻辑或系统的方

---

① 王晋新、姜德福：《现代早期英国社会变迁》，上海三联书店2008年版，第156页。
② 王乃耀：《英国都铎时期经济研究》，首都师范大学出版社1997年版，第156页。
③ [英] 亚·沃尔夫：《十六、十七世纪科学、技术和哲学史》（上），周昌忠等译，商务印书馆1984年版，第38—39页。

法来研究空气属性,两个著名的英国人,罗伯特·胡克和罗伯特·波义耳,都是皇家学会的著名成员,就用气泵进行了非常重要的实验。摆钟也是大致同一时期由荷兰人克里斯蒂安·惠更斯发明的,他在 1657 年时申请了专利。使测量更小时间段里的时间间隔有了可能,而在以往只能大概进行测量或者根本无法进行测量。这在科学进步越来越依赖各方面精确测量的时代是非常重要的。[①]

皇家学会不仅重视工农业生产技术,也特别重视研究动植物及矿石等新的劳动对象,以便开发或引进新技术,特别注重动物品种的改良和新的植物的引进。因为英国的自然条件更多地适宜于发展以畜牧业主导的农业经济,改良动物品种以及引进新的牧草及适合于当地自然条件的农作物品种就显得至关重要。为了储存日益增多的动植物等自然标本,1663 年时由胡克负责还开设了一个陈列室,用以保护并研究这些标本,陈列室还保存了许多会员制造或发明的实验仪器和机械装置。皇家学会还对国外的自然物产等各方面情况进行了探究,特别注重收集商人、探险家和博物学家在海外活动时的报告和带回来的任何可能有价值的动植物和矿石标本,驱使西欧人冒着生命危险而远渡重洋的目的就是寻找黄金等贵金属以及宝石、象牙、香料等物品,因而这类动植物及矿物标本也是科学家首要研究的目标,而一旦这些动植物及矿物标本的价值被发现,成为人们征服自然和改造自然、满足人类自身某种需要的劳动对象时,就意味着其价值的实现。而一旦成为人们的劳动对象,也就意味着生产技术的发展进步,或者丰富提高,诸如发现煤,就要引发对煤矿的开采,而正是后来在开采煤矿时,人们需要排干矿井内的水,这才引发了对抽水机的发明,也就是在发明抽水机的过程中,才首先发明了蒸汽机。时值英国在海外殖民扩张的上升时期,英国人像一个好奇的孩子,睁大眼睛盯着外面的世界,对一切都充满了兴趣,对一切都想尝试,对一切都想拥有。"博物学家在海外的旅行,通常伴随着国家对外贸易或殖民的进程,有时的目的也是为了采集新的植物以作为药用。在此过程中,

---

① Alan G. R. Smith, *Science and Society in the Sixteenth and Seventeenth Centuries*, Published by Thames and Hudson London, 1972, p. 76.

大量的新植物就被引进到植物园或较大的私人花园，特别是对英格兰和尼德兰的植物品种有着更为深远的影响。不管他们的直接目的是什么，其结果是，到 18 世纪 20 年代时，由采药人、传教士、专业的科学家、水手，还有像丹姆皮尔之类的探险家等组成的博物学家队伍，从北美、印度、澳大利亚、南亚、波斯、暹罗、中国、日本等地带回了大量的标本和已经出版的植物志，这是 18 世纪后半期更大规模探险搜集的前奏。"①

英国的殖民扩张及对外贸易也为工农业生产技术的发展进步提供了源源不断的动力。17 世纪以来，英国的海外活动东西并进、殖民扩张与发展贸易齐头并举，而对外贸易不仅要获取英国人梦寐以求的东方商品，还要将本国的产品尽可能地销往国外，或者成功地进行转口贸易，才能实现重商主义的基本要求，因而殖民地不断扩大，实质等于英国商品销售市场和原料产地的不断扩大。不管是原料来源的增多还是商品销售市场的扩大，都要求生产更多的商品，这也是英国最早进行工业革命的最重要的原因之一。东印度公司在亚洲的贸易及殖民扩张极大地促进了国内手工业生产技术的发展。"不仅直接参加东印度公司贸易及扩张的人获得了巨额的财富，而且不列颠在亚洲的扩张为国内从来没有走出国门的人也带来了利益。亚洲人对不列颠原料及工业制成品日益增长的需求给英国的企业家带来了实实在在的利益。一些纺织品诸如韦尔奇法兰绒在东方已经打开了销路，但是其主要产地却在南威尔士的冶金工业区，这样东印度公司或其他公司就可以和其他产品一同配送出口。印度市场的需求也改变了尼斯和斯旺西河下游谷地铜矿冶炼者及制造商的生产结构。东印度公司铜出口量的增加也促进了南威尔士冶金业规模的扩大。公司的订单对南威尔士商号数量的增长也有巨大的影响。1731 年，东印度公司首次大规模地向亚洲出口铜，双方的商业合作关系就此建立，之后这种外部需求渐趋增长且多样化，对斯旺西地区的影响效果明显并且得以

---

① J. S. Bromley, *The New Cambridge Modern History*, Volume VI, *The Rise of Great Britain and Russia*, 1688 – 1715/25, Cambridge University Press, 1970, p. 56.

持续，使该地区在 1760 年后很快成为不列颠冶金业的主阵地。"①

  关于技术问题，最重要的一些活动都围绕探寻新的能源和动力问题而展开，特别是解决在矿井中的动力问题。1561—1668 年，英格兰发布的专利中，有 1/7 的发明就与排水问题相关。1660—1700 年，总共有 236 项专利，与地上和矿井排水相关的不超过 30 项。一些古老的用马、风、水力等方法在较深的铜矿和煤矿中使用起来成本太高。蒸汽的可能性在古代世界也只是偶尔有人注意。在 17 世纪时，就有人一直试图用蒸汽作动力，用活塞和汽缸相连接，来解决矿井的排水问题。1698 年，托马斯·萨弗里的水泵用蒸汽和空气压力相结合，费力而危险地进行工作。惠更斯对此提出了许多有趣的建议，包括使用炸药爆炸的能量。而第一台能有效把热能转换为机械能的机器是 18 世纪初才出现的，那就是 1720 年托马斯·纽卡门的火力发动机。他是丹佛郡的一个铁匠，所发明的这种发动机在英格兰被广泛地用在矿井、运河闸口和水库，并且开始向外出口。另一个重要问题是煤在地面的运输。早在 1600 年时，英格兰就有两个地方用木轨运输，装上煤的四轮车从山顶依靠自身的重力滑下矿山，卸下煤后空车由马牵引再拉回煤矿的入口处。到 18 世纪时，短距离的铁轨上由马牵引的运煤的四轮车在不列颠已经较为普遍。同时，战争的压力也需要更多的煤来冶炼金属，17 世纪 90 年代首先在布里斯托尔冶铜的反射炉中得到使用。1709 年，曾在布里斯托尔当过铜矿冶炼师的亚伯拉罕·德比，在煤溪谷创立了以商业运营为模式的焦炭冶铁厂，但是他生产出来的只是质量较低的生铁，到 1750 年时，他的儿子已成功地从生铁中再提纯出条铁，这已经能和木炭炼出的铁相媲美，可以制作高质量工具，而这种工具所要求的金属要比生铁坚固并降低了脆性。②

  尽管我们认为工业革命是 18 世纪后期才发生的事，但是这一时期的许多实践为工业革命在技术、组织和经济运行程序上做了准备。③

---

  ① Kazuhiko Kondo and Miles Taylor, *British History* 1600 – 2000: *Expansion in Perspective*, Published by University of London, 2010, p. 86.
  ② J. S. Bromley, *The New Cambridge Modern History*, Volume Ⅵ, *The Rise of Great Britain and Russia*, 1688 – 1715/25, Cambridge University Press, 1970, pp. 69 – 70.
  ③ Ibid., p. 69.

三 科学技术发展与社会进步

近代早期英国绝大多数科学家并非是完全脱离社会生产实践的纯粹进行逻辑思辨的人。很多科学家虽然身处大学或研究机构，但是他们并没有将自己囿于象牙塔或实验室，在技术的推广和应用上也并非闭门造车。在理性主义光芒的指引下，很多科学家以社会实践中遇到的现实问题作为研究的出发点，将从经验和实验中得到的理论知识视为力量，而将技术视作知识转化为社会实践中现实力量的具体手段。科学与技术，技术与生产总是密切结合而相互促进，理性主义总是以文化的力量来积聚能量并及时地转化为推动社会发展的力量。科学也并非如中世纪那样长时期地停留在思辨的真空，而是萌芽成长于社会实践的沃土，在理性主义构建的象牙塔或实验室里经过科学家的精心栽培，之后又移植回社会实践的土壤，经受阳光雨露和风吹雨打，最终与社会发展形成了良性互动，不仅转化为现实的生产力推动着经济社会的发展，而且转化成为一种精神的力量根植于社会之中，感召鼓舞着整个民族形成崇尚科学、追求真知、勇于实践、敢于创新的民族特质。

社会转型时期的英国，历经文艺复兴和宗教改革运动，随着经济社会的发展以及对外战争的胜利，民族国家逐步形成，从文艺复兴时期就焕发出来的民族意识也日渐强烈，而这种民族意识，在不同阶段有着不同的含义及表现方式。文艺复兴时期，主要表现为以诗歌、小说、戏剧等形式展现英吉利民族的人文主义、爱国主义、英雄主义和进取主义精神。进入 16 世纪以后，民族意识主要表现为重商主义、理性主义、科学主义与殖民主义。"理性在 16 世纪的英格兰被认为具有至高无上的价值，是人类神圣的本质。从培根开始，理性就被认为是现代人超越古代人的标志，科学被视为民族之伟大的标志。英格兰人自发而又选择地将有理性视为其民族特性的具体体现和核心成分……相较于文学上的成就而言，英格兰人认为理性和科学更能表现他们的天赋。"[①] 理性主义与科学主义不仅是少数科学家所具备的基本素养，而且成为个列颠民族意识的主要

---

① 洪霞：《皇家学会和近代英国科学精神》，《光明日报》2013 年 6 月 6 日第 11 版。

组成部分,对于全民族形成崇尚理性、尊重科学的文化素养有着非常重要的作用,从而使科学技术在英国的发展有了丰厚而肥沃的土壤。这对于刚走出以信仰为主的中世纪的英国人就显得尤为重要,即使到了16世纪,信仰问题在人们的社会生活中仍然占有相当重要的地位,还多次爆发激烈的宗教冲突甚至流血斗争,起初有很多人视科学与新生事物为宗教异端或离经叛道的事物而加以打击压制,因宗教争议而被处以火刑者时而有之,因而崇尚理性与重视科学这种在今天看来值得称道的事情在特殊的历史时期也会充满艰难险阻甚至生命危险。不列颠民族较早地确立了理性与科学在民族意识中的重要地位,对于后来科学技术的迅速发展及领先地位的确立都有着非常重要的作用。科学技术不仅是个别和少数科学家的事业,也是整个民族和国家的事业。所有的人都不能彻底脱离一个国家和民族而存在,科学家也是如此,科学技术只有植根于社会的实践之中,才可能生存和茁壮成长。民族是科学技术发展的土壤和空气,国家是科学技术进步的阳光和雨露,只有全民族与整个国家都形成重视科学技术的良好环境,科学技术的发展才会拥有必要的发展条件和空间。

早在伊丽莎白女王统治时期,英国就由个人捐资而成立了格雷莎姆学院,成为当时世界上最早的专门致力于科学研究和培养科学人才的大学,充分体现了英国人所拥有理性主义与科学主义精神。格雷莎姆学院规定,对于科学感兴趣的所有人,可以免费进入学院听课。学院也成了当时伦敦科学活动的中心,不仅凝聚了当时顶尖的科学家,而且以传播讲授科学、培养科学人才为主要使命,这一切都充分体现了英国社会不仅是贵族、绅士等阶层推崇与重视科学,各阶层人士都对科学有着浓厚的兴趣,体现出了一种民族意识,也就是要想成为一个强大的民族国家就必须依靠科学的力量,才能在海上活动中勇往直前而获得殖民地和金银财富,才能在商业争霸战争中打败其他国家而分享贸易红利,科学技术是关乎民族生存与发展的大事。这种民族意识的觉醒无疑会使不列颠民族率先走出中世纪以宗教信仰为主导的精神世界,在思想观念上获得了解放而更加自由多元化。众所周知,英国皇家学会成立于斯图亚特王朝的复辟时期。激进的思想家和政治家普遍认为这是革命的反动与倒退时期，然而历史并没有停下前进的脚步。所谓的"反动的统治者"查理二世也对学会的成立给予了大力的肯定与支持，不仅颁发了允许其成立的特许令状，而且翌年又颁发了第二个特许令状，准予扩大学会的特权。查理二世对科学的重视并非只是支持成立了皇家学会，还划拨土地，拨付钱款及建筑材料，并且购置了第一批天文学仪器，创办了格林尼治皇家天文台，设置了皇家天文学家的职位，使该天文台成为英国第一个受国家资助的科学机构。也使该天文台在以后的很长时间里，在天文学研究领域一直处于世界领先地位。众多科研机构及专门致力于科学研究与科学教育的大学的成立，充分体现了在17世纪中期以后，理性主义与科学主义已成为不列颠民族意识的重要组成部分，社会各阶层已形成重视科学的风尚。特别是在皇家学会中，从事科研的科学家始终没有占多数，而是只占到了会员总数的1/3左右，更多的会员属于贵族、乡绅、商人、金融家、手工业工场主等，他们以提供资金、仪器设备、活动场所等各种方式为学会开展科学研究给予了大力支持。皇家学会会员这种不计个人得失和名利、为科学研究和技术进步的奉献精神恰恰是不列颠民族意识中理性主义和科学主义的具体体现，"人们认为，对科学的追求事关民族声望，科学之伟大就意味着民族之伟大，为外国人所敬仰是很多科学家进行科学探索的动力之一。17世纪的波义耳也在一封信中提及：我们必须说，英格兰有大量富有学识和满心好奇的人，其数量要比全欧洲的还多，他们的成果实实在在而且详尽精细。"[①] 这在近代民族国家的形成时期是难能可贵的民族意识，也是其他民族所不具备的特质。正是有了这样的特质，才促进了科学技术的迅速发展，而且两者得到了很好的结合，科学原理、理论、学说、规律在一个世纪的时间里基本都应用到了社会生产的实践领域，并且和先进的资本主义生产方式结合起来，科学技术转化成了生产力，而资本主义的生产关系又为这种生产力的长足发展创造了条件，加快了英国社会近代化、城市化、工业化的进程，为英国率先完成工业革命及社会各方面的发展进步提供了持久的动力。1603年，斯图亚特王朝建立时，英国还是一个农业占压倒性优势的社会，但

---

① 洪霞：《皇家学会和近代英国科学精神》，《光明日报》2013年6月6日第11版。

到 1700 年时，原来居住在农村的人口中，有 60% 的人已脱离了土地。整个英国有三分之一的社会财富是由批发商、呢绒商、店主、工匠、金属工人、矿工等非农业部门创造的。这一生产方式的转变反映了英国商业和制造业在 17 世纪后半期有了较大的发展。布料生产依然是英国基础性的制造业，在这一时期得到了空前的发展，质的优良，精细轻薄的棉布行销南欧和北美的殖民地，煤的产量和轮船制造业也打破了历史纪录，从而对钢铁制造业提出了前所未有的要求，以至于要从波罗的海沿岸地区进口钢铁才能缓解这种需求。到 1700 年时，依据很多行业的指标，英国都超过了欧洲其他国家。英国的公路交通网、航运水道、交通基础设施都有了较大发展。全国的商店总量已超过 10 万个，邮政服务每年邮递超过一百万封的信件和包裹，人均收入也有了显著增长。在 1500 年时，依据欧洲当时的标准，英格兰低地地区只不过达到中等富裕程度，但在两个世纪之后，英国已赶上和超过了欧洲大陆上最先进的荷兰共和国。①

  经济社会得以迅速发展的主要动因在于 16 世纪后期以来农业劳动生产力的提高。不断增加的农产品能够为城市制造业提供必需的粮食。经济蓬勃发展的另一个主要因素在于从 17 世纪 40 年代以来大规模的军事活动的增加。战争时英国军队及战舰的军需订货使西米德兰地区成为国家的钢铁工业中心；查塔姆成为海军的造船基地；哈维奇、朴茨茅斯、普利茅斯成为欧洲著名的综合性工业中心。不列颠的战争也造就了巨大的商业帝国。诸如泰恩塞德公司的创始人安布罗斯·克劳利爵士，他创办的公司雇用了上万名工人制造铁钉及钢铁产品，供应海军军需及殖民地市场。17 世纪后半期经济蓬勃发展的第三个原因在于英国迅速增长的对外及与殖民地的贸易。新大陆的殖民地不仅为英国制造业提供了额外的市场，也为国内的生产商从欧洲大陆关税壁垒及海盗横行的不利贸易环境中提供了一个喘息之机。②

---

 ① David Scott, *The Rise of Britain as a World Power*, Published by Harper Press, 2013, p. 264.

 ② Ibid., pp. 264 - 265.

实质上到工业革命前夕,也就是到 18 世纪中期以后,英国已经摆脱了中世纪以来在欧洲的落后局面,不列颠近代民族国家已初步形成,历经革命和改革,资产阶级民主专政的中央集权已大为加强,国家力量得到了充分地增强,能够有效地推行国家的意志,维护国家的利益;在科学技术方面,英国已成为近代科学革命的中心,在重大的科学理论或科学发现上,英国基本都走在了世界前列,伟大的科学家辈出而且成果辉煌,并且形成了重视科学技术的社会风气,各类科研机构和大学也都能以理性主义为指导并注意培养科研人才,宣传科学知识,重视实验并密切联系社会实践,在社会实践中使科学理论得到检验并发展;在手工业方面,工场手工业已有很大发展,不仅在生产的规模上,而且在集中的程度上也大为加强,更主要的是在生产关系上,已经确立了资本主义的雇佣关系,突破了中世纪手工业行会以及商业公会的限制,资产阶级完全以市场为导向可以自由地进行生产,而在工业革命前夕,英国通过多次商业争霸和殖民争霸战争,已打败了曾经的劲敌荷兰和法国,昔日的葡萄牙和西班牙颓势已显,更加无力同英国相抗衡,使英国在确立殖民霸权,争夺殖民地和抢占世界市场方面优势凸显,为英国整个社会经济的发展提供了宝贵的机遇和空间。在农牧业方面,英国农业革命方兴未艾,主要表现为新的农作物品种如芜菁、萝卜、苜蓿、三叶草、红豆草的引进,先进耕作技术诺福克四圃轮作制的推广,还有土壤改良、施肥、排水技术的改进,农业劳动生产率显著提高,粮食产量也有了大幅度增长,"到 1700 年时,不列颠食物供应不仅能自给自足,而且直到 18 世纪 60 年代还一直出口小麦。在 1740—1750 年之间,每年出口的小麦有 40 万夸脱。到 1850 年时,尽管人口数量有很大的增长,但不列颠农民依然满足了国内 80% 的粮食需求。这种粮食产量革命性的飞跃是广泛推广农业生产新技术的结果,包括新的农作物,更好的轮作制度,特别是 19 世纪以来新机器的使用,新的生产的组织形式——对敞田及荒地的圈占、对农场更好的经营管理。"[①] 此外,圈地运动已进入了法制化的议会圈地

---

① Richard Brown, *Society and Economy in Modern Britain* 1700 – 1850, London: Rutledge, 1991. p. 49.

阶段，在圈地进程和数量上都大大超过了以前，而且反对圈地的呼声已大大降低，所遇到的圈地阻力已大大减小。圈地运动不仅是土地外在形式的变化，而且是一次深刻的土地制度的变革，土地的所有权、占有权以及经营权都发生了变革，以单一的土地所有和占有方式代替了敞田制下土地所有权及占有权含混不清、相互重叠的局面。历经圈地运动，消除了敞田制下土地条块分割、交叉分散的状况，确立起了资本主义的土地私有制和资本主义大农业经营体制，为农业生产技术改进革新创造了便利条件，极大地推动了农业革命的进程，也使规模化、集约化、社会化的农牧业经营方式逐步占据主导地位。圈地运动以及相伴而来的农业革命也为工业的发展及即将到来的工业革命、殖民扩张提供了劳动力，使更多的人在离开土地之后找到了安身立命之所，源源不断地向海外移民减缓了社会改革所带来的困难和压力，为国内的社会变革提供了一条有效的泄洪渠，也不断地增强着英国在海外的殖民势力、扩大着在海外的利益和影响。土地也由封建社会的经济基础变成了资本主义社会的资本，积极进行圈地的资产阶级、新贵族、租地农场主等，采用资本主义的生产方式，雇用农业工人进行生产，使资本主义的生产关系得到进一步的巩固与发展。资本主义的大农场制无论是在生产关系上还是在生产力的提高方面，都比过去有了很大的进步，关键是确立了明确的土地权属关系，提高了土地所有者及经营者生产劳动的积极性，也更便于采用新的生产技术、推广先进的耕作方式。

英国在近代化的道路上，农业经营体制较早地走上了资本主义大农业经营的道路，不像法国，小农经济长期存在，造成了土地占有与经营的分散，也造成了农民的贫困和国内市场的狭小，制约了工业革命及近代化的进程，阻碍了先进的轮作制度及生产技术的革新。"最近的一个统计说明，在19世纪初英国的农业生产力比法国的高2.5倍，而法国本身的生产效率比欧洲的其他国家高得多。结果是人口从乡村迁往城市，与此同时，还可以养活得起这些增长的人口。"[1] 由此可见土地制度的变革

---

[1] [英]肯尼思·O.摩根：《牛津英国通史》，王觉非等译，商务印书馆1993年版，第444页。

及农业的发展对工业化及城市化的重要影响。法国经济学家杜尔哥（Turgot）"比较了18世纪法国北部的大农场和中部的小份地制后得出结论，以雇佣劳动为基础的资本主义大农业意味着经济的发展进步。"[1]

英国虽非近代科学的发源地，但是在17世纪时很快发展成为近代科学革命的中心，确立了科学研究上的领先地位。这一中心地位若从牛顿的《自然哲学的数学原理》的问世算起，到第二次工业革命的兴起，大约历经了两个世纪。而在这两个世纪里，科学的优势及时地转化成了技术的优势，这一过程也就是工业革命，从而使英国成为率先完成工业革命的国家，不仅在工业产量上，更主要的是在生产技术、生产方式、生产关系、工业门类、工业化程度上都处在了世界领先地位。其先进性远不是"世界工厂"四个字可以概括和总结。在工业化和全球一体化的道路上，英国成为无可争议的领跑者。无论人们认可肯定也罢，批评反对也罢，由英国所开创的以工业化、城市化及全球一体化为外在表征的近代化道路几乎成了后来世界其他国家的必经之路。由以近代经济基础变革所引起的上层建筑的变革更是开创了近代国家政治文化的滥觞，诸如自由民主、三权分立、法律至上，平等博爱、公平公正的基本理念及相应的政治制度或法律法规。后来在其他国家的政治文化中，或多或少地都可以在近代英国的国家体制和政治制度中找到原型。人们常常津津乐道英国率先进行工业革命的各种原因，但这一科学上的因素却常常被忽略，特别是英国的科学家不仅重视理论研究和规律发现，而且重视通过实验和社会实践的检验，并且在接受检验的过程中积极探索科学转化为生产实践的手段和途径，也就是以技术的力量参与社会生产，直接作用并改变人们的社会生活。科学技术以前所未有力量和速度推动着社会的发展变化，新生事物层出不穷，社会产品极大丰富，社会面貌日新月异，人们的思想观念异彩纷呈，社会结构也发生着深刻的变化。正是在这两个世纪里，英国迅速崛起为世界大国并盛极一时，到19世纪中期前后达到了巅峰时期，确立起了对东西方乃至于整个世界的优势，英国不仅成

---

[1] J. P. Cooper, In Search of Agrarian Capitalism, *Past and present*, No. 80 (Aug., 1978), p. 27.

为"世界工厂",还是海上霸主,国际金融中心,"日不落帝国"。在这一过程中,最重要的推动性因素当是科学技术的领先因素,科学技术的优势转化成整个国家和民族的优势。而从第二次科技革命开始的19世纪70年代起,英国科学技术方面的领先优势被后起的美国、德国等其他国家所打破,英国虽在经济上依然暂时保持了优势地位,而且凭借庞大而落后的殖民地仍然可以获取巨额的财富,但是在代表新时代发展方向的核心科学技术方面,英国再也不能独步青云,一路领先,大英帝国不可避免地逐步走下了光荣与辉煌并存的神坛。当然历史原因的综合论者并不愿意选择这样极其简单的模式而是更加偏向于各种综合因素共同作用的结果,简而言之,并非单一的科学技术因素导致了国家的先进或落后、崛起或衰落,而是众多因素共同作用的结果。这种见解无疑更加接近历史的实际,任何一个国家和社会都作为一个复杂而完整的系统而存在,不仅内部的诸多因素相互作用,而且与外部的很多因素每时每刻都在发生联系和作用,在对立统一、普遍联系的矛盾运动中展显出动态与静态相对立统一的结果。强调科学技术在社会发展过程中的重要作用并非要贬低其他因素所发挥的重要作用,只是为了抓住事物发展变化的主要矛盾和主要线索。

第三节 近代英国阅读文化的发展

阅读行为是文化发展到一定阶段的产物,因而属于一种文化现象,从文字产生以来到当代社会这种文化现象从未间断,与人类文明几乎在同步发展,可以将这种文化现象直接定义为阅读文化。阅读文化在一定程度上可以体现文化发展的阶段和水平,同时也可制约文化的发展与传播,进而影响整个社会的发展进步。阅读文化作为一种文化现象,本身就是社会生产力发展到特定阶段的产物,并随着社会生产力的发展而不断发展,也不能脱离其他社会因素而独立存在,是与特定的政治、经济、文化等社会因素密切地结合在一起。在以书本作为知识和信息的主要载体的时代,阅读是人们获取知识和信息的主要途径之一,也是文化发展和传播的重要手段。阅读的过程包括了阅读主体的形成,可阅读物的出版发行、读者对阅读物的选择与获取，知识和信息的获取与加工转换，知识信息对读者的影响等诸多方面。阅读文化的发展对于一个国家的发展具有极其重要的意义，简而言之，阅读文化决定着有多少人读书、有多少可读的书、读什么样的书、读书对人的影响等诸多重大问题。

一 中世纪晚期对阅读文化的解放

在漫长的中世纪，英国的阅读文化和其他文化现象一样，无不受到宗教文化的制约。宗教活动是文化活动的主导方面，神学为所有学问之本，而且文化活动几乎为教会贵族和世俗贵族所垄断。教育首先为教会僧侣阶层所垄断，受教育者群体是相对狭隘的精英阶层，主要为天主教会的僧侣贵族和世俗贵族，阅读的书本主要为拉丁文的《圣经》和神学家的著作，还有经院哲学家充满神秘和艰涩思辨的哲学著作，少量的文学及史学著作大多都充满神话和宗教色彩。尤为束缚阅读文化的是这类阅读出版物大多以拉丁语或希腊语而出版或手抄，而广大民众被排除在读书识字的教育对象之外，也就难以成为阅读文化的主体。自诺曼征服之后，"所有的英国方言都沦落到同样不重要的地位，原有的统一的文学语言消失了，代替它的是一些分歧很大的方言。作家和抄写家都用他们的方言来进行创作和抄写，因此早期中古英语文学作品里就出现了各种不同方言的特点"。[1] 以国王为代表的世俗贵族则主要使用法语，贵族文化更多地带有法国色彩，采用法语和拉丁语发布政府命令及行政文告，在司法活动中也广泛使用法语，议会审议及通过的法案、所颁布的法律、司法诉讼及法院的判决、民间的借贷契约等也多是在贵族的主持下采用法语书写。贵族子弟的初等和中等教育多在宫廷和家庭进行，之后进入牛津和剑桥等大学进行学习，但大学教学的语言也主要使用拉丁语、法语或希腊语，大学毕业后一般还要去大陆法国、意大利等地进行游学，又进一步强化了贵族文化的法国色彩。而英格兰广大下层民众则使用英语，但英语主要用于口头交流，即使用于创作，也多带有方言特点，而且能够运用英语进行创作的下层知识分子实属凤毛麟角，能够用英语进

---

[1] 李赋宁、何其莘：《英国中古时期文学史》，外语教学与研究出版社2005年版，第2页。

行抄写阅读的人则少之又少，因为下层民众只会运用英语进行口头交流。这种等级制度的分化对立、僧俗贵族对文化的垄断、语言的断层现象严重束缚阻碍着阅读文化的发展，依靠手抄传播的阅读方式也制约着阅读文化的发展。

14 世纪后半期文艺复兴运动在英国的兴起以及威克利夫所倡导的宗教改革运动是阅读文化被解放的起点。以乔叟和威廉·兰格伦为代表的众多的人文主义诗人，用本民族的语言创作出了大量的诗歌，不仅发展丰富了中古英语，也推动了本民族语言的运用，这对于唤醒民族主义意识，塑造共同的民族心理方面发挥了文化先导的作用。英法"百年战争"的长期持续进一步激发了英国贵族阶层的自我觉醒，使他们认识到历经时代的变迁，难以割舍的法国情结及文化已失去了往日的意义。他们已不再属于法兰西，而是属于英吉利，在漫长的历史进程中他们和英格兰民众在共同的地域上已有了共同的经济生活及利益，创造共同的文化生活乃是大势所趋，也是自我的正确定位。共同的文化生活首先要有共同的语言，共同的语言才是造就共同的民族心理的最强有力的工具。"1362 年，爱德华三世在召开议会时第一次用英语致开幕词，在同一年，由于下议院的请求，爱德华颁布一道法令，规定法庭审讯必须使用英语，而不再用法语。1385 年，英语已代替法语成为学校中的正式语言。1386 年，人们第一次用英语来写致议会的请愿书。在伦敦保存下来的最早的一份用英语写的遗嘱属于 1387 年，最早的用英语写的行会章程属于 1389 年。1399 年的一封用英语写的私人通信表明在社交生活中英语也代替了法语。这一系列的事实都说明在 14 世纪，英语已确立了它在国家生活和社会生活中的地位。"[①]

随着英语在文化活动中的广泛使用，中古英语的分支语言也在相互的潜移默化中逐步消除着各自的方言色彩而走向统一。农奴制的渐趋瓦解及市场经济的发展大大增强了人们的流动性。人口众多、连接南北、地理位置及自然条件相对优越、经济文化相对发达的以伦敦为中心的英格兰中东部地区的方言渐渐成为全国都接受使用的通用语言，即所谓的

---

① 李赋宁、何其莘：《英国中古时期文学史》，外语教学与研究出版社 2005 年版，第 3 页。

伦敦方言，这也促使中古英语向现代英语转变，语言的统一必然促进阅读文化的解放与发展。文艺复兴在英国的兴起不仅促进了英国学者对古希腊罗马文化的研究，也激发了英国学者用英语进行创作的热情，从而打破了文化生活中宗教和神学占支配地位的局面，也逐步打破了贵族阶层对文化和教育的垄断。牛津及剑桥大学的学生数量在逐年增加，而且起初主要是市民和富裕农民的子弟，到 14 世纪晚期时贵族子弟也开始进入具有平民化色彩的大学，受教育的对象进一步扩大了，这也意味着阅读群体数量的扩大。教学语言更加多样化，教学内容也更加丰富，《圣经》和神学虽为教学之本，但也开设文学、法学、医学等课程，还增加了逻辑学、修辞学、哲学、算术、几何学等课程。借助复兴古典文化的潮流，拉丁语、希腊语、希伯来语等各种语言均得到了一定程度的重视，与此同时，英语在语法、语音、词汇方面也趋向成熟统一，不仅便于口语交流，更能准确地用之于书面表达。在学习和使用多种语言的基础上，英语作为听说读写主要语言的地位也得到巩固和加强。文艺复兴不仅催生了文化的繁荣景象，也推动了人们思想的解放，神本主义的思想逐步为人文主义所取代。人文主义的回归与发展使长期在思想上被动禁锢的群体逐渐变成追求自主的个体的集合，每一个体都追求自身的自由与价值，求知与进取、创造与发展，从而使更多的学者有了创作的热情和动力，也使更多的人有了学习求知的愿望和使命，有了阅读的兴趣和必要。阅读文化从供给和需求两方面都得到一定程度的解放并互相促进，阅读文化同时也促进着思想和知识的传播，提高民众的文化素养，有利于加强文化联系而塑造共同的文化心理，也推动了近代民族国家形成和发展的进程。

尽管因为多方面原因使英国文艺复兴在 15 世纪时一度出现沉寂局面，人文主义的现实力量还没有得到充分地发挥，但是却积聚着能量。到 15 世纪末都铎王朝建立之后，文艺复兴则迅速走向辉煌时期，人文主义以文化的力量推动并引导英国社会的转型发展。英国在海外探险、对外贸易、经济发展、文化创新等各个方面都取得了空前的成就，人文主义进而发展到理性主义阶段。理性主义者倡导"知识就是力量"，不仅要以人为本，还强调人具有认识自然、改造自然、征服自然的伟大力量，以人的经验积累和科学理性来探索客观规律，倡导以反复实验来验证规律，从而推动了哲学和自然科学的发展进步。所有这些发展变化都促使英国迅速摆脱了中世纪晚期以来国力相对衰微的局面，开始以崭新的姿态登上世界近代历史的舞台，以积极奋进的面貌昂首阔步，迅速赶超欧洲大陆上的西班牙、荷兰、法国等国家。

宗教改革也从另外一个方面解除了束缚阅读文化发展的枷锁，同时也从根本上动摇了各级教会对教育的垄断，也打破了神学家的教义和经院哲学对文化的垄断，从而也为人文主义的传播清扫着道路。英国虽非文艺复兴的发源地，但却是宗教改革的发源地之一。威克利夫所宣扬的宗教改革思想，主张以《圣经》作为信仰的唯一源泉，认为《圣经》的权威性要高于教会所颁布的任何信条、教皇法令或神学家的著作。由宗教改革所带来的"所有的这些变化可以概括为首先强调的是信仰而不是实践，是文字所表达的宗教而不是宗教仪式，并且逐渐强调个人在宗教信仰和宗教惯例上的个体责任，这些代表了一个巨大的变革，不仅是大众文化的变革，而是英国文化整体的变革。"[①] 威克利夫两次对《圣经》的翻译有力地推动了"因信称义"思想的传播。更为重要的是，改变了广大民众在宗教信仰及宗教活动中的被动地位，使人们逐渐摆脱了在信仰和礼拜方面对天主教会的依赖，可以通过自己对《圣经》的阅读来静心感悟、虔信耶稣、敬仰上帝，并且可以自主选择祈祷与礼拜的方式，强调重在信仰本身而不是信仰方式、重在主动地信仰而不是被动地听从教士的灌输、重在通过阅读《圣经》而不是遵从神学家的教义。这就极大地推动人们对《圣经》的阅读，也推动了中古英语的发展演变，极大地丰富并扩充了英语的语法及词汇，使其能和较为成熟的拉丁语进行互相对应而使《圣经》的英译本紧扣原意并且贴切生动。人们要阅读《圣经》而获得在宗教信仰上的主动权，前提就是要读书识字，这就必然要促进阅读文化的发展。宗教改革也打破了教会学校对学校教育的垄断，使教会教育向世俗教育发展过渡。亨利八世所发起的宗教改革运动不仅深入到人们思想信仰的精神世界，也涉及经济及社会生活的各个领域。

---

① Tim Harris, *Popular Culture in England*, 1500 - 1850, Published by Macmillan Press Ltd., 1995, pp. 97 - 98.

这一时期对《圣经》的翻译得到了延续，英译本的民族色彩日益浓厚，促使英语由口头语言进一步向书面语言转变而且在各方面也更加成熟。特别是亨利八世接受了克伦威尔等人的建议决定为英国人提供一个标准的英语版的《圣经》而推动宗教改革。1539 年，在克伦威尔的支持下，由亨利八世钦定的英译本大《圣经》（Great Bible）出版，此版本主要在科弗代尔译本的基础上博采众家之长，1540 年再版时又增加了大主教克兰默所作的序言，为当时最权威的版本，之后成为各教区教堂必备的典藏，爱德华六世时期还曾再版两次，玛丽女王时还允许流传阅读。阅读文化借助于宗教改革的东风而得到迅速成长，这在客观上也促进了阅读群体的扩大，使宗教改革思想和人文主义得到更广泛地传播，从而极大地唤醒了被教会和神学长时期压抑的创造与进取精神，有力地推动思想文化的发展。

都铎时期经济社会的发展使骑士教育逐渐失去了固有的作用和意义，市民阶层也要求打破贵族地主对文化教育的垄断，掌握文化知识和专业技能以适应经济社会发展的需要，进而提高自己的社会地位，从而使教育对象相对狭隘的教会教育和骑士教育逐步向世俗和公共教育过渡。在初等和中等教育上主要表现在读写学校、文法学校、公学的纷纷建立，诸如英国较早的温彻斯特公学和伊顿公学，就成立于这一时期。在高等教育上表现为原有大学办学规模的扩大和新的高等院校的建立，诸如牛津大学的林肯学院、万灵学院、莫德林学院等；剑桥大学的凯斯学院、三一学院、国王学院、圣·贝尔纳学院、圣·凯瑟琳学院等。在此过程中，贵族阶层对文化教育的主导地位并没有受到多大影响，贵族子弟也开始走出家庭，走入世俗和公共教育的学校接受教育，而且很多学校的创建者就是王室和贵族。贵族阶层在推动教育机构的社会化、教育对象的扩大化方面发挥了重要作用。读书识字现象的传播及宗教改革的发展进步为普通人打开了新的文化视野，然而这也加剧了精英文化与大众文化、明智与愚昧、尊崇与亵渎之间的进一步分化。

近代早期的英国，毫无疑问的是一直有着改革传统大众文化的尝试，非精英文化在很多方面都历经了变革。在讨论近代早期的大众文化时，读书与文学是最基本的。大众文化在定义上是与精英文化相反的方面，通常被视为不识字者的文化,一个通过风俗习惯和实践在口头上进行传播的文化,而并非通过印刷的文字进行传播。基思·赖特森非常清楚地认识到要把读书识字现象的普遍化纳入大众文化,然而他在总体上也强调逐步扩大的区别及读书识字现象的在此过程中的塑造性作用:1580年时,不识字是绝大部分英格兰人的基本特征,而到1680年,不识字成为穷人独有的特征。在这样解释的框架体系内,大众文化的特征就是其存在的特点,特别是具有习惯的或传统上的行为和思考的方式特征。①

教育对象的扩大以及读书识字群体的增多不断推动着阅读文化的发展,也推动着大众文化登上了文化舞台,与精英文化开始同台争妍。在以前的时代,精英文化主要集中于王室,体现在富丽堂皇的建筑、奢华的陈列、精致的艺术品,由这些组成了熠熠生辉的舞台,皇家的悲喜剧就在这样的舞台上上演。这些艺术从传统上以来主要依靠王室和贵族的赞助,从17世纪晚期开始,这种上层文化逐步走出朝廷,走进城市多元化的空间——走进咖啡厅、阅览室、会议室、俱乐部、艺术馆和音乐厅;从以前王室的仆从变成了一种商业活动的参与者。在斯图亚特王朝复辟到乔治三世继位的100多年里,文化产业在伦敦的温床里得到了茁壮成长。各个级别的新闻工作者队伍迅速扩大,雇佣文人、出版商及其他文化工作者从咖啡馆而不是从王室寻找创作的源泉、认可和赞许,在创造新型富有想象力的共同体中,咖啡馆是才是至关重要的赞助者。② 大众文化的成长使普通民众逐步由文化活动的被动参与者成为文化活动的主体,进而成为文化的创造者,从而使得阅读文化有了广泛的群众基础。"通过许多测算的手段可以发现,文学史研究者一致认为,随着大众读者的数量的增加,从18世纪40年代到80年代,文学产品的经济杠杆发生了偏转,书商和日益扩大的读者队伍或通过个别资助,或通过订购,逐步取

---

① Tim Harris, *Popular Culture in England*, 1500 – 1850, Published by Macmillan Press Ltd., 1995, p. 70.

② Jeremy Black, *Culture and Society in Britain* 1660 – 1800, Published by Manchester University Press, 1997, p. 35.

代了以前贵族对文学的资助作用。"①

大众文化的摇篮是城市，并随着城市发展而得到了茁壮地成长。都铎时期英国社会的转型促使市场经济得到了较快的发展，而市场经济不仅使原有的大城市规模进一步扩大，也哺育了小城市及乡村城镇的形成和发展。大众文化也逐步从大城市向中小城市和乡村城镇传播。17世纪时，伦敦已成为世界上神奇之地。到过伦敦的人对其勃兴的人文主义、激动人心的消息、壮观的景色及丰富多彩的娱乐活动都留下了深刻的印象。他们对伦敦西区优美的布局感到惊奇，有齐塞铺街和斯特兰德街林立的商店、有无数的剧院上演着各类戏剧，有繁荣的贸易及大大小小的市场，河流里百舸争流，公园里人潮涌动。伦敦已成为一个能一夜成名与暴富的地方，也是一个能使这些声名与财富顷刻消失的地方。在18世纪的文学作品里，都市方面的内容已经占了浓墨重彩的一笔。② 为大众文化的繁荣首先提供培育场所的是咖啡馆，"这是17世纪的一个创新，到1700年时已遍地开花。1739年的一项调查显示，伦敦已有551家咖啡馆、207个旅馆、447家酒店。咖啡馆和酒店已成为娱乐休闲的地方，也成为招待各行各业顾客的一种生意。人们在那里可以阅读报纸、小册子，也可以针砭时政、广泛讨论诸如新演的戏剧、性丑闻、政治谣言等。正如看报一样，那里也可以读书阅览，比如当时较大的咖啡俱乐部，就有自己的图书馆。"③ 阅读文化则乘借大众文化的东风而得到迅速的发展，无论是读者群体，还是阅读物的数量和种类，都呈增长扩大趋势。

二　图书出版制度的变革及出版印刷业的发展

都铎时期，宗教改革运动打开了思想解放的闸门，不仅新旧教派的斗争较为激烈，新教内部也分化出许多激进的派别，要求进一步改革清除英国国教中从教义到礼拜仪式等各个方面天主教会的残余。为禁止保

---

① Gerald Newman, *The Rise of English Nationalism*, Published by Macmillan Press Ltd., 1997, p. 93.

② Jeremy Black, *Culture and Society in Britain* 1660 – 1800, Published by Manchester University Press, 1997, p. 35.

③ Ibid., p. 35.

守或激进教派势力宣传其思想主张,维护英国国教的统治地位,加强对人们思想的控制,英国王室及英国国教对图书出版制度实行严格限制,图书出版许可制度早在亨利八世统治时期就已经开始。玛丽女王授权书籍出版经销同业公会垄断所有的出版印刷。伊丽莎白时期坎特伯雷大主教威廉·怀特基福特规定了法定出版社的数量,这距1476年威廉·卡克斯顿在英国创办第一个出版社正好100年,当时限制出版印刷的主要方式是通过限制印刷的地点。17世纪的政治和宗教冲突使这些限制得以维持。1662年的《出版印刷法》实质上是对17世纪前半期1637年星室法院颁布的出版印刷法令许多条款的重申。①

16世纪晚期和17世纪里,不仅王室及教会用各种手段控制出版印刷业,伦敦的图书销售商也控制着出版物的销售与分布,已经赶上了以前在出版利益方面占主导地位的书籍出版经销同业公会。他们集体的力量已经能限制或促进某些出版物的流通,这就给予了他们以支配地位,而且他们逐渐垄断了图书印刷的版权。图书销售商非常小心谨慎,他们首要的关切是确保他们所销售图书的知识产权,获得皇室授权公司的许可与保护,从而得到国王许可的有利可图的出版的垄断权。他们一般不会出版有政治不满、宗教异端、流言非议的作品而使自己疏远于政府。

然而到17世纪中期时,出版印刷的控制者与主张开放者斗争力量的平衡被彻底打破了。内战和空位时期,出版印刷的管理体系渐趋崩溃,大量关于政治和宗教争论的作品被印刷出版。在17世纪四五十年代,因为需要大量的临时性论战的作品,加之对出版印刷控制的削弱,使得印刷厂老板能够绕开与他们相竞争的图书销售商而扩大印刷量赚取更多的利润。新的印刷厂纷纷成立,数量几乎翻了一番。对时事问题辩论的小册子、报纸、期刊和印刷的传单,在内战和空位时期第一次蓬勃发展。②

---

① John Brewer, *The Pleasures of the Imagination: English Culture in the Eighteenth Century*, Published by Harper Collins Publishers, 1997, p. 130.

② Ibid., p. 136.

当查理二世复辟之后，又重新加强了对出版印刷的控制，图书销售商再次取得支配地位，印刷厂老板的数量被限制在 20 人以内，正如专制主义国王路易十四，限制巴黎印刷厂老板的最多为 35 人。印刷工人的数量也是固定的，伦敦的印刷行业雇工人数不得超过 200 人。但是空位时期已经发展起来的印刷业已势不可挡，他们已建立起了一套体系，通过街头小贩和摊点来销售关于时事和热点问题的作品。1660 年后，非法的出版印刷虽然受到限制但并没有完全被消除。①

1662 年通过的《出版印刷法》规定，所有的出版印刷商都必须注册登记，所有的书籍在出版印刷前都必须接受阅读审查并授予印刷发行的许可。为了有效地贯彻落实这一法律规定，出版印刷大多只限在伦敦进行。同时对其他像牛津、剑桥、约克等地的出版印刷业规定了极为严格的条件。牛津、剑桥的出版要通过两所大学副校长的监督审查，约克的要经过大主教的监督审查。这一管理规定存在的时间并不长，光荣革命后就难以为继，政治上的权宜之计是其不能继续存在的主要原因。1695 年，《出版印刷法》被取消，其所有的限制，包括在地域上及内容上的限制都被废除。②

1695 年，《出版印刷法》失效了——这也是在立法方面的一次意外事件——最终却取消了对日益扩张的出版印刷业主要的法律束缚，但是并没有完全消除政府的控制或者建立起完全自由的市场。出版审查制度终结了，但是法律依然反对带有亵渎神明、淫秽内容的作品，经常会以煽动或扰乱社会秩序的名义而被提起控告。③

《出版印刷法》的失效对出书籍出版经销同业公会还带来了两方面的后果：首先，书籍出版经销同业公会在法律上失去了对出版印刷的垄断地位，各地出版印刷业发展的最大障碍被清除了。而地方上的反应与转

---

① John Brewer, *The Pleasures of the Imagination: English Culture in the Eighteenth Century*, Published by Harper Collins Publishers, 1997, p. 131.

② Jeremy Black, *Culture and Society in Britain 1660－1800*, Published by Manchester University Press, 1997, p. 56.

③ John Brewer, *The Pleasures of the Imagination: English Culture in the Eighteenth Century*, Published by Harper Collins Publishers, 1997, p. 131.

变也随之而来,在这一法律被终止的几周后,布里斯托尔市政厅就要求威廉·博尼在当地成立一个出版社。在接下来的几年时间内,出版商在什鲁斯伯里、埃克塞特和诺威奇都建立了出版社。地方性报纸对于出版印刷业的发展起到了重要的推动作用。到18世纪30年代,几乎每个地方都有一份报纸,到19世纪中期时,报纸的发行网络已经遍布英格兰、威尔士大部分地区,苏格兰低地至少也有一种地方性报纸。地方性报纸搭建起一个广告网络,把各地与伦敦联结了起来。①

《出版印刷法》的废止所带来的第二个后果是威胁到了当时存在的图书版权体系,这是伦敦图书销售商权力的关键。在实践上,图书销售商通常要购买作者的版权之后来进行出版印刷,知识产权被不断转手买卖而赚取利润。但是从1695—1709年,新的《版权法》付诸实施,对于现存的版权法不再有任何的法律保障,对于再次出版时谁拥有版权的问题也没有明确的规定,这就没有确定图书销售商所宣称的一直拥有版权的惯例。按习惯法来解释新的法律,作者或代理人才有永久的版权,直到1774年永久版权法被贵族院宣布无效。这最终打破了伦敦图书销售商对出版印刷行业的控制。

最早的报纸出现于内战前,在内战期间报纸虽然较多但受到严格控制,的确都处在共和国或护国公的高压之下。在斯图亚特王朝复辟之后,对报纸内容的控制和以前基本一样严格,直到17世纪70年代,在詹姆士二世统治开始之后,对报纸的控制才有所放松,报业才走向繁荣。第一份日报出现于1702年,第一份地方性的报纸出现于1701年。在18世纪的英格兰,报纸的确成为最典型的也是人们最熟悉的印刷品之一。到1750年时,每年印刷的报纸超过了700万份。在18世纪70年代,伦敦已有9种日报,地方性的周报已有50多种。②

各种图表印刷技术也取得了显著的进步。铜版印刷术已经是普遍流行的技术,许多印刷者已有专门的出版机构来生产铜版。更为重要的是,

---

① John Brewer, *The Pleasures of the Imagination: English Culture in the Eighteenth Century*, Published by Harper Collins Publishers, 1997, pp. 131–132.

② Jeremy Black, *Culture and Society in Britain* 1660–1800, Published by Manchester University Press, 1997, p. 53.

在铜版制作过程中已经采用新技术刻画精美的线条来表现光线及阴影。在这一新工艺中,网线铜版雕刻法第一次机智地处理了色彩的渐变问题,而不再依靠以前用或多或少的阴影来表现各种色彩及色调。即使印制绘画作品,尽管是单色的,但可以用他们自己的版权来适当表现艺术作品的外在形式。这些变革不仅在精美艺术方面是重要的,在地图及乐谱印刷上也是意义重大的进步。到 18 世纪末时,在所出版的书籍中,普遍都包含有一个卷首插画(通常都是作者肖像),或者是在书中一些适当地方配上说明性的插图、地图、图表及表格。

在斯图亚特王朝复辟到 18 世纪末的这段时期里,英格兰的图书印刷在实用性和熟练性上都有了很大的提高。随着读书识字人数的增加、图书市场的扩大以及冲破伦敦过去的限制,图书市场继续得以发展。新的文学体裁、新的印刷版式、新的商业技术都使更多的人能够读到更多的书,并且超过了历史上的任何时期。同时,多种多样的印刷品也进入了人们的生活,诸如报纸、广告单、请柬、讥讽批评的传单、目录黄页、杂志等各种各样的印刷品,成为城镇居民生活中不可或缺的内容,也成为商业交易中必不可少的部分,印刷出版物不再是文化和政治精英的专属品。

18 世纪时,大家所熟悉的一种出版印刷物就是介于书与报纸中间的期刊。这是 17 世纪晚期时的一个创新,仿照 1665 年出版的《学者》(*Journal des Savants*)杂志,英国也引进了这种出版物。尽管 17 世纪的杂志大多都是昙花一现,但到 17 世纪末期时,人们对这种出版印刷形式已有了浓厚的兴趣。杂志的变体就是刊登论文的期刊,其典型的代表就是《观众与闲谈》(《*The Spectator and The Tatler*》),每期由一系列的单篇论文组成,而由编辑进行挑选。1732 年,由爱德华·凯夫创办的《绅士》杂志却使人们普遍对英国文化及文学产生了较大的兴趣……这一杂志一直创办到第一次世界大战后,成为英国杂志的原型和标本。[①]

18 世纪八九十年代,印刷和造纸技术也在进行着革新实践,在 19 世

[①] Jeremy Black, *Culture and Society in Britain* 1660 – 1800, Published by Manchester University Press, 1997, pp. 53 – 54.

纪初的前二十年中也取得了重大进展，使图书报纸比以往任何时期都要便宜，因而就向公众甚至是穷人也开启了智慧的大门。而这一切的基础则确立在1800年之前，不仅包括读书识字的人数增加，也包括日常生活中印刷技术的进步。"图书售价一般为1便士，从来不会超过6便士，不仅在书店销售，也通过市场上的货摊来销售，也通过商贩或旅行者来销售。在18世纪末期时，这种商贩依然是英格兰国内经济中较为重要的因素，活跃在很多乡村。17世纪后半期时，他们开始参与图书经销。图书刚一出版，他们就以较低的价格将其销售给大众。这类小图书，包括民间故事、提高道德觉悟的故事，每一个社会阶层都喜闻乐见。到18世纪中期时，这类通过商贩叫卖的图书，因为其销售渠道的畅通及大众化，就以数百万本的数量在发行。在伦敦爱德玛丽教堂的院落里，就有这样名副其实的图书印刷厂。在较远的班伯里和泰恩河畔的纽卡斯特，也有这样的图书印刷厂。"[1]

书籍、报纸和杂志只是18世纪英格兰印刷出版物的一部分，当然这三种基本的印刷品包含了各种各样的形式和内容。小册子也是进行宗教与政治辩论一个重要手段，在很长的历史时期内都比较流行，但其大量的出现是在17世纪90年代到18世纪40年代，之后其功能逐渐被报纸和杂志所取代。单页的广告也常用来进行宣传，有时也印刷叙事诗来刊载当时人们所感兴趣的主题，其最后的繁荣出现在詹姆士党人叛乱时期。到18世纪晚期时，更为精细复杂的图表绘画技术被政治漫画家所广泛使用，但这一传统印刷品直到19世纪20年代才达到其顶峰。

到18世纪末期时，印刷厂显然已成为文化传播的主阵地。口头表述虽在教育教学、传教布道等过程中被广泛应用，但是经济、社会、文化、政治等各种综合因素已经证明了出版印刷物是首要的交流媒介。印刷厂是文化和文字传播最突出最重要的地方。

在印刷出版的内容上，尽管宗教问题在数量上还占有一定的优势，但文化主流的形式已发生了显著的变化。从文学角度来看，最重要的变

---

[1] Jeremy Black, *Culture and Society in Britain* 1660–1800, Published by Manchester University Press, 1997, pp. 57–58.

化就是小说的兴起，成为以娱乐为目的的出版印刷物的主要形式。散文化的小说早在斯图亚特王朝复辟之前就已经出现了，到17世纪70年代时，小说开始了变革的过程，在菲尔汀和理查森时代出现了繁荣景象。小说开始反映时代特征，也有很多的出版形式。到17世纪后半期，小说已经以连载的形式出版在杂志、报纸或图书上。刊载小说的图书一般还是多卷本，数量通常是两卷或者五、六卷。标准的三卷本的形式，也就是分成三册的书，出现在1815年。小说与当时一种流通循环的机构相关，也就是类似于今天流通性的图书馆。伦敦第一家流通性的图书馆是1661年由弗朗西斯·柯克曼创办的，他也是散文化小说的出版商之一。到18世纪中期时，几乎每个乡镇都创建有流通性的图书馆，尽管有些图书馆小到只有一两架书，就像一个可以借阅图书的小书店。较大的图书馆，像巴斯、利兹、布里斯托尔、纽卡斯特的图书馆，通常有成千上万本图书，成为重要的社会和文化中心。①

三 阅读文化的发展及文化传播

塞缪尔·约翰逊曾经这样提倡读书，书籍对于人们的理解总是有一种潜在的影响，我们总会体会到这样的乐趣，在他读关于科学的书籍时，尽管他没有提高自己特定的目的，但是也会增进他的理解力；他如果沉浸在关于道德和宗教的书本中，他的美德就会在不经意中得到提高；书本给头脑所提供的思想，最后终将在某一时刻会幸运地发现，这种思想已经被他们所接受。② 阅读文化的发展对于知识的传播、思想的培育、道德的培养、技术的传承和整个社会精神面貌的塑造都有着非常重要的意义，而所有这些都将汇聚成文化的力量推动社会的发展。"口头表达是思想和信息交流的一个重要形式，但是印在纸上的文字和图像已经成为知

---

① Jeremy Black, *Culture and Society in Britain* 1660 – 1800, Published by Manchester University Press, 1997, p. 55.

② John Brewer, *The Pleasures of the Imagination: English Culture in the Eighteenth Century*, Published by Harper Collins Publishers, 1997, p. 167.

识在一代又一代人之间传播的重要方法。"①

从 16 世纪到 18 世纪晚期，不列颠一个长期的趋势就是读书识字的人越来越多。最为可靠的数字显示，能够读书识字的男性的比例有着持续的上升，从 1500 年的 10% 上升到 1714 年的 45%，而到 18 世纪中期时，这一比例上升到 60%。女性读书识字人的比例相对较低一些，1500 年时只有 1%，到 1714 年时上升到 25%，1750 年时，上升到 40%。这种长期增长的趋势隐含着一个相当大的变化，贵族精英、乡绅和富裕的商人文化程度普遍要比穷人高，到 1600 年时，他们几乎全部都能读书识字。在社会精英阶层以下，店主老板群体中读书识字的人是最多的，到 18 世纪后半期时，这一比例已经达到了 95%，与此同时，大部分从事体力劳动的工人则根本不会读书识字。城镇居民能读书识字的人的比例要高于乡村。据记录来看，伦敦的读书识字率是最高的，特别是女性的读书识字率增长特别快，从 17 世纪 60 年代的 22% 上升到 18 世纪 20 年代的 66%。②

在贵族、乡绅及城市中产阶级家庭中，读书识字是其生活中最基本的技能。这些家庭中的孩子，从很小的时候就由家庭教师开始对其进行启蒙教育，稍大些即在公立学校或文法学校继续上学，无论是男孩还是女孩，这类启蒙教育都是平等的。通常女孩子一般不跟随其兄弟学习拉丁文，教育的主干是传统的英语教学。对于较低的社会阶层而言，送子女上学去读书识字通常也不容易，而且也很难一直读下去。很多的宗教慈善机构，从威廉三世统治时期的基督教知识传播会，到乔治三世统治时期的圣教书会，都在上帝和教会的名义下，教穷人的孩子读书识字，这也非常成功。③

读书识字的动力或许更多地来自经济和社会方面而不是文化方面，

---

① Jeremy Black, *Culture and Society in Britain* 1660 – 1800, Published by Manchester University Press, 1997, p. 67.

② John Brewer, *The Pleasures of the Imagination: English Culture in the Eighteenth Century*, Published by Harper Collins Publishers, 1997, pp. 167 – 168.

③ Jeremy Black, *Culture and Society in Britain* 1660 – 1800, Published by Manchester University Press, 1997, p. 60.

在18世纪后半期，城市经济日趋完善复杂，如果缺乏基本的读、写、算能力，交易就无法进行。在乡村或城市的工人阶级中，紧迫性虽然不明显，但到18世纪90年代时，随着宗教和政治改革的进行，动员城市工人阶级无论是参加宗教运动还是参加政治运动，最终都要依赖于教会他们读书识字。

图书市场的多样化，是18世纪读书识字的人增加和经济繁荣最重要的文化结果，导致了读与写本身及表现方式都发生了巨大的变化。尽管公众大量地参与阅读是19世纪的事情，但是其基础的奠定却是在1800年之前。从很早时期，就要求有各种各样的印刷品以满足不同性别、不同经济和社会地位人们的需求，同时也要求适合于他们不同的文化兴趣和教育程度。高雅文化在主宰英格兰出版印刷品200年之后，逐渐被大众文化所补充和取代，其主流的读者通常是大量的没有高深学问的人、没有受过良好教育的人。当然，高雅文化也继续存在。[1]

如果没有持续近两个世纪读书识字率的增长，就没有1700年之后阅读群体的快速增长。如果没有这些阅读群体，也就没有17世纪后半期开始蓬勃发展的出版业。读书识字不可能植根于贫瘠的土壤，或者更确切地说，就根本无法进行。使这一切发生变化的与其说是对出版印刷业的要求提高了，倒不如说是形势的发展已能提供大量的出版印刷物：国王对出版印刷限制的消除、保守的图书销售商联合起来共同反对以往的传统。这一改革不是因为读书识字率的增长，而是可阅读物供应的日益增长，这一发展改变了阅读的本身。这一读书方式的改变有时被描绘为从"精读"转向了"泛读"，所谓精读，出现在书籍很少的社会里，因为书籍少而且贵，被视为神圣之物，应当反复阅读和仔细阅读。另外一个方面，"泛读"是出版印刷文化充分发展的结果，有大量的各种各样的书可供阅读。个人的图书不再被视为神圣之物，读者也更有兴趣，阅读速度也快。[2]

---

[1] Jeremy Black, *Culture and Society in Britain* 1660–1800, Published by Manchester University Press, 1997, p. 63.

[2] John Brewer, *The Pleasures of the Imagination: English Culture in the Eighteenth Century*, Published by Harper Collins Publishers, 1997, p. 169.

"精读"在18世纪时继续得以保留,特别是也没有排除穷人,穷人家里的书籍很少而且阅读限于宗教礼拜等虔诚活动。特别需要强调的是,进行"精读"的读者群体并非只有穷人,富裕的男人和女人尽管有大量可读的书,但是他们并不沉迷于阅读。所有的社会阶层事实上都是基督教徒——这就意味着大多数人——都要阅读《圣经》、训诫及表示虔诚的文集且极为重视和勤奋。他们之所以反复阅读并非没有其他书可读,只是因为这些读物中包含了特殊的需要彻底阅读并认真吸收的内容。①

或许更为恰当的说法是,这种阅读方式的变化并非是从"精读"转向"泛读",而是转向更加多样化的阅读,在范围上从反复阅读和仔细审视某些内容转向泛泛和快速的阅读。显然,"泛读"要依赖于书籍的繁盛,但是也不意味着"精读"的彻底消失,至少在大学里还一直延续到今天。我们也不能认为某种类型的文学总是一成不变地被视为"精读"或"泛读"。诸如在《观察者》杂志上的散文也被反复地阅读,爱情小说也像《圣经》一样吸引读者,而一些传教布道的作品,除过那些特别受欢迎的牧师的作品,其他大多是昙花一现。②

阅读文化的进步也从需求方面拉动了供给侧的发展。到18世纪中期时,在很大程度上是因为期刊的大量出版,才使伦敦职业作家群体成长了起来。期刊使职业创作成为可能,期刊的创办者被各种不期而来的信息和资料淹没,一些免费的,而且同其他杂志的竞争要求有更多的材料以供选择,这样一来职业作家就应运而生了,他们撰写散文、评论、诗词或批评性的文章以丰富大众生活或启迪教育大众。出版印刷业的发展就能使职业作家来维持生活,"到18世纪60年代时,职业作家为伦敦超过30份的期刊供稿,而到18世纪末时,期刊的种类已经超过了80份。"③

在图书供应的源头,作者创作条件也发生了深刻的变化。随着印刷品数量的激增,特别是报纸和期刊的增加,第一次使相当数量的人通过

---

① John Brewer, *The Pleasures of the Imagination: English Culture in the Eighteenth Century*, Published by Harper Collins Publishers, 1997, p. 170.

② Ibid., pp. 170 – 171.

③ Ibid., p. 142.

写作来维持生计成为可能。在内战前,仅有一少部分职业作家,但在复辟时期之后,特别是在1720年之后,职业作家的人数有了较大幅度的增长。这一时期,所有文章的作者都是匿名的,杂志和报纸上的文章也都是未署名的,或者最初是署名的,但在出版时则用了笔名。

在很多情况下,这种匿名作者大多都是职业的作家,根据编辑或出版商的要求进行创作。职业作家收入也并不高,但也不至于忍饥挨饿。通常按照他们所写的字数或页数来支付稿酬,稿酬收入也因人而异,有较大的差距,但是勤于创作的作家足以依靠稿酬来维持生活。在作家和出版商之间,通常还签有合同,这类最早的合同出现在17世纪后半期,使我们可以了解到支付稿酬的细节。通常而言,一个作家如果一旦收到其作品的报酬,就与他作品的销售量没有关系了。换句话说,当出版商一旦收购了一个作家的某一部作品,这个作家就再不能从其作品中获得经济收入。作品就成为出版商的财产,它可以任意支配和处置。①

阅读文化的进步也促进了知识分子阶层队伍的扩大。"有学问的职业——僧侣、律师、医生——数量庞大且非常活跃。据统计学家格里高利·金估计,到1700年时,大概有1万多人从事法律职业,僧侣的人数与此相当,大约有1.6万人从事与科学和艺术创作相关的职业,其中包括医生。"② 在整个十八世纪里,从事这被艾迪生称作"三大职业"的人数在持续地增加。正是这些人从根本上控制着公众环境,这是因为他们掌握了相关的专业技能。特别是医生和律师能插手一切事务,探索有利于个人发展的机会,满足新型的并不断扩张的商业社会的需求。

18世纪的大众读者群体一般能看到哪些类型的书呢?即使现在最全的关于18世纪的计算机书目,也不能给予我们更准确的答案。根据大不列颠图书馆、牛津大学图书馆、剑桥大学图书馆的记录来看18世纪不列颠书目,当时的图书主要可以分为四大类:宗教类书籍目录超过5万条,社会科学类超过4.7万条,文学类超过4.5万条,历史地理类约2.5万

---

① Jeremy Black, *Culture and Society in Britain* 1660–1800, Published by Manchester University Press, 1997, p. 66.
② Ibid., p. 41.

条。通过比较可以看出，哲学、科技、语言类书籍并不占主要方面。[1]其中的社会科学，主要包括政治著作，特别是混杂了当时未能清楚分类辨识的书目，相反，18世纪很多个人著作虽属于不同类别，但是却被人为地划归到了社会科学这一类。比较关键的一点是，这些书目并没有反映出每本书发行了多少本，也不能说明这些书的影响和作用，从现存的账簿来看，大部分内容不多的书和小册子的印数一般介于100—500本之间。有些甚至根本就没有售出就像报纸一样被回收再利用了。文学类别的一些书刊，诸如杂志和报纸，每份则有很多的读者，而有些图书，则一直躺在书架上而无人阅读。根据这些资料，这一趋势是清晰的。传经布道的作品是唯一最重要的文学形式，每周平均要出版三本新作。特别是在18世纪开端和结束时，诗歌也是经常出版的文学类别，大约占了整个书目的47%。历史和地理方面的著作无论在英国还是在欧洲范围内都占有很大的比例，特别是关于法国的著作很多。关于外国语言和文学的作品则非常稀少。最常见的外国著作多是法语的，但是大部分标题则是拉丁语的。而关于外国文化的，除了法国之外，更多的则是关于希腊文化的作品。[2]

这些数据和资料表明的问题是宗教和神学依然占主导地位，诗歌要超过散文等文学形式，传统的东西要超过现代语言学。这都清楚地表明，18世纪出版印刷业的发展使传统作品和新的文学形式的作品都有所增加。[3]

17世纪90年代，图书销售的地域开始扩大，直到18世纪40年代，这一过程依然在继续。最晚从15世纪开始，在一些大的地方性城市里就已经有书店。1695年以后，这些地方也开始有印刷厂。印刷厂也历经了一个依次渐进的过程，而且大多是为了印刷当地的周报。地方性的报纸印刷商往往是一个包工性的印刷商，为当地的居民和商人广泛印刷各种

---

[1] John Brewer, *The Pleasures of the Imagination: English Culture in the Eighteenth Century*, Published by Harper Collins Publishers, 1997, p. 171.

[2] John Brewer, *The Pleasures of the Imagination: English Culture in the Eighteenth Century*, Published by Harper Collins Publishers, 1997, p. 172.

[3] Ibid.

各样的材料。在地方上也印刷一些图书，印书的利润很少，但是到 18 世纪 70 年代时，英格兰大的一些乡镇，都有较完善的印刷厂从事各种印刷工作。印刷厂的普遍存在，这对于促进社会和商业活动的发展是至关重要的。

图书发行渠道的拓宽对于支持全国和地方性报纸的发行意义更大。地方性报纸商往往在附近的乡镇或村庄雇佣代理人，把报纸送到遥远的地方。这样的代理人往往也是一些小店主，通常把图书也增添进他的货柜上。报纸商也要从伦敦买回印刷所必需的纸张和油墨，这样也与伦敦的书商建立起了信用联系，他们也可以购买回图书。这样他们就成为伦敦出版商和地方图书销售商之间重要的联系人。这种地方性的书店使整个地区都和伦敦的图书市场联系了起来，这样能够保证资金事实上都保持在不列颠印刷工业的中心……更为重要的是，整个国家都能买得到伦敦的报纸。报纸最初的发行是通过邮局，但到地方上以后，报纸也通过书店来销售。地方性的报纸作为广告的载体也非常重要，但是新闻和创意往往都来自伦敦。[1]

这不可避免地要影响到图书的销售和写作。到 1800 年时，英格兰工商名录中有近 1000 家书店，比 1660 年的书店数量增加了好多倍。也许还有数千家的书店并未收录在这一名单中，收录的大多是规模较大、销售量较大的书店。在任何情况下，能够为其读者从伦敦的出版商订购图书的，都不包括那些较小的书店。购买图书也不再困难，在整个 18 世纪，书店的数量和图书发行的范围和效率都有了显著的提高。以前能拥有书的人，只局限于少数的精英，而这时越来越多的普通人，已经能买得起书了。在上层社会，一个绅士的特点之一就是拥有很多书，家里通常都有一个图书馆。1660 年以后，英国乡村所建的房子的一个共同特征就是都会设计有一个图书馆。它或许只是一个小房间，或者像位于查茨沃思的丹佛郡公爵的宏伟的图书馆，但其基本的原则是相同的，那就是书有

---

[1] Jeremy Black, *Culture and Society in Britain* 1660 – 1800, Published by Manchester University Press, 1997, p. 57.

它们自己的屋子，在家庭的社会或文化活动中，也有它们的一席之地。①

有多种多样的图书馆或读书俱乐部可以使不想买书的人也可以读得到他想读的书。约翰逊俱乐部成员的作品，涵盖了很多领域，诸如像美学、艺术、小说、词典编纂、传记、历史、文学批评、医学及科学、东方语言及文学、政治经济、植物和旅行、神学、音乐史等。也许这可以视为是对当时文化圈错综复杂的活动进行的大致的编辑、分类及大体判断。约翰逊俱乐部是国家文化传承与保护的一个典型代表，这一任务则主要由男人来承担。但是妇女并没有被完全排除在大众文化之外，特别还是文化消费的重要力量，也是文化品位的仲裁者。还有一些针对女性读者的期刊，诸如雅典精神、妇女精神、女性话语、城镇和乡村杂志等，同时还有剧院上演的情感喜剧、绘画作品中的交谈、即兴创作的小说等，这些都被认为在很大程度上是为了专门迎合女性读者的口味。在日益扩大的艺术圈，也有不少的女性作家、画家、音乐家及演员。从1750年到1770年之间，在当时最受欢迎的小说家中，大约有1/3的人都是女性，有185本小说就是由女性作家创作的。还有很多女性作家群体对文化的认同做出了贡献。1766年时，出现了一本杰出女性的传记汇编，歌颂女性的宽宏大量、勤学进取、智慧美德、同情心及其乐善好施的行为。1779年，理查德·塞缪尔在皇家学会上展出了一本著作——《不列颠当代九位缪斯》，记载了当时许多著名的女演员、女艺术家及作家。②

流通性的图书馆，其主人往往也是一个图书经销商，可以对其登记注册的人借书并收取一定的费用，这仅是一种类型。还有订阅性的图书馆，很多人在一起组建一个图书馆，他们就是共同的主人。每个成员每年交纳一定数量的订金，用以购买这些人或其中一个成员挑选的图书，买回的图书每个成员都可以借阅。这种订阅性质的图书馆或所有关系，具有俱乐部的某些特点。利物浦的图书馆（建于1797年），就是这种图书馆在地方上的一个典型代表。还有一些基本的图书馆，诸如像利兹的

---

① Jeremy Black, *Culture and Society in Britain* 1660 – 1800, Published by Manchester University Press, 1997, p. 64.
② Ibid., p. 36.

图书馆（建于 1768 年），规模都相对较小。

通过图书馆借书要比仅从书店买书就会看到更多的书，这使得读书的人在看书时不一定就必须要买，同时，这也拓展了另一个图书市场，到 18 世纪末期时，图书馆用于购书的钱，已成为出版商收入的一个重要来源。随着图书数量的增长和图书发行渠道的增加，图书更容易得到，可以购买、也可以通过商业机构或私人图书馆来租赁借阅。一些廉价的文学作品——故事书、短篇小说、历书及叙事诗等，都可以从走乡串户的叫卖小贩跟前买到，他们不仅卖的有书本，还有小玩意、小礼物、居家用品及玩具等。在叫卖小贩沉重的货物中，有着 16 世纪广为流传的传统的故事书、有关于道德培养方面的童话、有笑话和谜语，还有大量缩写版的小说，诸如笛福的《鲁滨逊·克鲁索》（*Robinson Crusoe*）、《摩尔·弗兰德斯》（*Moll Flanders*），或者如亨利·菲尔汀的《约瑟夫·安德鲁斯》（*Joseph Andrews*）或《汤姆·琼斯》（*Tom Jones*）。这些节选本的小册子，在印刷上通常有些粗糙，但是却在社会各阶层中间都受到欢迎。其低廉的成本使价格较低，最大的优势就是便宜。

走村串户的小贩之所以只卖这一类的书，是因为其他的书太大或者太重。但是在书店里，也摆满了这样小规格的书、1 便士的历史书和其他部头较大的书。从 12 开到 8 开，还有 4 开到单页印制的书。那时和现在一样，各个书店所售图书的质量和数量有较大差别。到 18 世纪末期时，大部分书店的存货价值都在 100—500 镑之间，但是一些规模较小的书店存货量就要小得多，通常只出售《圣经》和小学生的课本，同时混杂一些二手书或陈年旧书。[1]

18 世纪 60 年代，走进达勒姆郡帕特里克·桑德森书店的顾客可以发现各种各样的文化用品，如书写用的纸张、各类账簿、杂志、废旧书籍、乐谱、文件夹、地图、风景画、铜版印刷品、封蜡、圆晶片、石片、鹅毛笔、钢笔、铅笔、墨水壶、日本的墨水、墨精、印度墨水等。18 世纪 90 年代，在大不列颠《工商名录通览》中收录的地方上的图书

---

[1] John Brewer, *The Pleasures of the Imagination*: *English Culture in the Eighteenth Century*, Published by Harper Collins Publishers, 1997, p. 174.

销售商有988人，分布在316个乡镇上。他们所经营的店铺通常不仅包括书籍，还包括文具和专利药物，有些还兼营百货，有些还出售茶叶、咖啡和糖。①

尽管长期以来，书店和图书馆都作为独立的机构而发展。但在18世纪的大部分时间里，两者的历史却交织在一起。即使较大的图书馆，也依然向顾客提供售书服务。例如，纽卡斯尔教堂的支持者约瑟夫·巴伯，有一个很大的图书馆，流通书籍超过5000册，是伦敦之外藏书最多的图书馆之一，也向顾客出售《圣经》、学生的课本、文具和信纸，是地方上比较重要的书店。较大的流通性图书馆的附属职能并不限于售书。在三个王国的首都，还有地方性主要城镇，诸如巴斯、马盖特等地的流通性图书馆为读者提供了舒适宽敞的环境，读者可以在图书馆里聊天闲谈、谈情说爱、阅读浏览报纸和评论，在各种各样的书籍中进行选择性地阅读。18世纪晚期时，马盖特的雕塑图书馆，是由图书馆的主人和雕塑家共同经营的，想创设一个集休闲、展览和学习的地方。根据一些较大图书馆的目录，伦敦著名的约翰·贝尔图书馆藏书超过了8000册；1786年时，爱丁堡的锡巴尔德向其读者提供的图书超过了6000册；安·爱尔兰在莱斯特的图书馆尽管没有巴伯在纽卡斯尔的图书馆规模大，但是藏书也有2500多册。这些图书馆的藏书不仅仅是小说。关于小说和爱情故事的图书数量从来没有关于历史、旅行和地理方面的图书多。②

流通性图书馆的读者并不是穷人。纽卡斯尔的约瑟夫·巴伯的图书馆和伦敦弗朗西斯·诺布尔的图书馆都向其读者每季度收取3先令的费用。这些费用对绅士、商人、专业技术人员，或成功的生意人而言，根本算不了什么，甚至对一个匠人来讲也不是很多，但对一个年收入在40—80镑的人，或许还要停下来思考一下。流通性图书馆还是很划算的。新书并不便宜，到18世纪后期时，一本十二开的小说大多每本售价已在3先令，很多历史书和旅行文学书，或传记类图书，购买都比要在图书馆

---

① John Brewer, *The Pleasures of the Imagination: English Culture in the Eighteenth Century*, Published by Harper Collins Publishers, 1997, pp. 174 – 175.

② Ibid., pp. 176 – 177.

借阅要花费很多。深受观众欢迎的利特尔顿勋爵所著的《亨利二世的生活史》(History of Life of Henry Ⅱ),全书六卷,售价是 1 镑 10 先令 6 便士。切斯特菲尔德两卷本的《信札集》,每本售价都在 1 吉尼。在 18 世纪的最后 25 年中,稳定了半个世纪的书价开始持续上涨。以前一大本小说的售价为 3 先令,现在一小本小说的最低售价也要 3 先令;三卷本的中等长度的小说,售价为 10 先令 6 便士。因为书价的上涨,即使富有的读者也开始借书而不是买书。这就导致了图书馆数量的增加:到 18 世纪末时,据估计地方上的图书馆已接近 1000 个,而伦敦的已经超过了 100 个。[1]

较大的流通性图书馆诸如伦敦弗朗西斯·诺布尔的图书馆,坐落于科芬园内,藏书主要是关于当前出版的较为流行的文学作品。这家图书馆还有两个分支机构,一个订阅图书馆和一个图书俱乐部,前者主要以非小说类的严肃读物为主,只有少量的小说,而后者通常收集一些小册子和时政性印刷出版物,涉及较为激烈的政治和宗教论争。这两个机构和流通性图书馆比较起来,都更为吸引男性读者。

18 世纪晚期时,不列颠工商业比较发达的城镇,大多都出现了订阅性图书馆,这也充分体现了当地社区的扩张。1758 年,利物浦出现了第一个订阅性图书馆,紧随其后在沃灵顿(1760 年)、马克斯菲尔德(1770 年)、谢菲尔德(1771 年)、布里斯托尔(1773 年)、布拉德福德(1774 年)、惠特比和赫尔(1775 年)、利兹、哈利法克斯、卡莱尔(1778 年)等地,都建立了流通性图书馆。到 1800 年时,这类性质的图书馆据估计已有 100 个。其中最好的有两个,一个位于布里斯托尔,该图书馆的订阅读者已达 200 多人,订阅书目约 5000 本;另一个订阅图书馆位于利兹,订阅书目 4000 多册,由 450 个读者共同订阅。加入订阅性图书馆的读者大多是一些上层和受过良好教育的人。对 1760 年利物浦图书馆的记录表明了其读者的基本情况。大约有一半读者是商人,其所经营的包括红酒、蚕丝、糖和铁等,其余读者则分布于利物浦各个职业和商

---

[1] John Brewer, *The Pleasures of the Imagination: English Culture in the Eighteenth Century*, Published by Harper Collins Publishers, 1997, p. 178.

业阶层。①

利物浦的图书馆因为收藏了诸多赞成和反对奴隶贸易的作品而著名，曼彻斯特则主要汇集了一些专业技术著作，布里斯托尔则收集了大量的关于在利凡特、地中海、北美等地旅行的文学作品，而这些地区都对该城市的贸易发展有着重要意义。订阅性图书馆的图书形式相当一致，都有一少部分小说、而有大量的历史著作、旅行文学、美妆打扮作品、神学作品、自然史、哲学和法学作品等。整体说来，这些订阅性图书馆的图书并不严格地都属于实用性的，但是也反映了商人和贸易阶层的兴趣和职业特征。

布里斯托尔图书馆借阅记录（1773—1784）②

图书分类	借阅次数	书目数量
历史	6121	283
美妆打扮	3318	238
百科	949	48
哲学	844	59
自然史	816	71
神学	606	82
法学	447	53
数学	276	42
医学/解剖学	124	24

通过这一独特的现存记录，我们可以观察出1773—1784年时布里斯托尔图书馆读者的阅读兴趣。从这些数据我们可以看出，很多读者的兴趣主要在历史、旅行和地理方面。这基本是一个对折的目录分类——和现代的情况是基本类似的，这一大类图书的借阅量约占了整个借阅量的45%。借阅量最多的10本书中有6本就属于此大类。约翰·霍克斯沃斯

---

① John Brewer, *The Pleasures of the Imagination: English Culture in the Eighteenth Century*, Published by Harper Collins Publishers, 1997, p. 180.

② Ibid., p. 181.

汇编的库克船长探险记——《南半球探险航行记》（3 卷本，1773 年，*Account of Voyages of Making Discoveries in the Southern Hemisphere*）被借阅 201 次，帕特里克·布莱顿的《西西里和马耳他游记——与威廉·贝克福德通信集》（2 卷本，1773 年，*Tour Through Sicily and Malta in a Series of Letters to William Beckford*）被认为是地中海游记的范本。大卫·休谟的最畅销的著作《大不列颠史》（4 卷本，1754—1762 年，*History of Great Britain*）。阿贝·雷纳尔的著作《欧洲人在东西印度殖民与贸易的哲学与政治史》（*A Philosophical and Political History of the Settlement and Trade of the Europeans in the East and West Indies*）在 1776 年时被翻译成英语，这部著作一贯反对奴隶制度。威廉·罗伯森的《查理五世》（3 卷本）（*Charles V*）出版于 1769 年，这位苏格兰的历史学家在创作时提前得到了 4500 镑的经费。与此可以相提并论的就是利特尔顿勋爵的《亨利二世的生活史》（1767—1771 年）（*History of the Life of Henry II*）。最受欢迎的作家是威廉·罗伯森，曾经担任爱丁堡大学的校长，也是三部巨著的作者，他的《查理五世》及《苏格兰史》（*History of Scotland*，1759）、《美洲史》（*History of the Americas*，两卷本，1777 年），累计被借阅至少 301 次。[1] 不仅仅是小说发生了变化，流行的时尚也在发生变化。历史也引起了人们极大的热情，关于旅行类的文学也受到欢迎。这些变化从出版商和书商的目录中就可以反映出来。杂志中的文章不仅有关于历史和旅游的，也有人们普遍感兴趣的考古学及动物学。出版印刷物从形式到内容，都呈现出多元化的特点。[2]

订阅性图书馆是永久性的机构，都有固定的场所，配备有舒适的椅子。他们还提供印制目录以宣传他们的藏书，并视自己为一个综合性机构中更完备的组织——是文学和哲学团体，是集会的场所也是剧院，闪耀着民间智慧之光。读书俱乐部则是一个较为脆弱的组织，参加的会员通常不超过 20 个人，有绅士、僧侣、律师和商人，他们想看书但是并不

---

[1] John Brewer, *The Pleasures of the Imagination: English Culture in the Eighteenth Century*, Published by Harper Collins Publishers, 1997, p. 181.

[2] Jeremy Black, *Culture and Society in Britain* 1660–1800, Published by Manchester University Press, 1997, p. 55.

想负担全部的书费。1725 年，非常受欢迎的作家、不信国教的大臣菲利浦·多德里奇曾经在泰恩河畔的伯顿写给其内弟的信中，阐述了这种小的读书组织的重要价值："成为读书俱乐部的成员我非常高兴，一年所交的费用（每年交 5 先令）不够买一个花冠，我已经阅读了其中所有从普通书店买到的书，购买这些书每年要花费 16 镑，而这些书通常是当时出版的最有娱乐性也最有用的著作。"①

读书俱乐部往往出现在较小的城镇和较大的村庄，它将当地的职业精英、商人，富有影响力的农场主、小乡绅联结在一起，他们欢聚在当地的旅店或酒馆里，他们一起购置俱乐部的设施，讨论历史与时事，如果没有其他事情，至少可以一起吃喝宴饮。地方上文化生活的新机构也植根于当地现存的传统之上。一个城镇的宗教节日、当地的选举或巡回法庭的开庭，或者举办运动会时，乡绅和农场主从四面八方涌入城镇，这时就会举办音乐会、集会和舞会。即使是读书俱乐部或其他的学术团体，也依赖于当地的日程表来安排他们的聚会。他们所买的书大多是颇有争议性的和一些关于时事问题的小册子或较薄的书，内容或涉及政治，或涉及宗教。这些书的时效性决定了在实践上通常是在每年末的时候就将其拍卖或以抽奖的方式出售给其会员。缺乏藏书的空间也是出售这些书的一个原因，但是这些书的价值和生命力是短暂的，所含的争议性也很快过时。

有少数的俱乐部也购进一些大部头的著作，例如较为畅销的切斯特菲尔德的《信札集》、布莱顿的《西西里和马耳他游记》，还有理查森和斯特恩的小说。较大的一些俱乐部，诸如亨廷顿的读书俱乐协会，建立于 1742 年，甚至还购买印制较大的一开本和四开本的图书。但是在伊利的小册子读书俱乐部，每年经常性购买的图书大约 60 本，大多购自当时每月出版的图书清单，主要是关于政治和宗教的小册子，其中包括每期《批评》（Critical Review）和《每月评论》（Monthly Review）所出版的文章，有了此信息，读书俱乐部的成员就可以将他们的订单送往伦敦。汉

---

① John Brewer, *The Pleasures of the Imagination: English Culture in the Eighteenth Century*, Published by Harper Collins Publishers, 1997, p. 182.

普郡的读书俱乐部成立于 18 世纪 50 年代,为了便于快捷地得到伦敦的出版信息,在伦敦的图书商约翰·沙克伯勒处设有专门的账户。①

流通性图书馆、订阅性图书馆以及读书俱乐部是当时人们读书的主要渠道,中等富裕程度的读者可以通过这些机构来获得图书而不是必须要买书。但是如果不是一定要借书,这些地方并不是唯一可以接触图书的场所。图书、小册子、期刊、报纸在教堂、教区的图书馆、非国教徒会众集会的场所、酒馆和咖啡厅中,都可以读得到。纽卡斯尔的圣·尼古拉斯教堂的图书馆发展很快,不得不进行特殊的扩建,到 1745 年时,藏书已接近 5000 册。中等规模的教堂图书馆,如唐卡斯特的圣·乔治教堂,向教区的民众提供 400 多本图书。尽管其图书主要以英国国教的虔诚著作为主,但是被借阅次数最多的两本书却很奇怪,一本是罗林所著的《古代史》,一本是《钱伯斯词典》。②

还有很多吸引读者的机构是私人所拥有的藏书,通过个人的借书与还书而进行阅读。在 18 世纪时,任何一个造访乡绅和贵族乡间宅第的人,都有望看到一个图书馆,一般还都有较多的藏书,有经常性的客人的还给提供专门阅读的房间。1650 年时,很少有乡间的住所拥有一个图书馆,也很少有专门设计装修的阅览室。但是到 18 世纪晚期,没有图书馆的住宅是不可想象的。在一些较古老的房子里,收藏艺术品的房间,以前用来娱乐和交谈的地方,现在排列满书架,摆满了一开的、八开的、四开的、十二开的书。制作橱柜的人专门为图书馆设计打造特制的家具——书架、阅读椅、旋转架板、梯子、写字台。到 19 世纪早期时,图书馆已经成为室内社交和招待客人的主要场所。

书本是不会睡觉的,它们从图书馆溜走,从绅士的密室和女士的化妆间溜出,那里堆满了各种文学、历史学著作,通常是不受限制的,被放置在角落和橱柜中,等待着主人读给其情人、等待着佣人读给其主人、等待着客人互相读给对方,或者等待着家中的女主人独自阅读。③

---

① John Brewer, *The Pleasures of the Imagination: English Culture in the Eighteenth Century*, Published by Harper Collins Publishers, 1997, p. 183.
② Ibid., p. 183.
③ Ibid., pp. 184–185.

商店的老板和商人，相比于其他富有的人，总是倾向于拥有更多的书，而且他们常常为那些不识字的人代笔，也是一个村子中读写中心。托马斯·特纳，是苏塞克斯郡东霍斯利的商店老板，就有一个相当规模的个人图书馆，特纳和他的妻子就经常相互读书给对方听，特别是朗读约翰·蒂洛森的布道书。他还几乎每天朗读给他的朋友托马斯·戴维，戴维是当地一个鞋匠，特纳还从他的邻居卡尔弗利跟前借阅杂志，同时他也向别人借出他的书。书籍、印刷物和读者随处可见。并不是每一个人都是读者，但是就是不会读书的人住在一个前所未有的具有一定程度的印刷文化环境中，也会受到影响，因为出版革命的影响已经远不止文学本身，所以不会读书的人也会去买几本书，以便读书识字的客人和朋友来时能够阅读。大声地阅读，无论是公众场合还是私人场合，都是很普遍的行为，这能使一些不识字的人分享文学的快乐。在家庭、在酒馆、在咖啡店、在田野和街头、朗读与文学总是与大众读者相伴随，阅读常常是一种消遣性活动。①

甚至那些经常独自默读的人，也乐于大声朗读。在公众场合的阅读不仅在读书识字人与不识字的人之间架起了桥梁，而且也有益于培养和教育人。在这方面有大量的指导手册，像詹姆斯·伯格的《讲话的艺术》，出版于1768年，还有托马斯·谢里丹的几本书，都是指导有素养的读者如何更好地进行大声朗读。在电子媒体时代到来之前，大声朗读是传播思想和价值倾向的重要手段。贫穷的农场主，甚至是贫穷的乡下人，在那个时代之前，在冬天的夜晚通常是听一些关于女巫、鬼怪及妖怪的故事，到那个时代后，则通过聆听儿女们阅读童话和爱情故事使冬天的夜晚都感觉变短了。当你走进他们的家里，或许就会看到烧烤架上摆放着汤姆·琼斯、罗德里克·兰登的书或其他的娱乐读物。图书并不是像以前只有在伦敦或富有者的阶层才能接触得到。诸如地方上的商店老板托马斯·特纳就有70多本书和期刊，其中包括爱迪森、弥尔顿、洛克、康格里夫、盖伊、舍洛克、斯马特、蒂洛森、斯蒂尔、莎士比亚、

---

① John Brewer, *The Pleasures of the Imagination: English Culture in the Eighteenth Century*, Published by Harper Collins Publishers, 1997, pp. 186–187.

斯特恩、爱德华·杨的著作；在他的日记里，他还提到从 1754—1765 年，他还阅读了另外 50 多本书，同时还经常认真地阅读杂志和报纸。①

阅读文化的发展水平决定着一个国家文化发展的程度，甚至决定国民的文化素质和精神世界。构成阅读文化的各个文化层次相互制约又相依相成，在对立统一和矛盾斗争的基础上共同促进着阅读文化的发展。"书籍、几乎每一本书，都成为有文化和有教养的象征。书籍普遍存在及其主旨就是了解世界，特别是了解一个人未曾直接经历过的世界，促使其熟悉神人同形同性论。书籍开始成为伴侣和朋友。正如戈德斯密斯在《世界公民》中所指出的，当我第一次读一本好书，对我而言就像遇到一个新的朋友，当我详细地读完一本书，它就像老朋友和我在一起一样。书籍成为一个人最亲密的朋友，与书籍在一起，可以陶冶情操，进行美好的对话。"②

---

① John Brewer, *The Pleasures of the Imagination: English Culture in the Eighteenth Century*, Published by Harper Collins Publishers, 1997, pp. 188–189.

② Ibid., p. 190.

第七章

英国工业文化与工业革命

第一节 英国工业文化的起源与发展

英国工业文化萌芽于中世纪的封建庄园里，庄园经济的封闭性及农业与手工业分工的不彻底性使工业文化较早地得以萌芽并成长。封建庄园是一个以自给自足为主要特征的经济体，因而有着维持社会生活所必需的经济门类，手工业虽不以商品生产为主要目的但一直不可或缺，成为维持封建庄园生存发展的支柱之一。播种在社会土壤中的工业文化的种子在中世纪的封建庄园里遇到了适合萌芽的条件，随着商品经济的发展和城市的繁荣而得到了迅速成长，在社会转型时期逐步被移植到资本主义的生产关系之中，提高了手工业生产的专业化程度，扩大了手工工场的规模，而且手工业工场主大多依附于商业资本家，加强了手工业与商业的联系，也加强了手工业产品同市场的联系，这就使手工业生产逐步突破自给自足的自然经济的束缚，在很大程度上依赖于市场的需求和变化。而在英国社会转型时期，随着海外贸易的扩大和殖民扩张的进行，市场总是在扩大，需求总是在增加，原料供应也在不断增多，制约手工业生产的主要因素是生产技术。从17世纪开始，英国逐步成为近代科学革命的中心，制约手工业生产的技术问题有望通过科学的发展来解决。到18世纪后半期，手工业的发展终于迎来了技术革新的浪潮，也就是工业革命，主要的手工业门类都先后以机器生产代替了手工劳动，或者实现了技术的革新而极大地提高了劳动生产率，手工工场也逐步被机器工厂所取代，资本主义的生产关系进一步得到巩固，工业生产的专业化和社会化程度进一步提高，英国的工业文化历经漫长的发展过程，终于长成了根深叶茂的参天大树。

一 中世纪工业文化的萌芽

"诺曼征服"后，英格兰确立起以土地逐级分封制为特征的封建的经济基础，封建庄园成为社会生产的基本单位。"在整个英格兰，这样的小村落数以千计，它们构成了诺曼征服后几百年间英格兰庄园社会的基础。"[①] 在14世纪农奴制瓦解之前，限于当时较为低下的社会生产力，大多数庄园的规模并不是很大，一般就是在自然村落的基础上形成，村落是历史上自然而然形成的居民点，庄园是在土地分封过程中建立起来的，而且在漫长的历史岁月中，沧海桑田多有变化，由于土地的反复封赐形成了庄园与村落也不一致的情况。庄园的农业和手工业生产主要为了满足庄园领主及庄园内居住民生活的需要。自给自足及封闭性是庄园经济的基本特征，很少与外界进行劳动产品的交换，但也并非没有交换与贸易的发生。一个庄园的领主总有生产和生活中必需而自己庄园又不能生产的产品，诸如食盐、铁器、铜器、瓷器、梳篦、衣服、香料、酒类等产品。离开这些产品，一个庄园的生产和生活也许就要陷入困境，因而自然经济并非完全排除产品的交换，只不过生产的主要目的是为了自身的消费而不是为了交换，但是为了维持正常的生产和生活，就必须要生产专门用作交换的劳动产品，久而久之，庄园里面就形成了具有同当地物质特产、传统工艺、文化习俗、自然条件相适应的手工业、农业或畜牧业，除满足庄园内领主和居住民自身的消费需求之外，剩余产品用以交换必需的生产和生活用品。这样，随着交换和贸易的频繁发生，商品货币经济必然得到发展。而商品经济的发展与繁荣必然进一步促使庄园为市场而生产，使封建的经济兼具谋生与谋利的二元性，越到后来，谋利的一面就也越加突出，特别是到13世纪时，英国人口迅速增长，农业过密化现象严重，商品经济进一步得到发展，货币地租渐趋流行，逐步

[①] [英] 亨利·斯坦利·贝内特：《英国庄园生活——1150—1400年农民生活状况研究》，龙秀清等译，上海人民出版社2005年版，第41页。

取代了实物地租和劳役地租。"事实清楚地表明,这一时期农民经济开始显著地市场化,而且对市场的适应性也逐步增强。希尔顿研究了米德兰西部的有关史料,证实了农民的地租、手续费和税赋等主要用货币来交纳。农民经济的一个重要特征就是在同一个庄园或同一个村庄内居民之间的商品买卖非常活跃,而且许多这样的买卖都是用货币作为等价物。"①

货币地租的流行也进一步加强了农民与市场的联系,以前与市场可有可无的偶尔的交换联系,现在成为一种必然的联系,庄园的封闭性大为降低,而开放性则大大增强,庄园经济与外部的联系得到了加强,生产的社会化和专业化程度也不断提高,尤其是以前为市场交换而进行生产的手工业的作用也就更为突出,由以前补充性的经济门类逐步演变为庄园经济中必不可少的经济成分,手工业与农业进一步分离的愈加明显,工业文化历经漫长岁月的孕育,在封建经济的母体里终于得到生根萌芽。而这一时期,也正是英国封建农奴制走向衰落的阶段,封建领主对农奴的人身控制也进一步削弱,农民渐渐在身份和经济上有了一定的自由,地域流动性也大为增强,也为工业文化的萌芽与成长提供了丰富的人力资源。"特别是拉夫蒂斯和希尔顿很好地记载了农民跨地域的流动性,在拉姆齐修道院的地产上的庄园里,在黑死病之前经常有人迁出庄园,当然也不时有人迁入庄园,这一相对和缓的迁徙运动被认为与教区经济所具备的灵活性密切相关,同时也与当时婚姻形式、季节性劳动力的流动、开垦探寻新的土地都有关。到了14世纪90年代,拉姆齐村庄里更多的村民都得到了地主的允许而离开故土迁往他乡,而且数量要远远超过上一个年代。到1400年前后,拉姆齐庄园里所有的人,以前如涓涓细流般的迁徙突然形成迁徙的浪潮,而大部分迁移离开的人都没有得到允许。"②在黑死病及其后持续蔓延的疾疫的冲击下,劳动力数量锐减且价格高昂,农民在各地均可获得土地和劳动的机会而维持生活,而且这一时期因为

---

① R. A. Dodgshon and R. A. Butlin, *An Historical Geography of England and Wales*, New York: United States Edition Published by Academic Press Inc. 1978, p. 130.

② Ibid., p. 127.

劳动力数量的减少和成本的上升,需要劳动力较少的畜牧业特别是养羊业得到了充分的发展。中世纪封建庄园里的农奴受到剥削的原因不是没有土地,恰恰是因为被束缚在土地上而不能离开。庄园里农民流动性的增强说明了封建的依附关系渐趋削弱,封建庄园里固有的统治秩序,特别是原来的生产和税赋制度无法继续维持下去,这就是庄园存在的经济基础受到了动摇,从而加快了农奴制及庄园经济的解体过程。封建领主不得不顺应生产力和时代的发展而采用新的生产方式以维护特权地位及社会生产的正常进行。最重要的一个办法就是许多封建领主将许多无主或无人耕种的死手地圈围起来发展养羊业,这就使得13世纪以来兴起的圈地现象获得了前所未有的契机,很快发展成为具有普遍意义的早期圈地运动,"到1400年时,除了在一些保守的大地产上,农业生产因为需要大量的劳动力而被放弃,实际上在15世纪里,这一过程在不断加速进行。牧场随处可见,畜牧业,特别是养羊业,规模在不断扩大,主要是因为畜牧业比种植谷物需要少得多的劳动力。"[1] 早期圈地运动事实上存在着把大量耕地转化为牧场的情况,但也是为了应对黑死病及之后持续疾疫所造成劳动力锐减事实的不得已之策,在一定程度上调整了农牧业结构,对黑死病之前农业过密化现象也是一种缓解,实质上反而更有利于社会经济的健康发展。"几个牧羊人加一只牧羊狗就能管养一大群羊,抵得上雇佣百多个农业工人从事耕作,这种经济上的诱惑是无法抵御的。"[2]

畜牧业特别是养羊业的发展,促进了农村经济结构的进一步转变,在无形中也促进了商业和手工业的发展,进一步哺育了工业文化的成长,因为养羊业的迅速发展使羊毛产量急剧增长,这不仅促进了羊毛出口贸易的活跃,还推动了"民族工业"呢绒业重新走向繁荣。"1351—1360年10年间,英国出口呢绒仅为1267包,但出口羊毛却达到了32655包;100年之后,1451—1460年10年间,英国出口呢绒增长到了8445包,而

---

[1] Edward Miller, *The Agrarian History of England and Wales* (Volume III 1348 – 1500), Cambridge University Press, 1991, p. 13.

[2] 钱乘旦、许洁明:《英国通史》,上海社会科学院出版社2002年版,第120页。

羊毛出口量则下降到了8058包。"① 这一转变必然促进着工业文化的成长。13世纪之前，英国的呢绒工业主要分布在城市，12世纪时英国呢绒生产和销售的主要城市有：伦敦、牛津、汉廷顿、诺廷汉姆、温彻斯特和约克市。在手工业发展的基础上，许多行业都建立起了手工业行会。手工业行会对手工作坊的生产规模、生产时间、雇工或帮工的人数，甚至产品的交易时间及价格都有严格的限定。这是生产力较为低下，封建生产关系主导下自然经济的产物，不利于手工业者在市场上的竞争及生产技术的提高。而从13世纪开始，呢绒业由以前在城市的"一枝独秀"发展为在城乡"遍地开花"，因为乡村畜牧业的发展使羊毛供应量急剧增加，原来城市里面的手工业作坊不仅规模较小，而且技术落后，远离原料供应地，没有充足的水源与水力供应，加之手工业行会的势力和影响也大多集中于城镇，这一切都制约着呢绒业的扩大再生产，随着对外贸易的复苏，富有的贵族、大商人、手工作坊主为了降低成本，摆脱封建行会势力的束缚，扩大再生产，开始在乡村接近牧场和河流的地方兴建新的毛呢工场。"这个时期的主要工业一直是织布、建筑、采矿、金属制造、产盐和海洋捕鱼。"② 其中毛纺织业是当时英国举足轻重的行业，并且具有代表性。"更为重要的是，呢绒工业几乎自始就是按资本主义方式发展的。"③ 呢绒业等资本主义工场手工业的发展促进了广大乡村商品经济的发展，加速了农村封建自然经济和封建庄园经济的瓦解。11—13世纪英国呢绒工业中心主要在城市，而不在乡村。但是"从13世纪起，英国毛纺织工业的生产中心开始从城市向农村转移，在肯特、牛津、格洛斯特、约克、兰开夏和东盎格里亚等郡的许多乡村，都成为毛纺织工业的基地。随着这些乡村工业的进一步发展，有相当一批工业化的乡村发

---

① A. R. Bridbury, *Economic Growth*: *England in the Later Middle ages*, Harper & Row, 1975, p. 32.
② [英] 肯尼思·O. 摩根：《牛津英国通史》，王觉非等译，商务印书馆1993年版，第173页。
③ [英] 莫尔顿：《人民的英国史》（上），谢琏造等译，生活·读书·新知三联书店1976年版，第205页。

展成为新型的城镇。"① 而且这些"新的中心位于傍依急流的小溪和河水的村庄或小镇,并经办羊毛蒸洗厂"。② 15世纪以后,这种工业中心向农村转移的态势继续扩展,毛纺织业在农村广泛发展,生产规模迅速扩大,"除毛、棉之外,还有麻织业、针织业,特别是针织毛袜业的发展也相当迅速。此外,采矿、冶金、制盐、烧炭、造纸、制革、锯木等行业在乡村也陆续兴起,一片繁荣。"③

这种以呢绒业生产为主的乡村手工业城镇的大量兴起有其必然的原因:

第一,英国有着得天独厚的发展畜牧业的自然条件,无论是从土壤类型还是气候类型,都适宜于各类优质牧草的生长,水草丰美的优良牧场遍及英国乡村各地,这就为发展畜牧业创造了必要的条件。悠久而发达的养羊业及数量众多的羊群可以为呢绒生产提供丰富而近便的原料,特别是黑死病后圈地运动的发展使养羊业得到了迅速的发展。羊毛产量迅速增长,甚至致使羊毛价格一度下跌。国内学术界传统的观点认为是羊毛价格的上涨导致了圈地运动的兴起,实质上都铎王朝以前的早期圈地运动时期,并非因为羊毛价格上涨而导致圈地运动的高涨,而是因为劳动力的锐减使圈地养羊成为因地制宜的应对时艰之举,在黑死病之后接近一个世纪的时间里,社会生产力依然处在缓慢的恢复时期,加之牧场的扩展及羊群数量的增加,羊毛价格呈现出不断下降的趋势。

第二,封建手工业行会势力主要集中在中世纪兴起的城镇里,主要针对城镇现有的手工作坊而制定严格的管理措施,特别是在行业准入方面有着极为严格的限制措施,而乡村新兴的手工业在起步阶段很少有行会或其他因素的束缚,呢绒业可以根据市场需要而较为自由地扩大生产规模,改进生产技术,延长生产时间,从而提高生产与经营的利润。

第三,毛纺织业需要丰富的水资源,来进行染色和漂洗,而乡村地

---

① 王乃耀:《英国都铎时期经济研究》,首都师范大学出版社1997年版,第122页。
② [英]肯尼思·O.摩根:《牛津英国通史》,王觉非等译,商务印书馆1993年版,第204页。
③ 王晋新、姜德福:《现代早期英国社会变迁》,上海三联书店2008年版,第23页。

区有着纵横交错的河流和丰富的水力资源,能为毛纺织业生产提供有利的条件。从 13 世纪开始,英格兰开始用水力漂洗磨进行呢绒的漂洗,水磨要建立在有一定水力资源可以利用的河流旁边,利用水力推动漂洗磨进行漂洗,减轻了漂洗工的劳动强度,也提高了漂洗的工作效率。英国学者卡洛斯·威尔逊甚至称水力漂洗磨的推广是 13 世纪的工业革命。但是这也对呢绒生产的地域分布提出了要求。"格洛斯特郡的河谷地带原来是一片人迹罕至的地区,因为它有充足的水力资源,在中世纪晚期吸引了大量的漂洗工、呢绒商和纺织工,这里很快变成了新的毛纺织工业中心。"①

第四,呢绒生产是劳动密集型的手工业生产,需要大量的劳动力。13 世纪以来农奴制的解体及农业生产的"过密化"可以为呢绒业提供数量众多且廉价的劳动力,同时也可以为无地或少地农民提供一种赖以谋生的家庭副业。

第五,英国历代国王对毛纺织业的发展都极为重视。1258 年,亨利三世颁布《牛津条例》,宣告"国内的羊毛,应在英国制作,不应卖给外人,每个人都应用国内制造的呢布。"② 规定英国人必须穿本国生产的呢绒产品。英国政府还制定政策,保护本国纺织业的发展,如提高羊毛出口关税,规定本国所产的羊毛须在国内加工,授予漂洗工、织工、染工某些政治上的特权等,同时采取优惠政策,吸引外国技术工人移居英国。早在 1331 年,英王便邀请尼德兰呢绒业巨匠约翰·肯帕赴英国传艺。1337 年,英王又颁布法令,规定凡是进入英国的外国织工都受到英国政府的保护,享受优惠的待遇,到都铎王朝时期,历代君主都沿袭这一政策,以更加优惠的政策吸引外国优秀织工移入英国。

在工业发展的过程中,一个工业门类不仅能带动许多行业的发展,而且会对市场和交通以及社会经济的许多方面都带来一定的影响。呢绒业的迅速发展也带动了相关的诸如木工制作、铁器加工、机械制造等行

---

① 王乃耀:《英国都铎时期经济研究》,首都师范大学出版社 1997 年版,第 131 页。
② [英] 威廉·阿什利:《英国经济史及学说》,郑学稼译,幼狮文化事业公司出版社 1974 年版,第 387 页。

业的发展，也推动了国内外商业及贸易的发展，为后来英国长期实行重商主义的经济政策奠定了基础，不仅确立了一定的工业基础，而且培育了一定的工业文化，使全民族都形成了重视工业的思想共识，重商主义必先重视工业，如果没有工业的发展，商业及对外贸易就会成为无源之水，无本之木，因为重商主义的经济政策是金银源源流入而不流出，就是要以发展工商业为前提，不断增加本国商品的出口而减少对国外商品的进口，而这一切都要依赖于本国在工业生产方面处于领先地位，在工业生产门类、生产技术、生产效率、产品的质量和数量方面要优先于别国的工业，或者就必须有发达的海外贸易，在转口贸易的过程中获得金银货币。

英国的工业文化萌芽于中世纪封建庄园，在封建庄园经济解体的情况下获得了较快发展，其动力性因素是商品和货币经济的发展加强了工农业生产与市场的联系，由以前较少的偶然性联系变成了大量的必然性联系，这就促使农业和手工业生产必然要主动采取措施以在市场竞争中占据优势，在客观上也促进了工农业生产的分工和专业化程度，从而促进了工业文化的成长。在英国社会的转型时期，在探寻新航路的热潮中、英国商人及冒险家也积极从事海上探险活动，也认识到了海外贸易及殖民活动的重要性。从都铎王朝开始，英国推行重商主义的经济政策，重商主义的经济方针可谓工业文化成长发展的催化剂，而且重商主义与殖民主义互相促进，使贸易市场在不断扩张，也使发展工业具备了供应稳定并在数量上持续增长的原料。尤为重要的是，英国社会转型时期也正是英国资本的原始积累时期，重商主义的经济政策使黄金白银等贵金属源源不断地涌入英国而很少流出，这也增加了资本的原始积累，为把货币转化为资本及工业的扩大再生产创造了条件，从而客观上也促进了工业文化的发展。

近代英国与西班牙、葡萄牙的发展道路就充分说明了工业文化对一个国家发展与崛起的重要性。在早期的殖民扩张时期，西班牙是最早的"日不落帝国"，在获得的货币及贵金属的数量方面也远远超过了英国，美洲殖民地金银矿产的大量开采使西班牙几乎躺在了"金山银山"之上，在殖民地推行野蛮的种族灭绝和抢劫掠夺政策，而忽视了对外贸易的重要性，但抢劫而来的货币及贵金属大多并没有及时地转化为工业资本，而成为大小封建主奢侈消费的金钱,他们所掠夺的金银并没有为本国的长远发展创造有利条件,而是作为购买奢侈消费品的支付手段流向了包括意大利、荷兰、英国、法国等欧洲国家,促进了这些国家海外贸易和手工业的发展,而自己国家则因为缺乏健全的工业体系和发达的工业文化而日趋衰落。其在海外的殖民地也因为被一味地抢劫掠夺而贫穷落后,在殖民地时期尚对殖民者带来了一定财富,但殖民地在独立后基本都走上了与其相对抗的道路,经济文化联系甚少。而英国在走上殖民扩张的道路之后,重商主义和对外贸易所获得的金银货币及时地转化成了资本,特别是转化成了工业资本,逐步建立起了日渐完备的工业门类,促使工业文化不断发展成长。此外,英国在殖民地的政策也不同于西班牙,除了推行赤裸裸的抢劫掠夺和种族灭绝政策之外,英国还重视与殖民地发展贸易。对于西班牙而言,是抢劫掠夺造就了殖民地;而对于英国而言,是对外贸易和抢劫掠夺造就了殖民地。从最初开始,英国从事殖民活动的机构就是民间组织的贸易公司,诸如东印度公司、弗吉尼亚公司、西印度公司等,虽然在殖民过程中得到了王室和国家政权的支持,但并不属于国家的政权机构或政权机构的延伸,只是在贸易活动的过程中才逐步演变为殖民机构,贸易始终是殖民扩张过程中的一条主线。海外贸易尽管是一个有风险的事业,但却可以获得丰厚的利润。帝国在加勒比海、美洲、印度的扩张,促进了海上贸易量的增长,"1702 年时,海外贸易是 3300 艘船约 26 万吨,而到 1776 年时,增加到 9400 艘船约 69.5 万吨。总而言之,通过《航海条例》而形成的贸易保护主义,使英国商人获得了向殖民地进行货物运输或转口贸易的垄断权。在商船上至少有 3/4 的船员是英国人,这就为赚取大量财富奠定了基础。从 1700 年到 1770 年,英国出口货物的总值比翻了一番还要多,从 650 万英镑增加到 1430 万英镑;同一时期,再出口货物(主要是烟草、亚麻、棉布、蔗糖)的总值也从 210 万英镑增加到 480 万英镑;金银出口价值的总量从来没有超过 100 万英镑,而输入英国的金银价值则从 600 万英镑上升到 1200 万英镑。"[①] 而

[①] Geoffrey Alderman, *Modern Britain* 1700 – 1983, Published by Groom Helm Ltd. Provident House, Burrell Row, 1986, p.12.

且英国商人在商船上所进行的贸易,有些并没有经过英国的港口,这样进行的贸易量和赚取的利润是没有记载的,贸易主要包括从非洲向西印度群岛贩卖奴隶以及东印度公司在东南亚本地所进行的贸易。同时,西印度群岛上的种植园主和东印度殖民暴发户所赚取的钱也是没有办法统计的。还有一些从非法贸易中所赚取的钱,也是难以估量的,主要是走私茶叶、蚕丝、法国的白兰地酒。

为了维护殖民利益和获取超额利润,英国在殖民地并非单纯地只进行抢劫掠夺和贸易,还一直重视对殖民地的开发和建设,诸如移民定居、开办学校、传播宗教和文化、发展种植、兴办工业等,工业革命之后还在殖民地修建铁路、开采矿山、开办银行、投资设厂等,"自从有了联系以来,美洲印第安人口数量在十七、十八世纪下降很快,而迁移来的定居人口数量却急剧上升。1620—1640 年,到新大陆的移民大约有 2 万人;在 1730 年时约达到 62.9 万人,到 1783 年时,定居在北美的欧洲白人已经达到了 150 万左右,而到 1800 年时,已经超过了 500 万。早期移民通常主要是年轻的单身男性,这是殖民地定居者一个典型的特征。在殖民后期,随着殖民地建立起来之后,便有了举家迁徙。在 17 世纪 30 年代时,不列颠人还局限在北美东北海岸线 500 英里的范围内,而到 1759 年时,已经建立起了 13 个殖民地,且很多殖民地呈现出繁荣景象。到 18 世纪中期时,殖民地人口最多的地区是弗吉尼亚和马里兰的烟草种植园,1750 年时,其总人口已经有 37.2 万人。"[①] 因而英国在北美的殖民扩张客观上也推动了殖民地经济与社会的发展进步,而这种发展进一步加深了英国与殖民地经济及各方面的联系。北美殖民地独立之后,并没有完全割断与母国经济和文化等各方面的联系,特别是在经济、科技、文化方面,殖民地对英国有着一定程度的依赖性。因而英国的有些殖民地虽然独立了,但是英国的殖民利益并没有受到多大的影响,甚至还有增长,一些历史学家认为:"美国的独立是不列颠第一帝国的结束,新帝国的基础是与东方的贸易。今天,历史学家更多的看到的是两个帝国的连续性

---

① Philippa Levine, *The British Empire*, *Sunrise to Sunset*, Published by Pearson Education limited in Great Britain, 2007, p. 33.

而不是间断性。事实上是，美国人及其同盟在北美殖民地打败了英国人，但是英国人在其他地方也打败了这一同盟，特别是法国，这也是事实。美国的独立战争也是充分利用了有利的国际环境，诸如七年战争，不列颠与法国、西班牙、荷兰等国家都发生了冲突。在如此宽广的角逐场上，不列颠在印度获得了领土，在东南亚获得了荷兰在贸易上的让步。即使在大西洋领域里，不列颠人依然很快恢复了主导地位，与新独立的美国贸易量很快超过了独立前的水平。"① 至于文化上的联系，都不可否认美国的文化之源在英国，后来又吸收欧洲文化的多重因素。美国在政治制度、法律法规、民主权利、文学艺术等各个方面均包含有相应的来自英国的成分。美利坚民族虽然成为一个独立的民族，但是很多方面脱胎于不列颠民族，而且这种血脉联系并不因为美国独立而被彻底否定和打断。因而重商主义引导下的工业文化的发展对于国家的崛起乃至在全球的殖民扩张都有着非常重要的意义。

二 社会转型时期工业文化的成长

都铎王朝建立后，从经济基础到上层建筑、从海上活动到殖民扩张、从资本原始积累到手工业生产等各个方面均呈现出新时代到来的曙光。英国社会转型时期为工业文化的成长和发展提供了肥沃的土壤，英国后来率先完成工业革命而成为第一个工业化的国家，与这一时期工业文化的成长有着极为密切的渊源关系。人文主义思想已取得了一定的优势，以牛津大学、剑桥大学、格雷沙姆学院为代表，形成了一批人文主义阵营，很多杰出的学者逐步接受了人文主义思想，在哲学和自然科学领域里已经突破了中世纪宗教和神学的束缚，而且人文主义在初步取得胜利的情况下，理性主义就开始焕发出智慧的光芒，推动着近代科学的发展进步，为工业文化的成长创造了一定的技术条件，尽管社会转型时期的科学理论并没有全部立即转化为生产技术，但是近代哲学和自然科学却摆脱了中世纪宗教和神学统治下的纯思辨的哲学方法论，确立了以实验和社会实践为核心的方法论体系，这就鼓励着人们根据以往的生产经验

---

① Jane Samson, *The British Empire*, Published by Oxford University Press, 2001, p. 53.

在实践中勇于探索、积极革新改进生产技术，以实验或实践的结果来检验认识的真理性。这就将以往单纯重视逻辑思辨的思维方法逐步转移到了社会实践的领域里来，以实践的结果再进行哲学的思辨和推理，使科学与技术的发展进步就有了坚实的根基。从哲学方法论上也引导着工业文化的成长走上了正确道路，正是工匠们在手工业生产实践中的不断探索和改进，才有了工场手工业阶段的技术积累与进步，才促进了工业革命的到来和深入发展，因而近代哲学与科学的发展进步为工业文化的成长提供了极为重要的理论与实践。其主要的贡献就是以"知识就是力量"的基本信条使人们逐步摆脱了经院哲学的束缚，将人们在社会实践过程中积累的经验作为知识的源泉，将人们的知识而不是上帝的意志作为征服自然、改造自然的能力和力量，从而将人们关注的重点由宗教神学开始转向社会实践，由纯粹的逻辑思辨开始转向了以实践为基础的逻辑推理，从而使社会实践回归到了历史舞台的中心，这必然推动整个社会生产的发展。"一个由小制造商组成的新阶级正在抬头，他们利用在贸易战争中夺得的新市场和战争所造成的新需求，竭力推进新产品和制造新产品的新方法……工业革命初期的发明——采用自动纺织机器——主要应归功于一些没有受过教育的工匠，不过，一举解决了关键性的动力问题的伟大发明蒸汽机却至少可以部分地归功于科学。"[1] 在生产实践中的技术积累对于工业文化的成长发挥了至关重要的作用，而且后来科学原理也逐步与生产技术结合了起来，转化成为现实的生产力，科学与技术才逐渐成为一个合成词科学技术，在推动经济社会发展过程中的重要作用才越来越为人们所认识和重视。特别是在第二次工业革命的过程中，将科学与技术能紧密结合在一起的国家，其工业生产和社会经济发展也越快，诸如后起的德国、美国和日本，其在工业发展过程中可以直接采用第二次工业革命的成果，将科学与技术紧密地结合起来，及时地转化为现实的生产力，从而在工业生产进而在整体经济实力上后来者居上；而老牌的英、法等国则因为要对原有的工业进行技术改革而使科学与技术

---

[1] ［英］J. D. 贝尔纳：《科学的社会功能》，陈体芳译，广西师范大学出版社2003年版，第64页。

未能及时而充分地结合起来,同时过度地依赖殖民地及资本输出来获取超额利润,从而使工业生产的技术水平渐趋落后,进而导致了工业优势的丧失及综合国力的减弱。而在第二次工业革命之前,英国既是近代科学革命的中心,又是工农业生产技术变革的中心,而且科学与技术渐趋紧密地结合起来,加之对外贸易与殖民扩张所带来的开放环境,造成了国内源源不断迁入与迁出的移民浪潮,这也极大地促进了文化的交流,使英国人可以及时地学习世界各地先进的科学与技术,使思想在碰撞交融中产生更加绚丽的火花。如在工业革命前夕的1740年,"英国皇家学会的301名会员中,外籍会员已达到了146人",[1] 几近全部会员的一半,充分体现了科学无国界的开放性与海纳百川的包容性,而正是这种开放性与包容性,才使皇家学会充满了生机与活力。皇家学会是世界上最古老而又从未中断过的唯一的科学机构,为汇聚吸引人才进行科学研究与技术推广提供了强有力的组织保障和经费支持,也使英国的科学技术长期处于世界领先地位的重要因素之一。科学技术的领先地位有力地促进了工业文化的成长。

从中世纪就出现的宗教改革思想也在都铎时期发展成为波澜壮阔的社会运动,不仅动摇了罗马教皇的神圣地位,促进了近代民族国家的建立,而且在宗教改革过程中解散了修道院,将修道院的地产没收并加以出售,打破了中世纪以来沉寂的土地市场,使土地交易和买卖日益活跃,同时也打击削弱了腐朽的宗教势力,增强了王室的经济实力,在一定程度上加强了国王的权力,也推动了圈地运动的进程,使土地日益集中到新贵族和新兴资产阶级的手中,这些土地由僧侣贵族维护特权的经济支柱转化成为资产阶级发财致富的资本,壮大了新兴资产阶级的经济实力,使农业资本主义生产关系得到进一步的发展。农业资本主义在圈地运动的推动下形成了以资本主义大农场为主要经营方式的大农业经营体制。这种大农业经营体制更具有技术改革的经济实力和动力,几乎所有重要的农牧业生产技术的改革首先都出现在大农场,后来英国所发生的农业

---

[1] J. S. Bromley, *The New Cambridge Modern History*, *Volume VI. The Rise of Great Britain and Russia*, 1688 – 1715/25, Cambridge University Press, 1970, p. 39.

革命正是从资本主义大农场开始并迅速确立起了对于小农经济的优势,大农业经营体制成为农业发展的方向。这种农业经营体制更有利于调动劳动者生产的积极性,也更有利于提高农业劳动生产率,不仅可以解决社会转型时期迅速增长的英国人口的衣食问题,而且可以为工业生产提供一定数量的原料;尤为重要的是随着圈地运动及大农业经营体制的确立,更多的劳动力被从土地上解放出来,这就为手工业生产及其他社会活动提供了更多的劳动力。社会转型时期农牧业的发展变革对于工业文化的成长有着极为重要的作用。农牧业的发展逐步建立起工业劳动力市场、生活资料市场、生产资料市场,这就必然要求工业有相应的发展,以便吸纳剩余劳动力和商品化的农牧产品,这样既可以保证农牧业自身的继续发展,又为工业的发展提供了必要的条件;此外,农牧业生产的商品化程度越高,对非农产品的需求量就越大,因而工业的发展对农牧业来说就越不可少。因此,"农牧业的发展不断地产生对工业的推动力,农牧业同手工业之间的这种供求关系的矛盾达到一定程度,必然要突破手工业的框架,建立起近代的机器大工业。"① 社会转型时期土地与农牧业生产的变革,也有力地推动了工业文化的成长和发展。

总而言之,在英国社会的转型时期,从各个方面都为工业文化的成长与进一步发展创造了条件,进而影响到了整个的经济基础和上层建筑,有力地加速了封建主义的衰落和资本主义的发展,使"生产关系由封建的依附制向资本主义雇佣劳动制发展,思想观念由宗教神学的贫困光荣向资产阶级发财进取转变。"② 正如马克思所言:"为资本主义生产方式创立基础的革命的前奏曲,是开始于十五世纪最后三十余年及十六世纪最初十数年间。"③

社会转型时期英国的工业文化尚处在中世纪晚期向近代资本主义过渡的时期,在工业门类、生产规模、资本的来源及构成、生产技术水平、产品的数量和质量、产品的运销方式及市场范围、手工工场的组织管理

---

① 王觉非:《近代英国史》,南京大学出版社1997年版,第218页。
② 尹虹:《十六、十七世纪前期英国流民问题研究》,中国社会科学出版社2003年版,第63页。
③ [德] 马克思:《资本论》(第一卷),人民出版社1963年版,第907页。

形式、劳动力数量及文化水平等多方面，虽然比中世纪时有了较大的进步，但依然带有中世纪的色彩，还远不能同工业革命时期的相提并论。"这时大量的是分散的家庭手工业，几个人十几个人的手工业作坊普遍存在。但是几十人、几百人的工场、矿场已经出现，有的行业甚至成为著名的手工制造业，享誉全欧洲。"① 16 世纪英国最重要的手工业部门就是毛纺织业，生产历史悠久，早在罗马帝国统治不列颠行省时就已经出现，特别是在封建庄园经济的繁荣时期得到了充分发展，庄园经济固有的封闭性需要庄园内有支柱性的手工业和农业以解决居民基本的衣食需要，这就为毛纺织业的发展提供了需求性的拉动因素，同时为了获得必要的本庄园不能自给的生产工具和生活用品，庄园经济也需要交换，呢绒产品因此而走向国内和国际市场，也推动了毛纺织业专业化生产水平的提高和生产规模的扩大，不仅成为不列颠的"民族工业"，而且成为"民族财富的主要源泉"，呢绒产品大量行销海外市场，大大增加了王室和国家的财政收入，使英国逐步由一个以出口羊毛为主要的国家变成了以出口呢绒为主的国家，成为都铎王朝以来推行重商主义政策的支柱性产业。"中世纪晚期的一个显著特征就是对外贸易利润的不断提高，这一切都出自于以出口羊毛为主转变为出口利润更高的成品呢绒。呢绒出口市场在不断扩大，主要销售市场在低地国家，此外还包括波罗的海沿岸及地中海周围的一些地区。"② 毛纺织业最为深远的影响还不在于增加了国家的收入和财富，而在于生产技术的不断积累和进步，培养出了生生不息的数量众多的工匠，形成了世代传承的生产技术与生产工艺，工业生产的物质文化与非物质文化交相辉映，在各个方面的影响深远，特别是在工业文化的引领之下，英国率先完成了工业革命而成为第一个工业化的国家，由此开创了近代大多数国家发展的必由之路。工业文化在推动国家的崛起方面发挥着尤为重要的作用。17 世纪以后兴起的棉纺织业的技术也主要来源于毛纺织业发展过程中的技术积累与转移，并且从棉纺织业

---

① 陈曦文：《英国 16 世纪经济变革与政策研究》，首都师范大学出版社 1995 年版，第 67 页。

② R. A. Dodgshon and R. A. Butlin, *An Historical Geography of England and Wales*, New York: United States Edition Published by Academic Press Inc. 1978, p. 143—144.

开启了工业革命的序幕。这种长期的技术积累和推广应用对于工业革命的发生和发展至关重要，因为工业革命在肇始时期，首先发挥重要作用的并非是科学原理，而是技术的变革。"发展较快的最著名的工业就是纺织业，主要得益于海外市场的不断扩张、鼓励出口的政策支持以及价格优势，还有使用水力漂洗磨也降低了印染的成本。毛纺织业大多兴起于畜牧业经济较为发达的乡村地区，那里的农民往往有更多的时间从事副业，城镇里行会的限制与规定在乡村也失去了作用。技术的变革和工场组织方式的变化也发挥了一定的作用。人均社会财富的普遍增加也提高了国内市场的消费需求，在 14 世纪之后，国内生产的呢布已经能够满足这种消费需求。中世纪晚期英国毛纺织业的主要竞争者就是大陆的佛兰德尔及意大利，而在英国主要集中在英格兰的乡村地区，一些从事跨地区贸易而崛起的商人阶层发挥了较为重要的作用。呢绒主要产区包括威尔特郡及格罗斯特郡，生产的宽幅呢绒主要供出口。约克郡西部生产的次等呢绒主要供给国内市场。诺威奇最贫困的地区、埃塞克斯及萨福克传统的呢绒产区，在 15 世纪时生产的专业化程度也逐步增强，丹佛及萨默塞特郡的呢绒产地也呈现出同样的趋势。"[1]

社会转型时期不仅"民族工业"获得了空前的发展，其他工业也都有了较快的增长，特别是采矿业和金属冶炼业发展尤为迅速，主要表现在产量的快速增长，最为显著的就是锡、煤、铁。采煤业为应对劳动力成本的压力而进行的技术革新是成功的典范，促使了煤产量的迅猛增长。铁的主要生产中心在森林地带，主要是迪恩森林（the Forest of Dean）和克利夫兰丘陵地带。而在这一时期，泰恩河谷地则是主要的煤产区，而有色金属的产地主要在康沃尔郡，这里对铅、锡、银矿的开采使很多农业劳动力转移到了采矿业，而采矿业的不断发展及生产规模的扩大也增加了对农产品的需求，刺激了农业生产的发展。

---

[1] R. A. Dodgshon and R. A. Butlin, *An Historical Geography of England and Wales*, New York: United States Edition Published by Academic Press Inc. 1978, p. 143.

三　近代早期英国工业文化的发展

英国社会的近代早期一般指的是"光荣革命"之后到工业革命期间大约一个世纪的时间，也有学者把这一阶段称之为"前工业化时期"，但"前工业化时期"又是一个非常笼统模糊的时代划分，其时间跨度应当更大，概念的内涵和外延应当更为丰富广泛。近代早期上承英国社会的转型时期，下迄工业化的开端，具有社会转型时期的若干特点，然而又具有了不同于社会转型时期的新特点，与工业革命开始后工业化迅猛发展的时代特征也有所不同，因而作为一个特殊的时期划分出来进行论述则更符合历史的实际。当然社会的发展过程是一个自然而连续的过程，并没有人为划分的痕迹，这种人为的划分也只是一个大致的界标，并不能严格地以某个时间或某个事件作断层性的理解。

近代早期，英国社会发展的新阶段从各个方面为工业文化的发展创造了有利因素。

首先，"光荣革命"标志着英国资产阶级革命的基本完成，在政治制度上结束了都铎王朝一直到斯图亚特王朝以来君主专制不断加强的趋势。革命后虽然保留了以国王为代表的贵族阶层，但是却以宪法的形式对国王的权力做出了更为严格的限制，逐步确立起了以政党制度、两院议会制、君主立宪制、责任内阁制为主要内容的资本主义的政治制度，从而为资本主义的迅速发展确立起了政治制度的保障。英国在确立资本主义制度的过程中，贵族阶层不仅没有被消灭，反而长期执掌国家的政治和经济命脉，在国家发展的过程中发挥着积极而重要的作用。在英国社会的转型时期，许多贵族并非没落的贵族，而是能够审时度势，顺应时代的发展需求而激流勇进，采用资本主义的生产方式或与资本主义的生产方式有了经济上的密切联系，成为资产阶级化的新贵族，与资产阶级的阶级利益不仅不冲突，反而趋向一致。没有无土地的贵族，英国各级贵族均占有大量的土地而掌握着国家的经济命脉，在圈地运动、农业革命、开采矿山、公共工程、金融借贷等各个方面均可发挥一定的重要作用。纵使最保守的贵族地主，也因为将土地出租给租地农场主而使自己与资本主义生产发生了联系，其所收取的地租，已不是封建时代纯粹因土地的分封和租佃而产生的地租，而是与资本主义生产密切相联系的利润，因而贵族阶层与资产阶级并没有不可调和的矛盾，而且本身都在渐趋资产阶级化。在革命时代之后，贵族因为所掌握的社会财富和独占议会上院的政治地位，不仅没有阻碍资本主义的发展，反而以一支重要的政治和经济力量在维护国家稳定，增强国家的综合国力等方面发挥着独到的作用。诸如在兴办各类贸易公司开展对外贸易，进行海上探险和殖民扩张、资助对外移民、支持国家对外发动战争，对内消除内乱，促进不列颠国家的团结和统一方面都发挥着积极的作用。从政治革命的彻底性而言，英国资产阶级革命也许不是非常的彻底，但是在维护国家稳定团结、缓和国内社会矛盾、避免激烈的社会动荡、减小改革阻力等方面依然独树一帜，在近代化的道路上不失为一条成功的道路。而这种道路为保证社会发展的连续性、保障基本的人权、资产阶级的自由民主、建立完善的资产阶级民主制度都是非常重要的，这一切都为英国资本主义以及工业文化的持续发展确立了制度性的保障。

其次，到 17 世纪时英国开始成为科学革命的中心，确立起了科学在世界范围内居于领先地位的优势，在推动工业文化的发展方面发挥了一定的作用。尽管科学与技术还没有充分地结合起来，但是弗兰西斯·培根的理性主义已被大多数科学家所接受和认可，承认知识就是力量，也就是征服自然和改造自然的能力，而知识并不是来自上帝的启示和先哲的典籍，而是来自人类自身在社会实践过程中的经验积累。这种思想摆脱了神启真理及人类在上帝面前只能被动接受的谬论，肯定了人的主观能动性和所具有的进取精神，这就为人们重视生产实践、积累生产经验、改进生产技术、增强自身能力指明了正确的方向。这种唯物主义先验论着重强调的是生产实践和经验积累，这无疑会对促进人们在生产实践中的观察和探索、尝试和改革、总结和积累，在工场手工业的生产中就会更加重视生产工具的改进和技术的积累，从实践中总结经验以扬长避短，千方百计以降低生产成本，提高生产效率并扩大再生产，从而在市场竞争中处于优势。以皇家学会为代表的科研机构也极力鼓励改进农业、手工业生产技术，提倡科学家应当重视社会实践，在实验的基础上进行科学与技术的创造和发明，通过有用的科学与技术造福人类，减轻人类苦难，发展社会生产，增加社会财富，提高人民的生活水平。17世纪英国科学的巨大成就并没有立即转化成为现实的生产力，还需要复杂的生产工具或设备架起科学与技术的桥梁，这就需要制造业有足够的发展，归根到底还要依赖于生产技术的进步，因而近代早期可以认为是一个技术追赶科学的时代，也是一个技术积累和不断进步的时代，而工业革命正是技术不断积累和进步的必然结果，也是制造业及其技术水平逐渐赶上科学发展步伐而渐趋统一的过程，也就是科学理论通过生产工具或特定的设备逐步与生产实践相结合起来的过程。在此过程中，并非技术对科学的发展提出要求，而在很大程度上是科学要求技术有更快的发展。"从1690年到1750年是科学史上相对的空白阶段。这段时间足够用来消化17世纪的伟大成就。"① 也充分说明17世纪英国成为近代科学革命的中心之后，由于制造业和技术的发展缓慢而致使科学理论不能迅速地转化为现实的生产力，这就不能对科学的发展提出更强烈的要求和动力。但技术的迅速发展对于工业文化的发展更具有现实的意义。它直接促使了工场手工业资本的积累、生产规模的扩大、生产效率的提高，最终迎来了工业革命的重大变革，使工业文化也实现了质的飞跃，由单纯的技术的变革实现了与科学的结合，科学原理在推动工业生产的进步方面发挥出了更为重要的作用，因而工业文化的发展显示出了更加强劲的生命力。

第三，从思想文化和意识形态而言，从中世纪晚期威克利夫开始就倡导宗教改革运动，虽然没有发展成为社会运动，但是他宣传了宗教改革的思想，成为英国乃至西欧宗教改革的启明星。威克利夫的宗教改革思想播下了民族主义的种子，为民族主义的发展奠定了思想基础。特别是威克利夫在牛津大学召集众多渊博的学者，用英语翻译了《圣经》。此后又有许多具有民族主义意识的宗教思想家诸如威廉·廷代尔、迈尔斯·科弗代尔、约翰·罗杰斯等又用英语多次翻译《圣经》，打破了罗马教皇及各级僧侣对《圣经》的文化垄断，使英国民众可以用自己熟悉而亲切的民族语言的来自由地阅读并领悟信仰的经典，从而确立起了"因

---

① ［英］J. D. 贝尔纳：《科学的社会功能》，陈体芳译，广西师范大学出版社2003年版，第63页。

信称义"的基本信条。《圣经》逐步取代了教皇和神学家的教谕以及教会所颁布的信条而成为人们信仰的权威和信义的源泉,而且推动了不列颠民族语言的发展,英语无论是从词汇方面还是从语法方面,都更加丰富,更加精确生动,更加接近民众的日常生活,极大地推动了英语的普及使用,扭转了拉丁语及法语在社会上层占统治地位的局面,这就为民族主义的进一步发展提供了强有力的文化符号。在英国社会的转型时期,亨利八世力排异议,果断推行宗教改革,反对罗马教皇在英国拥有的教俗权力及经济上的搜刮掠夺,使民族主义思潮得到了进一步的发展,适逢文艺复兴运动在英国方兴未艾,人文主义与民族主义互相影响、互相借鉴、彼此渗透融合。同时历经许多人文主义思想家、文学家、剧作家的讴歌宣传,民族主义的内容渐趋清晰,有了一个初步的轮廓。享誉世界的伟大的人文主义戏剧家、诗人莎士比亚在其大量的历史剧中,极力赞美讴歌以国王为代表的民族英雄,肯定了英吉利民族光荣而辉煌的历史,以唤起人们的民族自信心及民族自豪感,反映了新兴资产阶级要求结束封建分裂割据,消除内战,建立统一而强大的国家,称雄于民族之林的政治理想。莎士比亚的戏剧语言因适应舞台演出而与书面语言有着极大的不同,剧作主要使用无韵诗体而写成,但也结合了散文、有韵诗句和抒情歌谣,富有变化且颇具场景色彩,使传统英语得到了进一步的发展,不仅词汇量大大扩充增加,而且更加接近民众的现实生活而日益通俗化,语言简洁明了且丰富多彩,语义丰富而指代明确,作为一种成熟的民族语言而被人们广泛地认同和接受,这进一步推动了民族主义意识的增强,使人们在文化上的民族认同感大为增强。在人文主义和民族主义相互促进而融合发展的过程中,培育了大不列颠的民族精神,促进了公众民族主义意识的觉醒,使人们普遍认识到要实现个性的解放及个人的价值,不仅取决于个人要摆脱一切束缚,实现个人自由的发展,而个人的发展离不开集体,离不开民族,离不开国家,离开这一切,个人的自由、发展、价值就会成为无源之水、无本之木,因而人文主义和民族主义渐趋融合发展,并且推动了人们思想觉悟的提高,开始独立思考,朝着理性主义的方向阔步前进。而理性主义对于工业文化发展过程中的推动作用,突出地体现在科学与技术对工业文化的推动作用上。

民族主义被认为是近代以来才出现的现象，随着近代历史的发展而形成。斯奈德的观点可以代表很多研究者的见解，他认为民族主义是从法国大革命以来支配政治思想和很多人行为的一种强烈的情感。民族主义不是自古以来就有的，而是一种历史的产物，是一种特定政治、经济、社会条件下的产物。[1]"或许一些经济史学家在未来撰述历史时会得出这样一个结论，英国的经济奇迹在很大程度上是文学奇迹所促成的，文化也以同样的方式促进着经济的发展。"[2]民族主义在推动工业文化的发展过程中，也曾扮演了非常重要而积极的作用。一个悬而未决的重大问题是技术革新的原因是什么？迪恩曾经指出，官方发明专利的记录表明重大的技术革新都开始于18世纪60年代。那么是什么原因促使这些重大的技术革新都集中出现于18世纪后半期。很多专家试图作出解释，克鲁泽指出，"问题的核心是，英国是许多基础发明出现的地方，而正是这些发明创造了现代工业，英国真正地历经了一个技术创新的高峰期，这是一个基本的史实，我们必须试图对此做出解释。我们手中有足够的材料可以表明，民族主义文学促使人们形成这样的一种态度，也就是反对只是接受流传下来的一成不变的东西，这对于普遍接受和采用新发明新技术是至关重要的。一旦有了这些发明，有文化的实业家就急于采纳应用。"[3]

我们必须清楚一个事实，民族主义不仅仅是一个政治运动，民族主义是从政治领域之外进入政治领域的。民族主义是一种情感和意识形态的现象，也是一种思想活动，起源于特定的文化推动力和心理因素，通常通过文学形式来表现它。民族主义可能会引发某种形式的社会运动，但并不是都会介入政治领域，但是还是热切期望参与国家事务，以田园牧歌式的方式来影响政治、文学和社会运动。最终的目标和其源头一样，是文化和心理方面的东西：它的目标是个人的全面发展及人们在统一及

---

[1] Gerald Newman, *The Rise of English Nationalism*, Published by Macmillan Press Ltd., 1997, p. 54.

[2] Ibid., p. 150.

[3] Ibid., p. 151.

第七章　英国工业文化与工业革命　❖　381

自由社会的和谐相处。①

　　民族主义是一种思想意识，其首要的因素是人类的自我意识，其运动是要达到一个未曾实现的统一的集体意识，因此为了整体利益需要有一个统一的行动和约束。普拉梅兹曾在一篇著名的短文中概括了民族主义的要点，"民族主义是一种保持和增强人们民族和文化身份的一种愿望，特别是这种身份遭受威胁时。民族主义或者也是一种改革和创造一种民族和文化身份的愿望，特别是这种身份被削弱或缺乏时。我所说的民族和文化身份，是人们通过其来区别他们和另外的人们，这些区别在于思维方式、感情及行为方式，或者换句话说，也就是他们所拥有的特质。因而民族主义虽然经常可以表现为政治行为，但首先是一种文化现象。"②

　　第四，英国近代早期的重商主义、圈地运动、海上探险、对外贸易、殖民扩张等一系列的历史活动都为工业文化的发展创造了有利条件。这一系列的历史活动一脉相承而紧密相连，层层递进而相互推动，从国家政策、劳动力、国内外市场、贸易范围、原料来源等各个方面均为工业文化的进一步发展铺平了道路，为工业革命的到来准备了各项必备的条件。近代早期，英国是重商主义经济政策的发源地，为了国家和国王的利益，国家一个重要的职能就是促进商业的发展。经过内战的破坏及1642—1660年空位时期，查理二世在位时的第一个法令就是加强国王对商业的控制。英国通过特许的授权公司垄断交通及对东方殖民地商品的进口，在大西洋上也要求必须使用英国国内的船只来运送货物，其结果是英国在海外的殖民定居者只能接触到英国的市场和商品。"十七世纪的《贸易法》就包括了新的《航海条例》，将这些政策第一次编成法典，1696年还成立了贸易委员会来监督管理殖民地事务，重商主义政策达到了顶峰。"③ 17、18世纪英国重商主义的经济政策意味着国家重视发展商业和贸易，管理国家的经济生活以支付政府的花费。例如，在18世纪早

---

① Gerald Newman, *The Rise of English Nationalism*, Published by Macmillan Press Ltd., 1997, p. 159.

② Ibid., p. 56.

③ Jane Samson, *The British Empire*, Published by Oxford University Press, 2001, p. 11.

期,几乎每年都要通过一项新的法律来从某个方面管理与殖民地的贸易,或者来加强对海关税收的控制,而海关税收并不通过议会的同意。英国严格控制殖民地的贸易,对殖民地货物的严格管理给英国经济带来巨大的利益。① 帝国的重商主义政策为国王带来了巨额收入,也使英国可以排他性地进口殖民地的商品,诸如香料、烟草、蔗糖等。这些进口商品带来了海关税及消费税,填补了王室因为战争所带来的财政亏空。贸易保护主义也带来了一系列的任免权,使国王可以奖掖忠顺的臣民,筹措额外的资金。② 重商主义有力地促进了英国工业文化的成长,主要贡献在于鼓励发展对外贸易,而要发展对外贸易,必然需要发展手工业以制造出口所必需的商品,而且重商主义要使金银货币源源不断地流入而减少流出,这就需要对外贸易的出超而不是入超,也鼓励引导着国内必须发展起来较为齐全的手工业门类,从而减少进口商品的种类与数量,达到贵金属货币累积不断增多的宗旨。这不仅为手工业的发展提出了要求,也为手工业的扩大再生产积聚了资本。"工业的进步和贸易的发展,彼此那么密切地联系在一起,而且彼此又那么大地互相影响着,以致往往难于发现它们真实的演变关系。有时是工业发展迫使商业去找新的销路,因而扩大并增加了商业关系;有时反而是商业市场的扩大及其所引起的新需要促使工业企业的产生。贸易和生产相互依赖。商业的扩张往往先于并决定工业的进步。"③

重商主义依次递进的影响还有鼓励了海上探险和海外贸易的发展。英国的海上探险虽然没有取得葡萄牙和西班牙那样令世人瞩目的成就而成为新航路的主要开拓者,但是也达到了奋起直追、有所作为、紧随其后的客观结果,甚至在一些重要航路的开辟方面还有突出贡献,诸如在航海家小卡伯特倡议之下,由商人家协会休·威洛比和理查德·钱塞勒率领船队从英国出发向东北方向到亚洲去的探险活动,虽然没有到达东

---

① Philippa Levine, *The British Empire*, *Sunrise to Sunset*, Published by Pearson Education limited in Great Britain, 2007, p.4.
② Jane Samson, *The British Empire*, Published by Oxford University Press, 2001, p.11.
③ [法]保尔·芒图:《十八世纪产业革命——英国近代大工业初期的概况》,杨人楩、陈希秦等译,商务印书馆2009年版,第73页。

方亚洲，但是开辟出了绕过挪威、瑞典北部经北方海洋到东欧的新航路，开创了英国与东欧大国俄国之间稳定的通航及贸易联系，成立了著名的贸易公司——莫斯科公司，并为后来进一步向亚洲腹地的探险推进奠定了基础。英国的海外探险不仅具有地理探索发现的性质，更多地还具有发展对外贸易的性质，因而海上探险活动促使了众多贸易公司的成立，诸如后来的土耳其公司、东印度公司、皇家非洲公司、西印度公司等。正是这些贸易公司，为了垄断商路、建立商站、维护贸易利益或贸易安全，争夺商业霸权，在进行对外贸易活动的过程中自然而然地走上了殖民扩张之路。"海外贸易的扩张对英国经济和社会有什么重要影响呢？最大的收获就是明显的跨国的专业化生产。英国有着羊毛制品生产的优势，同时还有价格优势，为了交换，就放弃了生产亚麻制品和葡萄酒，这样就不可避免地要进口商品。海外贸易显而易见的现象是商人从中获得了财富，出现了相关的文学作品，政府进行干预并做出记载。"[1]

英国的殖民扩张与西班牙葡萄牙还有所不同，西、葡主要依赖国家和政权的力量，而英国殖民扩张的急先锋却是这些特许的贸易公司，国家和政权只是作为坚强的后盾而只有在发生商业或殖民争霸战争的情况下才会发挥作用，例如宣传组织征调军事力量、出动军队、宣布战争等。因而英国在近代早期殖民扩张的过程中，形成了以私人机构为主，国家政权为辅的殖民模式。这种模式有效地将私人的贸易机构推向了殖民扩张的先锋地位，更能充分地调动国内的力量，激发个人和私人机构殖民扩张、发财进取的信心和勇气。在多次爆发的商业和殖民战争中，这种模式也有效地调动了这些私人机构支持并参加战争的积极性。在皇家海军的多次征战中，都征集并依靠了这些私人贸易公司的舰船和海员，战争为了国家利益，但更直接的受益者则是这些贸易公司，因而有效地将私人利益和国家利益统一起来，将民众的力量和国家的力量汇聚起来，所以才能在多次的对外战争中不断取得胜利，使英国逐步战胜西班牙、荷兰、法国等国，在近代早期基本建立起了大列颠第一帝国。英国近代

---

[1] Ralph Davis, *English Overseas Trade* 1500 – 1700, Published by the Macmillan Press Ltd., 1973, p. 8.

早期在全球范围内的殖民扩张更进一步推动了工业文化的发展。殖民帝国的建立不仅为英国积累了巨额的资本，而且为手工业产品开拓了空前广阔的世界市场，创造了前所未有的对手工业发展的拉动性需求，也从全球范围内开辟了原料产地，更重要的也为英国带来了更多的新的手工业门类。"殖民地对英国商品的需求对于英国国内许多工业部门兴起和发展起了非常重要的作用，促使工业部门提高其组织管理水平，鼓励技术的累积和进步。英国的工业产品越来越便宜并能行销于国内各个阶层消费者中间，也远销欧洲和北美。"① 棉纺织业本来是印度的民族工业，但随着东印度公司的贸易和殖民扩张，棉纺织业也逐步取代毛纺织业而后来者居上，成为英国的民族工业而在后来的工业革命的过程中发挥了先锋引领作用。这种以工业文化发展为基础的贸易活动，使殖民扩张也更多地具备了文化征服的色彩，即以先进的工业文化征服亚非拉国家或地区相对落后的农业文化，以资本主义文明征服相对落后的其他文明。

此外，在都铎王朝和斯图亚特王朝统治时期，英国处在一个人口快速增长的时期，人口对于土地的需求与压力比之前有所增加，社会上反对圈地的呼声较为高涨，众所周知的"羊吃人"的圈地运动即出自莫尔的《乌托邦》。中央政府曾多次成立专门的圈地调查委员会以禁止或限制圈地行为的发生，保护农民对土地的占有权以稳护社会稳定和农业生产，圈地运动的进程相对缓慢；而从1600—1760年，相对缓慢的圈地运动突然加速，其主要原因在于封建专制统治秩序的渐趋瓦解和资本主义制度的逐步确立，而圈地运动正好符合新兴资产阶级和新贵族的利益，主要由他们所倡导和推动，还有一个极其重要的原因就是在这一时期，人口数量增长趋缓，随着海外贸易规模的扩大及殖民扩张的进行，加之宗教信仰等因素，大量的人口在海外从事与贸易或殖民相关的活动，还有大量的人口为了追求更加美好的新生活和宗教信仰的自由而移居海外。仅在"1630—1699年之间，就有54.4万人迁出英国，其中70%的人口去了

---

① Ralph Davis, *The Industrial Revolution and British Oversea Trade*, Published by Leicester University Press, 1979, p. 14.

新大陆。"① 从"1650—1780 年，就有 30 到 40 万的年轻人迁居到英国的殖民地，他们之中几乎有 3/4 的人年龄都在 15—24 岁之间，占到了北美殖民地居民的一半到 3/4"。② 这样就大大减轻了人口对于土地的压力及国内社会变革和圈地运动的阻力。对外贸易、殖民扩张、对外移民成了缓和英国社会变革阻力的主要泄洪渠。近代早期英国基本实行了人口自由迁徙流动的政策，一方面人口大量向外迁徙而移居世界其他各地，另一方面也有大量的人口迁居英国，特别近代以来，相对于整个欧洲，英国是新教之国的自由之地，是欧洲大陆上许多为躲避战乱和宗教迫害的技术工匠也源源不断地来到英国定居生活，其中不乏杰出的优秀人才。这样就使人力资源的蓄水池成为涌流不息的活水，始终保持着生机与活力。而英国的圈地运动又与农业革命同时发生并相互推进。学术界对于英国农业革命的起讫时间尽管存在着分歧，但是普遍都认为与圈地运动有着密切的关系。《不列颠百科全书·技术史》中就认为农业革命的直接原因就是圈地运动，要先于工业革命而发生，甚至是工业革命的一个组成部分。圈地运动及其所引起的农业变革"这一过程常被誉为农业革命，但是人们更愿意把它当作工业革命的序幕和必不可少的组成部分。"③ 实质上农业革命的高潮时期正是在近代早期。一些重要的农业生产技术的变革、新的农业机械的出现并推广，农作物及饲（草）料新品种的引进、畜种的改良、草地排水及灌溉技术的提高，农业生产效率及农业生产总产量的大幅度提高等成就，基本上都发生在这一时期。1669 年，彼得斯菲尔德的约翰·沃利芝引进了芜菁的种植，还有几种新的牧草作物，并推荐使用水灌草地的方法。30 年之后，红豆草、黑麦草、三叶草、芜菁已得到广泛的推广和种植。④ 水灌草地，确保了缺草时季干草的供应，从

---

① Michael Anderson, *British Population History: From the Black Death to the Present Day*, Cambridge University Press, 1996, p. 155.

② Ibid., pp. 154 – 155.

③ "technology, history of." Encyclopædia Britannica. 2007. Encyclopædia Britannica Online. 23 Sept. 2007 < http: //search. eb. com/eb/article – 10440 >.

④ E. L. Jones, *Agriculture and the Industrial Revolution*, Oxford : Published by Basil Blackwell, 1974, p. 24.

而可以使羊早产羊羔，增加羊群的数量，从而使该地区发展起羊与庄稼相结合的农业，促进谷物产量的提高，特别是大麦的产量，这样就成为提高的第一个环节。英国关于水灌草地最早的记载是罗兰·沃恩所写的，早在伊丽莎白时代，在金色谷地（Golden Valley）里就有着这样的实践活动。如果在短时期内用温水将草地灌溉几次，那么草就会生长较快较早。通过这种方式，春季特别是在产羊羔的季节，饲草短缺的问题就部分地得到了解决。饲料供应的增加就使得轮牧和在贫瘠土地上种植有了可能，在 17 世纪末 18 世纪初，这是大多数旅行者在白垩土地貌地区可以见到的最明显的特征。1724 年，笛福曾记载到，在汉普郡、威尔特郡和多塞特郡白垩土地形区，通过羊群圈养的方式，新近扩展了不少耕地。他观察到的以前在丘陵地带曾大量出现的羊群的数量是减少而不是增加了，因为数千英亩的土地在后来都被变成了耕地，种上了小麦。随着羊毛制品收入的减少，羊群逐步变成发展农业的一种手段。水灌草地和新的农作物为农业的发展提供了多种方式。①

圈地运动及农业革命成功地解决了近代英国社会城市化进程中城乡人口的吃饭问题和工业化过程中的劳动力供应问题，以相对较少的农业劳动力支撑起以城市化与工业化为主要特征的社会近代化的大厦，在一个各方面自然条件诸如光、热、降水、土壤等并不是最适宜发展农业的国度里，用农业的发展进步不仅成功地解决了国内快速增加的人口的粮食供应问题，而且还一度出口粮食，其中农业革命发挥了至关重要的作用。而农业革命中农业生产技术的改革和实践主要发生在实行圈地制的资本主义大农场内，因为大农场主更具有进行技术改良的信心决心和资金实力，也具有较强的抵御各类风险的能力，为进行技术改革和农业实验提供一切必要的支持，也有足够的实力来抵御改革失败及市场因素所带来的风险，从而使资本主义圈地制大农场逐步确立起了相对于敞田制下条块分割的土地经营模式的优势，成为农业改革和进步的方向。"农业要为工业提供大部分原料——除了羊毛，还有皮革、亚麻、食品等，还

---

① E. L. Jones, *Agriculture and the Industrial Revolution*, Oxford：Published by Basil Blackwell, 1974, pp. 25 – 26.

要为交通用的马匹等畜力提供饲料。而许多规模较小的手工工场也处在乡村而远离城镇。"① 圈地运动和农业革命也为手工业的发展提供了一定的国内市场需求，消费部分手工业产品，提供部分工业原料，积累工业资本，为英国近代工业文化的发展奠定了坚实的基础。

近代早期英国社会的发展变化，从政治制度、经济政策、技术积累、对外贸易、殖民扩张等方面都为工业文化的成长创造了有利条件，从诸多方面推动着工业文化的发展，最终直接促使了工业革命的到来。若要探寻工业革命首先从英国开始的深层次原因，也可以向前推溯到近到早期英国社会所发生的这一系列变化，而近代早期手工业的发展及工业文化的成长正是工业革命的前提和基础。在工业革命前夕的1730年，"英国有四分之一的国民产值出自于制造业、采矿业、和建筑业，超过了农业产值的一半。在18世纪30年代末期，毛纺织业依然是最大的手工业部门，其产值约占到了整个制造业、采矿业和建筑业全部产值的三分之一。蔗糖和烟草加工、造纸、玻璃制造、化学产品、麦芽酒、啤酒、白酒等的酿造、铁器或其他有色金属冶炼业、轮船及其他机器的制造业，从蒸汽抽水泵到精密的手表和钟表，大大增加了英国手工业的多样性。出口工业一直主导着英国的经济，从1700—1730年，出口工业产值增长了42%，而供给国内市场销售的工业仅增长了5%。在1730年时，出口的羊毛制品和精纺毛线依然大约占到了出口价值的80%，但是工业化的过程在很大程度上取决于殖民地的需求，诸如殖民地需要钉子、斧子、枪炮、水桶、车辆、钟表、马鞍、手帕、纽扣、绳子等成千上万种的手工业品"。② 由此我们可见对外贸易及殖民扩张对于英国近代早期工业文化的发展也具有非常重要的意义。对外贸易的扩张的创造了服务和支撑工业和贸易的职业，诸如商人、水手、货栈保管、轮船工匠、搬运工、修帆工、店员及马车夫等。③ 特别是在近代早期，英国东西并进，对外贸易

---

① R. A. Dodgshon and R. A. Butlin, *An Historical Geography of England and Wales*, New York: United States Edition Published by Academic Press Inc. 1978, p. 268.

② Ibid., p. 174.

③ Ralph Davis, *English Overseas Trade 1500 – 1700*, Published by the Macmillan Press Ltd., 1973, p. 9.

与殖民扩张并举,初步建立起"日不落帝国",而且正是在这一时期,取得了诸多商业或殖民争霸战争的胜利,先后打败西班牙、荷兰、法国等国,凭借经济、文化及军事优势在世界范围内控制了广阔的殖民地,特别是资源丰富、物产富饶、地广人稀的美洲殖民地更是为英国带来了多方面的直接利益。"工业的扩张离不开日益增长的对其产品的需求。需求可以是消费需求也可以是对固定资本的需求,需求可以来自内部也可以来自外部。相反,没有工业产量、产品供应的增加,日益增长的需求就无法满足。这可以通过两方面的途径来解决:通过增加工业原料的供应来解决,或者通过对资源更有效地利用来解决。"[1] 美洲殖民地不仅为英国手工业的发展带来了需求拉动力,而且提供了大量的原料,诸如蔗糖、烟草、棉花等,由这些原料供应而推动的手工业成为影响英国乃至整个欧洲国计民生的重要手工业门类。而美洲殖民地棉花的种植更是有着重要而深远的意义。到18世纪时,日趋成熟的商业环境对不列颠无疑是至关重要的,殖民地向其提供在国内无法得到的商品,同时也为其向南边的西印度群岛贩卖黑奴提供了宝贵的补给站。"到18世纪晚期时,北大西洋市场因为盛产一系列产品已至关重要,诸如蔗糖、烟草、咖啡、棉花、可可、朗姆酒等。更北一些殖民地出产的木材是打造船舶的重要原料,具有很高利润的皮毛贸易也同等重要。"[2]英国的棉纺织业之所以后来者居上,主要依赖的就是内部悠久而成熟的毛纺织技术的迁移和外部美洲殖民地的棉花供应,两者缺一不可。工业增长的关键因素在于国内外对于生活资料和生产资料的消费需求。当1851年在水晶宫举办国际大博览会时,不列颠生产的商品占了世界商品贸易量的40%以上;1880年,不列颠生产的商品依然占到了世界商品贸易量的38%。[3]

棉纺织业最后取代毛纺织业而成为英国的"民族工业",行销全球的

---

[1] R. A. Dodgshon and R. A. Butlin, *An Historical Geography of England and Wales*, New York: United States Edition Published by Academic Press Inc. 1978, p. 271.

[2] Philippa Levine, *The British Empire*, *Sunrise to Sunset*, Published by Pearson Education limited in Great Britain, 2007, p. 34.

[3] R. A. Dodgshon and R. A. Butlin, *An Historical Geography of England and Wales*, New York: United States Edition Published by Academic Press Inc. 1978, p. 276.

棉布成为"坚船利炮"所承载和保护的主要的输出商品，为英国带来了滚滚而来的利益。英国进口棉花的一组数据可以反映出英国棉纺织业蓬勃发展的情况。"在1760年，英国输入了大约1250万磅原棉以满足广泛分散在兰开夏乡村地区并且与亚麻制造业——主要为棉纺工业提供它还不知道如何生产的结实经线——并存的棉纺工业部门的需求。所有这些工作都是用手工操作的，通常是在工人自己的家中进行（除了染色及最后完工的修整），偶尔也在纺织师傅的小作坊中进行。一代人以后的1787年，原棉消费增加到2200万磅；棉纺织业成为雇用人数及产品价值仅次于毛纺织业的第二大产业部门；消耗的大部分纤维都是使用机器清洁、梳理、纺织的，而这些机器中有些是在大工厂中由水力驱动的，有些是在小作坊甚至是小茅屋中用手驱动的。半个世纪以后，原棉消费量增加到3.66亿磅；按产品价值、资本投资及雇佣人员计算，棉纺织业成为英国最重要的工业部门……英国的棉纺织品畅销到世界各地，棉纺织口出口值比国内消费量大1/3以上，而且其出口值是毛纺织品和精纺毛料服装出口值的4倍。"① 正是广阔的市场需求及源源不断的棉花供应，才对棉纺织业提出了技术变革的要求。制约棉纺织业扩大再生产以及提高棉纺织业生产效率的唯一瓶颈就是生产技术。在市场需求和原料供应两方面因素的推动之下，棉纺织业不得不尝试进行生产技术的变革而千方百计地提高生产效率，从而由棉纺织业开启了工业革命的序幕，进而在交通运输、机械发明、矿山开采等各个领域引发了连锁反应，形成了一次生产技术变革的洪流，使科学理论适时地转化为现实的生产力。

近代早期英国手工业的发展并非某一个行业或部门的单独发展，而是相关行业的协调发展，诸如毛纺织业的发展必然要求有相应的关联性或支撑性行业的发展，否则其本身的发展也有着较多的困难，诸如与毛纺织业密切相关的养羊业、金属冶炼业、采煤业、木器或铁器加工业、印染业等缺一不可。工业文化虽然从具体单个的手工业部门出发，但最终更多的是要从宏观和整体的角度来指代整个工业门类的发展状况、生

---

① ［英］H. J. 哈巴库克等主编：《剑桥欧洲经济史》（第六卷），王春法等译，经济科学出版社2002年版，第260页。

产技术发展水平以及科技含量、工业产值在国民生产总值中的贡献及比例、工业所吸纳的劳动力的文化素养、工业在经济社会发展过程中的作用等各个因素综合作用的总体情况，是一个涵盖诸多因素在内的大概念。近代早期，英国工业文化已相当成熟，形成了优势突出、门类齐全、分工精细、技术先进、颇具规模的手工业生产体系，在世界处于领先地位。正是这种领先的工业文化，才促使了对外贸易、殖民扩张、工业革命形成了一个彼此推进、互相作用的完整环节，引领了以民主化、工业化、市场化为主要特征的近代化的发展趋势，"工业中的一切改良必然会提高文明的程度，文明程度一提高，就产生出新的需要、新的生产部门，而这样一来又要引起新的改良。"① 从而使英国迅速崛起为一个世界大国而在国际舞台上发挥着举足轻重的作用。

需要指出的是，尽管近代早期英国的工业文化有了较快的发展，但也不能夸大近代早期英国社会的工业化程度，只是相对于其他国家，英国工业文化有着更为有利的成长条件，其发展速度也更快一些。"从严格意义上来讲，英国的社会经济仍然处在前工业化阶段，大部分人口依然居住生活在农村地区，很多工业劳动力依没有同农业相分离，所积累的工业固定资本也很有限，国家的发展的状况也农业的收成有着密切的联系。"② 1700 年前的两个世纪中，英国和其他欧洲国家一样，经济上依然是农业占有一定的优势，当国家有相当一部分资源从农业开始转移到其他部门时，有 2/3 的劳动力依然在农业领域，还有相当大一部分从事着家庭内各种各样的服务工作。17 世纪晚期，农业生产的进步极大地促进了经济的发展，但是在农业领域以外，海外贸易的对经济发展所起的作用则更为重要。根据格利高里·金的统计数据，在 1688 年，超过 1/4 的手工业产品、一半以上的羊毛制品都用做出口，国内所消费的手工业产

---

① ［英］恩格斯：《英国状况 十八世纪》，《马克思恩格斯全集》（第 1 卷），人民出版社 1956 年版，第 671 页。

② R. A. Dodgshon and R. A. Butlin, *An Historical Geography of England and Wales*, New York: United States Edition Published by Academic Press Inc. 1978, p. 173.

品中，约有 1/4 的产品来自进口，还有很多国内产品的原料也是来自进口。①

第二节 工业革命期间工业文化的发展

一 工业革命的兴起

近代早期英国社会的发展变化从很多方面为工业革命创造了条件，历史的发展往往是各种综合因素共同作用的结果。但近年来英国学术界都从更广泛更深远的角度来研究工业革命，首先认为工业革命的前提就是农业革命，甚至认为圈地运动及与其密切相关的农业革命就是工业革命不可分割的一个组成部分。当然这只是强调农业生产技术的发展进步和生产方式的变革对工业革命的重要作用，并没有否定其他因素对工业革命的影响。马赛尔斯认为"工业革命的一个重要特征就是农业资源的重新配置，他进一步指出，一个国家在未进行工业革命及现代化之前都是贫穷的。在工业革命的所有特征里面，还应当包括农村人口向城市的流动，大量而集中地使用资本资源，劳动力从生产初级产品的部门转移向了制造业，经济活动更加以市场为导向。"②

亚当·斯密认为，在工业革命兴起之际的 1776 年，"据格利高里·金在 1688 年时所确定的人均收入标准，英国是仅次于欧洲最大贸易国家荷兰的第二大富国。英国的农业已经有了很大程度的发展，农业生产的地域专业性已经大为提高。百年来英国海外贸易在持续增长，也有了系列基础性工业。伦敦已是欧洲最大的城市，越来越多的英国人都被纳入了市场经济之中。英国社会近代早期这种在一定程度上的发展进步是至关重要的，它可以帮助解释为什么英国是第一个实现工业化的国家以及在 19 世纪时是怎样主宰世界经济而成为'世界工厂'的。从现代意

---

① Ralph Davis, *English Overseas Trade 1500–1700*, Published by the Macmillan Press Ltd., 1973, p. 8.

② N. F. R. Crafts, *British Economic Growth during the Industrial Revolution*, Oxford: Clarendon Press, 1985, p. 65.

上而言，丹尼尔·笛福时代的英国早已不是一个欠发达的国家"。[1] 这也充分表明，英国社会近代早期的诸多方面的因素都为工业革命率先在英国进行并完成创造了条件。这些诸多因素的综合作用使英国具备了其他国家所不具备的较为先进的工业文化，从而使英国在以市场化、工业化、城市化为主要特征的近代化道路上能够一马当先，奋勇向前。文化的力量在促进国家的崛起方面发挥了极为重要的作用。在20世纪到来之前，其国家实力及文化在世界上领先的优势，是无可争议的。

关于工业革命所发生的时间，学术界一般认为是从18世纪中期到19世纪中期。奥布莱恩认为："1750—1850年，不列颠经济增长率不仅在国内异常迅速，而且在国际上也是令人瞩目的，当时的欧洲人已深刻地认识到这一点。他进一步论述到，此后经济增长的速度和方式是可以预见的，工业革命作为不列颠经济长期发展过程中一个至关重要的发展阶段，有其深刻的必然性。它发展迅猛，主要发生在不列颠，农业为其奠定了基础并推动了其发展，集中在一些发挥主导作用的工业部门里，和对外贸易与其他较大的国家和地区也有密切的关系，但是大多的研究点主要集中在不列颠。"[2] 关于工业革命的定义，总体来说，近年来的研究往往从宏观经济学的观点出发来强调渐进的变革，并非一种突然的大变革，而且倾向于工业革命并非仅限于工业上的变革，也不是仅局限于经济领域里的变革，也包括社会、思想和政治的变革。[3]

在工业革命从什么时间开始的问题上，18世纪80年代被认为是一个转折点，从这时起，工业生产有较大幅度的增长。阿什顿认为，1782年后，几乎所有处于静止状态的产量都显示出急剧上涨的态势。这得到了诸多学者如哈特维尔、霍布斯鲍姆的肯定。迪恩及科尔关于工业及商业增长的数据也支持这样的观点。迪恩还指出："18世纪中期之前不列颠经

---

[1] R. A. Dodgshon and R. A. Butlin, *An Historical Geography of England and Wales*, New York: United States Edition Published by Academic Press Inc. 1978, p. 267.

[2] Roy Church, The Industrial Revolution, *The Historical Journal*, Volume 39, Issue 02, June 1996, p. 536.

[3] N. F. R. Crafts, *British Economic Growth during the Industrial Revolution*, Oxford: Clarendon Press, 1985, p. 6.

济所具有的一系列特征，现在我们认为就是前工业经济所具有的特征。而关于不列颠工业革命的完成时间，学术界大多认为是19世纪中期，但我们必须谨慎的是，不要夸大这一转折所完成的程度。"①

英国学术界关于英国工业革命的定义相对较为宽泛，并不具有非常明确的特指性及排他性。到19世纪中期时，不列颠经济方面所发生的变化，至少在两个方面都被学术界称作是工业革命。第一个方面是总体经济结构方面的变革，到19世纪中期时，不列颠的劳动力大部分都是非农业劳动力，资源配置的有效性更加明显，投资增长的幅度前所未有，经济重心已经转移到城市。其结果是，不列颠显现出来的更多的是一个发达国家的特征而不是工业化以前的特征，这在很大程度上是其他经济体所未实现的成就。第二个方面通常认为工业革命是指一种技术上的变革，特别是指工厂制的盛行，蒸汽动力大大提高了工业产量，加快了工业结构的变革。②

18世纪不列颠一些特别事件的发生，对于19世纪世界工厂的形成产生了强大的推动力。英国海外贸易的繁荣也促进了国内城市的发展及消费需求的增长，其较低的能源成本（来自煤）及其高效而多产的农业部门，推动其工资水平大大超过了欧洲其他国家。较高的劳动力成本反过来也推动制造业采用新的技术以用机器代替人工劳动，以便在增加产量的同时也降低劳动力成本。从17世纪晚期以来迁入英国的有技术专长的移民在工业生产中传播先进生产技术，对于英国棉纺织业及玻璃制造业的发展都有重大贡献。但却是不列颠受过高等教育的商业及专业人才为技术方面的挑战及在蓬勃发展的经济中抓住商机提供了智力支持。随着专业知识的积累及投资的增加，出现了各种各样的技术革新，用以仿制较为贵重的进口商品并使商品能满足消费者的要求。到1800年时，英国已能生产出令全欧洲人都羡慕的廉价的消费品。在纺织机械领域里的两个杰出的发明家都来自约翰逊的圈子，那就是约翰·维阿特和一个胡格

---

① N. F. R. Crafts, *British Economic Growth during the Industrial Revolution*, Oxford: Clarendon Press, 1985, p. 68.
② Ibid., p. 7.

诺教徒的儿子路易斯·保罗。维阿特还与当时可能是最著名的哲学家及发明家协会有着密切的联系，也就是伯明翰的"银月社"，其主要领导人就是维吉武德及制造商的先驱马修·博尔顿。博尔顿和他的生意伙伴苏格兰的工程师詹姆斯·瓦特改良了蒸汽机，推动不列颠的手工业走向了工业革命。①

不列颠经济军事国家在经济方面的结果也促进了工业优势的确立过程。在海军建设方面的大规模投资为不列颠商业维持了畅通的海洋通道，也促进了城市发展及制造业走向发达。到 18 世纪中期时，强大的皇家海军使不列颠的出口量即使在战争时期依然保持了增长势头。繁荣的国际贸易，特别是与亚洲及美洲的贸易使伦敦成为正在扩张的全球经济的金融中心。无论是在国内还是公海，利维坦主义为保护其动产及不动产提供着军事力量，也为商人和投资者提供了长期的安全保障，同时也刺激着工业的发展，诸如煤矿业、航运业、手工业及金融服务业，这对不列颠高效低耗经济的发展也是必需的。②"纽卡斯尔成为英格兰北部最大最繁荣的城市，因为它是伦敦煤炭的供应地。1660 年后，国际性商业的发展依赖着伦敦在规模及财富方面的扩张，也刺激了煤矿工业的发展。煤矿工业在 18 世纪令人惊奇的经济发展过程中是最大的贡献者。曼彻斯特及伯明翰在 1600 年时，在英国地方性城市的排名中，位列在 30 名开外。但在接下来的一个世纪中，两个城市的经济都得到了较快发展且都进入了前 5 名，到 1750 年时，人口数量也达到了 2 万人上下。接下来的城市当属利兹和谢菲尔德，18 世纪初时，这两个地方作为国家制造业的中心而迅速崛起。英国不断扩大的跨大西洋及与殖民地的贸易也同样促使利物浦及布里斯托尔成为主要的港口，正如大洋彼岸的波士顿、纽约和费城。"③

---

① David Scott, *The Rise of Britain as a World Power*, Published by Harper Press, 2013, p. 445.
② Ibid., p. 446.
③ Ibid., p. 266.

二 工业文化发展的主要成果

工业革命期间,工业生产技术经过长期的积累终于有了质的飞跃,工业文化的主要成果在于以各种机器生产代替了手工劳动,科学与技术开始逐步结合而转化为现实的生产力。工业革命的实质是解决生产的动力问题,以前在各类生产劳动、交通运输等需要动力的领域中,主要依靠人力、畜力、风力或水力,但水力的利用要受到河流等水资源及地理位置的局限,在工业革命之前只是在毛纺织业以及织物的印染和漂洗中使用。风力更会受到风向、天气、地形等诸多因素的限制。因而总体而言,工农业等各类生产的动力从能量来源上主要依靠生物能和简单的机械能,而且主要以生物能为主,这就使各类生产均受到动力问题的制约,主要是在动力供给的大小及持续性方面受到局限。以机器代替人力或畜力,就是动力供给问题上克服了这种局限性,使各类工农业生产以及交通运输获得了一种稳定可靠的动力来源,在动力上远远超过了人力和畜力,而且不受时间、位置、天气等诸多因素的制约。特别在工业生产方面,由机器代替人力而提供动力,不仅大大降低了生产成本、提高了生产效率,而且大大延长了生产时间,提高了生产的连续性和稳定性,同时也使生产规模得以迅速扩大,使工业生产可以优化各种资源的供给及配置而不再考虑动力供应的地域限制,从根本上改变了工业生产的布局,使工业生产在组织形式上由手工工场转变为机器工厂,由规模较小的手工作坊转变为机械化的大工厂;在工业布局上也逐步由分散走向集中,由乡村走向城市。城市不仅是文化和商业中心,也逐步成为工业中心,因而工业化也大大加快了城市化的步伐,两者并行发展并相互促进。为适应现代化机器人生产,需要有严格规范的生产程序,需要严格遵守劳动规程,否则生产就难以继续甚至出现严重的生产事故,因之在工业生产上也走上了科学管理的轨道,各个工厂有了自己的管理规章与制度,逐步形成科学完整的企业管理理论与管理方法,大大提高了管理效率,使各种资源得以优化配置并相对合理地得到了利用,也保障了生产效率的提高。

关于工业革命中技术革新问题的动因,经济史学家也指出,问题不在于技术本身而在于文化,特别是文化因素里的心理因素。克鲁泽也说过,"如果抛开文化因素,将不能很好地解释为什么英国在 18 世纪有这么多伟大的发明家。历史学家要对这一点做出解释,将不能离开英国当时的社会环境。"① 詹姆斯·瓦特酷爱阅读各类文学著作,非常了解他的约翰·罗宾森曾经说过,瓦特阅读领域非常广泛,涉及语言、文物、自然史、诗歌及评论,还有塔斯特的著作,当他还没有出道时,已经是一个博学的导师。他的朋友约翰·米勒,就是一个以新的民族主义历史学家。15 世纪以来英国民族主义的勃兴、人文主义精神的生根发芽、理性主义的普遍传播、科学中心地位的确立等因素,都是英国较早进行工业革命的文化因素。当然文化因素也许并不直接参与技术变革。

在蒸汽机改变不列颠工业之前,工业化已经在改变着不列颠人口在地理上的分布。随着农业劳动生产率的提高,南部低地地区由来已久的财富和人口优势已逐渐丧失,成千上万的农村劳动力涌向了"冒烟的地区"寻找工作,也就是手工业比较发达的地区——兰开夏郡、约克郡、米德兰地区、爱丁堡与格拉斯格的中间地带,或者是到南威尔士的煤矿。②

工业的变化就像农业创新一样,也是 18 世纪初期和中期的产物,而不是出现在 18 世纪晚期。1709 年,亚伯拉罕·达比在什罗普郡创办了著名的煤溪谷,推动采用焦炭炼铁以消除硫含量,这就大大便利了制造轻巧铸铁的过程,特别是像汽缸这样中空的东西。达比的方法虽然传播较慢,但是在煤溪谷生产的汽缸却被托马斯·纽卡门所设计的蒸汽机所采用。纽卡门的蒸汽机被广泛地应用到矿山的排水,直到 1765 年时才被詹姆斯·瓦特改良的蒸汽机所取代。③

瓦特及其合作者马修·博尔顿所改良的巨大的蒸汽机被伦敦的维多

---

① Gerald Newman, *The Rise of English Nationalism*, Published by Macmillan Press Ltd., 1997, p. 153.

② David Scott, *The Rise of Britain as a World Power*, Published by Harper Press, 2013, p. 446.

③ Geoffrey Alderman, *Modern Britain* 1700 - 1983, Published by Groom Helm Ltd. Provident House, Burrell Row, 1986, p. 10.

利亚地区用来抽水和排污，18世纪70年代，在伯明翰也开始建造蒸汽机工厂。1781年时，瓦特的合伙人发明了旋转式蒸汽机，然而部分出于技术困难，部分受经济因素的限制，也就是瓦特对使用他的发明的人征收较高的费用，这一发明的潜力在18世纪时未能很好地被发掘出来。

18世纪的工业革命在纺织业中表现得更为明显，引发的导火索是传统的羊毛贸易和新的棉纺织业之间日趋激烈的竞争。17世纪末时，棉花首次从印度输入英国。1701年，英国通过禁止输入在印度印染的印花棉布，使毛纺织业的安全得到了暂时的保证。20年之后，这一禁令继续扩大到在日常使用棉布时，不允许在英国国内印染。1736年以后，尽管棉麻混纺的粗布被免于限制，但国内销售印花棉布的禁令直到1774年时才被废止。18世纪的大多时间里，兰开夏郡刚起步的棉纺织业所生产的棉布只能出口，还要同东印度公司生产的价廉物美的高质量的印度棉纺织品在市场上进行竞争，这就迫切地要求探寻更有效率的生产器械。18世纪30年代，约翰·凯伊发明了飞梭，使每个织布机上的织工人数可以减少一半。1765年时，詹姆斯·哈格里夫斯发明了珍妮纺纱机。1784年时，爱德蒙德·卡特莱特发明了水力织布机。但是对棉纺织工业的组织形式有着最大影响的则是1769年理查德·阿克赖特发明的水力纺纱机。这一发明使得纺纱工厂的建立并保证了棉纱的供应，使得纺纱工序第一次完全实现了机械化。在18世纪里，尽管英国有很多较大规模的工厂，集中了大量的劳动力，诸如海军船坞、造船工厂、煤矿、酿酒厂等，但是18世纪晚期开始创办的棉纺织工厂代表了一个新的"灾难性"历程的开端：在一个受管理的车间里有着严格的分工，工作的速度取决于机器。[1]

1760—1769年，英格兰和威尔士的对外贸易出口总值年平均为1000万英镑，而到1810—1819年，年平均值增加到3500万英镑。同一时间段内，进口货物总值从年平均1007万英镑增加到3160万英镑；再出口货物价值从年平均480万英镑增加到1170万英镑。出口的钢、铁和煤几乎翻

---

[1] Geoffrey Alderman, *Modern Britain* 1700 – 1983, Published by Groom Helm Ltd. Provident House, Burrell Row, 1986, p. 11.

了一番，棉花出口量增加了7000%。到19世纪20年代，英国的对外贸易出口总值年平均已达到4610万英镑，而进口总值已达到了3830万英镑。尽管工业制品在出口贸易中占到了80%以上，但是出口货物只占了国家工业产量的1/3，国内市场依然是工业增长的基础。①

英国工业革命的第一个阶段有两个重要特征：技术进步主要集中于金属冶炼业和纺织业，技术革新支撑着商业扩展。到1800年时，已普遍采用达比发明的焦炭炼铁法来生产生铁，这就出现了一个冶炼炉迁离林区的搬迁趋势，诸如苏塞克斯林地和迪恩森林的冶炼炉通常迁往米德兰和南威尔士的煤矿区。1784年，汉普郡的铁器制造商亨利·科特发明了搅炼法以及轧钢法，这就使得条铁和熟铁的生产可以用煤而不必用木炭来冶炼，也使整个钢铁工业从此都向煤矿地区集中。

1750年，生铁的产量不超过2.5万吨，但到1806年时，生铁产量已达到了约24.4万吨，1823年时，达到了约45.5万吨。钢铁基本取代了木材和石头成了广泛使用的建材，同时还在研发生产更为坚固的金属以制造马力更大的在固定地方使用的蒸汽机，最终来制造蒸汽机车。尽管1825年建成的从斯托克顿到达灵顿的铁路线被认为是第一条使用蒸汽机车牵引的铁路，但1830年建成的从利物浦到曼彻斯特的铁路是第一条用蒸汽机车作动力的客运线。②

乔治·斯蒂芬逊的贡献是双重的：他设计了适宜于长时间供给足量蒸汽的沸腾炉，同时还论证了铁轮与铁轨的摩擦力非常适合于载重拖运。1829年，史蒂芬逊的"火箭号"在瑞恩希尔的成功实验，不仅保证了蒸汽机车在利物浦到曼彻斯特铁路线上的顺利通车，也宣告了铁路线上的蒸汽机将取代马匹。如果没有钢铁冶炼技术的提高，所有这一切都将是不可能的。

尽管铁路出现于1830年以前，但是铁路时代的到来不会早于这一年。在此之前，原材料及工业制品的运输主要通过水路。自学成才的工程师

---

① Geoffrey Alderman, *Modern Britain* 1700 – 1983, Published by Groom Helm Ltd. Provident House, Burrell Row, 1986, p. 43.

② Ibid.

詹姆斯·布林德利设计建造了布里奇沃特运河,主要用以从布里奇沃特公爵的沃尔西煤矿中向曼彻斯特运煤,在 1761 年建成投入使用。运河的修建主要集中于 18 世纪 70 年代和 90 年代,到 1830 年时,英国通航运河的里程已达到 2000 英里,历经了大量的测量和开凿过程,也需要组织投入大量的人力。运河改善了现有河流的运输条件,不仅大大便利了大宗原料的运输,而且比马车的陆地运输快捷便宜。1972 年时,从伯明翰到利物浦货物通过陆上运输的费用是运河运输的三倍。布里奇沃特运河的通航将曼彻斯特的煤价降低了一半,因此运河的修建也降低了产品的成本,使商品价格也得到降低,从而也刺激了消费需求。

在纺织品的生产领域,蒸汽机取代了水力。在 18 世纪里,因为要使用水力,这就使毛、棉纺织工厂通常都要建在水流较快、水量较大的江河沿岸,尤其集中于兰开夏郡的乡村和西里丁地区,但是这也有很多的不利之处。生产会因为河流的干旱或汛期而受到影响,位于遥远山坡上的水磨也是很难通行的地方。从 18 世纪 80 年代开始使用蒸汽机之后,棉、毛纺织业的布局发生了变化,渐渐建在煤矿区或接近煤矿的地方,诸如利兹、哈利法克斯、布拉德福德、博尔顿、普勒斯顿、斯托克波特等地。1790 年,曼彻斯特棉纺纱厂仅有两家,到 1821 年时,就增加到 66 家。到 1830 年时,英国投入运营的从事棉纺织业的企业已有 18.5 万家,30 年之后,这一数量又翻了一番还要多。[1]

棉织业过程实现机械化得益于纺纱业中动力的革新,但却是以一种简接的方式来进行的。起初,纺纱厂产量的增加导致需要更多的织工从事织布。手工织布的工人数量在 19 世纪初期不是减少了,而是从 1806 年的 18.4 万人增加到 19 世纪 30 年代的 24 万人。之后,织工确实发起了坚决的斗争,因为工厂采用机器生产,他们不可避免地面临着失业。1830—1840 年,织工的数量几乎减少了一半,到 1860 年时,棉纺织业的从业工人仅留下了 1 万人左右。[2]

---

[1] Geoffrey Alderman, *Modern Britain* 1700 - 1983, Published by Groom Helm Ltd. Provident House, Burrell Row, 1986, pp. 44 - 45.

[2] Ibid., p. 45.

工厂制代替家庭或工场手工业是工业革命的重要标志之一。然而，并非不重要的一点是工业革命过程中资金的供应支持。织布架和纱轮并不需要投入太多的资金，但是一个水力供应设施或一个蒸汽机动力设备动辄花费都在1.5万英镑。这一大笔资金很少能从亲戚朋友跟前借来。然而当工业革命发生时，英国已历经了近三个世纪的资本的原始积累，通过抢劫掠夺、对外贸易、殖民扩张、圈地运动等手段已经拥有了大量的资金可供投资，这是18世纪农业创收和商业发展的成果。而这些资金大多都用来购买了国债，因为根据《高利贷法》，1714—1832年，商业信贷的利率不能超过5%，但不适用于政府债券。实际上，除过战争时期，政府债券的利率并没有达到或超过这一数字。这表明仍然有大量的资金仍在寻求投资的机会。① 低利率显然对于工业生产中的借贷是非常重要的，而银行数量的增加也便利了资金的流动。1750年，英格兰和威尔士的银行不过10多个，但1824年时，已有660个银行。许多地方的银行家也涉足其他生意，或许就是工业和商业，他利用所创办的银行吸纳存款后投入赚钱的事业。根据法律，地方银行（苏格兰除外）的合伙人限制在6个以内，这样以消除同英格兰银行的竞争，而且地方银行还大多向一些具有较高风险的事业贷出资金。②

19世纪中期，大不列颠在世界上的经济优势仍然未遇到任何挑战，通过军事力量和商业扩张可以将其影响伸展到世界上的任何一个角落。19世纪中期不列颠似乎洋溢着过度的自信。1851年举办的博览会，庆祝的不仅是不列颠所取得的成就，也庆祝不列颠国家机构的效率和社会生活以及工业生产的方式。资产阶级在国家事务中具有重要作用和影响，随着时间的推移，相对的繁荣时期可以确保社会稳定，也有可能摆脱阶级斗争。这一时期销量最好的著作是《自助》（self-help），是苏格兰著名医生兼记者塞缪尔·斯迈尔斯于1859年所出版的一本薄薄的书。斯迈尔斯对当时一些著名的工程师的生活作了详细研究，认为他们都是自力

---

① Geoffrey Alderman, *Modern Britain* 1700 – 1983, Published by Groom Helm Ltd. Provident House, Burrell Row, 1986, p. 45.

② Ibid., pp. 45 – 46.

更生的人。作者这在这本书里赞美节俭和勤奋工作的品德，认为自助的精神是个人发展和智慧的源泉，可以体现在生活中的各个方面，也是国家充满生机活力和力量之根本。①

在19世纪里，特别是钢铁和煤炭这两个工业部门逐步与生产资料市场密切相关。但是并不是一直是这样，在18世纪的大部分时间里，钢铁制造商主要兴趣在于取得军火制造合同，所生产的消费品极为有限，这样导致的结果就是尽管这一时期战争也接连不断，但钢铁企业的规模依然很小。然而从18世纪80年代起，随着基础设施建设需求的急剧增长，诸如建造桥梁用的大梁和钢筋、建设工厂用的框架、钢管、当然还有铁路用的铁轨；制造机器诸如蒸汽机、骡机、水力织布机、冶铁鼓风炉等也需要大量的钢铁，使钢铁产量有了快速地增长；实际上到19世纪70年代时，其增长速度也和棉纺织工业已经并驾齐驱。随着19世纪70年代新的钢铁产品产量的增加，轮船制造业也有了重大发展。到1907年时，这一系列的重工业迅速发展成为工业领域中最重要的组成部分，紧随其后的就是采煤业，煤炭成为不列颠最重要的出口原料，在19世纪70年代，其出口量已占到出口工业产品总量的10%，而到1913年煤炭出口量最多的时候，已占到了出口工业产品总量的1/3。家庭用煤量仅占国内用煤总量的1/8，其余均用于钢铁工业、铁路建设、蒸汽轮船、公用事业公司和其他制造业。②

工业动力的改变是一个缓慢的渐进过程，比传统上所认为的要晚得多。蒸汽机的大规模使用是在1870年以后而不是在1770年后博尔顿和瓦特所处的"英雄时代"。1800年，英格兰和威尔士所使用的蒸汽机不超过1200台，而以马作为动力的机械接近2万台；蒸汽机最初在采矿方面发挥了很大的作用，被用作煤矿和康沃尔的锡矿井里来抽水，后来用于棉纺纱工厂，是第一个完全机械化的工厂形式的工业。"这些发明使社会运动活跃了起来。它们的最直接的结果就是英国工业的诞生，首先是棉纺

---

① Geoffrey Alderman, *Modern Britain* 1700 – 1983, Published by Groom Helm Ltd. Provident House, Burrell Row, 1986, pp. 77 – 78.

② R. A. Dodgshon and R. A. Butlin, *An Historical Geography of England and Wales*, New York: United States Edition Published by Academic Press Inc. 1978, pp. 275 – 276.

织业的诞生。"① 即使是这样，改进了的上面注水的水车依然是18世纪70及80年代很多工厂的动力设备，直到1838年时，不列颠的纺织工厂里有3000台蒸汽机（包括棉、毛、羊绒、亚麻、蚕丝等纺织工厂），依然有2200多架水车被使用，提供了1/4的动力需要，而在织布行业，手工织布的方法在这一时期依然广泛存在，直到19世纪30年代，以蒸汽机作动力的棉织布机才最终取得了优势。直到19世纪50和60年代，针织机和丝织机才广泛使用蒸汽机作动力。而在其他的工业部门中，改为以蒸汽机作动力则是一个很漫长的过程。②

到1870年时，英国蒸汽机的动力总量已接近100万马力，而以水车作动力的仅有5.5万马力，相比较其所占比重已大为降低。然而之后的40年，才是蒸汽机被大规模推广应用的时代，到1907年时，蒸汽机提供的动力已接近1000万马力。在冶铁业或提炼业普遍较早地以煤代替了木柴和木炭作为燃料，而且在17世纪时煤就被广泛地应用在锡、铜、玻璃制造及煮盐过程中，到1800年时，在钢铁工业中已完全采用以煤作燃料的焦炭炉和锻造炉。到1790年时，81个焦炭炉生产了全国90%的生铁。这些焦炭炉绝大多数集中于四个煤矿附近：18世纪60年代兴起并逐渐引人瞩目的南威尔士、什罗普郡、斯塔福德郡和约克郡，这些地方以前都是木炭生铁的产地。依然还采用木炭炼铁的地方仅有威尔德、迪恩、弗尼斯等地，但产量已不占重要地位。③

1805年，具有重要意义的是在棉织厂开始使用汽灯，很多棉纺织工厂实行12小时两班倒的工作制，这就需要连续而可靠的长时间进行照明的理想灯光。到19世纪20年代中期，一些大的乡镇基本都有煤气供应站，而到19世纪50年代，汽灯已在家庭中普遍使用，但是并非所有的乡镇都有。直到19世纪80年代，煤气公司才大规模开始为做饭和供暖而供气，当时电灯已开始同汽灯展开了竞争。早在1791年，阿瑟·杨就曾经

---

① [英]恩格斯：《英国状况 十八世纪》，《马克思恩格斯全集》（第1卷），人民出版社1956年版，第668页。
② R. A. Dodgshon and R. A. Butlin, *An Historical Geography of England and Wales*, New York: United States Edition Published by Academic Press Inc. 1978, pp. 278 – 279.
③ Ibid., p. 279.

说过，这个国家所有的工业活动很快都集中于有煤矿的地区。①

1851—1871年，英国人口有了较大幅度的增长，从2740万增加到3160万，特别是一些港口城市更为明显。1861年时，布里斯托尔的居民已超过了15.4万人，哥拉斯哥的居民已经超过了44万，利物浦的居民已超过了47万人。伦敦已迅速发展成为一个繁华的都市，人口已经超过300万。也正是在这一时期，国家也建成了铁路网，到1870年时，铁路里程已达到了13500英里，铁路建设的投资已达到5亿英镑。在英国所登记注册轮船的运输能力在19世纪40年代时年平均为320万吨，到19世纪60年代时已增长到540万吨，最后这一数字其中包括了70万吨以蒸汽机为动力的轮船，逐渐消耗了越来越多的国内开采的煤。1950年，国家煤的产量是4940万吨，在接下来的20年时间里，煤产量的增长率超过了120%。②

18世纪时伦敦在人们心目中的地位是很难理解的，十个人里面有一个人就住在伦敦，六个人里面就有一个人在伦敦工作过，比英国的任何一个城市都要大十倍，其他的都市如爱丁堡、都柏林比伦敦都要小得多，到18世纪中期时，伦敦的居民已达到了75万人，是西欧最大的城市，只有巴黎与其规模相当，伦敦的规模是欧洲大陆第三大城市那不勒斯的两倍以上。不仅人口众多，伦敦还为人们提供了各种各样的生活，都市化程度之高，其他任何一个城市都不能使人这样激动和震撼。③

在18世纪之前，不列颠还远远不是一个城市化的国家，伦敦是唯一的都市，只有一小部分人口居住在规模不等的城镇中，只有少数几个城市的人口超过了2万人，才可以和尼德兰、意大利、法国的很多富庶的城市相提并论。1700年时，伦敦的人口已经超过了50万人，成为西欧最大的城市，而只有诺威奇和布里斯托尔的居民超过了2万人。在这种情

---

① R. A. Dodgshon and R. A. Butlin, *An Historical Geography of England and Wales*, New York: United States Edition Published by Academic Press Inc. 1978, pp. 280 – 281.

② Geoffrey Alderman, *Modern Britain* 1700 – 1983, Burrell Row: Published by Groom Helm Ltd. Provident House, 1986, p. 114.

③ John Brewer, *The Pleasures of the Imagination: English Culture in the Eighteenth Century*, Published by Harper Collins Publishers, 1997, pp. 28 – 29.

况下，你有可能不认识你自己社区的每一个人，但至少你也知道他住在那里。①

在18世纪里，变化在加剧，英格兰成为欧洲城市化发展最快的地区。在18世纪前半期，英格兰城市化的区域约占欧洲城市化区域的一半，而从1750—1800年，同一比例上升到了70%。地方上城镇化发展速度超过了伦敦，起初所有的地方性城镇，包括一些市场性的城镇，发展速度都大致相同，但是很快有少数城镇的发展速度就超过了其他城镇。1801年第一次全国规模的人口普查时，除伦敦之外，还有17个城市的人口在2万到9万之间。英格兰和威尔士超过1/4的居民居住在城镇上。新崛起的大型城市都与工业革命有着密切关系——利物浦、曼彻斯特、纽卡斯尔、利兹、伯明翰、谢菲尔德和诺丁汉，而在乔治时代后期，英格兰发展最快的是时尚休闲度假城市布莱顿。这些城镇的发展都是受到经济发展的推动，诸如煤炭、纺织、金属器具、制造业、货运及贸易，城镇的财富进入富裕市民的口袋，并发展起了一些市政工程。

这些兴旺发达的城市将其文化革新植根于当地的土壤中：成立起他们自己的剧院，举办艺术展览展出当地艺术家的作品，还依赖当地专业的音乐人才组建音乐团体。他们的文化由当时的绅士、商人、医生、律师等精英阶层所主宰，但是在较大的城镇中，商店老板、工匠、熟练的技术工人也建立起他们自己的机构。有时人们会发现，绅士和商店老板经常共处一个图书俱乐部并辩论一些社会问题。②

到1800年时，前工业社会的许多特征都消失了，到1900年时，不列颠已经是一个高度发达的工业国家，大量向世界其他国家输出工业品、资本和服务，而且迅速改变了周边国家。工业文化的发展带来了经济的迅速扩张，在所有的经济部门里，无论是从绝对总量上还是从人均数量上都有较大的增长，尤其是工业最为迅速，还有服务业，包括贸易、交通、包含专业技术的行业都在迅速发展，农业也得到了较快的发展。

---

① John Brewer, *The Pleasures of the Imagination: English Culture in the Eighteenth Century*, Published by Harper Collins Publishers, 1997, p. 493.

② Ibid., p. 494.

"1780年之后，工业增长速度急剧加快，特别是一些行业——诸如棉纺织业和钢铁业明显是工业发展的排头兵，在生产的产量、技术革新和资本积累各方面均要明显超过其他工业。但是几乎所有的工业都有了普遍的发展，如制锡业和制铜业、酿造业、玻璃制造业、皮革业、制瓷业以及古老的支柱产业羊毛业等，1806年议会委员会在偶然的一份报告中提到，国家存在的所有工业均有一定的发展，其中一些工业发展特别迅速。"[1]

1800年以后，作为一个整体来看，国民经济保持了超过2%的年增长率，1850年后经济增长速度最快时曾经超过了3%；19世纪前半期的大部分时间里，工业产量每年的增长率保持在了3.5%左右；但是从1870年以后，随着外部竞争的加剧，特别是来自美国和德国的竞争，工业产量的增长率下降到了2%左右。"然而到了1900年，其主导性优势已渐趋丧失。其他国家已经赶了上来，来自德国和美国新的工业机器的竞争使不列颠工业产品扩张的速度渐趋缓慢，在第一次世界大战前夕，不列颠工业产值占世界工业产值的比例已经下降到了1/8，其实不是一种绝对的下降，而是反映了世界发展变化之快的现实，对于一个很小的岛国而言，依然是一个非常大的比例。"[2] 经济的扩张在很大程度上伴随着经济结构的调整并由其所引起。资源配置从一些基础性部门转移到了生产效率更高的工业和服务业。到1901年时，包括采矿业和建筑业在内的工业产值，按相对产值来计算已占到了国民生产总值的2/5，所吸纳的劳动力也差不多占到了同样的比例。许多服务业都是工业部门重要的辅助行业，也有很大程度的发展，特别是1851年之后铁路建设及航运业的发展特别迅速。[3]

18、19世纪时，工业变化是英格兰和威尔士经济和社会发生重组的核心。然而工业部门并不是作为一个整体在发展，不仅引起了外部的变化，也使其本身也发生了持续性的变化。其中一个显著的内部变化就是

---

[1] R. A. Dodgshon and R. A. Butlin, *An Historical Geography of England and Wales*, New York: United States Edition Published by Academic Press Inc. 1978, p. 286.

[2] Ibid., p. 276.

[3] Ibid., pp. 268 – 269.

相对于工业生产,农业生产在国民经济中的比例在下降。①

三 工业文化发展的社会影响

工业革命是人类工业文化发展史上一次根本性的变革。人类的历史也是一部人类自身生产和物质资料生产的历史。从物质资料生产的历史来看,如果采取两分法找一个中间的标志性的里程碑,那么这一里程碑无疑是工业革命。工业革命之前,主要依赖人力等生物能来使用和操纵工具,来征服自然和改造自然,从自然界获得衣食住行的基本的生活资料和生产资料。人类征服自然、改造自然的最大能力来源于生物能量的转化与累加,这样在最大能量转化与累加方面都有一个最大的上限,同时在生产的效率上也就有了一个最大的上限。而工业革命根本性的变革在于以机器生产代替了手工劳动,以机械能的利用与转化而代替了生物能,这就使能量转化与累加方面突破了上限的束缚,或许在特定时期有一个上限,但是从发展的角度和长远来看,都成为一个无极限的函数,通过科学与技术的变革都可以无限接近极限,诸如飞机与火车的速度、汽车与轮船的载重量、人类到达太空的高度,在可预见的时间内,都是在不断接近而不是达到极限。后来的第二次工业革命以及第三次科技革命,都是科学与技术的变革,通过变革而扩展人类可支配的能源、提高能源转化与累加的效率,但从根本上依然属于工业革命范畴内机械能或其他能量的利用与转化的过程,并没有突破机器生产的大范畴。因而工业革命是人类文化史上极为重要的文化成果,这种成果奠定了现代人类社会发展的基础和框架,可以说,没有工业革命期间工业文化的发展,现代社会的文化及各类亚文化层次也许都不是现在这样。工业文化的发展确立了人类征服自然、改造自然、获取生活资料和生产资料的基本框架和模式,也在很大程度上改变了人类社会文化冲突与对抗、文化交流与合作、文化融合与共生的基本模式。而这种工业文化伴随英国以及西方国家殖民扩张及各种方式的经济扩张,不管是主动学习还是被迫接受,

---

① R. A. Dodgshon and R. A. Butlin, *An Historical Geography of England and Wales*, New York: United States Edition Published by Academic Press Inc. 1978, p. 269.

但已经逐步成为全球大部分国家和地区人们在发展过程中所沿袭和学习的基本文化模式,具体表现为独立的社会发展进程被逐渐打断,以农耕或畜牧为主的文化发展渐渐让位于工业文化,而在工业文化发展的过程中社会经济基础和上层建筑都发生了一系列的变化,不管这个国家或地区采用什么样的意识形态和政治制度,但社会的工业化、城市化、市场化、民主化等道路,基本都成为以后各个国家或地区所遵循的大致方向。"不列颠从18世纪早期以乡村为主的前工业社会转变成为一个由城市为主的工业社会,被人们称为第一个工业化国家,这种转变过程给人们提供了一个现代化的基本模式,以后其他国家和地区同样的发展过程人们往往以这种模式来衡量。"①

工业文化的高度发展极大地解放了人类,使人类从低效高耗的体力劳动中解放了出来,使人类各方面的能力借助于各类机械和工具都得到延伸,而且没有设定一个延伸发展的上限,使培根的"知识就是力量"至理名言真正在社会实践中得到检验和证实,知识真正成为现实生产力,从而将人类从繁重的体力劳动中逐步解放出来,拓展了人类征服自然、改造自然的活动空间,使人类自身发展方式大大发生了转变。"工业化使人们从可怕的周期性的严寒、贫困、饥荒、疾疫的困扰下解放出来,使人们从田地间艰难繁重的体力劳动中解放出来,使人们从克服各种艰难困苦的条件以满足人们的物质和精神需求的困境中解放了出来。"② 工业革命之前,人类也需要知识与科学来增强自己的能力,但是受人类文化发展的局限,知识与科学并不能全部地转化为现实的生产力,人类并不能自由而全面地发展。历经工业革命之后,工业文化的高度发展已经从很大程度上已经打破了人们将知识与科学转化为现实生产力的瓶颈。只要人们在科学与技术上勇攀高峰,人类的能力就可以不受限制地接近一个个极限,而且这一极限从可以预见的未来而言,这一极限依然处在发展变化之中。这就给人类自身的发展以极大的鼓舞和感召,自身的发展

---

① R. A. Dodgshon and R. A. Butlin, *An Historical Geography of England and Wales*, New York: United States Edition Published by Academic Press Inc. 1978, p. 313.

② Ibid., p. 291.

没有极限，能力的发展也没有极限，只要科学与技术有突破，人类的能力就可以无限地得到发展提高。因而工业文化的发展并非只是获取了一个个的工业成果，也并非只是发明了一个个具体的机器，而是开创了哲学理论上的新纪元，对于人类自身的解放和发展，对于征服自然、改造自然的方式和方法而言，都是一个划时代的变革。

19世纪中期以后，马克思主义及其他各个哲学流派异彩纷呈，正是这种工业文化发展的产物。正如马克思所言，没有工业革命，就没有一个无产阶级，也就没有一个无产阶级的世界观和方法论。这就使人类社会在发展过程中更加重视人的普遍化与民主化的发展，因为人人都可以成为知识与真理、科学与技术的主人，文化的发展逐渐突破了农耕文化时期少数人的垄断，成为全人类的共同财富，这就促进了人类社会近代化与民主化的发展进程，极大地调动了人类不断促使自我发展、追求自我完善的积极性，而且为人类社会的发展寄予了无限美好的希望和永不衰竭的动力。只要人类自身不断追求知识与真理、不断掌握新的科学与技术，就能不断解决人类社会生产和生活中各种困难和险阻。知识与真理、科学与技术不断转化为人类自身的能力而在经济社会发展过程中发挥着至关重要的作用。文化的发展成为一个国家竞争发展的核心元素，科学与技术成为衡量一个国家发展速度及先进与否的重要标准。19世纪70年代以后，在第二次工业革命的浪潮中，英国的科学与技术长期以来一直处于领先地位的优势逐步被美国、德国赶上和超过，英国的先进而辉煌的工业文化逐步受到了挑战。"有人曾经认为，资本主要采取横向扩张的方式是因为有着相对廉价的劳动力，相对而言，美国主要采取了资本纵向扩张的方式，技术更新非常快，这就使美国在19世纪70年代以后工业迅速超过了英国。"[①] 以科学与技术为核心的工业文化成为近代化过程中国家软实力的主要指标之一，但这种软实力的竞争往往决定了国家的发展速度，最终决定着国家的综合国力，也决定着国家之间在国际舞台上竞争博弈的得失胜败。

[①] R. A. Dodgshon and R. A. Butlin, *An Historical Geography of England and Wales*, New York: United States Edition Published by Academic Press Inc. 1978, p. 282.

工业文化的发展也极大地改变了社会结构及人们的生活方式，也改变了经济发展与增长的方式。从社会结构上而言，在工业革命之前，不仅英国，在其他国家和地区基本都以农业生产为主，依靠农业、手工业生产来获取生存与发展的基本的生产和生活资料，而以交换生活或生产资料为基础的商业并不占重要地位，社会经济并非城市主导农村，而是农村主导城市，农业及其相关部门的产值大大超过了工业与商业。1700年，不列颠农业、渔业及林业的产值占到了国内生产总值的40—45%，工业、采矿业及建筑业累计产值仅占国内生产总值的20%。① 尽管农业及其相关部门的发展为工业文化的发展奠定了基础，但在工业革命之后，仅工业产值就大大超过了农业及其相关部门的产值，农业生产在社会生产中的比重已大大降低，这就是很多学者所谓的工业革命后英国农业的衰退，其实并非农业的衰退，而是工业及其他行业的迅速发展使农业的比较优势受到了影响，加之人口数量成倍增长，城市化进程的加快，农业用地的减少，城乡居民生活水平的提高，人均消费粮食数量的增加，英国不得不进口粮食及部分农产品。我们不能简单地仅凭英国由一个粮食生产完全自给自足甚至还一度还出口粮食的国家转变为一个粮食和农产品的进口国就得出农业衰退的结论。"1784—1832年，不列颠依然是一个农业占优势的国家。虽然农业本身尽管并没有衰落，但是相对于制造业而言，农业生产的重要性已开始下降。到1801年时，英国的经济结构中已可引以为豪的是农业劳动力的构成比例已是欧洲最低的了：30%的劳动力从事制造业和矿业，11%的劳动力集中于交通运输业和商业。"②

随着工业文化的迅速发展，国民经济结构出现了大幅度的调整和变化，大量的人口由农村迁移到城市，城市以前所未有的速度在扩张，城市化进程也大大加快，随之而来的是商业、金融业的繁荣和服务业的勃兴，英国对外贸易也以空前的规模在进行。大量的工业品需要运销到世界各地，为维持一定限度的贸易平衡也需要进口一定数量的商品而使贸

---

① R. A. Dodgshon and R. A. Butlin, *An Historical Geography of England and Wales*, New York: United States Edition Published by Academic Press Inc. 1978, p. 268.

② Geoffrey Alderman, *Modern Britain* 1700 – 1983, Published by Groom Helm Ltd. Provident House, Burrell Row, 1986, p. 42.

易对象国在各方面有一定限度的发展,这样才能使双方的贸易可持续地长期进行。此外,随着工业生产的迅速扩张,英国也需要大量进口包括农产品在内的各种工业原料,这就从购与销两个方面推动了对外贸易的发展,而且在工业革命之后,英国由之前的商品输出也转向了资本输出,诸如在殖民地兴办银行,修筑铁路、开采矿山,兴办工厂等。其实质从微观角度而言是一种工业文化的输出,从宏观角度来说是资本主义文明的输出,在全球范围内,特别是在亚非拉一些落后国家和地区,传播了资本主义的先进文明,客观上也传播了英国先进的工业文化,促进了各地经济和文化的交流,密切了世界各地之间经济与文化的联系。因而英国工业文化发展影响的范围已大大超出了英国,而是影响到了全世界。工业革命和后来的第二次工业革命、第三次科技革命有所不同。英国是工业革命唯一的发源地,各种重要的发现和发明首先在英国完成并在实践中得到运用和检验后才逐步传播到欧美资本主义国家,科学与技术的传播实际上是一种单向传播,也就是从英国传播到欧美资本主义国家;而第二次工业革命和第三次科技革命时,并非是一个中心国和起源国,一些重要发现和发明几乎同时出现在几个国家里,科学与技术的传播呈现出双向或多向传播的趋势,并不存在绝对的优势国家。在经济发展的速度上,具备重大发明和发现的国家几乎以同样的速度在发展,也没有绝对地处于领先地位的国家;所以在工业革命时,英国保持了较长时期工业领先的优势,这种领先的优势实质上也是工业文化长期发展与积累的结果,标志着国家综合国力的崛起与领先,到19世纪中期时,英国以其先进的文化、雄厚的经济实力、发达的科技、强大的军事力量,无可争辩地居于世界之巅,极大地影响了当时欧美资本主义国家工业化乃至近代化的进程。

英国工业革命及工业文化的发展对其自身的影响更为广泛而深远,"这种发展过程涉及几个重要的转变。首先,是经济和技术的转变,从缓慢而分散的农业生活方式以及手工劳动为主的工业转变成技术革新、机械化不断发展、工业在地区分布上不断集中、商品经济为主的社会。其次,是社会大规模的转变,人们由乡村生活转向了城市生活,从有着较小社区及较强内聚力的社会转向一个新型的内聚力较弱的城市社会,而且有着不同的阶级结构及差异较大的生活方式。第三，人口情况的转变，人口增长方式从缓慢增长转变成为自然的快速增长，也伴随着人口在地区分布上重大变化，大大增加了人口的流动性。"[1] 工业经济的扩张对社会产生了重要而深远的影响。1851年，正是在工业革命进行的这一个世纪里，即18世纪中期到19世纪中期，英国的人口数量及人口分布情况发生了较大的变化。不仅人口数量出现了急剧增长，而且在空间分布上向大城市和城镇集中，从行业分布上来看，由农业及其相关的部门向非农产业集中，农业就业人口在持续减少，从各个方面推动着工业化与城市化的进程向纵深领域发展。城市化以极大的规模在进行，在很大程度上是手工工场向城镇聚集和城市迅速而成功扩张的结果。以前乡村工业相对集中的地区，诸如采矿业和金属加工业相对发达的南威尔士和西米德兰地区，纺织业发达的兰开夏郡的南部及里丁西部，都被卷入了城市化的进程。[2] 工业化和城市化使社会结构在根本上发生了改变，以前由土地所决定的社会结构转向了由工业和服务业的职业等级来决定。随着生活方式的变化，手工业或农场工人以前那种随意性较强、看起来似乎无组织的各自为政的工作程序被极为严格的以时间表来要求的机械化模式所取代，而且排除了日常和季节的变化性。

经济的发展不能没有需求的拉动。从1760—1800年，英格兰和威尔士的每10年的人口增长率在7—9%之间，1801—1831年，大不列颠每10年的人口增长率从来没有低于14%，而从1801—1810年，人口增长率达到了17%。到1831年时，大不列颠的人口数量已达到了1640万，而在1760年时，仅有780万，增长了 倍还要多。在19世纪以后的时间段里，英格兰和威尔士每10年的人口增长率从来就没有低于11%，到1901年时，大不列颠的人口总数已经超过了3700万，但是这种增长在全国范围内并不平衡。在18世纪里，人口的增长较快的地方主要是工业集中的地区，诸如沃里克郡和兰开夏郡。根据1801年至1841年的人口普查数

---

[1] R. A. Dodgshon and R. A. Butlin, *An Historical Geography of England and Wales*, New York: United States Edition Published by Academic Press Inc. 1978, p. 313.

[2] Ibid., p. 269.

据，伯明翰的人口数量从 7.1 万人增加到 20.2 万人；而曼彻斯特的人口从 7.5 万人增加到 25.2 万人，利物浦的人口则从 8.2 万人增加到 29.9 万人；同一时期，伦敦的人口数量则从 100 多万增加到 200 多万。① 人口的增长也创造了需求，也为 18 世纪本来就已快速增长的工业提供了巨大的市场，另外还促进了交通、住房建设和城市的发展。

1800 年，英国农业就业人口的男女总和是 180 万人，但是仅在重工业部门里（冶金业、钢铁制造、铁路修筑、船舶制造、工程建设等），就业人口就达到了 47.5 万人，棉纺织业和隶属于商业的从业男女的总数为 52.7 万人。1851 年的人口调查统计显示，建筑业从业的男工数量已有 44.2 万人。到 19 世纪中期，工业生产所吸纳的就业人口已经和农业就业人口基本相当。19 世纪后半期，农业劳动力数量及在总就业人数中的比例还在持续下降。到 19 世纪末期时，农业劳动力在全国劳动力总数中所占的比例仅为 8%，但是制造业和矿业的就业人口却占到了总数的 46%。②

近年来不列颠经济史上最富有争论且难以解决的问题之一就是在工业革命期间，人们的生活水平提高的问题。在两个世纪之中，对劳动力的需求已超过了不断增长的供给。这可以通过人们的工资水平和实际收入反映出来，在 1900 年时，人们的工资水平和实际收入已经大大超过了 1700 年时的状况。从 1800—1900 年，从总体上来看，人均国民收入增长了 4 倍。因此，从普遍意义而言，对工业产品消费需求的增长，主要原因在于人口数量以及所拥有财富的增加。

在 18 世纪，人们的生活水平似乎普遍有了提高。阿瑟·杨曾经记述到：人们消费的食品更多了，而且吃得更好，用小麦代替了大麦、燕麦和黑麦，消费的啤酒量已达到惊人的地步，后来，啤酒成为一个很重要的工业产品。这种文字性的记录非常多，量化的数据性资料尽管较少，但也普遍存在。消费需求也扩大到一些日用品，诸如香皂、蜡烛、廉价

---

① Geoffrey Alderman, *Modern Britain* 1700 – 1983, Published by Groom Helm Ltd. Provident House, Burrell Row, 1986, p. 41.

② Ibid., p. 114.

的金属制品等，相应地纺织品也有了增加。① 这是一个充满矛盾的时代：有大量的富人也有大量的穷人，财富容易获得也容易蒸发，新技术创造了就业机会也造成了失业。

英格兰北部、米德兰以及南威尔士工业的发展对劳动力产生了较大的需求，因而引起了工资的普遍提高。这一时期，在一些部门，除了短期的波动之外，工人的工资普遍有了增长。1790—1830 年，平均每年工资增长率略低于1%，面包的价格指数显示出，19 世纪三、四十年代伦敦的面包价格和 18 世纪 90 年代大致相同。普遍使用女工和童工提高了家庭的收入，工厂工人的工资不仅高于农业工人和家庭手工业工人的工资，而且更有保障。到 1800 年时，兰开夏郡普通工人和技术工人的工资几乎是 1700 年时伦敦同类工人工资的两倍；肯特郡和牛津郡工人增加的工资比例也与此大致相同。1800 年以后，北方工业的工资水平在继续增长，领先于南方的农业，两者之间差距逐步拉大。② 有理由认为便宜的食品和较好的工作是生活标准提高的表现。工人阶级中大部分人比其祖辈们穿的衣服更好，吃的和住的也更好了。③

结构性的变化不能有效地阻止农业工人就业不足的问题，在 19 世纪 50 年代之前，农业工人的数量实质上一直在增加。农业工人的困境的确是存在的，特别是那些从工业区驱赶出去的农民。作为补充家庭收入的手工业的衰落也加剧了农业工人的困境，大批新的工业品在市场上排挤了手工业产品。此外，机器生产对以前依赖家庭手工业的工人带来了极大的困难。自从发明机械纺纱机的几十年时间里，纺织业一直蓬勃发展且要求有较多数量的织工。但是织布机的发展及推广却较为缓慢，从 19 世纪初开始，纺纱工人才显得过剩。到 1831 年时，纺纱工人的工资仅是

---

① R. A. Dodgshon and R. A. Butlin, *An Historical Geography of England and Wales*, New York: United States Edition Published by Academic Press Inc. 1978，p. 272.

② Ibid., p. 273.

③ Geoffrey Alderman, *Modern Britain* 1700 – 1983, Published by Groom Helm Ltd. Provident House, Burrell Row, 1986，p. 46.

1805年工资水平最高时每周23先令的1/4，超过了25万户家庭受到了影响。①

英国的工业生产集中于大众消费品市场而不是奢侈品消费市场，尽管有很多的企业想做到二者兼顾来赢得更多的海外顾客。历史学家大卫·兰德斯曾经说过："从长远意义上来看，这是英国的优势之所在，也就是有能力将制造业集中于那些外国人最有弹性需求的领域。"不列颠国内出口贸易所出口的大宗商品都是工业品，在大部分时间里都超过了90%。到1830年时，纺织工业所提供的出口产品已占到了国内出口产品的3/4，而在所有出口的棉织品中，棉布就占到了一半。到19世纪末期时，出口的纺织品依然占到了出口总产品的30%，或者从另外一个方面也可以看出，在19世纪20年代，仅所出口的棉纺织品就超过了出口产品的50%，到19世纪90年代，依然超过了3/4；而在整个19世纪，出口的羊毛和精纺毛呢等工业产品从占出口总量的1/4持续上升到1/3。②

资本与工业产量的直接关系遵循两方面的路线：产量可以通过增加手工劳动工具或机器的数量来提高（即资本的横向扩张）；或者通过建设规模更大的、更加复杂的、以机器为动力的机械设备和功能更加齐全的厂矿来提高（即资本的纵向扩张）。还有一个非直接的关系就是通过增加社会上的间接资本以促进工业劳动生产率的提高，诸如交通等基础设施的建设。在1750年之前，英格兰和威尔士长期资本投资增长百分比低于国家收入的5%，而到1800年时，已增加到了6%—7%；到19世纪三、四十年代，很快又增长到10%，之后直到第一次世界大战爆发时，基本保持了10%—13%的增长额。长远的资本投资并非仅局限于工业资本，资本投资增长额很快达到10%的原因还在于铁路建设工程的迅速勃兴。而1870年之后不列颠在海外的大规模投资也促使投资增长幅度维持了这一水平。③

工厂有着明显的优越性。一些商号如纺纱主可以采用阿克莱特的巨

---

① R. A. Dodgshon and R. A. Butlin, *An Historical Geography of England and Wales*, New York: United States Edition Published by Academic Press Inc. 1978, p. 273.

② Ibid., pp. 274–275.

③ Ibid., p. 281.

型水力纺纱机，因为技术的原因有必要在家庭作坊里采用机械设备。而最根本的好处是这样可以提供一种组织化的生产力。这对于实践亚当·斯密的分工理论也是可行的，也使工人始终处于工业家的眼皮之下，可以每时每刻进行管理。如骡机，比水力织布机更加紧凑、更有效率——甚至可以放置在家庭作坊里，但是更多的还是安置在大城市的工厂和车间里。同样的原因，兰开夏郡的家庭织布机逐步被一系列大型的织机所取代，每个车间的一个管理人员可以管理20—200个织布机。如果说集中化的、受控制的生产具有管理上的优势，但是对工人而言却很少有优势。它意味着家庭手工工场内较为自由的工作习惯有了根本性的变化，严格而程式化的工作方式要跟上机器连续运转的工作。一系列诱致性因素促使工人接受了工厂形式的工作体制。工人的工资要相对高于那些从事农业或国内商业的人，工厂还要给工人提供住宿。阿克莱特在克罗姆福德创建了一个现代化的村庄，许多纺织厂至少都要提供一排排的职工宿舍。[1]

总体来看，"1780年，英国的铁产量还比不上法国，1848年已超过世界上所有国家的总和。它的煤占世界总产量的2/3，棉布占1/2以上。1801—1851年，英国国民总产值增长125.6%，1851—1901年又增长213.9%。1700—1780年，工业年平均增长率是0.9%—1%，1780—1870年已超过3%。这个数字虽不如20世纪有些国家发展速度快，但在当时的世界上却是惊人的，有些经济学家曾测算：在工业革命之前，每1000年人类的生产能力才增长一倍；而在工业革命以后，生产能力则加速翻番。英国则迅速成为世界上最富有的国家，其生产能力比世界上其他国家的总和还要多得多，它成为全世界的加工厂，它庞大的远洋船队把数不尽的工业品运往世界各地，再把原材料运回国，加工成工业品，然后再运出去。"[2] 1851年夏天，英国在伦敦市中心举办世界博览会，为此专门修建了一个晶莹透亮的"水晶宫"（Crystal Palace），长560多米，高

---

[1] R. A. Dodgshon and R. A. Butlin, *An Historical Geography of England and Wales*, New York: United States Edition Published by Academic Press Inc. 1978, p. 284.

[2] 钱乘旦、许洁明：《英国通史》，上海社会科学院出版社2002年版，第221页。

20多米，全部用钢架及玻璃搭建，占地3.7万多平方米，造价8万英镑。博览会中陈列着7000多家英国厂商的产品和大约同样数量的外国商家展品。英国商家几乎全部陈列展出工业品，而外国商家则几乎全部陈列展出的是农产品或手工业产品。博览会"向全世界展出了不列颠在工业方面无可挑战的支配地位。博览会体现和突出的事实显然是，不列颠工业在世界上的领先地位。"[1] 实际上也向全世界表明在19世纪中期，英国已率先实现了工业化并在工业化的道路上遥遥领先。

---

[1] M. W. Flinn, *An Economic and Social History of Britain Since* 1700, Published by Macmillan Education, 1963, p. 93.

第 八 章

英国贵族文化与社会风尚

第一节　英国贵族文化的起源

在近代化的浪潮中，中世纪西欧各国普遍存在的贵族阶层大多都作为统治阶级而被推翻。贵族阶层被视为资产阶级和资本主义社会的对立物，属于资产阶级革命的主要对象，大多数贵族被认为是封建势力的腐朽代表，是封建等级制度、政治特权以及社会不平等的象征，也被视为资产阶级自由、平等、民主道路上最顽固的堡垒，因而在社会转型时期大多都受到不同程度的打击，作为一个社会阶层而被削弱或消灭，在近代社会难有作为和影响。然而英国贵族文化悠久而独特，其独特之处在于在资产阶级革命和近代化过程中，英国贵族阶层在各个领域的势力不仅没有被削弱甚至一度还被加强，在政治上依然掌握国家权力，牢牢把持了议会上院，与资产阶级分享国家的立法权和一定的决策权，并且具备限制国王的权力；在经济上，贵族阶层能够在保守与激进、传统与改革之间寻求最佳的契合点，既能维护传统的既得利益而占据固有的优势地位，又能锐意进取而与时俱进，顺应时代的要求而采取资本主义方式经营农业或工矿业，成为与资产阶级利益相一致的新贵族。新贵族既拥有传统的经济优势，又能积极涉猎于海上探险、对外贸易、贩卖黑奴、殖民扩张、厂矿企业、银行金融、股票证券等事业，因而能以较高的起点参与资本主义竞争，在经济实力上不仅没有被削弱，反而因为有着雄厚的经济基础而始终处于有利地位；在文化上，中世纪的教会贵族是宗教和神学乃至于一切文化的垄断者，普通民众不仅没有阅读传播宗教和神学著作的权利,甚至没有读书识字及受教育的权利与机会,后来随着文化事业的发展,普通贵族也获得受教育以及从事各项文化活动的权利。到中世纪晚期时,贵族阶层首先掌握了文化的制高点,国家的政治、法律、教育、文学、戏曲、科学等一切文化活动均不能离开贵族阶层。经济与政治优势是贵族阶层在近代英国得以延续发展的基础,而文化优势则是贵族阶层保持了难以被替代的生命力的源泉,当然这三个因素的结合更是其在历史长河中乘风破浪的舟楫风帆。

一 中世纪贵族阶层的兴起

中世纪英国贵族源自于封建的分封制及与其密切相关的等级制。1066 年,"诺曼征服"是英国历史上一个极其重要的转折点,不仅加快了英国封建化的进程,而且将西欧大陆特别是法国的政治、经济和军事制度都引入了英国。封建分封制的基础和核心是土地,因而"诺曼征服"之后首先对土地赋役情况进行了严密而详细的审核调查,调查内容包括了所征服地区的土地类别及数量、土地占有及赋役的基本情况,此外还有村庄与庄园数量、家庭与财产的详细情况,在详细审核问讯与调查此基础上编订了《末日审判书》(Domesday Book),为威廉一世进行分封与统治提供了切实可行的依据。来自法国的统治者为了尽快确立起行之有效的统治制度首先极力推行"诺曼法",消灭所有的"自主的土地"(即私有土地)。诺曼法承认依附佃农的份地是直接或间接地来自国王。在土地所有制方面,威廉一世重申所有土地均属于国王。国王是所有土地唯一的、最终的所有者。"在中世纪早期,从理论上来讲,所有的土地都属于国王。"[1] "在西欧的法兰克,国王对一切土地的所有权只是一种虚构,而在英国则是事实。"[2] 威廉一世先为王室留够一定数量的富饶的田地、森林、河谷等,然后把更多的土地分封给王室近亲、功臣及有实力的军事将领,这些人成为国王的总佃户,以土地为核心形成一种封建的契约关系,国王分封给他们世代可以传承使用的土地,以换取他们服兵役和其

---

[1] Mark Overton, *Agricultural Revolution in England*, Cambridge University Press, 1996, p. 30.
[2] 蒋孟引:《英国史》,中国社会科学出版社 1988 年版,第 83 页。

他服务，还换取他们交纳一定比例的租税。这些直接受国王分封的总佃户并非土地的最终保有者，而是仿效国王分封的方法，给自己留下足够的土地后而继续向下分封，接受分封的人有可能继续向下分封，逐级分封形成了越来越多的封臣和"金字塔"式的分封体系，建立起了完备的封君封臣制度，在"全国形成了这样一种体系：顶端是作为所有人的领主的国王，国王以下是他的直接封臣或总佃户，他们又是佃户的领主，后者可能是另一些佃户的领主等，一直到最低一级的土地持有者。"[1] 虽然都是封臣，但是领主各有不同，因为封地的层级和与国王的封授关系，各级封臣享有不同政治权利、占有不同数量土地、负担不同封建义务，在分封制的基础上随之而形成了等级制，这即是贵族阶层最早的起源。

从贵族起源上来看，首先与封建的分封制密切相关。国王封授的封臣一般说来都是"非亲即故"，要能从政治上坚定地拥戴支持国王的统治，捍卫国王的尊严和权威，听从国王的命令，成为国王维护统治、治理朝纲、管理全国股肱之臣；在经济上，封臣要能够以所领受的土地为国王提供一定数量的贡赋，包括粮食和财物，维持王室乃至整个国家机器的正常运转；在军事上，封臣要能自觉拱卫王室的安全，听从国王号令并自带军队和辎重跟随国王进行征战；分封制是一种逐级的分封，首先进行分封的是国王，国王就成为最大的封建领主，接受国王分封的王亲、近臣、将领等构成了占有山泽土地较多的一级封臣。一级封臣从国王处领受的土地面积最多，但是他们并不会亲自占有和经营土地，而是把从国王处领受的封地又进行二次分封，领受一级封臣土地的人形成了二级封臣，依次类推，在分封制的基础上自然就形成了多级封臣和封建的等级制，因而贵族体系从一开始就是一种"金字塔"式的等级制度，而且在以后的分封实践中，形成了中央集权的分封关系，不管是哪一级封臣，既直接属于上一级领主，也间接属于国王。对国王而言，"我的附庸的附庸也是我的附庸"。在这一方面，英国的分封制和法国封建关系还有所不同：在法国，"我的附庸的附庸不是我的附庸"。封臣的封建义务只属于直接给自己分封土地的领主，而与其他间隔的上级领主无关，因

---

[1] 沈汉：《英国土地制度史》，学林出版社2005年版，第2页。

而法国的封建领主对中央集权构成了较大的离心力,加强中央集权的过程相对艰难漫长。从上述两方面来看,都表明英国国王对一切土地都拥有最高的统治权。中国"普天之下,莫非王土"的原则在当时的英国也同样适用。由此可见,没有国王就没有贵族,没有贵族也就没有国王的权威,也没有无土地的贵族,双方以土地为核心和纽带而形成了封建的权力与义务关系。土地是贵族赖以产生和存在并发挥各方面影响的基础。封建土地所有权是一切政治权力的重要基础,它既与政治统治权合二为一,又与封建的分封制及随之而来的贵族等级制相关联。"诺曼征服后建立的英国王权是西欧最强大的封建王权,它虽然不时受到封建离心倾向的影响,却仍拥有对王国的强大统治权力。"① 推行这种制度有利于建立中央集权,实现并维护国家的统一,具有历史的进步意义。这种对土地的占有制度后推行到整个英格兰,形成了直接从国王那里领受封土的各级封建贵族,而贵族又逐级分封。这样无论是贵族,还是中下层的维兰佃户,都只拥有土地的占有权。而且这种土地占有权的革命迅速平稳有序,对旧秩序的改造与新秩序的重建同时进行,绝大多数农民只是向一个与原来不同的贵族缴纳贡赋并在其土地上耕种,其基本的生存及社会秩序并未受到严重影响,因之也无须对外来征服进行激烈反抗,从而避免了社会的剧烈动荡。威廉所进行的"所有权革命从来都没有蜕化为对土地的掠夺。在英格兰的每一部分,这次重要的土地分配都是由国王控制的,并且是由他的大臣按照威廉所制定的方针而贯彻执行的。"②

1086 年,"诺曼征服"的过程基本完成。为了迅速而有效地建立起统治,威廉征服与分封的过程同时进行,目的是为了缓和英格兰民众反抗外来征服的情绪、尽快恢复发展社会生产、重建正常的社会秩序。"英格兰领受封地的国王直属封臣共 1400 人,其中 180 人为高级封臣。高级封臣分为两类:150 名世俗贵族和 30 名教会贵族。教会贵族历来等级森严,名分清晰。世俗高级贵族包括两级:12 人获地最多,地位显赫,称伯爵

---

① 孟广林:《英国封建王权论稿》,人民出版社 2002 年版,第 28—29 页。
② [美] 罗宾·弗莱明:《诺曼征服时期的国王与领主》,翟继光等译,北京大学出版社 2008 年版,第 202 页。

或大男爵（Great Baron），其余称男爵（Baron）。高级贵族多是威廉亲属、原诺曼底公爵的宠幸和军事要员。他们的封地共占全国耕地面积的80%。国王的直属封臣仿效上述做法，留下部分采邑（领地）作为亲辖领地，其余分给次一级的封臣。"① 贵族阶层的形成过程也自然地形成了封建的等级制，因而贵族阶层的形成过程本身就是一种社会结构的横向分层，不同阶层的贵族不仅与国王的关系与垂直距离不同，在社会中所处的地位不同，所享有的权利和义务也不同。在文化方面，来自法国的征服者不可避免地要带来并传播法国文化。法语长时间作为王室贵族以及社会上层的语言而得到通行，逐步成为通用的官方语言，广泛地运用在法律文书及官方通告文件中；罗马帝国统治时期拉丁语就开始传入不列颠，此后随着不列颠的罗马化与基督化而得到流行。在罗马帝国长达四个多世纪的统治下，拉丁语不仅作为官方语言而通行，也逐步为城乡居民所接受。罗马帝国的统治瓦解后，随着蛮族的入侵，不列颠文化有一定程度的倒退，拉丁语主要作为神学和宗教语言而长期存在并为教会贵族所垄断，而在整个中世纪，文化的主要表现形式就是宗教和神学。蛮族入侵后在下层民众之间逐步形成了英语并不断得以发展。这样，在文化上先形成一定的分层性和封闭性，成为贵族等级制形成并长期存在的文化基础。多元文化因素也加剧着外来征服者与被征服者、教会与民众的隔离与对立，也不利于文化的交流和集中统一趋势的加强，而只会强化社会分层及阶层内的封闭性。

贵族制度从初步形成到最终确立历经了一个动态的发展过程，其脉系传承，繁衍更新，等级森严，逐步形成了以上院"五级"贵族为主体的贵族体制。"五级"贵族体制是贵族阶层发展的过程性与结果性的统一，经历了一个漫长的发展过程，不同历史时期有着不同的层级和名称，甚至爵位名秩出现的顺序及所享有的权利地位在各个时期都各不相同。关于贵族的概念，国内外学者的定义历来有较大的分歧，即便各种权威的工具书，如《大英百科全书》《威氏新国际大辞典》《朗曼现代英语词典》等对贵族的释义也众说纷纭。其主要的分歧起源于贵族包括那些成

---

① 阎照祥：《英国贵族史》，人民出版社2000年版，第35—36页。

员，一般都认同那些国王授予爵位的五级贵族是当然的贵族，分歧主要是贵族是否包括历来教会的高级僧侣，骑士（Knights），乡绅（Gentry）等。这些分歧的出现与英国贵族体制古老悠久，延续近千年的漫长而复杂的历史有关。贵族体制是一个动态的发展过程，在不同阶段贵族的分层与阶位各不相同，正如复杂的历史进程，在不同的历史时期有着不同的特点，要用一两句简单的话语来概括难免失之偏差，要全面理解必须联系具体的时代进行实事求是的历史分析。尽管如此，也可以根据贵族阶层的本质特征概括其在不同历史时期的共性而得出一个相对准确的定义。王乃耀博士参考国内外诸多学者对贵族的解释和定义，对贵族做出了较为科学的界定，认为贵族包括世俗贵族和教界贵族。对世俗贵族应作动态的理解，即在不同的历史时期有不同的特定含义。在 14 世纪之前，与封建分封制密切相关，世俗贵族是一个广义的概念，包括有爵衔的达官显贵以及骑士、乡绅等，因为封臣本身就具有一定的复杂性和广泛性，既有来自法国的征服者也有不列颠本土的被征服者，既有直接领受国王分封的大封臣也有逐级分封后的小封臣。直接或间接领受国王封土、具有一定数量土地并在跟随国王作战或其他行政活动中建立功勋而受到国王封赐或嘉奖的人成为贵族，贵族实质上成为以国王为首的统治阶级的代名词。为扩大统治基础，笼络人心，加之频繁的国内外战争，特别是需要一支忠诚勇武的骑士队伍进行南征北战，以维护和巩固统治。能征善战而屡建战功的骑士常常会得到国王的封赏，更容易进入到贵族阶层，因而中外学术界历来有骑士阶层是不是贵族的争议，是否属于贵族阶层要从当时的实际情况出发给予历史主义的分析，不能一概而论。

从威廉开始的历代国王封赐或奖赏的人数相对较多，贵族爵位的世代传承以及不断对骑士的奖掖提擢，使贵族阶层具备一定的复杂性和广泛性。此外，贵族制度也正处于发展变化的形成过程之中，贵族阶层与平民阶层的边界依然不是非常清晰和对立，加之骑士阶层本身就具有一定的游离性，因使得贵族的概念更加具备广义性。15 世纪中叶以后，世俗贵族是一个狭义的概念，也是贵族制度历经长期发展而渐趋成熟的标志，贵族阶层只包括被国王封授爵位的显贵，即公、侯、伯、子、男爵。贵族与平民的边界与区别渐渐清晰，而且英国的议会制度也渐趋成熟完备,有无资格出席上院活动成为判断贵族的标准之一。这就将没有爵位也没有资格出席议会上院活动的骑士和乡绅排除在贵族阶层之外,贵族的定义较为明确清楚。在贵族阶层的序列及爵位都日趋完善固定之后,"事实上,绅士、乡绅不是贵族,骑士也不是贵族,虽然他们都是小封建主,小封建主与小贵族不可画等号,所谓的小贵族也必须是贵族。"① 而这一概念的外延难以厘清的时间是在14—15世纪中叶,应视为广义世俗贵族概念向狭义世俗贵族概念过渡时期,其主要是由有爵位称号的贵族构成,但也包括少量的骑士和乡绅。乡绅本身就是一个具有泛称意义的集合名词,乡绅的概念十分复杂,不同的学者有不同的解释,其阶层界限并不十分清楚,经常出现不同的社会阶层相互渗透的现象。"乡绅是拥有中等规模土地的中产阶级,其地产规模在爵衔贵族(公、侯、伯、子、男)与约曼之间。其成员在16世纪包括骑士、缙绅和一般绅士。1611年之后还包括从男爵,其地位在骑士之上,贵族之下。虽然部分乡绅还保留旧的封建剥削方式,但是就其主流而言,已具有明显的资本主义剥削方式特征。乡绅一般以地产收入为主,职业收入为辅。"②

教界贵族亦可称为"精神贵族",在教阶体制确立后,指居于主教、大主教地位的高级僧侣。亨利八世宗教改革之后,指的是安立甘教的主教和大主教。"高级教士不仅享受什一税和其他宗教收益,还兼有大地主的身份,拥有许多庄园和牧场,获取地租和商业利益。坎特伯雷大主教、约克大主教、温切斯特主教、伊利主教和达拉姆主教等人的财富足以与大贵族相比。"③ 然而,教界贵族最重要的权利并非拥有雄厚经济实力,而在于教会贵族垄断了宗教和神学,垄断了人们的信仰和意识形态,是文化思想乃至科学思想的主宰者和仲裁者,有权力禁止或取缔任何与宗教神学相悖离的思想,打击或处死异端思想的传播者和信奉者。教界贵族还以"君权神授"的名义给王权戴上神圣的光环,是维护王权的精神支柱;在教会权力的鼎盛时期,甚至可以废立国王,干预王位的更替。

---

① 侯建新:《英国的骑士、乡绅和绅士都不是贵族》,《历史教学》1988年第3期,第33页。
② 王乃耀:《英国都铎时期经济研究》,首都师范大学出版社1997年版,第199—200页。
③ 阎照祥:《英国史》,人民出版社2003年版,第78页。

因为教界贵族拥有强大势力，使王权不得不依赖教权的支持，教权逐步与王权形成了统治联盟，王权给予教会以庇护和财产，是维护教权的世俗力量，进一步加强了教权的统治力量。"在中世纪英国政治舞台上，最活跃的是两大势力——国王和贵族。双方在土地等级分封制的基础上，构成了一种颇具特色的对立统一关系。国王作为最大封君，政治经济实力远远超过任何贵族，要求他们效忠，提供军事义务，缴纳捐税贡赋；同时国王还有责任保护贵族的切身利益，注意采取有效方式和途径，如邀请他们出席大会议共商国是等，发挥他们的作用。否则贵族利益受损，积怨过重，则会联合起来与国王对抗，置王权于被动。可见，英国最高封君国王与封臣之间所维系的并非一种单向的主从关系，而是建立在相互依存基础之上的双向契约关系。这种关系受到法律习俗的承认和保护，初步体现出权力分割和制约的宪政精神。"[1]

二　贵族阶层的发展与贵族文化的形成

贵族阶层在形成之后作为统治阶级中一个特殊的社会阶层而在政治、经济、思想文化等各个方面长期居于统治地位。从中世纪到近代的历史发展过程中，"光荣革命"是一个重大的转折点，之前是国王为首、以贵族阶层为统治支柱的君主制，之后是以国王为象征、以贵族为统治支柱的君主立宪制。"光荣革命"前后，国王的政治地位发生了变化，但是贵族阶层的政治地位并无变化，不仅没有削弱而且还有所发展，甚至"光荣革命"的本身也是贵族发动的。革命后所创立的君主立宪制虽属于资本主义性质，但在形式和内容上却不同程度地带有封建主义特征。它存在的前提之一是承认并保留贵族的特权。在这种制度下，贵族与国王共存共荣，息息相关。贵族是君主制的热烈拥护者，国王是贵族爵位的敕封人；贵族居于社会金字塔的顶层，国王是金字塔的塔尖。很难设想，当时一个没有贵族的国家能保留一个国王；同样，没有君主的国度也不会保存贵族等级制。英国有产阶级长期保留君主和贵族的目的，是表明他们的阶级统治是不可改变的。对此，克洛克也是一语道破："没有国

---

[1] 阎照祥：《英国政治制度史》，人民出版社1999年版，第41页。

王，没有贵族，就没有社会制度中的不平等。"①"'光荣革命'主要是由土地贵族发动的，新政权建立后，俸禄和官职这些政治上的战利品理当在他们中间分配。在政变中扮演配角的资产阶级未获得内阁职位和议会议席，这就造成大地产者长期执掌国家政权的局面。不但在政府里，在议会里也是大地产者占首要地位。据载，在1701年下院的513名议员中，全部或部分代表土地贵族利益者竟达400多名。土地贵族始终控制着国家政权，为英国王权的保留提供了必要的阶级基础。"② 在"光荣革命"之前，没有国王就没有贵族，贵族是国王推行分封制的结果，国王是贵族阶层在政治上的总代表，逐步形成了以国王为首、以贵族阶层为主要成员的统治阶级，但在统治阶级内部，国王与贵族之间又形成了相互依存、对立统一的关系；在"光荣革命"之后，没有贵族就没有国王，正是贵族阶层的存在才保留了国王和君主，走上了君主立宪制的道路。在英国近代资产阶级革命的过程中，贵族阶层在政治、经济、文化上的统治地位不仅没有削弱反而得到了进一步的发展，这也是英国贵族阶层能在近代社会中长期存在的重要原因。甚至在工业资产阶级登上政治舞台之后，贵族阶层依然在国家的政治和经济中生活发挥着重大作用，1827年，托利党宣传家詹姆士·克洛克一言中的："在这个国家中，没有贵族的帮助，政府一无所能。"半个世纪后，恩格斯评论说："在英国，资产阶级从来没有掌握过全权。甚至1832年的胜利，也还是让土地贵族几乎独占了所有的高级职位。"③

"诺曼征服"到都铎王朝建立时的中世纪晚期是贵族阶层的重要发展时期，也是贵族文化不断发展成熟的重要阶段。贵族阶层不仅在经济上占有大量土地而具备雄厚的经济实力，而且要担任朝廷大臣和地方的行政及司法官员，后来还要接受国王征召出席议会以共商国是，因而需要贵族阶层必须接受教育而具备相应的文化知识；贵族阶层为维护自身的特权地位也需要掌握教育义化的制高点而彰显其与众不同，因而贵族阶

---

① 阎照祥：《英国政治制度史》，人民出版社1999年版，第277—278页。
② 同上书，第209页。
③ 《马克思恩格斯选集》（第3卷），人民出版社1995年版，第399页。

层特别注重自身及子女的教育,不仅要掌握渊博的知识,而且还要掌握近乎烦琐的家庭及社交礼仪,具有近乎苛求的审美情操及道德修养,形成令人向往、羡慕崇拜、推崇敬仰的绅士风度。在英国近代史上民主化的进程中,作为与等级制相联系的贵族制度不仅没有受到强烈的反对冲击,反而在英国社会上形成了一个尊崇贵族的社会风尚,其中一个原因就在于贵族阶层不仅在政治经济方面居于统治地位,更重要的原因是贵族阶层一直能掌握文化的制高点,注重自身的修养和德行,以高贵的品质、卓越的才能、杰出的成就、良好的行为、优雅的举止而成为世人所推崇的典范。正是贵族阶层对文化教育的重视和支持,英国较早地形成了系统的学校教育体系。中世纪晚期的公学及大学教育带有强烈的宗教色彩,基本为教会所管辖或垄断,所招收的对象主要是贵族子弟,很少招收平民百姓的子弟,教学内容多为宗教神学、圣经故事、祭祀礼拜、逻辑思辨等内容,而且教学语言主要是拉丁语和法语,这在语言上也限制了平民子女受教育的权利,特别在大学教育要负担昂贵的学费,也是一般的平民家庭所无力承担的,这就促使贵族阶层垄断了学校教育,成为文化知识的垄断者。牛津交通便利,附近物产富饶,且建有国王亨利二世的一个行宫,许多重要的会议都在这里召开,是重要的政治中心之一。从 11 世纪晚期时,就有学者在此聚众讲学,"埃坦庞斯的西奥巴德(Theobald of Etampes)曾在这里教过 60 或 100 名学生,不久之后,大约在 1133 年,罗伯特·普伦(R. Pullen)在此讲过神学课程。"[①] 1167 年,由于亨利二世与法国国王发生争执,与法国关系渐趋紧张,在柏克特(Beket)的号召下,一大批在巴黎求学的英国贵族子弟回到了英国,创办了牛津大学,当时主要从事经院哲学的教学与研究,并且得到教会的支持,使牛津逐渐成为英国的学术与文化中心。从牛津大学的创办过程也可以看出,牛津大学从一开始就具有贵族色彩,特别是诺曼王朝早期,刚刚来到不列颠的法国贵族依然眷恋故土,充满着法国情结,更熟知了解法国文化和教育,加之大陆上相对先进的文化教育,使许多贵族依然将子女送到法国求学或欧洲大陆游学。直到牛津大学创办起来之后,英

---

① 蒋孟引:《英国史》,中国社会科学出版社 1988 年版,第 154—155 页。

国才有了真正意义上的大学，1209年，牛津一名妇女被杀，风传为牛津大学学生所为，引发了学生与市民的严重冲突，为躲避市民对学校的报复冲击，大学师生撤离牛津，部分贵族子弟又前往巴黎求学，部分师生来到剑桥继续坚持教学活动，这就为成剑桥大学的前身，牛津大学被迫停办5年，最后在教皇和教会的过问下，约翰王始下令让牛津大学复课。

国王与贵族相互依存、对立统一的矛盾运动促进了贵族政治权力的发展及巩固。"诺曼征服"以后，在国王确立起封建体制的过程中，就一直存在着由世俗及教界贵族、近亲、大臣所组成的"贤人会议"，实质上成为封建政治体系中权力机关的萌芽，其主要职能就是国王与贵族商议国家大事、确定大政方针、制定法规制度、颁布政策法令等。因为贵族阶层所拥有的经济及军事力量，使国王不得不在"贤人会议"中主要依靠贵族阶层，这就使得中世纪英国封建的政治体制走上了等级君主制而不是君主专制的道路，贵族阶层成为封建政治体系中重要的组成部分并成为限制王权走向专制的重要力量，贵族是王权的合作者与拥护者，又是王权的限制者与对抗者，而且贵族的这种地位和权力逐步得到法理和机构上的保障。在法理方面就是以《大宪章》《牛津条例》为代表的一系列限制王权、保障贵族权利的法律性文件的制定和颁布，封建的政治体制中就具备一定的宪政因素；在机构上就是议会两院制的形成与发展，最终确立了贵族出席并独占议会上院的权力。贵族在各方面的权利不仅有了法律上的保障，而且有了组织机构上的保障，因而从中世纪晚期到近代的社会转型时期，贵族阶层所拥有的政治权力从总体趋势上来看是沿着加强的方向在前进。13世纪初，约翰王在位时期，对外承继"狮心王"理查对外战争政策与法国连年作战，但鲜有胜绩，导致丧师失地，特别是丢失了从威廉一世以来在法国保有的诺曼底以及安茹地区，被贵族和民众戏称为"失地王"。约翰王不甘失败企图再度发动战争夺回失地以雪前耻，要发动战争就要向贵族地主增收赋税，摊派兵役，结果战争很快又以失败而告终，激起了贵族、骑士以及平民的不满。1215年5月，贵族率先向约翰王发难，发布文件宣称不再效忠国王，紧接着爆发了民众反对国王的起义，坎特伯雷大主教兰顿也反对国王而支持反对国王的贵族和民众起义，同时积极与法王非力浦接触以寻求支持，结果贵族带领起义民众很快攻占了伦敦与国王对抗。国王走投无路只得同意与贵族谈判，僧俗两界贵族趁机展开了限制王权的斗争，试图以至高无上的永久性法律来限制国王的权力而保障自身的政治和经济权益，这就产生了英国历史上第一个具有重大宪政意义的法律文件——《大宪章》（Magna Carta）。1215年6月15日，在离温莎城堡不远的泰晤士河畔的兰尼米德（Runnymead），他们将拟定好的一份文件面呈国王要求国王签字同意，双方经过谈判和修订，6月19日，约翰王被迫在文件上签字并加盖印玺以示接受和同意。在国王签字的同时，25名男爵作为宪章的执行人也在其上签了字。英国政治史上一份重要的文件产生了，并将抄写的副本以快骑传送各地，由主教和王室指定的官员保管并昭示全国。

当时的《大宪章》有一个序言和63个条款，涉及的内容和范围极为广泛，之后内容多次被删订修改，甚至也曾被一度停止执行，但是其对后世最重要的影响不是当时的内容规定了什么，而在于其过程及通过有关的规定所衍生的人权及宪政原则，还有保障贵族政治和经济权益基本法理，成为贵族阶层长期存在并发展壮大的法律基础，这对于贵族文化的形成与发展有着极其重要的意义。《大宪章》是国王与贵族相互依存、对立统一关系发展的产物，虽不是议会政治的产物，但却为议会政治的发展成熟提供了思想源泉。尤为重要的是它规定了主要由贵族组成"大会议"的所具有的特殊权力，强调国王只有经过主要由贵族组成的"大会议"的同意才能向封建主征收额外的临时税或附加税。这说明了"大会议"拥有否决国王征税的权力，从而限制了王权，保障了贵族阶层的权力，置王权于"大会议"所制定的封建习惯法的约束之下。这就意味着"王在法下"，也就是国王必须遵守法律，国王的权力要受到法律的限制。这一法理思想为后来大多数西方国家所接受并发展，成为"法律高于一切，法律面前人人平等"这一基本法理原则的思想来源。《大宪章》的签订在实践上也意味国王如果恣意违法，臣民有权采取反抗措施强迫他遵从。此外，封建贵族在《大宪章》中提出了某些保障城市市民的若干权利，初次把市民阶层视为一种政治力量，也给予了自由农民某些法律保障，这就为后来英国议会力量的发展壮大及议会限制王权提供了基本的理论根据。在中世纪的历史上，尽管内容各异，存在并发挥作用的过程也时断时续，但国王曾先后30次发布内容各不相同的《大宪章》，充分说明了在国王与贵族之间是一种相依相存而又对立统一的关系，也反映了贵族阶层的力量在不断地发展壮大，这也是中世纪以来英国为什么没有走上君主专制道路的重要原因之一。在需要强化国家职能和意志的近代化过程中，英国走上了君主立宪制的道路，不是加强了君主的权力而是加强了立法机关与行政机关的权力，为集中而高效地贯彻国家的意志、提高行政效率，又辅之以责任内阁制，内阁不是对君主负责而是对立法机关负责，君主成为立法机关的组成部分又高于立法机关，是国家的象征，也是不列颠民族的宗教领袖和精神领袖。这种政治体制同样也加强了中央的权力，但不是加强了君主个人的权力，而是加强了一个政治组织的权力，从而使英国的政治体制具有开创性，在近代化的社会转型时期，不是走上了专制主义道路，而是走上了宪政与民主的道路。这条道路有效地避免了个人意志和独断专行控制整个国家机器，尽管行使民主的程序较之专制主义更为复杂低效，但却能够以集体的智慧和民主的力量管理国家，进行审慎而科学的决策。这种政治体制也更有利于团结融合各方面社会力量，使更多的人发挥建设的积极性与主动性，也可以较大限度地减少社会对立因素，维持社会的相对稳定、避免大规模的社会冲突与动荡，使传统与革新、保守与进步、改革与发展之间达到了有序而平稳地结合，使社会发展进程的自然连续性得到保证，财富与资本集中的进程也得到了保障。这一切都使拥有大量财富又有文化的贵族阶层得到了延续发展，并且始终作为制约专制主义的重要力量而在国家的政治生活中发挥重要作用，也是英国近代化进程中有别于其他国家的特征，成为英国在世界近代史上率先崛起的政治保障。民主与集中之间的平衡问题是一个政治体制获得成功的关键，近代大国发展的经验表明：一个缺乏民主的国家和一个缺乏集中的国家同样有害，两者之间的平衡问题是始终要重视解决的问题。在英国近代史上，这一平衡问题得到了妥善的解决，而在世界现代化史上，英国在民主的道路上不断前进，离民主与集中的平衡点越走越远，其负面影响早已经彰显，也成为不列颠帝国衰落的重要原因之一，这不得不让人们回顾历史，从先贤的智慧及历史经验中寻求启迪。由贵族阶层以《大宪章》等纲领性文件所铺就的宪政主义的基石,在当时的历史条件下,不得不承认它的重要性与进步性,特别是其所确立的"王在法下""法律高于一切""法律面前人人平等""保障人权"等法理精神,被后世许多国家重要的宪法性文件所继承和发展,诸如美国的《独立宣言》、法国的《人权宣言》等。其很多思想及法理精神至今依然闪耀着现实主义的光芒。

由贵族组成的"贤人会议""大会议"是英国议会的前身,而议会的形成与发展使贵族的政治权利得到了确认与巩固,是贵族阶层成长过程中又一重要里程碑,为贵族阶层分享并执掌政治权力奠定了组织基础。《大宪章》的内容虽经多次修改,但其基本的原则都规定:国王只有经过主要由贵族组成的"大会议"的同意才能向封建主征收额外的临时税或附加税。这说明了"大会议"拥有否决国王征税的权力,从而限制了王权,保障了贵族阶层的权力,置王权于"大会议"所制定的封建习惯法的约束之下。这就意味着"王在法下",也就是国王必须遵守法律,国王的权力要受到法律的限制。由此也可以看出"大会议"所具备的基本特征:主要由贵族阶层组成、通过国王征税等法案、限制国王的权力等。这些特征正是后来议会所具有的基本职能,"大会议"的召开及其职能的履行为议会的形成奠定了组织和实践基础。但是"大会议"和以前的"贤人会议"一样,依然具有咨议机构的性质,还不是近代意义上专门的立法机构,而且会议召开的时间也不经常固定,有着较大的随意性,国王依然可以按个人需要和意志来决定是否召开会议。

亨利三世年幼时,大权旁落入一小撮廷臣手中,成年亲政后主要依靠少数有法国血统的大贵族罗杰斯等人把持朝政,依然将许多大贵族排除于政权之外,只有在需要征税时才召开"大会议"。"大会议"和贵族阶层日益沦落为亨利三世的"摇钱树",这就激起了大贵族的强烈不满。1234年,大贵族以"清君侧"为名发动了叛乱,最后迫使亨利三世召开了"大会议"并在会上罢免了首席大臣罗杰斯及其数名同僚,任命贵族反对派领导人为"小会议"成员,开创了贵族逼迫国王更换朝廷大臣的先例,是贵族权力进一步加强的标志。历经这次事件,使"小会议"进一步具备了咨议机关的性质,促使着"大会议"性质的发展变化。1235年,贵族操控"大会议"通过了《默顿规约》(Statutes of Merton),该规约的本质和《大宪章》（Magna Carta）相类似，即对王权做出一定的限制，规定土地占有人及其继承人的权利。该规约很快成为英格兰的习惯法的基础，发展并维护着英格兰的土地法权概念，同时也是贵族阶层权力巩固与扩大的结果，也是议会形成与发展史上的重大事件。1237 年，在威斯敏斯特召开的"大会议"上，大贵族利用亨利三世所遇到的财政危机，再度迫使亨利向贵族让步，同意由贵族信赖并推荐的三名男爵进入"小会议"，这一切都表明"大会议"向立法和权力机关在转变过渡，其原有的咨议机构的性质已被"小会议"所取代。到 13 世纪 40 年代，接连发生的一系列政治事件使"大议会"最终完成了向议会的转变过渡。"在大贵族争取参政权的斗争中，大会议完成了从封建性机构向全国性政治机构的转变。到 13 世纪 40 年代，大会议在性能上已经与我们通常所说的议会没有多少区别。"[1] 而且在 13 世纪 40 年代时，在许多官方文件中都频繁出现了"议会"（Parliament）一词，这一概念的使用越来越普遍。在后世的编年史及历史文献中，可以看出亨利三世在位时期多次所召开的议会，其主要参加者就是贵族阶层，主要议题就是讨论通过国王征收税赋的提议、修订《大宪章》的主要内容及颁布确认、讨论审查政府大臣的人选、审议并通过国家的对外政策、进行司法审判等。

议会的召开虽然经常化和制度化，但是参加议会的主要成员并没有固定下来。贵族阶层是议会天然的成员，也是议会制度形成过程中的主要推动力量，因而是议会成员的主体。爱德华一世在位时期，每次参加议会的贵族人数并不固定，市民代表更是可有可无。"在爱德华一世召开的 52 届议会中，骑士出席 14 届，市民出席 11 届。通常只有需要征税和制定涉及平民利益的法规时才邀请平民代表参加……那时议会宣召令明确申明，邀请贵族参加是为与国王共商国是，召集平民参加则是为讨论特殊事宜。"[2] 在多数情况下，教俗贵族都占了绝大部分，两院制的议会制度依然处于形成之中。教会贵族人数相对稳定，一般有大主教 2 人，

---

[1] 程汉大：《英国政治制度史》，中国社会科学出版社 1999 年版，第 83 页。
[2] 程汉大：《文化传统与政治变革——英国议会制度》，辽宁大学出版社 1996 年版，第 93 页。

主教19人，修道院院长为了逃避税赋经常借故缺席议会，因而参加议会的人数也不固定且呈日益减少之势。爱德华一世时期大约为85人，而到爱德华二世在位时期（1307—1327年）减少为27人。参加议会的世俗贵族的人数有着较大的变化，召集哪些贵族参加主要凭国王个人意志来决定和征召，少则几十人，多则上百人。在爱德华二世在位时期，世俗贵族逐步由广义世俗贵族开始向狭义世俗贵族转变，贵族专指接受国王封赐而有爵位的人，参加议会的世俗贵族的人数也开始固定，大致稳定在80—100人之间。这一时期封建的生产关系日趋瓦解，封建的庄园制度也走向解体，随着货币地租普遍流行，商品货币经济发展了起来，城市也出现了勃兴景象，而且很多城市都属于自治城市。市民阶层控制着城市的经济命脉，所承担的税赋在国家的财政收入中所占的比例逐步提高，其经济和社会地位也愈来愈加突出，成为国家政治生活中不可或缺的力量。特别是在国王需要向市民阶层增加税赋时，需征得他们的同意和支持，这就需要让市民阶层进入议会参与协商讨论。另外，随着市民阶层力量的发展壮大，在国王与贵族之间又出现了另外一支新生的社会力量，而且这支社会力量代表着新的生产关系的萌芽和发展，具有无比强大的生命力，国王与贵族之间的两点所构成的"直线关系"变成了三点之间的"三角关系"。市民阶层成为国王与贵族博弈过程中竞相拉拢的砝码，而从以后英国历史进程来看，贵族阶层与市民阶层的距离不断拉近，不仅加快了市民阶层正式进入议会的步伐及两院制议会形成的进程，对于贵族阶层自身的发展也产生了重要影响，诸如贵族的资产阶级化，也就是所谓的新贵族，在英国内战和"光荣革命"过程中都发挥了重要作用。1325年以后，"无平民代表即可召开议会的时代最终结束，平民代表像贵族一样，成为议会不可缺少的组成部分。"[①] 这不仅为平民院，即议会下院的正式建立奠定了基础，而且也推动了贵族院，也就是议会上院的正式建立。14世纪40年代初的几届议会召开时，平民和骑士代表逐步分为一组议事，教俗贵族分为一组议事，贵族和平民分为两院，两院制最终

---

① 程汉大：《文化传统与政治变革——英国议会制度》，辽宁大学出版社1996年版，第94页。

第八章　英国贵族文化与社会风尚　433

形成。这种划分不仅是经济与社会地位的划分，也是一种政治与文化的划分。贵族阶层不仅拥有雄厚的经济实力，而且大多有着良好的文化教养，素怀出身与等级观念，瞧不起出身低微，接受文化教育程度较低的平民阶层，更倾向于分开议事，特别是在涉及有关贵族问题时，认为平民代表无权对贵族说三道四，从而贵族在开会讨论时离开与平民代表共同议事的壁画大厅，在王宫的白色厅堂另行聚集议事，两院制最终得到确立。议会两院形成后，上院地位明显重要。上院贵族具有协助国王管理国家的责任，可参议政府要事，并且他们所在上院还是最高上诉法院，拥有高级司法裁判权，可审理全国下级法院的上诉案件，审理贵族叛国罪和其他重罪。下院虽因经济实力的增长而权限扩充，但群体地位仍在下院之下，甚至在下院内部，拥有末级封臣资格的骑士也总是认为其地位高于平民，可优先出任下院议长，而市民代表因社会地位有限，多是谦恭有礼，低声下气。[①]

在"光荣革命"之前，两院并非权力对等的平行机构，贵族院的地位和权力均要高于平民院。在立法方面，平民院提出的法案要经过贵族院的认可或同意才能呈送国王签署生效，而且贵族院还有权利对法案进行修改。在议会形成过程之中，又形成了另外一个极为重要的国家机关——宫廷会议，也就是都铎王朝枢密院的前身。宫廷会议起到了摄政委员会的作用，其主要成员如首席大法官、首席大臣、王室总监、财政大臣等几乎全部是贵族。因而两院制的形成并没有削弱贵族的政治权力和经济地位，市民阶层特别是大商人和手工工场主因为进入平民院而更愿意承担税赋负担，实际上分担了以前由贵族阶层单独所承担的赋税，贵族的经济负担为之大为减轻，而且从税赋来源上，由市民阶层所承担的税赋并非间接来自贵族地主所拥有的土地，而是来源于日益兴起的商业和手工业。平民院实则成了国王的又一个"钱袋子"，而且在形成的初期并没有分享多少政治权力。当然总体而言，随着资本主义工商业的发展，市民阶层的发展壮大，平民院的权力依然在逐步扩大；贵族院则成为维护贵族经济利益和政治权力的机构。贵族在分院议事的过程中可以

[①] 阎照祥：《英国政治制度史》，人民出版社1999年版，第55页。

有效地协调意见,弥合分歧,加强团结,有效地增强贵族阶层的整体力量,还可以利用与平民同处议会的关系而加强同平民阶层的联系,以增强自己的政治实力以及同国王进行斗争的筹码。在中世纪晚期议会的创制时期,尽管市民阶层得以跻身议会,但是不仅没有削弱贵族阶层的权力,反而从经济上减轻了贵族阶层的赋税负担,在政治上形成了一定的同盟关系,从而使贵族阶层在各方面的力量得以继续发展。平民与贵族两大阶层并没有形成不可调和的矛盾,因为议会这一机构的建立反而使两大阶层有了沟通意见、缓和矛盾、协调立场的场所,这也是英国贵族阶层在近代能够长期绵延并执掌国家权柄的重要因素之一。

议会平民院和贵族院的矛盾始终没有成为英国政治矛盾中的主要矛盾,反而是议会与国王的矛盾却一度激化,导致了具有资产阶级革命性质的内战的爆发,但是平民并没有将斗争的主要矛头指向议会,而是指向了国王,贵族与平民阶层以议会作为机关共同领导民众反对具有专制主义倾向的国王,捍卫议会固有的权力。两院统一于国家权力机关之中,相依相成又对立统一,在矛盾运动中互相支持又互相制约,共同推动着英国民主与法制的进程,有效地遏制了独裁与专制力量,最终走向了君主立宪的政治体制。"英国政体实有优越之处,它使各方面互相牵制,在立法机构中,人民牵制贵族,贵族牵制人民。两院则防止行政机构越权……就这样,我们国家机器的各个部分,支持着其他方面而又得到其他方面支持,控制着其他方面而又被其他方面所控制……,好像三种权限不同的修理工,他们在各自不同方面,各尽其职,协力发动机器。"① 经济史学家克里斯托夫·格拉曼指出:"商业社会色彩较重的荷兰是沿着将国家政府的权力降低至最小限度的方向发展;在绝对主义专制色彩较重的欧洲大陆国家的政府,则以国家利益与封建王朝的利益以及对财政的关心作为国家经济政策的重心;而在英国,政府将私人利益与公共利益并重,从而使英国国家政权与平民之间取得了一种也许比其他任何国

---

① 阎照祥:《英国政治制度史》,人民出版社1999年版,第210页。

家都更为协调的关系。"①

由议会的形成过程来看，显然是贵族与国王相互依存、对立统一关系进一步矛盾运动的结果，也是贵族阶层政治经济等各方面权力得以继续扩大的过程，贵族的各方面权利不仅通过立法的形式得到了法律上的保障，而且有了组织机构上的保障。议会的形成也是封建国家机关职能进一步发展，中央权力得到加强的表现。中央权力的加强不是沿着加强君主权力的单线在发展，而是沿着既加强君主权力，又加强国家各个机关的分工和职能的双轨制道路在前进。国家权力的运作方式形成了分工合作，互相监督的宪政模式。贵族阶层的权力得到了加强与巩固，并且得到了法律和机构上的保障，但是并不意味着国王权力就遭到了削弱。"大会议"尽管发展演变成了国家的权力机关，但是却形成了具有咨议与枢密院性质的"小会议"，而且贵族在多次斗争中所提出的要求就是进入"小会议"，这正是国王权力得到加强而不是削弱的标志。与其说国王与贵族的博弈是此消彼长的一得一失，倒不如说是共生共长的互相共赢。从相互依存、对立统一的关系出发，没有国王就没有贵族，反之亦可成立。贵族权力的巩固与加强，从某种意义上而言就是国王权力的加强。事实上，中世纪晚期到"光荣革命"的近代转折点上，英国同法国等其他西欧国家一样，中央以及君主的权力都是朝着加强而不是削弱的方向在发展。在此过程中，贵族阶层自然是最大的受益者，其政治和经济权利从国家机构的最高权力机关上得到了确认，制约甚至是决定了中世纪到近代以来英国政治体制的发展方向。没有一个强大的贵族阶层，也就没有英国后来的君主立宪的政治体制。议会的形成使一个经济上拥有雄厚经济实力、政治上握有大权、文化上又掌握制高点的贵族阶层得到了更好的发展机遇，从而这一阶层具有了强大的生命力。

近代英国贵族长期控制国家政权，还同该国有产者内部阶级力量对比有关。18世纪中叶之前，英国还是一个农业国，资产阶级中的大商人和金融家人数较少，其经济实力难与贵族地主抗衡。工业资产阶级的前

---

① [意]卡洛·M. 奇波拉主编：《欧洲经济史——十六和十七世纪》（第二卷），贝昱、张菁等译，商务印书馆1988年版，第448页。

身——工厂企业主大多从事小规模生产，尚未积聚可观财产，无资格参与国家政权，只得听任土地贵族垄断政府职位和议会席位。18世纪中期之后，英国开始了工业革命，随着生产力的发展，工场企业主演变成为工厂资本家，新的阶级意识逐渐形成。但在工业革命前期，他们的力量仍不强大，在社会阶梯上仅属于"中等阶级"，掌权意识也不强烈。况且，工业资产阶级作为暴发户通常没有受过很好的教育，不能在重要场合扮演政治家的角色，只好把高级职位让于那些曾在牛津大学和剑桥大学受过"通才教育"的贵族。① 恩格斯也曾指出："英国的资产者怎么能没有本国的贵族呢？因为是贵族教他们像贵族那样待人接物，替他们开创新风气，为他们提供陆军军官以维持国内秩序，提供海军军官以夺取殖民地和新的海外市场。"② 除上述原因外，英国贵族集团颇为灵活的统治策略和贵族阶级本身的开放性特点也有助于贵族制度的长久存在。在经济上，他们在多数情况下注意维护资产阶级的利益或实行若干让步政策，调整有产阶级内部矛盾。况且英国贵族虽有大宗地产，但同欧洲大陆贵族相比较经济特权甚少。最突出的是他们必须交纳直接税，不得承包税收，这就将其置于与资产阶级同等的地位，使其他有产者少有怨气。在政治方面，英国贵族虽然维护某些传统特权，但始终坚持资本主义国体，并在法律上予以确认。③

三　贵族文化的主要表现形式

贵族与土地与生俱来，是土地被分封的产物，没有无土地的贵族，贵族甚至可以称为贵族地主，即贵族一般都是地主。在农业经济时代，土地不仅是人类生存的根本，也是最重要的社会财富，拥有土地就会拥有一切，拥有土地的多寡及与王室的关系，决定了其经济地位和政治权力的大小，由此而逐步形成了贵族等级制。随着"五级"贵族爵位制的形成和完善，广义的世俗贵族开始向狭义的世俗贵族过渡，贵族专指经

---

① 阎照祥：《英国政治制度史》，人民出版社1999年版，第282页。
② ［英］恩格斯：《社会主义从空想到科学的发展》，《马克思恩格斯选集》（第3卷）人民出版社1995年版，第711页。
③ 阎照祥：《英国政治制度史》，人民出版社1999年版，第282—283页。

过国王封赐而具有明确爵位的人，同时也是议会贵族院当然的成员。这些人数不多的爵位贵族各有神通，大多拥有广袤的地产、显赫的家世、卓越的才能等，或者与国王沾亲带故，与王室有着亲密的关系，或者建有战功，为王室和国家立下了汗马功劳，或者在某一方面有着杰出的成就，做出了突出贡献而受到人们的尊崇与敬仰。总之，贵族阶层的成员大多是社会精英，代表了当时社会主流的价值取向，不仅掌控着大量的社会财富，而且拥有国王封赐并受国家权力认可和保护的爵位，并且这种爵位可以世代相袭。为保证贵族爵位世代相延，在风云变幻的沧桑岁月中永葆荣华富贵，贵族家庭总是竭力避免财产特别是地产的分散，除实行严格的长子继承制之外，还非常重视对子女的教育，充分利用社会上最先进的教育资源来培养子女，使爵位的继承者人才辈出，使不能继承爵位的子女也具备承袭爵位的竞争能力。"一夜之间可以造就一个百万富翁，但是要培养一个贵族却要三代人的努力。"这句广为流传的谚语也充分说明仅仅拥有巨额的财富并不能成为贵族，也说明了贵族对文化和教育的重视。贵族不仅是"富"的象征，更是"贵"的代言人，这种"贵"并非单指高贵的社会地位，而是贵族阶层掌握着文化的制高点，是一种文化的积淀与传承。这种"贵"也指身受良好的教育，具备渊博的知识、杰出的才能、高尚的道德、良好的风貌、文明的行为、优雅的举止等，还具备强烈的忠君爱国意识、承担时代使命的担当意识、锐意进取的拼搏意识、领导与服务民众的责任意识等，而且这些可贵的品质成为一种特殊的精神品质，深深地渗透到骨子里面，成为行为习惯和做人处事的自然规范，不需要刻意地去遵守，而是一种自然而然地表现。没有一个都铎贵族希望不受王室影响地在政治上统治地方。英格兰贵族缺乏独立性这一点特别明显，这样的结果就使英国法制体系中央集权化的趋势特别稳固。"一个到访都铎王朝的威尼斯人留下了这样的记载，法国的贵族在他的领地内拥有绝对的权威，然后英国的贵族却鲜有要塞和城堡，对领地内的民众也没有司法审判权。"[1]

这些高贵的品质并非生理血统上的遗传，但却是文化的积淀与传承，

---

[1] David Scott, *The Rise of Britain as a World Power*, Published by Harper Press, 2013, p. 22.

是贵族家庭重视文化与教育的结果,特别是将良好的家庭教育与社会上的精英教育结合起来,许多贵族家庭还将子女送往欧洲大陆的宫廷或贵族学校进行多年的游学,从而养成贵族阶层高贵的品质,成为贵族文化与绅士风度必不可少的构成元素。18世纪中期,英国贵族教育普遍建立起了大游学制度,这是仿效法国、德国、意大利、俄国、西班牙、波兰等国贵族们在年轻时所实行的游学方式。他们在欧洲国家交叉穿梭,通常进行三年以上的学习时间,这需要花费大笔的资金。他们参观访问外国的王室、朝廷、城市、家庭和沙龙。游学的目的除了愉悦身心之外,也是塑造个人品质的重要途径,同时培养良好的交流和处事方式、增长阅历见识、增强其对艺术的感悟力、养成良好的性格和习惯。还有并非不重要的一点,那就是增强外语的流利程度,特别是法语。法国交往的风范和模式被普遍尊崇为交流来往的样板,这是成为职业外交官必备的基本条件。法国对英国贵族子弟也有着难以抵制的吸引力。正如明盖所观察到的,法国是大陆游学的中心,在法国游学完之后,贵族子弟通常通过日内瓦和费内前往意大利,之后才到其他国家。接下来主要是到德国和荷兰进行短期的访问学习。[1]

贵族文化首先表现为一种对土地的珍视与土地价值的认同。贵族的爵位与特权之所以得以世代沿袭,其中一个最重要的支撑性因素是贵族所占有的土地的沿袭。"占有土地是贵族社会、政治和经济地位的根基"[2]特别是在农业经济时代,土地是最重要和最安全稳定的社会财富,承载着人类衣食的源泉和生产生活的根本,也是社会主流价值观所推崇的最重要的目标。国王封赐贵族的一个重要条件就是必须要拥有一定数量的土地,因而在工商业中积累起巨额财富的工场主和商人,大多还要买田置地,将土地作为财富最可靠的贮存方式,又作为社会地位上升的阶梯。"在贵族的自我意识中,土地是重要的,在他们要呈现给别人的形象中,土地也是关键的因素。土地的象征作用与其经济作用同样重要。正像保

---

[1] Gerald Newman, *The Rise of English Nationalism*, Published by Macmillan Press Ltd., 1997, pp. 12-13.

[2] 舒小昀:《分化与整合:1688—1783年英国社会结构分析》,南京大学出版社2003年版,第62页。

守派人士所强调的那样，土地拥有其他财富形式所缺乏的稳定性。土地与贵族家族的命运是紧密相连的。"① 贵族不仅要竭力避免土地在经营和继承中出现分散情况而导致的相对数量的减少，还要想方设法不断扩大自己所拥有的地产，增加所拥有土地的绝对数量。在整个社会的各个阶层中，没有人比贵族阶层更加珍视土地。"土地几乎是贵族后代继承权利的唯一保障，它可以保障家族姓氏与财产的传承、孀妇继承的遗产、女儿们的嫁妆、幼子们的现金赏赐和生活津贴。土地对贵族的价值不仅在于它是收入的来源，而且在于它还是一种信用担保物。几个世纪以来，土地一直是借贷的抵押品，最初这是有风险的，因为缺乏对抵押品赎回权的法律保护，但到1700年出现了另一种出售地产以筹措资金的安全手段。土地一直占据社会优势的另一个重要原因，它一直是政治影响的主要源泉。因此，只要土地保持其在权力结构中的这种重要作用，它就将作为身份地位的标志而占据优势地位。"② 对英国土地所进行的所谓新末日调查表明："1873年英国的五分之四的土地归7000人所有，其中主要是贵族。"③ 英国贵族占有广袤的地产，从而拥有在其地产上从事各种经济活动的控制权，诸如发展农业、畜牧业、商业、采伐森林、开采矿山、扩张城市等。地产不仅是他们主要的收入来源，还成为最稳定最安全的财产形式，也是资金筹集和借贷行为中最常使用而且最令债权人放心的抵押品。贵族占有的地产也参与金融业的活动，成为国家经济活动中隐性的基础，因而英国的贵族能够较长时期的掌控国家的经济命脉，参与国家的政治活动，掌握议会上院的话语权。18世纪著名的托利派政治家博林布罗克曾把英国国家政权比作一艘巨舟，而"拥有地产的人是我们政治之舟的真正船主，而那些经营货币的人只不过是船上的乘客而已"。④作为财富的主要来源之一，土地几乎是能够保证权力长久的唯一途径。

圈地运动兴起后，贵族阶层是最主要的圈地者。在都铎时期的圈地

---

① 姜德福：《社会变迁中的贵族》，商务印书馆2004年版，第151页。
② 同上书，第152页。
③ ［英］阿萨·勃里格斯：《英国社会史》，陈叔平等译，中国人民大学出版社1991年版，第277页。
④ 姜德福：《社会变迁中的贵族》，商务印书馆2004年版，第XV页。

进程中，贵族地主虽然人数不多，但圈地的数量却超过了任何一个阶层。因为贵族阶层不仅拥有雄厚的经济实力，还把持了从中央到地方的政权，享有各种政治、经济、司法、文化等各项特权，在社会中始终居于优势地位。"贵族同意圈地、推动圈地、为圈地提供资金，是圈地运动中的关键人物。在所有合法的圈地中，贵族的同意是必不可少的前提条件。而贵族之所以经常鼓吹和推动圈地，是因为圈地给他们带来了明显的利益。"① 他们以"协议折换""出资购买"等各种方式来圈占耕地，或者是强迫农民退佃，或者是等待租约期满即把土地收回。有的地方贵族地主还通过彼此间的协议将公用土地据为己有。

拥有土地是身份和地位的象征，但拥有土地并非贵族阶层的终极目标。其终极目标是努力经营土地，使地尽其利，充分挖掘利用土地资源，创造出更多的财富。贵族地主一般都会挑选得力可靠的若干个土地代理人帮助其经营地产，处理与土地及农业生产相关的各项事宜，但这并不意味着贵族地主就对土地与农业生产漠不关心。相反，贵族地主不仅视土地为自己政治经济地位的根本，而且非常重视土地的经营和管理，贵族不仅通过精确的地产测量来掌握关于地产的详细资料，对地产的收益做到心中有数，他们还亲自管理自己的事务，在这件事上兢兢业业。正如谢尔本勋爵在18世纪指出的，"最愚昧的地主的眼睛也会像巫师的眼睛一样紧紧盯着他的代理人"。② 这一时期最为成功的大地主——第一代斯潘塞勋爵、第一代布鲁德内尔勋爵、第九代诺森伯兰勋爵、第一代德文郡伯爵——在书信、备忘录、旁注、对账簿的建议中都留下了足够的证据，证明他本人直接管理自己的事务。③

土地是贵族阶层的根本，与土地密切相关的农业和畜牧业是最早展现贵族文化的舞台。贵族阶层在农业及畜牧业生产技术变革的领域里也不甘落后，尤其在农业领域里能身先士卒，率先垂范，积极推广先进的农牧业生产技术，充当技术变革的领衔人物。贵族阶层不仅在自己的地

---

① 姜德福：《社会变迁中的贵族》，商务印书馆2004年版，第196—197页。
② Lawrence Stone, *The Crisis of the Aristocracy* 1558 – 1641, Oxford University Press, 1980, p. 158.
③ 姜德福：《社会变迁中的贵族》，商务印书馆2004年版，第158页。

产上排干沼泽、兴修水利，改良土壤，进行农牧业生产技术的改革和实验，还利用雄厚的经济实力和较强的社会影响力创办或赞助农业研究机构，举办农业展览会，积极推动农业技术的进步。早在16世纪上半叶，贵族中一些富有远见的代表人物就开始进行农业改革。在这些人中，有塞西尔、拉塞尔、沃里克、肯特伯爵、巴特伯爵、斯宾塞、诺尔杜培尔莱特公爵等人。到"光荣革命"前后，英国贵族开始创办带有示范性质的"家内农场"。到18世纪，出现了一批贵族农业改革家。18世纪20年代，萨默塞特公爵根据自己的经验撰写农业改革的专题说明书，要求其租佃人参照执行。1757年，第二代埃格里蒙特伯爵亲自主持所属地产上的改革事务。18世纪末，贝德福德公爵建立起模范牧场，培育优质绵羊，被称为"创立新型农业体系的先驱者"。同期的纽卡斯尔公爵、波特兰公爵、罗金厄姆侯爵等，也因为经营农场被誉为"第一流的农场主"。[①]1754年，一批贵族为推动英国的农业改革和技术发明，建立了"皇家农艺学会"，福克斯通子爵任首任会长。1793年，另一大型团体"英国农业理事会"建立，英格兰贵族农业发明家约翰·辛克莱尔任理事长，其余30位理事中有3名公爵、1名侯爵、7名伯爵和3名男爵。[②]他们的改革行为在很大程度上推动了英国农业的发展与进步。英国贵族汤森勋爵，他曾做过驻荷兰大使，英格兰和苏格兰合并的谈判者，以后又担任过同法国订立合约的谈判者，爱尔兰总督，曾经两次出任国务大臣，还担任过枢密院院长。他于1730年告别政治舞台后回到诺福克郡的雷恩哈姆地产上躬耕田园。这个地方原本是一块广阔的荒地，不是沙石便是沼泽，瘠薄荒芜，草木稀疏。但是汤森勋爵没有畏难退缩，他排干沼泽、改良土壤、引进新的农作物品种，改良农业生产技术，实践新的轮作方法，既不耗竭地力也不让土地荒休。不到几年，他便把一个荒芜贫瘠的地区变为王国中最繁荣的地区之一，从而开一代风气之先，使诺福克郡重视发展农业的地主贵族日渐增多。"邻近的地主都仿照他的榜样，在三十年内，即从1730至1760年，整个诺福克郡中的地价增涨到十倍。温特伍斯

[①] 姜德福：《社会变迁中的贵族》，商务印书馆2004年版，第157页。
[②] 阎照祥：《英国贵族史》，人民出版社2000年版，第244页。

的罗金哈姆侯爵、沃伯恩的贝德福公爵、佩特伍斯的埃格雷蒙特勋爵,埃塞克斯郡的克莱尔勋爵,还有其他人等如卡思卡特勋爵和哈利法克斯勋爵,都起了同样的作用,并且他们也有许许多多的模仿者。不久,这便成为普遍的风气,每个绅士都亲自指导其土地的开发。前一代贵族只对狩猎感兴趣,仅仅谈论马和犬;这一代则谈论肥料、排水、轮种、苜蓿、紫花苜蓿和萝卜……1760 年左右,几个大贵族所引起的刺激已经传遍了全国。"① 更多进步的农场主也加入了到通过变革农业生产技术来增加土地收益的农业改革者的行列中,并且取得了显著的成效。阿瑟·杨曾指出,当时"英国的农业整体上被一种良好的进取精神所支配而与日俱进。"② 贵族阶层珍视土地、重视农业、勇于实践、推行技术改革的精神,正是贵族文化的组成部分。

贵族地主不仅积极改革农牧业生产技术,提高农牧业生产效率,而且还非常重视兴修水利工程,改善农牧业生产环境,增加可垦殖的土地面积,在排干沼泽工程中发挥了组织带头作用。排干沼泽需要大量的资金,精确的工程规划,较长时间的施工过程,同时还要得到沼泽地区佃农或居民的同意,有效地消除社会上的不同意见甚至是反抗力量,在排干沼泽后还要对土壤进行长期的改良,而有条件、有能力组织实施如此庞大复杂工程的只有贵族地主。"而作为沼泽地区的大地主,他们必然从排干沼泽中直接获利。他们在地方的巨大势力,使他们在动员乡绅和对反抗的沼泽地居民施加压力中发挥了关键作用。他们的社会地位使他们成为同国王进行谈判的最合适的代言人。他们还可以用自己的地产为这些有一定风险的投资进行筹资提供担保。"③ 排干沼泽这项巨大的工程开始于哈特菲尔德沼泽,工程所需的大笔资金是由贝宁子爵提供的。最大的排干沼泽工程是排干 30.7 万英亩的"大沼泽"。这一工程的合同是由第四代贝德福德伯爵牵头组织的一个组织。在 17 世纪 30 年代的这项工程

---

① [法] 保尔·芒图:《十八世纪产业革命——英国近代大工业初期的概况》,杨人楩、陈希秦等译,商务印书馆 1983 年版,第 126—127 页。
② D. B. Horn and Mary Ransome, *English Historical Documents Volume* Ⅶ 1714–1783, London: Routledge, 1957, p. 428.
③ 姜德福:《社会变迁中的贵族》,商务印书馆 2004 年版,第 154—155 页。

里，贝德福德伯爵绝不仅仅是一个拥有爵位的挂名首脑，而是一个积极的领导人，同时还是 20 份股份中的 3 份的持有者。据说这一工程总共要投资 10 万英镑，这意味着贝德福德伯爵的投资额为 1.5 万英镑。其他股东中还包括：博林布鲁克伯爵等一些显赫的贵族、官员和大地主。贝德福德伯爵因其所持有的股份获得了 1.2 万英亩的土地。1641 年贝德福德伯爵从这里获得了大约 1000 镑的收益，1660—1662 年间每年获得大约 5000 镑的收益。尽管这其中有可能部分是罚金，但在这两年里，上述沼泽的产值在贝德福德的总土地收入中占到了三分之一。[①]

贵族文化还表现为一种开拓进取的精神。贵族阶层以土地为其活动的根本，但并没有故步自封，墨守成规，其活动的舞台并不囿于土地，而是以土地为核心向多方面渗透。贵族阶层积极从事或资助科学研究、文化事业、海外探险、对外贸易和殖民扩张，投资于矿山开采、工场企业、银行金融、城市建设、房地产买卖和租赁等行业。在多元化的经济活动中，贵族阶层除获得大量的经济利益而外，更重要的是确立了与时俱进的时代精神，在社会变革的大潮中能够激流勇进，走在时代前列，担当时代使命，在历史的发展进步过程中发挥重要作用。具有现代经济头脑的英国贵族未把自己束缚在农牧场里。他们在资本主义利润的吸引下，投身其他领域，在工业化商业化的新天地中大显身手。与地产密不可分的矿业是贵族地主最感兴趣的工业部门。矿业发展对交通运输提出了更高的要求，交通运输业很快成为贵族地主感兴趣的又一重要部门。[②] 早在 15 世纪，土地就已经不再是英国贵族经济活动的全部内容了，他们还拥有森林、煤矿、磨坊、酿酒厂等。虽然这些都源于他们对土地的所有权，但是这些经济活动又都不是纯粹的农业活动。16 世纪以后，英国贵族的经济活动更加多样化。在此期间，贵族的经济注意力不再仅仅专注于土地了，他们越来越多地参与其他形式的经济活动。"贵族投资于航海事业并不是什么新鲜事，中世纪晚期就有一些贵族从事航运业。1585

---

① Lawrence Stone, *The Crisis of the Aristocracy 1558 – 1641*, Oxford University Press, 1980, pp. 170 – 171.

② 阎照祥：《英国政治制度史》，人民出版社 1999 年版，第 278—279 页。

年以前，贵族们对深海捕鱼、探险、开辟新的贸易航线很感兴趣。至少在1574年，施鲁斯伯里伯爵乔治就拥有了'巴克·塔尔伯特'号船，他唯一进行的有记载的商业航行是两次纽芬兰之行，有可能是为了获得鳕鱼。莱斯特伯爵罗伯特·达德利拥有载重量400吨的'嘉林·莱斯特'号船，这艘船是1582年芬顿的流产的东印度之行的旗舰，1585年参加了由德雷克率领的探险航行，1588年参加了抗击'无敌舰队'的战斗。同一年伯爵去世时，这条船的官方价格是1500镑。"[1] 此时，贵族的思想观念和习俗开始发生变化，而且可供他们涉足的经济领域也日渐增多。[2] 1548年，伦敦的一些商人成立了"商人企业家协会"，主要的发起和领导者是小卡博特，诺森伯兰公爵达德利，还有地理学家约翰·迪等。其目的是探索人们尚未发现的航线、地域及国家，并通过海上航线到达人们还未到达过的地区。当然首要和直接的目的是向东北方向开辟到亚洲去的新航线。"商人企业家协会"所组织的探险活动最终促成了莫斯科公司的成立，使英国走出了传统的贸易范围，与俄罗斯发展起了直接的贸易联系，获得了北欧及俄罗斯境内所出产的木材、大麻、蜂蜡、兽脂、毛皮等珍贵物产，使英国造船业得到了必需的原料，这对于英国扩大海上活动，发展海外贸易，最终成长为海上强国都有一定的积极作用。尽管该公司在新航路的开辟方面并未达到预期到达中国的目的，但也扩大了英国人活动的地域范围，增进了已知世界的地理知识，从实践上排除了一条不可能到达东方的航线。1581年，土耳其公司成立时，上自女王和许多贵族，下至地方官员及富商大贾，都积极支持公司的各项活动并要求投资入股。女王本人就以贷款的形式向公司投资4万英镑，公司在开始起步时就有了雄厚的资金，总资本达到了8万多英镑，由于受到王室和政府的支持，土耳其公司贸易业务运转良好，获利颇丰。土耳其公司后来和威尼斯公司合并成立了利凡特公司，贵族在其中占有相当多的股份。1600年东印度公司成立时，其主要投资入股者就是以贵族为首的包括富有商人和市民、手工业工场主、乡村占有大量土地的乡绅等阶层，

---

[1] 姜德福：《社会变迁中的贵族》，商务印书馆2004年版，第166页。
[2] 同上书，第150—151页。

诸如利凡特公司的商人爱德华·奥斯博尼爵士及理查德·斯蒂波顿，威灵顿公爵亚瑟·韦尔兹利等人。在东印度公司刚起步不久，资产就达到了 50 万英镑，很快发展为英国第一大特许贸易公司。在公司成立后的 30 年时间里，公司就筹集到了近 300 万英镑的资金。在东印度公司入股成为当时最可靠最赚钱的投资渠道，使公司积聚的资本数越来越多。1660 年，公司分配给股东的红利达到了 20%，到 1665 年上升到了 40%，1685—1689 年实际达到了 50%。[①] 正是这些商业贸易公司，在海上探险和对外贸易的过程中，为维护和扩大贸易而肩负起了对外贸易和殖民扩张的双重使命，发挥了殖民先锋的作用，推动着"日不落帝国"在世界范围内的建立。

在英国社会的转型时期，贵族阶层并没有在时代的巨变中走向腐朽没落，而是凭借固有的政治和经济优势勇敢地迎接挑战，顺应历史发展的潮流，因势而动，抢抓机遇，变压力为动力，在改良土壤、兴修水利、排干沼泽、圈地运动、农业革命等提高农牧业生产技术方面总是走在时代的前列。积极开拓、与时俱进、勇于变革成为英国贵族文化的重要特征。贵族阶层并非唯利是图、落后保守、骄奢淫逸的没落阶层，而是在政治、经济、文化上始终能占据制高点，成为社会变革浪潮中不可撼动的压舱石，有力地保证了社会的稳定持续发展，从而使英国的贵族阶层在近代化的浪潮中能够处乱不惊，从容应对，经久不衰，在近代的舞台上能够继续焕发出耀眼的光芒，在世界近现代史上也能够独树一帜，特色独具。贵族阶层不仅在政治上积极参与或掌握中央到地方的政权，而且在经济上能够与时俱进，巩固并提高自己的经济地位，变革其土地占有及经营的方式，积极投身于变革的洪流之中，采用资本主义的生产关系亦农亦工或亦农亦商，使土地由以前封建的经济基础转变成为资本，自身也成为资产阶级化的新贵族。新贵族不仅占据固有的社会资源，而且通过采用新的生产关系不断拓展所占有的资源空间，强化自身的优势地位，由以前封建的堡垒转变成为新的生产力的代表者，与新兴资产阶级的利益渐趋一致。"土地依然是权力的主要来源，贵族不断努力提高自

[①] C. H. Philips, *The East India Company* 1600－1858, London: Routledge, 1961, p. 48.

身的经济地位,他们在某些情况下也能增加自身的财富。例如,开采煤铁等地下资源,修建运河,尤其是在城镇从事地产交易。1772年,布里奇沃特修筑运河时,要穿过布鲁克伯爵的一块土地,这块土地当年价值268英镑,公爵愿以315英镑购买,双方就这片土地转让事宜争执不下,此事争吵长达4年之久,最后双方终于以2000英镑的合理价格成交。"[1]

新贵族没有沦落为资产阶级的革命对象,反而与资产阶级在经济和政治方面结成了同盟军,成为经济社会发展的推动力量。大量事实证明,在近代绝大部分时间里,英国贵族阶级能够适应本国资本主义发展趋势,不断增加自身资本主义化程度;其中一批佼佼者甚至长期居于经济变革的前列,个人财产不少于一般资本家,资本增值率不低于多数资产阶级财产积累的速度。优越的经济地位不仅巩固了英国贵族阶级同工商业资产阶级的联盟,维护了大贵族的政治特权地位,扩大了他们的社会基础,而且使他们在新兴工业资产阶级产生后仍有资格、有条件长期控制国家权力。[2] 贵族阶层自身顺应历史潮流的成蛹化蝶,深刻地影响了英国社会近代化的道路。与法国相比,英国在近代化的道路上避免了大规模的社会动荡和社会对立,也避免了社会财富与资本的过于分散,在国内以较小的代价实现了资本的原始积累,为资本主义的发展创造了有利条件。在资本主义发展的早期阶段,生产力的发展要求和时代的主题是为资本主义的发展开辟道路而不是消灭资本主义本身。英国贵族阶层的存在与发展不仅没有阻碍资本主义的发展,反而从各个方面推动着资本主义的发展。贵族阶层以其雄厚的经济实力和开明的思想积极扶持资助文化教育、海外探险、对外贸易、殖民扩张、移民定居等各项事业,最终使英国发展成为最强大的殖民帝国,为资本主义的发展拓展了其他各国所不曾拥有的资源和空间。在殖民帝国建立的过程中,表面上看起来是"坚船利炮"发挥了重要作用,但在"坚船利炮"的后面却是先进的文化与科技、是先进的工农业、是繁荣的商业、是强大的综合国力,也离不开一个强大而开明的贵族阶层的支持。贵族文化对于英国资本主义持续稳

---

[1] J. V. Beckett, *The Aristocracy in England* 1660 – 1914, Oxford, Blackwell, 1986, p. 246.
[2] 阎照祥:《英国政治制度史》,人民出版社1999年版,第279—280页。

定快速发展发挥了至关重要的作用。

第二节 贵族文化与社会风尚

英国贵族文化源远流长,在漫长的历史时期内作为社会的主流文化而存在,深刻地影响了英国文化发展和社会风尚,对于中世纪以来的英国历史的发展也产生了广泛而深远的影响。贵族阶层长期执掌国家政治权柄,操纵国家经济命脉,重视科技创新进步,引领文化发展方向,影响着人们价值取向与道德规范。他们凭借雄厚的经济实力、高贵的社会地位、良好的文化素养、积极的进取精神、高尚的道德修养成为整个社会主流价值观所认同的典范,也成为全体社会成员所推崇效仿的规则和榜样。"由此之故,贵族阶层一直是整个社会生活的核心和尊奉的模范。贵族成员的豪华的气派、慷慨潇洒的风度、优雅的举止、文儒的谈吐皆为中产阶级极力模仿的范式;贵族的府邸是社交的中心,艺术的殿堂;贵族的生活方式是社会生活的最为典雅的代表。"[1] 贵族文化极力推崇等级服从、爵秩门第、忠君爱国、勇武牺牲、诚信奉献等观念,对于整个社会风尚和价值规范的形成和积淀、传承与发展方面均发挥了潜移默化的重要作用。最重要的就是在全社会都形成了一种崇尚认可的"绅士风度"。直至今天,这种"绅士风度"在人们的个人修养和社会关系中依然发挥着重要作用。

一 贵族阶层与文化教育

"诺曼征服"不仅是中世纪英国社会发展的一个重大转折点,也是一种相对先进文化对落后文化的征服,客观上也加强了英国与欧洲大陆的联系。之后,以法国文化为核心的大陆文化逐渐传入英国,加快了英国社会封建化的进程,也深刻地影响了英国历史文化的发展方向。来自法国的统治者为有效地统治所征服地区,大力加强封建的分封制和骑士采邑制。《末日审判书》对土地和赋役的详细调查及汇编可以表明,英国所

---

[1] 姜德福:《社会变迁中的贵族》,商务印书馆2004年版,第13—14页。

确立的分封制更为明确严格，封建中央集权化的程度也大为加强。封建的分封制逐步形成了以国王为"塔尖"、以各级贵族为"塔基"的贵族阶层和体系，确立起了封建统治的经济及政治基础；封建的骑士采邑制即军役占有制又确立起封建统治的军事基础，同时又为形成开放的贵族体系创造了条件。贵族阶层长期垄断意识形态和文化教育，并且在文化上形成了一定的分层性和封闭性。教界贵族以拉丁语作为宗教和神学的主要语言而垄断了教会的话语权和整个社会的意识形态，与宗教和神学相对立的文化活动受到严厉打击箝制。各级的学校教育也为教会和教界贵族所垄断，所教授的内容主要为宗教和神学。来自法国的王室贵族则长期运用法语发布官方文告，制定法律法规，使法语在一定时期内成为通用的官方语言。下层民众则长期使用日渐趋于成熟的英语，但基本限于日常生活中的交流，在文化活动中的影响极为有限。语言的分化加剧了文化的封闭性与文化发展的不对称性，也加强了贵族阶层对文化的垄断，使贵族阶层能够长期掌握整个社会的文化制高点，获取文化方面的优势地位而强化自己的统治地位。贵族阶层凭借高贵的社会地位、优裕的经济条件，使他们在文化教育的传承和创新、文化成果的利用与发展方面也独步领先，从而成为文化发展的引领者。这样，贵族阶层不仅在经济、政治、军事方面居于统治地位，而且在所有的文化活动中也处于主导地位。贵族不仅是经过国王封赐的高贵爵位的拥有者，也因为在各方面的主导地位而成为民众所崇拜追随的成功典范，从而也是社会风尚的引领者。

中世纪晚期相当长的历史阶段中，贵族阶层是文化活动的主体，是文化发展的推动力量，也是教育活动的主导者和发起者。早期的教育活动主要为教会教育及贵族的家庭教育。教会教育的主要形式是在教堂组织进行礼拜活动，引领示范祈祷祭祀的仪式规范，赞美上帝与基督的神圣伟大，向民众宣讲解释《圣经》的主要内容及教谕，使芸芸众生接受上帝的恩泽与庇佑，以期万民心向教会，礼拜上帝，虔诚信仰宗教。但这种具有宗教传播及普及性质的礼拜活动只是针对平民大众，并不适合培养职业的僧侣，况且在漫长的中世纪，宗教和神学已发展成为整个社会占支配地位的意识形态，本身已发展成为博大精深的思想文化体系，也形成了经院哲学的理论武器,所有其他学科,如文学、史学、科学、哲学、艺术等学科都已沦为神学的婢女。宗教与神学成为无所不包的文化之源,智慧之根,为了宗教的传承与光大,为了神学的进步与发展,教界贵族开始创办学校以培养专门的宗教和神学人才。教会学校一般设在教堂附近,很多还是教堂的附属物,一般可分为歌咏学校(Song School)和文法学校(Grammar School)。歌咏学校是初级形式的宗教学校,教学的主要内容为宗教礼拜的形式及意义,赞美诗的吟诵与歌唱,《圣经》的主要内容与基督的言行故事等,目的是培养具有专业宗教知识的各级教士。而文法学校则是相对高级的教会学校,教学内容除过宗教和神学之外,更主要的还有希腊罗马古典文化,以拉丁文作为主要的教学语言,其目的是要培养通晓古典文化和神学知识的高级僧侣和神学家,所学习的知识更为广博,具有教会学校向世俗学校过渡的性质。需要指出的是"从16世纪传承下来的具有慈善性质的文法学校从来就没有完全消失过,在几个历史时段都较为兴盛,这远远要超过以前人们的认识。在创造更大的图书市场方面,各种各样的学术性机构和学校的发展也在客观上发挥了较大作用。这样的学校有年长妇女创办的教授大多数学生字母的家庭启蒙学校,还有商业性质的专科学校,教授学生诸如会计、航海、外语等技能。所有的教会也在不同程度上参与着教育教学,特别是不信国教者及神体一位论者,还有18世纪的卫理公会派教徒。星期天学校的创办,始于1780年,对于英格兰北部和中部新兴城镇里工人子女的教育有着非常重要的意义,对伦敦贫困区孩子的教育也起了非常重要的作用。"[1]

宗教和神学是唯一的意识形态但并非唯一的文化形态,王室及贵族阶层还需要有维护统治,管理国家,维持国家各个机关正常运转的各方面人才,诸如巡回法庭和陪审法庭就需要精通古今习惯法和成文法的法律人才;从中央到地方的行政机关就需要了解国家历史和现实,掌握基本政治规则和多方面管理常识的人才。随着中央集权的加强,国家职能

---

[1] Jeremy Black, *Culture and Society in Britain* 1660–1800, Published by Manchester University Press, 1997, p. 60.

的不断加强和完善，国家机关也日趋庞大，其分工也越来越精细，管理的事务也越来越专业，这就需要各方面的专业人才，由此对执掌政治权力的贵族阶层提出了新的要求，不仅推动了宫廷及贵族家庭教育的发展，也推动了社会教育由教会学校向世俗学校的发展。世俗学校其实质也是贵族家庭教育向社会的延伸和扩大，因而贵族阶层不仅是文化发展的主体力量，也是与文化发展密切相关的教育发展的推动力量，无论是教会教育还是世俗教育的兴起和发展，都与王室与贵族阶层有着密切的联系。

贵族阶层为维护自身的特权地位也需要掌握文化教育的制高点而彰显其与众不同。他们并非只接受和承袭一个高贵的爵位，而是要利用爵位的光环来建功立业，光耀门第，为国为家都要做出贡献。贵族们是朝廷或地方要职天然的候选人，朝廷选拔各级官僚，首先考虑出身高贵、众望所归、学识过人的贵族。中世纪甚至近代以来的大部分历史时期内，贵族们几乎垄断了从中央到地方的重要职务，执掌着国家的政治权柄，肩负着时代重任。"英国贵族人数虽少，对国家权力的控制却是其他阶层无法相比的。在第一次议会改革前，中央和地方、政府和军队的许多职位都被他们所把持。颇引人注目的是他们对国家最高行政机关——内阁的控制。1721—1832 年的 22 位首相里，13 人是上院贵族，6 人是贵族之子，1 人是贵族之孙，仅公爵就有 5 人。英国近代内阁人数多在 10—20 人之间，一些荣誉职位，如大法官，枢密大臣、侍卫大臣和掌玺大臣等，通常需由贵族领衔；几个拥有实权的职位，如国库大臣、外交大臣等，多由贵族担任。18 世纪负责外交事务的 44 名阁员中，28 人是大贵族，10 人是贵族子孙，6 名平民外交家成为新贵，其余仅 5 人未入上院，但大多获士绅称号。又如，1780—1820 年所有 65 名阁员中，贵族 43 人，贵族子孙 16 人，余下 8 人中 6 人来自士绅家庭，而且 3 人退休后进入上院。[①]1714—1763 年，英国军队在议会上院也有 39 名陆军上校，要么是英格兰继承贵族爵位的，要么是苏格兰选举的贵族。[②]

---

① 阎照祥：《英国政治制度史》，人民出版社 1999 年版，第 274—275 页。
② John Brewer, *The Sinews of Power: War, Money and the English State*, 1688 – 1783, Published by the Academic Division of Unwin Hyman Ltd., 1989, p. 44.

1827年，托利党宣传家詹姆士·克洛克一语中的："在这个国家中，没有贵族的帮助，政府一无所能。"半个世纪后，恩格斯评论说："在英国，资产阶级从未独掌全权。甚至1832年的胜利，也还是让土地贵族几乎独占了政府的所有要职。"① 如此重大的使命也要求贵族阶层在文化知识、学识素养、能力技术方面也要成为"贵族"，方能在重要职位上不负众望、不辱使命。而要做到这一切，不能仅依靠爵位之光和门第之荫，还要求贵族从小就要受到良好而严格的教育。因而贵族阶层特别注重自身及子女的教育，不仅要掌握渊博的知识，而且还要掌握近乎烦琐的家庭及社交礼仪，具有近乎苛求的审美情操及道德修养，形成令人向往、羡慕崇拜、推崇敬仰的贵族精神和绅士风度。"作为贵族本身，对自己的特殊地位和职责也有明确的意识，那就是自己是上等人，在言行举止、生活方式上都要与下等人不同，以便成为民众的'表率'。久而久之，贵族阶层便形成一种独特的行为准则和价值标准，这便是常为史家所注目的贵族精神。正是这种贵族精神，成为英国贵族统治的主要心理依据。"② 不可否认，英国的贵族阶层也就是英国社会的精英阶层，这除了与英国贵族的封爵制度、爵位继承制度、竞争开放的贵族准入体制有着密切的关系之外，也与贵族阶层重视文化教育有着重要的关系。精英阶层出自显赫的门第，高贵的血统，也出自优越而良好、广博而严格的教育。贵族家庭优越而严格的启蒙教育在贵族子女的成长过程中发挥了"赢在起跑线上"的作用。

中世纪时，贵族子女出生后先在家庭中由父母或聘请的家庭教师在家庭中进行语言、宗教、礼仪等启蒙教育，男孩子在七八岁之后要进入上一级领主家庭中接受骑士教育。女孩子则在家庭中继续接受父母或家庭教师的教育，有的女孩子还要进入女子修道院进行学习，主要学习拉丁语、文法、修辞、算术、歌咏及宗教祭祀礼仪，培养目标是笃信宗教、知书达礼、恪守封建道德的大家闺秀，贤妻良母。男孩子所受的骑士教

---

① ［英］恩格斯：《社会主义从空想到科学的发展》，《马克思恩格斯选集》（第3卷），人民出版社1995年版，第714页。

② 钱乘旦、陈晓律：《英国文化模式溯源》，上海社会科学院出版社2003年版，第282页。

育的实质是一种社会教育，因为贵族儿子离开了自己的家庭，避免因为父母的溺爱和亲情的温暖而影响教育效果；骑士教育也是一种家庭教育，因为贵族儿子又进入了另外一个贵族家庭，教育的实施者依然是家庭而不是社会化的学校。骑士教育是封建领主及庄园制下的产物，其主要是为了服务满足封建领主的利益需要、从军事上维护其统治而进行的教育。教育目标是培养出领主所需要的能够跟随其杀伐征战的骑士。骑士的主要品质要求是忠诚、服从、勇武、礼仪等。骑士教育可分为两个阶段，贵族儿子在七、八岁时离开自己的家庭，短时期尚不能成长为能够杀伐征战的骑士，这一阶段主要在高一级领主家庭中接受耳濡目染的侍童教育，其身份已不是在自己家庭中那样受到父母的宠爱贵族，而是要接受严格教育的贵族仆从，身份虽然高贵但在受教育时地位却依然很低，目的是从小就要培养贵族后代独立而坚毅的品格，脱离亲情的温暖而具备刚强勇武甚至是冷酷的品质。高爵位贵族一般都是王亲国戚，从而最高爵位贵族的儿子所进入的上一级领主的家庭即是宫廷，即同王子们一起所受的教育是最优越的宫廷教育，不仅有丰裕的物质供应，而且有良好的教育环境，这种集体的教育有利于培养王子及贵族子弟形成健全的人格品质，学会与人相处，观察了解他人，懂得交流与合作，也可以使王子认识未来高级贵族爵位的继承者，以便将来在治理国家时知人善任，有所倚用。同时这种侍童教育多少也带有人质的性质，有利于国王加强对下级领主的统治，有效地强化中央集权，防范贵族对领主的不忠或反叛，使其甘于驱使，俯首听命，也有利于培养贵族儿子形成忠诚勇武的骑士精神。这种侍童教育也是一种骑士教育的预备阶段，教育的主要内容是宗教祭祀、读书识字、人格品质、道德规范、人际交往的礼仪等。

骑士教育的第二个阶段是骑士侍从教育，这一阶段一般从男孩子的14岁开始直到21岁举行骑士授予仪式为止。教育目的是要求贵族儿子掌握杀伐征战的基本技能，成为忠顺勇敢、武艺高强、能征善战的骑士，因而在教学过程中要跟随领主习文练武，陪侍其骑射打猎，在战争时期还有可能随侍领主杀伐征战，经受战争的洗礼以掌握真正的骑士技能。平时教学的主要内容也是具有较强实践性的"骑士七技"，即骑射、投枪、击剑、打猎、游泳、弈棋、吟诗等。教学内容是以武功训练为主的一种综合性教育，技能与素质教育并重，因为所培养的贵族的儿子们不仅要成长为骑士，长子将来还要继承爵位而成为下一代贵族，不仅要掌握基本的骑士技能，还要掌握多方面文化知识以光耀门庭，所以在这一阶段的教育过程中，也教授拉丁语、法语、修辞、文法、诗歌、算术、琴棋、书画等内容。

骑士教育的鼎盛时期正是封建庄园经济的繁荣时期，领主需要有大量的骑士来保护封建庄园的正常生产，同时满足英格兰贵族领主在不列颠不断征服扩张领土的要求，对外还要与法国等国争夺领土，甚而参加"十字军东征"以抢劫掠夺，同时光大主的神圣与权威，使基督的信徒免于异教徒的侵略与欺凌。到14、15世纪，随着封建庄园经济的衰落、商品货币经济的发展、城镇的勃兴与工商业的繁荣，农村逐步分化出了富裕的自耕农、约曼和乡绅，城市富裕市民阶层也逐步形成。文艺复兴运动及宗教改革思想在英国也不失时机地在发展传播，人文主义逐步唤醒了被教会和神学长时期压抑的创造与进取精神，有力地推动思想文化的发展。时代的发展使骑士教育逐渐失去了固有的作用和意义，市民阶层也要求打破贵族地主对文化教育的垄断，掌握文化知识和专业技能以适应经济社会发展的需要，进而提高自己的社会地位，从而使教育对象相对狭隘的教会教育和骑士教育逐步向世俗和公共教育过渡。在初等和中等教育上主要表现在读写学校、文法学校、公学的纷纷建立，诸如英国较早的温彻斯特公学和伊顿公学，就成立于这一时期。在高等教育上表现为原有大学办学规模的扩大和新的高等院校的建立，诸如牛津大学的林肯学院、万灵学院、莫德林学院等；剑桥大学的凯斯学院、三一学院、国王学院、圣·贝尔纳学院、圣·凯瑟琳学院等。在此过程中，贵族阶层对文化教育的主导地位并没有受到多人影响，贵族子弟也走出家庭，走进世俗和公共教育的学校接受教育，而且很多学校的创建者就是王室和贵族。贵族阶层在推动教育机构的社会化、教育对象的扩大化方面发挥了重要作用。这一时期，贵族子弟先在家庭中接受传统而优越的家庭教育，到13或14岁后一般选择公学接受中等教育，在校学习5—6年，一般在18或19岁时毕业进入大学继续学习。据统计，贵族子弟主要集中在伊顿公学、威斯敏斯特公学、温彻斯特公学、哈罗公学、圣保罗公学和拉格比公学等。伊顿公学的校训上赫然写着：独立、个性、友爱、忠诚、尊严、勇敢、传统、绅士、幽默、优越，这些精神品质正是贵族阶层所推崇和必备的。"尤其是贵族子弟所占比例最高的伊顿和哈罗公学，所培养的学生的精神气质在建立不列颠帝国方面起了至关重要的作用。自然，这种精神气质是非学术性的，而是要求受教育者在行为、言谈和仪表等方面都必须合乎其阶级地位和意识的规范。这种精神气质在以后英国官场生活，乃至国际活动中树立了一种行为标准，并且还潜移默化地影响了英国社会的其他阶层。"[1] 这些公学主要开设以拉丁语、希腊语教学为主要内容的古典式教育，开设的主要课程有宗教神学、文学、哲学、史学、体育等课程，以便使贵族子弟能够树立起恪尽职守及贵族统治必然性的价值观念。公学特别重视体育教学，这也是中世纪骑士教育传统的延续，目的是将学生培养成为意志坚强、体魄强健、敢于拼搏的智勇双全的人才。文艺复兴运动在英国兴起之后，这些课程更多地具有了人文主义色彩，也增加了数学、几何等接近于自然科学的课程。贵族子弟虽然同各阶层的平民子弟同校学习，但是依然拥有特殊的地位。他们都有单独的宿舍，有仆人照顾其学习及生活起居，与普通学生有着一定的距离和隔阂，时时处处彰显其高贵的身份。学校也对他们照顾有加，在学习管理上也与普通学生有着一定的区别，"在伊顿公学形成了一条惯例：贵族学生的名字列于班级名册的前面，从1766年起他们的名字是用红色印上的。而温彻斯特公学更将贵族的名字列于全校花名册的前面。"[2] 还有些公学从办学之初就将其定位于为贵族服务，贵族也以各种方式对公学的创办与发展进行支持，诸如捐赠土地钱款、粮食衣物、筹建校园教室、房屋校舍等。贵族对教育的资助后来还扩展到多方捐赠资助各种文化事业，诸如文学、艺术、戏剧的创作、科学研究、图书印刷与出版、建立图书馆等活动。从中世纪到近代相当长的历史时期内，贵族阶层的乐善好施和捐赠资助是英国文化事业蓬勃发展的主要动力，"而后来各种

---

[1] 阎照祥：《英国近代贵族体制研究》，人民出版社2006年版，第212页。
[2] John. Cannon, *Aristocratic Century: The Peerage of Eighteen Century England*, Cambridge University Press, 1984, p. 55.

第八章　英国贵族文化与社会风尚　❖　455

有地位的人都以赞助文化和学术为荣耀,这显然是以贵族的习俗为时尚。"①

贵族子弟公学毕业后大多都进入富有贵族色彩的大学继续学习,诸如牛津大学和剑桥大学,还有伦敦的四法学院(The Inns of Court),都集中了大量的贵族子弟。"1307—1485 年,就有来自 42 个贵族家庭的至少 88 名学生在牛津和剑桥大学学习,其中在牛津学习过的就有 69 名,在剑桥就读过的有 19 名,还有一些人在这两所大学都曾就读并获得了学位。"② 四法学院被称为英国的"第三所大学",主要从事系统而全面的律法教育,所培养的学生大多成为律师和法官,有些贵族子弟甚至在牛津或剑桥学习结束之后又进入四法学院学习,之后大多成为律师或法官,有些还跻身于议会和政界。"贵族式的学校绝非是一个享乐的园地,学生们在这里受到极为严格的训练,他们不仅要接受社会公认的一个上层人士应该受到的教育,而且集体参加各种活动,锻炼意志体力,如野外长跑、拳击、击剑,在艰苦环境下生存,对紧急情况做出反应等。勇武善战和正直的竞争是重要的教育内容。由此培养出来的贵族学校的学生享有特殊的威望,他们在就业和选择职业等方面拥有平民学校的学生不享有的优势,在政府部门更是如此。"③ 近代以来,在公学和大学接受教育的贵族子弟越来越多,但是出身于自耕农、约曼、市民阶层的学生数量也在不断增加,但是因为英国贵族阶层是高踞于社会顶层的"塔尖",在整个社会中的比例极为有限,特别在进入近代社会的社会转型时期,都铎诸王都实行极为谨慎而悭吝的封爵政策,使贵族人数大为减少,因而出身于贵族家庭的学生在公学或大学学生总数中所占的比例也并不大。但是出身于贵族家庭的学生在学校教育中所发挥的影响却是巨大的,甚至这种影响也扩大到校园之外,延伸到以后的政治、经济和整个社会生活中。贵族子弟与平民子弟同室学习,相互影响,促使大学教育的贵族色彩日益弱化,而大众化与社会化的色彩则日益浓厚,这也极大地推动

---

① 钱乘旦、陈晓律:《英国文化模式溯源》,上海社会科学院出版社 2003 年版,第 286 页。
② Alan B. Cobban, *English University Llife in the Middle Ages*, Columbus : Ohio State University Press, 1999, p. 34.
③ 钱乘旦、陈晓律:《英国文化模式溯源》,上海社会科学院出版社 2003 年版,第 287 页。

了教育从教会教育向世俗教育过渡，从贵族精英教育向精英教育与大众教育并举的转变。

1406年，英国国会颁布了一项法案，允许"每个人无论其地位与境况如何，均有权利送子女进入王国内他们喜欢去的任何学校学习"。[①] 这就从法律上保证了教育对象的扩大，而贵族阶层是这一转变的推动力量，极大地推动了英国教育的发展进步，同时，贵族子弟的意志品质、精神风貌、学习生活态度及方式都对平民出身的学生产生着潜移默化的影响，"这种示范效应往往使受过英国教育的人都有绅士派头，这种派头显示了英国教育的内涵，那就是要使学生成为一个'上等人'。向上流社会看齐无形中成为接受学校教育的一条基本原则。"[②] 但是贵族阶层在此发展变化的过程中并没有随波逐流，迷失自己。他们不仅在经济方面开拓进取，创新发展，积极投身于工商业而实现了由封建贵族向新贵族的转变，而且在文化教育上也更加注重自身的建设和发展。贵族凭借自身在各方面的优势享有最先进最优越的教育资源，在公学和大学的选择上，总是选择少数最好的学校，牢牢把持精英教育的大门和金钥匙，培养贵族子弟形成爱国爱家、忠君服从、勇敢顽强、奉献牺牲、乐善好施的思想，也具有积极向上、勤奋进取、勇于担当、敢于创新的品质，同时掌握丰富的文化知识和先进的科学技术，成为温文尔雅又大胆勇敢、知书达礼又技能超群、饱学多思又多才多艺、典雅高贵又身体力行的人才，他们不仅要担当起光耀门庭的责任，而且要担负起国家与社会所赋予的重担。这也正是英国贵族阶层能够在近代化浪潮中长盛不衰和永葆生机的法宝。他们虽然也追求豪华的排场，宽敞而具有古典风格的住宅，光亮而鲜丽的服饰外表，与众不同的优雅生活，但是英国贵族并不是意味追求享乐，奢侈腐化的阶层。相对于欧洲大陆和东方国家的贵族阶层而言，英国贵族阶层不仅数量一直有限，而且很少出现不思进取、荒淫无度、腐化堕落等促使整个阶层走向衰落的现象。

---

① ［英］亨利·斯坦利·贝内特：《英国庄园生活——1150—1400年农民生活状况研究》，龙秀清等译，上海人民出版社2005年版，第25页。

② 钱乘旦、陈晓律：《英国文化模式溯源》，上海社会科学院出版社2003年版，第287页。

此外，英国贵族的特权只与贵族的等级地位而不是与贵族个人相联系的。英国贵族的绝大多数特权只属于贵族本人，其家庭成员并不享有这些特权；而且大多数特权的继承一则限于男性，只有在没有男性继承人的情况下女性继承人才有可能获得继承权；二则限于长子，按照长子继承制，其他子女没有继承权。这种爵位及家产的承袭制度极大地减少了贵族爵位的泛滥和地产的分散，有效地保证了贵族阶层的纯洁性，地产集中性地传承也保证了贵族始终具备雄厚的经济基础以支撑其参与政治、经济及文化活动。贵族们不仅没有免税的特权，而且是王室和国家税赋的主要承担者，也不能独占或垄断某些官职，更不得世袭继承。从中世纪晚期开始，伴随庄园制度的解体，英国的社会结构在保持完整的等级结构和等级秩序的同时，各个等级均呈开放流动的特性，各个阶层的地域流动性也大为加强。贫穷的农奴在失去土地后可以进入城市而成为手工业工人，富有的约曼可以凭自己的努力而成为乡绅，富裕的乡绅可以涉足工商业而成为市民阶层，佼佼杰出者也可以经国王封赐而成为贵族。从中世纪到近代的历史发展进程中，英国的王权总体虽呈加强的趋势，但是远没有达到像法国或东方国家那样的专制主义中央集权制度。国王需要贵族阶层以维护并强化自己的统治，贵族阶层也需要具有神圣色彩的王权来获得庇护和社会的认可。贵族体制也并非一个完全封闭的体制，并没有完全封闭底层社会成员进入贵族行列的大门，只是在门口设立严格检查的"关卡"以保证准入者具备充分的条件和必要的资格。贵族阶层始终是一个开放的精英阶层，正如一列时走时停、乘客时上时下的列车，虽然满员但乘客却时换时新。开放的贵族体制保证了贵族阶层自身不断补充着新鲜的血液，保持着竞争向上的生机和活力，也确保了精英阶层自身不断地进行着优胜劣汰的竞争和选择，使贵族阶层始终作为社会上真正的精英阶层而切实发挥中流砥柱的作用。

英国的贵族阶层始终是一个成员人数相对较少的精英群体，避免了因成员过多而出现害群之马或导致鱼龙混杂的局面。都铎王朝的多位君主都实行谨慎而悭吝的封爵政策。都铎王朝的亨利七世为了防范止息如"玫瑰战争"般大贵族家族的争权夺利，大大减少封赐贵族爵位以加强中央集权。亨利八世承袭了这一政策，到伊丽莎白女王统治晚期，贵族人数已减少为 60 人左右。斯图亚特王朝建立后，詹姆士一世为了笼络英格兰的社会上层，开始增加封赐爵位贵族，加之与议会关系的紧张，为缓解王室的财政危机也出售男爵、从男爵等一些较低的爵位。即便如此，贵族的数量虽有增加，但依然是一个成员数量较少的阶层，在以后的历史发展过程中，贵族阶层的人数最多时也没有超过 300 人，和整个社会的人口数量而言，所占比例也是万里挑一。1688 年"光荣革命"以后，英国贵族的数量开始缓慢增加。威廉三世（William Ⅲ，1689—1702 年在位）和玛丽二世（Mary Ⅱ，1689—1694 年在位）即位时，英国贵族人数达到 153 人。到 17 世纪末，英国贵族约有 160 人左右，与 1603 年相比，增加了近两倍。1700—1800 年的英国贵族人数分别为：1700 年 173 人，1710 年 167 人，1720 年 190 人，1730 年 189 人，1740 年 183 人，1750 年 187 人，1760 年 181 人，1770 年 197 人，1780 年 189 人。[①] 可以说，在 18 世纪的头 80 年里，英国贵族数量增长的幅度不是很大。但从 18 世纪 80 年代起，在乔治三世（George Ⅲ，1760—1820 年在位）的努力下，英国贵族数量迅速增加，这是 16—18 世纪英国贵族数量增加的又一个重要时期。1790 年英国有贵族 220 人，1800 年有贵族 267 人，与 1628 年相比，贵族数量又翻了一番。[②] 贵族成员数量极为有限地增长避免了贵族阶层在数量规模上的膨胀，有力地保障了贵族阶层始终是一个以社会精英为主体的阶层，并非封建主义腐朽没落阶级的代表，而是一个与时俱进，在政治、经济、文化等各个方面都走在时代前列，与资本主义时代精神密切相关的阶层。因而在近代民主化的进程中，作为与等级制相联系的贵族制度不仅没有被推翻，反而在英国社会上形成了一个尊崇贵族的社会风尚，其中一个原因就在于贵族阶层不仅在政治经济方面居于统治地位，更重要的原因是贵族阶层一直能掌握文化的制高点，注重自身的修养和德行，以高贵的品质、卓越的才能、杰出的成就、良好的行为、优雅的举止而成为世人所推崇的典范。正是贵族阶层对文化教育的重视和

[①] John. Cannon, *Aristocratic Century: The Peerage of Eighteen Century England*, Cambridge University Press, 1984, pp. 14 – 15.

[②] Ibid.

支持，英国较早地形成了系统的学校教育体系。中世纪晚期的公学及大学教育带有强烈的宗教色彩，基本为教会所管辖或垄断，所招收的对象主要是贵族子弟，很少招收平民百姓的子弟，教学内容多为宗教神学、圣经故事、祭祀礼拜、逻辑思辨等内容，而且教学语言主要是拉丁语和法语，这在语言上也限制了平民子女受教育的权利，特别在大学教育要负担昂贵的学费，也是一般的平民家庭所无力承担的，这就促使贵族阶层垄断了学校教育，成为文化知识的垄断者。

贵族与乡绅同属于地产者阶层，同属于统治者阶层，二者之间没有也不可能发生根本利益上的对抗与冲突。乡绅的兴起并不是如传统史学所认为是以贵族的衰落为代价的。在变革大潮中，乡绅、贵族都是获利者。乡绅政治地位的获得和在地方政治上作用的发挥，在很大程度上得益于大贵族的庇护，二者在政治上可谓同盟军。实际上，乡绅与贵族的联盟和融合，使英国社会出现了一个全然不同于以往的土地贵族阶层。拥有大量地产已成为当时英国社会各阶层所希望并尊敬的目标。[1]

综上所述，16 世纪之后英国社会虽然动荡变迁，贵族自身也的确曾承受了种种波澜，但从总体而言，英国贵族阶层由于自身所具有的经济实力、政治权势、社会地位和文化素质以及观念意识等各种因素所致，具有极强的自我维护、自我修复能力和能量的迁移能力，仍然高踞于英国社会结构的上层。17、18 乃至 19 世纪中叶，正是英国贵族的一个鼎盛阶段。工业的勃兴、商业的繁荣、政治的动荡造成的社会变革，只不过使贵族阶层自身在各方面相应地发生调整，并未使其衰落。

二 贵族精神与社会风尚

英国工业革命兴起之前，贵族阶层赖以存在的经济基础就是占有大量的土地，而且在近代化的变革过程中，他们所占有的土地不仅没有减少，而且随着圈地运动的兴起和持续进行而不断得以扩大。贵族阶层不仅是圈地运动的推动力量，也是农业革命的领导力量。他们凭借固有的地产利用各种手段积极推进圈地制改革，以圈地制代替敞田制，消除了

---

[1] 姜德福：《社会变迁中的贵族》，商务印书馆 2004 年版，第 14—15 页。

敞田制下土地条块分割、支离破碎的经营模式，使产权单一、连片集中的土地占有制度逐步确立起来。土地是一个国家最核心的财富，也是其他一切经济活动的基础。在与近代化进程基本相始终的圈地运动中，贵族阶层所占有的土地数量不仅没有减少，反而得到持续增加，并且以此为基础而积极地投资于城市开发、金融借贷、矿山开采、道路建设、工商企业、海外贸易和殖民扩张，在新兴的经济活动中不断增强着自身的经济实力。贵族阶层正是凭借着对土地占有数量的保持及扩大而控制了国家最核心的财富，从而得以在各种政治活动中执掌权柄，在文化教育等活动中掌握制高点并保持自身的延续发展。"大多数贵族地主并不想直接经营地产，而是极力寻求愿意承租土地的人，他们更愿意把土地租给农场主，而不是租给小农，往往鼓励土地承租人改进经营，因为贵族的利益与之存在显而易见的联系。"① 贵族地主自己本人或聘用精明的土地代理人来经营管理田连阡陌的地产，将大片土地以租地农场的方式承包给租地农场主，租地农场主雇用农业工人进行耕作生产。租地农场主是社会转型时期新兴的农业资产阶级，其经济活动已具有资本主义性质，使规模化、集约化、社会化的资本主义大农场成为近代农业经营的主要模式，也确立了近代以来英国资本主义大农业发展方向。这就使贵族阶层也与资本主义经济有了密切的联系，贵族地主的地租不再是来自农奴的租赋，而是与资本主义农业生产直接相联系的利润，从而使贵族地主与资产阶级逐步有了共同的利益取向而成为新贵族。这种共同的利益取向不仅缓和了资产阶级与贵族地主固有的矛盾，而且利益的互相输送使他们形成了一定的联盟，使本来成为资产阶级革命对象的贵族阶层转变成为资产阶级革命的同盟军，从而使英国资产阶级革命相对和缓而保守，在传统与变革中能够很好地契合平衡，保持着社会转型与变革的自然与稳定。贵族阶层中的大部分人虽然能积极进取，积极调整自身以与时俱进，顺应经济社会及生产力发展的要求，然而贵族阶层毕竟与传统经济基础与上层建筑有着千丝万缕的联系，特别是一直与最重要的社会生产

---

① 舒小昀：《分化与整合：1688—1783 年英国社会结构分析》，南京大学出版社 2003 年版，第 77 页。

资料——土地有着天然的联系，在社会发展中也一直居于主导地位，对传统文化有着强烈的自信和充分的肯定，因而贵族精神的基本元素是在传承中创新，在继承中发展、在沿袭中改革，而不是彻底地否定与抛弃过去，最后发展成为系统而具备理论体系的保守主义思想。英国保守主义并非逆历史潮流而动的落后思想，在历史的发展进步过程中也发挥了积极的作用。"保守主义是一种稳重守成的力量。它并不一味顽固地反对进步，而是对变革的进程和方式持稳重态度。当现存制度尚能维持、仍可继续时，它就坚定地守住阵地，不肯变革；但当已有的体制已决不能满足现实的需求时，它就允许某种程度的变化，并在这个新的变化的基础上把守新的阵地，成为反对新的变革（同时也反对倒退）的守成力量。"[1]

贵族精神的核心要素是对民族和国家的主人翁的责任意识，崇尚自由民主、忠君爱国、勇武刚毅、优越自信、奉献牺牲、正直诚信、光明磊落、尊重他人、慷慨大方、乐善好施、宽爱包容、积极进取、竞争拼搏等诸多的精神品质。"向上流社会看齐"的社会风尚使贵族精神成为全体社会成员所崇尚学习的民族精神，具备了民族特性中共同的文化心理的基本要素，进而发展成为英吉利民族的一种文化传统，成为一种社会性的本能，而且这种精神超越了时代和阶级的局限，超越了党派与集团之争，甚至超越了意识形态的纷争。各个互相斗争的政党或集团，持各种理论观点的思想家，哪怕是持互相矛盾对立的思想理论，却会在心理和思想上都会不约而同地接受贵族精神，这正是英国贵族文化对整个民族最重要的影响，也是贵族阶层长期在政治、经济和文化等各方面居于主导地位的精神力量。贵族精神历经几个世纪的发展，经历了历史长河的大浪淘沙和岁月的不断沉淀，逐步去粗取精，发展成为具有普遍意义的价值取向和行为准则，发挥了思想和道德教育的基本功能。

贵族精神是复杂甚至是相互矛盾的各种文化及意识形态的综合体，与其漫长的历史发展过程有着密切的关系。不同的历史时期有着不同的时代背景，贵族阶层也面临着不同的时代主题，因而各种文化因素都得

---

[1] 钱乘旦、陈晓律：《英国文化模式溯源》，上海社会科学院出版社2003年版，第126页。

到传承积淀。在中世纪时，贵族阶层诞生于封建的分封制，没有国王就没有贵族，也没有无土地的贵族，因而贵族阶层与国王和土地有着天然的联系，这种天然的联系决定了贵族阶层首要的精神品质必然是忠君爱国，国王是贵族爵位及土地财富的赐予者，也是贵族等级体系最有力的保护者，也是贵族之间力量的制衡者；贵族则是国王统治的支柱，要担任中央重要大臣和地方上的行政与司法职务，维护正常的统治秩序，同时还要承担对国王的贡赋，听从国王的号令，自募军队跟随国王开疆拓土，南征北战。国王与贵族之间形成了君臣相依、相辅相成的政治同盟。从中世纪到近代的几个世纪中，贵族阶层长期在经济、政治和文化生活中居于主导地位，其忠君爱国精神不是出于刻意地灌输或学习模仿，而是基于这一政治同盟的必然结果。忠君的实质也是从根本上在维护贵族体制和贵族特权，也是保证贵族阶层长期执掌政治权柄的需要，同时也是保持贵族之间力量平衡的需要。

国王作为贵族阶层的"塔尖"可以凭借号令所有贵族的权威来有效地遏制阻止贵族之间为个人利益而杀伐征战或拥兵自重，维护正常的统治秩序，使贵族们团结一致，增强整个统治力量，从而来有效地贯彻落实君主和国家意志，以集中国家力量来进行对内对外战争以开拓疆域巩固国家的统一。以国王为首的贵族阶层是国家的主人，国家的盛衰与贵族们的命运休戚相关。国家是其赖以生存与发展的根本，决定了贵族阶层必然具备爱国精神。爱国不仅是一种抽象的精神，而是包含着在具体的作为过程中所产生的一种热爱国家的自然情怀，进而发展上升为文化传统。世世代代的贵族们自然而然地引以为一切行动的指南。贵族阶层的爱国精神与封建的分封制有着深刻的渊源关系。国家的具体化就是贵族从国王封赐过程中所领受的爵位和封土，以及由此而产生的统治秩序。爵位越高的贵族所领受的封土越多，所获得的利益也越多，次级的封臣也越多，对国王而言，贵族是臣属，对次级封臣而言，贵族又是主人。对其而言，国家不再是抽象的存在，而是自己所领受的山河大地，是自己所拥有的臣属民众，是衣食起居等日常生活的房屋，是世代生息繁衍的家庭。贵族的爱国精神及文化传统不仅维护着自身直接赖以生存的根本，也是巩固扩大政治和经济利益的根本需要。不仅贵族阶层奉之为一切行动的圭臬,也是贵族阶层所大力弘扬倡导的、并希望其他阶层也加以发扬光大的精神品质。贵族阶层与土地有着天然的联系,而且在分封制及庄园制瓦解以后,国王封赐贵族爵位的首要条件就是爵位的被封赐者必须拥有一定数量的土地,也必须和土地有着紧密的联系。

贵族文化的传统观念认为,"家庭的声望几乎完全以拥有的土地来体现,家庭象征着土地,土地代表着家庭。家族的起源、姓氏、荣誉、势力和德望依靠土地而得以永久地传承。土地是家族光荣历史的证明,也是开创未来的根本保证。"① 土地是最根本最重要的家庭基础,只有拥有一定数量的土地的人才可能是真正的忠君爱国者,才有可能和国家的命运息息相关,休戚与共,才可能在保家卫国的斗争中竭尽全力,拼死以搏。特别是在英国社会转型时期,随着工商业的发展,市民阶层逐步兴起,社会财富也呈现出多元化的表现形式,金钱货币也成为财富的标志和指征,与之密切相关的股票债券也具有了储存积累财富的功能,银行金融等活动也渐趋活跃。

此外,随着海外贸易及殖民扩张活动的兴起,许多投资冒险者也大发其财,所拥有的金银财宝等财富超过贵族者也比比皆是。但是以君主为首的贵族阶层认为海外贸易及殖民活动都具有一定的风险,这些财富并不是稳固而恒定的资产,极易在各种投机及金融活动中挥发减少甚至分文不归,家底全无;只有土地是最安全最可靠的财富,而且以土地为基础的农牧业生产是人们衣食的根本,是其他一切经济活动的基础,只有一个人拥有了一定数量的土地,才可能与整个国家同呼吸共命运,才可能与整个民族共荣辱同患难。因而许多在海外贸易、殖民扩张等经济活动中大发其财者往往又买田置地,以此既作为一种可靠的投资手段,又作为跻身贵族阶层的跳板。"由于国王只授封与贵族阶层相关的人以贵族身份,很少将其授予平民,后者要进入贵族行列,往往要通过一个以获得地产为主的中介阶段。"② 拥有一定数量的土地成为贵族准入门槛的

---

① Jonathan Dewald, *The European Nobility*, 1400–1800, Cambridge University Press, 1996, p. 93.

② 姜德福:《社会变迁中的贵族》,商务印书馆2004年版,第92页。

必要条件，目的是将贵族的活动限制在国内，同时使贵族的社会活动有必要的经济基础。特别是在大殖民时代到来之后，很多人纷纷移居海外，其中不乏举家迁徙者，"在17世纪里，横跨大西洋而迁居新大陆的英格兰人和威尔士人大约有35万，爱尔兰人大约有3万，苏格兰人约7000人。这些移民大部分人或者迁往牙买加和不列颠在加勒比海地区的甘蔗种植园，或者迁往弗吉尼亚和马里兰的切萨匹克等地的烟草种植园。在18世纪里，跨大西洋的迁徙方式有所变化，移民中英格兰人的数量有所下降，而不列颠其他地方及欧洲其他国家的移民数量则有所上升。在1700—1800年期间，大约有30万左右的人离开不列颠群岛迁往北美，其中有1/3的人来自爱尔兰，而且大部分是居住在阿尔斯特的长老会信徒，既有苏格兰人，也有爱尔兰人。其中迁往北美的苏格兰人大约有7.5万人。参与此迁徙潮的还有来自德国及中欧地区的人。加勒比海地区也不再是移民首选的目的地，大部分欧洲移民经费城而进入北美的偏远地区。一些人一直向西，甚至越过了阿巴拉契亚山脉，还有人沿着大马车路向南进入了谢南多厄河谷地，或者到达了卡罗来那"。[1] 虽然贵族阶层也积极支持海上探险、海外贸易及殖民等活动，但主要目的是巩固扩大以地产为永久基业的经济基础，而并非为了背井离乡，脱离故土。在此迁徙移民的浪潮中，虽然也有不少的贵族子弟远走他乡，但有爵位贵族几乎没有人加入移民者行列。庞大的家业和土地是他们的经济基础，显赫的爵位是他们不能割舍的荣耀，优越的社会地位是他们难以放弃的尊贵。他们已和国家与国王牢固地结合在一起，成为国王长期存在的可靠支柱，也为国家各项事业的发展留下了精英力量。如在政治上，18世纪著名的托利派政治家博林布鲁克曾把英国国家政权比作一艘巨舟，而"拥有地产的人是我们政治之舟的真正船主，而那些经营货币的人只不过是船上的乘客而已。"[2] 在如此情况下，"最爱舟者莫过于船主"，忠君爱国不仅是贵族精神品质之一，也是他们不贰的选择。这种精神也深深地影响了

---

[1] David Scott, *The Rise of Britain as a World Power*, Published by Harper Press, 2013, p. 371.

[2] 姜德福：《社会变迁中的贵族》，商务印书馆2004年版，第XV页。

社会风尚,在全社会也形成了一种忠君爱国的思潮和运动,也就是保王主义思潮和运动,从英国内战一直延续到"光荣革命"后的"詹姆士党人"。这种思潮不仅影响了以后英国的政体,甚至也远播到英国的北美殖民地。在美国独立战争期间,北美殖民地的保王主义力量始终维护国王的权威和尊严,只是反对向殖民地征收苛捐杂税,要求宗主国所制定的法律要通过殖民地议会的同意并通过。保守派认为:"即使到了这个时期,英国国王也还是有可能同殖民地持保守意见的一大批人结成联盟,及时做出让步以避免冲突。因为殖民地上的有产者,是不会甘心情愿地同那些暴民领袖和惹是生非的委员会联合在一起的。"事实确实如此。王党分子塞缪尔·西伯里说:"如果我们必须受奴役,至少也得让一位国王来奴役我们,而不能听命于一群暴发户和不法的委员会委员。"甚至连一些民主派领袖也对和平抱有幻想,波士顿的民主派领袖约瑟夫·沃伦在 1775 年 2 月 20 日说:"用和平的方式来处理争端,现在还为时不算太晚。"[①]

中世纪频繁的对内及对外战争要求贵族地主要以分封制为基础建立起一支能征善战的武装力量,在开疆拓土、完成国家统一的过程中获得新的封土,扩大其政治和经济利益,在此基础上形成了贵族阶层所引领及推崇的以杀伐征战、忠诚勇武、不畏强敌、坚毅刚强等精神品质为荣的骑士精神。这种精神同时衍生出庇护属下、尊重妇女、扶危济困的英雄风度与气概。骑士极力推崇"爱情至上""爱情自由"的原则,为了爱情甚至进行正大光明的决斗,哪怕献出生命也在所不惜。贵族阶层的这种精神使与之相适应的骑士教育盛极一时,以文化的力量巩固强化着这种精神,也使英国的贵族文化形成了崇尚爱情、尊重女性、男女平等的观念,妇女在社会生产和生活中的地位得到了提高。女性在爵位甚至是王位继承、劳动生产、文化教育等社会活动中基本同男性享有同等的权利。从生产力发展的角度而言,人是生产力中最活跃的因素,约占人口数量一半的女性的力量较早地得到了充分的解放和利用,从而极大地推

---

① [美]塞缪尔·埃利奥特·莫里森、亨利·斯蒂尔·康马杰等合著:《美利坚共和国的成长》(第 1 卷第 1 分册),天津人民出版社 1975 年版,第 334 页。

动社会生产力的发展。这与同时代东方文化中男尊女卑，妇女主要从事社会性较低的家务劳动，妇女从属于男权社会的情况有着明显的区别。贵族阶层是当时政治、经济、文化教育等各方面的主导力量，所开创的贵族精神和文化也引导了社会公众的价值取向，成为各阶层所崇拜学习的榜样，对于引领尊重妇女、男女平等地参与社会生产和生活的社会风尚也发挥了重要作用。从中世纪晚期起，妇女就在家庭或乡村手工业中充当着主要的劳动力，而在工场手工业兴起之后，妇女作为一个社会群体走出家庭，走进手工工场成为工人，特别是在其"民族工业"呢绒业及后来的棉纺织业等行业中发挥着重要作用，推动了手工业的发展进步和技术的积累与沿革，这对于后来的工业革命的兴起都有着重大影响。在英国的海外贸易及殖民扩张活动兴起之后，大批青壮年男性劳动力常年在海外从事各项活动，还有大批人口移居新大陆，国内人口数量增长缓慢，劳动力相对较少，妇女在国内的社会生产中更是发挥了不可替代的作用。从中世纪晚期开始，女性可以平等地参加各项社会活动。并且还可以继承贵族爵位，甚至继承王位者也屡见不鲜。伊丽莎白一世女王自幼博学多思，才智过人，统治英国长达近半个世纪之久，深得贵族阶层和民众的拥戴，正是在她统治时期，英国才开始崛起，在各方面均显露出蒸蒸日上的态势，创造了英国历史上为人所津津乐道的"黄金时代"。在各项文化活动中，女性也同样可以平等地参与。中世纪时，无论是教会学校还是后来的世俗学校，都没有将女性排斥在外，有专门招收女性的女子修道院。修道院的教育内容先是读、写、算、唱等基础知识，之后主要以宗教神学和祭祀礼仪为主，在此过程中，也涉及拉丁文法、修辞学、逻辑学、经院哲学等内容，客观上起到了启蒙教育的作用。修道院学校的规章制度和纪律要求极为严格，甚至达到了严厉死板的地步，比如每个学生的座位都是分开的，从而避免学生肢体的接触，也不能随意调换座位，上课期间严禁学生交头接耳或者用手势交流，递接东西或者离开座位随意走动。学校要求学生要养成虔信上帝、忍耐服从、贞洁守节、安贫谦恭的道德品质，其目的是把学生培养成为有一定宗教和神学知识的职业修道士，但是学生在未来的前途问题，则取决于个人的选择，并不一定全部都成为职业的僧侣。在世俗教育兴起之前，有不少的贵族家庭就将女儿送到女子修道院进行学习。贵族的家庭教育更是同样重视对女孩子的教育，只不过教育内容有所不同。在骑士教育盛行的年代，贵族家庭在对女子的教育中，也渗透了骑士教育的内容。在世俗学校兴起之后，无论是贵族还是富有的市民，也无论是乡绅还是自耕农，只要有一定的经济能力，都会将子女送到各类学校接受教育，诸如文法学校、公学、大学等，还有专门招收女生的女子学校。皇家学会在成立后，就曾经鼓励招收女性会员从事各方面的科学研究。从中世纪到近代的大部分时间里，从接受大学教育的男女生比例上来讲，虽然男生的比例大大超过了女生，但这主要是由于生产力发展水平及男女的社会角色不同所造成的，并非因为对女性的歧视或者女性社会地位低下所引起。在英国社会的绝大部分时间里，并不存在严格意义上的男尊女卑或男女不平等。正是因为男女在教育上的平等性，英国在各个时代均出现过杰出的女作家。早在14世纪时，英国就出现了以修道士朱丽安（Julian 1342—1416）和玛格丽·坎普（Margery Kempe 1373—1438）为代表的女作家。朱丽安的作品《诺威奇的朱丽安的启示》及玛格丽的《玛格丽·坎普之书》都运用英语而写成，加入了用本民族语言进行文学创作的新文化运动之中。两部作品都从作者的幻象出发，超越垄断宗教神学的教会和主教而和上帝进行直接的对话，借助上帝的力量和宗教语言确立在宗教信仰中的主体地位，从而来展现自身的价值，实际上已包涵着宗教改革思想的萌芽。

在文艺复兴运动兴起之后，在国内外人文主义思潮的推动下，英国涌现出了更多的女作家。伊丽莎白女王自幼博览群书，广泛而系统地学习了神学、文学、哲学、修辞学、历史学等知识，能熟练运用拉丁语、英语、法语、西班牙语、意大利语、希腊语等六种语言进行阅读和写作。女王本人积极从事翻译和写作，许多演说和译作流传至今。还有第一位出版诗集的女作家伊莎贝拉·惠特尼（Isabella Whitney 1567-?）；第一位从女性角度改写《圣经》中人类堕落故事的艾米丽亚·兰叶（Amelia Lanyer 1569—1645）；还有伊丽沙白时代最多产的女作家伊丽莎白·凯丽（Elizabeth Cary 1585—1639）等。这些女作家都与王室或贵族有着密切的关系，也从一个侧面反映了贵族阶层对女性教育的重视。到17世纪中后期,随着英国内战的爆发,各种宗教流派和新思潮异彩纷呈,继人文主义被人们广泛接受之后,理性主义接踵而至,女性作家更为活跃。"妇女并没有被完全排除在大众文化之外,特别还是文化消费的重要力量,也是文化品位的仲裁者。还有一些针对女性读者的期刊,诸如雅典精神、妇女精神、女性话语、城镇和乡村杂志等,同时还有剧院上演的情感喜剧、绘画作品中的交谈、即兴创作的小说等,这些都被认为在很大程度上是为了专门迎合女性读者的口味。在日益扩大的艺术圈,也有不少的女性作家、画家、音乐家及演员。从1750年到1770年之间,在当时最受欢迎的小说家中,大约有1/3的人都是女性,有185本小说就是由女性作家创作的。还有很多女性作家群体对文化的认同做出了贡献。1766年时,出现了一本杰出女性的传记汇编,歌颂女性的宽宏大量、勤学进取、智慧美德、同情心及其乐善好施的行为。1779年,理查德·塞缪尔在皇家学会上展出了一本著作——《不列颠当代九位缪斯》,记载了当时著名的女演员、女艺术家及作家。"①

阿芙拉·贝恩(Aphra Behn 1640?—1689)是英国文学史上第一个以写作谋生的职业女作家。她在政治上反对革命和内战,坚决支持斯图亚特王朝的复辟,经常出入宫廷和贵族圈子,成为复辟时期最多产的女作家,在短暂的写作生涯中,她创作了19部戏剧作品、14部中短篇小说、大量诗歌,在戏剧、小说、诗歌等方面均取得了一定的成就,在17世纪下半期的英国文坛上产生了不小的影响力。阿芙拉在创作过程中激情而大胆,敢于表达自己的真情实感,作品中体现出了追求女性自由权利和反对种族歧视的人文主义精神。简·巴克(1652—1732)是具有近代意识的诗人和小说家。她是一个坚定的天主教徒,也是一个保王党人。"光荣革命"后她曾追随詹姆士二世流亡法国,充当流亡政府的喉舌,对夺取王位的威廉三世极为反感和不满,陆续发表了许多抨击威廉国王的诗歌,甚至到汉诺威王朝建立后她依然寄希望于斯图亚特王朝的复辟。尽管她在政治和宗教上比较保守,但并没有影响她的写作成就。她写成

---

① Jeremy Black, *Culture and Society in Britain* 1660–1800, Published by Manchester University Press, 1997, p. 36.

了多部小说并出版了诗集《诗之乐》，表现出强烈的现代女性的主体意识，成为 18 世纪著名女作家之一。而且随着社会转型的完成和文化教育的发展，特别是图书出版业的发展，公共流通性图书馆的普遍建立。到 18 世纪时，女性作家已形成了一个群体，不再是个别和偶然的现象，表现出一定的连续性和必然性，甚至当时的大多数小说都出自女性作家之笔。主要的代表人物有玛丽·沃尔斯顿克拉夫（Mary Wollstonecraft 1759—1797）、弗朗西斯·谢立丹（Frances Sheridan 1724—1766）、萨拉·菲尔丁（Sarah Feilding 1710—1768）、夏洛特·特纳·史密斯（Charlotte Turner Smith 1749—1806）、夏洛特·伦诺克斯（Charlotte Lennox 1730—1804）等人。19 世纪时，英国文坛涌现出了更多的女作家，呈现出"百花齐放"的景象，在世界文学史上也独树一帜，光芒四射。其中著名且留下不朽作品的女作家就有 30 多位，重要的代表人物有简·奥斯汀（Jane Austen 1775—1817）、乔治·爱略特（George Eliot 1819—1880）、勃朗特三姐妹（夏洛特·勃朗特 Charlotte Bronte1816—1855；艾米莉·勃朗特 Emily Bronte1818—1848；安妮·勃朗特 Anne Bronte 1820—1849）、伊丽莎白·盖斯凯尔（Elizabeth Cleghorn Gaskell 1810—1865），也称盖斯凯尔夫人、伊丽莎白·芭蕾特·布朗宁（Elizabeth Barrett Browning 1806—1861）等人。勃朗特三姐妹的成就不仅是英国文学史上的奇迹，在世界文学史上也彪炳史册。在她们短暂的创作生涯中，既作为璀璨的星座而闪耀，又作为单独的巨星而发光，至少对夏洛特和艾米莉来说是如此。夏洛特的《简·爱》和艾米莉的《呼啸山庄》在世界文学宝库中已占据了不可动摇的地位，现已被翻译成世界各国的文字而受到广泛地阅读和喜爱，可谓家喻户晓。而安妮以《艾格妮丝·格雷》与《怀尔德菲尔府上的房客》两部小说，在英国文学史上也占有一席之地。1846 年，姐妹三人还自筹经费，出版了三人的诗歌集。19 世纪女性作家群体的崛起及其著作的大量出现并非出于偶然。她们创作的高峰时期多集中于维多利亚时代，折射出了英国经济的繁荣和文化的昌盛，也是英国社会风尚中重视文化教育、自由民主、尊重女性的具体表现。在女性作家群体走上创作舞台的同时，实际上也标志着女性阅读群体的兴起，表明了妇女在文化教育上的权利和地位有了长足的进步。在经济社会日益走向繁荣的前提下,众多的妇女特别是出身于中上层社会的女性不仅可以受到良好的教育,有着较高的文化素养,而且积极向上,独立自信,追求自我价值的实现,能够以女性敏锐而聪慧的眼光、丰富而细腻的感情去观察周围社会,用现实主义和浪漫主义相结合的笔触展现真实的生活、讴歌美好的爱情、鞭挞社会的丑恶,描绘理想的世界。

由社会占主导地位的贵族阶层所倡导的这种男女平等,尊重女性的社会风尚,有效调动了女性参与各方面社会活动的积极性,增强了女性参加各项社会活动的能力。18、19世纪女性作家群体的涌现只是女性所参与的社会活动的一个侧面,还有千千万万个普通女性同男性一起在工农业等社会生产中平等地承担着平凡的工作,为"世界工厂"的建立、为殖民帝国的繁荣贡献了自己的力量。社会的发展进步、国家的繁荣富强,文化的传承与创新,需要全社会成员都发挥各自的潜能。相对于欧洲大陆和东方社会的女性而言,英国约占人口数量一半的女性较早地进入了社会各个领域,在推动社会发展的进程中发挥出了自己的作用和潜力。

三 贵族精神与绅士风度

从中世纪到近代化的整个过程中,贵族阶层不仅得以长期延续发展,而且长盛不衰,在政治、经济和文化活动中长期处在主导地位,这使得贵族阶层在社会变革与转型的浪潮中不仅没有迷失自己,反而通过其在各方面的主导地位保持了自身的独立性,在长期的存在与发展过程中积淀并形成了自身独特的精神风貌与文化身份,那就是贵族精神与绅士风度,并对整个社会群体的价值取向及精神风貌产生重大影响。所谓的贵族精神就是贵族阶层在长达数百年发展历程中所形成的共同的文化心理与意志品质,是贵族阶层区别于其他阶层的质的差异,是贵族阶层存在与发展的精神力量与文化支柱。贵族精神虽非物质与外在的表现形态,然而贵族阶层却是依赖这种超越物质层面的力量扩大强化着所拥有物质基础,以文化的力量支撑着自身在经济、政治方面的优势。物质与非物质的力量相依相成并相互作用,物质的力量促成了精神力量的形成,精神力量巩固并强化着物质的力量,才能使贵族阶层长时期保持优越的身份和地位，并对整个社会发挥重大影响。贵族精神人格化的外在表现即是人们津津乐道的绅士风度。绅士风度是贵族阶层言谈举止、举手投足、性格品质的外在体现。对整个阶层而言则是其精神和文化内涵的群体外露，贵族精神是绅士风度所要表现的内涵，而绅士风度则是贵族精神的外在表现，两者的区别是精神内涵与外在表现形式的区别。贵族精神与绅士风度的重要之处在于超越了阶级的局限性，而对其他社会阶层都产生了广泛而深远的影响，成为各阶层普适的价值取向和行为规范。"英国的特殊之处在于：贵族精神从来没有被社会否定过，未曾受到过任何真正的挑战。"[1] 因而作为贵族精神人格化的外在表现形式的绅士风度就一直成为社会各阶层人们所学习效仿的榜样。"风度对个人而言，是指其举止、言谈、品行等内在素养和气质的外在体现，对一个民族而言，则是其文化内涵的群体外露。"[2] 贵族精神与绅士风度实际上成为英国优秀的文化传统而不断得以继承和发展，成为不列颠民族共同认可的文化心理的重要组成部分，成为民族精神和外在风貌的主要因素，这对于培养人们的精神内涵和行为方式、调整社会关系、形成良好的社会秩序方面都发挥了重要作用。

绅士风度作为贵族精神人格化的外在显现形式，必然和贵族阶层与贵族精神有着天然的联系，在很多方面是趋同一致的而不是相反对立的。贵族阶层长期以来在社会各方面都处于优势地位。在经济上，各级贵族占有大量的土地并积极投身于工商业而不断增强自身的经济实力，以税赋形式从经济上支撑着国家机器的运转，以乐善好施的形式扶危济困，影响控制着社会下层民众；在政治上，贵族阶层作为君主统治的支柱，在议会掌握着政治话语权，以法律的形式限制君主的权力，从而使英国的君主制并没有走向绝对的专制而是在后来走上了君主立宪的道路。在社会转型时期，贵族阶层中的大部分成员以其自身的蜕变而同新兴资产阶级有了共同的经济利益，双方没有走向水火不容的对立反而结成了一定的同盟，贵族阶层作为封建等级制的产物不仅没有被消灭反而在近代

---

[1] 钱乘旦、陈晓律：《英国文化模式溯源》，上海社会科学院出版社2003年版，第292页。
[2] 同上书，第264页。

得以长期的生存和发展，依然在政治上执掌一定的权柄。在文化上，从中世纪起教会和世俗的贵族阶层就是所有文化形态的垄断性力量，随着经济社会的发展，教会学校开始向世俗学校过渡，神学教育开始向社会教育发展，但贵族阶层在文化教育上的主导地位并没有受到削弱。贵族通过家庭教育、骑士教育、兴办学校教育、资助文化艺术创作或学术团体等手段依然在文化教育上占据主导地位。正是文化上的先进性，才引导着贵族阶层在近代化的大潮中积极调整自身的发展方向，顺应时代发展要求而积极投身于变革的洪流之中，在传承与创新之间寻求最理想的平衡点，促使英国社会在近代化的过程中平稳而有序地发展。基于贵族阶层在社会各方面的优势地位，与贵族精神中主人翁责任感、忠君爱国等品质相一致，绅士风度的首要表现就是在各项社会活动中自然而然地流露出来的优越感和自信心。这种优越感和自信心并非盲目的自信和虚无的高傲，而是来自于高贵的血统，来自于奢华威严的门第，来自于良好的教育，来自于稳重守成的保守，来自于文化上的自信。一个人的自信心是其行动的内在动力，决定了其行动起点的动能和态势，甚至可以决定行动的过程和结果。绅士风度的出发点正是高度的自信心，是敢于迎接挑战的决心和勇气，是能够克服困难的智慧和毅力，是处乱不惊的沉着与冷静，是面对胜利的谨慎和理性，是面对失败的坦然和思考。诸如起源于中世纪骑士阶层的决斗，也是后来形成绅士风度的一个重要因素。尽管双方决斗的结果必然有一方失败或两败俱伤，但双方都有着高度的自信心，都怀着必胜的信念而坚信在决斗中倒下的是对方，胜利的是自我。一场看似简单的决斗却蕴含着两个充满自信的强大的自我，是对挑战和对手的蔑视，是大无畏的勇气甚至对牺牲自己的生命也无所畏惧，是对爱情或真理超越生命的向往和崇尚，还包含着一种光明磊落、公平竞争、平等对决的手段，赢要赢得光明正大，输要输得尊严体面。后来的绅士风度也批判地汲取了骑士决斗的某些精神，如高度的自信心和强大的内心世界，正大光明和公平公正的斗争手段，大无畏的勇气和魄力，为了正义和真理的牺牲精神。正是这种绅士风度的优越感和自信心，才激励着一个个英国人在各个方面有了拼搏竞争的动力，敢于扬帆远航，驶向人类从未进入过的海洋；敢于披荆斩棘，攀上人类从未到达过的山峰；敢于执着思考，提出前人未曾想到的学说理论；敢于实验创新，攻克前人不曾解决的技术难关；敢于将这种绅士风度作为整个民族的精神风貌，是对国家和民族的主人翁责任感，是对国家和民族高度的认同和自信，是对国家和民族无比的热爱与忠诚，是致力于国家和民族发展的奉献精神。与此相适应的是英国在近代世界舞台上主导地位的确立，是"世界工厂"的建立，是"日不落帝国"的形成。在进入 20 世纪之前，英国是世界上当之无愧的主导性力量。国家实力与绅士风度两方面相互促进，相得益彰。绅士风度激发着人们的爱国奉献热情，团结凝聚着民族力量，促使人们为民族和国家各项事业的发展积极贡献力量。而国家的崛起又强化着整个民族的绅士风度，增强着整个民族的优越感和自豪感。其实质也是一种对整个国家和民族的文化自信，使不列颠民族不仅在国内满腔热忱地投身于各项建设事业，而且有信心走向世界，在文化传播、海上探险、海外贸易、殖民扩张等各项活动中敢于拼搏并不断取得胜利，最终屹立于世界民族之巅。不列颠民族的绅士风度中所体现的民族优越感并非像有些民族所宣扬的"种族优越论"。两者的最大区别在于绅士风度中所体现的民族自信心和优越感是一种文化自信的自然传承，以文化的力量彰显其民族的优越，用先进文化来征服落后文化，虽然在目的上也有民族利己性，在方式上也不排除使用武力，但结果往往却伴随着文明和进步；而"种族优越论"是一种盲目的自信和虚无主义的自负，以暴力来显示其民族的优越，肆意践踏其他弱小民族的权益，充满着血腥和掠夺。

绅士风度并非一个贵族或绅士所表现出来的一举一动，而是过去主要由贵族阶层所表现出来的良好行为品质的集中体现，是被全社会认同的贵族精神的外在表现，是被人们普遍所肯定并接受的优秀的行为规范。绅士风度的第二个表现就是讲究而得体的衣着、优雅而高贵的精神风貌、温文尔雅的言谈举止、文明礼貌的行为准则。贵族制度从起源到形成的过程中，逐步形成一套界限森严的等级特权制度，从爵位名号、佩带纹章、衣着服饰、侍从排场、座位次序、门第住宅、马匹车辆等都有着严格的规定和区别，普通民众在这些方面不得仿效僭越，从而来保证贵族阶层的特权及心理上的优势，彰显其社会地位的与众不同并造成凌然在上的高贵势态。贵族的社会交往、婚配关系、活动范围大多集中于贵族阶层或贵族集团内部，除非特殊的场合和需要，一般情况下并不与普通民众有过密的来往。贵族阶层在其长期的社会交往中，形成了特殊的社交礼仪和规范，构成了贵族文化的组成部分。无论是在议会的上院还是贵族私人交往的社交场合，贵族们都极为重视自己的爵秩地位和尊卑等级，力求用服饰、礼仪、言谈、行为、举止等外在的表现来传递自己的等级地位、思想观念、学识素养、气质风度乃至能力水平，由此形成了为社会民众羡慕并效仿的绅士风度。当然贵族阶层这种外在的风度是其内在精神品质的真实具体的表现，并非装腔作势地虚张声势，而是其高贵优越的地位、丰富渊博的学识、坚定强烈的自信、高尚良好的修养等贵族文化内涵在行为上的自然表现。"在漫长的历史发展中，贵族逐渐成为'天然长上'，他的言行也成为民众的表率。在这样的环境下，贵族不仅意味着一种地位和头衔，也意味着社会的一种追随目标。向上等人看齐，逐渐成为社会风尚的取向。"[1] 在传统社会的观念中，贵族的"高贵"品质是由高贵的血统、优秀的品行、优越的生活方式、卓越的社会贡献诸多因素集合而成。与此相应，爵秩这种体现贵族品格的形式亦具有了某种庄严高贵的色彩。整个社会，无论是封赐者、受封者还是追求者乃至普通民众，都对贵族的内在品格和外在显现形成了一定的规范的认同。由此之故，贵族阶层一直是整个社会生活的核心和尊奉的模范。贵族成员豪华的气派、慷慨而潇洒的风度、优雅的举止、文儒的谈吐皆为中产阶级极力模仿的范式；贵族的府邸是社交的中心，艺术的殿堂；贵族的生活方式是社会生活的最为典雅的代表。而实际上，贵族内心充满着极度的自私自傲。傲慢与偏见可谓是其精神世界最为明显而顽固的特质本性。然而就是这样一个阶层，凭借庞大的地产家业和手中强大的政治权势，以种种方式、手段控制着甚至引导着社会生活的各个方面，享有极高的社会地位和威望。[2]

贵族精神及文化虽然是社会上占主导地位的价值取向与文化参照系，

---

[1] 钱乘旦、陈晓律：《英国文化模式溯源》，上海社会科学出版社2003年版，第386页。
[2] 姜德福：《社会变迁中的贵族》，商务印书馆2004年版，第13—14页。

但却有一定的保守性和封闭性。贵族们为了维护自身的特权及高贵地位,将自己的社交活动严格局限于贵族阶层内部。社交活动的中心也极为有限,平时主要集中于贵族们的宅第,在议会召开时主要集中于议会上院,高爵位贵族特别是公爵、侯爵、伯爵等往往担任宫廷或地方的要职,或在军队担任高级将领,是君主统治的股肱之臣,因而也经常奉诏出入宫廷。绅士风度主要表现为严格考究的服饰,蓬勃向上的风貌,威严整洁的仪态,谦虚谨慎的态度,光明磊落的胸怀,虚怀若谷的气度,温文尔雅的气质,彬彬有礼的言行举止。但是因为贵族们的社交圈子极为有限,绅士风度虽然为人们所仰慕肯定,但其社会影响主要局限于贵族阶层内部,其影响扩大的契机则是商品经济的发展和城市的勃兴。社会转型时期经济和文化活动的多样化也促使贵族们社会活动的增加和社交圈子的扩大。贵族们在新兴的经济活动中不得不直面日益崛起的市民、富裕的租地农场主、地产日益扩大的乡绅、约曼等无爵位的普通民众,而且很多贵族因为参与新兴的经济活动本身也逐步成为新贵族,与资本主义经济有了千丝万缕的联系。贵族阶层对文化教育的垄断局面也日益被打破,贵族的家庭教育逐步让位于公共教育,教会教育也让位于世俗教育。贵族子弟也走出富丽堂皇的家宅,进入公学或大学,与普通市民的子弟同处一室接受公共教育。绅士风度的影响也突破了贵族集团的狭小范围,成为普通民众普遍接受并学习效仿的行为规范。"在以前的时代,精英文化主要集中于王室,体现在富丽堂皇的建筑,奢华的陈列、精致的艺术品,由这些组成了熠熠生辉的舞台,皇家的悲喜剧就在这舞台上演。这些艺术从传统上以来主要依靠王室和贵族的赞助,从17世纪晚期开始,这种上层文化逐步走出朝廷,走进城市多元化的空间——走进咖啡厅、阅览室、会议室、俱乐部、艺术馆和音乐厅;从以前王室的仆从变成了一种商业活动的参与者。"[①]

新兴的资本主义经济的迅速发展不仅改变了人们交往的方式,而且扩大了交往的范围,加深了联系的程度,使不同的阶级、不同的集团都

---

① Jeremy Black, *Culture and Society in Britain* 1660 – 1800, Published by Manchester University Press, 1997, p. 35.

开始自觉不自觉地打破以前自然经济时代自我树立的藩篱屏障，在商品和市场经济中日益密切地联结在一起。伴随人们社交对象的日益扩大，社交活动的日益频繁，社交场所的不断增加，也需要一整套健全的社交规范来约束人们的言行，规范人们的举动，创设和谐愉快的社交环境，使不同阶层的人都能坦然以待，友好相处，提高社交及协作的效率，从各项社会活动中满足自己不同的需求。在此过程中，因为贵族阶层长期以来在社会各项活动中的主导地位，体现贵族精神的绅士风度自然成为各阶层学习效仿的榜样。以前局限于贵族阶层的上层文化逐步发展演变为大众文化。"在17世纪晚期，城市生活的时尚为人们提供了一种新的社会交往的规范，那就是礼貌。在一个商业及利益关系渐趋浓厚的社会里，党派竞争也日趋激烈，礼仪代表了一种现代社会追求和谐的价值观，消费主义的时代观。礼貌将使英国社会交往的主流发生改变，从积极的公民意识和神圣的爱国主义、隐喻庄严色彩的自我否定和政治斗争转变成淡化党派意识、更为和谐友好的模式。"[1] 礼貌是培养良好行为举止的规范，不需要刻意造作的礼节，不需要高贵的品位，也不需要追求时尚的潮流和奢侈的物品。礼貌为社会交往创设了基本的原则，被人们广泛地运用于新型的、广阔的城市生活中，诸如俱乐部、会议室、咖啡厅。[2]

绅士风度也表现为一种尊重他人甚至是对手的博大胸怀，这种尊重是出于人文主义对人的价值的肯定，是平等地尊重和对待每一个人的人格。贵族阶层的存在与发展是等级社会的产物，但是随着人文主义和理性主义思想的传播，人人生而自由平等的观念也被贵族阶层所接受。在16和17世纪，"王室是国家权力的中心，是国王与贵族斗争与合作的竞技场。随着国王逐步减少最能体现其权力的武力行动，贵族也日益接受了人文主义者的思想，崇尚学习和审美，正如过去对军事及勇猛的崇尚，王室也逐步成为文化和艺术的中心。"[3] 在不平等的社会中，有识之士努

---

[1] David Scott, *The Rise of Britain as a World Power*, Published by Harper Press, 2013, p. 267.

[2] Ibid., p. 268.

[3] John Brewer, *The Pleasures of the Imagination: English Culture in the Eighteenth Century*, Published by Harper Collins Publishers, 1997, p. 4.

力追求一种人格上的理想平等,并为之采取一些力所能及的措施,也就是绅士风度中所体现出来的庇护弱小、尊重女性、同情弱者、乐善好施、宽爱仁慈、慷慨大方的做派,实则是贵族精神中责任与担当精神的具体表现。中世纪时贵族是领受一方封土的领主,封土里的民众都是其附庸和部属,要向领主缴纳各种贡赋,承担徭役兵役;但贵族领主也是其封土里所有附庸的主人,有责任庇护其民众的安全,维护正常的社会秩序,特别是在频繁的战争时期,贵族领主就是军事将领,要率领部众抵御侵略,保卫自己的家园。贵族领主经常还要自募武装力量跟随国王南征北战,贵族领主与附庸双方对立统一的关系在这种情况下更多地体现出了统一性,成为生死相依、荣辱与共的战时同盟,贵族要求附庸的将士忠诚勇武甚至勇于奉献牺牲,而附庸的将士则要求贵族领主能够不负众望,庇护下属。此外,中世纪时整个贵族阶层也是国家的主人,从经济基础到上层建筑的各个方面均处于主导地位,民众的生产与生活状况是其在政治支配、经济控制、文化引导的结果,也就是民众的生活是贵族阶层主导与支配的结果,长此久远,贵族阶层就形成了对国家和民众的主人翁责任感,特别是贵族阶层在与王权的博弈中也不断取得胜利,以法律的形式对国王的权力做出了限制,在封建时代就建立起了庞大的议会机构并世代长期掌握上院的话语权,有效地阻滞了专制主义中央集权制度的进一步强化,实则是贵族阶层与国王分享了政治权力。在英国,近代民族国家形成时期中央权力的加强及国家机器的强化不是朝着加强君主权力的途径在前进,而是朝着加强议会制与健全内阁制的方向前进。贵族阶层世袭出席议会上院的权力并没有改变,在工业社会到来之前,其经济地位也没有动摇。议会制的加强除了使新兴的资产阶级分享了政治权力之外,必然进一步扩大贵族阶层的权力,贵族阶层的责任意识和担当精神自然有增无减,其人格化的外在具体表现就是庇护民众,同情弱小、扶危济困的慷慨风度。贵族阶层的自我意识中,民众就是贵族的根基,只有坚固而庞大的根基,才能支撑起贵族等级社会的塔尖,因而贵族阶层有责任维持正常的社会秩序,使民众能维持基本的生活。但是从中世纪到近代的社会变迁,就是将所有阶层都与市场联系起来并将这种联系不断深化的过程,有市场经济就有竞争,有竞争就有分化,有分化就会形成弱势群体,在特殊的环境下弱势群体的生产和生活就会陷入困境。贵族阶层有能力、有责任也有必要对生产和生活陷入困境的弱势群体进行扶持救助,否则陷入困境的弱势群体必然为生存而铤而走险,危及现有的社会秩序,进而削弱贵族统治的基础。英国历史上较早较完整的《济贫法》,正是贵族阶层所倡导和支持的结果。1597年11月19日,议会任命了一个庞大而又有影响的委员会,就救济和扶助贫民问题进行立法讨论。该委员会的活动涉及了13个法案,议会中一些著名的贵族人士都是该委员会的成员。其中包括弗兰西斯·培根爵士、托马斯·塞西尔爵士和爱德华·柯克爵士,还有对贫民问题比较了解的爱德华·海克斯特和"贫民卫士"托马斯·罗斯爵士。委员会的会议在伦敦的一所法学院里召开,重点讨论了12个法案,标题如下:"建感化院,惩办恶棍和健康乞丐;为贫民征收一定数量的救济税;救济教区贫民、老年人、残疾人、盲人;救济监狱犯人和其他因偶然遭遇不幸而致穷的人;救济贫民;小额罚金;进一步救济士兵和水手;妥善地管理慈善院和用于济贫的土地;清除乞丐;反对私生子;为贫民安排工作;建慈善院或住所及贫民习艺所。"[①] 最后议会产生了一系列从各个不同方面解决贫民和流民问题的法令,即1597年《济贫法》。法令对救济方式及各级官员的责权也作了详细的规定,其中救济贫民的工作主要由教会执事和济贫管理员负责;济贫管理员由治安法官在每年的复活节任命,只要有两名治安法官同意,济贫管理员就可以采取适当措施在一定程度上救济贫民和流民。救济资金向"每个居民和每个土地所有者"征收。该《济贫法》经过了充分的辩论,集以往惩治和救济流民之经验,汇各教区市镇之教训,收纳了近百年来行之有效的政策与措施而构成了比较完备的法令,被誉为"旧济贫法"的1601年伊丽莎白《济贫法》就是在1597年法令的基础上对个别条款作了一些增补而形成的,而增补的条款在内容上与原来条款也无大的区别,以后十年又做了若干补充规定,形成了较为完备的《济贫法》,使英国长期以来的济贫制度的主要内容从法律上得到确认和

[①] 尹虹:《十六、十七世纪前期英国流民问题研究》,中国社会科学出版社2003年版,第155—156页。

巩固，也为近代乃至现代英国社会的福利政策奠定了思想理论和实践基础。"通过议会1597年和1601年通过的《济贫法》，这一过程在都铎时期达到顶峰。该立法是通过向富余的教区民众征收财物以救济贫穷的民众，从而使这些贫穷的邻居不至于忍饥挨饿。这一措施不仅在大陆的城镇得以模仿，也激发了地方上扶危济困的创造精神。"[1] 英国在现代之所以形成完备的社会保障制度，建成世界上第一个福利国家，与这种绅士风度的文化传统也不无关系。

贵族阶层除过在维持正常的社会秩序、扶助救济贫民方面承担更多的责任和义务外，还在兴建学校、修桥补路、建造和修缮教堂、剧院、浴池等公共设施的修建过程中也是主要的捐资者，对地方上公共事业的发展发挥着带头作用。更为重要的是贵族阶层对文化事业的发展也慷慨解囊。他们不仅对文化事业的发展提供经济上的支持，而且给予多方面的庇护。"贵族对文化活动的庇护表现在各个方面，他们充当作家、科学家、艺术家、建筑师的庇护人，向文学、哲学、考古学等协会提供庇护。他们庇护文学创作活动，在物质上赞助那些献书助兴的作者。"[2] 在1695年《出版印刷法》被废除之前，图书出版印刷受到严格的审查和控制，贵族的庇护是各种创作成果得以顺利出版的必要条件，而且其资助也是各类文化创作的前提基础。16世纪英国戏剧的繁荣时代，也正是得到了贵族阶层的大力扶持。1574年，莱斯特伯爵创办了第一个专业性的剧团，在各地巡回演出受到广泛地欢迎和赞誉。伊丽莎白女王自幼身受古典教育的影响，对古希腊的悲喜剧颇感兴趣，酷爱戏剧演出，在圣诞节等一些重要节日期间经常征召剧团进宫演出，哪个剧团能进宫为女王及大臣演出，不仅是对这个剧团演出水平和成就的肯定，也是赞助这个剧团的贵族的荣耀。这也推动了贵族从各个方面对剧团进一步的支持。之后贵族们竞相从剧本创作、剧团组建、戏剧演出等各个方面大力支持戏剧事业的发展，贵族也因剧团的声誉和演出活动而博得支持演艺事业的声名，

---

[1] David Scott, *The Rise of Britain as a World Power*, Published by Harper Press, 2013, p. 101.

[2] 姜德福：《社会变迁中的贵族》，商务印书馆2004年版，第288页。

有时甚至因此而得到伊丽莎白女王的首肯和赏识。贵族对剧团的赞助为戏剧的发展特别是城市剧院的发展提供了政治庇护，更为重要的是为戏剧的发展提供了可靠的经济保障，使戏剧走入了极其繁荣的"莎士比亚时代"。17 世纪早期，很多著名的作家都与王室有着紧密的联系，但到 18 世纪，这种联系荡然无存。结果，为了谋生度日，他们不得不向贵族个人或普通大众寻求资助，很多人做出了这样的双重选择，将他们的著作献给贵族，从而得到贵族在金钱上的支持，但同时将自己的著作也尽可能地推向市场进行销售。① 在绘画领域，"更为常见的是贵族成为庇护人和收藏家，收藏绘画和资助艺术家成为上流社会的时尚。贵族们加入各种学会和协会，进行观察实验，接受其他作者题献的新著作。如同其他领域的文化一样，对科学的支持将少数真正的热衷者和大批仅仅追求时尚的贵族集中到一起，后者主要是为了寻求作为新派人物所带来的社会地位。对科学起到积极作用的贵族是第五代达德利勋爵这样的贵族，他们对工业中的新技术革新提供鼓励和资金。"② 贵族阶层对文化发展的高度重视和慷慨支持，在近代相当长的历史时期内，是英国文化发展的重要源泉和动力，也是贵族阶层高度社会责任感的体现，形成了绅士风度所体现出来的高雅的生活品味和文化追求。贵族阶层并非将自己所拥有的财富都用于个人享乐和消费，而是达则兼济天下的宽广胸怀。绅士风度所表现出来的不仅仅是乐善好施和慷慨大方，也体现的是热心社会公益的奉献精神及高尚的价值取向。

---

① Monod Paul Kleber, *Imperial Island: A History of Britain and Its Empire*, 1660 – 1837, A John Wiley & Sons Ltd., Publication, 2009, p. 133.

② 姜德福：《社会变迁中的贵族》，商务印书馆 2004 年版，第 289—290 页。

后　　记

2014年3月，我有幸被国家留学基金委录取为公派英国莱斯特大学的访问学者，进行为期整一年的访问学习。莱斯特大学图书馆是投资3000多万英镑的五星级图书馆，2008年扩建完成后伊丽莎白女王亲莅剪彩，这所新的图书馆在英国建筑环境评鉴中获得了最高等级。2012年，《泰晤士报》将其评为英国最佳图书馆。图书馆设备极为先进、设计科学合理，利用太阳能供暖照明，内部各层地板均铺设地毯，充分体现了以人为本的管理和服务理念。图书馆内环境优雅舒适，服务详细周到，档案藏书丰富，全年除特定的7天重要节假日之外，其他时间不分学期内还是假期时间均24小时向读者开放。这一切为我创造了较好的学习条件，在三百多个日日夜夜里，我争时夺分，阅读了近百部英文原著，翻译写下了十多万字的读书笔记，还搜集了许多期刊论文，积累了丰富的资料。

在此期间，我得到了我访学导师——莱斯特大学历史系主任约翰·科菲（John Coffey）教授的悉心指导。他从选题构思、基本框架、搜集资料、研究重点等各个方面都提出了许多宝贵的意见。此外，莱斯特大学历史系近代史教授斯图亚特·鲍（Stuart Ball）、中国史专家托比·林肯（Toby Lincoln）教授也对我的学习给予了人力的支持和充分的指导。文学系凯特·拉芙曼（Kate Loveman）博士每逢英国近代史学术研讨活动都热情邀约我参加，使我在学术交流中受益匪浅。在此，我对身处遥远国度的他们表示由衷的敬意和真挚的谢意！他们摒弃国别及文化形态的差异，热情友好地接纳了一个来自他国的求学者并给予了很大的帮助。他们博大的胸怀、渊博的知识、严谨的治学态度，诲人不倦的教学热情使我深受激励与启迪，也是我得到的最大的收获与财富，所有这一切都是我治学与工作的榜样和动力。

在完成此专著的过程中，我攻读硕士、博士学位时的两位导师也对此项研究提出了很多建设性意见。他们就是西北师范大学历史文化学院的李积顺教授，四川大学历史文化学院张箭教授。虽然我已离别母校和导师多年，但他们依然不弃愚生，热情依旧，有问必答，悉心指点。还有我的恩师，西北师范大学历史学院的院长杨鹏飞教授也从各个方面提出了建议。我工作单位陇东学院党委曹复兴书记、南梁精神研究中心主任刘治立教授、历史与地理学院党总支马卓群书记、李朝阳教授、张耀宗博士、办公室孙琳婵主任等人对本书的修改及出版也给予了很多的指导和帮助。在此，我对他们一并致以最诚挚的敬意和感谢！

作为一名成年人，在海内外访学及查找资料期间，我远离妻女，抛开所有家庭责任，即使在家的时候，为了兼顾教学和科研，也难以承担家务劳动。我深深感谢我的妻子魏晓晴女士，是她含辛茹苦，独自承担了工作及养育女儿等一切家庭重担，节衣缩食为我供给学业费用，任劳任怨多有艰难，形单影只多有思念，迎来送往多有牵挂，为我支撑起了一片蔚蓝的天空，使我能潜心求学，孜孜攻读。同时，她也是本书初稿的第一位读者，在阅读过程中对文字标点、语句语序都做了大量修改，对许多文献翻译也进行了订正。

中国社会科学出版社的张湉老师年轻有为，博学多识，学术功底深厚，工作高效认真，待人朴实热情，以其卓越的史才史识、热忱的工作态度、严谨的编辑风格为此书的出版做出了很大贡献。她无数次不厌其烦地与作者及各相关的出版部门进行联系和协调，在编校过程中修正了原书稿的很多错误，一字一句，一点一划，逐行逐段，纤芥无遗，辛劳付出，嵌入铅排。在该拙作付梓出版之际，我向她致以由衷的敬意和诚挚的感谢！

　　在此专著的写作过程中，我参考并吸收了目前国内外学术界在这一领域的部分研究成果，都已在注释和参考文献中一一注明，他们的劳动成果是巨人的肩膀，是拙作得以顺利进展的阶梯，在此一并表示诚挚的谢意。囿于本人的理论视野、学术水平及资料掌握限度，文中纰漏与不足之处在所难免，敬请各位专家学者批评指正。专著虽名曰完成但是事实上完善与提高永无止境，内心对自己学术水平的忧虑与不安也与日俱增。限于时日，只能以待将来进一步补充完善并提高自己的治学能力。我深知，道生于平和安静、德生于谦和大度、慈生于博爱真诚、善生于感恩包容，唯愿海纳百川，不拒细流！

石　强

2020年8月于陇东学院